22,50 €

Über den Verfasser

Ralf Schnell, geb. 1943 in Oldenburg (Oldb.), war von 1981 bis 1987 Professor für Neuere Deutsche Literaturgeschichte an der Universität Hannover. Von 1988 bis 1991 lehrte er als Lektor des DAAD und von 1991 bis 1997 als Ordentlicher Professor für Deutsche Gegenwartsliteratur an der Keio-Universität Tokio. Von 1997 bis 2006 war er Inhaber des Lehrstuhls für Germanistik / Neuere deutsche Literaturwissenschaft an der Universität Siegen und dort von 2006 bis 2009 Rektor. Seit 2010 lebt er als wissenschaftlicher Autor in Berlin. – Er war Mitherausgeber der *Zeitschrift für Literaturwissenschaft und Linguistik* (1999–2010), Sprecher des Kulturwissenschaftlichen DFG-Forschungskollegs 615 «Medienumbrüche. Medienkulturen und Medienästhetik zu Beginn des 20. Jahrhunderts und im Übergang zum 21. Jahrhundert» (2002–2006) sowie Mitherausgeber und Sprecher des Herausgebergremiums der Kölner Ausgabe der Werke Heinrich Bölls (27 Bde.). Gastprofessuren in den Niederlanden, Ägypten, Thailand, Laos, Vietnam und China.

Buchveröffentlichungen (Auswahl): Literarische Innere Emigration 1933–1945 (1976). – Kunst und Kultur im deutschen Faschismus (1978, Hg.). – Die Literatur der Bundesrepublik. Autoren – Geschichte – Literaturbetrieb (1986). – Die verkehrte Welt. Literarische Ironie im 19. Jahrhundert (1989). – Heinrich Heine zur Einführung (1996). – Dichtung in finsteren Zeiten. Deutsche Literatur und Faschismus (1998). – Medienästhetik. Zu Geschichte und Theorie audiovisueller Wahrnehmungsformen (2000). – Orientierung Germanistik. Was sie kann, was sie will (2000). – Metzler Lexikon Kultur der Gegenwart (2000, Hg.). – Geschichte der deutschsprachigen Literatur seit 1945 (2. Aufl. 2003). – Medienanthropologie und Medienavantgarde. Ortsbestimmungen und Grenzüberschreitungen (2005, Mithg.). – Medien®evolutionen. Beiträge zur Mediengeschichte der Wahrnehmung (2006, Hg.).

Ralf Schnell

Deutsche Literatur von der Reformation bis zur Gegenwart

rowohlts enzyklopädie
im Rowohlt Taschenbuch Verlag

rowohlts enzyklopädie
Herausgegeben von Burghard König

Für Béla und Sofia

Originalausgabe
Veröffentlicht im Rowohlt Taschenbuch Verlag,
Reinbek bei Hamburg, November 2011
Copyright © 2011 by Rowohlt Verlag GmbH,
Reinbek bei Hamburg
Umschlaggestaltung any.way, Walter Hellmann
Satz Proforma, TheSans (PageOne)
bei Dörlemann Satz, Lemförde
Druck und Bindung CPI – Clausen & Bosse, Leck
Printed in Germany
ISBN 978 3 499 55709 5

Das für dieses Buch verwendete FSC®-zertifizierte Papier
Classic liefert Stora Enso, Finnland.

Inhalt

Vorwort 9

1 Literatur in der Reformationszeit 13
Die Humanisten 17 Martin Luther 22 Thomas Müntzer 27 Flugschriftenliteratur 34 Geistliche und weltliche Lieder 41 Schwankdichtung und Narrenliteratur 48 Volksbücher: Fortunatus und Historia von Johann D. Fausten 59 Meistersang 63 Das Reformationsdrama 71

2 Das Zeitalter des Barock 79
Literatur und Öffentlichkeit 83 Poetik und Gelehrsamkeit 88 Lyrik 97 Trauerspiel 114 Prosa 122

3 Zwischen «Rationalismus» und «Sturm und Drang» – Literatur im Zeitalter der Aufklärung 133
Das Projekt eines Nationaltheaters 142 Bürgerliches Trauerspiel 150 Sturm und Drang 153 Dramatik 156 Lyrik 163 Lehrdichtung 169 Epigrammatik 173 Balladen 176 Klopstock 182 Goethes Jugendlyrik 184 Prosa: Fabel und Satire 191 Romanpoetik 199 Romane der Frühaufklärung 202 Georg Christoph Lichtenberg 212

4 Klassik 217
Begriffsbestimmung und Epochenabgrenzung 217 Italienische Reise, Römische Elegien, Venezianische Epigramme 222 Metamorphose zur Klassik 229 Kooperationen – Xenien, Balladen 233 Prosa: Wilhelm Meister 237 Versepen: Reineke Fuchs, Hermann und Dorothea, Achilleis 242 Schillers Dramen 246 Iphigenie auf Tauris 252 Faust 254

5 Exzentrische Bahnen 260
Friedrich Hölderlin 260   Jean Paul 269
Heinrich von Kleist 273

6 Romantik 281
Ästhetische Theorie der Frühromantik 285   Novalis: Heinrich von Ofterdingen 292   Frühromantisches Lustspiel: Tieck 295
Späte Romantik 299

7 Restauration, Biedermeier, Vormärz 307
Junges Deutschland 313   Heinrich Heine 319
Facetten der Prosa 327   E. T. A. Hoffmann 328
Drama: Grabbe, Büchner 334

8 Bürgerlicher Realismus 345
Europäische Einflüsse 347   Panorama der Prosa: Storm, Meyer, Freytag, Raabe, Stifter, Keller, Fontane 349   Drama 368
Lyrik 374

9 Naturalismus 380
Drama: Hauptmann, Schnitzler, Wedekind, Panizza 381
Prosa 390   Lyrik 395

10 Jahrhundertwende (1880–1920) 403
Lyrik: Rilke, Hofmannsthal, George 405   Expressionismus 430
Dada 442

11 Literatur in der Weimarer Republik   451
Neue Sachlichkeit: Prosa   457   Lyrik   466   Dramatik der 20er Jahre   469

12 Literatur im Dritten Reich   473
NS-Literatur   477   Innere Emigration   482   Literarischer Widerstand   487   Literatur des Exils   490   Lyrik: Bertolt Brecht   494   Dramatik des Exils   497   Romane des Exils   501

13 Literatur im geteilten Deutschland (1945–1989)   506
Die Anfänge der Nachkriegsliteratur (1945–1949)   506   Konstellationen der 50er Jahre (1950–1959)   512   Lyrik: zwischen Tradition und Innovation   516   Theater der 50er Jahre   520   Von der «Aufbau»-Prosa zur «Weltkultur»   523   Zwischen Mauerbau und 68er-Revolte (1960–1968)   528   Theater und Drama der 60er Jahre   530   Probleme des Romans   536   Lyrik in der Diskussion   544   Literarische Tendenzen der 70er Jahre (1969–1977)   548   Zwischen Autobiographie und Neuer Subjektivität   552   Alltagslyrik   557   Literatur und Gesellschaft im Übergang (1978–1989)   560   Literarische Postmoderne   566   Neuere Literatur von Frauen   569   Lyrik einer beschädigten Welt   572   «Gegengeschichten»   579   Geschichte im Gegenwartsroman   587   Spätzeit-Dramatik   592

14 Gegenwartsliteratur (1990–2010)   599
1989 und die Folgen   599   Literarische Tendenzen der 90er Jahre   601   Generationenwechsel   606   Netzliteratur   608   Literarische Erinnerung   610

Literatur   616
Namenregister   624

Vorwort

Dieser Überblick über die deutsche Literatur von der Reformation bis zur Gegenwart geht zurück auf eine Reihe von Vorlesungen, die zwischen 1998 und 2005 an der Universität Siegen gehalten wurden. Ziel dieser Lehrveranstaltungen war die Vermittlung grundlegender literaturgeschichtlicher Kenntnisse in Verbindung mit einer vertiefenden Diskussion repräsentativer Einzelwerke. Dieser Zielsetzung sieht sich auch der vorliegende Band verpflichtet. Er versteht sich als eine Art Leitfaden, der mit dem epochalen Medienumbruch des Buchdrucks und der Bibelübersetzung Martin Luthers einsetzt und die Entwicklung der deutschsprachigen Literatur über sechs Jahrhunderte hinweg bis in die jüngste Gegenwart nachzeichnet. Auf diese Weise soll dem wachsenden Bedürfnis nach literaturgeschichtlicher Orientierung Rechnung getragen werden, auch dadurch, dass der Duktus der Vorlesungen erhalten bleibt.

Das Angebot an literaturgeschichtlichen Überblicksdarstellungen reicht von knappen und konzisen, bisweilen perspektivisch pointierten Gesamtentwürfen über eher traditionell sozialgeschichtlich verfahrende Epochenaufrisse bis zu voluminösen Einzeldarstellungen mit unverkennbarer Liebe zum Detail. Solche Angebote finden, wie sich an ihrer Vielfalt ablesen lässt, ein großes Publikum. Ihre Konsumenten bilden – neben allgemein an Literatur interessierten Leserinnen und Lesern aller Bildungsstufen und Jahrgänge – vor allem Studierende der reformierten Bachelor- und Master-Studiengänge, die sich auf die neuen modularisierten Strukturen einzustellen haben. Sie treffen in den philologischen, insbesondere den literaturwissenschaftlichen Fächern auf die Forderung, sich in überschaubaren Zeitintervallen ein abrufbares Überblickswissen aneignen zu müssen, das dem Kriterium der Prüfungsfähigkeit genügt.

Dieser Anspruch ist dem Ruf der Textsorte Literaturgeschichte nicht immer gut bekommen. Literaturgeschichten haftet bisweilen der Ruch des Willkürlichen an, der anmaßenden Verfügung über künstlerische Sprechweisen und Ausdrucksformen, der mangelnden Begründung historischer Zäsuren und des unzulänglichen Ausweises ihrer ästhetischen

Kategorien. Nicht, dass die Literatur keine Geschichte habe, wird mit solchen Vorbehalten behauptet, sondern dass diese Geschichte durch Kriterien bestimmt werde, die der Literatur äußerlich bleiben. Ideologische Vorentscheidungen und außerliterarische Theoriebildungen, soziologische Faktoren und sozialgeschichtliche Fakten stellen – so der geläufige Einwand – ein Arsenal an Bezugsgrößen und Zuordnungsmerkmalen bereit, aus dem lediglich ein Koordinatensystem aus Epochenschwellen und Gattungsgrenzen gebildet werde.

Solche Grenzziehungen haben mit Literatur als Kunst, mit der Eigenart des Ästhetischen, mit der forschenden und lernenden Aneignung dessen, was Dichtung generell und genuin auszeichnet, nur wenig zu tun – das wissen Lehrende wie Studierende gleichermaßen. Literatur, die diesen Namen verdient, geht im Systemkalkül von *credit points* ebenso wenig auf wie im Zurechnungsrahmen von Epochenrastern oder sozialhistorischen Daten. Die Auseinandersetzung mit Literatur – ebenso wie mit musikalischen Werken oder solchen der bildenden Kunst – bedeutet Arbeit am einzelnen Werk, und sie ist zeitaufwendig. Dann aber erlaubt sie Einsichten, die anderswo nicht zu haben sind, und bietet Erkenntnismöglichkeiten von einer historisch einzigartigen Qualität. Zu deren angemessener Wahrnehmung mag die noch immer bedenkenswerte Maxime des Literaturwissenschaftlers Peter Szondi beitragen, «dass einzig *die* Betrachtungsweise dem Kunstwerk ganz gerecht wird, welche die Geschichte im Kunstwerk, nicht aber die, die das Kunstwerk in der Geschichte zu sehen erlaubt». In dieser Einsicht findet auch der hier vorliegende Versuch seine Begründung, einen strukturierten literarhistorischen Überblick im Zusammenspiel mit Anregungen für eine detaillierte Lektüre zu präsentieren. Die prägnanten Daten der Sozialgeschichte und die geläufigen Epochenschwellen bieten für diese Darstellung Orientierungen, keine Festlegungen, Gattungskriterien dienen dem hermeneutischen Zugang, nicht der Vermittlung von Grundwissen.

Dass die deutsche Literatur des Mittelalters aus diesem Überblick ausgespart bleibt, rechtfertigt sich unter dem Gesichtspunkt der Zäsur, den die Erfindung des Buchdrucks und die Reformation für die Geschichte der deutschsprachigen Literatur bedeuten. Lautstand, Sprachform und

Grammatik der mittelalterlichen Sprache, also auch der Literatur des Mittelalters, unterscheiden sich nicht nur markant von denen des Neuhochdeutschen, sondern sind zudem auch in sich sprachhistorisch zu differenzieren: Gotisch, Altnordisch, Althochdeutsch, Mittelhochdeutsch und gelegentlich auch das Frühneuhochdeutsche zählen zu den älteren Entwicklungsstufen der deutschen Sprache. Wer sich auf die mittelalterliche Literatur einlassen will, muss diese, wenn er sich mit ihr in ihrer Ursprungsgestalt auseinandersetzen will, im Original lesen können. Dazu ist es notwendig, sich in eine sprachhistorisch frühere Stufe unseres heutigen Deutsch einzuarbeiten.

Trotz vielfältiger verständlicher Abwehrgesten professioneller Altgermanisten wird man einräumen müssen: Das Althochdeutsche und selbst das jüngere Mittelhochdeutsche sind uns fremd geworden. Wir haben keinen unmittelbaren Zugang mehr zur Sprach- und Textgestalt der mittelalterlichen Zeugnisse. Sie sind Ausdrucksformen eines kulturellen Kosmos, dessen Denkweisen und Redefiguren heute ebenso fern und entrückt wirken wie seine Verhaltensmuster oder seine Institutionen. Um nur einige wenige der frühesten Dokumente zu nennen: Die *Merseburger Zaubersprüche* und das *Hildebrandslied,* das *Heldenliederbuch* Karls des Großen, der *Heliand* oder Otfrids *Evangelienharmonie,* ferner Versepen wie das *Alexanderlied* oder das *Rolandslied* (12. Jh.), die Werke Hartmanns von Aue, Wolframs von Eschenbach, Gottfrieds von Straßburg und Heinrichs von Veldeke, nicht zu vergessen das *Nibelungenlied* oder die Lyrik des *Minnesangs* – all diese herausragenden Zeugnisse der mittelalterlichen Literatur sind weder in ihrer historischen Bedeutung noch in ihrer literarischen Eigenart angemessen wahrzunehmen, wenn man nicht auch die sprachliche Form zu analysieren und zu verstehen gelernt hat, die über Jahrhunderte hinweg ihren fremdartigen Reiz zu bewahren vermochte. Den Zugang zu diesen Wissens- und Kulturbereichen eröffnen zahlreiche Spezialwerke zur Geschichte der mittelalterlichen Literatur, zu denen der hier vorliegende Leitfaden durch die deutsche Literatur von der Reformation bis zur Gegenwart nicht in Konkurrenz treten kann oder will.

Mein besonderer Dank gilt Ute Deventer für ihre langjährige Unterstützung, insbesondere für ihre Mitarbeit bei der Herstellung des Manuskripts und bei der Einarbeitung der erforderlichen Korrekturen. Dr. Burghard König danke ich für ein kompetentes Lektorat und eine vorzügliche Kooperation, die sich bei mehreren Projekten bewährt hat. Zu danken habe ich ferner dem J. B. Metzler Verlag für die Erlaubnis, meine *Geschichte der deutschsprachigen Literatur seit 1945* (2. Aufl. 2003) sowie meinen Beitrag in der *Geschichte der deutschen Literatur. Von den Anfängen bis zur Gegenwart* (7. Aufl. 2008) für die hier vorliegende Literaturgeschichte heranzuziehen. Danken möchte ich auch für den Arbeitsaufenthalt, den ich im Juni 2010 als Gast der Stiftung Dr. Robert und Lina Thyll-Dürr (Schweiz) in der Casa Zia Lina auf der Insel Elba verbringen durfte. Und Dank sei, *last but not least*, den Studierenden, die durch ihre wache Präsenz und ihre vielfältigen Fragen meine Vorlesungen an der Universität Siegen bereichert haben.

1 Literatur in der Reformationszeit

Die Reformation war – so Friedrich Nietzsche in seiner Essay-Sammlung *Menschliches, allzu Menschliches* (1878 f.) – «ein energischer Protest zurückgebliebener Geister, welche die Weltanschauung des Mittelalters noch keineswegs satt hatten und die Zeichen seiner Auflösung, die ausserordentliche Verflachung und Veräusserlichung des religiösen Lebens, anstatt mit Frohlocken, wie sich gebührt, mit tiefem Unmuthe empfanden». Diese durchaus skeptische Sicht auf das entscheidende historische Ereignis der frühen Neuzeit weicht deutlich von der Fülle positiver Wertungen ab, die die Reformation in kulturgeschichtlichen Darstellungen, zumal aus protestantischer Perspektive, in nahezu sechs Jahrhunderten auf sich gezogen hat. Nietzsches Skepsis resultiert aus dem Vergleichsmaßstab, den er anhand der italienischen Renaissance gewonnen hatte. Sie «barg in sich» – so der Philosoph im Anschluss an jenes ungemein attraktive Epochenbild, das Jacob Burckhardt in seiner 1860 erschienenen *Kultur der Renaissance in Italien* zeichnet – «alle die positiven Gewalten, welchen man die moderne Cultur verdankt: also Befreiung des Gedankens, Missachtung der Autoritäten, Sieg der Bildung über den Dünkel der Abkunft, Begeisterung für die Wissenschaft und die wissenschaftliche Vergangenheit der Menschen, Entfesselung des Individuums, eine Gluth der Wahrhaftigkeit und Abneigung gegen Schein und blosen Effect».

Nietzsches kritischer Vergleich zwischen Renaissance und Reformation ist noch heute erhellend. Denn in der Tat: Eine die überkommene Struktur und Kultur einer ganzen Gesellschaft umwälzende Entwicklung wie in Italien hat es in Deutschland nicht gegeben. Die regionalen und strukturellen Zersplitterungen, das fehlende politische Zentrum, die ständische Gesellschaft, das weiterhin dem Mittelalter verpflichtete Bewusstsein ließen weder einen Sprung in die Zukunft der Wissenschaften zu, noch erlaubten sie auch nur die Idealvorstellung einer deutschen Nation. Im Hinblick auf die nationalstaatlichen Entwicklungsstandards in Europa lässt sich vielmehr von erheblichen Ungleichzeitigkeiten sprechen. Bis 1254 wird die Gesellschaft dieser Zeit von den Staufern geprägt, unter denen eine Literatur entsprechend der feudalistisch-ständischen Aufteilung des Geisteslebens entsteht. Das heißt: Die wissenschaftliche Tätigkeit lag beim Klerus, ebenso die Pflege der Dichtung, und zwar auf Lateinisch, in Gestalt einer klerikal-gelehrten Gottesverehrung. Lediglich das Rittertum besaß eine kulturfähige Literatur, freilich begrenzt eben auf diesen Stand und, wie etwa der Minnesang, in höfischer Bildung begründet. Es finden sich dementsprechend in Deutschland allenfalls vereinzelt renaissancehafte Züge, zu denen ein allmählich erstarkendes Selbstbewusstsein des Bürgertums zählt, ebenso neue Bildungsideale und Ausbildungsziele, ferner fortgeschrittene Naturwissenschaften, die ihrerseits – Kopernikus beispielsweise – epochemachende Entdeckungen zu den Fortschritten dieser Welt beisteuern.

Diesem Kontext entspringt, als eigenständige Entwicklung in Deutschland, der Humanismus, freilich angeregt durch Italien, vor allem durch Petrarca und Boccaccio. Seit 1450 entstehen dessen erste Zentren, mit starken naturwissenschaftlichen Akzenten und eng verbunden mit der Reformationsbewegung, insbesondere mit Martin Luthers Thesenanschlag in Wittenberg am 31. Oktober 1517. Luther selbst aber ist gerade nicht Teil der deutschen Humanistenbewegung. Vielmehr bemüht er sich um eine Festigung der evangelisch-protestantischen Lehre in den bestehenden sozialen Ordnungen. Das wichtigste Datum der frühen Neuzeit ist gleichwohl untrennbar mit seinem Namen verbunden: die Entstehung der frühneuhochdeutschen Sprache, die durch seine Bibelübersetzung vorangetrieben wird. Ihren entscheidenden Entwicklungsfaktor bildet die Erfindung des Buchdrucks, ein Medienumbruch mit kaum zu überschätzenden Folgen für die Geistes-, Kultur- und Gesellschaftsgeschichte seit der Mitte des 15. Jahrhunderts (Giesecke 1991). Mit der Erfindung des Buchdrucks in Mainz durch Johannes Gutenberg (um 1450) besteht die Möglichkeit der öffentlichen und massenhaften Verbreitung von Druckschriften. Zwar war das Drucken technisch auch schon vor Gutenberg möglich; so gab es Stempel und Platten, mit deren Hilfe man Abzüge anfertigen konnte. Doch die entscheidende Neuerung waren Gutenbergs bewegliche Lettern: Metalltypen, die in beliebiger Anzahl hergestellt werden und immer wieder verwendet werden können, sodass sich unbegrenzt neue Auflagen, später auch in Farbe, in beliebiger Höhe herstellen lassen.

Auch die Bibelübersetzung Luthers – gedruckt in 100 bis 200 Exemplaren – geht auf Gutenbergs Erfindung zurück. Sie hat 42 Zeilen auf jeder Seite, ist zweispaltig gesetzt, mit handgemalten Initialen versehen und zum Teil farbig hergestellt – ein überaus kostbares Werk. Im späten 16. Jahrhundert gab es bereits Auflagen von mehreren 1000 Exemplaren, weil zu dieser Zeit an 250 Orten Europas gedruckt werden konnte, darunter Straßburg, Köln, Rom, Basel, Augsburg, Nürnberg, Paris, Florenz, Mailand, Lyon, Leipzig sowie, als wichtigster Druckort, Venedig. Insgesamt handelt es sich um eine umstürzende Veränderung der gesamten Medien-, Geistes- und Gesellschaftsgeschichte in globaler Perspektive, vergleichbar nur der Wirkung des Fernsehens in den 1950er Jahren und dem Aufkommen der digitalen Kommunikation, insbesondere des Internet, in unseren Tagen. Mit der «kunst der truckerey», wie sie Hartmann Schedel in seiner *Weltchronik* (1493) seinerzeit nannte, entstand eine Quelle zur Popularisierung des Schrifttums, die sich auf alle Gebiete erstreckte, von der Mystik zum Volkslied, vom Volksbuch zu einer Volksdichtung, die zugleich Gebrauchsdichtung war, also benutzt und verändert, zum selbst bestimmten Gebrauch umgeschrieben und erweitert werden konnte, ganz nach den Bedürfnissen der Erzähler und der Zuhörer, darin eingeschlossen die Volksmärchen, die – bislang mündlich überliefert – jetzt schriftlich gefasst werden konnten, mitsamt vielfältigen Umwandlungen und Veränderungen, Ergänzungen und Umbauten.

Daneben wird durch den Buchdruck die Tendenz vom Religiösen zum Weltlichen, vom Ständischen zum Städtischen gefördert. Das Bürgertum, das sich selbst zu entdecken und seine eigene Gedanken über seine Wirklichkeit und die Verfassung der Welt zu entwickeln beginnt, besitzt mit einem Schlag die Möglichkeit, sich über seine Vorstellungen von der Welt und seine Ansprüche an die Welt zu verständigen und auszutauschen, und zwar unabhängig von den dogmatischen Vorgaben des Klerus. Zwar ist die frühbürgerliche Literatur noch nicht im selben Maß ‹literarisch› geprägt, wie die Verwendung dieses Terminus es womöglich erwarten lässt. Vielmehr handelt es sich bei der Literatur dieser Zeit eher um schriftlich gefasste Formen mündlicher Tradierungen. Während für den Klerus wie für die entsprechend gebildeten Bürger die Antike, Autoren wie Horaz, Quintilian oder Cicero, ebenso die neulateinische Lyrik und auch das römische Drama mit Terenz und Plautus als literarische Orientierung erhalten bleiben, entfalten sich originelle Formen einer frühen bürgerlichen Literatur auch deswegen unaufhaltsam und ebenso eigenständig wie vielgestaltig, weil sie sich gegen die lateinische Sprache als Verständigungsmedium ausschließlich einer gebildeten Schicht durchsetzen wollen.

Dies ist das Ziel auch Martin Luthers. Er verfolgt die strategische Absicht, den einfachen Menschen die Bibel auf Deutsch zugänglich zu machen. Er schafft den Durchbruch zu diesem Ziel gemeinsam mit Ulrich von Hutten, der, um seine humanistischen Gedanken bekannt zu machen, auf Deutsch zu schreiben beginnt. Das Frühneuhochdeutsche wird auf diese Weise als sprachliches Medium durchgesetzt. Die Sprache avanciert in gedruckter Form zum Vehikel der Ideen, eine Tendenz, die sich am wachsenden Anteil der deutschsprachigen Publikationen ablesen lässt. Ist dieser um 1490 noch vergleichsweise gering, so entstehen im Sog der Gutenberg-Bibel Publikationen, die bereits ein breites Publikum erreichen. Flugblätter und Flugschriften entstehen als Informations- und Kommunikationsmedien, Ritterepen werden für ein lesefähiges bürgerliches Publikum in Neueditionen auf Deutsch verfasst. Bedeutende einzelne Werke entstehen, so etwa Sebastian Brants *Narrenschiff* (1494), ein volkssprachiger Bestseller und ein originales Werk in der frühen neuhochdeutschen Sprache und dem ihr entsprechenden Geist. Ihr Autor zählt zu jener jüngeren Generation von Humanisten, die Schulen gründen und sich in einem frühaufklärerischen Sinn für die Bildung des Bürgertums einsetzen. Daneben gibt es Schwank- und Unterhaltungsliteratur, ferner mit *Fortunatus* (1509) den ersten Roman dieser Zeit, aus der Feder eines anonym gebliebenen Autors. Zu nennen sind in diesem Zusammenhang auch Johann Fischart und Thomas Murner mit ihren Narrenwerken, das Volksbuch von *Till Eulenspiegel* (dt. 1515), die Satiren des Geiler von Kaisersberg – Werke, die zur Herausbildung einer eigenständigen frühneuhochdeutschen Literatur beigetragen haben, auch wenn sie zum Teil rasch wieder vergessen waren.

Die Humanisten

Was die Renaissance in Italien, ist in Deutschland der Humanismus. Seine Repräsentanten sind nicht-klerikale, akademisch geschulte Gelehrte, die sich bis zum Beginn des 15. Jahrhunderts nur im Denk- und Glaubens-, vor allem im institutionellen Zusammenhang der Kirche entwickeln konnten. Mit der beginnenden Reformation aber setzte eine Emanzipation aus diesen Bindungen ein. Die meist aus sozial niederen Schichten stammenden Humanisten besaßen in einer gründlichen Bildung und einem professionellen Gelehrtentum ihre einzige Chance, sich zu entwickeln und aufzusteigen, was wiederum ein soziales Interesse an einem Stand von gelehrten und gebildeten Personen voraussetzte. In der Tat benötigten die Höfe und die sich entwickelnden Städte eine Schicht von Verwaltungsleuten, Pädagogen und Philosophen, die gelehrt genug waren, der wirtschaftlichen und gesellschaftlichen Entwicklung Perspektiven in die Zukunft zu weisen. Es ging um den Ausbau des bürokratischen Apparats in den Territorialstaaten, den die humanistisch gebildeten Gelehrten voranbringen sollten, eine Aufgabe, die ihnen vielfältige Arbeitsmöglichkeiten bot. Das bewegende Zentrum hierfür fand sich freilich nicht in Deutschland, sondern in Österreich: Die Stadt Wien, bereits in der frühen Neuzeit ein kulturell aufgeschlossenes Zentrum, bot sich wegen ihrer Brückenfunktion zu Italien einerseits, zum übrigen benachbarten Europa andererseits für eine solche historische Rolle an.

Über Wien findet eine Art Eindeutschung bestimmter Züge der italienischen Renaissance statt. Dazu zählt vor allem die Idee der persönlichen Prägung des Menschen durch den Menschen, eine Vorstellung, die noch nicht – wie später im 18. Jahrhundert – den Einzelnen als Individuum fördern will. Wohl aber tritt das Ideal der persönlichen Einflussnahme, der Bildung durch gelehrte Persönlichkeiten, eben durch die Humanisten, in den Vordergrund der Erziehung. Sie kommt insbesondere im Medium des Briefwechsels zum Ausdruck, einer neu entstehenden literarischen Gattung, die dialogisch – und in gewisser Hinsicht auch dialektisch – angelegt ist und mit deren Hilfe sich unterschiedliche Auffassungen gegeneinander abwägen und weiterführende Einsichten gewinnen lassen. Beispielhaft für diese literarische Tendenz ist ein Text mit dem Titel *Über Lesen und Bildung* (1443; im Original auf Lateinisch), in dem sich zwei Personen unterhalten, um zu neuen Erkenntnissen zu gelangen: eine literarische Form, die noch im Sturm und Drang – so in Goethes *Die Leiden des jungen Werthers* (1774) – und in der Romantik eine Blütezeit erlebte.

Das Studierzimmer bildet die Lebensform der Humanisten, die Bibliothek den Inbegriff ihres Daseins. Auch wenn sich hinter solchen Zuschreibungen ein Klischee verbergen mag – es bezeichnet den Lebensmittelpunkt dieser neuen Gesellschaftsschicht doch recht genau. Denn die Literatur ist das Ausbildungsmedium, durch das hindurch sie sich weiter entwickeln konnte. Selbstverständlich besteht eine Art Korrespondenz zwischen den verschiedenen Studierzimmern, es gibt einen geistigen Zusammenhalt, auch über die verschiedenen Zentren hinweg, in denen sich Humanisten einzeln oder zu mehreren gefunden haben. Sowohl ihr Austausch untereinander als auch die Arbeit im eigenen Studierzimmer dient der geistigen Versenkung, die Askese repräsentiert ein Lebensideal und zugleich die alltägliche Praxis. In deren Mittelpunkt standen die Künste und die Wissenschaften, die Staats- und auch die Rechtsgeschäfte, ebenso die Philosophie, bezogen auf den Menschen – als Gattungswesen, noch nicht als individuelles Subjekt im modernen Sinn verstanden. Der einzelne Mensch, als Teil seiner Gattung, soll sich weiter und höher entwickeln. Er ist Teil der Natur, insoweit er Geschöpf Gottes ist, einbezogen in den Kosmos, in dem er sich, durch Erziehung geleitet, angemessen entfalten kann.

Noch immer aber ist das Neulateinische die Kommunikationssprache der gebildeten Welt. An den Universitäten wird auf Latein gelehrt, in den Schulen wird Lateinisch gesprochen, selbst die Schüler untereinander müssen auf Lateinisch miteinander kommunizieren – es gibt keine andere sprachliche Verkehrsform zwischen den Gebildeten unterschiedlicher Schichten und Herkunftsorte. Daher ist es buchstäblich kulturrevolutionär, als bedeutende Gelehrte wie Reuchlin und Hutten und insbesondere Luther mit seiner Bibelübersetzung die alten Traditionen und Konventionen durchbrechen und sich, in Verbindung mit der Erfindung des Buchdrucks, in aller Öffentlichkeit auf Deutsch artikulieren und verständigen – eine Sprachrevolution in der gebildeten Welt. Deren Voraussetzung bildet nicht zuletzt die Tatsache, dass es seit dem 14. Jahrhundert eine Papierproduktion gibt, die das Pergament, auf dem bis dahin mit der Hand geschrieben worden war, ablöste und eine billige Form der massenhaften Verbreitung von Gedanken ermöglichte. Bereits um 1500 finden sich mehr als 60 Druckereien in Deutschland, die zu einer erheblichen Verbreitung und Vermehrung des Wissens sowie der wissenschaftlichen Kommunikation beigetragen haben.

Hierzu zählt auch die Entdeckung des Raums, sowohl des physikalischen als auch des geographischen. Ein neues Weltbild entsteht, das mit der Entdeckung der neuen Welten und der Relativierung eines eurozentrischen Denkens einhergeht. Man erkennt, dass Deutschland, ja selbst Europa nur einen kleinen Teil der großen Welt ausmachen – diese Einsicht führt zur Relativierung der eigenen geographischen, gesellschaftlichen, historischen und politischen Bezüge. Im Zusammenhang hiermit entfalten sich die ersten Formen autonomer Handelsbeziehungen und der Manufaktur und, damit einhergehend, eine neue urbane Kultur mit den ersten Metropolen, Handels- und Kunstzentren. Es entstehen Stadtbeschreibungen als Formen einer architektonischen Selbstvergewisserung und einer neuartigen Orientierung in der Landschaft wie in der Welt. In diesem Zusammenhang entwickelt sich auch eine Art nationaler Geschichtsschreibung. Erstmals werden historische Schriften vorgelegt, die Begründung eines wissenschaftlichen Denkens, das sich selbst in entsprechenden Entwürfen theoretisch und methodologisch kommentiert. Wichtig als Medium des wissenschaftlichen Diskurses wird die akademische Übung des Streitgesprächs, die offene Auseinandersetzung zwischen unterschiedlichen Positionen in einer humanistisch-reformatorisch geprägten Welt. Sie verschafft ihren Studenten breite Kenntnisse in den Naturwissenschaften wie in der Philosophie, weitgehend ohne jene fachlichen Spezialisierungen, die wir heute kennen. Der Typus des universellen Gelehrten gilt als das Ideal der Bildungswelt – diesem Ideal zur Wirklichkeit zu verhelfen, war die Aufgabe der Universitäten in dieser Zeit. Die Humanisten, als Repräsentanten dieses Diskurses, sahen sich auf Seiten der Vernunft, einer Weltvorstellung, die sich auf den gesunden Menschenverstand der gebildeten Persönlichkeit stützte – man kann sie, mit einem modernen Wort, ‹emanzipatorisch› nennen.

Eine beispielhafte Bewährungsprobe erfuhr dieser Anspruch im so genannten Humanistenstreit, dem das Muster einer antijüdischen Ausgrenzungsstrategie zugrunde lag. Seine besondere Note besaß dieser Streit darin, dass er durch einen Judenhasser namens Johannes Pfefferkorn ausgelöst wurde, einen zum Christentum konvertierten Juden, der in den Jahren 1507 bis 1510 unter Titeln wie *Judenbeichte*, *Osterbuch* oder *Judenfeind* eine Reihe von Pamphleten herausgegeben hatte, in der Absicht, seine einstigen Glaubensgenossen als Christenhasser zu denunzieren, ihnen den «Wucher» verbieten zu lassen, sie zum Besuch christlicher Gottesdienste zu zwingen und zur Verbrennung ihrer Bücher aufzurufen. Unterstützt wurde Pfefferkorn durch den Kölner Professor Usterinus Gratius – eine Latinisierung des niederländischen Ursprungsnamens Hoogstraten, eines in Köln lebenden Dominikaners – und ebenso durch dessen konservative Kollegen an der theologischen Fakultät der Universität Köln. Mit vereinten Kräften versuchte man, die Bücher von jüdischen Autoren einsammeln und auf einen Index setzen zu lassen und hierfür die offizielle Billigung des Kaisers Maximilian I. zu erhalten.

Dieser freilich, ein für seine Zeit aufgeklärter Mann, beauftragte den Mainzer Erzbischof Uriel von Gemmingen, Gutachten einzuholen. Unter den befragten Sachverständigen war auch der Humanist Johannes Reuchlin, der seinen *Ratschlag, ob man den Juden alle ihre bücher nemmen / abthun unnd verbrennen soll* mit eindeutigen Argumenten zugunsten der Juden begründete. Denn die Bücher der Juden sind in Reuchlins Augen kluge Bücher – schon deshalb kommen sie für ein Verbot oder eine Verbrennung nicht in Betracht. Doch selbst wenn man einräumen müsse, dass die Juden keine Christen seien – selbst dann, so Reuchlin, «soll ich niemant das sein nemmen und verbrennen / dan mir stat das nit zu ze urtailnn. Der jud ist unsers herrgots als wol als ich». Reuchlins «Ratschlag» beruft sich in allen Aspekten – Vielfalt der jüdischen Schriften, religiöse Integrität und theologische Anregungskraft des Talmud, Unkorrektheit des Ketzer-Begriffs – auf einschlägige Bibelstellen, des Alten wie des Neuen Testaments. Aus seiner Schrift spricht ein großzügiges, aufgeklärtes Weltbild, das sich auf den christlichen Glauben beruft: Da Gott alles in die Welt gegeben hat, was in ihr ist, steht es den Menschen, auch den Christen, nicht zu, Bücher zu konfiszieren oder zu verbrennen, weil dies Gottes Sache sei – ein höheres Maß an klugem und vernunftgeleitetem Denken kann man in dieser Zeit kaum finden.

Damit aber entbrennt der Streit erst recht. Denn Pfefferkorn veröffentlicht im Jahr 1511 eine Kompilation, seinen *Handspiegel*, in dem er seine Denunziationen noch einmal zusammenträgt, konzentriert auf eine wütende und giftige Polemik gegen Reuchlin, deren Titel für sich spricht: «Anklage und Schrei gegen den widerspenstigen Reuchlin, der da umgeben ist vom Bollwerk des Teufels, ein Münzmeister der Bosheit, ein Schulmeister der Lügen, ein Advokat und Patron der treulosen Juden, die alle Zeit darauf achten, wie sie den Namen Jesu und seine Gliedmaßen lästern, schänden, schmähen, verspotten, vernichten und mit Füßen treten.» Reuchlin seinerseits erhält in anderen akademischen Zentren Unterstützung, in Form von Briefwechseln und öffentlichen Stellungnahmen, darunter Gelehrte in Erfurt sowie eine Gruppe um Ulrich von Hutten, die gegen Pfefferkorn in Form der «Dunkelmänner-Briefe» (*Epistulae obsucurum virorum at magistrum orvinum gratium*, 1517) Front machen: satirische, parodistische Briefe gegen die Parteigänger Pfefferkorns.

In vergleichbarerer Weise gilt dies auch für die Schriften Ulrichs von Hutten. Hutten, einer der frühen Vertreter des deutschen Nationalgefühls, ein selbstbewusster politischer Autor, der auf Deutsch schreibt, ist kein Vertreter der *devotio moderna* oder der *bonae litterae*, sondern ein Ritter, auch im kämpferischen, kriegerischen Sinn dieses Worts, von großem Einfluss. Man hat ihn anlässlich des Reichstages von 1521 geradezu hofiert, um ihn sich nicht zum Feind zu machen, wissend, dass er in Fragen der Reformation fest an der Seite Luthers stand. Die außergewöhnliche Verbindung von Rittertum und literarischer Streitlust machte ihn zu einer der einflussreichsten Gestalten seiner Zeit. 1521 hat Hutten das so genannte *Gesprächbüchlin* veröffentlicht, das in Straßburg gedruckt wurde. Es enthält vier Dialoge, die Hutten zunächst in lateinischer Sprache veröffentlicht hatte, dann aber ins Deutsche übersetzen ließ, aus einem unmissverständlichen politischen Kalkül heraus, dem seine *Klagschrift Herrn Ulrichs von Hutten* den deutlichsten Ausdruck verlieh: Schluss mit dem lateinischen Bildungsgerede – jetzt geht es auf Deutsch zur Sache, und zwar als Erstes und höchst grob gegen den Papst und seine Vasallen in Rom. Die vier Kapitel des *Gesprächbüchlin* sind in dialogischer Form gehalten und thematisieren die Missstände innerhalb des Klerus. Dieser wird massiv angegriffen, insbesondere seines unchristlichen, unsittlichen und unkeuschen Lebenswandels wegen. Es geht um die Höflingswirtschaft, die Finanzmanipulationen der Kurie und die Missachtung der deutschen Interessen. Es handelt sich um rabiate Dialoge mit unnachsichtigen und unversöhnlichen Angriffen gegen das Papsttum, gegen Rom und ‹das Italienische› – für die Reformation und für ‹das Deutsche›.

Martin Luther

Ulrich von Hutten ist, wie Reuchlin auf seine Weise auch, ein Kämpfer, aggressiv und ritterlich. Beide stehen – und ebenso Philipp Melanchthon – an der Seite Martin Luthers, zu dessen großen kulturgeschichtlichen Leistungen neben der Bibelübersetzung vor allem der *Sendbrief vom Dolmetschen* als programmatische und theoretische Schrift, ferner die Kirchenlieder und schließlich seine Reformationsschriften zählen, unter denen *Von der Freiheit eines Christenmenschen*, *Von der babylonischen Gefangenschaft der Kirche* und *An den christlichen Adel deutscher Nation* (alle 1520) von besonderer Bedeutung sind.

Den Ausgangspunkt für Luthers Auseinandersetzung mit den Glaubenssätzen und der Praxis der katholischen Kirche bietet nicht, wie gelegentlich zu lesen ist, der Streit um die Ablassmöglichkeiten, die Johann Tetzel im Namen Roms vertreten hat, um der Kirche Geldquellen zu erschließen. Zwar bildet dieser Vorgang einen Anlass für Luthers Interventionen, da er ihm als Symptom für die offenkundigen Fehlentwicklungen in der Kirche galt. Doch der tiefere Grund der Auseinandersetzung mit der katholischen Kirche besteht in der Bibelauslegung, insbesondere der des Neuen Testaments als Offenbarung des Wortes Gottes. Dieses zeugt, so zeigt Luther anhand des ersten Paulus-Briefs (V. 16/17) an die Römer, von der «Kraft Gottes», die im Neuen Testament unmittelbar zu den Menschen im Medium des Wortes spreche. Das Neue Testament stellt für Luther die Vermittlungsinstanz des göttlichen Wortes dar. In ihm offenbart sich die Gerechtigkeit, die vor Gott gilt, «welche kommt aus Glauben in Gott». Damit ist inhaltlich das Vernehmen des Wortes Gottes durch den Menschen im Glauben verbunden, das zugleich die Basisbestimmung des menschlichen Lebens darstellt: Durch Gottes Wort kann der Mensch diese Basis erfahren, und zwar jeder Mensch, einzeln und für sich. Diese Auslegung bedeutet, als neue Bestimmung des menschlichen Selbstverständnisses, eine Radikalisierung der bisherigen Auslegung. Menschliches Leben ist seither als ein in Gott gründendes und gegründetes Leben zu verstehen, ein Selbstverständnis des Menschen als ein Sich-Verstehen aus Gott, das ohne Vermittlungsinstanz funktioniert. Da der Mensch Gottes Wort in der Bibel unmittelbar hören kann, vermittelt nur durch die Sprache, bedarf es keiner weiteren auslegenden und vermittelnden Instanz, schon gar nicht der Autorität Roms oder der katholischen Theologie.

Die Konsequenzen, die sich aus dieser radikalen Sicht ergeben, finden sich in der Schrift *Von der Freiheit eines Christenmenschen* in Form einer Diskussion anthropologischer Alternativen zusammengefasst. Die These lautet: «Eyn Christen mensch ist ein freyer herr über alle ding und niemandt unterthan.» Die Gegenthese hierzu heißt: «Eyn Christen mensch ist eyn dienstpar knecht aller ding und yderman unterthan.» Das sind die kontroversen Basisthesen, von denen Luther ausgeht, um in einem Durchgang durch verschiedene Aspekte die Perspektiven zu diskutieren, die sich aus dem grundsätzlichen Widerspruch zwischen diesen beiden Positionen ergeben: Der Mensch ist ganz frei – Der Mensch ist ganz unfrei. Was heißt das für einen Christenmenschen? Auch auf diese Frage antwortet Luther radikal. Die Seele besitzt nichts, weder im Himmel noch auf Erden, als das heilige Evangelium, das Wort Gottes, in dem sie und mit dem sie fromm und frei und christlich leben kann. Es reicht aus, die Bibel zu lesen – mehr braucht es nicht, um glücklich zu werden, so Luther im Jahr 1520. Die irdischen Werke des Menschen zählen nicht vor Gott, seine Sünden werden nicht gegen Geld erlassen. Christus ist auf die Erde gekommen, um die Menschheit zu erlösen – alles menschliche Handeln nützt nichts, wenn jener Glaube nicht vorhanden ist, der sich auf das Wort Gottes bezieht, so wie es im Neuen Testament formuliert ist.

Das bedeutet einen radikalen Bruch mit allem, was die katholische Kirche zu dieser Zeit an Ansprüchen formuliert, und es ist zugleich der Versuch, den christlichen Glauben neu zu begründen, eine theologisch zu jener Zeit unerhörte Erneuerung von einer auch kulturhistorisch kaum zu überschätzenden Bedeutung. Diese Radikalisierung des persönlichen Verhältnisses von Mensch und Gott setzt auf das Heil des Menschen, denn im menschlichen Wort der Bibel offenbart sich für Luther der Geist Gottes, der zum Menschen spricht und ihn erlösen kann.

Die von Luther vorgetragenen Argumente, nicht weniger aber die Art und Weise, wie er sie vorträgt, sind von faszinierender Stringenz und Klarheit geblieben, bis heute. Mit ihnen wird die Basis für eine Reformation gelegt, die in Wahrheit eine Revolution ist: ein Heraustreten aus der katholischen Traditionskirche, ein Aufsprengen ihrer Grundlagen, der Versuch, etwas unerhört Neues außerhalb des Bestehenden zu errichten. Hierin liegt auch der Grund für die spannungsreiche Differenz zu einem anderen bedeutenden Geist der Epoche, zu Erasmus von Rotterdam nämlich, der, als weltoffener, ja aufgeklärter Gelehrter dieser Zeit, durchaus Sympathie für Luthers Argumente besitzt und sich seinerseits gegen die mechanischen, formalisierten und juristisch kodifizierten Formen des Glaubens, mithin gegen wesentliche Elemente der seinerzeit geltenden und gültigen Praxis der Kirche wendet. Er tritt für eine *devotio moderna* ein, kümmert sich, wie Luther auch, um Glaubensinhalte und will seinerseits eine neue Frömmigkeit und Bescheidenheit in der römischen Kirche realisieren. So kann es nicht verwundern, wenn Luther in einem Brief vom 28. März 1519 um Erasmus geradezu wirbt: «Ich spreche so oft mit dir und du mit mir, Erasmus, unsere Zierde und unsere Hoffnung, und wir kennen einander noch nicht.»

Doch Erasmus bleibt zweideutig, weil er seinerseits die Kirche zwar reformieren will, doch nur innerhalb der bestehenden Einrichtungen, mithin die Institution Kirche nicht in Frage gestellt sehen möchte, eine Haltung, die auch einen Persönlichkeitszug des Erasmus erkennen lässt: die Furcht, sich zu stark zu binden, gepaart mit der Befürchtung, sich zu exponieren, indem er sich öffentlich gegen oder für eine Sache ausspricht. Diese zwiespältige Haltung lag vermutlich auch in dem an Erasmus' Heimatuniversität Löwen aufgekommenen Verdacht begründet, er stehe wegen seiner humanistischen Haltung auf Seiten Luthers und unterstütze die Reformation. Auf diese Weise entsteht eine zunehmende Abgrenzung: Luther muss die Spaltung der Kirche suchen – Erasmus will sie verhindern. Erasmus gerät dadurch in eine gewisse Isolation. Er nimmt nicht öffentlich Stellung inmitten des bedeutendsten Streits seiner Zeit. Er bezieht in der wichtigsten religiösen und zugleich historisch, sozial und kulturell bedeutsamsten Frage des Jahrhunderts keine eigene Position. Allerdings lässt er sich in eine antireformatorische Strategie einbinden, indem er eine Schrift mit dem Titel *Zweiundzwanzig Akzionata für die Sache Martin Luthers* verfasst: Sie richtet sich in Wahrheit gegen die Sache Luthers, gegen sein Denken und vor allen Dingen gegen die Abspaltung von der Kirche.

Luther hat seine Auffassung zum Verhältnis von weltlicher Obrigkeit und Religion unter anderem in der Schrift *An den christlichen Adel deutscher Nation* niedergelegt, einer unmissverständlichen Anklage gegen die Kirche, die sich einleitend auf den Prediger Salomo beruft: «Die zeit des schweygens ist vorgangen, und die Zeit zu reden ist kommen», um sich an die weltliche Obrigkeit zu wenden, vom Kaiser bis zu den Städten. Jeder Mensch, so Luther, wird durch die Taufe Christ – als Christ gehört er zum geistlichen Stand. Jeder Mensch ist insoweit ebenso Priester wie der kirchlich geweihte Priester auch – alles andere sei Anmaßung. Das weltliche Recht steht daher über dem geistlichen Recht. Die Kirche kann ihren Anspruch, neben der weltlichen Macht eine eigene, höhere Macht zu repräsentieren, nicht aus dem Evangelium begründen. Die geistliche Welt hat keinen anderen Grund als die weltliche Sphäre, ihr kommt insoweit auch kein eigenes Recht zu. Vielmehr ist in Luthers Augen, was in Rom veranstaltet und an Ansprüchen formuliert wird, Teufelszeug, ja der Papst selbst ist des Teufels – eine Feststellung, mit der zugleich der römischen Kirche die Autorität abgesprochen wird, für die Christenheit handeln und Entscheidungen treffen zu dürfen.

Luthers Schrift enthält eine für jene Zeit ungeheure Summe des Aufbegehrens gegen die katholische Kirche. Die Freiheit des Einzelnen als Christ wird durch das Verhältnis zum Wort Gottes, zum Evangelium bestimmt, ein Argument, das strategisch darauf angelegt ist, eine Kette aus Verbündeten gegen das Papsttum zu schmieden und die drei «Mauern»

(Luther), die Rom gezogen hat, einzureißen: den Vorrang der geistlichen vor der weltlichen Macht, die Autorität des Papstes in der Bibelauslegung und im Hinblick auf das Recht, das Konzil einzuberufen. Luther betont die Missstände in Rom. Er diskutiert eine Reihe von notwendigen Gegenmaßnahmen, so die Abschaffung der Wallfahrten und des Ablasses, die Aufhebung des Zölibats und das Verbot des Bettelns. Er fordert zudem eine Reform der Armenversorgung, eine Reform der Schulen und der Universitäten und ein von Rom unabhängiges Kaisertum sowie eine von Rom ebenso unabhängige Kirche. Die Schrift *An den christlichen Adel deutscher Nation* war eine singuläre Kampfschrift mit klarer Zielsetzung, in deutlicher Sprache gehalten und radikal begründet, die sich an die weltlichen Stände und damit an alle politisch Verantwortlichen im Lande wandte. Dass das Papsttum, zu Unrecht auf die Bibel sich berufend, Ansprüche erhebt und in der Welt durchzusetzen versucht, die ihm nicht zukommen – diese Einsicht hat die Parteigänger der Fürsten für Luther eingenommen. Das Buch wurde zu einem großen Erfolg: 4000 Exemplare waren nach einer Woche vergriffen, 13 Auflagen erlebte das Werk noch im Erscheinungsjahr 1520, ein Bestseller in einer weitgehend noch illiteraten Gesellschaft, der alles bis dahin Gesehene in den Schatten stellte.

Es erscheint vor diesem Hintergrund nur konsequent, dass die nächste Schrift Luthers den Titel *Von der babylonischen Gefangenschaft der Kirche* trägt: ein programmatischer Aufruf zur Befreiung aus dieser Gefangenschaft und zur Begründung einer neuen Gemeinschaft der Christen. Luther setzt auch hier bei der theologisch zentralen Stelle an, den Sakramenten nämlich, den Herzstücken des Glaubens, soweit dieser kirchlich vermittelt wird. Sieben Sakramente – bereits die Zahl verweist darauf, dass es sich um eine historisch entstandene, auf menschlich-mythologischer Traditionsbildung beruhende und keineswegs um eine von Gott gesegnete, vielmehr um eine märchenhafte Zahl handelt. Abendmahl, Taufe, Buße, Firmung, Priesterweihe, Letzte Ölung und die kirchliche Eheschließung – nur drei dieser sieben Sakramente, das Abendmahl, die Taufe und die Buße, sind, wie Luther nachweist, aus der Bibel zu begründen. Die anderen stellen Ausdrucks- und Anschauungsformen des kirchlichen Anspruchs dar, das religiöse Leben bis in die feinsten Verästelungen des Alltags zu bestimmen, um prüfen, kontrollieren und dadurch herrschen zu können.

Mit seiner ganzen Person einzustehen für das, was er sagte, für die Wahrheit, wie er sie sah, und hierfür sein Leben einzusetzen, wissend: Mir kann man nichts nehmen als eben dieses Leben – das hat Luther zur Ausnahmegestalt seiner Zeit gemacht. Hiervon abzuheben ist seine Weltanschauung, die man nicht durchweg der «neuen Zeit» zurechnen kann, die vielmehr aus dem späten Mittelalter stammt und Luther insoweit durchaus als Kind seiner Zeit ausweist. Für ihn sind der Staat, die weltlichen Institutionen und die Obrigkeit schlechthin von Gott gesetzt – daher sollen die Menschen der Obrigkeit untertan sein, ganz unabhängig davon, ob sie als Christenmenschen in rechter Weise an Gott glauben und in ihrem Glauben ihre Freiheit finden. Die Reformation ist für Deutschland, was die Bewegung des *rinascimento* in Italien, was die Renaissance in einigen westeuropäischen Ländern ist: Sie erschüttert das Gebäude der mittelalterlichen Ordnung, indem sie daneben ein neues setzt und damit Energien und Potenzen, auch künstlerischer Art, entbindet, die noch Jahrhunderte nachwirken.

Thomas Müntzer

Thomas Müntzer repräsentiert, gemeinsam mit Martin Luther, in geistiger und wissenschaftlicher, intellektueller, ideologischer und nicht zuletzt politischer Hinsicht das Gesamtprofil der höchst unterschiedlichen Positionen und Konturen der frühen Neuzeit. Er stammt aus armen, buchstäblich hinterwäldlerischen Verhältnissen, studiert Theologie in Leipzig und in Frankfurt an der Oder, schließt mit dem Baccalaureus- und dem Magister-Artium-Examen ab, wird Wanderprediger, attackiert – ‹antiautoritär› *avant la lettre* – Fürsten wie Kirchenfürsten, etwa den Erzbischof von Magdeburg, und entwickelt sich zum Ideologen mit chiliastischen Neigungen, in der urchristlichen Tradition der Kirchenväter, etwa des Joachim von Fiore: die alttestamentlich inspirierte Vorstellung eines ewigen Gottesreiches auf Erden, das tausend Jahre dauern und das Paradies mit sich bringen wird. Müntzer ist Luther 1519 begegnet, in

Leipzig, wo der Reformator seine Disputation mit Johannes Eck, dem Repräsentanten der katholischen Kirche, halten sollte. Luther hatte von Müntzer zunächst einen guten Eindruck gewonnen und ihn auf eine Predigerstelle in Zwickau empfohlen; doch erregte dieser, da er seiner rebellischen Haltung wegen ausgewiesen wurde, alsbald den Zorn seines Gönners. Müntzer erwies sich schon in jungen Jahren als ein bibelgerechter Eiferer. Er hatte vor allen Dingen das Alte Testament vor Augen, berief sich aber ebenso auf das Neue Testament, dabei spontan zu unberechenbaren Reaktionen tendierend, zu gelegentlichen Exaltationen, die ihm frühzeitig den Ruf eintrugen, eine charismatische Persönlichkeit zu sein. Nachdem er aus Zwickau ausgewiesen worden war, reiste er predigend durch die Lande und schlug sich auf diese Weise, bei kärglichem Lebensunterhalt, mehr schlecht als recht durch.

1521 verfasst Müntzer in drei Sprachen (Böhmisch, Lateinisch, Deutsch) einen Aufruf *contra Papistas*, der – am 1. November, an Allerheiligen, öffentlich ausgehängt – ihm aufgrund seiner drastischen Bildlichkeit und sprachlichen Plastizität regen Zulauf unter den Gläubigen sichert, mit der Folge seiner Ausweisung aus Prag im Januar 1522. Auf der Flucht gab es in Wittenberg eine kurze, offenbar unerfreuliche Begegnung mit Luther. Müntzer geht daraufhin nach Nordhausen, von wo man ihn ebenfalls vertreibt. Seit Ostern 1523 befindet er sich in Sachsen, in Allstedt, in der Nähe des Mansfeld'schen Erzbergwerks. Er heiratet dort eine aus dem Kloster ausgetretene Nonne, Ottilie von Gersen, von der es heißt, sie habe das Predigergeschäft Müntzers, umherziehend durch Kirchen und Gemeinden und agitierend in seinem Sinn, noch härter, schärfer und schriller betrieben als er selbst.

Müntzer aber findet keine Ruhe, im Gegenteil: Wo er auch hinkommt, eilt ihm der Ruf voran, schlimmer als die ‹Martinianer› zu sein. In der Tat: Nach dem Bruch mit Luther kommt es zu einem Aufbruch zu neuen Ufern, zu einem präkommunistischen Denken mit sozialrevolutionärem Antrieb, der Müntzer die Partei der armen Leute ergreifen lässt. Er wird zum alttestamentlich orientierten Charismatiker, der Pamphlete gegen den Grafen von Mansfeld veröffentlicht, dazu theologische Schriften, die sich mit der Taufe befassen, ferner mit dem «gestohlenen Glauben» eines fehlerhaft gedeuteten Christentums, nicht allein in der katholischen Kirche, sondern auch bei seinem Feind Martin Luther. Während es nach Luther Vergebung allein aus dem Glauben gibt, sieht Müntzer sehr wohl das aktive Moment der Buße und der Demut, durch das sich Gott dem Menschen öffne. Für ihn ist nur der in allergrößte Sorgen und in Nöte gestürzte Mensch überhaupt des Glaubens fähig.

Zugleich mit dieser theologischen Argumentation vollzieht sich bei Müntzer eine revolutionäre politische Wendung: Er hält als erster Prediger den Gottesdienst in deutscher Sprache ab. Während Luther sich zunächst gegen jede Popularisierung des Gottesdienstes gewandt hatte, adressiert sich Müntzer in seinen Predigten von vornherein in deutscher Sprache, ausdrücklich in politischer Absicht, an das Volk, mit großer Resonanz vor allem bei den armen Schichten der Bevölkerung. Mit seinen Predigten hat er so großen Erfolg, dass der Graf von Mansfeld und der Herzog von Sachsen sich veranlasst sehen, ihren Untertanen den Besuch seiner Gottesdienste zu untersagen. Als dieses Verbot missachtet wird, kommt es zu blutigen Auseinandersetzungen mit einer Schutztruppe, welche die obrigkeitlichen Anordnungen mit Gewalt durchsetzen soll – woraufhin die erregte Menge zu einem der großen Heiligenbilder der katholischen Kirche zieht, um dieses zu zerstören. Der Rat der Stadt Allstedt weigert sich, die Schuldigen zu bestrafen.

Luther, der den rebellischen Charakter seines Widersachers frühzeitig erkannt hatte, sprach seine Kritik an Müntzer in einem *Brief an die Fürsten zu Sachsen von dem aufruhrischen Geist* ohne jeden Vorbehalt aus: «Also, nachdem der ausgetriebene Satan itzt ein Jahr oder drei ist umhergelaufen durch dürre Stätte und Ruhe gesucht und nicht gefunden, hat er sich in E. F. G. [Euer Fürstlichen Gnaden] Fürstentum niedergetan und zu Allstedt ein Nest gemacht und denkt, unter unserm Friede, Schirm und Schutz wider uns zu fechten. […] Da dacht ich wohl, es wollt dahinaus, daß sie gedächten, weltliche Oberkeit zu stürmen und selbst Herr in der Welt zu sein. So doch Christus für Pilato das verneinet und spricht, sein Reich sei nicht von dieser Welt und auch die Jüngern lehret, sie sollten nicht sein wie weltliche Fürsten.» Ein Argument, das – für Luther konsequent – auf der Trennung von Religion und Weltlichkeit besteht und gegen jeden Versuch gerichtet ist, die Religion als Vehikel weltlicher Herrschaft zu benutzen. Rabiat argumentiert Luther mit der abschließenden, gegen Müntzer und seinen Anhang («Herr omnes») gerichteten Empfehlung, es müsse die «Ursach der Aufruhr, dazu sonst Herr omnes mehr denn zuviel geneigt ist, verhuetet» werden: «Denn es sind nicht Christen, die uber das Wort auch mit Fäusten dran wöllen und nicht vielmehr alles zu leiden bereit sind, wenn sie sich gleich zehen Heiliger Geist voll und abervoll berühmten.»

Unter den zahlreichen Veröffentlichungen Müntzers sind drei Schriften aus dem Jahr 1524 hervorzuheben: *Hochverursachte Schutzrede, Die Fürstenpredigt* und *An die Allstedter. Manifest an die Mansfeldischen Berggesellen*. Den beiden erstgenannten Schriften gingen Veröffentlichungen wie die eben zitierte aus der Feder Luthers voraus, in denen Müntzer wegen seiner Predigten und der aus ihnen resultierenden Auseinandersetzungen kritisiert, ja denunziert wurde, mit dem unmissverständlichen Ziel seiner Vertreibung. Herzog Johann, ein Bruder des Kurfürsten von Sachsen, wollte sich selbst ein Urteil bilden und bestellte anlässlich eines Besuchs in Allstedt bei Müntzer eine Predigt. Müntzer beschloss, seine politischen Ansichten und Absichten unverhüllt darzustellen, und wählte hierfür in seiner *Fürstenpredigt* ein Kapitel aus dem alttestamentlichen Buch des Propheten Daniel, in welchem Daniel einen Traum des Herrschers Nebukadnezar auslegt. In Müntzers Predigt kommt unmissverständlich zum Ausdruck, dass die biblische Vision von jenem «Stein», der «herabgerissen ward ohne Hände», um das aus Gold und Silber, Erz, Eisen und Ton entstandene «Bild» des Reiches zu zerstören, nichts anderes ist als die Vision von der Zerstörung aller irdischen Reiche, auch der gegenwärtigen, die zerschlagen und zerstört werden, sofern nicht alle Menschen, auch die Herrscher, sich bekehren und gottesfürchtig leben. Eine radikale Interpretation und eine ebenso rabiate Übertragung in die Gegenwart, die Müntzers Respektlosigkeit gegenüber den Herrschern seiner Zeit verdeutlicht.

Seinen gezielten Affront dehnt Müntzer in seiner *Hochverursachten Schutzrede* auf Luther aus. Ausdrücklich bezeichnet er sein Schreiben – eine Reaktion auf Luthers *Brief an die Fürsten von Sachsen von dem aufruhrischen Geist* – als «Antwort wider das geistlose, sanftlebende Fleisch zu Wittenberg, welches mit verkehrter Weise durch den Diebstahl der Heiligen Schrift die erbärmliche Christenheit also ganz jämmerlichen besudelt hat». Es geht Müntzer freilich nicht allein um die Person Luthers, sondern ebenso um die Rechtfertigung der eigenen politische Aktivitäten, die durch die Beteiligung der armen Bevölkerungsschichten legitimiert sei: «Es ist nit anders in der Wahrheit, wie mir das ganze Land Gezeugnis gibt, das arme dürstige Volk begehrte der Wahrheit also fleißig, daß auch alle Straße voll Leute war von allen Orten, anzuhören, wie das Amt, die Biblien zu singen und zu predigen, zu Allstedt angerichtet ward.» Diese Berufung auf das sozialrevolutionäre Potenzial in der verelendeten Bevölkerung trägt zugleich die Legitimation für die von Luther inkriminierten Handlungen in sich, in Form einer Einsicht, die nicht ohne Grund zu einem geflügelten Wort geworden ist: «Die Herren machen das selber, daß ihn' der arme Mann feind wird. Die Ursach des Aufruhrs wöllen sie nit wegtun. Wie kann es die Länge gut werden? So ich das sage, muß ich aufrührerisch sein! Wohlhin!» Zweifellos der prägnanteste Satz der *Hochverursachten Schutzrede*, einprägsam und in evidenter Weise Müntzers Impuls zusammenfassend, Menschen zu motivieren, Aufstände zu organisieren und dabei auf das Alte Testament zurückzugreifen, in dem eine andere, eine deutlichere und drastischere Sprache gesprochen wird als im Neuen Testament. Es geht – neben allem persönlichen Mut, den Luther wie Müntzer unter Beweis stellen – auch um Konkurrenz, um Rivalität, mithin um die alles entscheidende Frage des Nachruhms: Welche der beiden historisch herausragenden Figuren war die bedeutendere? Müntzer legt das Evangelium, im Unterschied zu Luther, als eine sozialrevolutionär zu verstehende Botschaft aus, die Ansprüche und Aktionen der Bauern dementsprechend als religiöse Tat. Es handelt sich in seinen Augen um urchristliche und urkommunistische, fundamentalistische Handlungen nach der Maxime: «omnia sunt communia» (‹Alles gehört allen›): «Und sollte einem jedem nach seiner Notdurft ausgeteilt werden nach Gelegenheit.» Müntzer hat diesen für das Verständnis seines Lebens entscheidenden Satz in äußerster Bedrängnis gesprochen: Er findet sich in einem Protokoll verzeichnet, das unter der Folter aufgezeichnet wurde – es ist ein Wahlspruch, den Müntzer von den Bauern übernommen hat. Man kann sagen: Alle kämpferischen Flugschriften der Bauern in dieser Zeit atmen den Geist Müntzers. Auch wenn sie nicht von ihm persönlich verfasst wurden, sind sie doch von ihm inspiriert. Im Gestus bisweilen ein wenig gemäßigt, zeugen sie durchweg von einem neuen Selbstbewusstsein, dessen Voraussetzung die Verelendung der Bauern bildet, verbunden mit der Hoffnung auf Veränderungsmöglichkeiten. Das soziale Potenzial des Bauernkriegs, aus dem sich die militanten Aktivitäten speisen, erwächst aus der urchristlich-urkommunistischen Religiosität in der von Thomas Müntzer wieder belebten Tradition des Alten Testaments.

Ein Blick auf die berühmten *12 Artikel* der Bauern vom März 1525 kann diese Einschätzung bestätigen. Man hat ursprünglich angenommen, dass Müntzer selbst diesen Text verfasst habe, doch lassen genaue Stilproben diese Deutung fraglich erscheinen. Wahrscheinlicher ist die Vermutung, dass diese Artikel von einem anderen Mitstreiter der Bauern verfasst wurden, der die Redaktion übernommen hat, der Feldschreiber des Baltinger Haufens nämlich, Sebastian Lotzer, ein Kürschnergeselle aus Memmingen, der die Beschwerden der Bauern zusammengestellt und mit Bibelstellen angereichert hat. Für den Druck fügte der Memminger Stadtprediger Christoph Schappeler die Einleitung hinzu. Diese Artikel erschienen unter dem Titel *Die grundlichen und rechten Hauptartikel aller Baurschaft und Hintersässen der geistlichen und weltlichen Obrigkeiten, von wölchen sie sich beschwert vermeinen* in Augsburg und erlebten im selben Jahr mindestens 22 Auflagen – sie sind das Grundsatzprogramm der Bauern.

Dieses Grundsatzprogramm ist, bezieht man es auf die konventionellen zeitgenössischen Sprechweisen und Ausdrucksformen, in aller Bescheidenheit formuliert, und es erhebt, aus heutiger Sicht, durchaus keine unbilligen Ansprüche. Allerdings werden zum ersten Mal in der Geschichte Forderungen vorgetragen, die unmittelbar aus den Aktionen und Kämpfen unterprivilegierter, unterdrückter Schichten hervorgehen, ihren sozialen Erfahrungen und Entbehrungen Ausdruck geben und in der Folge auch die Richtung weisen. Es handelt sich dementsprechend vor allem um wirtschaftliche Aspekte, die genannt werden. Die Bauern werden ausgeplündert, und sie sind rechtlos. Dass sie aufbegehren, dass sich der Gedanke des Widerstandes in vergleichsweise kurzer Zeit, wie im Fluge, verbreiten und durchsetzen kann, von der Schweiz bis nach Sachsen, zeigt, wie groß die Not ist und wie befreiend der Gedanke erscheinen muss, dagegen aufbegehren zu können. Hinzu kommt das Profil des Menschentypus, der in dieser Zeit, nicht nur unter den Bauern, prägnant hervortritt, insbesondere eben Thomas Müntzer mit seinem geradlinigen Eintreten für die Sache der sozial Verelendeten und seinem entschiedenen Durchsetzungs- und Selbstbehauptungswillen, zu dem auch ein spezifischer, individueller Trotz gehört. Und nicht zuletzt ist die Religion in diesem Kontext von Bedeutung, da Müntzer, im Unterschied zu Luther, den einfachen Mann auf die Propheten des Alten Testaments verweist, in deren Tradition er selbst sich sieht, aus deren Geist und in deren Sprache er redet – so wie ein Prophet des alttestamentlichen zürnenden und strafenden Gottes zu den Herrschenden spricht.

Dass Luther die Forderungen der Bauern ablehnt, versteht sich von selbst. Nachdem er die *12 Artikel* gelesen hat, schreibt er eine Ermahnung zum Frieden, in der er die Ungleichheit der Menschen in der weltlichen Sphäre betont, im Gegensatz zur religiösen Welt, in der vor Gott alle Menschen gleich sind. Mit dieser Begründung wehrt Luther die Forderungen der Bauern nach sozialer Veränderung entschieden ab, um zugleich Müntzer, seinen Widersacher und Konkurrenten, als Anführer zu denunzieren. *Wider die räuberischen und mörderischen Rotten der Bauern* (1525) ist einer der zentralen Texte aus der Zeit des Bauernkriegs. Er wird getragen und ist durchzogen von Formulierungen, die grausam, ja grauenhaft anmuten, insbesondere im Hinblick auf den Verfasser, einen Reformator vom Format Martin Luthers. «Mein Reich ist nicht von dieser Welt», lautet der biblische Basissatz, auf den er sich in diesem Zusammenhang in vielfachen Variationen bezieht. Der Schluss des Pamphlets besitzt seine eigene Gewalt, inhaltlich wie im sprachlichen Duktus: «Drum, lieben Herren, loset [= erlöset] hie, rettet hie, helft hie! Erbarmet euch der armen Leute! Steche, schlahe, würge hie, wer da kann! Bleibst du druber tot, wohl dir! Seliglichern Tod kannst du nimmermehr uberkommen, denn du stirbst in Gehorsam göttlichs Worts und Befehls [...] und im Dienst der Liebe, deinen Nähisten zu retten aus der Hellen und Teufels Banden.» Wer die Bauern umbringt, tut Gutes, und wer bei diesem mörderischen Geschäft selbst umkommt, ist gerettet und selig, denn er tut Gottes Werk – eine klare, blutrünstig rächende Sprache, ein Pamphlet in einem Duktus, wie er härter kaum zu denken ist.

Am Ende steht im Jahr 1525 die desaströse Niederlage der Bauern in der Schlacht bei Frankenhausen. Noch am Vorabend dieser Schlacht hatte Müntzer eine seiner beeindruckenden rhetorischen Leistungen verbreiten lassen (*An die Allstedter*), mit der er die Verschworenen des Allstedter Bundes dazu aufrief, die Einheit mit den Mansfeld'schen Bergknappen herzustellen und die Aufständischen zum Kampf zu ermutigen: «Wann euer nur drei ist, die, in Gott gelassen, allein seinen Namen und Ehre suchen, werdet ihr hunderttausend nit furchten. Nun dran, dran, dran! Es ist Zeit! Die Boswichter seind frei verzagt wie die Hund. Regt die Bruder an, daß sie zur Fried kommen und ihr Bewegung Gezeugnis holen. Es ist uber die Maß hoch hoch vonnöten. Dran, dran, dran! Laßt euch nicht erbarmen [...]. Sehet nit an den Jammer der Gottlosen! Sie werden euch also freundlich bitten, greinen, flehen wie die Kinder. Lasset euch nit erbarmen». Eine Flug- und Kampfschrift, unterzeichnet mit «Thomas Muntzer, ein Knecht Gottes wider die Gottlosen», ein Pamphlet mit einer ungebärdig radikalen und zündenden Sprache, zugleich ein klug aufgebauter Text mit Spannungsbögen, Höhepunkten und Pointierungen, ein Aufruf zum Aufruhr, in dem leitmotivisch Bibelverweise eingesetzt werden, rhythmisiert durch die aufpeitschenden Aufrufvokabeln des ‹dran, dran, dran› und verbunden mit der Forderung, diesen Text zu verbreiten – ein herausragendes Beispiel der Flugschriftenliteratur und ein Dokument der ihr eigenen Funktionen. Doch die Bauern werden vernichtend geschlagen. Müntzer flieht in die nahegelegene Stadt und verbirgt sich in einem der Vororthäuser. Man konnte ihn aufgrund der Schriften, die er bei sich trug, identifizieren, hat ihn «peinlich» verhört und hingerichtet.

Flugschriftenliteratur

Dass die neu entstehende Literatur – legt man diesen Terminus weit genug aus – eine bedeutende Rolle für die Kommunikation und die strategische Verständigung unter den kämpfenden Parteien, insbesondere unter den Aufständischen gespielt hat, lässt sich an der Entwicklung des Genres Flugschriften unschwer ablesen (Brackert 1975). Es handelt sich um eine Textsorte, die zwischen 1520 und 1525 ihre Blütezeit erlebt. Zwar gab es auch zuvor bereits vereinzelt Flugschriften und Flugblätter, die die Aufgabe hatten, Informationen zu verbreiten und spezifische Adressaten zu erreichen. Jetzt aber, während des Bauernkriegs, wächst ihnen eine eigenständige literarische Qualität zu. Sie adressieren sich nicht nur an eine spezifische Öffentlichkeit, sondern die Öffentlichkeitsadresse schreibt sich gewissermaßen in die Texte ein. Es entsteht eine völlig neuartige Autor-Leser-Relation: Die Autoren beziehen die Leser in ihre rhetorische Strategie ausdrücklich durch literarische Mittel der Verständigung ein, die bei ihrem Publikum ein Gefühl der Gemeinsamkeit erzeugen. Wenn Thomas Müntzer Martin Luther als «dieser Doktor Lügner» apostrophiert, kann er auf Einverständnis bei seinem Publikum rechnen, zumindest aber darauf, dass sich die Leser vom Urteil des Verfassers überzeugen lassen. Auf Seiten der Bauern finden sich Manifeste und Artikelbriefe, in denen es vor allem um Fragen der Aktualität, Popularität und Publizität geht: Aktualität im Hinblick auf geplante Aktionen oder dringend der Lösung harrende Probleme; Popularität im Hinblick auf die Verständlichkeit der Sprache, in der man die Adressaten erreichen will; Publizität bezogen auf die Verbreitungsmöglichkeiten innerhalb einer weit verstreuten, zudem zu großen Teilen analphabetischen Öffentlichkeit. Aus diesem Grund war eine leicht verständliche Sprache ebenso erforderlich wie eine rasche Verbreitung und eine kostengünstige Herstellung der Flugschriften.

Erschienen sind sie aufgrund von Zensurmaßnahmen und Verfolgung meist anonym oder unter Pseudonymen, sodass die Frage nach der Identität der Autoren kaum mehr zu klären ist. Wenn die Herrschenden der Autoren habhaft werden konnten, mussten diese ihrerseits mit «peinlichen» Verhören rechnen. Doch zum Teil haben die Pseudonyme auch mit Camouflage zu tun. So sind etwa die sogenannten «Humanistenbriefe», von denen bereits die Rede war, zum Teil unter ‹maskierenden› Namen veröffentlicht worden. Hier wurde durchaus kein Schutz vor der Zensur gesucht, sondern es handelte sich um literarische Maskenspiele, auch um Versuche zur Verhöhnung des Gegners, der in Form von bestimmten Autor-Figuren herabgesetzt werden sollte. Die Namen der Autoren, die sich identifizieren lassen, legen freilich den Gedanken nahe, dass die meisten Verfasser solcher Schriften aus der gebildeten Schicht kamen. Die Bauern brauchten und fanden Helfer, zumeist in der Schicht der Handwerker, die des Lesens, des Schreibens und differenzierter Ausdrucksmöglichkeiten fähig waren. Sie stellten sich den Bauern zur Verfügung, da sie sich als Sprachrohr des einfachen Mannes verstanden. Das bedeutet durchaus nicht, dass sie sich stets und in jeder Hinsicht mit allen Forderungen der Bauern identifiziert hätten, doch haben sie deren Sache als gerecht erkannt und anerkannt – beispielsweise Ulrich von Hutten und ebenso Hans Sachs – und hieraus die Konsequenz gezogen, ihre intellektuellen und kulturtechnischen Fähigkeiten und Fertigkeiten für eine gerechte Sache zur Verfügung zu stellen. Dementsprechend muss man den Autor im 15. oder 16. Jahrhundert eher als einen Textschreiber verstehen denn als eine Person, die mit einer ingeniösen und unverwechselbaren literarischen Begabung ausgestattet ist. In diesem Licht sehen sich auch die zeitgenössischen Verfasser der Texte selbst: Sie schreiben im Auftrag – ihre Texte bringen nicht notwendig die persönliche Meinung eines einzelnen Autors zum Ausdruck, sondern stellen Beiträge zur öffentlichen Diskussion dar zwecks Information und Meinungsbildung.

Inhaltlich handelt es sich bei den Flugschriften um einen Spiegel der wichtigsten zeitgenössischen Auseinandersetzungen. Sie reflektieren in ihrer Gesamtheit wie im Einzelfall die repräsentativen Auseinandersetzungen dieser Zeit: Fragen der Reformation und später der Gegenreformation, die Bauernkriegsproblematik, die Religionsgespräche und humanistisches Gedankengut. Die literarischen Formen, welche die Flugblattliteratur entwickelt, sind breit gefächert, wenngleich ihr argumentativer Horizont relativ eng und stereotyp wirkt. Es dominiert das Pamphlet, die Polemik, die Kritik, verbunden mit der Herabsetzung des Gegners. Es handelt sich um eine sprachlich bisweilen überaus grobe Literatur, die nicht zuletzt aus ‹Schimpfreden› mit dem erklärten Ziel besteht, eine Person auf unflätige Weise herabzusetzen. Als Parallelgattung hierzu entwickelt sich die Satire, gleichfalls mit dem Ziel verbunden, den Gegner herabzusetzen, doch in einer intellektuell geschliffenen Form. Ferner entstehen Allegoresen, sprachlich-bildhafte Darstellungen der Welt mit vergleichsweise – etwa im Verhältnis zur verbindlich kodifizierten Symbolsprache – willkürlichen Qualitätszuschreibungen, daneben dramenähnliche Gebilde (Monologe, Dialoge und Prosadialoge). Unter ihnen können die dialogischen Formen als repräsentativ für diese Zeit gelten, weil sie prägnante Möglichkeiten bieten, bestimmte Positionen im Kontrast zu anderen Sichtweisen zu pointieren und in diesem Meinungsstreit das jeweils eigene Urteil gewitzt und kritisch ins Recht zu setzen.

Diese verhältnismäßig breite Skala literarischer Formen ist mit einer entschiedenen Wirkungsabsicht verbunden. Die Autoren und Distributoren wollen ein Publikum erreichen, um ihre Meinung zu verbreiten und durchzusetzen und ihr Publikum in die eigene argumentative Strategie einzubeziehen, um auf diese Weise eine möglichst große Multiplikation der eigenen Absichten erzielen zu können. Die Flugschriftenliteratur stellt, so gesehen, ein Medium der Verständigung und der Auseinandersetzung in einem eben entstehenden öffentlichen Raum dar, das erst durch den Buchdruck ermöglicht wird. Zuvor gab es die begrenzten Öffentlichkeitsformen des Hofes und der Kirche, ferner die mündliche Kommunikation in Stadt und Dorf. Was ansonsten in Form von Handschriften oder Kopien kursierte, waren Medien einer abgehobenen Öffentlichkeit, beschränkt auf gebildete Zirkel in Klöstern und bei Hofe, die ein großes Publikum nicht einmal erreichen wollten. Erst mit der Reformation und durch den Bauernkrieg entsteht eine Öffentlichkeit im umfassenden Sinn des Worts, mit einer strategisch anvisierten Überregionalität des möglichen Informationsaustauschs. Kommunikations- und Verbreitungsmedien, die weit über den zuvor eng begrenzten regionalen Raum hinausreichen, bilden Öffentlichkeitsformen in einem bereits anspruchsvollen Sinn des Worts, auch wenn sie nicht ohne den Gegenpol einer entschiedenen Zensur zu denken sind, meist in Gestalt einer Nachzensur, die sich gegen die Verfolgung der Autoren und Verteiler richtete.

Die Flugschriftenliteratur dieser Zeit lässt sich als Ideensprachrohr mit einer bestimmten Wirkungsabsicht und einer spezifischen Öffentlichkeitsperspektive verstehen. Sie ist – legt man den Begriff der ‹Masse› großzügig aus – das erste Massenmedium der Publizistikgeschichte, mit einem eigenen Profil und einer eigenen Sogwirkung, durch die sich in

Verbindung mit Luthers Bibelübersetzung eine Volks- und Gemeinsprache herausbilden konnte. Um volkstümlich zu sein, war sie auf Allgemeinverständlichkeit angewiesen, die sich als Stilwille mit sprachschöpferischen Qualitäten durchzusetzen wusste oder auch in Form von Travestien, die auf liturgische Traditionen zurückgehen. Hierfür kann eine Predigt des Hirten und Dorfmusikanten Hans Böhm, genannt Pfeiferhänslein, aus dem Jahr 1476 als Vorbild gelten: «Wir wollens Gotte vom Himmel clagen / Kyrie eleison / Das wir die Pfaffen nicht zue todt sollen schlagen / Kyrie eleison». Schriften wie diese geben dem Bedürfnis zur Schaffung einer Verständigungsbasis Ausdruck. Damit sie verbreitet und angenommen werden konnten, musste auf der Rezeptionsseite, zwischen den verschiedenen Ständen und sozialen Gruppen, vor allem den Unterklassen und den gebildeten Schichten, ein bestimmter Informations- und Kommunikationsanspruch vorhanden sein. Man kann die Flugschriftenliteratur insoweit auch als ein Medium der Demokratisierung verstehen, dessen Potenzial bereits ein halbes Jahrhundert vor den Bauernkriegen erkennbar ist. Seither entwickelt sich eine oppositionelle Publizistik, die Schwert und Schrift miteinander verbindet: das Schwert der kämpfenden, gegen ihre Unterdrückung aufbegehrenden Bauern und die Schrift der Gebildeten – Formen und Funktionen, die im Flugblatt zu einer agitatorischen Synthese verschmelzen. Die Flugschriften verbreiteten die Forderungen der Bauern im engen Zusammenspiel mit den sich ausweitenden kriegerischen Auseinandersetzungen und wurden vor einem großen Publikum von bis zu 8000 Menschen verlesen. Deshalb kann man in der Tat von einem Massenmedium sprechen. Die Flugschriftenliteratur sollte die Konfliktlage, die jeweilige Konstellation und die unterschiedlichen Angriffspunkte fixieren, um auf diese Weise an den realen Auseinandersetzungen teilzuhaben, Verhandlungspositionen zu markieren, Selbstdarstellung und Werbung für die eigene Sache zu betreiben, mit einem Wort: die Interessen der Bauern zu artikulieren, die über den Bereich der unmittelbaren lokalen Zusammenhänge, aus denen die Bauernaufstände hervorgegangen sind, hinauswiesen.

Vor zwei Schwierigkeiten standen die Bauern bei der Organisation des Krieges allerdings von Anfang an: Angst vor den Folgen ihrer Aufstände und Artikulationsprobleme. Beide Schwierigkeiten schufen Handlungshemmungen und auch Verhandlungshemmungen. Die Aufständischen waren den Herrschenden, die mit ihnen sprachen, weit unterlegen, mit der Folge, dass ihre Ohnmachtserfahrung rasch in offene Gewalt umschlug. Sie sahen keine andere Möglichkeit, als sich zu wehren, und sie wehrten sich in einer höchst unvollkommenen Form: schlecht ausgerüstet und unzureichend organisiert, ohne zentrale Befehlsgewalt und ohne strategische Abstimmung, mit erheblichen Schwierigkeiten bei der Vermittlung ihrer Forderungen, die dazu beitragen sollten, die regionale Zersplitterung zu überwinden.

Zeitgleich mit den Veröffentlichungen dieser Forderungen entstehen literarische Formen, die sich in und mit den kriegerischen Auseinandersetzungen der Bauern entwickeln, so das «Bündische Lied», verfasst von einem Liedermacher namens Conz Annahans, der 1527, nach der Niederlage der Bauern, für dieses Lied zur Rechenschaft gezogen und, einer Chronik zufolge, «gemietlich befragt worden» sein soll. Die erste Strophe dieses Liedes lautet:

> Ain Geyr ist ausgeflogen
> Im Högew am Schwarzwald.
> Er hat vil Jungen ausszogen,
> /:Die Bauern allenthalb:/
> Sie sind aufrürig worden
> In teutscher Nation
> Und hand ain bsunder Orden,
> /:Vielleicht wird's in wol gon
> [...]

Ein Lied, das aus eingängig kurzen Sätzen besteht, mit einem drastischen Wortmaterial, das von seinem Adressatenkreis vermutlich gut verstanden wurde. Am Ende der Strophen finden sich allerdings bisweilen Fragezeichen, die auf Ungewissheit, Unentschlossenheit, gar Angst vor den Weiterungen des Aufstandes deuten, verbunden mit der abschließenden Frage nach dem Sinn des Einsatzes: «Was mag in werden ze lon?» Die Gegenpropaganda der Herren ließ nicht lange auf sich warten. In einem «New christlich Lied in Toller Melodei» heißt es:

In Steten sind aufgstanden
vil predicanten frum,
hand die warheit gnommen zehanden
und forchten in nit drum,
erboten zu disputieren
menglichem in der welt
[...]

Mit solchem irem liegen
han si bracht ein mißverstand,
die warheit theten si biegen
mit irem falschen tand
[...]

Hier werden die aufständischen, die reformatorischen Ideen in ihrer eigenen Sprache und einer «tollen Melodei» bekämpft. Beide Seiten arbeiten im Grunde mit demselben Material, dem Sprachmaterial einerseits, den Reimformen andererseits, sowie mit eingängigen kurzen Sätzen und Strophen, sodass sich diese Lieder rasch lernen, verbreiten und einsetzen ließen. Diese populären Formen gehen auf die Vorläufertraditionen des «Bundschuh» und des «Armen Konrad» zurück, Vereinigungen der Jahre 1513/14 und 1517, in denen sich die Bauern, noch lokal organisiert, zu ersten Aufständen zusammengefunden hatten. Die Literatur nimmt hier bereits in ersten Ansätzen die Funktion wahr, die sie später auf breiter Front erhält: die Funktion der Identitäts- und Traditionsbildung, die später aktualisiert und durch andere Flugschriften kontextualisiert wird, etwa durch den «Artikelbrief», der sehr viel deutlicher als die bereits zitierten *12 Artikel* die Forderungen der aufständischen Bauern präsentiert, sich also nicht mehr mit naturrechtlich begründeten Ansprüchen bescheidet, sondern unmissverständlich soziale Perspektiven entwirft. Von Anfang an wird deutlich gesagt: Es geht gegen die weltlichen und die geistlichen Herrn und Obrigkeiten – ihnen wird der Krieg erklärt. Zwar betonen die Verfasser, dass sie kein Blutvergießen wünschen, vorausgesetzt, man räume ihnen die ihnen zustehenden Rechte ein. Komme es hierüber zu einer Einigung, dann könne man sich in Gottes Namen friedlich verständigen, und alles werde gut. Die Herrschenden in den Fürstenhäusern und in den Klöstern aber sind die erklärten Feinde. Sie gehören in den Bann – es sei denn, sie verließen ihre Schlösser, Höfe und Klöster und lebten wie die «gemeinen Leute». Andernfalls, so die klare Kampfansage, soll alles Besitztum vernichtet, verbrannt und zerstört werden.

Ein weiteres anschauliches Beispiel für die Qualität der Flugschriftenliteratur bietet ein Anfang 1521 in Straßburg erschienener, reformatorisch inspirierter Text mit dem Titel *Karsthans*, dessen namentlich nicht bekannter Verfasser vermutlich zum Kreis der Humanisten zählt. Es handelt sich um ein Gespräch mehrerer Personen, darunter der Bauer Karsthans, sein Sohn Studens, ferner der Franziskaner Thomas Murner sowie Martin Luther und der Gott Mercurius. Der Name Karsthans wird hier in selbstironischer Weise gewählt: Unter ‹Karst› versteht man eine zweizinkige Feldhacke, unter ‹Karsthans› einen Bauerntölpel. Doch der Text richtet sich nicht gegen die Bauern. Es handelt sich um eine satirische Auseinandersetzung mit Thomas Murner, der eine Schmähschrift gegen Martin Luther verfasst hatte. Am Ende triumphiert der gesunde Menschenverstand des einfachen Bauern. Will sagen: Das Evangelium kann auch von einfachen Menschen verstanden werden – die Schrift richtet sich gegen den studierten Klerus.

Geistliche und weltliche Lieder

Wenn man über die geistlichen und weltlichen Lieder der Reformationszeit spricht, ist zuallererst auf Martin Luther zurückzukommen: Er hat die Entwicklung insbesondere der geistlichen Lyrik am stärksten und nachhaltigsten geprägt. Luther hat 36 Kirchenlieder geschrieben, von denen allein 24 von Mitte 1523 bis Mitte 1524, im Verlauf eines einzigen Jahrs, entstanden sind. Diese Kirchenlieder wurden, nachdem zuvor Einzeldrucke erschienen waren, in verschiedenen Lesebüchern erfasst, so in einem Lesebuch des Jahres 1524, das den Titel *Das Liederjahr* trug. Die 24 Lieder dieser Schaffensperiode enthält das von dem Musiker Johann Walter herausgegebene, für den Chorgesang bestimmte *Geistliche Gesangbüchlein*, das 1524 in Wittenberg erschien und zu dem Luther eine

Vorrede beisteuerte. Wittenberg und Leipzig blieben auch in Zukunft die Orte, von denen entscheidende Impulse für das Gesangbuch ausgingen. Weitere, zum Teil von Luther vertonte Lieder kamen in den nächsten Jahren hinzu, eine vollständige Sammlung wurde 1543 unter dem Titel *Geistliche Lieder* in Wittenberg veröffentlicht. 1545 folgte ein Leipziger Gesangbuch, das sich Luthers Anregungen anschloss.

Dass in dieser Zeit, in den Jahren 1523/24, zwei Drittel des gesamten Liedschaffens Luthers entstanden sind, hängt mit seinen Bemühungen zusammen, Ersatz für die lateinischen Gesänge zu schaffen. Luther versuchte, deutschsprachige Lieder auch für die Liturgie, also für den gottesdienstlichen Ablauf innerhalb der protestantischen Kirchen zu schaffen, Texte für den Gottesdienst wie für die Ereignisse des Kirchenjahrs, Katechismuslieder für die Gebote und das Glaubensbekenntnis, für Credo und Abendmahl. Bei diesen Liedern handelt es sich um eine religiöse Gebrauchslyrik, der das Gesellschafts- und Volkslied und der in dieser Zeit entstehende Meistersang zugrunde liegen. Die meisten Lieder sind freie Nachdichtungen alter lateinischer Texte oder Umformungen deutscher Lieder. Ebenso finden sich Versuche, ausgehend von bestimmten Vorlagen, etwa Psalmen, neue Traditionen zu begründen, indem der geistliche oder religiöse Gehalt eines Prätextes aufgenommen und in eine eigenständige liedhafte Qualität transformiert wird. Es sind Lieder von meist eindrucksvoller Schlichtheit und bewusster Einfachheit, da sie das Wort der Heiligen Schrift vermitteln und das Evangelium auf eine auch für nicht gebildete Menschen verständliche Weise verkünden sollen. Hierdurch wurde das deutsche Lied, soweit es Volksgut war, zum reformatorischen Lied aufgewertet und damit Teil des kirchlichen Reformprogramms insgesamt. In der Nachfolge Luthers entwickelte sich später eine bedeutende Tradition religiöser, kirchlicher und geistlicher Lieder, einschließlich des evangelischen Gesangbuchs, das auf Luthers damalige Anregungen zurückgeht und noch heute gebraucht wird. Selbst die katholische Kirche hat zahlreiche der Impulse Luthers aufgenommen, darunter einige seiner Liedtexte, freilich mit signifikanten Abweichungen.

Trotz seines bedeutenden Einflusses auf die Entwicklung der geistlichen Lieder kann Luther nicht als Begründer des Kirchenliedes gelten, vielmehr finden sich schon vor seiner Zeit vergleichbare Traditionen, etwa der Gemeindegesang der Prozessionslieder, ebenso Wallfahrtslieder, und es gab Gesang zur Zeit der Reformation selbstverständlich auch innerhalb der katholischen Kirche. Auf solche Traditionen konnte Luther also zurückgreifen. Doch ist entscheidend für die qualitative Beurteilung seiner Innovationen, dass bei ihm der traditionelle Gemeindegesang in den Ablauf der kirchlichen Liturgie eingerückt wird, und zwar neben die Verlesung der Heiligen Schrift, auf welche die Predigt folgt. Diese beiden Elemente werden durch Luther in Form des Gesangs ergänzt, der seinerseits zum Bestandteil der Liturgie wird, als Träger der protestantischen Glaubenslehre und verbunden mit der Funktion, diese zu verbreiten, um auch mit ihrer Hilfe in der Gemeinde ein Gemeinschaftsgefühl zu erzeugen. Denn, so Luther in der Vorrede zur Ausgabe seiner *Geistlichen Lieder:* «Daß geistliche Lieder singen gut und Gott angenehme sei, acht ich, sei keinem Christen verborgen, dieweil idermann nicht allein das Exempel der Propheten und Könige im Alten Testament (die mit Singen und Klingen, mit Dichten und allerlei Saitenspiel Gott gelobt haben), sondern auch solcher Brauch sonderlich mit Psalmen gemeiner Christenheit von Anfang kund ist.»

Luther knüpft dabei an eine ganz bestimmte Tradition des Kirchenliedes an, nämlich die Bekenntnis- oder Kampfliedtradition. Seine Lieder haben bei all ihrer Einfachheit auch programmatischen Charakter. Sie sind als Teil des religiösen Streits aufzufassen, in dem Luther steht, und sie sind insoweit auch Teil eines Kampfes, der die Gemeinde einen will. Das Evangelium soll gestärkt, es soll verbreitet werden. Dazu müssen insbesondere die jungen Menschen angesprochen werden. Die Künste, selbst die Musik taugen hierfür in Luthers Augen jedoch nicht generell, sondern sie können hierzu nur insoweit einen Beitrag leisten, wie sie der Ehre Gottes Ausdruck geben. Der Reformator spricht mithin im Blick auf die Möglichkeiten des geistlichen Liedes zugleich über die Grenzen, die ein aufgeklärter reformatorischer Geist ziehen muss. Religiöse Zweckdichtung soll Glaubensinhalte in einprägsamer Form vermitteln, um das Zusammengehörigkeitsgefühl der Gemeinde zu stärken, die Festigung des Glaubens zu fördern und die aktive Teilnahme der Gemeinde am kirchlichen Leben insgesamt zu beflügeln.

Mit solchen Anregungen steht Luther in dieser Zeit nicht allein, sondern er kann anknüpfen an Kampfgenossen wie Ulrich von Hutten. 1521 hatte Hutten sein bekenntnishaftes Lied «Ich habs gewagt mit sinnen» geschrieben, ein Lied, das selbstbewusst unter dem Titel «Ain new lied herr Ulrichs von Hutten» an die Öffentlichkeit trat, den Impuls der Reformation als kämpferischen Geist auswies und ihn zugleich mit einer sozialen Dimension ausstattete, in Ergänzung zu Luthers auf die Kirche zentrierten Aktivitäten:

> Ich habs gewagt mit sinnen
> vnd trag des noch kain rew –
> Mag ich nit dran gewinnen,
> noch muoß man spüren trew!
> Dar mit ich main nit aim allain –
> Wen man es wolt erkennen –
> Dem Land zuo guot! – wie wol man thuot,
> Ain pfaffen feyndt mich nennen
> […]

Hier sagt eine Person ‹Ich› im Sinne einer intellektuellen, ideologischen, politischen, sozialen und religiösen Positionierung. Dieses ‹Ich› steht für eine entschiedene Haltung im Streit der Zeit, und es bedurfte wohl eines Mannes vom Format eines Ulrich von Hutten, mit seinem spezifischen Kampfgeist und seiner Unbeugsamkeit, um diese Entschiedenheit offen vorzutragen. Dieses Gedicht, das insgesamt sieben Strophen umfasst, ist in programmatischer Hinsicht das – vor Luthers Kirchenliedern – am meisten reformatorische Lied der Zeit. Es steht in einem engen Zusammenhang mit der Dichtung eines Hans Sachs, der, bereits im Titel auf Luther anspielend, 1523 den Gedichtband *Die Wittenbergisch Nachtigall* veröffentlichte, auch mit Gedichten Thomas Murners, und nicht zuletzt mit der eigenwilligen Spruchdichtung des Malers Albrecht Dürer.

Luthers Lieder erlebten in kurzer Zeit zahlreiche Neuauflagen, allenthalben gab es neue Gesangbücher. Entscheidend beigetragen zu ihrem Erfolg hat ihre große Nähe zum Volkslied, die den Gläubigen spontane Identifikationsmöglichkeiten bot. Das eigene Erleben in Text und Melodie des Liedes wiederzufinden – darauf kam es an. Luther gelang es, in seinen geistlichen Liedern eine Form zu finden, die prägnante Formeln mit einprägsamen Bildern verband, die Neigung zum Affekt förderte und eine religiöse Gefühlsintensität entwickelte. Es entstand eine einfache, siebenzeilige Strophenform, ausdrücklich ‹Reformationsstrophe› genannt. Eines der bekanntesten Kirchenlieder Luthers kann hierfür als Beispiel dienen und zugleich veranschaulichen, in welcher Weise der biblische Ausgangstext, der 130. Psalm, eine Fortentwicklung erfahren hat:

> Aus tieffer not schrey ich zu dir,
> herr Gott erhör mein ruffen,
> Dein gnedig oren ker zu mir
> vnd meyner bit sye offen.
> Den so du wilt das sehen an,
> wie manche sund ich hab gethan:
> Wer kann, herr, fur dir bleiben.
> [...]

«Meine Seele wartet auf den Herrn» ist der Kern des 130. Psalms, den Luther hier aufgenommen hat. 1517 hatte er seine Bibelübersetzung erarbeitet, 1524 den zugehörigen Liedtext geschrieben. Während in der Übersetzungsfassung die Perspektive in ihrer Gesamtheit auf Gott abstellt, Angelpunkt der Reformation und der Bibelauslegung Luthers, verlagert sich diese Perspektive im Lied, das seither zum Kanon der evangelischen Kirche gehört. Luther transformiert den Psalm in eine schlichte, eingängige Form, die musikalisch unterstützt wird und eine hohe Identifikationskraft besitzt. Zudem nimmt er semantisch eine leichte Veränderung vor, indem er jenen Aspekt verstärkt, der ihm theologisch bedeutsam, ja entscheidend erscheint: dass die Gnade allein bei Gott liegt. Man kann also von einer Modifikation sprechen, die Luther am Bibeltext vornimmt, nicht im Sinn einer Verfälschung, wohl aber in Gestalt einer Pointierung. Hierzu mussten die Texte wie die Noten, der Rhythmus der Lieder wie ihre Schlichtheitsgebärde nach «rechter Muttersprache» (Luther) organisiert werden, und entsprechend war ihr musikalischer Gesamtgestus zu gestalten. Herz und Verstand hatten ebenso übereinzustimmen wie Gedanke und Lied, damit eine innere Einheit entstehen konnte. Die religiöse Gefühlsintensität in diesen Liedern darf als Ausdruck eines hohen Kunstwollens gelten, das sich sehr deutlich auch in dem Lied «Ein feste Burg ist unser Gott» zeigt, eines der bekanntesten geistlichen Lieder, das Luther 1527 auf der Grundlage von Psalm 46 vermutlich selbst komponiert hat.

Die Anregung zu dieser Art Psalmendichtung war über Frankreich nach Deutschland gelangt, ausgehend von einem theologisch gebildeten Dichter namens Clément Marot, Verfasser unter anderem einer galanten, leicht erotischen Gesellschaftsdichtung und populärer Chansons. In Deutschland wurde Marot durch seine Psalmendichtung, insbesondere den «Hugenottenpsalter», bekannt, an den der Calvinist Paul Schede in der Absicht anknüpfte, dieses Genre in Deutschland publik und populär zu machen. 1572 erschien seine erste Sammlung mit 30 Psalmen *(Psalmen Davids)*, eine zweite Sammlung wurde 1574 unter dem Titel *Schediasmata* veröffentlicht. Es sind Versuche, die Schlichtheit der Psalmen, an Volkslied und Meistergesang anschließend, auch gesanglich auszudrücken, aufgebaut auf dem Versmaß der Terzine, einer ebenfalls aus Frankreich eingewanderten dreizeiligen Strophe, die nach einem bestimmten Schema und abgezählten Silben gereimt ist. Schede hat dieses strenge, ursprünglich aus Italien stammende Versmaß von Marot übernommen, mit dem Resultat erheblicher Lese- und Artikulationsschwierigkeiten im Deutschen, da die Terzinen nur dann rezitierbar sind, wenn jede Silbe einzeln skandiert wird. Die Reimformen lauten: aba / bcb / cdc / ded / efe / fgf. Es sind Formen der Verschlingung, die jeweils drei Zeilen aufeinander beziehen, doch wie eine Art roter Faden das ganze Gedicht durchlaufen, stets aufs Neue abgelöst durch weitere Reimverschlingungen in der jeweils nächsten Terzine.

Auf diese Weise entsteht eine virtuose Verknüpfung und ein formaler Zusammenhang, der kunstvoll und feingliedrig gearbeitet ist. Er entwickelt sich später zu einer europäischen Strophen- und Reimform, die zahlreiche Variationen durchlaufen wird, spielerisch und zwanglos. Man hat Schede seine Innovationen freilich nicht gedankt: Martin Opitz hat in seinem einflussreichen *Buch von der teutschen Poeterey* (1624) darauf hingewiesen, dass Schede die «Franzoserei» in Deutschland betrieben habe. Wirft man vor dem Hintergrund solch kultureller Anregungen aus benachbarten Ländern einen Blick auf die weltlichen Lieder dieser Zeit, so kann man abermals einen prägenden ausländischen Einfluss benennen, in Gestalt des Niederländers Jakob Regnart. Er war ein unsteter, hochgebildeter Mann, der lange Zeit in Wien und Prag lebte, eine erstaunliche Vielfalt in seinen Liedern entwickelt und durch diese angeregt hat, vermittelt über eine große Spannbreite von Traditionen, Formen und poetischen Möglichkeiten, die von der Mythologie über das Volkslied bis zur Satire reicht, zum Teil in Form von Spruch-, aber auch als galante Dichtung. So etwa in dem Gedicht «Der Traum», in dem Regnart das seit Petrarca bekannte Motiv der Liebe variiert, die sich nicht erfüllt, vielmehr sich immer zugleich auf Leid reimt:

> Ein süßer Traum mich thät
> In Nachtesruh umfangen,
> Allda mich deucht ich hätt
> Die mir macht ein Verlangen.
> Ich scherzt mit ihr Und sie mit mir,
> Vermeint, ich wär in Freuden.
> Aber, o Nacht, Du hast mich bracht
> In Angst mit deinem Scheiden!
> [...]

Schlafen und Wachen, der Traum als Möglichkeit der Sehnsuchtserfüllung, die freilich mit dem Erwachen verschwindet, und mit ihrem Verschwinden wächst die Angst vor dem Tag, der ohne die Geliebte verbracht werden muss – ein Motiv, das sich über Jahrhunderte in vielfältigen Variationen erhalten hat, mit einem grandiosen Höhepunkt in Heinrich Heines *Buch der Lieder* (1827). Dieses Motiv konfliktreicher Liebe und ungestillten Begehrens findet sich auch in Volksmythen wie etwa dem *Danhauser*, der durch den Minnesang überlieferten Volkssage von jenem Ritter Tannhäuser, der zur schönen Frau Venus in den Berg gegangen ist, ein Jahr bei ihr lebt, sich von ihr durch Liebe und kulinarische Genüsse verwöhnen lässt – bis es genug ist und er wieder in die Welt hinaus muss, gegen ihren Willen zunächst und am Ende um den Preis, doch zu ihr zurückzukehren. Auch aus diesem Stoff sind literaturgeschichtlich zahlreiche Variationen hervorgegangen, bis hin zu

Ludwig Tieck und Clemens Brentano, Heinrich Heine und Richard Wagner.

Schwankdichtung und Narrenliteratur

Schwankdichtung und Narrenliteratur – das scheint auf den ersten Blick das gleiche Genre zu sein. Doch der Eindruck täuscht. Denn der Narr in der Literatur des 16. Jahrhunderts ist ein eigener Typus, ein besonderer Charakter, an dem etwas zugleich Außergewöhnliches und Repräsentatives gezeigt werden soll. Das kann gelegentlich auch in schwankhafter Form geschehen: lustig, witzig, ironisch, satirisch. Doch was die Schwankliteratur von der Narrenliteratur unterscheidet, ist ihr vergleichsweise breites Spektrum an Sozialtypen, die ihrerseits eine ganz bestimmte Funktion wahrzunehmen haben, auch dadurch, dass an ihnen spezifische Formen der Kritik exekutiert werden können. Der Narr hingegen ist immer nur der Narr, allerdings mit einer zweifachen Aufgabe: Einerseits will man an seinem Beispiel die Dummheit der Welt zeigen, andererseits darf der Narr die Wahrheit sagen. Beide Aufgaben demonstriert prototypisch der Hofnarr, der unter seiner Tarnkappe die Dummheit der Welt bloßlegen und dem Herrscher auch die Wahrheit sagen darf, bisweilen unter dem Mantel der Dummheit. Das Grundmuster des Schwanks – eine knappe, scherzhafte Erzählung mit einer pointierten Moral oder einem witzigen Resümee – lässt sich mit den Begriffen ‹Wesen› und ‹Erscheinung› analysieren. Das Wesen, also das eigentlich Gemeinte, verbirgt sich nicht selten hinter oder unter der erzählten Oberfläche. Die Erzählung, der ‹Plot› des Schwanks, wird in einer bestimmten Absicht benutzt, meist, um das Publikum zu belehren. Diese Lehre wird durch die erzählte Oberfläche hindurch kenntlich gemacht, zum Teil in Gestalt einer überraschenden, scheinbaren Erfüllung von Erwartungen: Man soll anhand des Schwanks dadurch etwas lernen, dass die Erscheinung, also das oberflächlich Erzählte, das Wesen der erzählten Geschichte in Form ihrer Moral offenlegt. Da aber die Schwankerzähler das einfache Volk im Allgemeinen für wenig intelligent halten, finden sich nicht selten zum Abschluss der Schwänke ausführliche Exkurse in die Sphäre der Moral, wodurch die Erzählungen am Ende einen Zug ins Behäbige und Spießige aufweisen: Die Autoren verlassen sich nicht auf die Evidenz dessen, was literarisch entfaltet wird.

Wie die Narrenliteratur hat auch die Schwankdichtung bestimmte Figuren, mit denen sie arbeitet, Charaktere, die häufig wiederkehren, eine Vielfalt von Sozialtypen, die, zum Teil sehr grob geschnitzt, besondere Funktionen für den Schwank erfüllen. Dazu zählt die böse Ehefrau ebenso wie der tölpelhafte Bauer oder der buhlerische Pfaffe – Letzterer zugleich ein Indiz dafür, dass die Schwankliteratur zu einem guten Teil aus protestantischer Perspektive geschrieben und damit gegen die katholische Kirche gerichtet ist. Der Papst kann als wahrhaftiger Gottseibeiuns erscheinen, und alles, was zur katholischen Kirche gehört, wirkt dementsprechend verlogen, heimtückisch, betrügerisch und vor allem triebgesteuert. Diese Charaktertypen werden in den Texten durch eine Gegenmoral entlarvt, durch Tüchtigkeit, durch Tapferkeit oder durch Schlauheit und List, und zwar so, dass das Publikum durch sie hindurch das Schlechte in der Welt erkennt und des Guten gewahr wird. Das Leseoder Hörpublikum besteht freilich gerade nicht aus den Sozialtypen der Schwankliteratur, sondern weiß sich mit den Autoren der Texte einig, wie umgekehrt diese ihr Publikum dadurch belehren, dass sie Einverständnis herstellen. Der frühe bürgerliche Leser muss dementsprechend über einen gewissen Bildungsgrad verfügen und bereits in einer Art literaler Kultur zu Hause sein, um diese Erzählstrategie zur Kenntnis nehmen zu können. Die Schwänke sind außerordentlich drastisch komponiert, hart in der Stoffwahl, derb hinsichtlich der Offenheit, mit der insbesondere über Geschlechtliches und Sexuelles gesprochen wird, bis hin zu alltäglichen intimen Verrichtungen. Es besteht zu dieser Zeit noch kein Gewebe aus gesellschaftlichen Konventionen und Rücksichten, wie man es spätestens seit dem 18. Jahrhundert kennt. Der Zweck ist Belustigung, Belehrung und Unterhaltung – in der Tradition der seit Horaz klassischen Maxime des *aut prodesse volunt aut delectare poetae*, wobei das Unterhaltende darin bestehen kann, dass man sich auf Kosten anderer lustig macht.

Die Schwankliteratur markiert historisch die Schwelle, an der das frühe, insbesondere das protestantisch orientierte Bürgertum, beflügelt sowohl durch die Bibelübersetzung Luthers als auch durch die Möglichkeit, Druckschriften herzustellen, ein neues Selbstbewusstsein entwickelt. Flankiert und gestützt wird es hierbei durch den aufblühenden Handel, der nicht allein Freiräume gegenüber den handwerklichen Berufen eröffnet, sondern in Verbindung mit dem Handwerk ein erstarkendes wirtschaftliches Selbstbewusstsein begründet, durchaus vergleichbar den ökonomischen Entwicklungen in Italien. Das Ergebnis heißt für das kulturelle Feld, dass man nicht nur eine eigene Literatur, sondern mit dieser zugleich eine eigene Moral zu etablieren beginnt. Diese frühbürgerliche Moral richtet sich gleichermaßen gegen Oben und Unten, gegen die Kirche, den Klerus und das Militär wie gegen den Pöbel, vor allem die Bauern und die Landsknechte. In der Mitte der gesellschaftlich tradierten Hierarchien wächst allmählich eine neue soziale Klasse heran, das Bürgertum, das sich mit seiner Schwankliteratur auf satirisch-kritische Weise ein eigenständiges Profil schafft und sich so seiner selbst vergewissert.

Gattungsgeschichtlich entstehen – neben den bekannten mündlichen Überlieferungen wie Märchen, Sagen und Legenden – zum einen Predigten, aus denen sich die Schwankliteratur entwickelt, vor allem das Predigtmärlein, ferner die so genannten Fazetien der Humanisten und nicht zuletzt die mittelalterlichen Versschwänke, eine im 12./13. Jahrhundert entstehende Tradition, deren Vorform beispielsweise die mittelhochdeutsche Schwanksammlung *Der Pfaffe Amis* (um 1240) eines «Der Stricker» genannten Autors repräsentiert, eine Sammlung von Novellen, Schwänken, Fabeln, Satiren, Lehrgedichten und kurzen ‹Bispel›-(Beispiel-)Erzählungen, angeregt durch die französischen ‹fabliaux›. An die Sammlung des Strickers knüpft Reineke Fuchs (zunächst ‹Neidhart Fuchs›) an, der Typus des schlauen Betrügers, der seine Zeitgenossen belügt und übertölpelt und, obwohl körperlich schwach, auf Grund von Verstand und Witz stärker ist als alle anderen. Hier sind derbe Schwänke versammelt, die mit einer drastischen Verspottung der Bauern als dummen Tieren einhergehen, immer wieder aufgegriffen und fortgesetzt, bis hin zu Goethes Bearbeitung im Versepos *Reineke Fuchs* (1794).

Auch in der Predigtliteratur findet sich bereits seit dem 12. Jahrhundert, in lateinischer Sprache, eine Exempelliteratur, die beispielhaft Glaubenssätze, Dogmen und die Inhalte der Evangelien verdeutlichen will. Auch der einfache Mann soll verstehen, was jeweils in der Bibel gemeint ist – daher schafft man eine Literatur, welche die Predigten in Form von Übersetzungen begleitet, sie für das einfache Volk in anschauliche Bilder und Geschichten fasst und in Wundergeschichten und Heiligenlegenden, in Parabeln, Fabeln und Predigtmärlein transformiert, zum Teil stichwortartig, sodass das Volk *en passant*, immer auf die jeweils passende Weise, durch eine religiös-moralische Nutzanwendung belehrt und gegebenenfalls zum rechten Leben und Glauben bekehrt werden konnte.

Der bedeutendste Sammler dieser Predigtliteratur war Johannes Pauli, ein Franziskaner, der sich zu seiner Sammeltätigkeit durch seinen Ordensbruder Johannes Geiler von Kaisersberg anregen ließ. Pauli, im Elsass geboren, war Magister der *artes liberales* und Herausgeber der Predigten Geilers von Kaisersberg (1515). 1519 hat er die Arbeit an seiner Sammlung *Schimpf und Ernst* (1522) aufgenommen, die erste große Prosaschwanksammlung in deutscher Sprache, hervorgegangen aus dem Muster der Predigtmärlein. Pauli hat die Schwänke handlich nach Sinn- und Berufsgruppen angeordnet, entsprechend dem Zielpublikum, um seine Moral zu vermitteln. Der Titel *Schimpf und Ernst* (1522) lässt gleichwohl eine eher launige Stimmung erwarten, und dies mit Recht. Insgesamt sind 693 Kurzerzählungen erschienen, davon waren 462 auf den Schimpf gemünzt – wobei ‹Schimpf› hier als Scherz zu verstehen ist – und 231 auf den ‹Ernst›. Das Werk konnte sich auf Vorbilder berufen, so auf die zu Beginn des 14. Jahrhunderts in mittellateinischer Sprache erschienene Anekdotensammlung *Gesta Romanorum* (‹Taten der Römer›), und bietet neu erfundene Geschichten, die nur zum Teil auf ältere Quellen zurückzuführen sind. *Schimpf und Ernst* ist ein Abkömmling der Exempelliteratur, die auch Schwänke enthält, ferner Anekdoten, Fabeln, Wundererzählungen und Witze. Das Werk wurde durch Johannes Pauli in eine publikumswirksame Form gebracht, die sich als Lesebuch in weiten Bevölkerungsschichten durchsetzte. Im 16. und 17. Jahrhundert sind etwa 60 Auflagen erschienen, ein Bestseller und eine willkommene Quelle für zeitgenössische und nachgeborene Autoren.

Auf Johannes Pauli folgt drei Jahrzehnte später eine weitere bedeutende Schwanksammlung, die bereits stärker literarisch orientiert ist, mithin weniger didaktisch-moralisch-pädagogisch argumentiert als ihr Vorgänger: *Das Rollwagenbüchlein* (1555) von Jörg Wickram. Der Titel adressiert das Buch an Reisende in einer Kutsche, die sich mit den hier zusammengetragenen Texten lesend und vorlesend die Zeit vertreiben sollen. Der gelernte Goldschmied und Maler Jörg Wickram, später Stadtschreiber in Burgheim und Begründer eine Meistersingerschule in Colmar, bot in der Erstausgabe 67 «schwenk und Historien», die in den nächsten Jahren auf insgesamt 111 Texte aufgestockt wurden, geschrieben in einer volkstümlichen Prosa aus internationalen Quellen, unter ihnen vor allem seine eigene Herkunftsregion, das Elsass. Seine Geschichten sind plastisch und farbig erzählt. Sie verhandeln alltägliche Eheprobleme, Habsucht, schlechte Kindererziehung, Dummheit und nicht zuletzt die Übertölpelung der vermeintlich Klugen. Das Personal bilden im Allgemeinen Geistliche, Bauern und Landsknechte, gelegentlich auch Wirte und Kaufleute, die übervorteilt werden – ein sozialer Hintergrund mit deutlich antiklerikaler Tendenz aus einer reformatorisch orientierten Perspektive.

Wickram hat eine Fülle weiterer Schwanksammlungen angeregt, darunter solche mit überaus deftigen und drastischen Erzählungen, so die 1557 erschienene Sammlung *Der Wegkürtzer* von Martin Montanus – auch dies ein sprechender, auf die Verkürzung des Reisewegs bedachter Titel, der seinem Publikum derbe Lesekost bot – oder auch die von Michael Lindener herausgegebene Sammlung *Katzipori* (1558), zu deren Titel es einleitend heißt, dass hier Erzählungen mit besonderen Pointen («Mücken, Grillen, Tauben, visierliche Zoten») für «gute Schlucker» zusammengetragen seien, also Geschichten für Zechkumpanen, eine heitere Sammlung, die unterhalten, nicht im engeren Sinn belehren möchte; ähnlich das 1559 erschienene *Nachtbüchlein*, herausgegeben von Valentin Schumann, in dem gleichfalls der Titel samt Zielgruppe ausführlich erläutert wird: «Darin viel seltsame, kurzweilige Historien und Geschichten von mancherlei Sachen, Schimpf und Scherz, Glück, auch Unglück zur Nacht nach dem Essen oder auf Weg und Straßen zu lesen, aufzurezitieren begriffen allen denen zu lieb und Gunst, die gern schimpfliche Possen lesen oder hören, vormals nie in Druck ausgegangen und jetzt durch Valentin Schumann, Schriftgießer, der Geburt von

Leipzig beschrieben 1559.» Den Abschluss der Schwankliteratur im 16. Jahrhundert – und damit einer überaus produktiven Gattung der deutschsprachigen Literaturgeschichte – bildet die von Hans Wilhelm Kirchhof veröffentlichte Sammlung *Wendunmuth* (1563; 1603 in einer erweiterten Ausgabe) – eine Summe des Genres, die zugleich dessen Ende bedeutete, zumindest den Beginn einer Stagnation, die mit der Erschöpfung des didaktischen Gestus zusammenhängt. Überlebt haben die Schwanksammlungen dennoch, wenngleich in vielfachen Variationen, durch ihre Stoff- und Materialfülle, an die spätere Autoren immer wieder anknüpfen konnten

Will man ein Resümee ziehen, dann lässt sich sagen: Die Schwankliteratur ist inhaltlich progressiv orientiert, Ausdruck eines frühbürgerlichen Selbstbewusstseins, das sich gegen die Fürsten wie gegen den Klerus und gegen einen bestimmten Sozialtypus richtet, verbunden mit einer zum Teil freizügigen, bisweilen deftigen Erotik, die Aufschluss über das emanzipierte Frauenbild dieser Zeit gibt, auch im Hinblick auf Liebe und Sexualität. Allerdings wird dieser Frauentypus in einer zwiespältigen Weise charakterisiert, die ihm einerseits Entscheidungsmöglichkeiten zubilligt, andererseits ihn eben deswegen auch kritisch sieht. Die Drastik der Wortwahl in den Schwänken darf man als den erfrischenden Tonfall einer durch soziale Konventionen noch nicht vollständig durchregulierten Sprache verstehen. Die Konventionalisierung und zugleich Moralisierung der Sprache lässt sich hingegen den späteren Bearbeitungen der Schwanktexte ablesen, beispielhaft etwa dem zuerst 1578 erschienenen *Philosophisch Ehzuchtbüchlein* von Johann Fischart mit seinen Vorschriften, Anregungen und Hinweisen, wie eine gute Ehe zu führen sei. Was im 16. Jahrhundert in unverblümter Sprache vorgetragen wurde, verfällt bei den nachfolgenden Generationen, über Jahrhunderte hinweg, der Zensur, weil späteren Herausgebern der sprachliche wie der literarische Gestus dieser Texte aufgrund ihrer Offenheit problematisch erschienen. An solchen Bearbeitungen zeigt sich die Janusköpfigkeit der deutschen Philologie im 19. Jahrhundert: einerseits sich einer an Jacob und Wilhelm Grimm anschließenden Tradition verpflichtet zu sehen, die sich einer außerordentlichen philologischen Akribie befleißigt und die Edition historisch-kritischer Ausgaben auf höchstem

Niveau vorbereitet; andererseits die erlernten philologischen Tugenden mit gutem Gewissen, getragen von moralinsaurem Editionsgeist, zur vorsätzlichen Verstümmelung von Texten zu missbrauchen.

Über Schwankliteratur und Narrendichtung lässt sich kaum sprechen, ohne den populärsten Repräsentanten des Genres, Till Eulenspiegel, einzubeziehen, als dessen Schöpfer der Braunschweiger Zoll- und Akziseneinnehmer Hermann Bote gilt. Vermutlich hat Bote für die Charakteristika wie für die Streiche seines Titelhelden auf niederländische oder elsässische Sammlungen zurückgreifen können. Ausdrücklich sind in diesem Zusammenhang die bereits erwähnten Quellen *Der Pfaffe Amis* des Stricker zu nennen, bei dem sich Bote als Vorbild bedankt, ferner jene deutschsprachigen Schwanksammlungen, von denen bereits die Rede war, ebenso die italienischen Renaissance-Erzählungen, vor allem Boccaccios *Decamerone* – Quellen insgesamt, die Bote aufgenommen, verarbeitet, weiterentwickelt, gebündelt und projiziert hat, und zwar auf einen einzigen Helden, der vieles Bekannte aufs Neue durchlebt und durchläuft. Der vollständige Titel des Werks lautet *Ein kurtzweilig Lesen von Dil Ulenspiegel geboren uss dem Land zu Brunsswick. Wie er sein Leben volbracht hat. XCVI seiner Geschichten* (1510–1511). Der Name des Helden entstammt dem Niederdeutschen, wie auch manche der Erzählungen in ihrem sprachlichen Gestus niederdeutsche Elemente aufweisen. Bote, mit dieser Sprachvarietät aus seiner Braunschweiger Heimat vertraut, benutzt sie zum Teil in funktionaler Absicht, als Soziolekt nämlich, zur Charakterisierung gesellschaftlicher Schichten und Milieus durch ihre Sprechweisen.

Auch wenn sich historisch ein Ulenspiegel (gest. 1350 in Mölln) nachweisen lässt, wird man dem von Bote geschaffenen Narren oder Toren eine Identität ausschließlich als literarische Gestalt in der Tradition der Schwankliteratur zubilligen dürfen. Im Spiegel seiner Handlungen und seiner virtuosen Verstellungskünste werden menschliche Dummheit und Schwächen erkennbar. Er lebt ein unstetes Wanderleben, gilt als Original, das wegen seiner Spöttereien und seiner Scharfzüngigkeit gefürchtet und verehrt wird, durchstreift die Fürstenhöfe ebenso wie die Domänen der Handwerker und hinterlässt allenthalben Spuren seines unberechenbaren Witzes. Sprachspiele und Gelegenheitsstreiche, abgründiger Humor, situative Spitzfindigkeiten und verblüffende Mehrdeutigkeiten erweisen die Überlegenheit einer Weltsicht, die in allen sozialen Schichten Philistertum und Pedanterie ebenso wie Arroganz und Eitelkeit durch Scharfsinn, Scharfsicht und Sprachwitz bloßzustellen versteht und auf diese Weise der Welt den Spiegel vorhält.

Eine weitere Sammlung, sehr viel später als *Dil Ulenspiegel* erschienen, sei in diesem Zusammenhang ebenfalls genannt, nämlich das *Lalebuch* (1597) eines unbekannten Verfassers. ‹Lale›, ein aus dem Griechischen abgewandeltes Wort, bedeutet so viel wie ‹einfältiger Mensch› – Lalen sind demnach Personen, die, in Laleburg zu Hause, lächerliche, alberne und törichte Dinge tun. Ursprünglich waren die Lalen allerdings kluge Köpfe, die gerade ihrer Klugheit wegen allenthalben begehrt und daher ständig unterwegs waren, sodass es bei ihnen zu Hause ebenso drunter und drüber geht wie in der Stadt Schilda mitsamt ihren Einwohnern, denen die wenig später erschienene Sammlung *Schiltbürger* (1598) ein bleibendes Denkmal gesetzt hat: in Gestalt einer farbenprächtigen und witzigen, deftigen und dreisten, offenen und kritischen Form frühbürgerlicher Selbstbewusstwerdung.

Sebastian Brants *Narrenschiff* (1494) kann als der erste große Bucherfolg der deutschsprachigen Literaturgeschichte gelten. Brant, in Basel zum Doktor beider Rechte promoviert und zeitweise Dekan der juristischen Fakultät, war als Stadtschreiber und Kaiserlicher Rat in Straßburg tätig. Er übertrug frühzeitig lateinisches Schrifttum in volkstümliches Deutsch und gilt als einer der bedeutenden Unterstützer der Humanisten in Deutschland. Noch zu Lebzeiten des Autors erschienen sechs Originalausgaben und sechs Nachdrucke seines *Narrenschiffs*, bis Ende des 16. Jahrhunderts insgesamt 14 weitere Editionen, ferner Übersetzungen ins Lateinische, die das Werk in ganz Europa bekannt machten, dazu Übertragungen ins Niederdeutsche, Niederländische, Englische, Französische und Flämische. Die Wirkungen auf andere Autoren vom 15. bis zum 17. Jahrhundert – darunter Johann Geiler von Kaisersberg, Thomas Murner, Johann Fischart, Hans Sachs, Abraham a Santa Clara und Grimmelshausen – sind beträchtlich, seine Anregungen für die nachfolgende Narrendichtung kaum zu überschätzen. Die Gründe für diesen beispiellosen Erfolg erschließen sich dem heutigen Leser schon bei der ersten

Lektüre: Sie beruhen auf der wechselseitigen Erhellung von Text und Bild, den eingängigen Reimen, der nicht minder einprägsamen Typisierung der Figuren und der ihr entsprechenden Gliederung in knappe, überschaubar pointierte Kapitel.

Entscheidend für den Jahrhunderte überdauernden Reiz des Werks aber dürfte die neuartige Konzeption sein, die Brant der Gestalt des Narren gegeben hat. Der Typus des Narren taucht schon vor Brant in der mittelalterlichen Literatur auf, und zwar in der mittelhochdeutschen ebenso wie in der neulateinischen Dichtung, meist als Gegentypus zum Ideal der Weisheit, die sich in unterschiedlichen Figuren und Allegorien darstellt. Einerseits das Laster der Torheit, andererseits die Tugend der Weisheit – dieses Gegensatzpaar prägt die Figur des Narren, auch in satirischer Absicht, da sich an seinem Beispiel das Gegenbild des Anderen, Besseren und Richtigen entwerfen lässt, das eigentlich erstrebenswerte Ideal der Tugend und der Weisheit. Man erkennt auf den zeitgenössischen Illustrationen das spezifische Kostüm der Narren, ihr kuttenartiges Gewand, mit dem die Torheit durch die Kleidung repräsentiert wird, dazu die Narrenkappe und die Schellen, die an ihr befestigt sind, ferner den Narrenkolben, einen Stock, auf dem ein Narrenkopf zu sehen ist. Der soziale Ort dieses Typus war ursprünglich die höfische Gesellschaft, in welcher der Narr die Funktion wahrzunehmen hatte, die Wahrheit zu sagen, vor jeder Art von Strafe geschützt durch die Narrenkappe. Der kalendarische Ort des Narren war die Fastnacht. Der Begriff des Fastnachtsnarren beschreibt die Faschingszeit, in der die Fastnachtsnarren, am Ende der tollen Tage, ihre Hoch-Zeit hatten, verbunden mit zügellosen Orgien, sodass man im Blick auf die Fastnacht nicht ohne Grund von der Narrenkirchweih sprach: Was für den tugendhaften Menschen die Kirche und die Kirchweih, das ist, wie sich zeitgenössischen Holzschnitten ablesen lässt, für den Narren die Fastnacht.

Die beiden Titelvignetten zu Brants *Narrenschiff* zeigen diesen Zusammenhang eindrucksvoll, der Aufbau des Buchs verdeutlicht seine Intention: ein durch den titelgebenden und erkenntnisleitenden Motivstrang des Narren in sich geschlossenes, durch vielfältige Einzelfacetten hindurch konsistentes Erzählganzes zu schaffen. Das Werk besteht aus 112 (in späteren Auflagen 114) Kapiteln, die von Hoffart, Wollust, Völlerei und Prassen ebenso handelt wie von Neid und Hass, Trägheit und Faulheit, Geiz und Zorn, von den altbekannten Todsünden also, doch auch von Torheiten neueren Datums, etwa den miserablen Sitten, der Verachtung der Heiligen Schrift, dem Schwätzen und der Suche nach Schätzen. Ein Kompendium menschlicher Untugenden und Laster, die, jeweils pointiert in einzelnen Kapiteln, lächerlich gemacht und ad absurdum geführt werden, ein Universum der Tumbheit, dessen Segmentierungen stets dem gleichen Muster folgen (Motto, Holzschnitt, Narrenkritik), in eingängigen, paarweise gereimten jambischen Vierhebern gehalten, dem klassischen deutschen Versmaß. Hinzu kommt in jedem Kapitel ein Holzschnitt – als Künstler wird der junge Albrecht Dürer vermutet –, der jedem Thema eine überaus anschauliche Illustration beigibt, die zusammen mit dem dreizeiligen Motto den Blickfang für die Textlektüre darstellt.

Appelliert wird bei Brant an die menschliche Vernunft und an eine Lebensführung im christlichen Sinn, die Selbsterkenntnis und damit die Überwindung der Narrheit ermöglicht. Es handelt sich um eine deutlich didaktisch angelegte Gnomik, eine Tugendlehre, die vielfältig mit Zitaten unterlegt ist, vornehmlich aus dem Alten Testament, insbesondere aus den Lehrbüchern – die Sprüche und das Hohelied Salomos, der Prediger Salomo –, Weisheitssprüche, die zitiert werden, um die eigenen Auffassungen zu beglaubigen. Weit greift der Verfasser auch auf die Mythologie zurück, insbesondere auf Homer, um die antiken Erzählungen über Buhlschaften und Ehebrüche, Mord und Totschlag zur Festigung seiner Ermahnungen anzuführen. Ebenso finden sich Rückgriffe auf Autoritäten der lateinischen Literatur wie Horaz und Ovid, Vergil und Juvenal – insgesamt das klassische Verfahren eines intertextuellen Spiels, mit dem in diesem Fall der literarischen Konzeption eine historische und zugleich anthropologische Dimension menschlicher Tugenden und menschlicher Laster eingezogen wird. Die hier praktizierte Gnomik nimmt zudem das kanonische Recht, also die kirchliche Lehre in juristischer Gestalt, auf und fasst es zu einer Weisheitslehre in der uneigentlichen Form der Kritik an der Narrheit der Welt zusammen.

Zum Abschluss der einzelnen Kapitel meldet sich in Brants *Narrenschiff* – damit nur ja kein Missverständnis entstehe – gelegentlich der

Dichter noch einmal mit mahnenden, belehrenden und klärenden Worten zu Wort, so beispielhaft in Kapitel 72, das «Vom groben Narren» handelt, unter dem Motto «Wüst, schandbar wort reizt auf und rüttelt / An guten sitten unvermittelt / Wenn man zu fest die sauglock schüttelt» – das heißt: wenn man zu grobe, gar unflätige Reden führt. Ein Kapitel, das mit viel Wortwitz arbeitet, dynamisch und anschaulich gehalten ist, das sein Thema, den «groben Narren», gelegentlich geradezu hasserfüllt und doch auch witzig traktiert und zudem Kritik am Klerus übt, am Leben in den Klöstern, am Zustand der Kirche und implizit auch am Papsttum.

Deutlich bringt sich hier ein Konservatismus zu Gehör, der die Auflösung der Welt beklagt, in Form einer «Mischung aus Weltverachtung und Vernunftgläubigkeit», die bereits das «Weltbild einer Übergangszeit» (Könneker 1966, S. 131 f.) repräsentiert: von der Ordnung einer festgefügten christlichen Welt in eine bereits moderne Wirklichkeit, die sich um 1500 zwar erst abzuzeichnen beginnt und doch bereits auf ein neues, freiheitliches Selbstbewusstsein deutet. Zur impliziten Sehnsucht nach einer gefügten, gefestigten, heilen Vergangenheit gesellt sich eine mahnende Hilflosigkeit angesichts des bedauernswerten Zustands der Welt. Der Vorabend der Bauernrevolution, die Aufstände gegen die Fürsten, die Rebellion gegen die Kirche bringt auch Irritationen hervor, womöglich Angst vor der Zukunft. Der Autor, selbst an der Schwelle zum Humanismus stehend, hat sich bereits abgelöst von jener Wirklichkeit, deren Verlust er beklagt.

Alle zuvor genannten Faktoren – das Thema der Narrheit und der Typus des Narren, die didaktische Anlage und der geschickte Aufbau des Werks, nicht zuletzt das zugrunde liegende Weltbild mit seinen Widersprüchen – haben dazu beigetragen, dass dieses Buch ein gesamteuropäischer Erfolg werden konnte. Es sind schon im Erscheinungsjahr 1494 mehrere Nachdrucke an die Öffentlichkeit gelangt: bereits 1497 eine niederdeutsche Fassung unter dem Titel *Dat Narrenschipp*, ebenfalls 1497 eine Übertragung ins Französische und ebenso eine Ausgabe in lateinischer Sprache von Jakob Locher *(Stultifera navis)*, der im Jahr 1500 Übersetzungen ins Niederländische, 1509 ins Englische folgten, danach bis 1625 zahlreiche, zum Teil bearbeitete Ausgaben. Andere Autoren wie

Thomas Murner (*Narrenbeschwörung*, 1512; *Von dem grossen Lutherischen Narren*, 1522) oder Friedrich Dedekind (*Grobianus*, 1549) haben auf ihre Weise an das Narrenmotiv angeknüpft, Dedekind etwa in Form einer neulateinischen Dichtung über die Einfalt der Sitten in 1200 elegischen Distichen – eine satirische Anleitung zum schlechten Benehmen mit witzigen und ironischen, teils humorvollen Beispielen, die alsbald auch in deutscher Sprache, in der Übersetzung von Kaspar Scheidt (1551), weite Verbreitung fanden. Was Gotthold Ephraim Lessing im Hinblick auf die Qualität der Werke Thomas Murners gesagt und als dringende Leseempfehlung verstanden hat, das lässt sich hinsichtlich der Narrenliteratur in der Nachfolge Sebastian Brants generell feststellen: «Wer die Sitten der damaligen Zeit kennen will, wer die Deutsche Sprache in allem ihrem Umfange studieren will, dem rate ich, die Murnerischen Gedichte fleißig zu lesen. Was die Sprache Nachdrückliches, Derbes, Anzügliches, Grobes und Plumpes hat, kann er nirgends besser zu Hause finden, als in ihnen.»

Volksbücher: Fortunatus und Historia von Johann D. Fausten

Ebenfalls didaktisch angelegt ist das erste Beispiel eines gegenwartsorientierten Prosaromans in deutscher Sprache, der von einem unbekannten Autor stammende *Fortunatus* (1509). Hier wird bereits jene Grundkonstellation von Individuum und Gesellschaft entworfen, die sich die Gattung Roman über Jahrhunderte hinweg nahezu unverändert bewahrt hat. Märchenhafte Elemente, das Glückssäckel und das Wunschhütlein, spielen in die Handlung hinein, die das erfolgreiche Leben des Titelhelden und den Niedergang seiner Söhne vorführt: Das «wünschhütlin» erlaubt Fortunatus, sich an jeden Ort dieser Welt zu versetzen, das «seckel» sichert ihm allen erwünschten Reichtum, der freilich leichtfertig verspielt wird. Eine Handlung, die um das Zentralmotiv des Geldes kreist und die aufblühende Welt der großen Handelshäuser einer kritischen Würdigung unterwirft.

Auch die *Historia von D. Johann Fausten* (1587), eines der bekanntesten Volksbücher dieser Zeit, dient der Belehrung und Unterhaltung. Vollständig lautet der Titel: «Historia von D. Johann Fausten / dem weitbeschreyten Zauberer und Schwarzkünstler / Wie er sich gegen dem Teufel auf eine benannte Zeit verschrieben / Was er hierzwischen für seltzame Abenteuer gesehen / selbs angerichtet und getrieben / bis er endlich seinen wohl verdienten Lohn empfangen. Mehrerteils aus seinen eigenen hinterlassenen Schriften / allen hochtragenden / fürwitzigen und gottlosen Menschen zum schrecklichen Beispiel / abscheulichen Exempel und treuherziger Warnung zusammengezogen und in den Druck verfertigt.» Schwarze Magie und Höllenwelten, Schuld und Sühne, Phantasie und Wirklichkeit – alle Register im Spannungsfeld von Kitsch und Kolportage klingen bereits mit diesem Vorspruch an, um, konzentriert auf die Titelfigur, Spannung zu erzeugen und ein Publikum zu gewinnen, das dem ebenso verheißungsvoll wie mahnend erhobenen Zeigefinger des Werks zu folgen bereit ist. Volksbücher wurden zu einem großen Teil von unbekannt gebliebenen Autoren verfasst, auch fortgeschrieben und über Jahrzehnte, ja Jahrhunderte hinweg tradiert. Die *Historia von D. Johann Fausten*, gleichfalls das Werk eines unbekannten Verfassers, erschien 1587 bei dem Verleger Johann Spies in Frankfurt. Man kann anhand der verschiedenen theologisch orientierten Anweisungen des Buchs vermuten, dass es sich um das Werk eines orthodoxen lutherischen Theologen handelt, da die eingearbeiteten Mahnungen den Lehren der Reformation nahestehen.

Geschildert wird die Lebensgeschichte – zugleich eine Lehr- und Lerngeschichte – einer historischen Gestalt von höchst zweifelhaftem Ruf, ein Mann, der offensichtlich Mediziner war und zugleich Astrologe, ein Magier, ein Scharlatan, ein Zauberer, auch ein Künstler, zu dessen Treiben überwiegend negative Kommentare im Volksmund umliefen. Die Faszination des Bösen hat es den Menschen bekanntlich immer schon angetan, damals wie heute. Zaubergeschichten wie Schwankerzählungen ranken sich um den Namen Faust, aus theologischen und historischen, naturwissenschaftlichen und poetischen Quellen nährt sich die literarische Substanz dieser Figur. Der unbekannte Verfasser war ganz offenbar ein *poeta doctus*, der einen Warntext verfassen wollte, dies aber, vielleicht sogar wider Willen, auf höchst ergötzliche Weise geleistet hat.

Fausts Ende ist schrecklich und wunderbar zugleich – aus ihm sollen die Menschen lernen, Gott wohlgefällig zu leben und Gutes zu bewirken, und zwar auf Grund einer Einsicht, die mit der zentralen Problematik der *Historia von D. Johann Fausten*, dem Verhältnis von Wissen und Glauben, unmittelbar zu tun hat. Der Aufbruch zu einem neuen Wissenshorizont, der die Welt nicht nur erforschbar und erklärbar, sondern auch beherrschbar macht, trägt in sich die Tendenz, sich zu einem Naturbeherrschungswissen zu entwickeln und damit den Menschen in den Rang des Schöpfers zu erheben. Davor soll hier auf gut lutherische Weise gewarnt werden, denn der Glaube steht über dem Wissen. Die Entzauberung der Welt, die mit ihrer Erforschung einhergeht, muss sich leiten lassen durch ein Leben, das sich dem Glauben verschreibt und nicht dem Wissen oder der Rationalität. Der Mensch soll demütig bleiben – dies ist die Lehre, die aus dem «erschröcklichen Geschehen» zu ziehen ist. Eine Botschaft, die die Leser nicht etwa abgeschreckt, sondern, im Gegenteil, angezogen hat: Das Volksbuch vom Doktor Faustus wurde vielfach nachgedruckt, Übersetzungen verbreiteten es in ganz Europa.

Der große Erfolg des Faust-Buchs erklärt sich allerdings nicht allein aus den wissenschaftlichen Tendenzen der Zeit, sondern ebenso aus der zeitgenössischen Mode der Teufelsliteratur. Ihre Entstehung hängt mit der religiösen Erkenntnis zusammen, dass das Böse unabänderlich in der Welt ist, weil Gott die Welt so gemacht hat, wie sie ist, dass mithin das Böse in der Welt von Gott selbst kommt. Aus dieser Einsicht ist die Tradition der Teufelsliteratur hervorgegangen, als deren repräsentatives Beispiel das *Theatrum Diabolorum* (1569) gelten kann, eine Sammlung von Teufelsgeschichten und Teufelsdramen, in denen die Erscheinung des Teufels in unterschiedlichen Formen und Facetten – Katastrophen, Aufruhr, Pest, Mord, Selbstmord – vorgeführt wird. Zudem zeugt die literarische Rezeptionsgeschichte – von der *Faust*-Tragödie Goethes über Faust-Parodien wie jener Friedrich Theodor Vischers (*Faust. Der Tragödie dritter Teil*, 1864) bis zu dem epochemachenden Roman Thomas Manns (*Doktor Faustus*, 1944) und der Bearbeitung des Stoffs durch den Komponisten Hanns Eisler (*Johann Faustus*, 1952) – von der Bedeutung der im Faust-Stoff beschlossenen vielschichtigen Problematik. Man kann die Gründe für die zeitgenössische Faszination nachvollziehen, wenn man die gleichzeitigen naturwissenschaftlichen Entdeckungen wahrnimmt. Denn die Faust-Problematik ist in die technischen Entwicklungen und die philosophischen Impulse dieser Auf- und Umbruchszeit eingebunden, wie sich am Beispiel von drei Autoren zeigen lässt.

Zunächst der Kulturhistoriker Sebastian Franck, ein Wissenschaftler, der den Erkenntnis- und Wissenshorizont dieser Zeit durch seine Forschungen nachhaltig erweitert hat. Er veröffentlichte nicht nur eine Reihe von Texten, die sich mit der rechten Bibelauslegung und dem angemessenen Selbstverständnis des einzelnen Menschen auseinandersetzen (*Paradoxa*, 1534), und außerdem eine reiche Sprichwortsammlung (*Sprichwörter / Schöne / Weise Klugreden*, 1541) zur angemessenen Lebensführung, sondern auch eine neuartige Form der Geschichtswahrnehmung mit dem Titel *Chronica, Zeitbuch und Geschichtbibel mit Ketzerchronik* (1531), ein Versuch, die gesamte Weltgeschichte theologisch unbefangen darzustellen: also ohne sich durch die engen Wahrnehmungspforten kirchlicher Institutionen einschränken zu lassen. Man darf Francks unverkennbar kirchenkritisch orientierte historiographische Methode eine aufklärerisch orientierte Form der Geschichtsschreibung nennen, die bis zur unmittelbaren Gegenwart der päpstlichen Verfehlungen reicht und zudem eine deutliche Kritik an Fürstentum und Adel einschließt. Die Geschichte der unterschiedlichen Fassungen, die im Verlauf der nächsten Jahrzehnte erscheinen, ist zugleich eine Geschichte der Verfolgung, der Unterdrückung und der Vertreibung ihres Autors gewesen, Untersuchungshaft und Druckverbot eingeschlossen. Dieser Druck auf Sebastian Franck und seine Verleger wurde über Jahre hinweg beibehalten, was nicht gehindert hat, dass sein Werk immer wieder neu aufgelegt wurde.

Als zweite bedeutende Veröffentlichung ist in diesem Zusammenhang Hieronymus Bocks *Kräuterbuch* (1539; erw. 1546) zu erwähnen, ein Versuch, durch die unmittelbare Begegnung mit der umgebenden Natur zu erkennen, wie sich die natürliche Ordnung der Pflanzen für den Menschen nutzen lässt – das erste Kompendium seiner Art in deutscher Sprache, das von der 2. Auflage an anschaulich illustriert und übersichtlich gestaltet wurde, bis hin zur detaillierten Darstellung von Küchengewürzen. Es zeugt von Entdeckerlust, Neugier auf den Reichtum der Natur und zugleich vom Drang nach einer stichhaltigen Klassifikation dieser Fülle, das wissenschaftlich bedeutendste Werk des Jahrhunderts, was Naturbeschreibungen angeht, und ein wahrer Publikumserfolg: Es ist bis 1630 in 14 Auflagen erschienen, immer wieder erweitert und differenziert sowie mit neuen Illustrationen versehen.

Last but not least ist im Kontext dieser wissenschaftlich orientierten Literatur Paracelsus zu nennen, ein Künstlername des Naturwissenschaftlers Theophrastus Bombast von Hohenheim, der als Arzt, Astrologe und Philosoph gewirkt hat. Auf umfassende Weise verbindet Paracelsus Aspekte der Naturwissenschaft, Naturphilosophie und Ethik mit Fragen der Heilkunde, ein bereits zu Lebzeiten legendärer Arzt, der bedeutende Studien verfasst hat. Sein unter dem Titel *Paragranum* (1565) erschienener Versuch, die Schulmedizin seiner Zeit zu überwinden, hat einer Erfahrungswissenschaft den Weg bereitet, die sich an den konkreten Entdeckungen in der unmittelbaren Lebenswelt des Menschen und seiner natürlichen Umgebung orientiert und sich gegen jede Art von Dogmatik im Bereich der Heilkunde wendet. Seine auf Deutsch gehaltenen Vorlesungen – zu dieser Zeit eine einzigartige Haltung – sollten das einfache Volk erreichen, um auf diese Weise die kirchlichen, religiösen und institutionellen Befangenheiten der Zeit zu überwinden.

Meistersang

Der Meistersang – auch ‹Meistergesang› genannt – bildet eine Fortsetzung der mittelalterlichen Kunstlyrik, des Minnesangs und der fahrenden Spruchdichter des Spätmittelalters, die als Reimsprecher durch die Lande fuhren und in den Städten und bei Hofe auftraten, um ihre Kunst vorzutragen (Nagel 1971). Auf die Kunst dieser sich selbst als ‹Meister› bezeichnenden Reimsprecher geht die Tradition der Meistersinger zurück, ein bewusstes Epigonentum, so könnte man sagen, das, pflichteifrig und vorbildgetreu, einer bewährten Tradition verhaftet bleibt. Der Meistersang verstand sich als die Liedkunst der in den Städten ansässigen Dichter und Handwerker, die zum Teil – so auch ihr bedeutendster Repräsentant, der Schumacher und Poet Hans Sachs – Dichterhandwerker waren. Daneben gab es gelehrte und gebildete Bürger und Dichter, die ihre jeweilige Profession in die Zunftkreise einbrachten.

Ein solcher Traditionsbezug auf Gattungen und Künstlergenerationen lässt sich nur im festen Glauben an die Lehrbarkeit der Kunst verwirklichen. Wer Kunst in einer bestimmten Gattungstradition fortführt, erlernt deren Regeln und ihre Poetik im Bemühen, ihre Metren, Takt- und Reimformen aufzunehmen, stets in Gefahr, dass sich aus dieser Wahlverwandtschaft ein starres Muster entwickeln könnte, das ungebrochen an künftige Generationen weitervermittelt wird. Ein belebendes Element inmitten eines solchen Traditionsbezugs bildet allenfalls der Wettstreit mit den bewährten Vorbildern, insbesondere dadurch, dass man den Minnesang in formaler, technischer und artistischer Hinsicht kopierte (Stammler 1950, 230 ff.). So begannen die Meistersinger, wie der Minnesang auch, mit Reimpaarstrophen, auf die Stollen- oder Canzonenstrophen folgten, und zugleich versuchte man, die didaktisch ausgerichtete, an religiösen, moralischen, pädagogischen und politischen Themen und Belehrungen orientierte Spruchdichtung nachzuahmen. Die Form wurde dabei als festes Gerüst gehandhabt, verbunden mit der Möglichkeit, neue Ideen einzubringen. Insgesamt handelt es sich also um die Pflege und Funktionalisierung einer alten Tradition mit dem Ziel, alte und neue Stoffe in einer traditionsreichen Gestalt zu präsentieren.

Als Stifter des Meistersangs wurden zwölf alte Meister ausgewählt, darunter berühmte Dichter des Mittelalters wie Wolfram von Eschenbach und Walther von der Vogelweide, aber auch wenig bekannte, heute längst vergessene Poeten. Dieser personalisierte Traditionsbezug diente ebenso wie die Wahl der Zahl zwölf offenkundig der Selbsterhöhung. Strenge Riten hatten die Meistersänger zu absolvieren, denn nur die Töne der zwölf Meister durften überhaupt gewählt werden. ‹Töne› sind die metrisch-musikalischen Gesamtformen der Strophen – nicht nur ein einzelner Ton ist mit diesem Terminus gemeint, sondern der gesamte Bau einer Gedichtstrophe, deren Metrik wie ihre Musikalität durch den Begriff ‹Ton› erfasst wird. Die Abfassung eines Gedichts in den Tönen der Meister, eines so genannten Hortes, galt als Ausweis besonderer Qualifikation. Die Beherrschung der ‹Töne› beim Singen von Texten unter Einhaltung strikter Regeln war verpflichtend, wenn man zum Meistersinger ernannt werden wollte. Organisiert als Bruderschaften, taten sich die Meistersingerbünde im Geist poetischer und musikalischer Traditionspflege zusammen, um sich später in Zünften, also handwerklichen Organisationsformen, zu verbinden mit der Folge einer größeren Verbindlichkeit des Traditionsbezugs und institutioneller Garantien.

Aufführung und Vortrag in den Singschulen erfolgten nach einem festen Ritual. Die Singschulen, eine zunftmäßig organisierte Vereinigung der Meistersinger in einer Stadt, in der man die vorgeschriebenen Fertigkeiten erlernen und Prüfungen ablegen konnte, bildeten zugleich Aufführungsorte für einzelne Singveranstaltungen, die aus dem Hauptsingen und dem Zechsingen bestanden. Das Hauptsingen war eine kirchliche Veranstaltung zur Begleitung des Gottesdienstes, das Zechsingen hatte seinem Namen durch eine mit Gesang verbundene, buchstäblich ‹zünftige Zecherei› Ehre zu machen. Nach der Kirche wurde, wie mancherorts in Deutschland noch heute, in den Gasthäusern getrunken und gesungen, eine Fortsetzung des vorhergehenden Hauptsingens eigener Art: weltlich, deftig, derb. Die Meistersinger waren die reproduktiven Ausführenden des Meistersangs, die Dichter hingegen seine produktiven Poeten, und die ‹Merker› genannten Überwacher der Aufführungen und Vorträge stellten eine Art innerer Zensurbehörde zur Kontrolle der korrekten Ausführung des Meistersangs dar.

Auftrittsort der Meistersinger war der ‹Singstuhl›. Zeitgenössische Vignetten zeigen Singer, die von einer Kanzel aus ins ‹Gemerk› singen, den Aufenthaltsraum der (meist vier) Merker, der mit einem Vorhang umgeben ist, damit die Anonymität der Singer gewahrt bleibt und das Urteil der Merker unparteiisch erfolgt, nur der Form und dem Inhalt verpflichtet. Die Merker urteilten nach einer Tabulatur, auf der die Kunstregeln des Meistersangs zusammengetragen waren. Mit ihrer Hilfe ließen sich Verstöße gegen die Regeln, das ‹Versingen›, erfassen, die je nach Schwere mit ein bis vier ‹Silben› bestraft wurden – Messeinheiten, um beurteilen zu können, wie schwer jemand gegen die Vorschriften verstieß: Wer mehr als sieben Silben versungen hatte, schied aus. Daneben gab es Regelungen für das ‹Gleichen›: Bei gleichwertigen Singleistungen kam es zu einem Stichentscheid. Für den jeweiligen Sieger war das ‹Schulkleinod› vorgesehen, eine auf das alte Privilegium zurückgehende Auszeichnung, die den Sängern in früheren Zeiten vom Kaiser zuteil wurde. Für den Sieger, die ‹Kron-› oder ‹Davidsgewinner›, gab es eine kleine Krone oder eine kunsthandwerkliche Abbildung des Königs David, der Zweitplatzierte erhielt einen Kranz aus seidenen Blumen.

Ein festes Ritual, eine penible Prüfung mit harten Vorschriften und derben Strafen – dass diese Schulen sich in relativ kurzer Zeit in Deutschland haben ausbreiten und über einen vergleichsweise langen Zeitraum halten können, besagt alles über das Bedürfnis nach einer institutionellen Absicherung von Literatur und Kunst in dieser Zeit. Die Singschulen-Bewegung nahm ihren Ausgang 1315 in Mainz, wo sie bis etwa 1600 Bestand hatte. Die Ausbreitung erfolgte relativ rasch in Richtung Osten und Süden, über Magdeburg nach Zwickau und Breslau sowie nach Augsburg und Nürnberg, Worms und Speyer, auch nach Straßburg und Colmar und über München weiter nach Österreich, nach Wels, Steyr und Schwaz. Der süddeutsche Raum ist die meistfrequentierte Region, mit Nürnberg als bedeutendem Zentrum, das sich um Hans Sachs gruppiert, und im Südwesten mit Frankfurt am Main, Worms und Speyer. Alle diese Meistersingerschulen entwickeln ihre eigene Kultur. Sie pflegen, orientiert an den alten Meistern, ihre Schulrituale und Hierarchien, das gemeinsame Erbe und die gemeinsame Tradition ebenso wie den ausgiebigen Streit über die Frage, welche Schule die Traditionspflege am intensivsten und am korrektesten betreibe. Verschiedentlich ist von poetisch produktiven Figuren der Versuch unternommen worden, den Minnesang zu erneuern, zum Beispiel durch die Schaffung neuer ‹Töne› und die Durchsetzung der entsprechenden ‹Tonbewährung›, allerdings waren innovative Ideen nur schwer zu vermitteln. Wem dies ausnahmsweise dennoch gelang, der galt in seiner eigenen Singschule als originärer Kopf. Doch solche Qualitäten gegenüber anderen Singschulen zu behaupten und für ihre offizielle Anerkennung zu sorgen, war aus Konkurrenz- und Neidgründen so gut wie ausgeschlossen. Zum Teil überlebten die Singschulen bis zum Ende des 18. Jahrhunderts (Augsburg bis 1772, Nürnberg bis 1774, Straßburg bis 1780, Ulm sogar bis 1839), eine für die Pflege von Gattungstraditionen erstaunliche Zeitspanne von mehr als vier Jahrhunderten und insoweit auch Ausdruck eines überaus konservativen, beharrenden Geistes. Am Ende dürfte ihre mangelnde

Erneuerungsbereitschaft aber auch der Grund dafür gewesen sein, dass diese Schulen ausgestorben sind und dass es Richard Wagners Oper *Die Meistersinger von Nürnberg* (1862 / 1867) bedurfte, um sie überhaupt in Erinnerung zu halten.

Der entscheidende Motor der Bewegung, der die Anknüpfung an den Minnesang und die Spruchdichtung des Spätmittelalters begründete, war Hans Folz, von Hause aus Barbier, also Friseur und Wundarzt, 1459 nach Nürnberg eingewandert und eingebürgert und bekannt geworden als einer der ersten Verfasser von Fastnachtsspielen, als Meistersinger und Verfasser von Spruchdichtung, die er zum Teil selbst druckte und verlegte. Folz hat jedoch nicht allein an die Gattung des Meistersangs angeknüpft und Traditionspflege betrieben, sondern er hat ebenso versucht, gegen die Erstarrung des Regelwerks zu wirken und der kodifizierten Gestalt von Form und Inhalt neue Impulse zu geben. Folz war einer der wenigen Meistersinger, die auf neue ‹Töne› im Sinne eines technischen Vokabulars des Meistersangs gedrängt haben, mit der Konsequenz erheblichen Widerstandes von Seiten der reaktionären oberrheinischen Singschulen, die bereits zu seinem Fortgang von Worms nach Nürnberg erheblich beigetragen hatten. Hier, in der Stadt des Hans Sachs, war man offener und freute sich über den neuen, reformorientierten Meistersinger, der zudem bereit war, Verantwortung zu übernehmen. Von nun an konnte nur derjenige ein Meistersinger werden – eine nahezu revolutionäre Innovation –, der einen ‹Ton›, im umfassenden Sinn des Worts, zu kreieren in der Lage war, das heißt: Text und Melodie, Metrum und Musikalität einer Strophe neu zu schaffen und hierfür offiziell Anerkennung zu finden. Dieser Innovationszwang führte freilich zu skurrilen Begleiterscheinungen, da auch die Bezeichnungen für die neuen Töne originell sein sollten, damit eine Art Urheberrecht beansprucht und ein womöglich populäres Markenzeichen in Umlauf gebracht werden konnte. So entstanden beispielsweise die «Schrankweise», die «spitzige Trinkschuhweise» oder gar die «kurze Affenweise» – Namen für neue Töne, mit denen man sich ins Stammbuch und am Ende in die Geschichte der Meistersinger und des Meistersangs einschreiben konnte. Ihre eigene Ratio besitzt diese Marotte allerdings in der Vorschrift, die Meisterlieder aus Zunftgründen nicht drucken zu lassen, da sie keine Verbreitung im einfachen Volk erfahren, sondern als eine eigentümliche und unverwechselbare Ausdrucksform der einzelnen Zirkel erhalten bleiben sollten. Texte und Noten lassen sich drucken, nicht aber der verpflichtend ihnen zugehörige Gesang.

Die neuen ‹Weisen› gingen in den Besitz der jeweiligen Schulen über, die das Copyright an den ‹Tönen› erwarben. Bis zu Hans Folz gab es nur die ‹Töne› der zwölf Meister, später dann die neuen ‹Weisen›, versehen mit bestimmten Themen wie Tugenden und Lastern, allegorischen Personifikationen von Abstrakta wie Ehre und Klugheit, Bosheit und Buhlschaft, der Gegenüberstellung von Ereignissen des Alten und des Neuen Testaments, den Problemen der Dreieinigkeit und der Jungfrauengeburt. Die Vorliebe für religiöse und theologische Gegenstände – immer wieder tauchen die Motive Maria und die Kreuzigung Christi auf, zart, innig und mitleidend umspielt – erklärt sich aus deren Bekanntheitsgrad. Inhaltlich werden in den Meisterliedern die Rätsel der Dogmen angesprochen, das Geheimnis der Trinität, der Unbefleckten Empfängnis und der Menschwerdung Gottes, verbunden mit klassischen und mythologischen Anspielungen und Urszenen. Stofflich-thematisch finden sich bisweilen Innovationen, während die formalen Aspekte weitgehend der Überlieferung verbunden bleiben, von Variationen abgesehen, die sich als ‹Ton› eines neuen Werks ausweisen lassen und demzufolge Aufnahme in den Kanon der Töne einer ganz bestimmten Singschule finden.

Der Stoffkreis hat sich im Lauf der Geschichte erweitert, insbesondere durch Themen aus Mythologie und Geschichte (Wilhelm Tell, Karl der Große, Karl der Kühne), weil sich die Attraktivität der seit langem bekannten Überlieferungen zu erschöpfen begann. Gegenwartsbezüge wurden integriert, zeitgeschichtliche Fragen wie die Religions- oder Türkenkriege aufgenommen, prominente Figuren wie Luther und Melanchthon in den Mittelpunkt gestellt und Umdichtungen von Roman- oder Novellenstoffen mittelalterlicher Literatur vorgelegt. Beim Zechsingen finden sich als Neuerungen vor allem schwankhafte und derbe Stoffe, Trinklieder zur Erholung von der Arbeit, Stoffreservoirs, die vor allem im Bereich der Volksbücher und Volkssagen angesiedelt waren wie Till Eulenspiegel, das Decamerone von Boccaccio, die Schwankbücher des 16. Jahrhunderts oder auch Satirisches, insbesondere auf Kosten der katholischen Geistlichkeit, aber auch zu Lasten des einfachen Volks, der Bauern und Landsknechte.

Unter Aspekten der Stoffwahl lässt sich der Meistersang auch als ein soziologisch aufschlussreiches Feld bestimmen, nämlich als das spezifische Mittelschichtphänomen – eher ein Standes- denn ein Klassenmerkmal – einer Gesellschaft, die über ein unerschöpftes und unerschöpfliches Themenreservoir verfügte. Die historisch gewachsene Zunftbindung des Meistersangs verlor in dem Maß ihre verpflichtende Wirkung, in dem dichtende Bürger hinzukamen, doch gehörten die Meistersinger ihrerseits, soziologisch gesehen, einer Unterschicht mit Aufstiegsambitionen an. Sie pflegten den Meistersang nicht zuletzt als eine Selbsterhöhung durch Traditionsbindung, die auch deswegen dauerhaft zu einer stabilen Orientierungsmarke ausgebaut werden konnte, weil man Orientierungen in einer Gesellschaft benötigte, die noch keine gesicherten Möglichkeiten der Nischenbildung für die sich neu entwickelnde Handwerkerschaft besaß. Es handelt sich also um eine gewissermaßen esoterische Kunst, da der Druck zwar erfunden, das Volk aber nicht zugelassen war, eine Kunst für Eingeweihte, die sich an die vorgegebenen Regeln hielten und neue poetische Talente nicht zu fördern gedachten, den Traditionen verbunden, der Ritualisierung der Formen verhaftet und der Funktionstüchtigkeit von Hierarchien, Normen und Urteilen verpflichtet. Konsequenterweise war, was in poetischer Hinsicht geboten wurde, qualitativ im Wesentlichen Mittelmaß, sieht man einmal von Ausnahmen wie Hans Folz oder – vor allem – Hans Sachs ab.

Hans Sachs hat sich in den Anfangsjahren seiner Meistersingerkarriere eng an das Vorbild seines Lehrers Lienhard Nunnenbeck gehalten. Seine musikhistorische und literaturgeschichtliche Bedeutung besteht im innovativen Umgang mit dem Regelwerk des Meistersangs, der freieren Verwendung von Rhythmus und Musikalität und seiner Eigenständigkeit bei der Entwicklung einer neuen Formensprache, den «Buhlliedern». Schon als Zwanzigjähriger hat er aufgrund einer schmerzhaften persönlichen Erfahrung in petrarkischer Manier den Verlust der Geliebten, den Trennungsschmerz und die Sehnsucht nach der verlorenen Liebe beschrieben und dabei einen eigenen Ton gefunden: die individuelle Erfahrung von Liebesleid und Trennungsschmerz. Sachs war ohne

Zweifel der produktivste poetische Geist dieser Zeit, nicht nur im Hinblick auf den Meistersang, zu dessen Geschichte er als Zentralfigur gehört, sondern auch auf Grund seiner außergewöhnlichen Persönlichkeit. Über Luther und die Reformation hat er sich erst nach einem dreijährigen Studium der einschlägigen Schriften geäußert. Danach war er ein überzeugter Anhänger der Reformation, der Luther öffentlich und mit allem Nachdruck unterstützte, so durch die sogenannten *Reformationsdialoge* (1524) und zuvor bereits durch das 1523 veröffentlichte Buch *Die Wittenbergisch Nachtigall*, eine Auseinandersetzung mit der Reformation, die er zunächst als Meisterlied unter dem Titel «Das walt Gott» entworfen und vorgetragen hatte. Da aber Meisterlieder nicht gedruckt werden durften, wandelte Sachs das Lied in ein Spruchgedicht mit drei Strophen um. Das Buch war ein Bestseller, mit allein sechs Auflagen im Erstscheinungsjahr, und weit darüber hinaus: Richard Wagner hat das Motiv der Nachtigall in seiner Oper *Die Meistersinger von Nürnberg* aufgenommen und darin ebenfalls ein Meisterlied mit dem Titel «Das walt Gott» eingearbeitet.

1567, neun Jahre vor seinem Tod, veröffentlichte Hans Sachs ein Spruchgedicht mit dem Titel *Summa all meiner Gedicht*, die gereimte Bilanz eines Dichterlebens, das der Dichter selbst in nicht weniger als 34 Bänden zusammengefasst hat mit über 6000 Dichtungen, darunter Meisterlieder, Spruchgedichte (Kampfgespräche, Historien, Fabeln, Schwänke) und Bühnenstücke (Komödien, Tragödien, Fastnachtsspiele). Seine Werke adressieren sich ans Publikum – das erklärt ihren bisweilen didaktischen Grundton. Insbesondere die Fastnachtsspiele formulieren eine Moral, die Hans Sachs in Gestalt eines kleinen Endreims stets persönlich pointiert hat: «Der Hans Sachs, der war ein Schuh-/macher und Poet dazu». Sachs hat in seinen Fastnachtsspielen auch aktuelle Stoffe verarbeitet – zeitgenössische Anekdoten, Satirisches und Schwankhaftes –, in das die unterschiedlichen Stände und Schichten – das frühe Bürgertum, der heruntergekommene Adel, die Geistlichkeit, die Landsknechte und die Bauern – hineinspielen, auch die Studenten, die «fahrende Schüler» heißen und sich in diesen Stücken meist tölpelhaft benehmen. Solche Gegenwartsbezüge haben Aufsehen erregt und eine entsprechende Verbreitung erlangt in Form von Raub- und Nachdrucken, darunter eine mehrfach aufgelegte fünfbändige Folio-Ausgabe aus den Jahren 1558 bis 1579.

Als Schriftsteller ist Sachs immer aufs Ganze gegangen, nicht so sehr in der zu seiner Zeit üblichen derb-erotischen Schreibweise, sondern vor allem im Sinne einer politischen Unbotmäßigkeit, die ihm wiederholt von der Obrigkeit verübelt worden ist. Es gab Eingriffe der Zensur, und man hat versucht, ihm seinen Schriftstellerberuf zu untersagen. 1524 erteilte ihm der Nürnberger Rat Schreib- und Veröffentlichungsverbot, und zwar ausdrücklich «mit dem Befehl, dass er sich auf sein Handwerk, den Schusterberuf, beschränke, sich auch enthalte, in Zukunft irgendeinen Dialog oder gereimte Dichtung verbreiten zu lassen». Immer wieder hat man in vergleichbarer Weise versucht, seine poetische Arbeit zu unterbinden, und immer wieder ist es ihm gelungen, diese Maßnahmen zu unterlaufen, immer wieder auch hat er sich öffentlich ins Recht setzen können. Es verwundert deshalb nicht, dass Hans Sachs selbst – von Goethes poetischem Denkmal im Gedicht «Erklärung eines alten Holzschnittes, vorstellend Hans Sachsens poetische Sendung» (1818) bis zu Wagners *Die Meistersinger von Nürnberg* – zu einer literarischen Figur werden konnte.

Das Reformationsdrama

Zwischen Luthers Thesenanschlag von 1517 und dem Augsburger Religionsfrieden von 1555 entsteht eine literarische Tradition, über die man nicht allein nach künstlerischen Maßstäben urteilen kann, sondern bei deren Wertung im literaturgeschichtlichen Rückblick vor allem ihre gesellschaftliche Funktion zu berücksichtigen ist: die Reformationsliteratur. Kann man einerseits sagen, alle Literatur dieses Zeitraums setze sich, direkt oder indirekt, mit der Reformation auseinander – vom reformatorischen Schrifttum der Anhänger Luthers bis zu jener Welle von Flugschriften, die während des Bauernkriegs verbreitet wurden –, so stellt innerhalb dieses breiten literarischen Feldes das Reformationsdrama doch ein besonderes Genre dar. Es bezieht seine Anregungen vor allem aus den Ideen der bedeutenden Humanisten dieser Epoche, unter denen sich übrigens auch Traditionalisten befinden, die weiterhin der katholischen Kirche anhängen.

Darüber hinaus erhält das Reformationsdrama seine Impulse im Wesentlichen durch die Reformatoren, insbesondere durch Luther und Melanchthon, die speziell zur Ausbildung der dramatischen Formensprache angeregt haben, weil das Drama als dominante literarische Form innerhalb der höheren Lehranstalten in Deutschland galt. Seine Zentren liegen in Sachsen und breiten sich von dort in Richtung Magdeburg und weiter in Richtung Süden, nach Nürnberg, Württemberg und ins Österreichische aus, zuletzt bis nach Norddeutschland, nach Hamburg, Lüneburg und Braunschweig – eine erfolgreiche dramatische Form, die der Verbreitung wissenschaftlicher Arbeitsweisen und dem Lob der humanistischen Bildung an Schulen wie an Universitäten dienen sollte. Es fand eine breite Aufnahme innerhalb der Schülerschaft und bei den Eltern, ebenso bei Studierenden, auch unter den Professoren und Gelehrten. Es wurde als Versuch verstanden, über eine spezifische literarische Form erwünschte Ideen und Gedanken, Vorstellungen und Tugenden, Fertigkeiten und Techniken zu vermitteln.

Als Seitenweg hierzu lässt sich das Jesuitendrama ansehen, das durch das Schuldrama angeregt wurde. Der Jesuitenorden mit seinem Wahlspruch *Omnia ad maiorem dei gloriam* (‹Alles zum höheren Ruhme Gottes›) – 1534 von Ignatius von Loyola gemeinsam mit sechs Kombattanten begründet, auch Societas Jesu genannt – warb in wenigen Jahren Tausende von Mitgliedern an, nicht nur in Europa, sondern auch in Asien, Afrika, in den portugiesischen Kolonien sowie in Süd- und Nordamerika. Aus ihm gingen hochgebildete Kleriker mit eigenen Schulen hervor, zu deren Lehrstoff, neben der religiösen Unterweisung, die antike Bildungstradition ebenso zählte wie die Kunst der Rhetorik und der Dialektik. Schule wurde hier immer verstanden als Bildungsauftrag in einem emphatischen Sinn dieses Worts. Zudem haben die Jesuiten einflussreich auch innerhalb der katholischen Kirche gearbeitet und eine strikte, zielbewusste Machtpolitik betrieben, um der rechten Lehre im Interesse der katholischen Kirche Verbreitung zu sichern. Das Jesuitendrama, formal an der neulateinischen Tradition orientiert, wurde in lateinischer Sprache verfasst und über Jahrhunderte hinweg immer auch als ein wirkungsvolles Instrument der Gegenreformation genutzt. Es präsentierte die Ideen der Jesuiten vor allem in Form von Bekehrungsstücken, die eine Rückbesinnung auf den rechten Glauben vorführten, mit zum Teil prächtigen Aufführungen auf perfekt gestalteten Illusionsbühnen, die mit großem Aufwand an den Schulen und Universitäten aufgebaut wurden und nicht selten die Spieldauer eines ganzen Tags erreichten. Daher bildete es eine erfolgreiche Waffe der Gegenreformation, gegen die sich der Protestantismus seinerseits eine Art Gegenwaffe schuf, nämlich ein protestantisches Schuldrama, das ebenfalls auf Neulateinisch verfasst war und gleichfalls dazu diente, den Schülern neben Lateinkenntnissen den rechten Glauben zu vermitteln. Daneben entwickelte sich das Schuldrama des Benediktinerordens, das sich als eine Parallel- oder Konkurrenzentwicklung zum Jesuitendrama verstand.

Als einer der Hauptvertreter des Jesuitendramas ist Jacob Bidermann zu nennen. Sein auf Neulateinisch verfasstes Stück *Cenodoxus* ist 1602 uraufgeführt worden; erst 1635 gab es eine Übersetzung ins Deutsche mit dem Titel *Der Doktor von Paris*. Der Titelheld Cenodoxus ist Wissenschaftler, Gelehrter, Arzt, aber auch ein Humanist von übergroßem Selbstbewusstsein, das sich nicht selten als Scheinheiligkeit erweist – eine kritische Ausgabe des selbstgerechten humanistischen Gelehrten also und zugleich ein Vertreter der stoischen Lebenshaltung, diesseitsorientiert und karrierebewusst. «Cenodoxia», eine sprachliche Neuschöpfung, bedeutet hier so viel wie Hoffart, Dünkel, Arroganz, und insofern ist die Figur des Cenoduxus ein Negativbeispiel für die Geisteshaltung der Gelehrten im 17. Jahrhundert, die hier kritisiert wird. Das Jesuitendrama hat sich, wie dieses Beispiel zeigt, bis ins 17. Jahrhundert gehalten und auf diese Weise dazu beigetragen, die Tradition des Schuldramas zu verlängern. Heute fast vergessen, legt es in den überlieferten Beispielen Zeugnis nicht allein vom Einfluss der Jesuiten in Deutschland ab, sondern auch von der didaktischen Funktion der Literatur in dieser Zeit. Zugleich muss man sagen, dass der belehrende Charakter dieser Stücke, ihr pädagogischer Impetus und ihr Bekehrungsimpuls sie – zumal in neulateinischer Sprache – eine bedeutende Wirkung erzielen ließ.

Das Jesuitendrama galt als probates Erziehungs- und Kontrollmedium an Schulen und Universitäten, auch im Vergleich zum gleichzeitigen

Humanistendrama. Auch dieses wurde in lateinischer Sprache verfasst, zum überwiegenden Teil von Pädagogen, zu einem geringeren auch von gelehrten Humanisten, und diente seinerseits einem doppelten Lerneffekt: zum einen das Neulateinische, zum Teil auch das antike Latein der großen römischen Komödiendichter (Terenz, Plautus) oder Philosophen (Seneca) anhand des Originals zu vermitteln, zum anderen Kernelemente der Rhetorik und Stilistik zu lehren, sodass die Einübung in die Praxis der neulateinischen Sprechweise, verbunden mit der Orientierung am Gedankengut der Humanisten, einherging mit der Wiederentdeckung der Antike und der Orientierung an einem humanistischen Erziehungsideal. Die Schulung an der antiken Dramentradition bedeutete die Kanonisierung der klassischen fünfaktigen Bauform, die sich bis zum Ende des 18. Jahrhunderts erhalten sollte. Die Übernahme der Aktgliederung, die Einteilung der Akte durch Chöre und Chorale – sie waren in der Antike nur ein Notbehelf gewesen, geboren aus dem Zwang zur Zeitüberbrückung bei Umbau und Umkleidung –, ferner die Einteilung der einzelnen Akte in Szenen oder die strukturierenden Formen des Prologs und des Epilogs bildeten signifikante Merkmale dieses Dramentypus. Darüber hinaus sind die Dialoge in Versform gehalten, wobei der jambische Trimeter, ein dreifüßiger dipodischer Vers, und der Hexameter überwiegen, zwei Versmaße, die variabel zu handhaben sind.

Von großer Bedeutung ist innerhalb dieser Dramentradition die klare Unterscheidung zwischen Komödie und Tragödie, die Ausdruck der bestehenden Standesunterschiede ist: der hohe Ton der Tragödie als Resonanzraum des tragisch tiefen Falls von Herrschern und Tyrannen; die Komödie für das Bedürfnis der niederen Stände nach Unterhaltung; und als Fortentwicklung beider Traditionen die interessante Zwischenform der Tragikomödie: die versöhnliche Lösung eines tragischen Konflikts. Weiteren Einfluss auf das Reformationsdrama besaßen die Renaissance-Komödien mit ihrem Ursprung in Italien, ferner die allegorischen Festspiele der alten Bacchanalien, die man in der Antike vorfand, und die Maskenzüge, die *Trionfi*: Triumphzüge, die als Dekor der Inszenierungen zur Erheiterung des Publikums dienten. Die im Rahmen des Schul- und des Reformationsdramas gespielten Stücke selbst sind von mäßigem Umfang, was nicht allein mit den zumutbaren Belastungen für die meist jugendlichen Schauspieler zu tun hatte, sondern auch mit der konzentrierten Struktur der lateinischen Sprache im Vergleich zum Deutschen. Die deutschen Bearbeitungen und Übersetzungen sind oft doppelt so umfangreich wie die der antik- oder neulateinischen Originale.

Ideologische Funktionen hat das Reformationsdrama seit der zweiten Hälfte des 16. Jahrhunderts im Dienst der religiösen Ideenkämpfe wahrgenommen. Seither handelt es sich um ein religiöses Tendenzdrama, das sich aus dem Reformationsdrama entwickelt. Es knüpft in mancher Hinsicht an das geistliche Spiel des Mittelalters an, so etwa Georgius Macropedius in seinem neulateinischen Schuldrama *Hecastus* (1549), ein Mysteriendrama mit der berühmten Figur des «Jedermann», die Hugo von Hofmannsthal in seiner Bearbeitung des Stoffs (1911) wieder aufgenommen hat. Es handelt sich um einen Traditionsstrang, der seinerseits seinen Ursprung in England besitzt, in dem von einem unbekannten Autor stammenden Werk *The Somonyng* [= Summoning] *of Everyman* (vermutlich 1529). In ihm wird bereits die Geschichte jenes Sünders erzählt, der am Ende vor Gott zitiert wird, um im Hinblick auf sein Leben Rede und Antwort zu stehen. In vergleichbarer Weise waren originäre biblische Stoffe beliebt, etwa die Geschichte vom verlorenen Sohn oder die ‹Antichristspiele›, in denen der Teufel als Gegenpol zu Gott oder Jesus erscheint.

Als szenischen Raum bevorzugte man die so genannte Terenzbühne, einen offenen Bühnenraum, der eine Straßenszene mit verschiedenen Häusern bietet. Aus ihnen treten hin und wieder Personen heraus, unterhalten sich, andere gehen hinein, sodass ständig neue Schwerpunktsetzungen möglich sind, die in Dialogform durchgespielt werden, zum Teil auch bei geöffneten Türen, um einzelne Szenen innerhalb eines Hauses zeigen zu können. Diese Bühnenform findet sich bereits im Theater der Antike, sodass man sie für die Klassiker ebenso nutzen konnte wie für zeitgenössische Stücke. Gelegentlich spricht man auch von einer ‹Badezellenbühne›, um die mit dieser Szenenform ermöglichte Einheit des Handlungsorts zu betonen, die zugleich die Einheit der Handlung und die Einheit der Zeit ermöglicht. An einem bestimmten Ort zu einer bestimmten Zeit eine bestimmte Handlung durchzuführen, entsprach nicht allein den Forderungen der klassischen Dramaturgie, sondern in nicht geringerem Maß den praktischen Erfordernissen der Inszenierung. Unterstützt wurden die zeitgenössischen szenischen Realisierungen dramatischer Werke durch die Vorzüge der Simultanbühne, auf der sich mit Hilfe von Ausleuchtungseffekten bestimmte Teile der Bühne hervorheben und wieder verdunkeln lassen, sodass auf einer einzigen Bühne gleichzeitig unterschiedliche Vorgänge geschehen können.

Die historische Bedeutung des Humanistendramas besteht darin, dass erstmals seit der Antike wieder eine literarisch anspruchsvolle Dramatik an die Öffentlichkeit kommt. Zwar gab es bereits im Mittelalter Mysterien-, Passions- und Fastnachtsspiele, doch eher als Bestandteil der Volksunterhaltung, zur Belustigung wie zur Ermahnung, ohne künstlerischen Anspruch. Seine besondere ästhetische Qualität verdankt das Reformationsdrama demgegenüber seinem Herkunftsbereich, dem protestantischen Schuldrama in der Tradition des lateinischen Humanistendramas, das sich bis in die Bauform des Reformationsdramas zur Geltung bringt. Das ‹argumentum› ist der Versuch, einem literarischen Werk, vor allem dem Drama, eine Erläuterung voranzustellen, die das Stück zusammenfasst und, im Unterschied zum traditionellen Prolog, zugleich seine Lehre, die Didaxe oder die Moral, in knapper Form präsentiert, um seine Verbreitung zu sichern: in eingängigen Knittelversen. Einflüsse lassen sich zudem aus Italien, insbesondere über Boccaccios *Decamerone* nachweisen, doch werden auch historische Themen aufgegriffen, aus der Antike wie aus der klassischen Mythologie, vor allem Homer, ebenso zeitgenössische Fragen wie die Reformation oder die Türkenkriege. Das Reformationsdrama hat seine Wirkung bis ins 17. Jahrhundert hinein bewahrt, bis zur Ablösung des Lateinischen durch das Deutsche im Zuge des wachsenden Einflusses, den die Sprachgesellschaften im Zeitalter des Barock gewinnen konnten.

Um zu veranschaulichen, welches breite Spektrum an Themen und Formen im 15. und 16. Jahrhundert entwickelt wurde, seien einige Beispiele genannt. Zum einen die Verarbeitung der biblischen Parabel vom verlorenen Sohn, gewiss ein dankbarer Stoff für eine dramatische Bearbeitung, wie sie etwa Burkart Waldis bereits 1527 mit seinem Stück *De parabell vom vorlorn Szohn* in Riga realisierte. Ferner das 1529 uraufgeführte Drama *Acolastus* von Guilhelmus Gnapheus (eigtl. Willem de

Volder), dessen Übersetzung 1530 unter dem Titel *Ein Comedia von dem Verlornen Sun* erschien. Eine weitere Veränderung bedeutet die Einführung ‹deutscher› Figuren, Typen also, die zum deutschen Bühnenrepertoire gehören, etwa der Tellerschlecker, der Spitzbube, die Dirne (‹Metz›) und ihr Gegenbild, die tugendhafte Jungfrau. Dies alles diente der Entfaltung einer gewissen Volkstümlichkeit, um dem Publikum die gewählten Stoffe und Themen nahezubringen.

Einer der großen Autoren des neulateinischen Reformationsdramas ist schließlich Thomas Naogeorgus (eigtl. Kirchmeyer), dessen *Pammachius* (1538), der ‹Allesbekämpfer›, die mittelalterliche Legende vom Antichrist aufnimmt. Das widergöttliche Prinzip, das der Antichrist verkörpert, auf der einen, die Erlösung vom Übel allein durch den Glauben auf der anderen Seite – dies sind die zentralen Positionen, die mit dem Teufelsdrama *Pammachius* aufs Neue in die Literatur treten. Wobei der Teufel als Typus des Bösen zu verstehen ist, als eine gleichsam programmatische Abstraktion, Ausprägung eines umfassenden Welt- und Menschenbildes, das einen Sonderweg der protestantischen Reformationsliteratur repräsentiert und insoweit im Gegensatz zum Humanismus steht. Während die Humanisten sagen: Die Welt ist unvernünftig geworden, aber durch Vernunft und Aufklärung können wir sie bessern, behauptet Naogeorgus: Die Welt ist schlecht, und dass sie schlecht ist, ist von Gott gewollt – eine klare Gegenposition zu den Humanisten und sehr viel näher als diese an der Lehre Luthers. Wenn aber die Vernunft nicht ausreicht, wenn die Gewalt des Teufels den Einfluss des Narren übersteigt, wenn es nicht mehr nur um Verfehlungen geht, sondern um strukturelle und insoweit unveränderbare Voraussetzungen und Bedingungen der menschlichen Existenz, wenn Gott eine metaphysische, durch Vernunft nicht erschließbare Größe ist, widersprüchlich, unheimlich und abgründig, dann stellt Gott womöglich selbst eine Sinnwidrigkeit dar, zumindest aus der Sicht eines Menschen, der den Sinn Gottes für sich nicht erschließen kann. Den von Sebastian Brant in seinem *Narrenschiff* zugleich kritisierten und vorangetriebenen Prozess einer Säkularisierung der Sünde versucht Naogeorgus im *Pammachius* zurückzudrehen, um wieder Sünde nennen zu können, was in seinen Augen Sünde ist, und den Sündenbegriff durch einen religiösen Begriff des Bösen zu legitimieren, den in seinem Stück der Satan repräsentiert. Das Böse gilt ihm als von Gott gesetzt, und damit steht es nicht in der Macht des Menschen, das Böse in der Welt durch Vernunft und Erziehung zu bewältigen (Könneker 1966, S. 337).

Dieses Drama ist mithin Ausdruck eines ideengeschichtlich höchst komplexen Entwicklungsprozesses, der den Verfall des mittelalterlichen Weltbildes vorantreibt, Aufklärung und Vernunft installiert, Erziehung als humanistisches Ideal begründet, auch mit Hilfe der Reformation, der aber ebenso den Weg zurück beschreitet, im Schatten von Luthers Glaubensverständnis der Rechtfertigungslehre, und damit einer Re-Installierung des Glaubens und des metaphysisch begründeten Glaubensgebäudes. Es ist der Versuch, eine Ordnung aufrechtzuerhalten, die bereits verfallen ist.

2 Das Zeitalter des Barock

Gewonnen haben durch den zunehmenden Verfall des gegenreformatorischen Weltbildes die Künste, zumal die Literatur: Sie erlebt im 17. Jahrhundert, im Zeitalter des Barock, einen unerhörten Aufschwung, der auf einer Vielfalt flankierender und korrespondierender intellektueller wie wissenschaftlicher Faktoren beruht. Dazu zählt die auf den ersten Blick überraschende Tatsache, dass das literarische Barock durch ein hohes Maß an Gelehrsamkeit gekennzeichnet ist. Inmitten des Dreißigjährigen Kriegs entsteht eine bürgerliche Funktionselite, die akademisch gebildet, weltgewandt und weitgereist ist, zu Hause, zumindest zeitweise, in den Metropolen Europas, eine Elite, die zum Teil an den Fürstenhöfen ihren Beruf und ihren Unterhalt findet. Sie wird nicht zuletzt durch die Begründung der literarisch orientierten «Sprachgesellschaften» kulturell prägend, ein folgenreicher Ansatz zur Reformierung der Kultur in Deutschland, der einhergeht mit protestantischen, reformatorischen Bestrebungen der Zeit sowie der Philosophie eines christlich geprägten Gelehrtenstandes. Diese humanistisch gebildete Gelehrtenschicht aus Geistlichen, Gymnasialprofessoren, Ärzten und Beamten war die Trägerin der Literatur- und Sprachreform im 17. Jahrhundert, mithin des Versuchs, die deutsche Sprache literaturfähig zu machen und sich auf diese Weise auch einen eigenen, neuen Platz innerhalb der sich wandelnden Ständeordnung zu schaffen.

Es war angesichts des Krieges, angesichts der fremden Heerscharen, die durch Deutschland zogen und das Land verwüsteten, notwendig, die Eigenständigkeit der deutschen Sprache und Kultur zu festigen, ja diese allererst zu etablieren. Vorbild für diese Funktionselite wie für die von ihr vorangetriebene Kulturpolitik waren Italien, Frankreich, auch Holland, Länder also mit einer deutlich nationalstaatlich geprägten Literatur und Kultur. Ihre literarischen Vorbilder fand sie nicht in den voraufgegangenen historischen Epochen, etwa des Minnesangs oder des Nibelungenliedes, ebenso wenig in der Volksliteratur, die sich im Zuge der Luther'schen Bibelübersetzung entwickelt hatte, und auch nicht im Meistersang. Man wollte vielmehr anknüpfen an die bedeutenden Traditionen der nationalsprachig geprägten europäischen Literaturen. Das Neulateinische sollte als Verkehrssprache abgelöst werden – hierfür bot die Luther'sche Bibelübersetzung das beste Beispiel. Aber es sollte zugleich eine Reform von oben sein, durch die neu entstehenden bürgerlichen Eliten im Zusammenspiel mit den ‹aufgeklärten› protestantisch-reformierten Höfen. Es gab noch keine Durchlässigkeit von unten, weil die Gesellschaft des 17. Jahrhunderts dichotomisch gespalten war. Zudem hielten die katholischen Autoren in den entsprechenden Territorien an Latein als Verkehrssprache fest, im deutlichen Bemühen, sich gegen die reformatorischen Innovationstendenzen zu wehren und den klerikalen Einfluss zu bewahren.

Die Literatur des 17. Jahrhunderts steht auf diese Weise hinsichtlich der politischen und gesellschaftlichen Entwicklungen und Strukturen in einem Prozess des Umbruchs, der auch die Autoren deutlich prägt. Allerdings ist zu betonen: Die Berufsgruppe des Schriftstellers, wie wir sie heute verstehen, existiert im 17. noch nicht und selbst im 18. Jahrhundert nur ansatzweise. Die Autoren schreiben Auftrags- und Gelegenheitsdichtungen, und sie sind abhängig von der Zensur, durch die ihnen die Obrigkeit diktiert, was zu schreiben erlaubt und was verboten ist. Sie schreiben in Abhängigkeit von Mäzenen, von Fürsten, die sie unterhalten und zum Teil aushalten, und sie haben nicht selten nach dem Motto zu schreiben: «Wes' Brot ich eß, des' Lied ich sing.» Der Fürst bezahlt die Schriftsteller für Leistungen, die nicht zuletzt der Ehrung ihres Gönners dienen. Ihre Sprache ist mithin – zumal in Gestalt des «Fürstenlobs» – Teil einer öffentlichen, höfisch bestimmten Rhetorik, und die aus ihr hervorgehenden Poetiken sind die entsprechenden Regulierungsinstrumente. Sie regeln das öffentliche Sprachverhältnis zwischen Fürstenhof und Publikum in einer Weise, die die Literatursprache kodifiziert hat, vorgeformt und vorgefertigt, um als Medium der fürstlichen Sicht auf die Welt und ihre Einrichtungen zu dienen und auf diese Weise den Untertanen zu vermitteln, was der Herrscher zu sagen hat, was Gott will und wie es um die weltlichen Dinge generell steht. Themen der Dichtung werden vor allem aus Politik und Geschichte gewonnen, etwa in der für den Hof zentralen Gattung des historischen Dramas, in dem – bevorzugt im Gewand eines antiken Konflikts – das Schicksal des modernen Herrschers gespiegelt wird, dem am Ende freilich die Rettung aufscheint, sodass die Welt wieder ins rechte Lot kommt. Literatur in dieser Funktion ist als ein Regulierungsinstrument von Affekten zu verstehen, auch von ethischen Normen und Wertsetzungen, das gattungsindifferent einsetzbar ist. Trauerspiel, Gedicht, insbesondere die politische Lyrik, der höfisch-historische Roman – sie bilden Medien der Orientierungssteuerung, die zeigen, wie man sich verhalten soll, will man nicht ins Unglück geraten.

Ebenso präsent neben diesen hohen, durch die gelehrten Eliten protegierten Gattungen finden sich niedere Gattungen mit humoristischem Einschlag. Das Trauerspiel ist die Gattung des Hofes, die Komödie erscheint dessen Höhe nicht angemessen. Es finden sich aber ebenso in Komödien oder in satirischen Epigrammen Handlungsanweisungen zur Weltorientierung, selbst in der zeitgenössischen Schäferdichtung, in der Liebes- und der bukolischen ebenso wie in der idyllischen Dichtung, zum Teil verbunden mit utopischen Elementen, die eine bessere Welt zur schlechten Gegenwirklichkeit entwerfen. All das zeigt, dass die Literatur dieser Zeit einen didaktisch orientierenden Charakter besitzt. Dennoch hat es Freiräume für die Kultur gegeben, die auch der Literatur ermöglichten, eine *nobilitas litteraria*, einen eigenen künstlerischen Bewegungsraum zu entfalten und neue Wege zu gehen, also nicht nur die Leistungen und Tugenden des Herrschers zu loben, sondern auch ein humanistisch geprägtes Selbstbewusstsein zu verbreiten. Insgesamt entsteht im Zeitalter des Barock ein ausgeprägtes und vielgestaltiges Formenbewusstsein mit innovativen Zügen, ein kulturell und auch literarisch ‹barockes› Leben, das sich in zahlreichen Facetten zeigt, im Trauerspiel ebenso wie in Opernlibretti, im höfisch-historischen Roman wie in der Schäferdichtung, in der Lehr- und Bibeldichtung, in der geistlichen, der weltlichen und der galanten Lyrik.

Die Etymologie von ‹barock› ist nicht eindeutig geklärt – zwei Erklärungsmöglichkeiten sind im Umlauf. Deren erste hängt mit der italienischen Ursprungsbedeutung des Worts zusammen und meint eine bestimmte Denkform des Syllogismus, also des logischen Zusammenziehens zweier Bereiche, die im Grunde nichts miteinander zu tun haben. Für eine bestimmte Form dieser Art des syllogistischen Schlusses hat man den Ausdruck ‹barocco› gefunden, um anzudeuten, dass etwas merkwürdig oder gar gekünstelt erscheint. In diesem Wortsinn tritt das mittellateinische oder italienische ‹barocco› zuerst im 13. Jahrhundert auf, und zwar in der Literatur der Scholastiker, jener Schule der mittelalterlichen Kirchengeschichte, die, bei hoher Gelehrsamkeit, ihre Fähigkeit, spitzfindige, doch formal korrekte Schlüsse zu ziehen, zu einer Tugend der intellektuellen Brillanz ausgebildet hatte mit deutlichen Folgen für die Entstehung einer Überlieferungsgeschichte des Worts: Noch Montaigne gebraucht in seinen Essais für bestimmte Zusammenhänge die Wendung «c'est barocco». Die zweite Erklärungsmöglichkeit entspringt der Fachsprache der Juweliere. Der Ausdruck ‹verola barocca› bedeutet im Portugiesischen eine unregelmäßig – im Sinn von ‹unschön› – geformte Perle. In dieser Bedeutung ist der Ausdruck im 16. und 17. Jahrhundert auch in Frankreich belegt. Denkbar ist, dass diese beiden völlig unterschiedlichen Herkunftsbereiche des Worts, die in der Bezeichnung für unregelmäßige Proportionen übereinstimmen, bei späteren Verwendungsformen zusammengeführt worden sind zu der Bedeutung, die wir heute kennen, angereichert durch einen pejorativen Akzent im Sinn von ‹bizarr›, ‹grotesk›, ‹schief›, ‹exzentrisch›. In diesem Verständnis ist der Begriff, bezogen auf sehr unterschiedliche Gegenstände, auch im Deutschen seit dem 18. Jahrhundert gebräuchlich.

Was man mit dem Begriff Barock stilgeschichtlich und literarhistorisch bezeichnet, ist das Zusammenspiel heterogener Strömungen, Einflüsse und Denkweisen, die das Adjektiv ‹barock› nur unpräzise zusammenfasst. Er erweist sich bei näherem Zusehen als Kunstbegriff für eine Epoche, die sich gerade nicht auf einen Nenner bringen lässt, sondern vielmehr von einer Vielfalt und Zerrissenheit zeugt, die unverkennbar durch die historischen Entwicklungen des 17. Jahrhunderts geprägt ist, mit dem entscheidenden Ereignis des Dreißigjährigen Kriegs (1618–1648), der die lyrischen Sprechweisen, die dramatischen Ausdrucksformen und die Ausbildung der zeitgenössischen Prosa nachhaltig geprägt hat. Seine Ursachen liegen nicht allein in den konfessionellen Gegensätzen, die sich aus den historischen Fern- und Folgewirkungen der Reformation und Gegenreformation ergeben, sondern auch aus den machtpolitischen Gegensätzen zwischen dem Kaiser einerseits und den Reichsständen andererseits, ebenso zwischen Spanien und Österreich und den protestantischen Ländern, nicht zuletzt auch zwischen Habsburg und Frankreich. Europa ist ein zerrissener Kontinent – das literarische Barock ist eingebettet in ein Zeitalter der Umbrüche und Umwälzungen, vom Ständestaat zum Territorialstaat, gekennzeichnet durch Krisen und Kriege, gefolgt von Krankheit, Seuchen und Tod, eine Zeit der Katastrophen, begleitet von existenzieller Angst.

Literatur und Öffentlichkeit

Die Entwicklung einer literarischen Öffentlichkeit steht im 17. Jahrhundert noch ganz am Anfang (Meid 2009, 39 ff.). Diese Tatsache hängt nicht allein mit der nach dem Dreißigjährigen Krieg wirtschaftlich außerordentlich schwierigen Situation zusammen, die einen freien Handel noch kaum ermöglicht und nach 1648 eine völlig zerrüttete Struktur und zerstörte Handelswege aufweist, sondern auch damit, dass in dieser Zeit ein Lesepublikum und eine Buchproduktion ernstzunehmender Art noch kaum existiert. Man schätzt, dass es in der Mitte des Jahrhunderts etwa 50 000 bis 80 000 Leser gegeben hat, das heißt: akademisch vorgebildete Rezipienten von Literatur, die auch die *lingua franca* dieser Zeit beherrscht haben, das Lateinische. Hinzu kommt ein geschlechtsspezifischer Unterschied: Die Definition der Frauenrolle schloss, von Ausnahmen abgesehen, weibliche Leser von der Teilhabe am akademischen Leben nahezu aus.

Andererseits war Deutschland als Buchhandelsplatz überaus begehrt. Zum einen deswegen, weil die Buchproduktion in Deutschland, vergleicht man sie mit den französischen und holländischen Verlagsstandards der Zeit, technisch wie ästhetisch und auch qualitativ deutlich zurücklag. Daher konnten niederländische und französische Verlagshäuser ihre Druckerzeugnisse in Deutschland vergleichsweise gut absetzen. Sie waren begehrt als Objekte vor allem eines schwunghaften Tauschhandels, da, bedingt durch die zahlreichen Fürstentümer, unterschiedliche

Zollbestimmungen und Währungen bestanden. Das Tauschverhältnis der ausländischen Bucherzeugnisse – etwa der niederländischen im Vergleich zu den deutschen – lag bei eins zu drei oder eins zu vier, das heißt, für einen bibliophilen niederländischen Folianten erhielt man drei oder vier deutsche Publikationen. Es verwundert daher nicht, dass es schon damals zwei Buchhandelszentren gab, nämlich – wie heute – Frankfurt und Leipzig, mit je unterschiedlichen Akzenten und Aufgaben, Rollen und Bedeutungen, die sich auch im historischen Wandel unterschiedlich fortentwickelt haben. Frankfurt war schon im 17. Jahrhundert der bedeutendste Buchhandelsplatz der Welt, während Leipzig immer an zweiter Stelle stand. Doch da Frankfurt konfessionell und wirtschaftspolitisch vergleichsweise engstirnig geführt wurde, wodurch bestimmte theologische und auch philosophische Schriften nicht frei zugänglich, sondern der Zensur unterworfen waren, trat die liberale sächsische Metropole nach dem Ende des Dreißigjährigen Kriegs stärker in den Vordergrund. Man behandelte die philosophischen und theologischen Werke, insbesondere die lutherisch und reformatorisch inspirierten Schriften, relativ großzügig und ließ auch wirtschaftspolitisch ein höheres Maß an Liberalität zu, sodass sich die Stadt prosperierend entwickeln konnte und bereits im 18. Jahrhundert als kulturelles Zentrum Deutschlands galt.

Die Buchproduktion belief sich in Deutschland auf etwa 1000 Titel pro Jahr – wobei dies freilich eine geschätzte Zahl ist, weil die jährlich erscheinenden Buchmessenkataloge Schriften enthielten, die zum Teil viele Jahre zuvor schon erschienen waren, zum Teil aber nur der Werbung dienten, also für Titel warben, die niemals erschienen sind. Andererseits waren in diesen «Messkatalogen» bestimmte Buchserien oder Periodika nicht enthalten, etwa Andachtsschriften, Katechismen oder Glaubensbüchlein, sodass sich nicht exakt abschätzen lässt, wie die Verlagsproduktion seinerzeit tatsächlich ausfiel. Fest steht hingegen, dass das einzelne Buch extrem teuer war. Ein Publikum für bibliophile Kostbarkeiten fand sich naturgemäß allenfalls bei Hofe, an den Universitäten oder unter hohen Beamten, die über ein entsprechendes Einkommen oder einen gut situierten familiären Umkreis verfügten. Eine lesende Mittelschicht existierte noch kaum, oder sie beschränkte sich auf religiöse Bücher wie die Bibel, die Katechismen und die Andachtsbüchlein, während der Adel, kultursoziologisch aufschlussreich, die Belletristik bevorzugte, nach Möglichkeit in der jeweiligen Originalsprache. Verlagszentren waren Nürnberg, Breslau und nach 1670 Leipzig mit Verlagshäusern, die die zeitgenössische deutschsprachige Literatur pflegten.

Die Autoren arbeiten meist als Erzieher oder Bibliothekare, als Pfarrer, Lehrer oder Professoren, sofern sie nicht bei Hofe tätig sind. Sie treten ihre Rechte an den eigenen Werken an die Verleger ab, denen die Vermarktung obliegt und denen auch die Erträge zugute kommen. Der Begriff des geistigen Eigentums ist dem 17. Jahrhundert fremd: Was gedacht, was formuliert worden ist, gehört allen gleichermaßen, und dementsprechend blüht, zumal angesichts der hohen Buchpreise, die Praxis des Raubdrucks. Eine Vermarktung von Büchern in modernem Verständnis beginnt erst im 18. Jahrhundert, in dem sich dann auch Fragen des Urheberrechts und andere verlagsrechtliche Probleme ergeben. Erst im Übergang zum 19. Jahrhundert entwickelt sich der Typus des freien Autors und mit ihm der Begriff des geistigen Eigentums.

Als ein bedeutsamer Teil der im 17. Jahrhundert entstehenden literarischen Öffentlichkeit erweisen sich die Sprachgesellschaften (Otto 1972). Die entscheidende Anregung zu ihrer Gründung kam aus benachbarten Staaten wie Italien und Holland. Bereits im 15. Jahrhundert finden sich Vorläufer, die sich auf die Pflege der Nationalsprache konzentrierten, so in Italien die «Accademia della Crusca» («Kleie») in Florenz, die sich die Reinheit und Fruchtbarkeit der italienischen Sprache – ihr «Aufgehen» aus einem reinen Gärungsstoff – zum Ziel gesetzt hatte und später in Deutschland als Vorbild für die «Fruchtbringende Gesellschaft» wirkte. Das Ziel, die Volkssprache auch in Wissenschaft und Literatur einzuführen, fand im Bild des Nährens und Gärens ein die Mitglieder dieser Gesellschaften ansprechendes und verpflichtendes Symbol, das sich bis in die Namengebung fortsetzte. So ließ sich Fürst Ludwig von Anhalt-Köthen, einer der großen Förderer der «Fruchtbringenden Gesellschaft», auf den Namen «Der Nährende» taufen und diesen auf seinem Wappen mit einem Emblem verbinden, das ein Weizenbrot darstellte und den Zusatz trug: «Nichts Besseres». Caspar von Teutleben, ein ebenfalls verdienstvoller, die Sprachgesellschaft fördernder Adeliger, nannte sich «Der Mehlreiche», verband diesen schmückenden Namen mit dem Emblem des reinen Weizenmehls und dem Wahlspruch: «Hierin find sichs». Name, Emblem und Wahlspruch – dies war die obligatorische Dreieinheit, in der sich die Mitglieder der Sprachgesellschaften zusammenfanden, an der sie sich erkannten. Die wichtigste unter ihnen ist die «Fruchtbringende Gesellschaft», gegründet 1617 in Weimar. Der blumige Name zeigt, dass man eine symbolisch angereicherte Vorstellung der gewählten Aufgaben vermitteln wollte, so auch mit Namen wie «Aufrichtige Tannengesellschaft», «Deutschgesinnete Genossenschaft» und «Elbschwanenorden».

Die Gemeinsamkeiten dieser Gesellschaften lassen sich pointiert benennen. Ihr wichtigstes Ziel ist die Beschäftigung mit der deutschen Sprache, um Achtung für diese zu wecken und ihre Entwicklung in Deutschland zu fördern. Hiermit verbindet sich ein sprachpolitisches Programm, das an Tendenzen der Reformation anknüpft, insbesondere an die Leistung der Luther'schen Bibelübersetzung – daher finden sich vornehmlich Protestanten unter den Mitgliedern – und das darauf angelegt ist, Deutsch zur Hoch- und Volkssprache zu entwickeln und das Lateinische bzw. das Französische zurückzudämmen. Zweifellos steckt hinter diesem Programm ein Nationalbewusstsein, das jedoch im 17. Jahrhundert mit Nationalismus oder einem falsch verstandenen Patriotismus nichts zu tun hat, sondern als Versuch zu verstehen ist, in der Begründung einer nationalen Identität ein Medium der Selbstbesinnung und -bestimmung allererst zu finden. Ein weiteres Ziel der Sprachgesellschaften lautet: Reinhaltung von fremden Einflüssen und Entwicklung einer Orthographie. Die große Vielfalt an Schreibweisen, die sich etwa in Briefwechseln aus dieser Zeit zeigt, erlaubt es nicht, von einer orthographischen Gemeinschaft zu sprechen. Das dritte Ziel schließlich, ebenfalls kein Selbstzweck, ist die Pflege alter, spezifisch ‹deutscher› Tugenden, zu denen im damaligen Verständnis die Gelehrsamkeit ebenso zählt wie die Pflege des Edlen, Guten und Wahren.

Den Sprachgesellschaften den Status von Freimaurerlogen oder gar Geheimgesellschaften zu unterstellen, in denen nach außen verborgene, durch die literarisch-sprachliche Tätigkeit verdeckte Verbindungen gepflegt wurden, wäre eine irrige und unhaltbare Vermutung. Im Gegenteil:

Die Mitgliedschaft selbst war vergleichsweise demokratisch geregelt. Es wurden nicht nur gesellschaftlich hochstehende Persönlichkeiten aufgenommen, sondern neben Adeligen auch Bürger, die freilich nach Möglichkeit Gelehrte, noch besser: gelehrte Poeten, im Idealfall: gelehrte und gekrönte Poeten sein sollten. Dementsprechend findet man unter den Mitgliedern zahlreiche bedeutende Autoren, die zum Teil mehreren Gesellschaften angehörten und diesen mit ihrem Namen zugleich ihr Renommee und ihre schriftstellerischen Leistungen zur Verfügung gestellt haben. Georg Philipp Harsdörffer etwa war nicht nur Mitglied der «Fruchtbringenden Gesellschaft» und der «Deutschgesinneten Genossenschaft», sondern hat zudem den «Pegnesischen Blumenorden» begründet, ähnlich Philipp von Zesen oder Sigmund von Birken, die gleichfalls Mitglieder dieser Gesellschaften waren.

Die «Fruchtbringende Gesellschaft», die von 1617 bis zum frühen 18. Jahrhundert Bestand hatte, kann als repräsentatives Beispiel für Organisation und Praxis der Sprachgesellschaften dienen. Zahlreiche Adelige gehörten ihr an, darunter Herzöge, und ebenso sozial hochstehende Bürgerliche. Den Gründungsanlass bildeten die Beisetzungsfeierlichkeiten für Herzogin Dorothea Maria von Sachsen-Weimar: Aus Tischgesprächen beim Trauermahl über den Zustand der deutschen Sprache erwuchs eine Zukunftsperspektive, eben der Gedanke, Sprachgesellschaften in Deutschland zu begründen: «darinnen man in gut rein Deutsch Reden schreiben auch anders so bei der gleichen Zusammensetzung und Erhebung der Muttersprache dazu jeder von Natur verpflichtet gebrauchlich und dienlich vornehmen möchte». Hieraus erwuchsen die ersten Überlegungen zur Begründung der «Fruchtbringenden Gesellschaft», die ihren Namen einem durchdachten sprachpflegerischen Programm verdankt, das auch in späteren ideogrammatischen Gedichtformen immer wieder hervorgehoben wurde: so in einem Gedicht von Philipp von Zesen aus dem Jahr 1649 als Palmbaum, der den Anspruch dieser Sprachgesellschaft repräsentiert, auf eine gelehrsame Weise erkenntnisfördernd zu leuchten und gleichzeitig die kulturelle Öffentlichkeit zu beschirmen.

Poetik und Gelehrsamkeit

Wissenschaft betreibt man im 17. Jahrhundert um ihrer selbst willen. Sie ist noch nicht instrumentalisiert und wird nicht funktionalisiert. Vielmehr gibt es einen ganz selbstverständlichen universalistischen Anspruch auf umfassende Gelehrsamkeit. Dies hat damit zu tun, dass die aristotelische Metaphysik mit ihrem Postulat, die Substanz eines Gegenstandes um ihrer selbst willen zu erschließen, als Ideal weiterwirkt, mitsamt ihrer Methodologie der selbstzweckhaften, in einem gewissen Sinn wertfreien Forschung. Dieses Ideal schließt in der akademischen Praxis Abstufungen innerhalb der Rangfolge von Wissenschaft und Gelehrsamkeit, insbesondere in der Rangordnung der klassischen Fakultäten – Theologie, Jurisprudenz, Medizin, Philosophie – nicht aus. Die Universitäten haben an dieser Organisation und der ihr entsprechenden Rangfolge der Fakultäten über Jahrhunderte hinweg festgehalten.

In der philosophischen Fakultät, die als «untere» der vier Fakultäten erscheint, bestand freilich weiterhin das universelle Prinzip der Gelehrsamkeit. Dort wurde nicht allein das Fach Philosophie studiert, sondern daneben auch Sprachen und Geschichte, ferner Universalgeschichte, wobei die Philologie für alle ihre Nachbarwissenschaften von hoher Bedeutung war. Denn Sprachen zu lernen und insbesondere die klassischen Sprachen der Antike zu beherrschen, ebenso die Sprachen der Gegenwart und hier vor allem das Französische, gehörte zu den selbstverständlichen Grundvoraussetzungen des Studiums und der Bildung. Auch hierin spricht sich das Ideal der umfassenden Gelehrsamkeit aus, eine Art von Erkenntnisutopie, die dem umfassenden europäischen Gelehrsamkeitsideal des 17. Jahrhunderts entstammt. In dessen Dienst sah sich insbesondere die Pädagogik der Zeit, namentlich die von Johann Amos Comenius vertretene Richtung mit dem Versuch, eine «ars magna sciendi», eine umfassende Kunst des Wissens zu lehren, und die von Athanasius Kircher repräsentierte Form der Wissenschaft, die das Programm einer Pansophie, einer umfassenden Weisheit repräsentierte.

Auf diesem Programm einer reflektierten Gelehrsamkeit beruht die Dichtung des Barock (Barner 2002). Es sind nicht nur die Sprach- und

Literaturgesellschaften, welche diese Tugend pflegen, auch nicht allein jene zeitgenössisch dominante Dichtung, die aus heutiger Sicht durch gelehrte Anmerkungen und historische Exkurse nahezu überfrachtet wirkt. Sondern ebenso sind die Poetiken dieser Zeit ein Spiegel der Soziologie des gelehrten Bürgertums. Ihre Quelle ist im Wesentlichen die antike Rhetorik, die es weiterzuentwickeln gilt. Geradezu gefordert wird das Studium der Poetik in der Tradition der Rhetorik, nach der unmissverständlichen Maxime Harsdörffers: «Sie muß erlernt werden.» Poetik erlernen heißt freilich nicht, Poesie zu schaffen. Lernen kann man nur die Regeln, nach denen die Dichtkunst verfertigt werden soll, nicht aber zu dichten. Hierzu bedarf es vielmehr einer Begabung, die im 17. Jahrhundert neulateinisch «ingenium» heißt, einer natur- oder gottgegebenen Fähigkeit und Leidenschaft, deren technische und handwerkliche Elemente die Poetiken bieten und vermitteln können. Wer von Natur aus dichterische Substanz besitzt, der kann das erforderliche Handwerkszeug erwerben – doch wo die Substanz fehlt, da helfen auch die Instrumente nicht.

Poetik wird, neben der Rhetorik, im 17. Jahrhundert an den Gymnasien und den Universitäten gelehrt. In der Rhetorik findet man Anweisungen für Inhalte und Argumente, ebenso für den Stil. Einer der bedeutenden Vorläufer der Barockpoetik ist der Gelehrte Julius Cäsar Scaliger. Von ihm erscheint 1561 die Schrift *Poetices libri septem*, eine Poetik in sieben Bänden, die auf einer Sprachtheorie basiert. Mit ihr soll unter anderem die Entwicklung der Sprache begründet werden, die zugleich in einen anspruchsvollen Funktions- und Zweckbestimmungszusammenhang eingebettet ist. Die Sprache soll, ganz in der Tradition des Horaz'schen «prodesse» und «delectare», Wahrheit vermitteln, Nutzen stiften und Freude bereiten, wobei die Dichtkunst, im Unterschied zur Geschichtsschreibung, neben wirklich Geschehenem auch Fiktives in Form der Nachahmung, der «imitatio» bieten darf. Scaliger – und das ist bezeichnend für die neulateinische Tradition der Sprache und des Denkens, in der er steht – kommt fast ausschließlich auf die römischen Klassiker zu sprechen, vor allem auf Horaz, auch auf Vergil, Terenz, Seneca und Juvenal, während Aristoteles für ihn kein Vorbild ist, eher ein Kontrapunkt, mit dem er sich kritisch auseinandersetzt.

Scaliger unterscheidet drei Arten der Dichtung: die erzählende, die dialogische und die gemischte. Er fordert, dass der Dichter in allen Dichtarten über ein reiches Wissen, über Kenntnisse aus der gesamten Wirklichkeit verfügen müsse. Dabei bezieht er sich als Zeitgenosse des vorbarocken Klassizismus auf eine Diskussion, die vornehmlich um zwei zentrale Begriffe kreist: «res» und «verba». «Res» – die Sachen, die Gegenstände, die Dinge – und «verba» – Wörter, Bezeichnungen, Begriffe – sind aufs Engste aufeinander zu beziehen. «Res» – allgemeiner: die Wirklichkeit – muss in den «verba» – der Sprache – klar und deutlich ausgedrückt werden. Ebendeshalb bedarf es der genauen Wirklichkeitskenntnis, deshalb muss der Dichter die Wirklichkeit studieren. Im ganzen 17. Jahrhundert gilt, in Anknüpfung an Scaliger und den vorbarocken Klassizismus, die Verbindung von Sprache und Wirklichkeit noch unverbrüchlich, beispielhaft ablesbar an der Entwicklung der großen Gelehrten dieser Zeit. Der Leidener Rhetorikprofessor Gerhard Johannes Vossius etwa, der die rhetorische und damit auch die literarische Grundausstattung fast aller protestantischen Autoren des Barockzeitalters im Sinne einer klassisch-humanistischen Doktrin geprägt hat, knüpft ausdrücklich an Scaliger an, ähnlich Johann Matthäus Meyfart mit seiner *Teutschen Rhetorica oder Redekunst* (1634), die zudem Aspekte der kirchlichen Machtpolitik einbezieht und damit ein vergleichsweise modernes Verständnis der Rhetorik als einer Funktionsbestimmung politischer Sprache entwickelt unter besonderer Berücksichtigung der Eloquenz, also der Beredsamkeit als Herrschaftsmittel im absoluten Staat. Zu nennen ist in diesem Zusammenhang auch Johann Balthasar Schupp mit seinem Opus *Ineptus orator* (1638; ‹Der ungeschickte Redner›), einer Satire, die sich gegen die klassizistische Erstarrung der Rhetorik zum erlernbaren, regelhaften Schul-, Gymnasial- und Universitätsfach ohne jede Lebendigkeit richtet. Ebenso wie wenig später Balthasar Kindermann mit seinem Buch *Deutscher Redner* (1666), abermals eine kritisch-satirische Abrechnung mit der Schulrhetorik, der Schupp, wie Kindermann auch, eine Praxisferne vorwarf, die dem unreflektiert fortgeführten Klassizismus geschuldet sei. Eine Antwort auf solche Mängel bot zudem Daniel Richter mit seinem Buch *Thesaurus oratorius novus* (‹Neuer rhetorischer Schatz›; 1660), der seinerseits, in einer Mischung von Traditions- und

Gegenwartselementen, Realität und Praxis in die Lehrbücher zu tragen versuchte. Bedeutsam wird in diesem Kontext die *argutia*-Bewegung, die für das Ideal der Scharfsinnigkeit eintritt und auf der Entfaltung und Pflege eines standesorientierten Scharfsinnigkeitsstils besteht: Sprach man mit einer Person gehobenen Standes, so sollte der Sprachstil «nervoser und kürzer» (Richter) gehalten sein, konzentriert, dialektisch, scharfsinnig eben, während mit dem gemeinen Volk einfach, langsam und schlicht zu reden war. Aus diesem Anspruch der *argutia*-Bewegung ist der rhetorische Manierismus hervorgegangen, eine reflektierte Art des elaborierten Sprechens, die sich – ursprünglich einer bewusst eingesetzten Scharfsinnigkeit verpflichtet – verselbständigt hatte, sich mithin nicht mehr auf die «res» bezog, sondern den Aspekt der «verba» absolut setzte und isolierte.

Der bedeutendste Erneuerer der Rhetorik am Ende des 17. Jahrhunderts ist Christian Weise, ein Denker und Schriftsteller von ähnlicher Bedeutung – und nicht geringerem Einfluss – wie Julius Cäsar Scaliger, einer der großen Gelehrten des 17. Jahrhunderts. Er unternimmt den Versuch, die Opposition von Lehrsystem und rhetorischer Praxis durch eine Synthese zu lösen, indem er die Rhetorik in ein umfassendes, mit einem heutigen Begriff gesprochen: in ein politisches Bildungskonzept einzubinden versucht. Weise hat den *Homo politicus* vor Augen, ein Konzept der Lebenslehre, die der spanische Gelehrte Baltasar Gracián in seiner Aphorismensammlung *Handorakel* (1647) zusammengefasst hat, ein Buch voller weltkluger Reflexionen und Maximen, die sich auf die ständische Gesellschaft Spaniens beziehen. Weise entnimmt diesem Entwurf für seine Konzeption der Rhetorik insbesondere die Forderung nach der Adressatenorientierung aller Rede: Um sein eigenes Interesse klug zu fördern, soll sich der Redner auf den Wahrnehmungs- und Bildungshorizont des Adressaten konzentrieren.

Weises bedeutendstes Buch mit dem Titel *Politischer Redner* (1677) enthält im Kern, was er in verschiedenen anderen Werken ausgeführt und variiert hat: die enge Verbindung von Sprache und politisch-sozialem Leben. Scaligers Rhetorik, noch ganz an der Klassik orientiert und rhetorisch gewissermaßen selbst zweckhaft argumentierend, erfährt bei Weise eine Öffnung ins Politisch-Soziale. Bereits Ende des 17. Jahrhunderts ist so eine Position erreicht, mit der die Rhetorik auf Wahrheit und Erkenntnis setzt, auch auf moralische Besserung, weniger auf persönlichen Erfolg und gesellschaftliche Anerkennung. Statt einer poetischen setzt sich um die Jahrhundertwende eine politisch-philosophische Orientierung durch. Die Rhetorik wird zur Philosophie – der Übergang zum Zeitalter der Aufklärung verändert die Literatur wie die Poetik.

Insgesamt sind im 17. Jahrhundert einige Dutzend Poetiken erschienen, deren Gemeinsamkeiten nicht zuletzt darin bestehen, dass sie als Lehrbuch angelegt sind mit genauen Anweisungen zum Schreiben von Dichtung, vor allem von Gedichten, wenn sie auch eine natürliche Begabung als notwendige Voraussetzung des literarischen Schöpfungsprozesses verstehen. Eine weitere Gemeinsamkeit besteht in der sozialen Zugehörigkeit der Autoren: Sie waren in den meisten Fällen Gymnasialprofessoren, und sie haben, geschult durch Scaliger, alle in vergleichbarer Weise bei den Vorbildern der Antike und des Mittelalters angeknüpft. Man kann vor diesem Hintergrund sagen: Es gibt nicht so sehr einen Entwicklungsprozess der Textsorte «Poetik» im 17. Jahrhundert als vielmehr Fortschreibungen und Variationen ein und derselben Grundproblematik, zu der die Gattungsfrage ebenso zählt wie die vorgeschriebene Regelhaftigkeit des poetischen Produkts.

Den Anfang macht Martin Opitz' *Buch von der Deutschen Poeterey* (1624), die erste große Poetik in deutscher Sprache, der die *Teutschen Poemata* (1624) mit Mustern zunächst für die lyrische Dichtung vorangegangen waren, später, in einer erweiterten Neuausgabe (1625), auch für die anderen Gattungen. Dieses Werk, das von einer gar nicht zu überschätzenden Wirkung auf literarische Zeitgenossen war, niedergeschrieben in nur fünf Tagen, stammt aus der Feder eines 27-jährigen Autors. Aufschlussreich für die Entwicklung und Bedeutung der Barockpoetik in Deutschland ist die Tatsache, dass die Dichtung nicht allein wiedergeben soll, was ist, sondern auch, was sein könnte. Diesen Möglichkeitsaspekt – das, was in einer Sache potenziell enthalten ist – muss die Poesie mit ihren Mitteln, denen der Sprache und der Form, mit Hilfe einer ‹Topik› (von griech. topos = Ort) herausarbeiten. Ein aufschlussreicher Aspekt, weil er den vielfach zur Charakterisierung des barocken Sprachstils bemühten Vorwurf des «Schwulstes» entkräftet: das Umspielen ein und derselben Sache mit immer anderen, neuen Worten. Doch handelt es sich hierbei durchaus nicht um «Schwulst», sondern in Wahrheit um ein Dichtungsprinzip. Es bedeutet: verschiedene Möglichkeiten aufzuzeigen, ein und denselben Gegenstand unter unterschiedlichen Aspekten und Perspektiven wahrzunehmen, um an ihm herauszuarbeiten, welche Potenzialität in ihm enthalten ist. Einer der bedeutendsten Barockforscher des 20. Jahrhunderts hat diese spezifische Qualität der Barockdichtung treffend mit den Worten umschrieben: «Die Gebundenheit des Barockdichters an die Topik führt dazu, daß der Dichter nicht direkt beschreibt, sondern umschreibt und erweitert. Diese Amplifikation ist ein immanentes Stilprinzip der Barockdichtung und bestimmt weitgehend ihre Struktur.» (Szyrocki [Hg.] 1968, S. 259)

Worauf auch Opitz nachdrücklich beharrt, ist die absolute Priorität der Begabung. Wirft man einen Blick in das 3. Kapitel, in dessen Zentrum Leistung, Begabung und Fähigkeit des Poeten stehen, so wird deutlich, dass die zeitgenössisch sehr populären Gelegenheitsgedichte Opitz' Ansprüchen an Poesie nicht genügen. Im 5. und 6. Kapitel geht es dann um eine Differenzierung der Gattungen, mit deren Hilfe Opitz an die Lehre von den drei «Stilen» anknüpft. Unter ihnen gilt die «Tragödie», das barocke Trauerspiel, traditionell – und auch für Opitz – als wichtigste, höchste und bedeutungsvollste dramatische Form. Sie repräsentiert den dramatisch und theatralisch angemessen Rahmen für die hohen Standespersonen, die Fürsten und Herrscher, die Komödie hingegen jenen für die sozial niedrig stehenden Personen, das gemeine Volk, den Pöbel, mit den entsprechenden Handlungselementen und Sprechweisen, die man in den niederen Standesetagen vermuten kann. Die gewissermaßen «mittlere» Tonlage bietet die Schäfer- oder bukolische Dichtung, die ‹hohe› und ‹niedrige› Stimmungselemente in sich vereinen kann, die vor allem aber Freiheit atmen muss und daher nicht notwendig sozial zu spezifizieren und zu differenzieren ist: eine präzise durchdachte Poetik, die sich einerseits an der Tradition der antiken Rhetorik, andererseits an der Realität der eigenen Zeit orientiert – eines Jahrhunderts mit ständischen Gegebenheiten, die unerschütterlich fest zu stehen scheinen.

Was Opitz neu in die Poetik eingeführt hat, insbesondere in die Lyrik seiner Zeit, lässt sich mit dem Begriff einer «natürlichen Metrik» umschreiben. Bis zu diesem Zeitpunkt hatte man den Silben entsprechend starr zu skandieren versucht. Die Versmaße Jambus und Trochäus wurden vergleichsweise mechanisch auf die Abfolge der Silben verteilt, ein Usus, den Opitz im 7. Kapitel seiner Poetik umstandslos für «nicht natürlich» erklärt. Nicht die Wortlänge, nicht die Zahl der Silben, sondern die Betonung der Wörter soll sich mit dem Versakzent decken, metrischer Akzent und Rhythmus sollen identisch werden, ein Impuls, den Opitz auf seinen Reisen durch England und Dänemark aufgenommen hat und zu dessen poetologischer Umsetzung ihn Freunde wie der überaus produktive Universalgelehrte Athanasius Kircher ermutigt hatten.

Unter der Vielzahl der im 17. Jahrhundert im Anschluss an Martin Opitz entstandenen Poetiken verdienen die von Johann Klaj und Georg Philipp Harsdörffer ein besonderes Augenmerk, auch heute noch. Klajs *Lobrede der Teutschen Poeterey* (1645) ist in der Tat eine Lobrede, die in der Kirche gehalten wurde, eine Kanzelpredigt, die unter anderem Aspekte des fremdsprachlichen Einflusses auf die deutsche Sprache thematisiert. Klaj spricht – wie auch Opitz in seiner Vorrede zu den *Teutschen Poemata* – nicht abstrakt über die Tugenden der deutschen Sprache, sondern er führt sie in seiner Sprache vor, ein wundersames und wunderbares Spiel mit der deutschen Sprache und zugleich ein *Work in progress*: Es zeigt in seinem Verfahren, was es thematisch anspricht – Form und Inhalt kommen zur Deckung. Von Bedeutung ist für Klaj weiter, dass die deutsche Dichtung wie die deutsche Sprache generell überall gepflegt wird, hierbei aber, so hebt er ausdrücklich hervor, «rein» bleibt. Auf diese Weise soll die Idee einer deutschen Nationaldichtung unters Volk gebracht werden, getragen von einem Sprachgestus und einer Bildhaftigkeit, die dem gepriesenen Gegenstand selbst, der göttlichen Gabe der Dichtung, Ausdruck verleihen und ihn so wirklichkeitsnah ins Recht setzen.

Das seinerzeit vielfach geäußerte und gepflegte Missverständnis, Dichtung sei erlernbar, ist möglicherweise auf den von Georg Philipp Harsdörffer in den Jahren 1647, 1648 und 1653 in drei Teilen herausgegebenen *Poetischen Trichter* zurückzuführen: auf die Vorstellung, dass sich Poesie gewissermaßen ‹eintrichtern› lasse. Und tatsächlich verspricht der Untertitel des ersten Bandes: «Die Teutsche Dicht- und Reimkunst ohne Behuf der lateinischen Sprache in VI. Stunden einzugiessen». Doch das soll nicht heißen, dass sich das Verfertigen von Poesie in sechs Stunden erlernen lasse, sondern besagt lediglich, dass in sechs Stunden die Regeln der Dichtkunst zu erlernen sind. Harsdörffer schreibt über die Bauform der Gedichte, nicht über das Produzieren von Gedichten. Diese Intention gilt ebenso für die beiden nächsten Bände: Sie befassen sich analytisch mit der Dichtung, nicht mit produktionsästhetischen Maximen, und bieten insoweit ein poetologisch umfassendes Werk, das sich an die Gebildeten unter den Zeitgenossen wendet. Es geht Harsdörffer um die Erzeugung von Stimmungslagen und um die Anteilnahme des Publikums, mithin – durchaus in der Tradition der aristotelischen Poetik – um die Erzeugung von Furcht und Mitleid und entsprechende Katharsis-Effekte. Doch die Personen – auch bei Harsdörffer handelt es sich um «Könige / Königinne / Fürsten / Herren und Frauen / Helden und derselben Diener» – tragen selbst die Verantwortung für die Katastrophen, in die sie einbezogen sind: «Diese werden wegen ihrer Mißhandlung / niemals aber unschuldig zur Straffe gezogen.» Hier ist die Tragödie zum Trauerspiel säkularisiert auf Grund eines Geschichtsbegriffs, der geprägt ist durch die Vorstellung handlungsfähiger großer Individuen, die schuldhaft Fehler begehen. Wie Opitz und Klaj betont auch Harsdörffer den nationalsprachigen Aspekt des Dichtens, um das ‹deutsche› Gedicht, das ‹deutsche› Drama, den ‹deutschen› Roman hervorzubringen. Der Dichtung wird dabei, ganz in der Tradition des Horaz, aufgegeben, gleichermaßen zu belehren und zu unterhalten und das eine mit dem anderen so zu verbinden, dass zwischen beiden Funktionen keine Differenz besteht – nur dann kann die Poesie nützlich sein und zugleich lustvoll genossen werden.

Das gilt auch und gerade für Prosawerke, in denen die Liebesthematik im Mittelpunkt steht. So handelt Albrecht Christian Rotth in seiner Poetik *Vollständige deutsche Poesie in drei Teilen* (1688) in einem Kapitel ausführlich «von den Romainen oder Liebes-Gedichten». Der Roman hat, wie die Kapitelüberschrift unmissverständlich besagt, die Aufgabe, Liebesgeschichten zu erzählen. Da höhere Standespersonen die Menschen auf bessere Weise zu läutern verstehen, soll auch in den Liebesromanen nach Möglichkeit von ihnen die Rede sein, doch ist dies für Rotth keine poetologische Bedingung; denn Liebesleid und Liebesfreude stehen auch den einfachen Schichten zur Verfügung. Von Bedeutung ist vielmehr die Frage: Wie kann man diese komplexe und pikante Thematik unters Volk bringen? Rotths Antwort lautet: «Die Reden insgemein betrachtet dürffen eben nicht solcher Hoheit / wie die Helden-Gedichte / jedoch ists nicht übel gethan / wenn sie nicht gar zu niedrig eingerichtet werden. Das beste ist die Mittelstrasse.» Diese mittlere Stillage soll sich ihrerseits in den Dienst jener alten Maxime des Horaz stellen: «Der Endzweck solcher Romaine ist / daß man den Leser mit der Lust zugleich allerhand nützliche Sachen beybringe.»

Der Aspekt der Nützlichkeit führt noch einmal zurück zu Christian Weise. Dessen *Curiöse Gedancken von Deutschen Versen/Andrer Theil* (1691–1693) sind der Versuch, eine neue Haltung in die Poetik einzuführen, die sich kulturgeschichtlich als Übergang vom Barock zur Aufklärung mit der Zwischenstufe des Rationalismus beschreiben lässt. Weise fragt ausdrücklich nach dem Nutzen der Poesie – dies ist der Aspekt, auf den er seine Poetik ausrichtet. Die Rationalität der sich entwickelnden Ökonomie wird von Weise als ein durchaus produktives Element auch des Literaturprozesses verstanden, wenn sich dieser denn auf der Höhe seiner Zeit bewegt: Der literarische Nutzen entspricht dem kaufmännischen Profit. Der Dichter muss die Welt kennen, die Wirklichkeit ebenso wie die Gegenstände, über die er schreiben will, und man muss sie von allen Seiten und aus allen Winkeln beleuchten: ein Grundsatz der Rhetorik, die den Ursprung der Barockpoetik bildet. Auch für Weise ist die Poesie eine andere Form der Beredsamkeit, die Poetik eine andere Form der Rhetorik – beides wird in einem engen Ableitungszusammenhang gesehen. Die Poesie soll auf ihre Weise leisten, was die Redekunst mit ihren Mitteln vollbringt. So erscheint sie – nicht allein bei Christian Weise, sondern in der barocken Poetik generell – in ein umfassendes Bildungskonzept integriert. Als Dienerin der Beredsamkeit unterstützt sie die soziale Entwicklung des *Homo politicus*. Die Synthese der Aspekte «Nutzen» und «Profit» betten sie in eine funktionsbestimmte, utilitaristische und rationalistische Tendenz ein, die sich im Zeitalter des Barock mit einem vielgestaltigen Erfindungsgeist verbindet.

Lyrik

Die Lyrik des Barock besitzt eine erhebliche Variationsbreite. Sie schließt knappe Gedichte sentenzhaften, aphoristischen und epigrammatischen Charakters ebenso ein wie ausgreifende, mehrere Seiten umfassende, bisweilen Buchstärke erreichende Lehrgedichte, ein reiches Formenspektrum, das unterschiedlichen Herkunftsbereichen entstammt, der klassischen Antike wie der europäischen Renaissance. Zudem wird unter dem Aspekt der Nationalsprache und eines aufgeklärten Denkens aus dem Geist des Humanismus an Formen der Kunstdichtung angeknüpft, die bereits vorliegen, um diese eigenständig weiterzuentwickeln: Sonett und Alexandriner ebenso wie Lehrgedicht und Epigramm. Die im Folgenden vorgestellte Auswahl kann angesichts der Fülle und Vielfalt barocker Lyrik allenfalls exemplarischen Anspruch erheben, doch sie ist repräsentativ und folgt dem Prinzip der Abwechslung und Anschaulichkeit.

Den Auftakt bildet ein Gedicht von Christian Hofmann von Hofmannswaldau, geboren in Breslau als Sohn eines Patriziers, eines weltoffenen Angehörigen der gesellschaftlichen Elite, dessen kosmopolitische Bildung man zu schätzen weiß. Umso überraschender mag es erscheinen, dass er sich auch als Dichter galanter Lyrik einen Namen zu machen wusste, einer filigran gearbeiteten Dichtung, die, wie das Sonett «Vergänglichkeit der Schönheit» zeigt, die Erotik mit dem Aspekt des Todes kunstvoll zu verbinden versteht:

Vergänglichkeit der schönheit

Es wird der bleiche tod mit seiner kalten hand
Dir endlich mit der zeit umb deine brüste streichen /
Der liebliche corall der lippen wird verbleichen;
Der schultern warmer schnee wird werden kalter sand /

Der augen süsser blitz / die kräffte deiner hand
Für welchen solches fällt / die werden zeitlich weichen /
Das haar / das itzund kan des goldes glantz erreichen /
Tilgt endlich tag und jahr als ein gemeines band.

> Der wohlgesetzte fuß / die lieblichen gebärden /
> Die werden theils zu staub / theils nichts und nichtig werden
> Denn opfert keiner mehr der gottheit deiner pracht.
>
> Diß und noch mehr als diß muß endlich untergehen /
> Dein hertze kan allein zu aller zeit bestehen /
> Dieweil es die natur aus diamant gemacht.

Um den Tief- und Hintersinn und damit die Doppelbödigkeit dieses Gedichts zu erschließen, muss man sich auf seine Feinstruktur einlassen. Unschwer lässt sich zunächst erkennen: Es handelt sich um ein traditionelles Sonett mit 14 Versen, die einem klassischen Reimschema entsprechen: die acht ersten Verse (4+4), das sogenannte Oktett, folgen dem Muster des umschlingenden Reims (abba abba), die sechs letzten Verse (3+3), das aus zwei Terzetten bestehende Sextett, folgt dem Muster des Schweifreims (ccd eed). Es ist regelmäßig gebaut, im gleichbleibenden Wechsel die harte ‹männliche› und die klingende ‹weibliche› Kadenz. Zum Regelmaß dieses Gedichts gehört auch die Verwendung des für die Barocklyrik typischen Versmaßes Alexandriner mit der Zäsur nach dem 3. Versfuß, einem Einschnitt, mit dem zwei Sinneinheiten aneinandergefügt oder aber Differenzen betont werden sollen, eine Art Atemholen, das der Anregung des Denkens dient.

Ein sehr genau gearbeitetes Gedicht also – seine hohe Kunst besteht gerade darin, dass es seine formalen Feinheiten und Eigenarten verschwinden lässt, wahrnehmbar insbesondere dann, wenn man sich das Vergnügen seiner Rezitation gönnt. Lesend spürt man: Der Sinn wird zwanglos ins Metrum eingebettet. Diese Raffinesse hat offenbar mit der dialogischen Struktur des Gedichts zu tun. Hier spricht ein (männliches) Ich zu einem (weiblichen) Du, das keinen Namen trägt. Doch sind die beiden Pole des Dialogs nicht notwendig ein biographisch zu beglaubigendes ‹Ich› oder gar der Autor selbst bzw. ein entsprechendes ‹Du›, womöglich eine bestimmte Frau in des Dichters Leben, sondern das Sonett nimmt einen repräsentativen Typus von Frau wahr, eine imaginative Frau, ein fiktives ‹Du›, das einem fiktiven ‹Ich› gegenübersteht. Aufschlussreich ist in diesem Zusammenhang der Aspekt der redundanten Bildreihung mit immer neuen Umspielungen der angesprochenen Person, einer Art Topik, die zur Amplifikation und zur Variation führt. Dieses Stilprinzip, das variierende Umkreisen der Hauptidee, die «insistierende Nennung» (Szyrocki), ist ein typisches Strukturmerkmal der Barockdichtung, das sich unverkennbar mit einer kunstvollen Belehrungsabsicht verbindet: Das Gedicht hat eine Idee, es vermittelt eine Botschaft. Zu ihr gehört der Wechsel der Blickrichtung in der Absicht, unterschiedliche Dinge zu sehen – eine Wahrnehmung des weiblichen Körpers (Kopf, Schulter, Brüste), die sich dem Blick des Todes gleichmacht und insoweit einen vergleichsweise konventionellen Topos des 17. Jahrhunderts aufnimmt, der seinerseits an Todesdarstellungen des Mittelalters anknüpft: der Tod als Sensenmann, der das junge, in voller Blüte stehende Mädchen, die junge Frau, die voll Leben ist, an den Oberkörper, an die Brüste fasst und sie fortnimmt.

Eine Topologie, die eindeutig dem Bereich des Todes zugeordnet ist und deren harter Einsatz umso mehr überrascht. Warum, so darf man sich fragen, wird eine Frau, die offensichtlich verehrt, ja angebetet und verklärt wird, deren Schönheit dieses Ich liebt und bedichtet – warum wird im Hinblick auf diese Frau ein so harter Auftakt gewählt? Die Frage lässt sich beantworten, wenn man die doppelbödige Pointe dieses Gedichts entziffert. Zunächst scheint es ein Trost zu sein, der hier ausgesprochen wird. «Diß und noch mehr als diß muß endlich untergehen» – das ist die bekannte Vanitas-Erfahrung der Barockdichtung. «Dein hertze kan allein zu aller zeit bestehen» – das könnte die allfällige Trosterfahrung sein, wie man sie aus barocken Trauerspielen kennt: Am Ende erwacht der Abgestürzte, der Zugrundegerichtete als Geretteter und Erlöster in Gottes Welt. Doch die letzte Zeile enthüllt den wahren Kern des Gedankens: Das Herz kann nur deshalb auf ewig bestehen, weil es unzerstörbar ist, «Dieweil es die natur aus diamant gemacht». Das Herz, der Sitz der Gefühle, besteht aus dem denkbar härtesten Material – nur deshalb erweist es sich gegenüber dem Tod als dauerhaft beständig. Und gerade dieser Aspekt der Herzenshärte legt eine zweite Deutung nahe. Denn man kann das Gedicht auch so verstehen, dass das sprechende ‹Ich› eine Frau andichtet, die sich stets abweisend verhalten hat: Sie hat ein schönes, glitzerndes, doch diamanthartes Herz. Insoweit steht dieses Gedicht in der petrarkischen Tradition der unerfüllten Liebe. Legt man diesen Deutungsaspekt zugrunde, dann enthält das Gedicht in Wahrheit eine herbe Kritik, ironisch versteckt, an einer Person, die sich dem Liebenden buchstäblich hartherzig verweigert. Der Vergänglichkeitstopos in Gestalt der zurückgewiesenen Liebe und des abgelehnten Begehrens erweist sich als poetisches *Memento mori*: ein Topos, der fest zur Welt des Barock gehört, ein Gegenstück zum *Carpe diem* der stoischen Philosophie im alten Rom: Pflücke den Tag und genieße den Augenblick – morgen kann es vorüber sein. Ersichtlich handelt es sich nicht einfach um den individuellen Ausdruck einer subjektiven, empirisch belegbaren Gefühlsverfassung. Was hieran subjektiv sein mag, ist Teil eines größeren Ganzen und insoweit exemplarisch und repräsentativ, beglaubigt insbesondere durch seine ironische Ambivalenz, ein Schillern und Oszillieren der Bedeutungen. Dieses Todesgedicht ist hocherotisch – seine Erotik verbirgt sich in der Todesproblematik.

Ein charakteristisches Gegenstück zu diesem weltlichen Gedicht stellt das nachfolgende geistliche Sonett dar. Es stammt von einer der wenigen Dichterinnen des 17. Jahrhunderts, Katharina Regina von Greiffenberg, einer im Geist des Humanismus aufgewachsenen, vorzüglich gebildeten jungen Frau aus dem protestantischen österreichischen Landadel, die geistliche Sonette, Lieder und Gedichte veröffentlicht hat. Die Gedichtsammlung *Geistliche Sonnette / Lieder und Gedichte zu Gottseeligem Zeitvertreib* (1662) verdeutlicht, worin sie ihren Lebensinhalt und ihr Lebensziel sah: sich mit ihrer ganzen Person, mithin auch mit ihrer Dichtung, Gott zu weihen. Ihre Poesie sollte dem Lob Gottes, dem Lob der göttlichen Vorsehung und der Gnade Gottes dienen.

In äusserster Widerwärtigkeit

ACh kanstu auch / mein Herz / den Himmel / ohne weinen /
ohn' innern Herzens-brast / und äussern Thränen See /
ansehen? daß ich nicht vor lauter weh vergeh /
dieweil er gegen mir / ganz stählern ist und steinen!

Ach mag die Sonn' auch was so Elendes bescheinen?
faß dir / mein Herz / ein Herz / und Leuen mütig steh'
im Vnglücks-mittel-punct / das jederman dann seh /
wie deine Tugend sich in Trübsal pflegt zu feinen.

> Halt Gottes willen still! bricht schon das Herz vor schmerz
> wann nur der Wille ganz / ihm treu zu dienen / bleibet.
> Streit' / ihm zu Lob / mit dir: daß nicht nur Blut austreibet /
> besonder Geist und Krafft / verbrenn die Lebens-Kerz
> in seiner treuen Brunst. Denk / löblich ist der Sieg /
> wann nur mein GOtt geehrt / wann ich schon unter lieg.

Der Kampf um Gott mitten in der Misere des Lebens, um den rechten Glauben angesichts der «Widerwärtigkeit» der menschlichen, der irdischen Existenz – es ist ein stark verinnerlichter Blick, der aus diesem Ich spricht, der Blick eines religiös entflammten Ich, der der Mystik erstaunlich nahesteht. Zugleich spielt eine Art objektivierender Tendenz in die Rhetorik des Gedichts hinein. Dieses Ich spricht nicht nur von seinen persönlichen Empfindungen, sondern es spricht hierüber im Wissen, dass seine subjektiven Erfahrungen verallgemeinerbar sind. Das Leben ist widerwärtig, und Gott ist die Erlösung – dieses Wissen hebt die hier ausgesprochene Erfahrung, unterstützt durch die objektivierende Formensprache, aus dem subjektiven Zuschnitt heraus. Auch hier wird die Sonett-Form verwendet, auch hier das Versmaß des Alexandriners mit der Folge einer Objektivierung der inneren Vorgänge, die dem intersubjektiven Austausch dient. Das gilt ebenso für die verwendete Bildlichkeit: der Himmel, der Tränensee, die Sonne, die Lebenskerze: bekannte Topoi der Metaphorik des Sonetts im 17. Jahrhundert. Wichtig ist dabei: Siegen und Unterliegen werden in die Balance gehoben. Gott nimmt den Unterlegenen auf, erhebt ihn in den Himmel, baut ihn aus der Niederlage, die dieses Ich erfährt, auf und führt so zu der Einsicht, dass gerade die Niederlage es ist, die Gott als höchste Instanz bestätigt. Ein repräsentatives geistliches Sonett des Barock, das die Vielzahl der längst vergessenen, überaus populären zeitgenössischen Andachtsbüchlein kraft seiner sprachlichen Intensität überlebt hat.

In diesen Kontext religiöser Hingabe gehört auch das folgende Gedicht von Angelus Silesius (d. i. Johannes Scheffler). Die Latinisierung des Familiennamens hängt mit dem Übertritt des getauften Protestanten zum Katholizismus zusammen. Seither gehörte der ‹Schlesische Engel› zu den entschiedenen Vorkämpfern der Gegenreformation gegen die lutherisch-protestantische Kirche. Zu seinem Werk zählen geistliche Lieder, die die Bildtradition des Hirten- und Schäferliedes aufnehmen. Sein Gedicht «Sie fraget bey den Creaturen nach jhrem Allerliebsten» gehört zu den herausragenden Beispielen des katholischen Kirchenliedes. Bereits die erste seiner sechs Strophen bringt die Konstellation des religiösen Begehrens zum Ausdruck:

> Wo ist der schönste den ich liebe?
> Wo ist mein Seelen Bräutigam
> Wo ist mein Hirt' und auch mein Lamm?
> Umb den ich mich so sehr betrübe?
> Sagt an jhr Wiesen und jhr Matten
> Ob ich bey euch jhn finden sol?
> Daß ich mich unter seinem schatten
> Kan laben und erfrischen wol.
> [...]

Der Dichter spielt hier mit dem alttestamentlichen Hohen Lied Salomos, in dem ein weibliches Ich, die «Freundin», den «Freund» sucht. Diesem Dialog ist das Gedicht, das einen ganzen Gedichttypus vertritt, nachgeschrieben und nachempfunden: Die gläubige Seele sucht den Bräutigam Jesus. Es geht auch hier nicht um ein individuelles ‹Ich›, gar um den Dichter Angelus Silesius, sondern es geht um die gläubig sich hingebende Seele, die ihren Herrn sucht. Es handelt sich um Brautmystik, um ein geistlich gewendetes Begehren, das eine Liebesbindung sucht. Das Motiv stammt aus der Bilderwelt der Bukolik, der idyllischen Dichtung, die hiermit zitiert wird. Ein Ich sucht – so der poetische Topos – nach der Geliebten, in der Hoffnung, ihn in der Natur zu finden, eine Suche, die in den Idyllen der Schäferdichtung häufig glücklich ausgeht. Zur Gottsuche in der Tradition der Mystik gehört es, sich über sich selbst zu erheben und alle weltlichen Bindungen preiszugeben. Das Ich kann Gott nirgendwo finden, es sei denn in sich selbst. Durch diese Selbstversenkung vermag es aus sich heraus-, über sich hinauszuwachsen und auf diese Weise zu seinem Gott zu finden. Wir haben es also mit einer Kontrafaktur zu tun im doppelten Sinn dieses Begriffs: Einerseits wird an das Hohe Lied Salomos angeknüpft, andererseits an die Liebestopik der Bukolik. Die Aufnahme dieser Traditionen durch Angelus Silesius geht mit einer

Umdeutung und Neubesetzung der Inhalte und Bilder einher – sie führt zu einer inbrünstigen und meditativen religiösen Haltung der Selbstversenkung.

Als ein Gegenstück hierzu lässt sich ein protestantisches Kirchenlied des bekanntesten Liederdichters im 17. Jahrhundert, Paul Gerhardt, verstehen. Zu seinen berühmt gewordenen Liedern zählen «Geh' aus mein Herz und suche Freud'» oder «Befiehl Du Deine Wege» – sie werden noch heute gesungen und gehören zum Grundbestand der evangelischen Kirche. Dies gilt auch für das Gedicht: «An das Angesicht des Herrn Jesu», das als Kirchenlied besser bekannt ist unter seiner ersten Zeile: «O Haupt vol blut und Wunden». Seine beiden ersten Strophen lauten:

> O Haupt vol blut und Wunden
> Vol Schmertz und voller Hohn!
> O Haupt zum Spott gebunden
> Mit einer Dornen Krohn!
> O Haupt! sonst schön gezieret
> Mit höchster Ehr und Zierh
> Itzt aber höchst schimpfiret
> Gegrüsset seyst du mir.
>
> Du edles Angesichte
> Dafür sonst schrickt und scheut
> Das grosse Welt-Gewichte
> Wie bist du so bespeyt?
> Wie bist du so erbleichet?
> Wer hat dein Augenlicht
> Dem sonst kein Licht nicht gleichet
> So schändlich zugericht?

In dieser Weise geht das «Ich» die Physiognomie des Gekreuzigten durch – die Farbe der Wangen, die erbleicht sind, die Leibeskraft, die vergeht – im Bemühen, die Ich-Perspektive im Hinblick auf den leidenden Christus zu bestimmen. Das «Ich» versteht sich insoweit als Trostinstanz, aber als eine solche, die sich durch ihren Trost und Zuspruch selbst die Errettung durch den leidenden Christus erhofft. Deshalb heißt es am Ende:

Lyrik 103

> Erscheine mir zum Schilde,
> Zum Trost in meinem Tod.
> Und laß mich sehn dein Bilde,
> In deiner Creutzes-Noht.
> Da wil ich nach dir blicken
> Da wil ich Glaubens vol
> Dich fest an mein Hertz drücken
> Wer so stirb / der stirb wol.

Der Todesgedanke verbunden mit dem Erlösungsgedanken wird zum heilsgeschichtlichen Denken – der Tod in Gott ist die Rettung aus dem Elend der gegenwärtigen Welt. Erhalten geblieben ist dieses Gedicht, wie auch andere Gedichte Paul Gerhardts, gewiss nicht zuletzt durch die Melodie. Doch auch die Textgestalt seiner Kirchenlieder ist anschaulich und leicht. Sie variieren bestimmte Motive und Bilder, hier die des Leidens Christi, in redundanter Form, indem sie viele Facetten dieses Leidens immer aufs Neue abtasten und zur Sprache bringen, und zwar in einer kunstvollen Schlichtheit, mit einfachen, einprägsamen Reimen und regelhaftem Versmaß. Ihre Schlichtheit ist Ausdruck der Innigkeit, die sich mitteilen will, und auch hierin zeigt sich die Tendenz zu einem überpersönlichen Ausdruck. Das Gedicht will das Gottvertrauen, das aus ihm spricht, in anderen erwecken. Die Todeserfahrung als Gottesbegegnung, die persönliche Erfahrung als eine verallgemeinerbare, zum Nachvollzug angebotene, intersubjektiv angelegte Dimension des Ausdrucks ist kennzeichnend für diese geistlichen Gedichte protestantischer wie katholischer Provenienz. Die Leidensbetrachtung bei Paul Gerhardt entspricht, wenn sie auch in andere Motivzusammenhänge verkettet ist, dem religiösen Begehren bei Angelus Silesius. In beiden Fällen erscheint Gott als der Projektionsraum einer religiösen Seele, die auf ihr Heil wartet, auf Gott hofft und deswegen betet.

Ein weiteres Beispiel religiöser Dichtung bieten die Gedichte von Quirinus Kuhlmann, geboren in Breslau, gestorben in Moskau, und zwar – auf Betreiben der lutherischen Geistlichkeit – auf grauenvolle Weise, wie ein Zeitzeuge berichtet: «Man hat ihn aber zuvorher im Gefängnis auf das allergrausamste gepeinigt, worauf sie ihn in etwas wieder genesen lassen und hernach auf einen großen Platz der Stadt führt. Da sie ihn in einem dazu gemachten Häuslein lebendig verbrannt.» Was hatte der Dichter verbrochen? Er hat auf der Basis einer messianischen Gottesvorstellung eine eigene Religion mit chiliastischem Anspruch begründen wollen, ein ewiges, tausendjähriges Reich Gottes auf Erden, als dessen Repräsentanten Kuhlmann sich selbst sah. Er hat sich, seinerseits angeregt durch die Mystik, als «Jesuel» verstanden, als Sohn Jesu, und seine Gottesvorstellungen in ekstatische Visionen transformiert, ein Exzentriker und Narziss, von dem seine Kommilitonen zu berichten wussten: «Er achtet nichts, als was unter seinem Namen leuchtet und aus seiner Stirn entsprossen.» Er will eine «Kühlmonarchie» begründen – zu deren höherem Ruhm verfasste er «Kühlpsalter», ganze Ketten exaltierter Gedichte, im Bemühen, den Rest der Welt zu bekehren, mit absolutem Anspruch, um die wahren Gläubigen im «Kühlreich» der «Jesueliter» zu vereinen. Omnipotenzvisionen, religiös genährt – das zeigt bereits der Auftakt zu seinem 15. Kühlpsalm mit dem Titel: «Triumffunfzig betittelt über das herrliche Jesureich, dessen Anfang das Kühlmannsthum; fortgang das 7. Jahrtausend; Ausgang di Ewikeit, gesungen den 28. Sept. 1677»:

> TRiumf! Mein Jesus hat! Triumf! sein Reich bekommen!
> Triumf! das Paradis! Triumf! ist eingenommen!!
> Triumf! drum singt mein Geist! Triumf! mit hohem schall!
> Triumf! der sig verbleibt! Triumf! mein widerhall!

Ein ekstatisch-visionäres Bekenntnis religiöser Imaginationen, das in zehn Büchern mit insgesamt 117 solcher Psalmen zusammengestellt ist. Das anaphorische Verfahren hämmert den Hörern und Lesern buchstäblich, Wort für Wort, die Botschaft ein, dass Christus triumphieren werde und mit ihm Jesuel Kühlmann und seine Gemeinde – ein poetisch-rhetorisches Mittel zur Strukturierung des Textes, das der Intensivierung des Ausdrucks dient und mit einer triumphalen Pointe schließt:

> Triumf der Erdkristall! Triumf! traegt heilge Früchte!
> Triumf! unsehbar sind! Triumf! die Lichtsgesichte!
> Triumf! O Freudenfreud! Triumf! so gar behend!
> Triumf! Triumf! Triumf! Triumf! der sonder
>   END.

Dass Kuhlmann seine Worte wohl zu setzen wusste, zeigt dieser Gedichtschluss, der unmittelbar vor das definitiv abschließende «END» das alle Finalität aufhebende, Dauer verheißende Wort «sonder» setzt. Ein Exzentriker und Egomane, gewiss, aber ebenso sicher einer der originellsten Köpfe innerhalb der Lyrik des 17. Jahrhunderts.

Zusammenfassend lässt sich vor dem Hintergrund der bislang vorgestellten Gedichte und Gedichttypen sagen: Im 17. Jahrhundert entwickelt sich ein Formenkanon der nationalhumanistischen Kunstdichtung, der sich von den Vorläufern des 16. Jahrhunderts zu lösen beginnt, um zu einer poetischen Sprache zu finden, die einerseits national gesinnt, andererseits an Vorstellungen, Ideen und Begrifflichkeiten des Humanismus orientiert ist. Weltliches Sonett, geistliches Sonett, katholisches Kirchenlied, protestantisches Kirchenlied, selbst der Sonderfall Quirinus Kuhlmann – es handelt sich durchweg um Gedichte, in denen sich ein «Ich» in einen Bezug zur Welt setzt, der sich objektivieren lässt und dadurch mitteilbar wird.

Das gilt auch für den Gedichttypus des Epigramms. Einer der bedeutendsten und produktivsten Epigrammatiker der Zeit ist, neben Angelus Silesius, Friedrich von Logau. Das Epigramm («Sinngedicht») ist der Versuch, einen umfassenden, komplexen Bedeutungsgehalt in äußerst verknappter Formensprache auszudrücken, einen Gedanken auf geistreiche und poetisch anspruchsvolle, womöglich überraschende und bislang nicht gehörte Weise zu formulieren, zum Teil dialektisch oder paradox gefügt. Ursprünglich aus Griechenland stammend, fand das Epigramm in der Antike auf Weihegeschenken für die Götter Verwendung, ebenso auf Grabmälern und Standbildern, zum Teil mit Wünschen und Zueignungen versehen. Die römische Tradition besaß Vorbildfunktion für die Literatur des Barock, weil sich diese Form für die Poesie einer Epoche mit einer unverkennbaren Vorliebe für Antithesen anbot. Das Epigramm mit seinen durch die Verknappung bedingten Zuspitzungsmöglichkeiten forderte geradezu antithetische und dialektische Pointierungen, die Autoren vom Format eines Martin Opitz oder Johann Rist entgegenkamen, ebenso dem heute völlig vergessenen Daniel von Czepko, einem Dramatiker und Mystiker mit großem Einfluss auf Angelus Silesius.

Friedrich von Logau veröffentlichte 1654 einen Gedichtband mit dem Titel *Deutscher Sinngedichte dreitausend*. Er hat das Epigramm, insbesondere das der römischen Tradition, als verknappte Satire aufgenommen und fortentwickelt, unterstützt nicht zuletzt durch Martin Opitz, der das Epigramm in seinem *Buch von der Deutschen Poeterey* explizit als «kurze Satire» würdigt, als eine Form, in der sich die rhetorische Tugend der ‹argutia›, der knappen, dialektischen, bisweilen auch spitzfindigen Beweisführung bewähre. Mit den Mitteln der Ironie wird eine ungerichtete Gelehrsamkeit angegriffen, das bloße Pflücken von Informationen und naturwüchsige Sammeln und Horten des Wissens in akademischen Köpfen. Logaus satirische Epigrammatik wendet sich gegen Missstände in der gesellschaftlichen Welt, insbesondere gegen deren verlogenen Inszenierungsgestus. Doch es findet sich auch harte, unverblümte Kritik:

Abgedanckte Soldaten.

Würmer im Gewissen /
Kleider wol zerrissen /
Wolbenarbte Leiber /
Wolgebrauchte Weiber /
Vngewisse Kinder /
Weder Pferd noch Rinder /
Nimmer Brot im Sacke
Nimmer Geld im Packe /
Haben mit genummen
Die vom Kriege kummen:
Wer dann hat die Beute?
Eitel fremde Leute.

Der Dichter arbeitet hier mit dem Verfahren der Desillusionierung: Der Krieg hat alle Soldaten entehrt und arm gemacht und alle Illusionen über Glanz und Gloria des militärischen Daseins zerstört. Im Krieg reich werden zu können, Dank und Lohn zu erwerben, Ruhm und Würde zu erringen – all das wird durch eine desillusionierende Realität dementiert. Am Ende wird freilich nicht mehr indirekt ironisch oder zugespitzt satirisch verfahren, sondern unverhohlen politischer Klartext gesprochen.

Die menschliche Welt ist, wie Logau weiß und zeigt, eine verkehrte, ja eine falsche Welt. Sie hat ihre Schwächen – das Jahrhundert des Dreißigjährigen Kriegs, in dem alle überkommenen Ordnungen umgestürzt werden und zerfallen, weiß dies nur zu gut. Logaus epigrammatische Satiren repräsentieren seinen Kampf gegen diese Wirklichkeit, allerdings in der ironischen Form einer Verkehrung der verkehrten Welt. Die prinzipielle Negationskraft der Ironie äußert sich stets in einer breiten Skala von Formen der Uneigentlichkeit – ihnen entspringt der Spielraum der Ironie. Sie ist weder festlegbar noch auszudeuten. Die Verkehrung der verkehrten Welt bedeutet keine Fixierung einer neuen Positivität. Zwar ist das Gegenbild einer geordneten, besseren Welt immer impliziert, da der Ironiker einen unausgesprochenen Haltepunkt benötigt, von dem aus er argumentieren kann, doch ist dieser Punkt nicht definiert. Logau nutzt dieses Verfahren, zum Teil in Form gnomischer Epigramme, die nach Art von Sprichwörtern pointierte Weisheiten bieten, auf seine Weise: etwa in Gestalt von Apophthegmata, elegant formulierten, zum Teil gereimten Aussprüchen von prägnanter Kürze, ausgestattet mit einem raschen Wechsel positiver Bestimmungen und negativer Infragestellungen, mit einer antithetischen Grundstruktur, die entlarven und kritisieren und damit, indirekt und uneigentlich, auf eine neue, bessere Welt hinweisen soll.

Sieht man sich die gleichzeitig entstandenen Rätsel- und Figurengedichte etwa aus der Feder Georg Philipp Harsdörffers an, so springt bei allen offenkundigen inhaltlichen Unterschieden die übereinstimmende Form der Gedankenführung ins Auge, die sich auch hier prägnant und geistvoll, konzentriert und pointiert zur Geltung bringt. Harsdörffer verfügte über vielfältige Interessen und reiche Auslandserfahrungen und war zudem von einer erstaunlichen literarischen Produktivität. Mehr als 20 000 Druckseiten soll er insgesamt geschrieben, teils veröffentlicht, teils hinterlassen haben, ein Schnell- und Vielschreiber, Mitglied der Fruchtbringenden Gesellschaft und Mitbegründer des Pegnesischen Blumenordens, Verfasser zahlreicher Werke mit zum Teil didaktischen Zügen, Autor auch von Spiel- und Konversationsliteratur und des poetologischen *Nürnberger Trichters*, außerdem Übersetzer und Verfasser einer Sammlung von Apophthegmata, Geselligkeits-, Gelegenheits- und Rätselgedichten. Hierfür drei Beispiele:

Ich rede sonder Mund / ich höre sonder Ohren.
ich sterbe nimmer nicht und werde doch geboren:
    Ich habe keine Hand / doch fass' ich was ich will:
    Ich lebe sonder Speiß und habe volle Füll'.

Es pflegt sich meinem Raht die Schönheit zu vertrauen:
der ich ohn Augen bin mach' aller Augen schauen.
    Was ich gesehen hab / das bild ich treulich vor /
    der mir nicht glauben will ist ein verblendter Thor.

Ein Hertz ist mir zu klein / ich will in zweyen wohnen
drey sind mir viel zu groß / die meiner nicht verschonen /
    daß ich bald nicht mehr bin was ich gewesen vor /
    und mich verwahret nicht ein unbescheidner Thor.

Um die Lösungen vorab zu verraten: das Erste ist die Seele, das Zweite der Spiegel, das Dritte das Geheimnis. Eine hübsche und geistreiche Spielerei in einer eleganten und einfachen Form, die eine strukturelle Verwandtschaft zum Epigramm aufweist. Man merkt den Gedichten die gesellschaftliche Funktion an, die sie zu erfüllen hatten: Sie sollten unterhalten und zur Geselligkeit beitragen. Harsdörffer hat etwa hundert solcher Rätselgedichte verfasst, allesamt witzig formulierte und anschaulich pointierte Begriffsverrätselungen. Sie erlauben es, von einer poetischen Weise der Weltaneignung zu sprechen. Denn das Rätsel ist immer auch eine Entdeckung oder Entschlüsselung des im Gegenstand verborgenen Wesens.

Diese Funktion unterscheidet die Rätselgedichte auch von den populären Figurengedichten dieser Zeit. Zwar sind auch diese Ausdruck barocker Geselligkeit, zwar spricht auch in ihnen sich Spielwille und Gestaltungslust aus. Doch sie wollen zugleich das erkannte Sein so ausdrücken, dass Wesen und Erscheinung, also der inhaltliche poetische Gegenstand und die Form, in der dieser präsentiert wird, zur Deckung kommen. Die Form soll das Wesen zur Erscheinung bringen – Wesen und Erscheinung sollen eins sein: kunstvoll und künstlich, handwerklich gearbeitet und ziseliert, im Dienst der Geselligkeit, als Medium des Austauschs, sodass alle Teile des Gedichts zueinander passen, die Reime wie die Anordnung der Buchstabenfolgen, und die Leser die Zuordnungen korrekt vornehmen konnten. Die Figurengedichte des Barock haben spätere Entwicklungen, etwa der Konkreten Poesie in der zweiten Hälfte des 20. Jahrhunderts, vorweggenommen. Wie diese sind auch sie Ausdruck des offenbar unerschöpflichen Bemühens, in figürlicher Form anschaulich zu sagen, was Idee, Thema, Inhalt eines Gedichts oder Gedankens ist.

Kaum ein größerer Kontrast scheint vor dem Hintergrund dieser Kunst-Formen denkbar als der zur politischen Dichtung dieser Zeit: Sie kann politisch-historische Lieder umfassen, aber auch Attacken auf den politischen Gegner enthalten. Sie kann eine Form des Protests darstellen gegen religiöse wie soziale Unterdrückung und gegen die Allmacht und Willkür der Fürsten, und sie kann in Gestalt weltlicher Sonette eine Zeitklage enthalten, so etwa Gryphius' berühmtes Gedicht «Thränen des Vaterlandes». Daneben finden sich politische Gedichte in Form von Hoffnungsäußerungen und Friedensbekenntnissen, aber auch in Gestalt des Herrscherlobs oder Fürstenspiegels, einer Tradition, die bis in die Antike zurückreicht, eines Jahrhunderte alten Ausdrucks der Abhängigkeit des Dichters vom mäzenatischen Herrscher, die im 20. Jahrhundert als Huldigungsgedicht auf Hitler und Stalin überlebt hat – gewiss die unpoetischste Form der «Dichtung», die sich denken lässt.

Als bedeutendster Autor politischer Dichtung im 17. Jahrhundert gilt Georg Rodolf Weckherlin – politisch hier nicht allein im Sinne einer Klage über die unsteten Zeiten, etwa in der Tradition der ‹lamentatio›, sondern vor allem als Versuch, in poetischer Form eine Art Handlungsanweisung zu vermitteln. Weckherlin, aus einer württembergischen Beamtenfamilie stammend, trat bereits in jungen Jahren mit zeitkritischen Gedichten hervor, verlor jedoch auf Grund seiner langjährigen Tätigkeit im diplomatischen Dienst den Anschluss an die zeitgenössische literarische Entwicklung, sodass er sich als Sekretär und Hofhistoriograph des württembergischen Herzogs verdingte, um die Geschichte des Hofes zu schreiben und prunkvolle Festlichkeiten vorzubereiten. Er verstand sich als poetischer Propagandist der protestantischen Sache, die für ihn mit der Sache der deutschen Nation identisch war («An das Teutschland»). Auf diese Weise wird der Kampf gegen die attackierte Fremdherrschaft legitimiert als Kampf gegen den Antichrist schlechthin, die Spanier, die Jesuiten und vor allem den Papst. Weckherlins Dichtung will Partei sein, sie will kämpfen – daher die klare Benennung des Gegners und die Andeutung von Lösungsmöglichkeiten.

Einen ganz anderen Weg geht Martin Opitz mit dem Genre der Trost- oder Lehrgedichte. Opitz hat seine Dichtungen in vier Büchern veröffentlicht, mit über 2000 Alexandrinern, die zum größten Teil 1621 entstanden sind, doch erst 1633 publiziert wurden, vermutlich aus politischen Rücksichten auf die Habsburger, gegen die sich das Werk richtet. Was Opitz an die Öffentlichkeit gibt, ohne seinen Namen zu nennen, darf ein Spiegel des Krieges genannt werden: der Kriegserlebnisse und -schrecknisse, des Grauens und des Elends, gefasst in eine pulsierende Bildersprache, plastisch und sinnlich zugleich. Diese Qualität entspringt in erster Linie dem beschriebenen Gegenstand, nicht der Kühnheit der Metaphern oder Allegorien. Die Beschreibung der Wirklichkeit reicht hin, über sie aufzuklären. Der Auftakt formuliert das Programm dieser Dichtung:

> DEß schweren Krieges Last / den Teutschland jetzt empfindet /
> Vnd daß Gott nicht umbsonst so hefftig angezündet
>   Den Eyffer seiner Macht / auch wo in solcher Pein
>   Trost her zuholen ist / sol mein Gedichte seyn.

Opitz' poetisches Verfahren besteht in diesem wie in anderen seiner Gedichte darin, das Motiv des Kriegsschreckens deskriptiv beständig zu erweitern. Die nicht endende Aufzählung grauenhafter Einzelheiten teilt Erfahrungen mit, die diskursiv nicht zu vermitteln wären: Das Lehrgedicht will durch Deskription aufklären. Der von Gott inspirierte Geist des Dichters löst seine Aufgabe durch die Variation des Immergleichen, um durch die Beschreibung des Schrecklichen Herr zu werden. Der Krieg als Urheber des Schreckens und der Laster ist eine Strafe Gottes, Gott also der Urheber des Krieges. Daher ist Gott zugleich der Adressat des Gedichts: Er soll helfen, Beistand leisten, die gerechte Sache zum Sieg führen. Auf diese Weise verbinden sich der religiöse Aspekt, die theologische Rechtfertigung des Krieges für die Sünden der schlechten Menschheit, mit dem moralischen Aspekt und der politischen Analyse, die durch Beschreibung aufklären soll.

Die Vielfalt der Barocklyrik wäre freilich unzureichend wiedergegeben, nähme man neben den religiösen und reflexiven, politischen und klagenden Gedichten nicht auch das Genre der heiteren erotischen Poesie zur Kenntnis (Schlaffer 1971). Zu nennen ist in diesem Zusammenhang vor allem die berühmte *Neukirchsche Sammlung* (1695–1727), die, angeregt durch Benjamin Neukirch, unter dem Originaltitel *Herrn von Hoffmannswaldau und andrer Deutscher auserlesene und bißher ungedruckte Gedichte* eine repräsentative Anthologie der Barocklyrik in sieben Teilen in die Öffentlichkeit brachte. Die beiden ersten Bände, deren Edition Neukirch noch selbst besorgt hatte, bot unter anderem «Verliebte Arien» und «Galante Gedichte», darunter auch Gedichte von Christian Hofmann von Hofmannswaldau, dem herausragenden Repräsentanten der erotischen Dichtung. Zwar grenzte Neukirch sich in seinem Vorwort von der möglichen Anstößigkeit einer allzu ‹galanten› Poesie ab, indem er betonte: «Allzu freie Gedanken habe ich in dieses Werk nicht rücken wollen und sofern sich ja einige darin finden, so sind sie wider meinen Willen mit eingeschlichen.» Doch war dies zweifellos eine Form des Selbstschutzes, der man keinen Glauben schenken musste, ebenso wenig wie den Vorworten zu späteren Neuausgaben, in denen er behauptet, er habe jetzt die frivolsten Gedichte entfernt. Auf diese Weise konnte man eine möglicherweise Anstoß nehmende Öffentlichkeit, ebenso die kirchliche oder weltliche Obrigkeit der besten Absichten versichern, zumal angesichts von Gedichten, die von sexualmetaphorischen Aufladungen leben, ohne sich in diesen zu erschöpfen.

Auf den ersten Blick scheint auch das folgende Gedicht dem Genre einer zweideutigen galanten Lyrik anzugehören:

> ISt Lieb ein Feur / und kan das Eisen schmiegen /
> bin ich voll Feur / und voller Liebes Pein /
> wohrvohn mag doch der Liebsten Hertze seyn?
> wans eisern wär / so würd eß mir erliegen /
>   wans gülden wär / so würd ichs können biegen
> durch meine Gluht; solls aber fleischern seyn /
> so schließ ich fort: Eß ist ein fleischern Stein:
> doch kan mich nicht ein Stein / wie sie / betriegen.

> Ists dan wie Frost / wie kalter Schnee und Eiß /
> wie presst sie dann auß mir den Liebesschweiß?
> Mich deucht: Ihr Herz ist wie die Loorberblätter /
> die nicht berührt ein starcker Donnerkeil /
> sie / sie verlacht / Cupido / deine Pfeil;
> und ist befreyt für deinem Donnerwetter.

Doch erotisch zweideutig oder doppelbödig ist dieses Gedicht nur auf den ersten Blick. Es stammt aus der Feder der früh, mit 17 Jahren, verstorbenen Sibylla Schwarz, Tochter eines Greifswalder Bürgermeisters, von der nur einige wenige wohl gefügte lyrische Produktionen, von hoher Begabung zeugend, erhalten sind. Ein erstaunliches Werk, darunter dieses Liebesgedicht in petrarkischer Tradition mit den bekannten Topoi der Sehnsucht, des Begehrens und der unerfüllten Liebe, zudem, wie sich beim zweiten Blick zeigt, ein hochgelehrtes Gedicht. Zum einen reiht es sich ein in die barocke Tradition des redundanten Umspielens und Umkreisens seines Gegenstandes, mit immer neuen Facetten der Begrifflichkeit und Bildlichkeit, der Metaphorik und Allegorese aus unterschiedlichen Perspektiven. Hierzu zählt auch die überraschende Tatsache, dass dieses Gedicht die Liebe aus der Sicht eines Mannes schildert. Es ist kein weibliches, sondern ein männliches Begehren, das sich hier äußert: Die Geliebte steht als Adressatin im Zentrum des Gedichts. Und sein Thema bezieht sich gleichfalls auf ein männliches Problem: Wie kann man eine Frau erobern? Das Gedicht zeigt in seinen vielfältigen Umspielungsformen, dass die Eroberungsversuche ungenügend sind. Der Lorbeerbaum ist als Allegorie der Tugend zu verstehen – die Blitze des Begehrens prallen ab vom Baum der Tugend, eine Allegorie, die sich auf die antike Überlieferung beruft, dass der Lorbeerbaum vom Blitz nicht getroffen werden kann, da er resistent gegenüber allen destruierenden Naturgewalten ist – eine Überlieferung, die sich auch in der enzyklopädischen Naturgeschichte des Plinius findet und in den Gedichten des 16. und 17. Jahrhunderts topische Qualität gewonnen hat.

Trauerspiel

Die Gattung des Trauerspiels folgt – von Ausnahmen wie etwa Gryphius' Drama *Cardenio und Celinde* (1657) abgesehen – in der Regel dem Versmaß des paarweise gereimten Alexandriners. Dies ist jener dramatische Vers, der den Trägern der Handlung angemessen ist, der Ständeklausel gemäß also im Allgemeinen Adlige oder sonstige hochgestellte Personen. Diese Figuren erscheinen freilich nicht – ebenso wenig wie das Ich der Gedichte – als Individuen in einem modernen Sinn. Es gibt keine Figurenpsychologie auf der Bühne, sondern es handelt sich um Typisierungen, um Repräsentanten von Ständen und Haltungen, politisch-sozialen Konstellationen und atmosphärischen Konfigurationen. Die Funktion der Trauerspiele besteht im Wesentlichen in der Verklärung des Absolutismus und dem Erhalt der Ständeordnung, auch und gerade dann, wenn das Handlungsgeschehen in ein schreckliches Ende mündet.

Der Spiel- und Aufführungsort dieser Dramen war nicht in erster Linie der Hof: Den hatte die Oper sich erobert, die in der höfischen Kultur ihren eigentlichen Repräsentationsraum fand – hier wurden die großen Bühnen und Gärten für das opulente Festtheater entworfen. Das Trauerspiel hingegen mit seinem belehrenden Charakter hatte an Schulen und in Universitäten seinen bevorzugten Aufführungsort. Diese Tatsache hat mit der bereits etablierten Tradition des Jesuitendramas zu tun, dessen Schwerpunkt inhaltlich auf der kontrastiven Darbietung von Tugend- und Lastermustern lag, zum Teil in Gestalt von Märtyrer- und Heiligengeschichten. Dabei ging es, zeitbedingt, immer auch um den Vergänglichkeitsaspekt des *Memento mori* und ebenso um die Verherrlichung des Habsburgerreichs, das der katholischen Kirche Unterstützung sicherte, verbunden mit dem Primat des rhetorisch kalkulierten *Persuadere*, des Überredens und Überzeugens durch die Mittel der Rhetorik.

Erheblichen Einfluss gewann das Jesuitendrama auf die Entstehung des Schlesischen Kunstdramas, insbesondere auf Gryphius und Lohenstein. Hier steht der Aspekt der Mimesis im Mittelpunkt, allerdings nicht im engen Sinn einer naturalistischen Nachahmungstechnik, sondern vor allem als Ausdrucksform der Möglichkeiten, die in der Wirklichkeit enthalten sind: «vnd soll man auch wissen / das die gantze Poeterey im nachäffen der Natur bestehe / vnd die dinge nicht so sehr beschreibe wie sie sein / als wie sie etwan sein köndten oder solten», heißt es im dritten Kapitel von Opitz' *Buch von der Deutschen Poeterey*. Mimesis («nachäffen der Natur») und Potenzialität («wie die dinge etwan sein köndten oder sollten») gehören zusammen. Belehrung und Unterrichtung, Amüsement und Unterhaltung als Wiedergabe der Wirklichkeit und ihrer Möglichkeiten – das bedeutet: Der Stoff muss nach den Gesetzen der Wahrheit oder der Wahrscheinlichkeit organisiert sein. Nachgeahmt wird demnach das Allgemeine und Typische, das Konventionelle und das Bestehende, nicht etwa das Individuelle. Der alte poetologische Grundsatz «ut pictura poesis» gilt auch im 17. Jahrhundert noch, jedoch ist er kein Selbstzweck, sondern verpflichtet das Drama vor allem zur Unterrichtung und Erbauung. Dichtung kann so als Schöpfung erscheinen, freilich in einer idealisierten Form.

Vier Merkmale im Aufbau des barocken Dramas begleiten diese Grundsatzbestimmungen: der Prolog, der, bisweilen in Form einer *captatio benevolentiae*, einer Bitte um das Wohlwollen des Publikums, sich an die Zuschauer wendet und dieses einstimmt auf den Geist des Dramas, dessen Thematik zunächst problematisiert wird, vorgeführt durch allegorische Figuren, die das künftige Geschehen abstrakt diskutieren; die fünf «Abhandlungen», seit dem 18. Jahrhundert meist «Akte» genannt; die «Reyen», ein aus dem Niederländischen stammender Begriff, der chorische Elemente – vergleichbar jenen der griechischen Tragödie – bezeichnet, Strophenlieder in Form von Oden oder allegorischen Zwischenspielen, in denen Figuren wie die Zwietracht, der Neid, der Krieg, der Stolz, die Liebe, der Hass, die Trauer, die Furcht und dergleichen auftreten, die meist miteinander im Streit über das Handlungsgeschehen liegen, indem sie sich, häufig in abstrahierender Form, über die Vorgänge im Stück auseinandersetzen und das Publikum über deren angemessenes Verständnis belehren; schließlich der Epilog als eine Art Resümee, in dem zum Schluss die Lehren aus dem Stück gezogen werden, so konzentriert vorgetragen, dass die Zuschauer bereichert nach Hause gehen können und die Welt so, wie sie ist, wohlgeordnet erscheint. Am Ende dann die große Eloge: die Ergebenheits- und Komplimentadresse an den regierenden Fürsten.

In den fünf Abhandlungen des Barockdramas drückt sich eine Fortentwicklung des klassischen dramatischen Bauprinzips aus: die Protasis, eine Art Exposition mit der Ausfaltung der Umstände und Verhältnisse, unter denen sich der dramatische Konflikt entwickeln wird; die Epitasis als Spannungsentfaltung, die sich, meist im zweiten und dritten Akt, vielfältig auffächern kann mit zum Teil gegenläufigen Entwicklungen, aus denen der dramatische Konflikt erwächst; die Katastasis, eine Art Ruhezustand, doch ein scheinbarer nur, denn er wird sich in einer Katastrophe entladen, also ein retardierendes Element der Dramaturgie, das die Handlung an- oder aufhält und eine Scheinlösung bietet; schließlich die Peripetie, dramaturgisch besonders wirksam in Verbindung mit der Anagnorisis, der Einsicht des Helden in seine Schuld oder der Erkenntnis des kommenden Unheils, und damit der Umschlag des Geschehens in die Katastrophe, die den dramatischen Konflikt schließlich löst. Übrigens nicht nur in der Tragödie: Der dramatische Konflikt kann sich selbstverständlich auch in der Komödie entladen, hier freilich in einer meist belustigenden und zugleich lustvoll durchgespielten Form. Diesen Gesetzen folgt das barocke Drama, unverkennbar orientiert an den Vorbildern der klassischen Antike, an Horaz' *Ars poetica* beispielsweise und insbesondere an der Poetik des Aristoteles einschließlich seiner Konzeption der Katharsis, also der Reinigung und Läuterung des Publikums durch die handlungsbedingte Erregung von Furcht und Mitleid. Die Katharsis, die bei Aristoteles noch ganz in der Funktion eines reinen Läuterungsinstruments gesehen wird, erfährt im Drama des Barock eine moralische Umdeutung, die mit einer Belehrung einhergeht.

Ein besonderes Augenmerk verdienen die Reyen am Ende eines jeden Akts, bisweilen auch als Zwischenspiele unterhaltenden Charakters. Sie verdanken ihr Dasein der Notwendigkeit des Kostümwechsels zwischen den Abhandlungen. Aus diesem vergleichsweise schlichten Anlass erwuchs die Möglichkeit zu knappen, pointierten Deutungen und Wertungen des dramatischen Geschehens in Form allegorischer Figuren und emblematischer Darstellungen. ‹Emblem› bedeutet, dem griechischen Ursprungswort zufolge, die Einsetzung eines Gegenstandes, seine Verknüpfung mit einem anderen Objekt, im weiteren Sinn auch die Einfügung eines Bildes oder einer figürlichen, plastischen Darstellung in einen Ausdruckszusammenhang. Mit diesem etymologischen Hinweis lassen sich auch die Bezüge zwischen einem barocken Emblem und dem Trauerspiel, den Reyen und den Abhandlungen erschließen, deren Funktionsweise in etwa dem Zusammenspiel von ‹pictura›, ‹inscriptio› und ‹subscriptio› auf einer barocken Vignette entspricht.

Eine Übertragung dieser emblematischen Vignettenstruktur auf die des barocken Trauerspiels liegt nahe. Denn die Handlung und der Konflikt des Dramas lassen sich verstehen als die ‹pictura› des Emblems, die Funktion der ‹subscriptio› übernehmen die Reyen. Anders ausgedrückt: ‹pictura› und Abhandlung, ‹subscriptio› und Reyen entsprechen einander, ein für das künstlerische Denken im Zeitalter des Barock höchst aufschlussreicher Bezug (Schöne 1968; Henkel/Schöne 1967/1996). Die Figuren, die hier sprechen, sind durchweg allegorische Abstraktionen wie Liebe, Neid, Zwietracht, Gerechtigkeit oder Rache, die das Handlungsgeschehen kommentieren, zum Teil auch Personen aus dem Handlungszusammenhang wie Höflinge, Priester oder Gefangene, und bisweilen treten sogar personifizierte Erdteile auf, Asien etwa, auch Europa oder Afrika, selbst Tugend und Laster zeigen sich, Berge können sprechen und Ströme kommen zu Wort. Diese opernhaft sich verselbständigenden Elemente haben schließlich dazu beigetragen, das Schlesische Kunstdrama zu beenden. Sie wurden zum redundant eingesetzten Selbstzweck und haben das Drama überwuchert und erstickt.

Neben den bereits genannten Merkmalen gibt es ein weiteres charakteristisches Element des barocken Trauerspiels, nämlich den Anmerkungsapparat, gelegentlich in Gestalt gelehrter Abhandlungen. Dieses Faktum hat mit der Geschichtshaltigkeit dieses Dramentyps zu tun, damit also, dass die Autoren in ihren historisch orientierten Werken geschichtliche Vorgänge be- und verarbeiten und zu diesem Zweck ihre Quellen offenlegen. Sie demonstrieren damit nicht nur die Tugend der Gelehrsamkeit, sondern belehren zudem ihr Publikum und dokumentieren zugleich den Wahrheitsanspruch des poetischen Werks.

Das Drama des Barock ist im Wesentlichen mit dem Schlesischen Kunstdrama identisch, das seinen Namen der Herkunftsregion von Autoren wie Lohenstein, Gryphius oder Hofmannswaldau verdankt. Die Entstehungs- und Wirkungszeit dieser spezifischen Ausprägung des Trauerspiels sind die Jahrzehnte zwischen 1650 und 1690 mit einer Fülle von dramatischen Begabungen, die literarhistorisch als eine Dichterschule eigener Prägung wahrgenommen wird, mit zwei unterschiedlichen Generationen. Zur ersten gehören Martin Opitz, Paul Fleming und Daniel von Czepko, zur zweiten, als ihr herausragender Repräsentant, Daniel Casper von Lohenstein, ferner Christian Hofmann von Hofmanswaldau, Andreas Gryphius, Johann Christian Hallmann und Gustav Adolf von Haugwitz, Letzterer bereits ein epigonaler Nachfahre der zweiten schlesischen Dichterschule. Man kann sich die Generationendifferenz an einem einfachen Datum verdeutlichen: Als Opitz starb, war Lohenstein vier Jahre alt.

Die beiden schlesischen Dichterschulen unterscheiden sich nicht so sehr hinsichtlich der Struktur oder des spezifischen Charakters ihrer Dichtungen von anderen Erscheinungen des literarischen Barock, sondern vor allem durch ihre Wirkung. Sie waren an allen literarischen Strömungen und Genres ihrer Zeit – Lyrik, Dramatik und Poetik – beteiligt, und sie haben die wesentlichen zeitgenössischen Entwicklungen maßgeblich beeinflusst, mit Gryphius, Lohenstein und Hallmann als prägenden Figuren. In Gryphius' Dramen – darunter *Leo Armenius* (ersch. 1650), *Catharina von Georgien* (ersch. 1657), *Ermordete Majestät. Oder Carolus Stuardus* (ersch. 1657), *Großmüttiger Rechts-Gelehrter, Oder Sterbender Aemilius Paulus Papinianus* (1659) – erscheint Geschichte als Heils- und am Ende als Erlösungsgeschichte. Die Auseinandersetzung zwischen Diesseits und Jenseits wird im Sinne der christlichen Tugendlehre gelöst. Hallmann setzt sich demgegenüber vor allem mit der Antike auseinander, so in seinem Trauerspiel *Mariamne* (1670), einem Eifersuchtsdrama zur Zeit des frühen Christentums, das um die Herodes-Problematik kreist, ebenso in seinem Drama *Sophia* (1671), das die Geschichte des alten Rom thematisiert. Lohensteins Dramen – darunter *Kleopatra* (1661) und *Agrippina* (1665) – kennzeichnet vor allem die Problematisierung der römischen und afrikanischen Antike in Gestalt einer intensiven, nahezu identifikatorischen Auseinandersetzung mit dem dunklen Glanz der römischen Kaiserzeit.

Als Beispiel kann Daniel Casper von Lohensteins *Sophonisbe* dienen, 1666 geschrieben und am 14. Mai 1669 von Schülern des Breslauer Magdalenen-Gymnasiums uraufgeführt, zum ersten Mal gedruckt im Jahr

1680 – ein überaus turbulentes, handlungsreiches und kurzweiliges Stück (Asmuth 1971). Es spielt im 2. Punischen Krieg (218–202) mit dem legendären Feldzug Hannibals gegen Rom, der in der Entscheidungsschlacht bei Zama im Jahr 202 mit einem Sieg der Römer unter dem Feldherrn Scipio Africanus, auch Scipio der Ältere genannt, endet. Lohenstein greift inhaltlich auf eine in der römischen Geschichtsschreibung vor allem bei Livius ausführlich geschilderte Episode zurück, in deren Mittelpunkt die aus Karthago stammende Königin Sophonisbe steht, eine schöne, sinnliche und einflussreiche Frau. Sie hat ihren Ehemann, den König Syphax, überredet, im Konflikt mit Rom die Partei Hannibals zu ergreifen, und zwar vertragswidrig, denn Syphax hatte zuvor bereits den Römern seine Unterstützung zugesagt. Auf Grund dieses Vertragsbruchs nehmen die Römer unter Scipio Africanus die Residenzstadt Cyrtax ein. Syphax wird von Masinissa gefangen genommen, einem Afrikaner, der mit Rom verbündet ist und für Rom den Krieg führt. Sophonisbe zeigt sich nicht nur bereit, für die Erhaltung des Reichs das Leben ihres Gatten zu opfern, sondern sie will selbst zu den Waffen greifen und bietet den heidnischen Göttern sogar ihre Söhne zum Opfer an. Der Vollzug des Blutopfers wird nur dadurch verhindert, dass König Syphax aus der Gefangenschaft entkommen und seine beiden Söhne vor dem Tod bewahren kann. Statt ihrer werden zwei Römer geopfert. Masinissa setzt das Königspaar gefangen, doch Sophonisbe gelingt es, ihren Mann zu befreien, indem sie sich ins Gefängnis schleicht, ihren Mann in ihren eigenen Kleidern unerkannt entkommen lässt und an seiner Stelle in seinen Kleidern im Gefängnis bleibt. Als Masinissa kommt, um den König zu töten, entblößt sie ihre Brust, um zu zeigen, dass sie nicht Syphax ist. Zuvor hatte Sophonisbe dem in Liebe zu ihr entbrannten Masinissa das Versprechen gegeben, ihn unter der Bedingung zu ehelichen – und hiermit ist der historische Konflikt dramatisch verknüpft –, dass Masinissa sie nicht in die Hand der Römer geben wird. Doch unmittelbar nach der Hochzeit fordert Scipio die Annullierung der Ehe und die Auflösung der Verbindung. Masinissa lässt Sophonisbe einen Giftbecher bringen, den sie gemeinsam mit ihren beiden Söhnen leert. Masinissa findet sie sterbend vor und will sich selbst ins Schwert stürzen, doch kommt am Ende Scipio hinzu, rettet, lobt und belohnt ihn.

Ein auf den ersten Blick verwirrendes Handlungsgeflecht im Versmaß des Alexandriners, in barocker Bildlichkeit, sprachlich opulent. Aufschlussreich sind in diesem Zusammenhang die inhaltlichen Veränderungen, die Lohenstein gegenüber den historischen Vorlagen vornimmt. Dass Masinissa die als Syphax verkleidete Sophonisbe umbringen und am Ende gar sich selbst ins Schwert stürzen will, wird nirgendwo berichtet, ebenso wenig die schwankhaften Elemente, etwa der Kleidertausch zwischen den Protagonisten Syphax und Sophonisbe, und auch die kolportagehaft grausamen Züge, etwa das Opferritual, stellen eher theatralische Veranstaltungen für das niedere Volk dar, die nicht ins Trauerspiel gehören. Es handelt sich dabei um Spurenelemente eines Theaters, das Schrecken erzeugen soll und durch den Schrecken die Steigerung seiner Wirkungen erreichen will.

Auf eine Wirkungsabsicht deuten auch die Verlegung des Geschehens nach Afrika und ebenso die Tatsache, dass eine Frau im Mittelpunkt steht. Es geht Lohenstein um die Verknüpfung afrikanischer Exotik mit weiblicher Erotik. Sophonisbe ist nicht Herrin ihres Schicksals oder ihrer Leidenschaften. Vielmehr erscheint sie ambivalent: als grausame Heidin und als sinnliches, lüsternes Weib, verstrickt in ein Spiel der Affekte, dem kein Maßhalten nach den Maximen der Humanität zu entnehmen ist. Nicht allein bei Lohenstein, sondern auch in anderen Werken der Zeit stehen Frauen im Mittelpunkt, sei es als Gegenstand männlichen Begehrens, sei es als Typus einer selbstbewussten Weiblichkeit. Insoweit erweisen sich auch die Männerrollen als ambivalent: Die männlichen Figuren sind den Frauen nur scheinbar überlegen, tatsächlich bleiben sie abhängig von den Zielen und Wünschen der Frauen, von deren Erotik und den Gaukeleien ihrer Liebesgefühle. Sophonisbe liebt Masinissa nicht, und sie ist bereit, ihren Mann zu opfern. Sie hält, selbst angesichts ihres eigenen Todes, die Fäden in der Hand, ähnlich wie Lohensteins Kleopatra im Hinblick auf Augustus die Oberhand behält. Beide Frauen sind schön und gefährlich – die Bezeichnungen «Schlange», «Natter», «Wurm» und «Zauberin» fallen nicht von ungefähr. «Verhexung» lautet die redundant auftauchende Vokabel, um sie aus der Perspektive der Männer im Stück, die nicht identisch ist mit der der Autoren, zu charakterisieren. Der machtbewusste, politisch emanzipierte, den Leidenschaften wie dem scharfen Verstand folgende Typus der Frau erscheint gleichberechtigt und gleichgewichtig neben dem Tyrann und dem Märtyrer – und auch sie kann, wie Sophonisbe durch ihren Tod, zur Märtyrerin und zur Kreatur werden. Sophonisbe scheitert, aber sie scheitert heroisch. Es handelt sich nicht um Moraltheater, sondern um ein Affektdrama, das mit Gefühlen, mit Leidenschaften arbeitet und diese geballt und konzentriert einsetzt, eine Gestaltung des Negativen zwar, doch ein Negatives, das sich als Konstrukt durchschaubar macht. Es geht um Liebe und Ehre, Begierde und Vernunft, Erotik und Macht – das Verhängnis ist wirksam im Zusammenspiel mit dem menschlichen Handeln.

Diese Konfliktstruktur hat, insbesondere im 18. Jahrhundert, eine kontroverse Diskussion über Lohenstein und seine Dramen zur Folge gehabt. Gottsched beispielsweise hat ihn seines «Schwulststils» wegen verdammt, die Poetiker Bodmer und Breitinger haben ihm vorgeworfen, seine Stücke seien charakterlos und ohne Sittlichkeit. Doch solche Urteile sind eher den jeweiligen poetologischen Doktrinen geschuldet als anhand der Dramen Lohensteins begründbar. Nicht die Stücke sind ohne Sitte und Charakter, sondern sie zeigen Figuren, die – in einem strengen, christlichen Sinn – charakterlos und ohne Sittlichkeit sind. Dass Lohensteins Dramen das Geschehen nicht in identifikatorischer Absicht vorführen, sondern dieses vielmehr, Distanz schaffend, durch Prolog und Epilog einrahmen, es darüber hinaus durch die Reyen unterbrechen und so die Handlung gewissermaßen zur Begutachtung durch das Publikum anbieten will – das hat man im 18. Jahrhundert um der eigenen Doktrin willen gern übersehen. Nach dem Sieg der historischen Vernunft in Gestalt eines großmütigen Scipio, der einem prunkvollen Begräbnis für Sophonisbe ebenso zustimmt, wie er Masinissa als Freund Roms rehabilitiert, endet das Trauerspiel mit einem Reyen, der das zuvor gesehene Drama in Form einer untertänigen Widmungsadresse an Leopold II. auf die höfische Wirklichkeit des 17. Jahrhunderts projiziert: Unumwunden verbindet der Schluss die Perspektiven Deutschlands und Österreichs zu einer gemeinsamen Zukunftsvision, die «Der dritte Weltkreis» heißt.

Prosa

Wer sich über die Entwicklung der Prosaformen, insbesondere des Romans im Zeitalter des Barock informieren will, muss zunächst einen Umweg ins europäische Ausland auf sich nehmen (Hoffmeister 1987) – einen überaus bereichernden Ausflug, der zu Beginn des 16. Jahrhunderts nach Spanien führt. Im Jahr 1508 erscheint in Saragossa der so genannte *Amadís*-Roman, benannt nach seinem ritterlichen Titelhelden, ein Werk aus der Feder von Garci Rodriguez de Montalvo, das, aus vielfältigen Quellen und Vorlagen gewoben, zum Muster des Genres Ritterroman werden sollte. Es handelt sich um eine Verherrlichung des Ritterlebens, um das Lob ritterlicher Werte wie Tapferkeit und Treue, um die Verteidigung der Armen und Entrechteten und die Ideale der ritterlichen Liebe und Aventüre. Rezipiert wurde dieser Roman standesgemäß – selbst Kaiser, Könige und Fürsten haben ihn gelesen, und Autoren wie Cervantes und Goethe zählten zu seinen Verehrern. In vergleichbarer Weise wirkte der erst spät (1596) wiederentdeckte Roman *Aithiopika* des griechischen Schriftstellers Heliodoros. Auch dieses viel gelesene Werk, in zehn Büchern erschienen, spielt virtuos mit verschiedenen Zeiträumen und besitzt eine hochentwickelte Erzähltechnik. Man kann deshalb von einem frühen Höhepunkt der Gattung Abenteuerroman sprechen, der zum Muster und Vorbild vor allem auf Grund seiner formalen Meisterschaft werden konnte: durch die innere Komposition, die dichte Verknüpfung der Motivketten wie des Handlungsgeschehens.

Neben diesen beiden Romanen prägt ein Schäferroman von Honoré d' Urfé (*L'Astrée*; 1607–1627) die literarische Tradition des Liebes- und Abenteuerromans. Er wurde als Übersetzung in Deutschland zu einem Erfolg, weil er von den Konventionen der Liebesproblematik und Erotik handelt; und nicht vergessen sei in diesem Zusammenhang der Roman *Argenis* (1621) des aus Lothringen stammenden, in Frankreich, England und Italien lebenden John Barclay, der zuerst auf Französisch in Paris erschienen ist, gleichfalls ein epochemachendes Werk, politische Abhandlung, historische Allegorie und Ritterromanze zugleich.

Die genannten und zahlreiche andere der in Spanien und Frankreich erschienenen Werke des Genres Liebes- und Abenteuerroman wurden übersetzt, sodass sich in ihrer Nachfolge auch in Deutschland das Genre des heroisch-galanten Romans entwickelte, bei sehr anderen Ausgangsvoraussetzungen allerdings als in Frankreich. Die Literaturreform, die Martin Opitz initiiert hatte, setzte sich eine Besinnung auf die Kräfte der deutschen Sprache zum Ziel, angeregt durch entsprechende Entwicklungen und literarische Erfolge im Ausland. Literarhistorisch war für Deutschland die mit den Einflüssen aus Spanien, Italien und Frankreich verbundene Aufwertung des Genres Roman entscheidend, das gattungsgeschichtlich hinter der Lyrik und vor allem dem Epos noch deutlich zurückstand. Erst im 17. Jahrhundert wurde der Roman in der Tradition der aristotelischen Mimesis im deutschen Sprachraum entdeckt und im Sinne des Horaz'schen «aut delectare aut prodesse» in den vorgelegten Poetiken aufgenommen. Was der Roman seither zu leisten hatte, findet sich in der *Vollständigen Deutschen Poesie* von Albrecht Christian Rotth poetologisch auf eine anschauliche Weise in der Forderung zusammengefasst: «daß es ein solches Gedichte / sey in welchem ein sinnreicher Kopff eine feine anmuthige und lobwürdige Liebes-Geschichte / sie sey nun wahrhafftig geschehen oder nur erdichtet / mit allerhand anmuthigen Erfindungen *(Episodiis)*, zur Vollkommenheit zu bringen und auff Poetische Manier in anständiger Ordnung vorzutragen trachtet / zu dem Ende / daß er durch Anlaß dieser anmuthigen Geschichte etwas nützliches lehre und liebe zur Tugend erwecke». Von den Liebes- und Abenteuerromanen, den galanten und den heroischen Romanen wird Unterhaltung ebenso wie Belehrung erwartet, gleichviel ob in fiktionaler oder realitätsbezogener Gestalt.

Das erste deutschsprachige Prosawerk der Barockzeit, das in einem anspruchsvollen Sinn des Worts die Gattung Roman repräsentiert, stammt aus der Feder des Philosophen und Theologen Andreas Heinrich Buchholtz, seines Zeichens Superintendent und Schulinspektor in Braunschweig, ein Angehöriger der die Literatur tragenden Gelehrtenschicht. Es trägt den wahrhaft barocken Titel *Des Christlichen Teutschen Groß-Fürsten Herkules Und Der Böhmischen, Königlichen Fräulein Valiska Wunder-Geschichte* (1659/60) und soll, wie bereits die Vorrede programmatisch bekundet, nichts Geringeres als die Erkenntnis der «himmlischen Wahrheit» fördern. Der Roman besteht aus acht Büchern, die, zweispaltig, in zwei Teilen auf 1900 Seiten veröffentlicht wurden. Die Wahrheit wird hier vermittelt über identifikationsstiftende Exempelfiguren. In einer gewissen Hinsicht versteht sich der Roman als eine Kritik am *Amadís*, dem der Autor einen Mangel an Moral vorwirft. Es ist ein politisches Programm, das hier vorgeführt wird und das gleichwohl in der Tradition der französischen Vorbilder steht, ohne deren Einfluss der Roman fraglos nicht zu denken wäre: ein Ritterroman mit dem typischen Erzähleinstieg einer Entführung und durchgehendem Episodencharakter, ein Werk, das im Dienst einer politisch-rationalistischen und moralistischen Konstruktion steht und bis ins 18. Jahrhundert zahlreiche Neuauflagen erlebt hat. Buchholtz hat diesem Erfolg einen zweiten Roman folgen lassen, der sich bereits durch seinen Titel als Fortschreibung einer Generationengeschichte zu erkennen gibt: *Der Christlichsten Königlichen Fürsten Herkuliskus und Herkuladisla [...] Wunder-Geschichte* (1665). Der durch Buchholtz aufgenommene und fortentwickelte Romantypus bietet eine Verbindung von Itinerarium, also dem leitmotivisch eingesetzten, strukturbildenden Medium des Reisens und des Abenteuers mit dem Religiösen und Politischen, Heroischen und Galanten, mit Affekt- und Liebesproblematik.

In diesem thematischen Zusammenhang ist ein weiterer Autor von besonderem literarhistorischen Interesse, zugleich einer der bedeutenden Fürsten dieser Zeit, dessen Vorbild, Louis XIV., seine prunkvolle Hofhaltung und seine Vorstellung von höfischer Kultur geprägt hat bis hin zu glanzvollen Festen am Fürstenhof, mit Balletten und Opern, Maskeraden und Feuerwerken: Herzog Anton Ulrich von Braunschweig-Wolfenbüttel, einer der großen Förderer der Kultur und Literatur der Barockzeit, ein fürstlicher Mäzen und zugleich ein *Homme de Lettres*, hochgebildeter Sohn von Herzog August II., dem maßgeblichen Förderer der Bibliothek Wolfenbüttel, erzogen von renommierten Dichtern und Gelehrten, darunter Justus Georg Schottelius und Sigmund von Birken. Neben seinem mäzenatischen Einsatz für kulturelle Ereignisse bei Hofe tat er sich auch in politischer Hinsicht hervor und ließ sich in vielfältige Staatsgeschäfte und -intrigen verwickeln, zum Teil als aktiv handelnde, interessengeleitete Partei. Als Autor hat Anton Ulrich, im Anschluss an seinen Paris-Aufenthalt (1665/66), mit Lyrik begonnen, um danach auch als Dramatiker tätig zu werden. Zugleich galt er als Kenner der französischen Literatur, deren wichtigste Werke er im Original las – sie gaben ihm Anregungen für seine spätere Arbeit als Romanautor.

Sein bedeutendstes Prosawerk, der Roman *Octavia, Römische Geschichte* (1677–1707), entstand über einen Zeitraum von mehr als 30 Jahren. Die drei ersten Teile sind in den Jahren 1677 bis 1679 erschienen, die Teile vier bis sechs 1703 bis 1707, eine überarbeitete Ausgabe erschien, ergänzt um einen siebten Teil, unter dem Titel *Die römische Octavia* (1712). Anton Ulrich beschäftigte eine Reihe von Co-Autoren, darunter bis zu dessen Tod 1681 auch Sigmund von Birken. Weitere Ergänzungen bot die posthum erschienene Fassung von 1762: insgesamt 7000 Seiten ohne Abschluss. Anton Ulrich hat für diese verschiedene historische Quellen genutzt, darunter die Darstellung *Roma Sotterranea* (1632) von Antonio Bosio über das Rom der Katakomben, in denen die frühen Christen zu überleben versuchten, um den Verfolgungen durch Nero zu entgehen. Die Handlung des Romans stellt ein nahezu unentwirrbares Geflecht von Lebensläufen, Vergleichsschicksalen und Parallelhandlungen dar. Schein und Sein, Identität und Nichtidentität der Figuren gehen unvermittelt ineinander über, Totgeglaubte leben wieder, bereits Verstorbene gelten als noch lebendig, allein Nero existiert in dreifacher Gestalt – Ausdruck der Tatsache, dass zahlreiche Autoren an diesem *opus monumentale* mitgewirkt haben und ihnen dabei die Kontrolle über die Gesamtkonstruktion entglitten ist.

Zwei weitere Autoren und Werke sind in diesem Zusammenhang zu erwähnen. Heinrich Anshelm von Zigler und Kliphausen unternimmt mit seinem erfolgreichen Roman *Die Asiatische Banise oder Das blutige, doch muthige Pegu* (1689) ebenfalls eine Reise in die – hier: asiatische – Ferne. Der Roman spielt während des 16. Jahrhunderts in Hinterindien vor einem höfischen, exotischen Hintergrund, mit politischen und militärischen Geschehnissen um die Titelfigur Banise, die mit einer komplexen, wenn nicht verwirrenden Handlung verknüpft sind: gleichfalls eine Art von Staatsdoktrin in Gestalt einer spannenden Geschichte mit großer Ereignisfülle und einer verschachtelten Erzähltechnik, die aus dem historischen wie dem heroischen und galanten Roman gelernt hat. Zu nennen ist ferner Daniel Casper von Lohensteins Roman *Arminius*, dessen vollständiger Titel in guter barocker Tradition lautet: *Großmüthiger Feldherr Arminius oder Herrmann, Als Ein tapfferer Beschirmer der deutschen Freyheit / Nebst seiner Durchlauchtigen Thußnelda In einer sinnreichen Staats-, Liebes- und Heldengeschichte [...] vorgestellet* (1689–1690). Fertiggestellt wurde dieses umfangreiche Opus von mehr als 3000 zweispaltig bedruckten Seiten erst nach dem Tod des Autors (1683) durch den Leipziger Prediger Christian Wagner. Der Roman handelt – sein Titel sagt es deutlich genug – von der deutschen Ehre und der Freiheit, die im Kampf gegen die Römer verteidigt werden muss, auch hier eingebunden in ein Wechselspiel von Intrigen und Verrat, Liebe und Kampf, Rettung und Happy End.

Blickt man auf die bislang genannten Romane zurück, so lässt sich als deren Grundmuster der stets wiederkehrende Fortunawechsel benennen, das Glück und Unglück der Liebenden und ihre Zusammenführung in einem glücklichen Ende, all dies eingebettet in eine Vielzahl von gefahrvollen Abenteuern und vielfältigen Schrecknissen und geleitet durch die Tugend der *constantia*, durch Treue, Beständigkeit und Vertrauen der Liebenden zueinander. Eingewoben in dieses Grundmuster sind Parallelschicksale und Querverbindungen, personifiziert in einer Fülle von Figuren, die einander in einem intermittierenden Rhythmus von Spannung und Entspannung, Spannungshöhepunkt und Spannungsabbruch ablösen. Am Ende werden alle Motive des barocken Romans zu einem begeisternden, zur Identifikation einladenden und emotional ansprechenden Finale zusammengefügt.

Als eine Parallelgattung zum Liebes- und Abenteuerroman der Barockzeit, die gleichwohl anderen erzählerischen Regeln folgt, lässt sich das Genre des pikarischen Romans bezeichnen. Der Begriff Picaro stammt aus dem Spanischen, bedeutet so viel wie Schelm oder Gauner und wurde in dieser inhaltlichen Füllung auch im Deutschen aufgenommen. Sein Grundmuster entwirft ein Buch mit dem Titel *La vida de Lazarillo de Tormes y de sus fortunas y adversidates* (1554), kurz *Lazarillo*, ein Diminutiv für den spanischen Namen Lázaro, den alttestamentlichen Lazarus, Inbegriff allen menschlichen Leidens. *Lazarillo*, eine der berühmtesten Schöpfungen der spanischen Literatur, seinerzeit thematisch wie formal völlig neuartig, stammt aus der Feder eines unbekannten Verfassers. Der Roman unternimmt Angriffe gegen alle und alles: Adel, Geistlichkeit, Militär – nichts und niemand bleibt ausgespart. Es wird gezeigt, dass letztlich alle Menschen Betrüger und Betrogene in einem sind. Den Abschluss des Romans bildet eine Lebensbeichte, die, von einer *vision par derrière* aus geschrieben, einen Blick aufs ganze Leben erlaubt, ein strukturelles Merkmal des Pikaro-Romans seit diesem frühesten Anfang. Nach Deutschland kam der Typus des Pikaro zuerst im Jahr 1615 in Gestalt des Guzmán de Alfarache, Titelfigur des Romans *Vida del pícaro Guzmán de Alvarache* (1599 / 1604; dt. *Der Landstörtzer Gusman von Alfarache*) von Mateo Alemán. Der heute kaum mehr bekannte Ausdruck ‹Landstörtzer› bezeichnet Ganoven, Verbrecher und Gauner – ein Sujet, das seinerzeit offenbar hochattraktiv war, denn der Roman erlebte in wenigen Jahren zahlreiche Auflagen. Mit diesen beiden Werken wird die pikarische Erzähltradition begründet, die zunächst vor allem in Spanien zahlreiche Fortführungen findet. In Deutschland trifft sie auf die Tradition der Schwank- und Schimpfliteratur, auf Werke der Exempeldichtung, auf Anekdoten, Fabeln und Mirakelerzählungen, also auf bildhafte, knapp pointierte Formen, die jeweils mit einem Fazit, einer Moral von der Geschichte enden, Alltagsgeschichten zur Unterhaltung, die seinerzeit weit verbreitet waren. Diese und andere Werke wurden bis ins 17. Jahrhundert immer wieder aufgelegt – insoweit war das Publikum nicht unvorbereitet auf das, was mit dem Pikaro-Roman aus Spanien kam.

Dennoch sind die Differenzen zur deutschsprachigen Erzähltradition nicht zu übersehen. Der Roman *Visiones de Don Quevedo, Wunderbarliche und Wahrhaftige Gesichte Philanders von Sittewald* (1643) von Johann Michael Moscherosch beispielsweise ist im strengen Sinn kein Pikaro-Roman, sondern bietet eher eine derb-satirische Zeitkritik, die zwar auf eine Figur zentriert ist, deren «Visionen» oder «Gesichte» sich aber in einer episodischen Folge von Prosastücken entfalten, in denen die Erfahrungen des Helden wiedergegeben werden. Der Pikaro-Roman ist demgegenüber eine geschlossene Form: Es wird ein zusammenhängender Lebenslauf erzählt, meistens vom Ende her, und es wird ein Selbstbild des Barockzeitalters entworfen mit einem durch Fortuna ausgelösten Auf und Nieder. Die Übersetzungen ins Deutsche muss man als Modellierungen der frühen, teilweise rabiaten Originalfassungen in erzieherischer Absicht verstehen.

An den bislang genannten Beispielen lässt sich die Struktur des Genres bereits ablesen: Stets geht es um eine in der Ich-Form erzählte Lebensgeschichte, die in vielfältige Episoden aufgesplittert ist. Der Ich-Erzähler, meist niederer Herkunft, einfältig und häufig ein Außenseiter, nimmt die Welt als das ihm gegenüberstehende, nicht selten ihm entgegengesetzte Andere seiner Wirklichkeit wahr, mit dem er sich auseinandersetzen, das er bestehen muss, weil es ihn nicht nur beeinflusst, sondern unterdrückt. Sein Zusammenprall mit der Gesellschaft öffnet ihm die Augen für die eigene Realität, die nicht selten die eines Dieners vieler Herren und Opfers zahlreicher Zufälle ist, welche ihn durchs Leben treiben, sodass er die List als Überlebensmittel entdeckt – keine Bildung, sondern eine Prägung. Seine Kritik an der Gesellschaft formuliert er aus der Froschperspektive, in einer Mischung aus Reflexion und Karikatur, Betrachtung und Satire, also ein intellektuelles Moment des Erzählens, das aus der gewählten Erzählperspektive resultiert.

Rückblickend vermag der Held einerseits sein Leben zu überschauen und dadurch zu erkennen, wie die Dinge des Lebens zusammenhängen, andererseits alle ihn prägenden Fakten und Faktoren zu bewerten in Gestalt ironischer, zynischer, sarkastischer, zum Teil auch witziger und karikierender Kommentare. Der Roman ist insoweit ein Spiegel der Welt, zu der vor allem die Unmoral gehört, der gegenüber die Moral als ein ‹Trotz alledem› erscheint, das der Welt abgerungen werden muss. Skepsis, Pessimismus und Desillusionierung bilden dementsprechend das Fazit dieser Romane, auch wenn sie am Ende bisweilen gewaltsam auf eine theologisch oder religiös begründete Positivität getrimmt werden. Die Welt, der sich der Held für seinen Blick zurück entzogen hat, bleibt am Ende unverändert, das heißt: so schlecht, wie sie ist, auch wenn der Held dies nicht ausspricht.

Die bedeutendste Fortführung des Genres in deutscher Sprache stammt von Hans Jacob Christoph von Grimmelshausen (Meid 2011). Er besuchte zunächst die Lateinschule im hessischen Gelnhausen, wurde jedoch bereits als Schüler aus seiner Ausbildung herausgerissen und geriet ab 1634 für etwa 15 Jahre in die Strudel des Dreißigjährigen Kriegs.

Statt Bildung akkumulierte Grimmelshausen in seiner Jugend Kriegs- und, damit verbunden, Menschen- und Gesellschaftskenntnis. Spät trat er als Schriftsteller hervor. Seine ersten Werke hat er mit fast 40 Jahren veröffentlicht – ein hochgebildeter Autodidakt, der Geld für seine vielköpfige Familie verdienen musste. Die Schulung seines kritischen Vermögens und der Wahrnehmungsfähigkeit bietet ihm ein Gegengewicht zum Dreißigjährigen Krieg und erlaubt ihm, über die Misere seiner Zeit hinwegzukommen. Zum Inventar seines Denkens und Schreibens zählt das Nachdenken über Gott und die Welt, über Menschen und Geld, über Tanzen, Wein, Schönheit, Priester, Frauen, die Poesie, das Militärwesen, die Liebe, die Erotik, den Tabak, die Standesordnung der Gesellschaft, die Philosophie, die Hexerei, die Medizin, das Bettler- und Ganovenwesen und, versteht sich, immer wieder über den Krieg. Er hat das Wissen seiner Zeit über die Grenzen der eigenen Anschauungsmöglichkeiten hinaus in zeitgenössischen Darstellungen, zum Teil enzyklopädischer Art, gesucht. Sein Ideal war es, dieses Wissen und den eigenen Blick auf die Welt in der Ich-Perspektive des Romans zusammenzuführen mit dem guten Ende der Bekehrung, um aus einer geläuterten Position umso nachdrücklicher zu zeigen, wie schlecht die Welt in Wahrheit ist.

Erst in seinen letzten zehn Lebensjahren konnte Grimmelshausen seine ungeheure Produktivität unter Beweis stellen. Er erweitert den bereits erwähnten Buchholtz'schen Romantyp um Aspekte alttestamentlicher Religiosität, so in einem heute kaum noch bekannten Roman mit dem Titel *Exempel der unveränderlichen Vorsehung Gottes unter einer anmutigen und ausführlichen Histori vom keuschen Joseph in Ägypten* (1667; erw. 1670). An die Stelle der fixierten Romanbiographie in zum Teil konstruierten historischen Zusammenhängen tritt hier die Autorität der biblischen Gestalt und damit der Aspekt der «providentia Dei», ein heilsgeschichtlicher Aspekt, in dem Gottes Sorge für den Lebensweg des einzelnen Menschen zum Ausdruck kommt. Dahinter verbergen sich freilich auch politische Strategien in Gestalt einer christlich motivierten Theorie politischer Herrschaft, wie sie in vergleichbarer Weise auch zwei weitere Romane Grimmelshausens entfalten: *Dietwalts und Amelinden anmutige Lieb- und Leids-beschreibung / samt erster Vergrösserung des Weltberühmten Königreichs Franckreich* (1670) und *Des Durchleuchtigen Printzen*

Proximi, und Seiner ohnvergleichlichen Lympidae Liebs-Geschicht-Erzehlung (1672). Das diesen Romanen zugrunde liegende Schema ist die Versündigung des Herrscherpaars, der ein langes Büßerleben folgt, und am Ende die Restitution der Herrschaft auf moralisch geläuterter Ebene: Alles wendet sich, in heilsgeschichtlicher Gewissheit, zum Besten, ähnlich wie in einem Roman Philipps von Zesen (1619–1689) mit dem Titel *Assenat, das ist derselben und des Josephs heilige Staats-, Lieb- und Lebensgeschicht'* (1670). Auch dieser Roman will, so sein Autor wörtlich, die «nackte Wahrheit der biblischen Erzählung wiedergeben, um Wirkung beim Leser zu erzielen», auch wenn er mit den biblischen Fakten in Wahrheit recht frei umgeht. Gottes Fügung aber ist erkennbar in allen Haupt- und Staatsaktionen, ebenso im privaten Liebesglück, das Gott segnet und fördert. Eine Verbindung also von Sakralität und politischer Sphäre, von Heiligenlegende und Liebesgeschichte, beide Komponenten funktional aufeinander bezogen – es geht um eine literarisch legitimierte Herrschaftsform und Herrschaftstechnik.

Den Stoff seines berühmten Romans *Der Abentheurliche Simplicissimus Teutsch* (1668; auf 1669 vordatiert) mit seinen Fortschreibungen und Erweiterungen (*Continuatio*, 1669) hat Grimmelshausen freilich aus der unmittelbaren Erfahrungswirklichkeit der Kriegswirren genommen, eine Verquickung von Dichtung und Leben, Fiktionen und Fakten, die Erfindungen und Erzählungen aus zweiter Hand mit dem eigenen Erleben unentwirrbar vermischt. Der Arbeitsbeginn liegt vermutlich nach 1648/49. Anregungen hatte Grimmelshausen nicht nur durch die bereits genannten Pikaro-Romane, den *Lazarillo* und Alemáns *Guzman de Alfarache* erhalten, sondern vor allem durch den Roman *La vraie histoire comique de Francion* von Charles Sorel (1623), die fiktive Autobiographie eines abenteuernden Helden, der, obwohl edler Abkunft, alle Niederungen des Lebens mit zahlreichen Schelmenstreichen durchläuft, doch zum glücklichen Ende eine hochstehende Prinzessin ehelicht. Dieser Roman, der im strengen Sinn nicht in der Pikaro-Tradition steht, eröffnete Grimmelshausen die Möglichkeit, ein Werk zu schreiben, an dessen Ende sich gleichfalls herausstellt, dass Simplicissimus durchaus nicht der Schafe hütende Bauerntölpel ist, der er anfangs zu sein scheint. Vielmehr ist er der Sohn eines ehrbaren Mannes, eines Eremiten, der ihn in die Geheimnisse des Lebens einführt, ohne dass die beiden von ihrem Verwandtschaftsverhältnis wissen. Der vollständige Titel des Werks lautet *Der Abentheurliche Simplicissimus Teutsch / Das ist: Die Beschreibung deß Lebens eines seltzamen Vaganten / genant Melchior Sternfels von Fuchshaim / wo und welcher gestalt Er nemlich in diese Welt kommen / was er darinn gesehen / gelernet / erfahren und außgestanden / auch warumb er solche wieder freywillig quittirt. Überaus lustig / und männiglich nutzlich zu lesen.* Es folgten mehrere Auflagen, mit leichten Variationen des Titels, sowie eine posthume Gesamtausgabe des Werks, abermals mit einem variierten ‹barocken› Titel.

Im Mittelpunkt des Romans steht ein Held, der sich als «tumb» darstellt, da er nichts gelernt hat. Unterstellen darf man, dass Grimmelshausen verschiedene Episoden aus persönlicher Anschauung erzählerisch aufgefüllt hat. Erst 1837 ist übrigens seine eigene Identität geklärt worden, da er stets mit einer Vielzahl von Pseudonymen gearbeitet hat, meist in Form von Anagrammen, unter anderem German Schleißheim von Sulsfort, Samuel Greifensohn von Hirschfeld und Melchior Sternfels von Fuchshaim. Nur drei Schriften hat Grimmelshausen unter seinem richtigen Namen publiziert, ein Spiel mit dem Publikum, das für ihn zur Persönlichkeit eines Romanautors gehörte. Wenn die Wechselfälle des Lebens keine rechte Identität ergeben, dann darf das Spiel mit der Nicht-Identität oder wechselnden Identitäten erst recht auf der Ebene der Autorschaft betrieben werden. Hinzuweisen ist in diesem Zusammenhang auf die durch Reinhard Kaiser besorgte Übertragung aus dem Deutschen des 17. Jahrhunderts ins Gegenwartsdeutsch (*Der abenteuerliche Simplicissimus Deutsch*, 2009): Sie nimmt dem Werk – wenngleich in der guten Absicht, dem heutigen Leser den Zugang zu ihm zu erleichtern – eben jene sprachliche Authentizität, die das Original auszeichnet.

1670 erscheint ein weiteres, thematisch eng verwandtes Opus mit dem Titel *Die Landstörtzerin Courasche*, ferner in den Jahren 1672/73 in zwei Bänden eine Sammlung von insgesamt zehn Büchern mit dem Titel *Das Wunderbarliche Vogel-Nest*, Ausdruck der Intention des Verfassers, «daß alles von diesen Simplicianischen Geschichten aneinander hängt und weder der ganze Simplicissimus noch eines aus den oben gemälten Traktätlein allein ohne solche Zusammenfügung genügsam verstanden werden mag». Ein beeindruckendes Werk, ermöglicht durch die Wechselfälle eines unsteten Autorenlebens, die sich radikal, skeptisch und desillusioniert in den Erlebnissen seiner literarischen Figur reproduzieren. Die pikarische Erzählhaltung bietet ein breites Feld für zeitgenössische Projektionen, in denen sich auch das Publikum wiedererkennen konnte. Es ist die vielgestaltige, chaotische Wirklichkeit, die zersplitterte Welt des Dreißigjährigen Kriegs, die sich in Grimmelshausens Stil und Erzählstruktur eingeschrieben hat. Während in späteren einschlägigen Werken des Genres Bildungsroman, etwa Wielands *Geschichte des Agathon* (1766) oder Goethes *Wilhelm Meister* (1795 f.), die Helden jeweils ihre Bestimmung in sich tragen, die sie am Ende mit der Welt, so feindlich diese auch erscheinen mag, sich versöhnen lässt, fehlt bei Grimmelshausen jede Konstruktion einer innerweltlichen Harmonie. Dies gilt auch für Fortschreibungen des Simplicissimus-Stoffs im 17. Jahrhundert – die sogenannten Simpliciaden, etwa aus der Feder von Johann Beer, Johann Georg Schielen oder Daniel Speer –, und es gilt auch für Günter Grass' Roman *Die Blechtrommel* (1959), dessen Hauptfigur, Oskar Matzerath, gleichfalls ein pikarischer Held ist: ein Außenseiter, der die Welt buchstäblich von unten sieht und sich in ihr durchaus nicht entwickeln will.

3 Zwischen «Rationalismus» und «Sturm und Drang» – Literatur im Zeitalter der Aufklärung

Epochenbegriffe sind Konstruktionen *ex post*, gewonnen aus der rückblickenden Perspektive auf eine dominante geistes- oder kulturgeschichtliche Traditionslinie. Sie gewinnen dabei eine Trennschärfe, die ihre historische Qualität überbetont und ihre Verzweigungen und Überlagerungen unterschätzt. Das gilt auch für die Termini dieser Kapitelüberschrift. Lässt sich der Rationalismus als eine Bewegung verstehen, die sich den Zwängen eines noch mittelalterlich geformten Weltbildes, den Prägungen durch die Religion wie den Regularien der Kirche und ebenso den literarischen und künstlerischen Exaltationen des Barockzeitalters durch das Gebot der Vernunft und des Regelmaßes zu entziehen versucht, so ist der Sturm und Drang als eine Gegenströmung aufzufassen, die Aspekte des Gefühls, der Emotionen, der Spontaneität des Handelns in sich vereint. Beide Bewegungen sind jedoch nicht als Gegensätze, sondern als komplementäre Faktoren ein und derselben Epoche zu verstehen. Rationalismus und Sturm und Drang verbinden sich im Zeitalter der Aufklärung als wechselseitig produktive, füreinander konstitutive Möglichkeiten, sich aus überkommenen und überlebten Traditionen zu befreien, um ein neues kulturelles Selbstbewusstsein zu entwickeln.

Im Diskurszentrum der «Aufklärung» genannten Epoche steht gemeinhin Immanuel Kant, doch der Philosoph ist weder der Erfinder des Begriffs noch der Begründer des hierdurch bezeichneten Denkens. In seiner programmatischen Schrift *Beantwortung der Frage: Was ist Aufklärung?* (1784) nimmt Kant vielmehr eine Tradition auf, deren Anfänge in der italienischen Renaissance, in der Entwicklung eines neuen, eigenständigen Selbstbewusstseins liegen. Der Begriff «Aufklärung» selbst taucht bereits Ende des 17. Jahrhunderts auf: Kaspar Stieler gebraucht ihn in seiner etymologischen Darstellung *Der teutschen Sprache Stammbaum* schon 1691, und zwar im meteorologischen Sinn von «Aufhellen, Aufheitern» und in der metaphorischen Bedeutung geistiger Erhellung.

Dieses übertragene Verständnis des Worts findet sich auch vorher im französischen Sprachgebrauch zwischen 1630 und 1710 im Sinn einer Vermehrung geistiger Einsichten, ähnlich im englischen, so in John Miltons Epos *Paradise lost* (1667), in dem das Wort «enlighten» (‹erhellen, aufhellen, aufklären›) im Verständnis von ‹religiös und intellektuell erleuchten› gebraucht wird. In dieser Bedeutung erhält sich das Wort begriffsgeschichtlich bis zum Ende des 18. Jahrhunderts. Christoph Martin Wieland etwa benutzt in seiner Zeitschrift *Der Teutsche Merkur* den Terminus «Aufklärung» als Metapher, um Licht in das Dunkel des Obskurantismus in Deutschland zu tragen und Erkenntnis zu stiften, ähnlich zuvor bereits Johann Christoph Gottsched, der die Leuchtkraft der Literatur gegen die dunklen Phantasiegestalten der Kunst, vor allem des Theaters, aufbieten will. Aufklärung als Erleuchtung im Sinn eines dauerhaften Bemühens um geistige Erhellung – dieses Selbstverständnis darf man als gemeinsamen Nenner mit der Tradition und einem neuen Ansatz voraussetzen.

Vor diesem Hintergrund entwickelt Gottsched in seinem 1730 erschienenen theoretischen Hauptwerk *Versuch einer Critischen Dichtkunst vor die Deutschen* die Vorstellung von einem «Criticus», der ein Gelehrter ist und «von freien Künsten philosophieren kann». Damit wird der Zusammenhang von Philosophie und Kunst erstmals systematisch aufgegriffen (Alt 1996). Gottsched schickt sich an, eine normative Poetik zu entwerfen, die auf den rationalistischen Grundlagen Christian Wolffs aufbaut. Dabei ist aufschlussreich, dass er seinem Buch anstatt einer Einleitung die *Ars poetica* des Horaz voranstellt, in einer eigens für diesen Zweck angefertigten Übersetzung. Der Rückgriff auf dieses kanonische Werk des römischen Dichters gibt Gottscheds Überzeugung Ausdruck, dass die Dichtung auf überzeitlichen Regeln beruht, da sie in der Natur, auch in der des Menschen und seiner Vernunft, begründet ist. Die *Imitatio naturae*, die Nachahmung der Natur, ist das wichtigste Prinzip der Poesie, das sich mit der Einbildungskraft, dem Scharfsinn und dem Witz des Dichters verbinden muss.

Seine *Critische Dichtkunst* versteht Gottsched daher als ein umfassendes poetologisches Werk, «darinnen erstlich die allgemeinen Regeln der Poesie, hernach alle besonderen Gattungen der Gedichte, abgehandelt und mit Exempeln erläutert werden: Überall aber gezeigt wird Daß das innere Wesen der Poesie in einer Nachahmung der Natur bestehe».

Diesem deduktiven Ansatz entsprechend, gibt die Aufteilung des Stoffs nach systematischen Aspekten einem immer mehr sich verfeinernden Untersuchungsgang Ausdruck. Die Poesie besitzt ihr charakteristisches Merkmal in der Nachahmung der Natur, der Dichter ist demnach, wenn er sein Handwerk versteht und ihm eine entsprechende Begabung zukommt, «ein geschickter Nachahmer aller natürlichen Dinge». Zentrale Fragen der philosophischen und ästhetiktheoretischen Debatten des 18. Jahrhunderts wie die des «Geschmacks», des «Wunderbaren» und der «Wahrscheinlichkeit» in der Poesie werden ebenso berührt wie – ein Erbteil des Barock – der Aspekt der Gelehrsamkeit. Zusammenkommen müssen nach Gottscheds Auffassung die Einbildungskraft des Dichters, seine «hitzige Phantasie» und die Beurteilungskraft, «iudicium» genannt, die auf Vernunft gründet. Im Vordergrund steht das Mimesis-Postulat – verstanden als «imitatio naturae» mit einem vernünftig begründeten Naturbegriff und einer an Descartes geschulten Erkenntnistheorie als Voraussetzung, in die die Unterscheidung zwischen «res extensa» und «res cogitans» als prägende Figur eingegangen ist: «res extensa» als sinnliche Erscheinung verstanden, die als teilbar gilt, «res cogitans» als «Geist» und damit als unteilbare Einheit zu verstehen. Dichterische Nachahmung beschreibt Gottsched vor diesem Hintergrund als Fähigkeit, die Erkenntnis der «res extensa» und der «res cogitans» in der «imitatio naturae» zu verbinden. Der Dichter muss sowohl die Gegenstände, die Dingwelt, die Phänomene gliedern und zuordnen können als auch den Geist erkennen, der in ihnen liegt, sich in ihnen offenbart und ihnen zugrunde liegt, und er muss beides in seiner Dichtung verknüpfen.

Drei Arten der Nachahmung unterscheidet Gottsched: Dinge, Personen und Handlung. Den Dingen entspricht auf der Ebene der Poesie die Beschreibung als die einfachste und grundlegende dichterische Form. Nachahmung in Gestalt von Personen bietet die Poesie, vor allem die dramatische Dichtung, und zwar in Gesprächsform. Dadurch werde «der Aspekt der Ideen akzentuiert». Die «Fabel» aber – im Sinn von Erzählung oder ‹plot› –, also die Wiedergabe der Handlung, steht im Vordergrund des Interesses. Sie ist «der Ursprung und die Seele der ganzen

Dichtkunst». Und er fügt definitorisch hinzu, die Fabel sei «die Erzählung einer unter gewissen Umständen möglichen, aber nicht wirklich vorgefallenen Begebenheit, darunter eine nützliche moralische Wahrheit verborgen liegt». Die Fabel, mit der sich die Handlung entwickelt, muss allgemeinverständlich sein, dem Prinzip der Nachahmung genügen und darf Wahrscheinlichkeit wie Möglichkeit in sich aufnehmen. Sie kann insoweit auch in der Form einer Allegorie auftreten, in der jedoch eine allgemeine Wahrheit verborgen sein muss. Denn: «Nur diejenige dichterische Form kann den vernünftigen Bau der Schöpfung angemessen erfassen, die nicht allein (wie die Beschreibung) das Sichtbare wiedergibt, sondern zugleich die abstrakten Prinzipien zu beleuchten vermag, die das Naturgeschehen bestimmen» (Alt 1996, 74).

Mit seinem Witz und seiner Einfühlungskraft, seinem Geschmack und Urteilsvermögen muss der Dichter den poetischen Kosmos so ordnen, dass der Leser sich daran erfreuen wie auch Nützliches bei seiner Lektüre lernen kann. Möglichkeit und Wahrscheinlichkeit verbinden sich mit dem Anspruch moralischer Opportunität zu einer Schreibanweisung, die sich ihrer in die Antike zurückreichenden Wurzeln sehr wohl bewusst ist. Die Einleitung der *Critischen Dichtkunst* durch die *Ars poetica* spricht in diesem Zusammenhang eine beredte Sprache.

Doch Gottsched geht deutlich über Horaz hinaus, indem er das bewunderte poetologische Programm seines Vorbilds einer strengen, rationalistisch durchtränkten poetischen Doktrin unterwirft. Deren Forderung lautet: «Zu allererst wähle man sich einen lehrreichen moralischen Satz, der in dem ganzen Gedichte zum Grunde liegen soll, nach Beschaffenheit der Absichten, die man sich zu erlangen, vorgenommen. Hierzu ersinne man sich eine ganz allgemeine Begebenheit, worinn eine Handlung vorkömmt, daran dieser erwählte Lehrsatz sehr augenscheinlich in die Sinne fällt.» (4. Kap., § 21) Zweifellos eine rationalistische, man könnte auch sagen utilitaristische Erwägung, die um die Forderung ergänzt wird, das Erdichtete müsse «in die Sinne» fallen, also «wahrscheinlich», zumindest «möglich» sein – ein Anspruch, der im Zusammenspiel mit dem Aspekt des «Wunderbaren» in der Poesie binnen kurzem im Mittelpunkt der Auseinandersetzung mit den Schweizer Theoretikern Johann Jakob Bodmer und Johann Jakob Breitinger steht.

Die Argumente Gottscheds sind aus heutiger Sicht nicht in erster Linie im Hinblick auf seine Auffassung von Schönheit oder Geschmack von Interesse, sondern vor allem hinsichtlich seines Argumentationsgangs. Hinter Gottscheds Versuch, der Wahrheit der Poesie auf den Grund zu kommen und alle Sachzusammenhänge erklärend aufzulösen, steckt ein systematisch orientierter Geist, der die Phänomene deduktiv ordnen will. Seine Methode geht von bestimmten Vorstellungen und Begriffen aus, um ihnen alle anderen Aspekte zuordnen und diese untergliedern zu können. Dem Verstand als der ordnenden Kategorie kommt daher höchste Bedeutung zu. Zum Geschmack gehört etwa das Urteilsvermögen, das wiederum Teil des Verstandes ist, und deswegen ordnet der Poetiker den Geschmack der Vernunft zu.

Man kann an dieser Argumentationsstruktur ablesen, dass mit einer Art ‹Opferlogik› gearbeitet wird: Gottsched ordnet unter, lässt das Nicht-Passende verschwinden oder verkleinert es und richtet es auf diese Weise ein für sein System, das sich bis in die systematische Ästhetik hinein Bahnen gebrochen hat – ein überaus konsequent durchgehaltener Versuch, dessen Folgen sich beispielhaft dem 6. Kapitel «Von der Wahrscheinlichkeit in der Poesie» ablesen lassen: «Überhaupt ist von der Wahrscheinlichkeit dieses anzumerken, dass oft eine Sache, die an sich unglaublich und unmöglich aussieht, durch den Zusammenhang mit anderen Begebenheiten und unter gewissen Umständen nicht nur möglich, sondern auch wahrscheinlich und glaublich werden könne.» Eine bemerkenswerte Einsicht, die es erlaubt, Gottsched vor einem bestimmten Verdacht zu bewahren, in den er durch die Rezeption im 18. und 19. Jahrhundert immer wieder geraten ist: alles aus der Poesie austreiben zu wollen, was nur irgendwie wunderbar, märchenhaft oder unwahrscheinlich erscheinen mochte. Dem Zitat lässt sich jedoch entnehmen, dass für Gottsched eine Sache, die an sich unglaublich oder unwahrscheinlich scheint, durch den Zusammenhang mit anderen Begebenheiten und unter gewissen Umständen nicht nur möglich, sondern auch glaubhaft werden kann. Die Grenze einer Glaubwürdigkeit aber sieht Gottsched ausgerechnet durch Homers Schilderung der Anfertigung eines Kampfschildes für Achill überschritten: Das Problem bestehe darin, dass hier die Herstellung eines noch nicht fertigen Schildes beschrieben wird. Homer beschreibt, wie Vulcanus mit seiner Schmiedekunst den Schild anfertigt – die Figuren leben in dem Maß, wie Vulcanus sie fertigt. Ein im Wortsinn wunderbarer Text, in dem man die Figuren im Prozess der Zeit, die zu ihrer Beschreibung benötigt wird, entstehen sieht – das aber ist mit Gottscheds Nachahmungsbegriff nicht vereinbar. Entscheidend für ihn ist der philosophische, ja: wissenschaftliche Anspruch seiner Poetik. Ihr Fundament ist, im Unterschied zur Barockpoetik, die Philosophie. Kritik versteht sich seither als eine Beurteilungskunst, die die Poesie anhand rational nachvollziehbarer Kriterien überprüfen kann. Die Systematik des Aufbaus der Dichtung wie der Poetik repräsentiert für Gottsched diesen wissenschaftlichen Anspruch.

Nicht ohne Grund werden in diesem Zusammenhang stets die aus der Schweiz stammenden Poetiker Johann Jakob Bodmer und Johann Jakob Breitinger genannt: Beide befassen sich mit grundlegenden poetologischen Fragen, und beide setzen sich in ihren zum Teil gemeinsam verfassten umfangreichen Werken kritisch mit Johann Christoph Gottsched auseinander, der ihnen persönlich gut bekannt und freundschaftlich verbunden war. Ihre Werke gelten, im Unterschied zu Gottscheds rationalistischer Regelpoetik, als der erste Versuch, eine Philosophie des Schönen zu begründen. Während für Gottsched der französische Klassizismus das Vorbild darstellt, gilt für Bodmer und Breitinger John Miltons großes Epos *Paradise Lost* (1667) im Hinblick auf die Frage nach dem Wunderbaren in der Poesie als Ideal. Zwar bildet auch für Bodmer und Breitinger die «imitatio naturae» den Ausgangspunkt, doch setzen sie die Akzente auf folgenreiche Weise anders als Gottsched: Ihnen geht es nicht zuvörderst um die Nachahmung der wirklichen, sondern vor allem um den poetischen Entwurf aller möglichen Welten, und allein in dieser Hinsicht kommt dem Poeten der Ehrenname eines Schöpfers zu. Sie wollen den Dichter als Schöpfer aller möglichen poetischen Welten inthronisieren. Der Witz – in der erweiterten Bedeutung des Scharfsinns und Urteilsvermögens – tritt zurück, das Neue, Unerhörte und Erhabene, das Wunderbare steht im Vordergrund. Keine Frage, dass Gottsched – bei aller persönlichen Wertschätzung, welche die Schweizer für ihn empfunden haben mögen – diesem Konzept im Weg steht. Dementsprechend wird er dann auch direkt angegriffen, zwar nicht namentlich, doch unmissverständlich.

«Jetzo wollen wir diese Materie weiter fortsetzen, und eine Frage behandeln, die ein geschickter Lehrer in Teutschland erst neulich in einem gedruckten Kunst-Buch aufgeworffen hat, nemlich, ob sich in der Schreibart der Tragödien auch viele Gleichnisse schicken?», heißt es in einer breit angelegten Untersuchung Breitingers mit dem Titel *Critische Abhandlung von der Natur, den Absichten und dem Gebrauche der Gleichnisse* (1740). Er will, wie sein Mitstreiter Bodmer, die Kunst und insbesondere die Poesie nicht auf einen bestimmten Modus der Nachahmung festlegen. Gerade deshalb wendet sich Breitinger anhand der «Gleichnisse» einem vergleichsweise schmalen Ausschnitt zu, der ihm die Spezifik des poetischen Prozesses und der dichterischen Verfahrensweisen exemplarisch und im Detail zu erörtern erlaubt. Dabei arbeitet er unnachsichtig die Differenzen zu Gottsched im Grundsätzlichen heraus, die auf eine Befreiung von den Anweisungen der Regelpoetik hinauslaufen. Deren klassizistische Orientierung widerspricht dem Konzept der Schweizer Theoretiker entschieden: Sie plädieren für eine Subjektivierung der Poesie.

Damit sind Grundelemente der Poetikdiskussion im 18. Jahrhundert benannt, in deren Bannkreis sich weitere Debatten über das Verhältnis von Wirklichkeit, Wahrscheinlichkeit und dem Wunderbaren in der Poesie entwickeln. Johann Gottfried Herder etwa formuliert ein philosophisch orientiertes anthropologisches Programm, das zur Überwindung des vorherrschenden Bildes von der Unwandelbarkeit der Natur und des Bewusstseins führt. Er bindet die Philosophie zurück an Sprache, Erfahrung und Tradition und führt den Aspekt der Geschichtlichkeit in die Erkenntnistheorie ein mit dem Ergebnis, dass Vernunft als Teil der historischen Wirklichkeit des Menschen verstanden wird und sich mit dieser wandelt. Nicht höhere oder niedere, schlechtere oder bessere Entwicklungen oder gar sich gleich bleibende, unveränderliche Zustände interessieren Herder, sondern der Aspekt der Evolution, insbesondere der Sprache des Menschen, die ihn von den Tieren abhebt, die Völker voneinander unterscheidet und den Evolutionsprozess selbst als historisches Phänomen erkennen lässt.

Herder gelangt damit zur Wahrnehmung und Anerkennung einer Vielfalt von Kulturen und Weltanschauungen. Er akzeptiert den Aspekt der Empfindsamkeit der Individuen ebenso wie den der Kontingenz von

Geschichte. Er bietet Argumente auf gegen die abstrakten Erkenntnisprinzipien einer deduktiven Philosophie bis hin zu einer Vernunftkritik, die sich mit dem Kriterium der Erfahrung selbst gegen die Transzendentalphilosophie Kants richtet. In seinen in vier Teilen vorgelegten *Ideen zur Philosophie der Geschichte der Menschheit* (1784–1791) entwickelt Herder eine Philosophie, die vernunftkritisch orientierte Gedanken seiner *Abhandlung über den Ursprung der Sprache* (1772) aufnimmt, um diese anthropologisch zu fundieren, zu erweitern und fortzuführen. Unter dem Aspekt der Vernunftkritik und in engem Zusammenhang mit Herder ist auch Johann Georg Hamann (*Sokratische Denkwürdigkeiten*, 1759) zu nennen, ein Denker, dessen Beobachtungsreichtum in zahlreichen essayistischen Schriften zum Ausdruck kommt, so in seinem aus zwölf Einzelschriften bestehenden Hauptwerk *Aesthetica in nuce* (1762) mit einer emphatischen Betonung der Sinnlichkeit, des Empfindens und der Leidenschaft. Den Begriff *Aesthetica*, den Hamann im Titel seines Hauptwerks führt, verdankt er Alexander Baumgarten, der in den Jahren 1750 bis 1758 seine unvollendet gebliebene zweibändige *Aesthetica* vorgelegt hatte. Baumgarten benutzt den Begriff ‹Ästhetik› im ursprünglichen Sinn des griechischen Verbs «aistanesthai» (‹wahrnehmen›) für ein genaues, bewusstes Sehen. Ihm geht es um eine Theorie der sinnlichen Erkenntnis. Er definiert Schönheit – in Anknüpfung an seinen philosophischen Lehrer Christian Wolff – als sinnliche, dem ‹niederen›, einfachen Erkenntnisvermögen zugeordnete Vollkommenheit eines Kunstwerks. Dichtung, Malerei, Musik und andere Künste sind für Baumgarten Formen der Verwirklichung dieser Vollkommenheit. Kunst müsse die Sinne bezaubern und den Verstand verwirren in einer Form, die der Betrachter gern auf sich wirken lässt. Wie sein Zeitgenosse Johann Joachim Winckelmann in seinen *Gedancken über die Nachahmung der griechischen Wercke in der Mahlerey und Bildhauer-Kunst* (1755), dem die Antike und insbesondere die Vasenmalerei in Griechenland als Inbegriff des Schönen gilt, ist auch Baumgarten am Ideal der Antike orientiert und geschult, das er – hierin einig mit Hamann und Herder – gegen die Dominanz der Vernunft in Stellung bringt.

Kurz: Es bildet sich in der zweiten Hälfte des 18. Jahrhunderts, nach Gottsched und zum Teil gegen Kant, eine erkenntnistheoretisch fundierte, sachlich und systematisch verflochtene Verbindung zwischen Poesie und Poetik, Dichtung und Philosophie. In ihrem Zusammenhang entsteht der neue Typus des poetologisch reflektierten Dichters mit einer ästhetiktheoretisch offenen Programmatik, den – bis hin zum Aspekt der Autonomie von Kunst und Literatur – am prägnantesten Gotthold Ephraim Lessing vertritt. *Laokoon oder über die Grenzen der Malerei und der Poesie* (1766) ist der Titel seines Fragment gebliebenen kunsttheoretischen Hauptstücks, in dem der Dichter Lessing, ausgehend von Winckelmann, die Darstellung der Laokoon-Episode in Vergils *Aeneis* zum Anlass einer epochemachenden Differenzierung nimmt. Lessing fragt nach den Gründen für die ungleichartige Behandlung des Gegenstandes ‹Schmerz› in der Dichtung und in der bildenden Kunst. Er vergleicht Vergils Schilderung mit der künstlerischen Plastik und gelangt im XVI. Abschnitt seiner Schrift zu weitreichenden Überlegungen über die Grenzen, das heißt über die Unterschiede zwischen Malerei und Poesie hinaus.

Der bis zu diesem Zeitpunkt gültige Glaubenssatz der Kunstdoktrinen im 17. und 18. Jahrhundert lautete: *ut pictura poesis* – die Dichtung soll, wie die Malerei auch, die Natur nachahmen. Mit Lessing aber gerät eine neue Wahrnehmung in die Diskussion, die vorher so noch nicht fruchtbar gemacht worden ist, nämlich die Differenz zwischen Raum und Zeit: Raum als jene Kategorie, die zur Malerei gehört, da sie gleichzeitig Nebeneinanderstehendes miteinander zur Darstellung bringt; Zeit als die Kategorie, die für die Dichtung, insonderheit für Drama und Prosa, gültig ist. Eine Handlung, so Lessing, kann sich nur in der Zeit entwickeln. Deswegen muss eine beschreibende Dichtung, wie Vergils Beschreibung des Todeskampfs von Laokoon, das Nacheinander des Vorgangs in der Zeit schildern, während die Plastik das Mit- und Nebeneinander zeigen kann. Figuren, Farben und plastische Formen koexistieren im Raum, artikulierte Töne entfalten sich im Kontinuum der Zeit. Jede ernstzunehmende Erzähltheorie, die sich seit dem 18. Jahrhundert entwickelt hat, geht auf diesen Grundsatz Lessings zurück. «Es ward … – und dann» lautet die Basisformel aller Erzähltheorie. Was immer in einem Erzähltext geschieht, orientiert sich an diesem Muster: Vorzeitigkeit und Vorausdeutungen, Rückgriff und Rückwendungen, auch Formen der Montage sind an den Zeitbezügen des Erzählens orientiert. Die Poesie muss für Lessing das Ko-Existierende eines Erzählvorwurfs, das aus seinem Handlungskern und dem thematischen Zentrum besteht, in ein konsekutives Kontinuum verwandeln, mithin aus der «langweiligen Malerei» eines Körpers das lebendige Gemälde einer Handlung machen. Auf buchstäblich epochemachende Weise hat Lessing mit diesem Argument seiner Mitwelt und Nachwelt die kunsttheoretische Blindheit von den doktrinär imprägnierten Augen genommen, eine kopernikanische Wirkung der Kunstphilosophie und Dichtungstheorie (deren Wirkungen niemand anschaulicher beschrieben hat als Johann Wolfgang Goethe im 8. Buch des zweiten Teils seines Lebensberichts *Dichtung und Wahrheit*).

Entscheidend für den Erkenntnissprung Lessings ist das induktive Verfahren, das er bereits in seiner *Hamburgischen Dramaturgie* und zuvor in seiner *Theatralischen Bibliothek* (1754–1759) erprobt hatte. Immer wieder hat sich Lessing im Verlauf seiner schriftstellerischen Arbeit auch mit kunsttheoretischen Fragen, ebenso mit allgemeinen philosophischen und religionskritischen Problemen befasst, darunter *Wie die Alten den Tod gebildet* (1769), *Briefe antiquarischen Inhalts* (1768/69), ferner sein geschichtsphilosophisches Werk *Die Erziehung des Menschengeschlechts* (1777) und der Dialogtext *Ernst und Falk* (1778–1780), ein Gespräch über die Freimaurerei. Den konkreten Anlass zur Diskussion kunsttheoretischer Fragen bilden stets Werke, insbesondere Dramentexte, mit denen sich Lessing kritisch auseinandersetzt, vergleichbar mit den im selben Zeitraum erschienenen *Briefen über das Trauerspiel* (1755/56), die sich an Freunde Lessings wie Moses Mendelssohn und Friedrich Nicolai richten, und auch mit den *Studien zur Fabel* (1759), in denen Lessing sich Gedanken über die Gattung der allegorischen Tiererzählung macht.

Das Projekt eines Nationaltheaters

Seine Argumente entwickelt Lessing in den kunsttheoretischen Schriften stets in der Auseinandersetzung mit der klassizistischen Doktrin. Sie setzen sich kritisch mit Winckelmann auseinander, und sie richten sich, direkt oder indirekt, gegen Gottsched, rhetorisch glänzend pointiert im 17. der *Briefe, die neueste Literatur betreffend* vom 16. Februar 1759: «‹Niemand, sagen die Verfasser der Bibliothek, wird leugnen, dass die Deutsche Schaubühne einen großen Teil ihrer ersten Verbesserung dem Herrn Professor Gottsched zu danken habe.› Ich bin dieser Niemand; ich leugne es gerade zu. Es wäre zu wünschen, daß sich Herr Gottsched niemals mit dem Theater vermengt hätte. Seine vermeinten Verbesserungen betreffen entweder entbehrliche Kleinigkeiten, oder sind wahre Verschlimmerungen.»

Diese brillante Polemik, die Lessings Auseinandersetzung mit Gottsched bündig zusammenfasst und dessen Wahrnehmung durch die Nachwelt über mehr als zwei Jahrhunderte nachhaltig beeinflusst hat, sollte nicht darüber hinwegtäuschen, dass auch Aspekte der Zeitgenossenschaft und der Konkurrenz in Lessings Verhältnis zu Gottsched hineingespielt haben. Dies gilt auch für die Konzeption eines Nationaltheaters in Deutschland. Gottsched hatte, um der Entwicklung des Dramas zu Beginn des 18. Jahrhunderts einen Weg zu weisen, in der Vorrede zu seinem Drama *Sterbender Cato* (1732) eine Kritik am Theater wie am Drama der Epoche geübt, wie sie vernichtender kaum ausfallen konnte: «Lauter schwülstige und mit Harlekinslustbarkeiten untermengte Haupt- und Staatsaktionen, lauter unnatürliche Romanstreiche und Liebesverwirrungen, lauter pöbelhafte Fratzen und Zoten, waren dasjenige, so man daselbst zu sehen bekam», so der aufklärerisch inspirierte Rationalist, der seinem Publikum zugleich mitteilt, wie das Drama auf der Höhe dieser Zeit, ihrer Ideen und Ideale, beschaffen sein müsse: Es soll einfach und klar sein, gradlinig, moralisch und keinesfalls schwülstig. Es darf keinen Harlekin und keine komischen Figuren aufweisen, Lustbarkeiten schon gar nicht. Die Haupt- und Staatsaktionen müssen gebannt sein durch die Form des Gedankens. Nicht, was an Liebesverwirrungen in den Romanen geschieht, ist Gegenstand der Literatur, sondern der ideale Lebenszuschnitt und die Maximen einer zeitgemäßen Moral. Die «pöbelhaften Fratzen und Zoten» seien das Lebenselixier des einfachen Volks, doch keinesfalls ein Gegenstand für die Literatur. Daher müssten sie von der Bühne verschwinden.

Stattdessen nahm Gottsched Partei für ein Theater, das der Anleitung zu vernunft- und moralgeleitetem Handeln diente. Er plädierte für das Drama des französischen Klassizismus, für die strenge Einhaltung der von den großen antiken Vorbildern überlieferten Regeln und Normen und für ein hohes intellektuelles Niveau, das den Vorstellungen des aufklärerisch orientierten Rationalismus entsprach. Mit diesen Ansprüchen gewann Gottsched erheblichen Einfluss auf die Literaturentwicklung des 18. Jahrhunderts. Das Theater blieb für lange Zeit am französischen Klassizismus orientiert. Die Bühne wurde didaktisch funktionalisiert für Aufklärungsziele und die Zwecke der Vernunft, woraus sich eine gravitätische Spieltechnik bildete, die mit Schauspielkunst oder einer lebendigen Bühne nichts mehr zu tun hatte. Gottscheds Trauerspiel *Sterbender Cato* (1731) ist in Struktur, Sprache und Bauform eine präzise Umsetzung dieser Doktrin. Gottsched hatte ihr bereits 1729 in einem Vortrag mit dem Hinweis Ausdruck gegeben, ein Trauerspiel sei «ein lehrreiches moralisches Gedichte, darin eine wichtige Handlung vornehmer Personen auf der Schaubühne nachgeahmet und vorgestellet wird». Gottscheds Argumentation steht hier noch ganz unter dem Einfluss des Barock: Es geht um die Großen der Welt. Es muss eine hohe Stufe in der menschlichen Hierarchie erreicht sein, damit die großen Themen und Probleme traktiert werden können. Vor allem aber muss das Trauerspiel, nach guter Horazischer Tradition, ein «lehrreiches moralisches Gedichte» sein. Und es soll, in Anlehnung an die Poetik des Aristoteles, Mitleid und Schrecken, zuallererst aber Verwunderung erregen sowie der Forderung nach der Einheit von Zeit, Ort und Handlung entsprechen.

Das Trauerspiel *Sterbender Cato* – die Uraufführung fand im Januar 1731 in Leipzig an der Neuber'schen Bühne statt – wird all diesen Ansprüchen fraglos gerecht. Gottsched selbst nannte das Stück «die erste regelmäßige deutsche Originaltragödie». Es sollte ein Muster sein – doch es war kein Original. Das Werk umfasst 1648 Verse – nur 174 davon hat der Autor selbst geschrieben, den Hauptteil stellte er aus Übersetzungen anderer Cato-Stücke zusammen. Wenn man das im alexandrinischen Versmaß geschriebene Werk unter literarästhetischen und dramaturgischen Gesichtspunkten neben vergleichbare Barockdramen hält, etwa Gryphius' oder Lohensteins, springt die Kargheit der Sprache des Poetikers

Gottsched ins Auge: Wo bei Lohenstein und Gryphius das Sprachmaterial in seiner Bildkräftigkeit nahezu explosiv wirkt, wo sich ganze Feuerwerke von Allegorien entzünden und Kaskaden von Streitgesprächen sich entfalten, da bietet Gottsched dürre Gedankenprosa im starren Metrum des Alexandriners. Ein sprödes Stück, eine uninspirierte Handlung und bildarme Verse – die ironische Antwort hierauf gab Lessing in seinem Theaterstück *Philotas* (1759) mit einem heroisch überzeichneten Helden, der nicht zum Leben, sondern zum Sterben auf der Welt ist. Naiv, pathetisch, schülerhaft, rhetorisch und platt erscheint er, freilich nicht, weil Lessing ihn nicht plastisch hätte gestalten können, sondern weil der Dramatiker auf anschauliche Weise verdeutlichen wollte, was das Theater nicht darf.

Dennoch wirkte die Doktrin Gottscheds auf das Theater der Zeit ein, auf die Theater- und Bühnenpraxis wie auf die Auswahl der Stücke und die Dramaturgie, vor allem in Leipzig bei der Sächsischen Schauspieltruppe, die zu Gottscheds Zeit von Caroline und Johann Neuber geleitet wurde. Die Neuber'sche Theatertruppe, eine der bedeutendsten jener Epoche, prägte während des ersten Jahrhundertdrittels die Theaterpraxis von Leipzig, und zwar mit Hilfe eines klassizistisch orientierten Spielplans, dessen Repertoire im Wesentlichen französische Autoren aufbot. Caroline Neuber verkörperte den im 18. Jahrhundert nicht eben verbreiteten Typus der einflussreichen und gebildeten Frau, eine managerartige Prinzipalin, die das Theater in Sachsen erfolgreich steuerte. Die Inszenierungen an diesem Theater waren meist streng gehalten und wurden schmucklos präsentiert, ohne nennenswerte Improvisationen, dafür mit regelgerechten Deklamationen und sorgfältiger metrischer Skandierung. Nicht Schauspielkunst war gefragt, sondern Arbeit am Text – kein Wunder, dass hier der Harlekin, wie von Gottsched gewünscht, von der Bühne vertrieben wurde, ein Vorgang, den die Neuberin 1737 während einer Vorstellung allegorisch vorgeführt hat. Damit verbunden war die Abkehr vom italienischen Theater, ebenso von den komödiantischen Elementen des französischen Theaters mit Ausnahme Molières, auf dessen Publikumswirksamkeit man nicht glaubte verzichten zu können.

Spät erst, dafür umso heftiger wurde Gottsched deshalb kritisiert, so 1747 durch Johann Elias Schlegel, der eine nationalkulturelle Ausprägung des Theaters forderte: «denn jede Nation schreibt einem Theater, das ihr gefallen soll, durch verschiedene Sitten auch verschiedene Regeln vor. Und ein Stück, das für die eine Nation gemacht ist, wird selten der anderen ganz gefallen». Ein Plädoyer, das eine gewisse Ähnlichkeit mit einer zentralen Denkfigur Johann Gottfried Herders aufweist: Jede Nation besitzt ihren Wert in sich und hat ihre eigenen Ausdrucksformen, daher muss jede für sich wahrgenommen und beurteilt werden. Übertragen auf die Situation des Theaters hieß das: Die strikte Orientierung an antiken oder klassizistischen Mustern oder am Vorbild der französischen Bühne bot dem Theater in Deutschland keine Entfaltungsmöglichkeiten. Erst seit 1740 findet sich – zunächst unter dem Einfluss der Theaterreform jener Jahre – eine Gegenbewegung zu Gottsched und dem Theater der Neuberin. Dieser Reformimpuls leitete die deutsche Theaterbewegung ein, die den Versuch der Begründung eines deutschen Nationaltheaters nach sich zog.

Der wichtigste Name in diesem Zusammenhang ist der Conrad Ekhofs, einer der begabtesten Schauspieler der Epoche. Seit 1750 war er in Schwerin tätig, an einer vom Herzog subventionierten Bühne, als Prinzipal nicht eines Hoftheaters, sondern ausgestattet mit dem raren Privileg einer selbständigen Spielplangestaltung, ein einzigartiger, innovativer und emanzipativer Impuls für das Theater dieser Zeit. 1753 gründete Ekhof – gleichfalls ein Novum – eine Schauspielakademie, an der junge Leute Disziplinen wie Stückauswahl, Regie, Deklamation, Theatergeschichte und -organisation studieren konnten. Es war die erste Station zur Entwicklung eines Nationaltheaters in Deutschland – die zweite ergab sich aus Ekhofs Wechsel in die Hansestadt Hamburg, die ab 1757, für ein Jahrzehnt, das Zentrum des Theaters in Deutschland wurde. Ekhof selbst ging an das Hamburger Schauspielhaus am Gänsemarkt, das 1765 unter Mitwirkung des Prinzipals Konrad Ackermann begründet wurde, ein Theater mit einem ambitionierten Repertoire, dem freilich hohe Unterhaltskosten entgegenstanden.

Das Hamburger Schauspielhaus übernahm Johann Friedrich Löwen, dem es gelang, Hamburger Kaufleute als Mäzene zu gewinnen, insgesamt zwölf Persönlichkeiten, die eine zukunftsorientierte Entwicklung des Theaters aus ihrem persönlichen Vermögen unterstützten. Vorbilder für die Bildung einer neuartigen Theaterlandschaft fanden sich zwar in England, Frankreich und Dänemark, doch zählte zu den Voraussetzungen einer produktiven Theaterarbeit in Deutschland zunächst eine illusionslose Kritik der bisherigen Praxis. Löwen, Verfasser einer *Geschichte des deutschen Theaters* (1766), lieferte sie 1766 in einem programmatischen Text, den er als Flugschrift verteilen ließ. Als Gründe für die Misere des Theaters wurden die mangelnde Ausbildung der Schauspieler und ihr ausschweifender Lebenswandel benannt, zudem unfähige Prinzipale, die einerseits geizig, andererseits verschwenderisch wirkten, ferner die Vermischung der Stile auf dem Theater, die mangelnde Unterstützung durch die Höfe und die Vorurteile der Kirche. Löwen forderte eine Straffung der Organisation, die Entwicklung eines neuen, der deutschen Bühne angemessenen Spielplans, die Sicherung der finanziellen Unterstützung, die Gründung einer Schauspielakademie mit verpflichtendem Charakter, die Begründung einer Pensionskasse zur sozialen Sicherung der Schauspieler, die Förderung der dramatischen Kunst in Deutschland, unter anderem durch Preisausschreiben, die Etablierung einer kompetenten Dramaturgie für die Spielplangestaltung und die Erarbeitung von Spielvorlagen (Alt 1996, 191).

Konsequenterweise bemühte man sich, Gotthold Ephraim Lessing als Dramaturgen zu gewinnen. Seine Überlegungen, Beobachtungen und Anregungen hat der Dichter, Dramatiker und Kritiker von 1767 bis 1769 zu seiner *Hamburgischen Dramaturgie* zusammengetragen, in deren Ankündigung es mit nachgerade programmatischem Optimismus heißt: «Wenn hier also bis itzt auch weiter noch nichts geschehen wäre, als das eine Gesellschaft von Freunden der Bühne Hand an das Werk gelegt und nach einem gemeinnützigen Plane arbeiten zu lassen sich verbunden hätte, so wäre dennoch bloß dadurch schon viel gewonnen. Denn aus dieser ersten Veränderung können auch bei einer nur mäßigen Begünstigung des Publikums leicht und geschwind alle anderen Verbesserungen erwachsen, deren unser Theater bedarf.» Lessings *Hamburgische Dramaturgie* ist die wichtigste nicht nur theatertheoretisch, sondern gerade auch bühnenpraktisch orientierte Zeitschrift dieser Zeit, gleichermaßen eine Ästhetik, eine Kritik und eine Geschichte des Theaters, auf die philosophische wie auf die philologische Untersuchung des Dramas angelegt. Dementsprechend waren die Wirkungen auf die deutsche Bühne, insbesondere auf die Bühnenpraxis eminent. Im Spielplan lässt sich eine Rückdämmung des Einflusses des französischen Klassizismus erkennen, während die Präsenz der deutschsprachigen Dramatik zunahm, darunter Lessing selbst mit seinen frühen Dramen wie dem Lustspiel *Minna von Barnhelm* (1767), das insgesamt 16-mal aufgeführt wurde, für diese Zeit in Hamburg ein Ausnahmefall.

Die Theaterreform in Deutschland war ein Erfolg, wenn auch ein höchst einseitiger. Das Niveau der Dramentheorie stieg erheblich, die Kriterien zur Entwicklung einer Bühnenästhetik gewannen an Substanz – doch das Publikum hatte sich nicht verändert. Es wollte Komödien sehen. Es begab sich ins Hamburger Schauspielhaus, um das leichte Genre zu genießen. Es hatte kein Interesse an seriösem Theater, sondern begeisterte sich für Ballett, Komödie, Singspiel und blieb den ernsthaften, herausfordernden, anstrengenden Aufführungen fern. Eine ernstzunehmende deutsche Dramatik war daher – mit der Ausnahme Lessings – kaum durchzusetzen. Im Gegenteil: Das Zuschauerinteresse sank zusehends und dementsprechend die finanzielle Unterstützung. Die so ambitionierte Schauspielakademie scheiterte an mangelndem Interesse. Die Geldgeber versuchten, Einfluss auf den Spielplan zu gewinnen mit der Folge erheblicher Veränderungen des Repertoires und mit Strukturverschiebungen im Programmschema. So bot man einem Publikum, das sich einen seriösen Theaterabend tatsächlich hatte zumuten lassen, zum versöhnlichen Abschluss ein Ballett – mit der Folge, dass die Zuschauer anstelle des vorgesehenen Dramas nur noch die Aufführung leicht bekleideter Tänzerinnen zu sehen verlangten. Und schließlich, dies versteht sich fast von selbst, gab es Zerwürfnisse in der Theaterszene Hamburgs, etwa zwischen dem Theaterleiter Löwen und Schauspielern vom Format eines Conrad Ekhof. Schon 1767 war die große Idee eines Theaters mit nationaler Ausstrahlung an den Klippen einer unzulänglichen Praxis zerschellt – 1768 wurde das Projekt vollends aufgegeben. Im letzten, dem 104. Stück seiner *Hamburgischen Dramaturgie* liest man Lessings resignierten Stoßseufzer: «Der süße Traum, ein Nationaltheater hier in Hamburg zu gründen, ist schon wieder verschwunden. Und soviel ich diesen Ort habe kennenlernen, dürfte er wohl gerade der sein, wo ein solcher Traum am spätesten in Erfüllung gehen wird.»

Trotz dieses Fiaskos aber fanden sich Versuche, die Hamburger Reformimpulse aufzugreifen. Einige Städte, die seinerzeit im Zuge einer dezentralen Kulturentwicklung Profil zu bilden sich bemühten, gingen hier beispielhaft voran, so etwa Braunschweig mit seiner kulturfreundlichen Fürstentradition, die Herzog Anton Ulrich fortführte, ferner Weimar, auch Mannheim – Städte, die seit den 70er Jahren des 18. Jahrhunderts eine eigene Theaterkultur zu entwickeln begannen. Möglich wurde diese Profilbildung durch ein liberales fürstliches Mäzenatentum, das sich der Theaterförderung verschrieben hatte, ohne inhaltlich auf den Spielplan Einfluss zu nehmen, allerdings mit der Auflage, dass sich die Theatertruppen an den jeweiligen Spielort binden mussten. Diese Stationierung erlaubte ihnen einerseits, ein erweitertes Repertoire zu begründen, auf das sich zu gegebener Zeit, auch über Jahre hinweg, immer wieder zurückgreifen ließ, zum Teil mit aktualisierter Besetzung. Der Preis für eine solche Präsenz bestand andererseits darin, dass die Schauspieltruppen nicht mehr über Land zogen, da sie, aus der Schatulle des Fürsten bezahlt, an ihren festen Spielorten ein Theater aufbauten mit einem erheblichen Zuwachs an sozialer Sicherung und bühnentechnischer Ausstattung, dramaturgischer Eigenständigkeit und künstlerischer Selbständigkeit. So entstanden maßgebliche Inszenierungen, etwa die Aufführungen von Lessings *Emilia Galotti* in Frankfurt/Oder, Hamburg und Braunschweig, die Inszenierungen von Friedrich Schillers Dramen *Die Räuber*, *Kabale und Liebe* und *Fiesko* in Mannheim oder von Dramen Goethes – selbst als Prinzipal am Theater aktiv – in Weimar.

Das Projekt eines deutschen Nationaltheaters, das zu Beginn des 18. Jahrhunderts als Vision entstand, hat sich nur teilweise realisieren lassen: nicht als einheitliches Nationaltheater, auch nicht als Einheit stiftendes Nationaltheater, wohl aber in Gestalt unterschiedlicher Spielstätten an verschiedenen Stellen in Deutschland, die als dezentrale, föderal organisierte Institutionen bis heute Bestand haben. Diese Tatsache ist umso bemerkenswerter, als Deutschland keine Nation war und keine politische Einheit bildete. Das einzige Band dieses vielfältig aufgesplitterten politisch-sozialen Phänomens war die Bühnensprache. Daher stellten die Spielmöglichkeiten eines neuen Theaters mit jungen Autoren wie Lessing, Schiller und Goethe eine epochemachende kulturelle Innovation dar. Auf dem deutschen Theater wurden seither die gesellschaftlich bedeutenden Themen diskutiert. Das Theater entwickelte sich zur Ersatzöffentlichkeit. Während sich in Frankreich eine Revolution vorbereitete und auf den Straßen von Paris eine Umwälzung ungeahnten Ausmaßes sich vollzog, wurde in Deutschland die Bühne zum Forum der Verhandlung aktueller politischer und sozialer Themen und Probleme. Weder gab es eine in allen sozialen Schichten verbreitete Literatur noch gar eine überregionale Presse. Doch es entstand ein Theater, das zwar langsam erwachte, dann jedoch selbstbewusst wurde, sich verteidigte und seine Werte durchzusetzen und zu behaupten wusste.

Bürgerliches Trauerspiel

Was das Theater der Zeit leisten sollte, hat Lessing in seinen *Abhandlungen von dem weinerlichen oder rührenden Lustspiele* (1754) begründet. Diese markante Beschreibung der historischen und sozialen Entstehungsbedingungen eines neuen Genres, nämlich des bürgerlichen Trauerspiels, rekonstruiert die historischen und soziologischen Voraussetzungen seiner Entwicklung, die Selbstbewusstwerdung des Bürgertums im 18. Jahrhundert, welche in Kants berühmter Formel vom «Ausgang des Menschen aus seiner selbstverschuldeten Unmündigkeit» ihren philosophischen Niederschlag gefunden hat. Lessing ist hier seiner Zeit deutlich voraus. Seine Literatur zeigte, indem sie eine Umwertung des barocken zum bürgerlichen Trauerspiel vornahm: Es gab ein neues, aufstrebendes Bürgertum mit eigenen Tugend- und Moralvorstellungen, mit einer eigenen Wertewelt, die notwendigerweise zu einer eigenen, neuen Dramaturgie führen musste und ebenso zu einer ihr entsprechenden Dramentheorie. Alle standesspezifischen Aspekte waren auf dem Theater zugleich politische und als solche auch ästhetische Aspekte.

Für seine Dramaturgie des bürgerlichen Trauerspiels hat Lessing Anregungen von dem Engländer George Lillo (*The London Merchant*, 1731) erhalten, bei dem bereits angelegt, zum Teil ausgeführt war, was Lessing programmatisch vorschwebte. Als wichtigstes Element des Trauerspiels findet sich hier die Standeszugehörigkeit – der Stand des Bürgers statt des Adels. Zudem geht es nicht um bedeutende Historie, sondern um eine erfundene Geschichte aus der gegenwärtigen bürgerlichen Welt. Die Konflikte bestehen dementsprechend nicht aus Haupt- und Staatsaktionen, sondern sie entstehen inmitten der Privatsphäre eines Kaufmanns. Dementsprechend finden sich keine heroischen Charaktere, sondern ausschließlich Geschäftsleute, Gelehrte, auch Adelige als Teil einer komplexen Gegenwartswelt. Daher ist auch die Diktion nicht länger gebundene Sprache, etwa die des Alexandriners, sondern freie Prosarede. In all diesen Veränderungen teilte sich das Bedürfnis nach der Darstellung von bürgerlicher Wirklichkeit auf dem Theater mit, konzipiert nach den Kriterien einer Wirkungsästhetik, die Mitleid erzeugen, Affekte ansprechen und Gefühlswelten erregen wollte. Das freilich konnte nur gelingen, wenn die dramaturgischen Effekte dieses Genres auf Identifikation angelegt waren, sodass die Zuschauer sich einzufühlen vermochten. In diesem Sinne schrieb Lessing am 13. November 1756 an Friedrich Nicolai: «*Der mitleidigste Mensch ist der beste Mensch*, zu allen gesellschaftlichen Tugenden, zu allen Arten der Großmut der aufgelegteste. Wer uns also mitleidig macht, macht uns besser und tugendhafter, und das Trauerspiel, das jenes tut, tut auch dieses, oder – es tut jenes, um dieses tun zu können.»

Das Theater soll den Menschen bessern: Die literarische Probe aufs Exempel dieser Wirkungstheorie ist Lessings Trauerspiel *Miss Sarah Sampson* (1755), das auf englische Vorbilder zurückgeht. Im Mittelpunkt steht die Macht der Affekte: der Widerstreit zwischen Tugend und Vernunft einerseits, Liebe und Leidenschaft andererseits. Die Ratio scheitert, der aufklärerische Impuls setzt sich nicht durch, das Stück mündet in ein katastrophales Finale. Die Dialoge sind deutlich durch Empfindungen bestimmt, nicht in Form von Expressionen, sondern durch diskursive Erläuterungen von Gefühlszusammenhängen, verbunden mit einer differenzierten Figurenpsychologie. Der Tod erscheint nicht schicksalhaft notwendig, sondern hängt von der Figurenentwicklung ab, auch von ihrer Konfliktkonstellation untereinander. Für *Emilia Galotti*, das nächste bedeutende Trauerspiel des Dichters – 1772, fünf Jahre nach *Minna von Barnhelm*, in Hamburg uraufgeführt –, nahm Lessing als Gattungsbezeichnung den Begriff des «bürgerlichen» Trauerspiels gar nicht in Anspruch, sondern begnügte sich mit der Bezeichnung «Trauerspiel». Und dies aus gutem Grund: Der Handlungsort ist die Residenz, das Problem bildet die Differenz der Stände. Zudem hatte Lessing in der Zwischenzeit, während der Arbeit an seiner *Hamburgischen Dramaturgie*, seine Aristoteles-Lektüre vertieft und ihre Lehren prägnanter gefasst. «Furcht» war für ihn seither das in die Zuschauer verlegte, durch diese erzeugte und auf sie selbst bezogene Mitleid. Die Katharsis besitzt in diesem Zusammenhang eine Disziplinierungsfunktion. Sie soll von Leidenschaften reinigen und wird in diesem Sinn dramaturgisch eingesetzt. Die Handlung des Trauerspiels geht auf eine von Livius berichtete Geschichte aus dem antiken Rom zurück, in deren Mittelpunkt ein Konflikt zwischen Patriziern und Plebejern steht. Lessing lehnte sich mit seinem Stück an diese Vorlage an, indem er auf der Seite des Adels Hettore Gonzaga, Prinz von Guastala und Herrscher über ein italienisches Duodezfürstentum, einführte, auf der Seite des Bürgertums Emilia Galotti, Tochter des Odoardo Galotti. Emilia, die kurz vor ihrer Hochzeit mit dem Grafen Appiani steht, wird auf der Kutschfahrt zu ihrer Eheschließung von Unbekannten überfallen. Ihr Verlobter findet den Tod, während Emilia auf das Schloss des Prinzen gebracht wird, angeblich zu ihrem Schutz, in Wahrheit um sie gefügig, das heißt zur Geliebten des Prinzen zu machen. Am Ende tötet der Vater seine Tochter – die den Dolch zuvor verlangt hat, um sich selbst die Schande zu ersparen – in einem Akt väterlicher Barmherzigkeit, nicht ohne zuvor an die Geschichte der Virginia bei Livius im alten Rom zu erinnern.

Ein brisanter Konflikt, in dem es um den Unterschied zwischen Aristokratie und Bürgertum geht, um Standes- und Klassenschranken, um moralische und ethische Konflikte. Es ist ein dramaturgisch präzise kalkuliertes Stück: Geschlossenheit von Zeit und Handlung, wenngleich mit mehrfachem Szenenwechsel und unterschiedlichen sozialen Milieus, verbunden mit einer unverkennbar auf Spannungserzeugung angelegten Zeitgestaltung und einer publikumswirksamen inneren Dynamik. Ausrufe, Satzbrüche, Anakoluthe bilden die syntaktischen Indizien einer auf die Erregung von Emotionen im Publikum zielenden Figurenpsychologie. Die Ohnmacht des Bürgers und sein politisch-soziales Selbstverständnis stehen konflikt- und spannungsreich auf einer Bühne, die den Konflikt nicht lösen will, die Spannung nur darstellen kann, beides aber als zeitgemäßen Protest gegen die Willkür des Adels präsentiert. Im Lustspiel *Minna von Barnhelm* (1767) lassen sich die Ehrvorstellungen des Majors von Tellheim – wenngleich befördert durch eine Intrige Minnas – metakommunikativ integrieren. Die Konfliktlösung in *Nathan der Weise* erfolgt durch die Einsicht in die Kompatibilität von Notwendigkeit und Kontingenz (Eibl 1995, S. 110, 172). In *Emilia Galotti* werden die bürgerlichen Personen dagegen aufgeboten, um die von ihnen gelebten Tugenden gegen überkommene, überholte Standesprivilegien unversöhnlich auszuspielen. Daher kann die bürgerliche Moral in diesem Stück nur um den Preis der Opferung des sie vertretenden Subjekts erhalten werden, ein unlösbarer Widerspruch, Ausdruck der objektiven gesellschaftlichen Aporien jener Epoche.

Sturm und Drang

Die Epoche Sturm und Drang lässt sich von Ende der 60er bis Ende der 80er Jahre des 18. Jahrhunderts datieren, mit einer Kernphase von etwa einem Jahrfünft in der Mitte der 1770er Jahre. Ihre Repräsentanten sind – neben Johann Georg Hamann und Johann Gottfried Herder, Friedrich Klopstock und dem jungen Goethe – Autoren wie Friedrich Maximilian Klinger, Jacob Michael Reinhold Lenz, Johann Heinrich Voß, Christian Friedrich Daniel Schubart, Gottfried August Bürger, die Grafen Stolberg und der junge Friedrich Schiller. Sie verkörpern eine Rebellion gegen Regeln und Gesetzmäßigkeiten, Normen und Verpflichtungen, die dem Künstler im Namen einer Doktrin, einer Poetik oder Ästhetik gemacht werden. Es handelt sich um die Bewegung einer Jugend, die sich zwar nicht als Gruppe verstanden hat, aber gleichwohl eine profilierte Strömung in ihrer Zeit darstellt. Schon bei Lessing ist eine solche Rebellion angelegt, erkennbar in seinem Protest gegen Gottscheds normative Poetik, zu der das Werk Rousseaus das philosophische, Shakespeares Dramen das poetische Gegen-Ideal bilden. Die Auflösung der drei klassischen Einheiten von Ort, Zeit und Handlung im Drama und die Preisgabe der seit dem Barock tradierten thematischen Konstellationen, Strukturen und Motive gehen einher mit einer zunehmenden Subjektzentrierung, die um Fragen der Genialität und der Tatkraft kreist. Thematisch treten Sozialkonflikte im Umkreis des Verhältnisses von Individuum und Gesellschaft hinzu: der Kindsmord und der Bruderzwist, feudale Strukturen und Standesschranken, der Einzelne und die bürgerliche Gesellschaft im Spannungsfeld von Selbstverwirklichung und Schöpferkraft.

Die Bewegung des Sturm und Drang war eine Jugendbewegung. Sie hat keine revolutionäre Dichtung oder gar eine Bewegung in einem politischen Sinn hervorgebracht. Erst nach 1789, mit der Französischen Revolution, wurde einem Teil der Dichter und Denker in Deutschland bewusst, dass die Ideale, die man in der Philosophie, auch in der Poesie vertrat, Realität nur dann werden konnten, wenn sie sich in der Praxis durchsetzen ließen. Zuvor gab es politische Ziele nur in abstrakter Form, als Ideen von Freiheit und Vaterland, konkret allenfalls in der Ablehnung bestehender Missstände, so in Gedichten von Bürger oder Schubart, doch nicht die Bereitschaft zum politischen Kampf für die Veränderung der erkannten Misere. Was stattfand, war eine Gefühls- und Gedankenrebellion, ausgehend von einer ganzen Generation, den um 1750 Geborenen, die sich ihr Recht auf Subjektivität im Denken und Dichten erstreiten wollten, die Kritik übten an der vorhandenen Regelpoetik und an klassizistischen Normen und versuchten, eine Überwindung der rationalistisch gebändigten Sozialethik einzuleiten, auch in der Literatur.

Philosophisch vorgeformt wurden solche Impulse in den *Sokratischen Denkwürdigkeiten* (1759) Johann Georg Hamanns. Sinnlichkeit und Leidenschaft sind für Hamann Äußerungsformen der Natur. Die Philosophie ist in seinen Augen eine Mörderin an der unverstellten, leidenschaftlichen und sinnlichen Natur. Diese wird zugerichtet und verstümmelt und als verstümmelte Natur denen zur Nachahmung empfohlen, die von der rationalistischen Philosophie lernen sollen. Das aber ist für Hamann eine Domestizierung des Menschen, die ihn um sein Menschlichstes bringt. Auch wenn Hamann vor allem durch den mit ihm seit 1762 befreundeten Herder wirkte – es war dieses Denken, an das die Stürmer und

Dränger anknüpfen, der Impuls, den sie weitertragen konnten. Er repräsentierte nicht eine Gegenposition zum aufklärerischen Denken, sondern brachte eine Kurskorrektur mit sich, eine Umlenkung der rationalistischen Zurichtung der Natur, deren Beherrschung durch den Menschen sich am Ende als Zwangssystem erweisen sollte.

Gesucht wurde, mit anderen Worten, ein Entsprechungsverhältnis der Natur und des Menschen, eine Erkenntnis der Natur, die auf die im Menschen vorhandenen Leidenschaften produktiv antwortete. Die Natur wurde nicht nur als Ort einer göttlichen Offenbarung verstanden, die der menschlichen Vernunft zugänglich ist. Das wäre Aufklärungsästhetik: die schöne Natur als die durch eine bestimmte Wahrnehmung oder durch eine bestimmte sprachliche Kodifizierung zugerichtete Natur. Dagegen setzte der Sturm und Drang eine unverstellte Selbstoffenbarung der Natur und ihrer ungebändigten Kräfte sowie, im Zusammenspiel hiermit, die Wiederherstellung einer künstlerischen Spontaneität, die sich nicht durch Philosophie bändigen, nicht rationalistisch zurechtstutzen ließ. Die Figur, die dieser Naturwahrnehmung als schöpferisches Ideal auf Seiten des Dichters und des Künstlers entspricht, ist das Genie. Immanuel Kant hat diesen Begriff in § 46 seiner *Kritik der Urteilskraft* 1789, als die Epoche des Sturm und Drang bereits im Schwinden begriffen war, philosophisch mit der Bestimmung expliziert: «Genie ist das Talent (Naturgabe), welches der Kunst die Regel gibt.» Programmatisch und theoretisch vorgeprägt war dieser Gedanke bereits bei Herder und auch bei Goethe, etwa in seinem Aufsatz *Von deutscher Baukunst* (1772), der sich auf den Erbauer des Straßburger Münsters, Erwin von Steinbach, bezieht. Da heißt es: «Schädlicher als Beispiele sind dem Genius Prinzipien. Vor ihm mögen einzelne Menschen einzelne Teile bearbeitet haben. Er ist der Erste, aus dessen Seele die Teile in ein ewiges Ganzes zusammengewachsen hervortreten. Aber Schule und Prinzipien fesselt alle Kraft der Erkenntnis und Tätigkeit. Genie verwirklicht seine bildende Natur.» Der Dichter ist mithin mehr als nur ein Geschöpf – er selbst ist Schöpfer. «Mit jedem Tritte», so Goethe, «überzeugt man sich mehr, Schöpfungskraft im Künstler sei aufschwellendes Gefühl der Verhältnisse, Maße und des Gehörigen, und dass nur durch diese ein selbständig Werk, wie andere Geschöpfe durch ihre individuelle Keimkraft, hervorgetrieben werden». Verhältnismäßigkeit und Maß gehören für Goethe zum Kunstwerk, denn dieses braucht Form, damit aus Stoff Kunst werden kann. Doch wie die Form beschaffen ist und für welchen Stoff sie taugt, das zu entscheiden und umzusetzen obliegt dem Genie – in dieser Programmatik bestand die Rebellion gegen das Oktroi der Regeln und Gesetzmäßigkeiten, der Normen und Verpflichtungen, die dem Künstler und seinem Werk auferlegt wurden.

Dramatik

Ganz im Sinne dieser Programmatik besitzen die Bühnenwerke des Sturm und Drang eine Reihe von Gemeinsamkeiten, die sich als Epochenmerkmale bestimmen lassen. Sie weisen, angeregt schon durch Lessing, keine gebundene Rede auf – sieht man einmal von den altdeutschen Knittelversen in Goethes *Urfaust* ab –, sondern sind in Prosa gehalten. Ferner äußert sich die Rebellion gegen die Regelpoetik in der Auflösung der drei Einheiten von Zeit, Ort und Handlung. Die Themen und Motive sind unmissverständlich, deutlicher noch als bei Lessing, Ausdruck einer Subjektzentrierung: Im Mittelpunkt stehen Aspekte der Selbstverwirklichung und des Selbstausdrucks, des Taten- und Schöpferdrangs einer kraftgenialischen Einzelpersönlichkeit. Hinzu treten gesellschaftlich begründete Auseinandersetzungen, die das Individuum im Konflikt mit Standesschranken zeigen.

Friedrich Maximilian Klinger hat mit seinem Drama *Sturm und Drang* der Epoche den Namen gegeben. Der begabte Sohn eines armen Frankfurter Stadtartilleristen erhielt, ermöglicht durch Gönner, freien Unterricht, studierte in Gießen Jura, Theologie und Literatur und begann zwischen 1774 und 1776 Dramen zu schreiben. Er reiste nach Straßburg, lernte dort Goethe kennen und schwärmte gemeinsam mit diesem für den poetischen Epochenheros William Shakespeare. 1776 erschien sein preisgekröntes Stück *Die Zwillinge*, in dem es um einen Bruderzwist geht. Klinger blieb jedoch, im Unterschied zu Goethe, ein mittelloser Schriftsteller, der sich über seine berufliche Zukunft Gedanken machen musste, eine Einsicht, die ihn nach Russland führte, wo er in der Militärhierarchie zum Ausbilder, Organisator und Strategen aufstieg und nebenher weiterhin als Autor zu arbeiten versuchte. Er reüssierte als Verfasser von Romanen ebenso wie als Vorleser am Hof des Großfürsten Paul in Petersburg. Der Titel seines Stücks *Sturm und Drang* lautete ursprünglich und sehr treffend *Wirrwarr.* «Ich habe die tollsten Originalen zusammengetrieben. Und das tiefste tragische Gefühl wechselt immer mit Lachen und Wiehern», so der Autor – bis am Ende aller Turbulenzen die handelnden Personen sich versöhnen und ihre Gefühle ausleben können. Der Tatmensch setzt sich durch, und das schicksalhafte Fatum, das auf eine Katastrophe zuzulaufen schien, löst sich in Wohlgefallen auf. Man verkennt einander, man vergibt einander, und man merkt: Es ist alles nicht so schlimm – eine haarsträubende Konstruktion, überzuckert durch das Motiv der Liebe. Die oberflächlichen Anleihen bei Shakespeares *Romeo und Julia,* etwa im Hinblick auf das Motiv der verfeindeten Familien, sind unübersehbar. Die psychologischen Motivierungen erscheinen angesichts der allzu willkürlichen Schwankungen der Charaktere wenig glaubwürdig. Zeitgenössische Kritiker haben dem Autor «kühles Blut» für seine künftige dramatische Praxis empfohlen, auch wenn die frische, unverbrauchte Bühnensprache ebenso gelobt wurde wie die spannungsreich von Szene zu Szene umschlagende Wechseldramaturgie.

Klingers Stück hat, buchstäblich, Epoche gemacht – anders verhält es sich mit dem dramatischen Werk von Jakob Michael Reinhold Lenz. Als Sohn eines Pastors geboren, studierte er in Königsberg, unter anderem bei Kant, und ging 1771 als Begleiter zweier Adeliger nach Straßburg, wo er Goethe und Herder traf. In rascher Folge entstanden seine gesellschaftskritischen Dramen, darunter *Der Hofmeister oder Vortheile der Privaterziehung* (1774), *Der neue Menoza* (1776) und *Die Soldaten* (1776), ferner die theoretischen *Anmerkungen zum Theater* (1774) und eine Reihe von Prosaarbeiten, insbesondere Erzählungen. Entscheidend für ihn wurde die Begegnung mit Goethe, zum einen im Hinblick auf seine Gefühle für dessen Jugendliebe Friederike Brion, zum anderen hinsichtlich seines vergeblichen Versuchs, Goethe in Weimar für sich zu gewinnen und dort Anerkennung für sein literarisches Werk zu finden. Doch sein exzentrisches Gebaren führte zum Zerwürfnis mit Goethe. Lenz ging ins Elsass, erhielt zunächst Unterkunft bei dem Pfarrer Johann Friedrich Oberlin, dessen Tagebuchaufzeichnungen später Grundlage für Georg Büchners Erzählung *Lenz* wurden, reiste dann, bereits mit deutlichen Anzeichen einer geistigen Umnachtung, nach Riga, Petersburg und Moskau, wo man ihn 1792 tot auf einer Straße fand. Goethe hat sich verschiedentlich in *Dichtung und Wahrheit* über Lenz geäußert mit Formulierungen, die seiner Geringschätzung des jungen Dichters, bei aller Anerkennung von dessen Begabung, unverhohlen Ausdruck geben, am prägnantesten in dem Urteil: «Lenz jedoch, als ein vorübergehendes Meteor, zog nur augenblicklich über den Horizont der deutschen Literatur hin, und verschwand plötzlich, ohne im Leben eine Spur zurückzulassen.» Fraglos ein ungerechtes Urteil, denn Lenz war schon zu Lebzeiten ein ernstzunehmender Dichter, dessen dramatisches Werk bis heute, unter anderem in Bertolt Brechts Bearbeitung des *Hofmeister* (1949), überlebt hat.

Das Stück *Der Hofmeister oder Vortheile der Privaterziehung* trägt die Genrebezeichnung «Komödie». Im Mittelpunkt des 1772 entstandenen, 1778 in Hamburg uraufgeführten Werks steht der Theologiestudent Läuffer, der sich als Hauslehrer bei der Familie des Majors von Berg verdingt, um die Kinder Leopold und Gustchen zu unterrichten. Geschickt bietet Lenz, verteilt auf seine Figuren, unterschiedliche Sozialtypen und -stufen auf, darunter die konturscharf gezeichnete Majorin, die den Hofmeister die Unterprivilegierung seines Standes deutlich spüren lässt; ferner der Geheime Rat, ein Bruder des Majors von Berg, der, liberal und weltoffen, für ein öffentliches Schulwesen eintritt; nicht zuletzt Major von Berg selbst als Repräsentant des Adels und der Tradition, konservativ, den alten Denkmustern verhaftet. Die Konfliktkonstellation, die sich aus Gustchens Liebe zu ihrem Lehrer Läuffer ergibt, liegt auf der Hand: Sie erwartet ein Kind von ihm – der Skandal ist offensichtlich. Doch alles kehrt sich zum Besten, da Gustchen, nachdem sie ihr Kind zur Welt gebracht hat, vor dem versuchten Selbstmord gerettet und von ihrem Verlobten, Fritz von Berg, mitsamt dem Kind in Gnaden aufgenommen wird. Läuffer aber findet Unterkunft beim Dorfschulmeister, kastriert sich selbst aus Reue und Verzweiflung, heiratet als entmannter Mann das Dorfmädchen Liese, das ihn liebt und angesichts seines deplorablen Zustands in aller Schlichtheit äußert: «Das macht ja nichts, ich liebe ihn trotzdem». Dramaturgisch neu ist bei Lenz die Technik der Kurzszene, ein rascher Wechsel der Handlungsorte, der Lebendigkeit und Spannung erzeugt, verbunden mit einer Paralleldramaturgie, die den Handlungsstrang Läuffer – Gustchen mit dem des farbigen Studentenlebens Fritz von Bergs verbindet. Tradition und Konvention stehen liberalen zeitgenössischen Diskussionen und Entwicklungen gegenüber, insgesamt eine vielschichtige Konstellation unterschiedlicher politischer und sozialer Kräfte und Gewichte. Fragt man nach der dem Stück zugrunde liegenden These, so wird man sie in der kritischen Wahrnehmung einer selbstverschuldeten Unmündigkeit des Bürgertums erkennen können, verbunden mit einem implizit entworfenen Freiheitsideal, das sich als Kritik an den herrschenden Zuständen verstehen lässt.

Dass das Stück auch heute noch gespielt wird, hängt nicht zuletzt mit der 1949 erfolgten Bearbeitung durch Bertolt Brecht zusammen (Uraufführung 1959). Für Brecht stellte *Lenz* die Parabel der sich selbst kastrierenden Intellektuellen dar, die an der Erhaltung der bestehenden Gesellschafts- und Machtverhältnisse mitwirken, ohne über eigene Potenz zu verfügen, im wörtlichen, körperlichen wie im übertragenen, politischen Sinn des Worts. Brecht fügte der Selbstentmannung des bürgerlichen Intellektuellen die passende Ideologie und der Perspektivlosigkeit seines künftigen Liebeslebens die Entsagungsbereitschaft der Frau hinzu. Auf diese Weise arbeitete er die Vorlage dialektisch in Richtung einer aktuellen Klassenkampfthematik um und spitzte sie inhaltlich auf die Intellektuellenproblematik zu, verbunden mit einer scharfen Kritik an den Illusionen bürgerlichen Reformdenkens.

Aus anderen Gründen ist Goethes 1771 entstandenes Sturm-und-Drang-Schauspiel *Goetz von Berlichingen mit der eisernen Hand* dem Repertoire der deutschen Bühnen erhalten geblieben. Goethe hat das Stück in nur sechs Wochen niedergeschrieben, 1773 nach einer Kritik von Herder noch einmal überarbeitet, im selben Jahr anonym im Selbstverlag veröffentlicht und 1774 in Berlin aufführen lassen. Seine Quelle bildete die 1731 erschienene Autobiographie Goetz von Berlichingens, in der sich Berlichingen wegen seines unbotmäßigen Aufbegehrens zu verteidigen suchte. Die zweite bedeutende Quelle Goethes war Justus Mösers Schrift

Von dem Faustrechte (1770) mit der emphatisch begründeten These, die Zeiten des Faustrechts, in denen sich nationale Größe mit körperlicher Tugend gepaart habe, seien die ehrenvollsten der deutschen Nation gewesen: eine These, die vorzüglich zur Stimmung des Sturm und Drang passte, schien doch das Faustrecht den Repräsentanten einer kraftgenialischen Produktivität die Freiheit einzuräumen, nach den Maximen eigener Regeln und Gesetzlichkeiten zu handeln. Die Subjektseite des Menschen prallt mit dem objektiven Ganzen zusammen – eine willkommene Ursache dramatischer Konflikte, wie sie beispielhaft in der historischen Konstellation des 16. Jahrhunderts zutage tritt.

Goetz von Berlichingen ist eine Symbolgestalt des Kampfs gegen den Absolutismus. Goethe hat sich durch die historische Geschichte anregen lassen, doch er hat ein ganz eigenes Stück aus diesem Stoff gemacht, indem er den Kampf gegen den Absolutismus und die autokratischen Mächte in Politik und Ökonomie auf die Figur eines Haudegens, den legendären Ritter mit der eisernen Faust, konzentrierte. «Faustrecht» heißt hier: Recht auf Kampf gegen Unrecht aufgrund individuellen Rechtsempfindens. Adelheid und Weislingen stellen Verkörperungen des wirtschaftlichen und politischen Utilitarismus dar, auch wenn der gebrochen gezeichnete Weislingen als ‹moderner› Ritter charakterisiert ist, zwischen höfischer Existenz und Abhängigkeit vom Klerus einerseits, aristokratischer Unabhängigkeit und ritterlicher Autonomie andererseits. Adelheid erscheint demgegenüber als klassische Intrigantin in der Tradition des barocken Trauerspiels, ziel- und machtbewusst, wann immer es darum geht, ihre Interessen durchzusetzen. Alle drei Protagonisten – Goetz, Weislingen, Adelheid – gehen am Ende zugrunde. In ihrem Untergang zeigt sich der Epochenwandel: Ein neuer Staat setzt sich gegen die tradierten Bewegungen durch. Goethes Stück ist mit diesem Plot, der pointierten Szenentechnik und der eigenwillig-kraftvollen Sprache, den in sie eingearbeiteten altdeutschen Idiomen und dialektalen Färbungen, den Bibelzitaten und dem Lutherdeutsch das wahre Eröffnungsdrama des Sturm und Drang. Zwei Zeitebenen werden ineinander gespiegelt: die historische Zeit und die Zeit als Lebensgefühl der handelnden Subjekte. Dementsprechend geht es auch nicht um die Einhaltung der klassischen dramaturgischen Regeln, etwa um die Anordnung des Geschehens in einer spannungsdramaturgisch regelgerechten Abfolge. Zwar bietet das Stück die traditionellen fünf Akte, doch sind diese nicht in Aufzüge untergliedert, sondern in Szenen, die als Entwicklungssprünge durch kleine Schrifttafeln ausgewiesen werden (z. B. «Herberge im Wald»). Die Vergangenheit ist hier nicht bloß ein Spiegel der Gegenwart, sondern sie erweist sich als eigengesetzlicher und eigendynamischer Handlungsraum. In ihm vollzieht sich ein historischer Umbruch, für dessen szenische Darbietung es einer neuen Dramaturgie und einer neuen dramatischen Sprache bedurfte. Ein Denkmal für den Heroismus des Einzelnen, der nicht in den Paragraphen des Rechts oder den Zwängen der ökonomischen Verhältnisse aufgehen will und doch als Einzelner untergeht.

Mit diesem Stichwort kann man zu Friedrich Schillers erstem Drama *Die Räuber* (1781) übergehen, in dem der Streit und am Ende tödliche Konflikt zwischen den Brüdern Karl und Franz Moor verhandelt wird, eine Geschichte, deren Handlungskern Schiller bei Schubart gefunden hatte, deren Grundmotiv der feindlichen Brüder zeitgenössisch auch in anderen Werken anklingt, etwa bei Klinger (*Die Zwillinge*, 1775) oder bei Johann Anton Leisewitz (*Julius von Tarent*, 1776). Die Uraufführung fand im Jahr 1782 statt. Um sie überhaupt veranstalten zu können, war der Originaltext vielfältig abgemildert worden, zudem hatte man, gegen den Willen des Autors, die Handlung ins Mittelalter verlegt. Franz Moor, der jüngere der beiden Söhne des Grafen Maximilian von Moor, ist als Zweitgeborener von der Erbfolge ausgeschlossen und sieht sich zudem als unansehnlicher Mensch von der Natur benachteiligt. Er spinnt eine Intrige gegen seinen Bruder Karl, den Lieblingssohn des Vaters, der daraufhin Karl verstößt. Karl wird zum Anführer einer Bande von Räubern, obwohl er eigentlich lieber in «seinem» Plutarch «von großen Menschen» liest, um sich von seiner eigenen Zeit abzulenken. Es geht in diesem Stück um einen strukturellen, tragischen Konflikt: um den Aufbruch in die Freiheit, das Aufbegehren gegen Unrecht und die Rebellion gegen die Kleingeisterei der Zeit, gegen die Verbrechen, Gräuel, Untaten eines «tintenklecksenden Säkulums», dessen ideellen Gegenpol die Heroen der Geschichte darstellen. Schiller selbst wusste, dass seine Zeitgenossen eine solche Botschaft nicht hören, geschweige annehmen würden. In einer «unterdrückten Vorrede» zu seinem Drama stellte er einige bedenkenswerte Überlegungen zur Dramatik und zur Situation des Autors in dieser Zeit zusammen, in denen die Grenzen seiner eigenen Wirkungsmöglichkeiten prägnant umrissen sind. Wogegen Schiller hier, versteckt oder verdeckt, spricht, ist der so häufig wiederholte Versuch, den Autor mit einzelnen Tendenzen seines Stücks zu identifizieren, den Dichter mit Figuren seines Werks oder deren Äußerungen in eins zu setzen. Doch der Kosmos eines Dramas besitzt eigene Gesetzlichkeiten, die aus den in ihm angelegten Konfliktkonstellationen resultieren, nicht aus dem bloßen Gestaltungsimpuls des Autors. Das heißt: Selbst der Böse kann edle Motive haben, selbst der Übeltäter geht in den Charakteristika eines Verbrechers nicht auf. Nicht eindimensionale Figuren, sondern den psychologisch komplexen und differenzierten Charakter auf die Bühne gebracht zu haben, rechnete sich Schiller als Autor zum Verdienst, Verbrecher, die positive, gute, gar angenehme Charakterzüge haben. Schillers Jugenddrama ist das Resultat der kritischen Arbeit eines Dichters, der aus zwei Quellen schöpfte: Plutarch, der große griechische Geschichtsschreiber, der die bedeutenden, epochemachenden Menschen dargestellt hat, und Rousseau, dessen Einfluss auf Schiller wie auf die anderen Sturm-und-Drang-Autoren kaum zu überschätzen ist. Schiller wählte auf Grund seiner Rousseau-Lektüre den plebejisch-demokratischen Charakter: einen radikal-antibürgerlichen Karl Moor, der die Herrschaft des Volks im Wortsinn will, als Herrschaft der unteren Schichten. Eine dritte Quelle der Inspiration war für Schiller die Idee des Scheiterns, ein Schicksal, das Karl Moor mit Goethes Goetz von Berlichingen teilt.

Kritisiert wurden mit der Nutzung dieses Sujets zum einen die unwandelbaren, starren sozialen Verhältnisse, zum anderen die mangelnden Handlungsalternativen, in deren Konsequenz Karl Moors Fixierung auf ein abstraktes, unrealistisches, weil unrealisierbares Heroentum steht, mithin auch die Unfähigkeit, das subjektzentrierte, emotional artikulierte, rebellierende Lebensgefühl des Sturm und Drang in gesellschaftliche Praxis umzusetzen. Insoweit bedeutet Karl Moors Scheitern auch Kritik am zeitgenössischen Aufbruchsdenken und -handeln. Dieses Jugendwerk des rund zehn Jahre später als die meisten anderen Autoren der Epoche geborenen Dichters – zu ihnen zählen, neben den bereits Genannten, auch Heinrich Wilhelm von Gerstenberg und Heinrich Leopold Wagner (*Die Kindermörderin*, 1776) – lässt sich ebenso als Zeugnis der selbstkritischen Reflexion einer Bewegung verstehen, die es zugleich abschließt. Der Sturm und Drang erweist sich als ein Generationenphänomen, das an die lebensgeschichtliche Entwicklung seiner Autoren gebunden ist und mit deren Fortentwicklung, ihrem Auf- oder auch Abstieg, zu Ende gegangen ist. Gleichwohl handelt es sich nicht nur um eine Vorläufer-Epoche der Klassik, sondern um eine literaturgeschichtlich eigenständig profilierte Phase des 18. Jahrhunderts, die insbesondere dem Theater neue Impulse verliehen hat.

Lyrik

Wie soll man schreiben? Was darf man schreiben? So lauteten die Leitfragen, die bereits Ende des 17. Jahrhunderts in Frankreich an die Dichtung gestellt wurden. Die 1674 erschienene *L'Art Poétique* von Nicolas Boileau wirkte frühzeitig im Sinne einer Orientierung an den Traditionen der Klassik, Gottscheds *Versuch einer Critischen Dichtkunst vor die Deutschen* nahm um 1730 diesen Leitfaden auf und spann ihn für Deutschland fort. In der Folge dieser einflussreichen Poetiken wurden im Übergang zum 19. Jahrhundert und im ersten Drittel des 19. Jahrhunderts antike Versformen neu entdeckt, entfaltete sich insbesondere die Gattung der Ode mit ihren rhythmisch freien Strukturen. Man knüpfte an Pindar und Horaz an, die Epigrammatik entwickelte sich weiter, die Balladendichtung setzte neue Akzente, ebenso die Lehrdichtung mit naturwissenschaftlich angeregten Themen und kosmologisch und astronomisch inspirierten Fragestellungen, die einer entsprechenden Vorbildung ihrer Autoren entsprangen. Zu einem beliebten Experimentierfeld der jungen Lyriker gestaltete sich die Anakreontik. Über Gedichttitel wie «Die Küsse» oder «Einladung zum Tanz» bestimmte sich das Spielfeld der Erotik thematisch. Heiterkeit, leichte und lockere Lebensformen und die unverkennbare Freude am Lebensgenuss verweisen unmissverständlich auf den griechischen Lyriker Anakreon, dessen Dichtung festliche

Gelage, Wein und Rausch und immer wieder die Liebe umspielt. Die Gedichte Anakreons waren 1554, von dem humanistischen Gelehrten Henricus Stephanus wiederentdeckt, vorgelegt worden. Sie erzielten eine reiche Wirkung im französischen Klassizismus, auch im deutschen Barock, bei Martin Opitz etwa, auch bei Georg Rodolf Weckherlin. Ende des 17. Jahrhunderts findet sich eine erste Übersetzung Anakreons ins Deutsche durch Johann Christian Günther, zu deren Verbreitung, ja Popularisierung nicht zuletzt Gottsched und der Leipziger Philologe Johann Nikolaus Götz beigetragen haben, mit einer Hauptphase im Rokoko zwischen 1740 und 1760.

«Rokoko»: Der aus dem Französischen stammende Begriff, dessen Sinn sich mit dem deutschen Wort ‹verschnörkelt› angemessen wiedergeben lässt, drückt schon in seinen lautmalerischen Elementen die zierlichen, feinen und graziösen Tendenzen einer ganzen Kulturepoche aus: ein Begriff, der etwas lächerlich machen sollte, was altmodisch erschien, nicht zuletzt die höfische Kultur Königs Louis' XV. Das Rokoko übernimmt Tendenzen der Aufklärung, verbindet sie aber mit Akzenten, die dem Rationalismus fehlen: Lebensfreude, Heiterkeit, Witz, Stilempfinden, Spielvergnügen und -vermögen sowie eine graziöse Formensprache. Schon beim Klang des Worts vermeint man, Musik zu hören, man sieht eine bestimmte Kleidung, Perücken, filigrane Formen des Tanzes und des gesellschaftlichen Umgangs, in denen sich das moralisch Gute mit Anmut und Schönheit verbinden soll. Die Tugend der *kalokagathía*, in der sich nach griechischem Vorbild das Schöne und das Gute miteinander verbinden, fügt das moralische und das äußere Erscheinungsbild zusammen, eine Tugend, die man im Englischen mit dem Begriff *moral grace* umschrieb, eine Prägung von Anthony Shaftesbury, dem bedeutenden englischen Moralphilosophen im Übergang vom 17. zum 18. Jahrhundert.

Mit einem Wort: Die anakreontische Dichtung ist eine *Musa iocosa* (Schlaffer 1971), eine scherzhaft-geistvolle Poesie, deren Unterton stets ins Erotische hineinspielt. Die Gedichte mit ihrer weltlich orientierten Thematik, auf bisweilen frivole Weise Sinnengenuss und Liebeshändel thematisierend, besitzen meist einen einfachen Strophenbau und knappe Versformen, die sich gelegentlich mit einem appellativen Charakter verbinden, einer Rhetorik der Anrufung insbesondere junger Mädchen, die den Helden des Gedichts fröhlich umspringen und umtanzen. Amor und Venus kommen ebenso ins Spiel wie die Grazien, mit Esprit und im Bewusstsein, dass diese Exaltationen den Tugendwächtern und Spießern der Zeit durchaus nicht willkommen waren. Lessing hat die Widersprüche zwischen der anakreontischen Tradition und ihrer zeitgenössischen Fortführung poetisch anschaulich pointiert:

Die verschlimmerte Zeiten

Anakreon trank, liebte, scherzte,
Anakreon trank, spielte, herzte,
Anakreon trank, schlief, und träumte
Was sich zu Wein und Liebe reimte:
Und hieß mit Recht der Weise.

Wir Brüder trinken, lieben, scherzen,
Wir Brüder trinken, spielen, herzen,
Wir Brüder trinken, schlafen, träumen,
Wozu sich Wein und Liebe reimen;
Und heißen nicht die Weisen.

Da seht den Neid von unsern Zeiten!
Uns diesen Namen abzustreiten!
O Brüder lernet hieraus schließen,
Daß sie sich stets verschlimmern müssen.
Sie nennen uns nicht weise!

Ein leichtes und doch ernst gemeintes Spiel mit den Widersprüchen zwischen der Verehrung der Antike auf der einen Seite: Anakreon, der große Dichter als vorbildliche Figur in dieser Zeit, und auf der anderen Seite: das alltägliche Leben der jungen Leute, die sich dem Genuss des Lebens hingeben und deshalb in der Gesellschaft nicht anerkannt werden. Lessing spielt mit diesen Widersprüchen auf eine Weise, die repräsentativ für das Genre der anakreontischen Dichtung ist, aber auch verdeutlicht, dass sich dieser junge Autor bereits über die eben entstehenden Formkonventionen hinwegsetzt. Beispielhaft deutlich wird dies im Vergleich zur

Lyrik des anakreontischen Dichters Friedrich von Hagedorn, ständiger Gast der einschlägigen Kaffeehäuser in Hamburg und Mitglied verschiedener literarischer Zirkel, ein Dilettant im guten Sinn des Worts, Liebhaber der französischen Dichtung und Verehrer der Fabeln La Fontaines:

Die Küsse

Als sich aus Eigennutz Elisse
Dem muntern Coridon ergab,
Nahm sie für einen ihrer Küsse
Ihm anfangs dreißig Schäfchen ab.

Am andern Tag erschien die Stunde,
Daß er den Tausch viel besser traf.
Sein Mund gewann von ihrem Munde
Schon dreißig Küsse für ein Schaf.

Der dritte Tag war zu beneiden:
Da gab die milde Schäferin
Um einen neuen Kuß mit Freuden
Ihm alle Schafe wieder hin.

Allein am vierten ging's betrübter,
Indem sie Herd und Hund verhieß
Für einen Kuß, den ihr Geliebter
Umsonst an Doris überließ.

Eine einfache und heitere Formensprache, thematisch orientiert an belanglos entfalteten Liebeshändeln – Hagedorn erweist sich als Meister einer lyrischen Kleinkunst, vor der die hermeneutische Energie versagt. An einem Gedicht wie diesem ist nichts zu deuten – es spricht in einer leicht fassbaren, leicht zugänglichen Form für sich selbst. Johann Wilhelm Ludwig Gleim hingegen – geboren und gestorben in Halberstadt, Mittelpunkt zweier Poetenzirkel, Ratgeber junger Talente und ein überaus produktiver Autor – unterlegt seiner anakreontischen Dichtung meist ein gewisses Maß an Subversivität und Ironie, auch Selbstironie, die in einem humorvollen Epigramm des Dichters beispielhaft zum Ausdruck kommt: «A. Gleim wird von allen bösen Zungen / so schlimm verlästert und betrübt. / B. Schon recht, warum hat er von Lieb' und Wein gesungen / und nicht getrunken, nicht geliebt.» Eine selbstkritische Charakteristik dieser Art setzt Distanz voraus, die ihrerseits der anakreontischen Lebensfreude Spielräume eröffnet. Auch Johann Peter Uz ist primär als Dichter einer anakreontisch inspirierten Lyrik bekannt, für die Titel wie der des Epos *Der Sieg des Liebesgottes* (1753) ebenso repräsentativ sind wie seine anakreontischen «Traum»-Scherze, in denen alles auf die frivole Pointe angelegt ist. Die erotische Phantasie spricht unverblümt von Sinnlichkeit, ja von Lüsternheit und Wollust und lässt den Wünschen des lyrischen Ich freien Lauf. Doch das Muster des Traums holt das ersehnte Liebesabenteuer ins Schickliche zurück – es erweist sich als Phantasie eines Schlafenden, die beim Erwachen mit dem gesellschaftlich Kommunizierbaren und Verträglichen abgeglichen und in Einklang gebracht wird. In vergleichbarer Weise zeigt sich auch der 25-jährige Lessing als ein lebensfroher Mann, wie man seinen Jugendgedichten (*Kleinigkeiten*, 1751) entnehmen kann, in denen es in meist heiterem, bisweilen frivolem Tonfall um nichts anderes geht als um das Trinken und Lieben. Es sind «kleine Denkmäler» seiner Arbeit, so Lessing, gegen die er «nicht ganz ohne Zärtlichkeit» sei. Hier findet sich ein Gedicht mit dem Titel «Der Neid», das in einer langen Tradition einschlägiger Lyrik von der römischen Antike bis in die Gegenwart des 18. Jahrhunderts steht:

Der Neid, o Kind,
Zählt unsre Küsse!
Drum küß geschwind
Ein Tausend Küsse!
Geschwind du mich!
Geschwind ich dich!
Geschwind, geschwind,
O Laura küsse.
Manch Tausend Küsse;
Damit er sich
Verzählen müsse
Der ungeküßte Neid!

Eine hübsche Spielerei, weiter nichts, und dennoch lässt sie die Meisterschaft Lessings erkennen. Wechselndes Versmaß, unregelmäßige Rhythmen, eine virtuose Verwirbelung des Reimschemas – Lessing ordnet die formale Organisation des Gedichts nahtlos seinem inhaltlichen Duktus unter, indem er die Geschwindigkeit des Kussaustauschs in den Rhythmus der Verse übersetzt. Zudem zitiert er mit dem weiblichen Vornamen Laura die Tradition der Liebeslyrik Petrarcas, der nicht gelingenden, nicht stillbaren Liebessehnsucht – ein unübersehbarer Hinweis darauf, dass es hier nicht um Erlebnislyrik geht. Nicht ein empirisches Ich spricht aus diesem Gedicht, auch kein modernes lyrisches Ich, sondern rhetorische Figuren, die mit Masken spielen, Rollen vorführen und Wandlungen zeigen. Bald unterhält sich Amor mit einem fiktiven weiblichen Du, bald werden unterschiedliche imaginäre Gruppen angesprochen – die anakreontische Phantasie entfaltet und verwirklicht sich als Rollenspiel in Gestalt allegorisch vorgeführter Leidenschaften. Was erlebt, gefühlt und gewünscht wird, teilt sich in einer gesellschaftlich kommunizierbaren Formensprache mit, wird also überführt und sublimiert in Bild- und Sprachkonventionen, die Persönliches und Persönlichstes aus der Perspektive einer Autor-Biographie herausheben.

Die Anakreontik stellt sich in dieser Hinsicht als eine Gegenbewegung zu den rationalistischen und pietistischen Einflüssen der Zeit dar, und sie setzt sich zugleich der aufklärerischen Kritik an Sinnlichkeit und Erotik, Spielfähigkeit und Genusssüchtigkeit solcher Lyrik aus. Eine Kritik, die vor allem von den großen Poetikern der Zeit – Johann Jakob Bodmer vor allem, aber auch Christoph Martin Wieland – vorgetragen wird und schließlich zur Abkehr von der anakreontischen Dichtung beiträgt. Nach 1760 wendet man sich seriöseren Themen und Formen zu – die Publikumswirksamkeit dieser Gedichte mit begrenztem künstlerischem Niveau hatte sich erschöpft.

Lehrdichtung

Die Anakreontik galt als Experimentierfeld junger begabter Autoren – für die seriösen Begabungen bildeten sich strengere Formen heraus, insbesondere die Lehrdichtung. Zeitlich ging diese Entwicklung mit der Frühaufklärung einher, mit der Übernahme rationalistischer Muster der Weltdeutung, wie sie sich von Christian Weise, Christian Thomasius und Christian Wolff herleiten. Der bedeutendste Autor der Lehrdichtung ist Barthold Hinrich Brockes, in Hamburg geboren und gestorben. Auf das juristische Studium in Halle folgten Bildungsreisen nach Italien, in die Schweiz, nach Frankreich und Holland. Brockes wurde in den Rat der Stadt Hamburg gewählt, unternahm verschiedentlich Gesandtschaftsreisen und pflegte ein vergleichsweise beschauliches Landleben in der Nähe von Cuxhaven. Als gelehrter Privatier begründete er Sprachgesellschaften in der Tradition des 17. Jahrhunderts, darunter die «Teutschübende Gesellschaft» und die «Patriotische Gesellschaft». Bekannt geblieben ist er bis heute vor allem durch seine Gedichtsammlung *Irdisches Vergnügen in Gott* (1721–1748), insgesamt neun Bände, deren letzter posthum erschienen ist, ein weit ausgreifendes Opus, das die ganze Welt mit allen ihren Erscheinungsformen zu durchmessen beansprucht, um in diesen Gott aufzusuchen und darin ein «irdisches Vergnügen» zu finden – ein Unternehmen, an das mehr als zwei Jahrhunderte später Peter Rühmkorf poetisch produktiv anzuschließen wusste (*Irdisches Vergnügen in g*, 1959).

Brockes war ein gelehrter Kopf und ein Kenner der Literatur. Er knüpfte mit seinen Stilfiguren an den Italiener Giambattista Marino an, ein Vertreter des literarischen Barock in Italien, ein Formenspieler *par excellence*, der, wegen seiner lebendigen, feurigen und erlebnishaltigen Lyrik auch Dichter der «fünf Sinne» genannt, zu Beginn des 18. Jahrhunderts als Repräsentant des verachteten Schwulststils galt. Unter dem Einfluss dieser Diskussion löste Brockes sich von Marino, indem er in seiner Literatur zunehmend rationalistische, aufklärerisch inspirierte Akzente setzte. Was er zu entwickeln versuchte, war eine neue poetische Sprache, die sich zwar der überkommenen Formtraditionen bedient, doch diese überaus innovativ bei einer Gottsuche nutzt, die alle Details der Welt einbezieht. Präzise beschreibt Brockes den Mikrokosmos wie den Makrokosmos, um beide Sphären ineinander zu spiegeln und so ihre Einzelheiten zu konturieren. Die Welt insgesamt ist für Brockes eine Äußerungsform Gottes, im Großen wie im Kleinen. Daher ist für ihn die innerweltliche Ordnung vernünftig geregelt und ebenso die Ordnung der Natur, die er in einer minuziösen und akribischen Spurensuche darbietet.

Die bevorzugte Gattung ist die Ode, eine Sammelbezeichnung für Gedichte, die ursprünglich zu Musikbegleitung vorgetragen wurden. Die großen Repräsentanten der Odendichtung sind Pindar und Horaz, die mit der Tradierung der alkäischen, asklepiadeischen und sapphischen Strophenformen bis ins 18. (u. a. Ludwig Christoph Heinrich Hölty, Friedrich Hölderlin, Johann Heinrich Voß) und 20. Jahrhundert (u. a. Rudolf Borchardt, Rudolf Alexander Schröder, Johannes Bobrowski) formprägend gewirkt haben. An diese Traditionen schließt Brockes' Gedichtsammlung *Irdisches Vergnügen in Gott* an, deren Titel besagt: Es handelt sich um einen poetischen Genuss kontemplativer, ja beschaulicher Art, der von Weltvertrauen zeugt. Brockes knüpft mit dieser Einstellung unverkennbar an Leibniz' Botschaft von der «besten aller möglichen Welten» an und damit an dessen Vorstellung einer «prästabilierten Harmonie» der durch Gott wohlgefügten Welt. Die letzte Strophe seines Gedichts «Das Blümlein Vergißmeinnicht» spricht diese Weltwahrnehmung unmissverständlich aus:

> Da Gott in allem, was wir sehen,
> Uns sein Allgegenwart und wie er alles liebet
> So wunderbarlich zu verstehen,
> So deutlich zu erkennen gibet;
> So deucht mich, hör ich durchs Gesicht,
> Daß in dem saubern Blümchen hier
> Sowohl zu dir als mir
> Der Schöpfer der Vergißmeinnicht selbst spricht:
> Vergiß mein nicht!

Die Genauigkeit der Naturwahrnehmung, die sich bisweilen in eine an Pedanterie grenzende Präzision und Detailversessenheit verliert, gepaart mit dem Versuch, Vollständigkeit in der Beschreibung der Weltphänomene zu erreichen, gibt der Überzeugung Ausdruck, dass die Welt das Buch Gottes sei. Der Schöpfer hat es geschrieben, und der Mensch kann darin lesen. Der Dichter sieht den Autor des Weltbuchs in seinem Werk zu jeder Zeit und an jedem Ort, und der andächtige Leser dieses Weltbuchs, der Dichter Brockes selbst, kann sich in diese Welt versenken. In der Schöpfung Gottes ist der Garten Sinnbild und Inbegriff der kultivierten Natur des Menschen – das hat Brockes bereits bei seinen Vorbildern im Zeitalter des Barock, etwa bei Simon Dach oder Johann Rist, vorgefunden, in poetischen Naturbeschreibungen, die sich ihrerseits dem Ideal der Vollständigkeit verpflichtet sehen, in Form eines Umspielens, eines immer erneuten und erneuerten Aufnehmens von Aspekten ein und desselben Gegenstandes, als Ausdruck einer Vielfalt von Möglichkeiten und als Entäußerungszeichen Gottes. «Whatever is, is right» – diese Basisformel hatte der Dichter, ein Kenner auch der englischen Literatur, bei Alexander Pope gefunden, dessen von Brockes übersetztes Lehrgedicht *An Essay on man* (1733–1734) die Weisheit der göttlichen Schöpfung in vier virtuos geformten Episteln preist. Aus diesem Geist entstehen bei Brockes Formen der Redundanz und der Repetition bis hin zur pedantischen Auflistung von Einzelheiten, die einer systematisch die Bereiche der Geologie, der Botanik, der Zoologie erschließenden Poetik entspringen. Ein Vollständigkeitsanspruch, der eingelöst wird, um den Preis immer karger werdender poetischer Formen und eines immer aufdringlicher formulierten lehrhaften Duktus. Dieser reicht bis hin zur unfreiwillig komischen Conclusio eines Gedichts über den Bären, das dem Zyklus «Betrachtungen über das Reich der Tiere» entstammt: «Dienet also auch der Bär, / seiner Wildheit ungeachtet, Uns zum Nutzen, Gott zur Ehr».

Trotz ihrer bisweilen exaltierten und extrem subjektivierten Formensprache lässt sich Brockes' Dichtung als Teil der seriösen Lehrdichtung des 18. Jahrhunderts begreifen, zu der auch die Lyrik des Schweizers Albrecht von Haller zählt, einer der großen Wissenschaftler seiner Zeit, nach und mit Leibniz der bedeutendste universalistische Gelehrte. Bereits im Alter von neun Jahren soll er ein hebräisches und ein griechisches Wörterbuch verfasst haben sowie eine chaldäische Grammatik, und schon als Jugendlicher betätigte er sich auch als Dichter. Er hatte Medizin studiert, sich danach mit Botanik und Chemie beschäftigt und lernte auf seinen ausgedehnten Reisen nach Holland, England und Frankreich die berühmtesten wissenschaftlichen Kapazitäten seiner Zeit kennen. Als junger Mann, im Alter von 20 Jahren, durchwanderte Haller in Begleitung seines Freundes Gessner die Alpen, um seine Naturempfindungen zu prüfen und Erfahrungen in und mit der Natur zu machen, die er in dem Band *Versuch Schweizerischer Gedichten* (1732) in der Form eines Lehrgedichts mit dem Titel *Die Alpen* (1729) zusammengefasst hat.

Ziel dieser Wanderung war es, die Erforschung der Alpenflora und des Gesteins voranzutreiben – die Dichtung *Die Alpen* stellt gewissermaßen den künstlerischen Überschuss dieser Reise dar. Die erhabene, von den Menschen eigentlich nicht zu durchdringende Natur faszinierte Albrecht von Haller. Sie versuchte er in seinem Gedicht zu erfassen und zu vermitteln: ihre Schönheit und mit dieser die Schöpferkraft Gottes, ebenso aber ihren Schrecken und mit diesem die Ohnmacht des Menschen. Es handelt sich bei Hallers Gedicht um ein Lob der Natur und der Schweizer Landschaft und zugleich um eine Kritik der Stadt mit ihrer Vielzahl an Menschen. Die Gedichtform ist der Alexandriner. Das Gedicht umfasst insgesamt 49 Strophen mit jeweils zehn Versen, meist in Form des Kreuzreims gehalten (abab) und insoweit durchaus orientiert an den Vorbildern des 17. Jahrhunderts. Der Aufbau des Gedichts lässt sich folgendermaßen beschreiben: Auf die Exposition (Str. 1–4) mit ihrer Thematisierung des Verhältnisses von Künstlichkeit und Natürlichkeit im Leben folgt ein zweigliederiges Mittelstück (Str. 5–17 und Str. 18–31), in dessen erstem Teil das Leben der Alpenbewohner auf verklärende Weise geschildert, in dessen zweitem Teil die Natur und die Jahreszeiten skizziert und entworfen werden. Dieses zweiteilige Mittelstück enthält den Kern von Hallers Philosophie. Den am meisten gerühmten Teil des Gedichts stellen jedoch die Strophen 32 bis 44 dar, gewissermaßen der vierte Teil des Werks, in dem sich eine Alpentopographie findet. Den Abschluss bilden die Strophen 45 bis 49 mit einem lehrhaften Appell an die Zeitgenossen, denen empfohlen wird, sich am Vorbild der Alpenbewohner zu orientieren und nicht dem städtischen Gewinnstreben oder dem Ehrgeiz als Lebensprinzip anzuhängen.

Der das Wahrnehmungszentrum darstellende panoramische Blick des Dichters tastet die Landschaft ab. Wie ein roter Faden führt das Ich des Gedichts den Blick durch die Landschaft, der allerdings nicht der abgezirkelte, eingeschränkte und ausschnitthafte Blick unserer modernen, durch das Postkartenformat geprägten Naturwahrnehmung ist, sondern der eines lyrischen Subjekts, das Gefühle zeigt, den Ausdruck von Hilflosigkeit ebenso bietet wie Wertungen und stets die übermächtige Gewalt der Schöpfung Gottes bewundert. An ihr soll der Mensch sich orientieren, auf sie möge er sich besinnen. Die Natur besitzt insoweit Zeichenfunktion: Sie verweist auf Gottes Macht und die Vernunft der Natur. Lob der Einfachheit und Ursprünglichkeit, Kritik am Gewinnstreben – ein Lehrgedicht, das großen Beifall unter den Zeitgenossen gefunden hat, bis hin zu Schillers Abhandlung *Über naive und sentimentalische Dichtung* (1795 f.). Haller selbst waren die Schwächen seines poetischen Verfahrens gleichwohl bewusst, die in dem strukturellen Widerspruch zwischen Philosophie und Poesie bestehen. Der Autor dieses Lehrgedichts geht von einer vorgefassten These oder Idee aus, ja einer philosophischen Doktrin, die er mit den Mitteln der Poesie in eine Form umzugießen versucht, um zu den Menschen sprechen zu können. Doch die Poesie erweist sich als wenig geeignet, philosophische Gedanken und Theorien zu formulieren. Sie hat ihre eigenen Gesetze und Ansprüche und muss der Eigenlogik ihrer Formensprache Rechnung tragen. Insofern darf man sagen: Hallers Lehrdichtung, so eindrucksvoll sie von der Naturwahrnehmung des 18. Jahrhunderts zeugt, ist künstlerisch misslungen. Ihr Autor ist ein Ideendichter. Seine Lyrik, auch die des späteren Werks *Über den Ursprung des Übels* (1734), ist eine in Poesie übertragene Philosophie, wenn auch von großer Anschaulichkeit und einer stupenden Gelehrsamkeit.

Epigrammatik

Die Epigrammatik des 18. Jahrhunderts knüpft an die Tradition des barocken Sinngedichts an. Als Versuch, einen Gedanken, eine Idee in knapper Form auf geistreiche und zugleich didaktisch orientierte Weise auszudrücken, bildet sie neben dem Lehrgedicht die angemessene poetische Ausdrucksform einer Zeit, die durch Zuspitzungen die Widersprüche ihrer Zeit herausarbeitet, um mit indirekten, häufig dialektisch pointierten Mitteln Wirkungen zu erzielen, nicht selten mit Schadenfreude und Spott verbunden. Das Epigramm lässt sich insoweit auch als kurze Satire verstehen: In ihm ist das rhetorische Prinzip der barocken ‹argutia› noch präsent, der scholastischen Spitzfindigkeit und Übertreibung. Drei Dichter der Epigrammatik im 18. Jahrhundert seien genannt: Abraham Gotthelf Kästner, Gottlieb Konrad Pfeffel und, abermals, Gotthold Ephraim Lessing.

Kästner, geboren in Leipzig, studierte Rechtswissenschaften, Philosophie und Mathematik und lehrte als Professor der Mathematik in Göttingen, war Leiter der Sternwarte dort und später Hofrat, ein Mentor Lessings und Lichtenbergs und ein Freund Gottscheds. Das im Folgenden zuerst zitierte Epigramm formuliert auf satirische Weise Kritik an der Erstarrung der klassizistisch orientierten Tragödie, die kalt ist, ohne Leben, ein Leichenbett für Held und Heldin. Im zweiten Beispiel geht es um das Verhältnis von Mäzen und Dichter. Beide Epigramme knüpfen in einer belehrenden Weise an die Wechselfälle des zeitgenössischen kulturellen Lebens an.

Tragische Todesarten

Eh' noch der Held den Dolch, die Heldin Gift erkor,
Starb schon das Drama selbst den sanftern Tod: Erfror.

Das Denkmal

Der schlecht bezahlt so viel für ihn gedichtet,
Ein Monument hat er dem nun errichtet.
Hätt' er ihm Brot bei seinem Leben,
Nicht nach dem Tode Stein gegeben!

Pfeffel, heute kaum noch bekannt, war im 18. Jahrhundert ein populärer Autor. Er wurde in Colmar geboren, studierte ebenfalls Rechtswissenschaften und begründete 1773 ein akademisches Erziehungsinstitut für französische Protestanten. Er war Präsident des Evangelischen Konsistoriums in Colmar, zählte zu den Begründern der dramatischen Kinderdichtung, erlangte mit seinen volkstümlich gehaltenen Fabeln eine gewisse Beliebtheit und mit seinen Epigrammen eine große Verbreitung, zumindest bei den gebildeten Schichten seiner Zeit. Nachstehend zwei Beispiele, deren erstes sich unverkennbar als Literaturkritik versteht, während sich im zweiten Epigramm der Witz des protestantischen Theologen Pfeffel zu Gehör bringt, der, zugleich Jurist und sozial engagierter Aufklärer, durch hübsche, in sich geschlossene Pointen zu wirken wusste.

Der Rat

Uns frieret, und das Holz auch in unserm Hain,
So klagten die Musen, wird teuer.
Heizt, sprach Apoll, mit deutschen Romanen ein,
So habt ihr ein ewiges Feuer.

Gruß und Gegengruß

Zu einem Bauernweib, das eine Fahrt mit Futter
Auf ihren Langohr lud, sprach in vertrautem Ton
Der junge Schloßkaplan: wie gehts, Frau Eselsmutter?
Ganz wohl, versetzte sie, mein Sohn.

Last but not least Gotthold Ephraim Lessing, der bekannteste und bedeutendste Epigrammatiker seiner Zeit:

Die Sinngedichte an den Leser

Wer wird nicht einen *Klopstock* loben?
Doch wird ihn jeder lesen? – Nein.
Wir wollen weniger erhoben,
Und fleißiger gelesen sein.

Die beiden letzten Zeilen sind zu einem geflügelten Wort geworden, das man immer wieder gern im Hinblick auf die jeweils neueste Literaturströmung zitiert, etwa aus Anlass von Buchmessen und alljährlich massenhaften Neuerscheinungen. Von besonderem Witz aber ist bei diesem

Epigramm die häufig überlesene Tatsache, dass Lessing zum einen mit Klopstock einen höchst arrivierten und renommierten Autor zitiert, der gleichwohl kaum gelesen wurde, und dass er zum anderen mit dem Titel des Gedichts selbstreflexiv die Gattungsfrage stellt – und damit metapoetisch eine Distanz errichtet, die auch die Gattung des Sinngedichts, ebenso das hier vorliegende Epigramm und damit nicht zuletzt dessen Autor als Beschwerde führende Instanz auf ironische Weise in den Diskurs über Literatur und Lesepublikum einbezieht. Das gilt in vergleichbarer Weise auch für das folgende, «An den Leser» sich wendende Beispiel:

> Du dem kein Epigramm gefällt,
> Es sei denn lang und reich und schwer:
> Wo sahst du, daß man einen Speer,
> Statt eines Pfeils, vom Bogen schnellt?

Hier drückt sich in einer äußerst verknappten Pointierung jene literaturtheoretische Grundüberzeugung Lessings aus, die in seinem *Laokoon* eine epochemachende Begründung erfahren hat: dass nämlich jede literarische Gattung ihren eigenen Gesetzen folgen muss, mithin keinesfalls von einer Form etwas erwartet werden darf, was nur eine andere künstlerische Formensprache leisten kann. Und auch hier wieder ein selbstreflexiver, metapoetischer Hinweis auf die spezifischen Qualitäten des Epigramms: Dessen Pointen sind Pfeile – leicht und scharf, fein und treffsicher. Lessing verteidigt und lobt mithin die Stärken einer Form, anstatt ihr Schwächen vorzurechnen, die ersichtlich nicht ihrem eigentlichen Potenzial zugehören.

Balladen

Wie viele der literarischen Traditionen des 17. und 18. Jahrhunderts ist auch das Genre Ballade aus Frankreich nach Deutschland gekommen. Der Begriff selbst stammt aus dem Mittellateinischen und bezeichnete zunächst ein gesungenes Erzähllied, das eine Integration differenter

Formqualitäten – lyrische, epische und dramatische – leistet. Lyrisch – das betrifft die äußere Form, den Reim etwa oder den Rhythmus; episch – das meint die Erzählweise, die Wiedergabe eines Inhalts oder einer Handlung in Form einer Geschichte; dramatisch schließlich ist die Gestaltung, das Schürzen des Textes auf Höhepunkte hin mit bisweilen sprunghaften und dynamischen Anteilen. Es sind Formqualitäten, die nicht selten durch Refrains verbunden werden, bestimmte Einsichten oder Stimmungen objektivierend wiederholen und zur Popularität der Gattung bis in die 1920er Jahre hinein beigetragen haben.

Die Balladenstoffe sind häufig mythologischer Art. Es werden Heldensagen und Märchenstoffe aufgenommen, unheimliche und schreckensvolle Geschehnisse thematisiert, um Spannung und dramatische Effekte zu erzeugen. Im 18. Jahrhundert gilt insbesondere die Volksballade als Ausdruck kollektiver Seelenzustände, in denen historische Traditionsbestände bewahrt und weitergegeben werden, literaturgeschichtliche Formkonventionen, auf deren Pflege und Fortführung sich der Pfarrerssohn Ludwig Heinrich Christoph Hölty, Mitbegründer des Göttinger Hainbundes, sowie Johann Heinrich Voß und die Grafen Christian und Friedrich Leopold Stolberg kapriziert hatten. Ihr Zusammenschluss zu einem Bund stellte den Versuch dar, ihrer Sehnsucht nach der Natur gemeinschaftlich Ausdruck zu geben. Angeregt durch so unterschiedliche Autoren wie Albrecht von Haller und – vor allem – Friedrich Gottlieb Klopstock, wollten die Mitglieder des Göttinger Hainbundes ein Zeichen setzen gegen die deutsche Kleinstaaterei, indem sie eine national inspirierte Dichtung verfassten, deren Tendenz Friedrich Leopold Stolberg mit dem Titel des Gedichts «Mein Vaterland» vorgab: eine Chiffre für die Sehnsucht nicht so sehr einer politisch als vielmehr ideell gedachten nationalen Einheit und Einigkeit.

Dem entsprach das Verhältnis der Mitglieder des Bundes zur Natur. Sie identifizierten sich mit den Naturvorstellungen Hallers von einem natürlichen Leben ebenso wie mit seinen verklärenden Visionen vom «einfachen Volk». Hölty hat diese Disposition in aller Klarheit ausgedrückt: «Mein Hang zum Landleben ist so groß», schrieb er 1774 in einem Brief an Johann Heinrich Voß, «dass ich's schwerlich über's Herz bringen würde, alle meine Tage in der Stadt zu verleben. [...] Eine Hütte, ein Wald daran, eine Wiese mit einer Silberquelle und ein Weib in meiner Hütte ist Alles, was ich auf diesem Erdboden wünsche.» Seine Balladen, beispielhaft das im *Göttinger Musenalmanach für das Jahr 1775* erschienene Gedicht «Die Nonne», nutzen die mit dieser Form gegebenen Möglichkeiten der Spannungserzeugung durch Topoi des Schreckens und Grauens *in extenso*.

Der bedeutendste Balladendichter des 18. Jahrhunderts war Gottfried August Bürger, seine bekannteste Ballade, ein stimmungsreiches Schauerstück, trägt den Titel «Lenore». Bürger – in Göttingen selbst Herausgeber des *Musenalmanachs*, in dem die Dichter des Hainbundes einen Großteil ihrer Werke veröffentlichten – war ein volkstümlicher Schriftsteller gerade wegen seiner Balladendichtung. Bereits seine erste Gedichtsammlung (*Gedichte*, mit Kupferstichen von Daniel Nikolaus Chodowiecki, 1778) fand über 2000 Subskribenten. Die Hauptquelle des Gedichts «Lenore» ist eine Sammlung alter Sagen, Mythen und Legenden, die Thomas Percy 1765 unter dem Titel *Reliques of Ancient Poetry. Old Heroic Ballads* in England herausgegeben hatte. Percys Sammlung stellte für viele Autoren des 18. Jahrhunderts eine unerschöpfliche Quelle und Fundgrube dar. Herder, Goethe und auch Bürger haben sich hier freizügig bedient. Bürgers «Lenore» ist eines der ersten Beispiele einer modernen Balladendichtung im 18. Jahrhundert, die nicht mehr den volksliedhaften Balladenton tradiert, sondern den Versuch darstellt, eine vorgefundene Formentradition weiterzuentwickeln. Sie verbindet in sich einerseits traditionelle Aspekte, die sich ebenso in anderen zeitgenössischen Beispielen der Gattung immer wieder finden, etwa die Anknüpfung an eine reale oder mögliche Begebenheit und an Elemente der Naturmagie und des Aberglaubens, die in das Geschehen innerhalb der Ballade hineinspielen, andererseits eine modern verknappte dialogische, im Verlauf des Gedichts immer mehr sich zuspitzende Form von Rede und Gegenrede, zum Teil in leitmotivischer Wiederholung. Der böse Geist, der Lenore holt, sagt immer dasselbe, ihre Antworten werden immer ängstlicher, empfindsamer und zurückhaltender, bis sie am Ende verstummt:

Wie flog, was rund der Mond beschien,
Wie flog es in die Ferne!
Wie flogen oben überhin
Der Himmel und die Sterne! –
«Graut Liebchen auch? – Der Mond scheint hell!
Hurra! Die Toten reiten schnell!
Graut Liebchen auch vor Toten?»
«O weh! Laß ruhn die Toten!» – –

Die Ballade ist angelegt auf die Erreichung eines dramatischen Höhepunkts, sodass die Spannungselemente, auch das Unterhaltsame daran erhalten bleiben oder doch immer erneuert werden in Form von refrainartigen Wiederholungsfiguren und durch eine kunstvoll Stimmung erzeugende Sprache, die von der Aktualität eines grauenhaften Ereignisses spricht. Vermöge dieser suggestiv wirkenden Dynamik kann sie die Leser oder Zuhörer bannen – ein Grund dafür, dass diese Gattung zu einer der beliebtesten Formen im 18. Jahrhundert avancieren konnte.

In Grenzen gilt dies auch für die Balladen des Grafen Friedrich Leopold zu Stolberg. Sein Gedicht «Die Freiheit» wurde zuerst, ebenso wie Höltys Gedicht «Die Nonne», im *Göttinger Musenalmanach für das Jahr 1775* veröffentlicht, in der abschließenden Fassung von Johann Heinrich Voß überarbeitet. Man ersieht daraus: Es gab eine Art Kooperation und freundschaftlicher Beratung unter den Mitgliedern des Hainbundes. Der titelgebende Begriff «Freiheit» zählte – ebenso wie die Begriffe «Vaterland» oder «Natur» – zu den wichtigsten, am meisten diskutierten und traktierten Themen der Göttinger. Doch es handelt sich eher um Chiffren, die nicht notwendig einen konkreten politischen Inhalt umreißen, sondern auch utopische Wünsche oder ideelle Projektionen darstellen können. Das Gedicht «Die Freiheit» ist eine Ode in der Tradition des griechischen Dichters Pindar, in der alkäischen Strophenform gehalten, die von Klopstock in die deutsche Lyriktradition eingeführt worden ist, ein striktes Versmaß mit leichten Variationsmöglichkeiten, das aus zwei elfsilbigen, einem neunsilbigen und schließlich einem zehnsilbigen Vers besteht. «Freiheit» repräsentiert in Stolbergs Gedicht den Versuch, in Form abstrakt-moralischer Kategorien zu denken und Chiffren zu entwerfen, die als Projektionsflächen für eine gesellschaftliche und kulturelle Identitätsbildung gelten können – Wolken am Ideenhimmel. Es handelt sich um einen idealisierten Begriff von Freiheit ohne einen konkreten politischen Bezug, dargeboten in einem antikisierenden lyrischen Ton und auftrumpfend mit traditionsreichen Namen und Vorbildern höchst heterogener Art. Ein Netz aus Bezügen, das bereits in der ersten Strophe des Gedichts gesponnen wird:

> Freiheit! Der Höfling kennt den Gedanken nicht!
> Der Sklave! Ketten rasseln ihm Silberton!
>   Gebeugt das Knie, gebeugt die Seele,
>   Reicht er dem Joch den erschlafften Nacken!

Auf andere Weise zeigt sich dieses poetische Potenzial an Schicksal und Werk des Dichters Christian Friedrich Daniel Schubart. In Obersontheim (Württemberg) geboren, wurde der Sohn eines Pfarrers Hauslehrer, wirkte als Organist an verschiedenen Kirchen und Domen und war später Kapellmeister am württembergischen Hof. 1773 enthob ihn der Herzog seines Amts wegen einiger satirischer Gedichte und «weil der des Ehebruchs soviel als überwiesen sei» – ein gewichtiger Vorwurf zu jener Zeit. 1777 wurde Schubart von Herzog Karl Eugen auf württembergisches Gebiet gelockt und bis 1787 ohne Gerichtsurteil auf der Festung Hohenasberg inhaftiert. Schubarts Verfehlung bestand in der Veröffentlichung einer deutschen Chronik in fünf Bänden (1774–1778) – das Dokument eines bissigen Journalismus, mit Kritik an der Obrigkeit, das mit 1600 bis 3000 Exemplaren eine vergleichsweise große Auflage erreichte. Des Herzogs Zorn über diese bunte Mischung aus Politik und Literatur entzündete sich an Schubarts «auf das Freventlichste» vorgetragenen Angriffen auf die Willkürmaßnahmen der herrschenden Fürstenhäuser, nicht allein Württembergs. Der Dichter musste 377 Tage Isolationshaft erleiden und erhielt darüber hinaus Schreibverbot (bis 1780), durfte ausschließlich geistliche Bücher lesen und nur von höchster Stelle ausgewählte Gesprächspartner treffen, zumeist religiöse Fanatiker. Was der Herzog sein «Bekehrungswerk» nannte, gelang: Als Schubart entlassen wurde, war er seelisch gebrochen. Daraufhin gestattete der Herzog die Veröffentlichung ausgewählter Gedichte Schubarts, warb sogar Subskribenten beim Militär ein und gewährte dem derart «bekehrten» Schubart ein Gnadenbrot, indem er ihn die Position eines Theater- und Musikdirektors am Stuttgarter Hof wahrnehmen ließ.

Kunst, Geist und Macht – eine alte Geschichte, die man, immer aufs Neue, durch Jahrhunderte, Jahrtausende verfolgen kann. Bewahrt hat das kulturelle Gedächtnis freilich die Dichtungen, nicht die Übergriffe der Mächtigen. Schubarts Gedicht «Die Fürstengruft», 1780 entstanden und 1781 im *Frankfurter Musenalmanach* erschienen, ist ein gutes Beispiel für den Widerspruchsgeist, der in diesem Dichter lebte. Drei Jahre hatte er Schreibverbot – als das Gedicht dem Fürsten vor die Augen kam, wurde die eigentlich vorgesehene Haftentlassung auf unabsehbare Dauer verschoben. Schon die ersten Verse lassen den Grund hierfür erahnen:

> Da liegen sie, die stolzen Fürstentrümmer,
>   Ehmals die Götzen ihrer Welt!
> Da liegen sie, vom fürchterlichen Schimmer
>   Des blassen Tags erhellt!

Schubart stellt in seinem Gedicht jedoch nicht die Herrschaft der Fürsten an sich in Frage, sondern er unterscheidet deutlich zwischen «guten» und «schlechten» Fürsten. Er sieht sich durchaus als Untertan, als Teil eines Systems, das er nicht erschüttern kann, in dem er vielmehr zu leben und zu überleben hat. Doch er greift die «schlechten» Fürsten an, insbesondere und unmissverständlich auch den Herzog von Württemberg, und dies an einer der sensibelsten Stellen jeder feudalen Herrschaft, nämlich dem Vergänglichkeitsaspekt: Aller Glanz der Erde, aller Ruhm des Adels, alle Ehre der Aristokratie – die weltlichen Würden und zumal die politisch-gesellschaftlichen Konstellationen der Macht sind im Augenblick des Todes nichtig. Schubart greift auf die Geschichtstopik des 17. Jahrhunderts zurück: Der Fürst erscheint, wie im Zeitalter des Barock, als Kreatur, in der Perspektive einer Vergänglichkeit also, der das *Memento mori* unhintergehbar eingeschrieben ist. Diese Botschaft verstand Herzog Karl Eugen nur zu gut: In ihr teilte sich eine Absage an die Hofgesellschaft wie an seine eigene Person mit, eine Kritik, die zugleich transhistorisch gültig war, eine Denunziation ungerechter Herrschaft, die von ihrer antithetischen Bauform lebt: vom Bild des guten Herrschers, das der Gegenwart als eine andere Möglichkeit der politisch-sozialen Realität entgegengehalten wird. Auch wenn die Bilder konventionell gewählt, die Verse vergleichsweise traditionell gebaut sind, auch wenn sich in Schubarts Werk kein poetisch revolutionärer Formaspekt findet – neu ist der Ton, die politische Schärfe dieser Lyrik und bewundernswert, im Blick auf sein persönliches Schicksal, der beharrliche Widerspruchsgeist dieses Dichters.

Klopstock

Friedrich Gottlieb Klopstock hat seine Zeitgenossen nicht allein inspiriert, sondern auch fasziniert, insbesondere die Dichter des Göttinger Hainbundes. Eine Folge dieses zeitgenössischen Glanzes stellt die Tatsache dar, dass Klopstock am Ende des 18. Jahrhunderts nahezu zum Monument erstarrt war. Gerade seine große Wirkung trug dazu bei, dass er, fixiert auf dem Sockel seines Ruhms, sich vom Klassikerschicksal nicht lösen konnte – ein Dichtermonument schon zu Lebzeiten. Klopstock ist viel gereist, nahm vielfältige Kontakte zu bedeutenden Zeitgenossen auf, zu Goethe ebenso wie zu dem Schweizer Poetiker Johann Jakob Bodmer, und stand im brieflichen Austausch mit allen bedeutenden Geistern seiner Zeit. Bereits 1745 hatte er sein *opus magnum*, das Epos *Messias* (1748–1773), begonnen. 1751 erhielt er den Ruf an den Hof Friedrichs V. von Kopenhagen, verbunden mit einer frühzeitigen Pension, die es ihm ermöglichte, sorgenfrei poetisch produktiv zu sein, ein Privileg, das er nicht zuletzt zur Herausgabe von Zeitschriften, für Übersetzungen, Bibelexegesen und wissenschaftliche Arbeiten zu nutzen wusste.

Klopstocks Gedicht «Die Frühlingsfeier» ist zunächst mit dem Titel «Das Landleben» erschienen. Diese erste Fassung – spätere Überarbeitungen erbrachten deutliche Glättungen des Aufbruchsimpulses – ist eine große Hymne, der feierliche religiöse Preis- und Lobgesang in einer langen poetischen Tradition, die sich der Schöpfung Gottes zuwendet. Bei Klopstock hat sich der hymnische Stil allerdings aus den Fesseln der Liturgie, also aus der an die Kirche gebundenen hymnischen Tradition gelöst. Die Feier der Schöpfung, die Anrede Gottes ist in freiem hymnischem Stil gehalten und nicht an Regelvorgaben oder metrische Schemata gebunden. Vielmehr entsteht unter dem Einfluss Klopstocks ein neuer, eigenständiger Traditionszusammenhang der freien Hymne. Klopstocks Themenspektrum im Zusammenhang seiner Hymnen reicht von Religion bis zu Vaterland und Freundschaft und schließt in der «Frühlingsfeier» das Verhältnis des Menschen zur Natur und zu Gott ein. Diese Befreiung vom Regelzwang hängt nicht zuletzt mit der Abwehr und Abkehr von Gottscheds Poetik zusammen, die noch immer wie ein Damoklesschwert über den Poeten schwebte. Gottsched, in dieser Hinsicht unbelehrbar, hat Klopstocks Lyrik als «neubarocke Schwulstdichtung» bezeichnet und ihren Autor ebenso wie Albrecht von Haller als «die Schwülstigen» denunziert. Geblieben ist von den bisherigen Formkonventionen bei Klopstock allenfalls die Unterteilung in kleine strophenförmige Einheiten, die jedoch, wie sich bereits an den ersten, den Ruf zum Aufbruch anschlagenden Zeilen des Gedichts ablesen lässt, lediglich eine Untergliederung in Sinneinheiten und Ausdrucksqualitäten darstellen:

> Nicht in den Ocean
> Der Welten alle
> Will ich mich stürzen!
> Nicht schweben, wo die ersten Erschafnen,
> Wo die Jubelchöre der Söhne des Lichts
> Anbeten, tief anbeten,
> Und in Entzückung vergehn!
>
> Nur um den Tropfen am Eimer,
> Um die Erde nur, will ich schweben,
> Und anbeten!
>
> Halleluja! Halleluja!
> Auch der Tropfen am Eimer
> Rann aus der Hand des Allmächtigen!
> […]

Immer wieder neu anhebend, bestimmt den Gang des Gedichts das Lob Gottes und die Naturbegeisterung, die sich mit der Schilderung eines Gewitters verbindet. Das Gedicht lebt von Wiederholungen. Es bietet die Anapher als Stilfigur an, häufig am Anfang einer Gedichtzeile zur Intensivierung einer Ausdrucksqualität, zum Teil jedoch eingebettet in die Strophenfolge, beispielhaft mit der durchgehenden Wiederaufnahme des biblischen «Halleluja», das als Interjektion eingesetzt wird, all dies verbunden mit Neologismen und der Verwendung ungewöhnlicher Bilder und Motive, die zur Verbreitung und Wirkung dieses Gedichts beigetragen haben.

Goethes Jugendlyrik

Der Klopstock-Verehrer Johann Wolfgang Goethe traf im September 1770, im Alter von 21 Jahren, in Straßburg auf seinen Mentor Johann Gottfried Herder, ein Zusammentreffen, das Goethes Entwicklung zum bedeutendsten Lyriker des 18. Jahrhunderts entscheidend prägen sollte. Ein lebensgeschichtliches Pendant bildete die Begegnung mit Friederike Brion, einer Pfarrerstochter aus Ses(s)enheim, die Goethe im Oktober 1770 kennenlernte. Beide Ereignisse, beide Persönlichkeiten – die zunächst angebetete Geliebte, von der er sich später trennte, und der große Mentor Herder, der sich ihm später entfremdete – befreiten Goethe zu seiner Jugendlyrik. Zwischen Goethe und Herder entstand in Straßburg ein enges, freundschaftliches Verhältnis, eine Beziehung des Austauschs, des Lehrens und Lernens wie der wechselseitigen Anregung. Goethe las in dieser Zeit Homer, Shakespeare und Ossian sowie, durch Herder angeregt, altnordische und altkeltische Poesie. Er kam mit jenen traditionsreichen Volksliedüberlieferungen in Berührung, die Herder gesammelt hatte, und lernte durch dessen Vermittlung die Schriften Johann Georg Hamanns kennen. Herder selbst schrieb in dieser Zeit an zwei großen Arbeiten, mit deren Themen er auch Goethe vertraut machte: die sprachphilosophische Abhandlung *Über den Ursprung der Sprache* (1772) und den philosophischen Traktat *Älteste Urkunde des Menschengeschlechts* (1774). Er trug entscheidend dazu bei, Goethe aus dessen Bindungen an eine normative Regelpoetik zu befreien, ein Impuls, der bei seinem Schüler zu neuen Maßstäben der Kritik führte und ihm die Ausarbeitung seiner Gedanken *Zum Shakespeares-Tag* (1771) und über das Straßburger Münster (*Von deutscher Baukunst*, 1772) ermöglichte. Beide Arbeiten zeigen, dass Goethe künstlerische Fragen von nun an aus der Eigenlogik der Artefakte zu verstehen versucht hat, und zwar im doppelten Sinn: aus den künstlerischen Gegenständen wie aus seiner eigenen Anschauung und Wahrnehmung.

Freigesetzt wurde auf diese Weise eine neue künstlerische Individualität, die ihre emotionale Bereicherung durch die eben entflammte Liebe zu Friederike Brion erfuhr. Das Zusammenspiel beider Energien, der wissenschaftlich-künstlerischen wie der emotionalen, gab Goethe die Kraft zum Entwurf einer Poesie, die ihn zur Befreiung von der Dominanz des Metrums über den Rhythmus führte und ihm eine innovative wechselseitige Durchdringung unterschiedlicher lyrischer Qualitäten und Elemente erlaubte, wie sie das Gedicht «Die Nacht» offenbart:

> Gern verlass' ich diese Hütte,
> Meiner Schönen Aufenthalt,
> Und durchstreich mit leisem Tritte
> Diesen ausgestorbnen Wald.
> Luna bricht die Nacht der Eichen,
> Zephirs melden ihren Lauf,
> Und die Birken streun mit Neigen
> Ihr den süßten Weihrauch auf.
>
> Schauer, der das Herze fühlen,
> Der die Seele schmelzen macht,
> Wandelt im Gebüsch im Kühlen.
> Welche schöne, süße Nacht!
> Freude! Wollust! Kaum zu fassen!
> Und doch wollt' ich, Himmel, dir
> Tausend deiner Nächte lassen,
> Gäb' mein Mädchen eine mir.

Das Gedicht – geschrieben im Frühjahr 1768, also noch vor der Straßburger Zeit – wurde zuerst 1769 in einem Band mit dem Titel *Neue Lieder* veröffentlicht. Es ist ein zweistrophiges Gedicht, das dem Doppelcharakter des Themas entspricht: einerseits die Wahrnehmung der Nacht, andererseits die Liebesempfindung. Die Anklänge an die Anakreontik sind ebenso unübersehbar wie jene an die Dichtung in der Tradition Petrarcas. Das Gedicht «Die Nacht» hat in seiner Text- und Überlieferungsgeschichte einige Variationen erfahren, die zum Teil mit Einbußen an Prägnanz der Wortwahl und Ausdruckskraft der Bilder einhergegangen sind. Die hier wiedergegebene Fassung des ersten Drucks enthält noch die ganze Spannkraft des Einfalls und ersten Impulses. Die Form ist zweistrophig, gleichmäßig gebaut, jeweils acht Zeilen mit einem vierhebigen Trochäus. Doch obwohl das Gedicht regelmäßig gebaut ist, verschwindet das Metrum im Gestus dieses Gedichts hinter dem Rhythmus. Beschworen wird die Stimmung einer Nacht: Es findet sich eine zunehmende Subjektivierung des Ausdrucks – zunächst ein Erzählton, dann die auf den Wald sich richtende Wahrnehmung und Beschreibung der Natur, schließlich die Subjektivierung durch die Betonung der Ich-Perspektive. Das Gedicht dringt zunehmend in die Gefühlswelt des Ich ein, um in der zweiten Strophe den reinen Gefühlsausdruck zu entbinden: Freude, sinnliche Empfindungen und am Ende die Gefühlsüberleitung zur Geliebten. Die Lust an der Natur erweckt aufs Neue die Sehnsucht und das Begehren nach dem geliebten Mädchen.

Dieses Gedicht gilt zu Recht als der entscheidende Durchbruch des Naturgefühls in Goethes lyrischem Werk. Eine hohe poetische Sensibilität durchläuft verschiedene Stimmungsstufen, die zuletzt zur angebeteten Geliebten zurückführen, mit einer Offenheit als Conclusio, die in der Tradition der anakreontischen Liebesdichtung steht. Doch den epochalen Unterschied zur Anakreontik bezeugt das vollständige Fehlen des Tändelns und Künstelns. Wenn sich die Anakreontik als ein heiteres, bisweilen humorvolles Spiel mit Formen und Arabesken verstehen lässt, so handelt es sich bei Goethe um die Ausdrucks- und Wahrnehmungsperspektive eines Subjekts, das seine Sehnsucht und sein Begehren ganz konkret an die Geliebte adressiert, in einer virtuosen Bilder- und Formensprache. Diese realisiert sich über eine Anthropomorphisierung der Natur, ablesbar an einer Vielfalt metonymischer Bildlichkeiten und subjektivierter Naturphänomene. Man hat das Gedicht lange Zeit als Erlebnislyrik gedeutet und nach biographischen Indizien gesucht, in denen diese Liebe und ihre Versagung sich hätte auffinden lassen. Das ist durchaus möglich – aber es wird dem Gedicht als sprachlichem Kunstwerk nicht gerecht. Gerade durch die Transformation des biographischen und des Naturerlebens in die Eigendynamik und Eigenwirklichkeit der poetischen Sprache und der Bauform objektiviert sich das lyrische Ich im Gedicht – dessen Erotik entspringt nicht individuellem Erleben, sondern seiner Ästhetik.

Auf nicht weniger eindrucksvolle Weise hat Goethe einen solchen Transformationsprozess auch in seinem Gedicht «Willkommen und Abschied» verwirklicht. Bauform und Metrik sind wiederum regelmäßig gehalten (vierhebige Jamben, durchgehender Kreuzreim), und abermals nimmt der Rhythmus des Gedichts den Inhalt in sich auf, indem er das Metrum verdrängt und verbirgt, verschlingt und überlagert. Gefühle werden in rhythmische Formen übersetzt, die ihrerseits volksliedhafte Elemente der Balladendichtung aufnehmen. Die Brisanz dieser Lyrik besteht in der konsequent durchgeführten Perspektive eines Ich, das in bislang nicht gehörter Form mit den Themen Natur und Liebe umgeht. Der Anblick der Geliebten und das mit ihr verbundene Glücksgefühl übertragen sich in die Qualität einer jungen Liebe, die mit dem Frühling und der Farbe Rosa assoziiert wird. Auf diese Weise kann die Liebe als Naturphänomen gezeigt werden, und die Götter, die Schöpfer der Erde, sind zugleich die Schöpfer der Liebe und damit diejenigen, denen das Ich Dank schuldet: «Und lieben, Götter, welch ein Glück!» – diese Anrufung schließt die Empfindung des Glücks ein, so über Liebe sprechen zu können.

Dies ist eine Formensprache, eine Bilderwelt, wie sie auf vergleichbare Weise auch das Gedicht «Maifest» bietet. Zur selben Zeit wie die vorhergehenden, etwa 1771, entstanden, wurde es 1775 in der Zeitschrift *Iris* veröffentlicht. Der Rhythmus des Gedichts wird durch die Fügung der Metren und Silben überaus dicht verwoben. Ein Gedanke geht in den nächsten über, das Gefühl der Liebe gleitet durch alle emotionalen Äußerungen hindurch, doch nicht in Gestalt inhaltlicher Vermittlungen, sondern unmittelbar durch die Bauform dieses Gebildes. Die einzelnen Zeilen, die einzelnen Rhythmen gehen nahezu fugenlos ineinander auf, ein rhythmisches Fließen entsteht, das durch die Öffnung der einzelnen Strophen zur jeweils nächsten verstärkt und beschleunigt wird. Vorangetrieben wird diese Dynamisierung der Emotionen durch die vielfältigen Interjektionen am Ende der dritten und zu Beginn der vierten sowie am Anfang der sechsten Strophe – eine insgesamt konzentrierte Verknüpfung, deren Übergänge schwerelos, fast tänzerisch erscheinen, bis sie, genau aufeinander bezogen, in eine Art Umarmung übergehen («Wie lieb ich dich!» – «Wie liebst du mich!»), eine in Worte gefasste Umschlingung, mit der sich am Ende der Eindruck eines nicht endenden, ewigen Glücks verbindet («Wie du mich liebst»). Die ganze Welt als Repräsentanz der göttlichen Schöpfung, als deren Teil sich das Ich im Spiegel des geliebten Du erkennt, als Teil einer gemeinsam erlebten, erfüllten und gefühlten Totalität. Man könnte von einer Evokation sprechen, von einer Anrufung, einer Beschwörung unentfremdeter Einheit zwischen Ich und Du, Ich und Natur. Doch ist hinzuzufügen, dass eine solche Aufforderung zu unentfremdeter Einheit zwischen Ich und Natur gerade die Erfahrung der Distanz, der Fremdheit zwischen Mensch und Natur, zu ihrer Voraussetzung hat. Wer die Natur in dieser Weise anspricht, ist eben nicht eins mit ihr – er will es erst und will es wieder werden. Die Distanz zur Natur, die am Ende des 18. Jahrhunderts erkennbar ist, und die Evokation der Einheit mit der Natur stehen, als Teil und Ausdruck einer Entfremdungserfahrung, in einem Bedingungsverhältnis zueinander: ein Gefühlsausdruck, der sich in der Geschichte der Poesie erstmals mit Goethes Jugendlyrik findet. Und auch hier gilt: Das Gedicht übersteigt alles rein Biographische. Ich und Du sind zwar als personale Instanzen eingeführt, doch auf eine Weise, die mit einer Entindividualisierung einhergeht, präziser: mit der Entgrenzung des Individuellen ins Individuell-Allgemeine.

Von ganz anderer Qualität ist Goethes Gedicht «Prometheus», das wahrscheinlich 1773 entstand. Die Grundlage bildet der griechische Mythos: Prometheus hat den Göttern den einzigen wirklichen Vorteil, den sie gegenüber den Menschen noch besaßen, nämlich das Feuer gestohlen und dieses den Menschen gebracht. Dafür ist er von Zeus grausam bestraft worden: Er wurde an den Kaukasus geschmiedet, jeden Tag kam ein Adler und fraß ihm die Leber heraus, die immer wieder nachwuchs –

und so fort, bis Herakles Prometheus schließlich befreite. Goethes Gedicht – ein Rollengedicht aus der Perspektive des mythischen Helden – zeigt nicht den bestraften Prometheus, sondern den emanzipierten Menschen. Hoffärtig, ja arrogant tritt er auf, selbstbewusst und hybrid. Die Form des Gedichts entspricht dieser Haltung: freie, rhythmische Rede, nicht gebunden durch Versmaß oder Reim. Zwar steht es unverkennbar in der Tradition der Hymne, doch richtet sich seine Anrede gegen die Götter, anstatt diese zu ehren oder gar zu verklären. Die auf einem jambischen Metrum beruhenden Verse überspielen dieses, indem sie eine Art Gegenarbeit leisten, beispielhaft im verschiedentlich eingesetzten Rhythmuswechsel und ebenso in Gestalt der ironisch-sarkastischen Distanzierung der ersten Strophe, die mit der Selbsterhebung des Prometheus in der zweiten Strophe korrespondiert. Es ist der Gestus eines aufgeklärten Zeitalters, der sich hier artikuliert. Das schöpferische Individuum, das schaffende Subjekt steht im Vordergrund, stellt und erhebt sich über die Schöpfung der Götter, konzentriert in der prometheischen Selbstbewusstwerdung. Sie bildet das Zentrum des Gedichts, seinen Ausgangspunkt, an dem das Rollen-Ich sich selbst setzt. Die Topoi, die genannt werden (Glut, Hitze, Feuer), sind zur Feier einer sich selbst ermächtigenden Subjektivität eingesetzt, des schöpferischen, produktiven, gottgleichen Prometheus («Hier sitz' ich, forme Menschen / Nach meinem Bilde»). Dieses Selbstbewusstsein steht nicht allein für die Produktivität der industriellen Wirklichkeit, die sich zur Entstehungszeit des Gedichts abzuzeichnen beginnt, sondern repräsentiert zugleich die einer künstlerischen Schöpferkraft, die sich im Gedicht selbst darstellt; ‹formen› heißt ‹gestalten›, mithin auch: Ideen und Wirklichkeiten gestalten, auch durch Sprache. Der Mensch macht seine Geschichte selbst, und der Schöpferkraft des gottgleichen Prometheus entspricht die Schöpferkraft des Dichters, der diesen Prozess einer produktiven Selbstbewusstwerdung gestaltet.

«Prometheus» steht innerhalb der Gedichtsammlung Goethes im Kontext einer Reihe von Rollengedichten, zu denen auch «Ganymed» und «An Schwager Kronos» zählen. Sie bieten unterschiedliche Figurenperspektiven. So ist Ganymed ein Königssohn, der wegen seiner Schönheit von Zeus in Gestalt eines Adlers entführt worden war und zum

Mundschenk der Götter gemacht wurde – ein Jüngling, der den Olympiern immer aufs Neue berauschende Getränke einschenkt. Die Verse sind auch hier, ähnlich dem Prometheus-Gedicht, durchrhythmisiert, metrisch frei und unregelmäßig. Sie drücken den Gefühlsaufstieg des empfindenden, liebenden Ich aus und bieten eine Parallelisierung von Liebeserlebnis und Naturerfahrung oder -begegnung. Bezeichnenderweise hat Goethe in den von ihm selbst verantworteten Werkausgaben das vermutlich 1772 entstandene, zuerst 1778 veröffentlichte Ganymed-Gedicht – es hat übrigens vielfältige Vertonungen erfahren, u.a. durch Franz Schubert und Hugo Wolf – stets auf das Prometheus-Gedicht folgen lassen, um auf diese Weise beide Gedichte zu einem Dialog höchst widerspruchsvoller Art zu führen. Diese Konstellation zeigt zugleich die Zwiespältigkeit des modernen, aufgeklärten Ich: Es ist selbstbewusst geworden, es macht seine Geschichte selbst, doch es hat Gott und damit seine transzendentale Behütung verloren. Daher sucht es weiterhin in der Natur den Ausdruck des verlorenen oder preisgegebenen Schöpfergottes, auf den es insoweit auch fixiert bleibt. Seine in diesem Gottes-, Natur- und Geschichtsverhältnis sich offenbarende Zwiespältigkeit und Widersprüchlichkeit entspricht, mit Hegel, dem «unglücklichen Bewußtsein» des modernen Ich.

Das Gedicht «An Schwager Kronos» ist am 10. Oktober 1774 entstanden und wurde ebenfalls zuerst 1778 veröffentlicht. Am Entstehungstag hatte Goethe seinen Gast Friedrich Klopstock auf dessen Heimweg von Frankfurt aus in Richtung Karlsruhe in der Postkutsche begleitet und auf der Rückreise nach Frankfurt dieses Gedicht geschrieben. Kronos, der Vater des Zeus, ist der Gott der Zeit. Die erste Strophe schon setzt einen unkonventionellen Auftakt. Das Gedicht nimmt die holpernde Fahrt der Kutsche in seine Bildwelt auf, und zwar durch die Benennung der Gegenstände, die das Holpern auslösen («Stock Wurzeln Steine»). Ohne Verb, ohne Konjunktionen springt das Gedicht über zum mühsamen Aufstieg, dessen verlangsamten Gestus der Gang der Verse übernimmt («Mühsam Berg hinauf»), um im Impuls der Gegenarbeit («Auf denn, nicht träge denn!») eine Dynamisierung und Beschleunigung des Aufstiegs zu erreichen («Strebend und hoffend an»), da der Blick über das Tal lockt, der Weitblick der Höhe, ebenfalls asyndetisch gebaut («Weit hoch herrlich der Blick»), und die folgende Rast mit dem «Gesundheitsblick», der zugleich eine erotische Perspektive andeutet. Von diesem Höhepunkt erfolgt die Fahrt hinab in die sinkende Sonne, die für das schwindende Dasein steht und dem Ich die verrinnende Zeit zu Bewusstsein bringt, den Alterungs-, schließlich den Vergreisungsprozess, verbunden mit der Ahnung des Todes, die in der Figur einer Inversion («eh mich faßt / Greisen im Moore Nebelduft») mitgeteilt wird: Sie macht deutlich, wie das Ich des Gedichts eingebunden ist und gefangen gehalten wird in der Unausweichlichkeit dieser Erfahrung. Auf sie folgt die Hadesfahrt, die das Ich in den «Orkus» führt, eine Konstellation, deren Schilderung dem Gestus des prometheischen Subjekts entspricht: Noch im Angesicht des Todes sieht sich der Sterbende als «Fürst». Auf diese Weise bietet das Gedicht «An Schwager Kronos» das Leben im Zeitraffer: vom Aufstieg des Jünglings mit seinem kühnen Blick und seinem Fortbewegungsdrang rasch in die Mitte des Lebens, auf dessen Höhe Gesundheit und Liebe lachen und locken, und dann, ebenso rasch, bergab, immer schneller, in den Orkus hinein – und selbst dort noch ein Fürst. In der Fassung von 1789 hat Goethe den Schluss übrigens korrigiert: Statt «ein Fürst kommt» heißt es nun: «wir kommen, / Daß gleich an der Türe / Der Wirt uns freundlich empfange» – eine Glättung, die vergleichsweise harmonisch und versöhnlich klingt.

Prosa: Fabel und Satire

Das 18. Jahrhundert hat der Lesekultur der Moderne den Boden bereitet. Die Lesefähigkeit erweiterte sich in allen Bevölkerungsschichten, und mit ihr vollzog sich der Aufstieg der Literatur, vor allem der Prosa, zum Leitmedium der Neuzeit. Kurzprosa, Fabeln und Satiren erlebten einen erstaunlichen Aufschwung, insbesondere der Roman setzte sich in allen gebildeten Schichten durch. Ein Aufstieg, der, im Vergleich zum 17. Jahrhundert, freilich auch mit Verlusten einhergegangen ist, da er den Verfall ganzer Genres mit sich brachte. Die Lob- und Gedächtnisrede etwa, auch das Fürstenlob sanken in der öffentlichen Wahrnehmung, ebenso die moralische Beispielgeschichte und die literarisch ambitionierte Predigt.

Man kann daran erkennen, dass die Lektüre wie die Qualität von Literatur immer auch standesgebunden war. Mit der zunehmenden Verbürgerlichung des Lebens sind literarische Traditionen und Formen verloren gegangen, darunter auch die bukolische und die Schäferdichtung, die zum Teil Neuprägungen erfahren haben, etwa im Medium der sich rasch ausbreitenden moralisch-didaktischen Wochenschriften und Erbauungsperiodika.

Generell zeichnet sich die Prosa im 18. Jahrhundert durch ihre Wirkungsabsicht aus. Sie steht unter dem Einfluss des Rationalismus und der frühen Aufklärung, repräsentiert den Glauben an die Besserungsfähigkeit des Menschen und stellt sich in den Dienst der Verbreitung dieses Glaubens. Die Prosa scheint für diesen Zweck besonders gut geeignet. Vorbereitet schon im Formenspektrum des 17. Jahrhunderts, etwa in der moralischen Beispielgeschichte, will sie am Exempel einer Figur zeigen, welche Wege der Mensch zu gehen fähig ist. Voraussetzung für eine solche Beispielerzählung ist der Glaube an das Individuum, das, im Ursprungssinn des Worts, als ein unteilbares Ganzes gilt und als eine in sich entwicklungsfähige Einheit gesehen wird, die alle guten Anlagen in sich trägt.

Der Ausbildung dieser Anlagen diente im 18. Jahrhundert vor allem die Fabel und, auf ihre Weise, auch die Satire. Die Fabel als die beliebteste Prosaform der Zeit, bei Autoren wie beim Publikum, erlebte zwischen 1740 und 1770 ihre Blütezeit. Zu ihren Autoren gehören Größen der Poetik wie Bodmer und Breitinger, ferner Dichter wie Johann Wilhelm Ludwig Gleim und Friedrich von Hagedorn, Christian Fürchtegott Gellert und Magnus Gottfried Lichtwer. Das Genre wird in Deutschland – was Lessing frühzeitig kritisiert hat – zunächst durch die Versform bestimmt, angelehnt an französische Vorbilder wie Jean de La Fontaine und Antoine Houdar de La Motte, der in seinem *Discours sur la fable* (1719) geschrieben hatte: «Die Fabel ist eine Belehrung, gekleidet in die Allegorie einer Handlung.» In diesem Zusammenhang sprach La Motte von «einem kleinen epischen Gedicht» – «episch» im Sinne des narrativen Elements jeder Geschichte, doch gekleidet in die Form des Gedichts und in das belehrende Exempel einer Allegorie. Das Vorbild Frankreich bot ein breites Spektrum attraktiver, publikumswirksamer Muster, so im

Werk La Fontaines, der seine Fabeln durch komplexe Verzweigungen der geschilderten Entwicklungen ausgeschmückt, seine Figuren differenziert gezeichnet und die von ihm entworfene Tierwelt mit der Liebe des Erzählers zu seinen Figuren gestaltet hat. Nach seinem Muster verfuhren auch Autoren wie Daniel Stoppe, Daniel Wilhelm Triller und Friedrich von Hagedorn, während Lessing oder Gottlieb Konrad Pfeffel bereits eine eigenständige Formensprache mit einer knappen Pointierung der wesentlichen Aspekte entwickelt hatten, die wenig später die Tradition der Fabel in ganz Deutschland prägte. Den Orientierungsrahmen bildeten hierbei Autoren der klassischen Antike, deren Motive aufgenommen, aktualisiert und variiert wurden.

Lessing hat deren beste Beispiele (Äsop, Phaedrus) nicht nur übersetzt, sondern sich diese geradezu anverwandelt durch fein pointierte Fortschreibungen und Neuschöpfungen mit unterschiedlichen Typenbildungen und sich zudem als Analytiker des Genres profiliert, eine Theorieneigung, der auch Johann Jakob Breitinger und Johann Adolf Schlegel (*Fabeln und Erzählungen*, 1796) gelegentlich nachgegeben haben. Lessing war freilich kein dürrer oder starrer Dogmatiker, sondern ein brillanter Denker der Form. Er argumentiert stets anhand des Materials, entwickelt und belegt seine Thesen am konkreten Text und überantwortet seine Beobachtungen und Überlegungen der Kontrolle des Lesers. Seine Typologie ist ebenso an grundsätzlichen Fragen orientiert, wie sie in Details der Analyse ausgreift, beides verbunden über den Aspekt der Lehre, ihre expliziten wie impliziten Bedeutungen und ihre speziellen wie generellen Übertragungsmöglichkeiten: «In der Fabel wird nicht eine jede Wahrheit, sondern ein allgemeiner moralischer Satz, nicht unter die Allegorie einer Handlung, sondern auf einen einzelnen Fall, nicht versteckt oder verkleidet, sondern so zurückgeführt, daß ich nicht bloß einige Ähnlichkeiten mit dem moralischen Satze in ihm entdecke, sondern diesen ganz anschauend darin erkenne.» Alles kommt, so Lessing, auf die «cognitio intuitiva» an, auf die anschauende Erkenntnis und die blitzartige Einsicht, die für den Leser aus dem erzählten Zusammenhang entspringt. Der Franzose La Fontaine war für Lessings Geschmack ein allzu ausschmückender, in Variationen verliebter Fabeldichter, der die Pointe, das rhetorische Element der Fabel, zugunsten der poetischen Ausschweifung vernachlässigte. Lessing setzt demgegenüber auf stilistische Kürze und konkrete Pointierung und fordert Prosaformen, weil der Vers seiner Meinung nach von der Wirkungsabsicht ablenkt und so die Fabel einengt.

Im Mittelpunkt steht, wie stets bei der Fabel, die Frage, in welcher Form die Lehre herauszuarbeiten sei. Sie lässt sich entweder als explizit an den Leser adressierte Mahnung lancieren – erkennbar in der Überschrift oder im Resümee einer didaktisch angelegten Conclusio – oder als implizite Reflexion, integriert in die erzählte Handlung, sodass der Leser sich als der intelligente Partner des Autors verstehen darf, dem eigenständiges Denken zugetraut wird. Gelegentlich aber, etwa in Magnus Gottfried Lichtwers Fabel «Der Vater und die drei Söhne», ist die zu vermittelnde Lehre in die Erzählung so pointiert integriert, dass die Moral buchstäblich ins Auge springt. Auf andere, kunstvollere Weise funktioniert die Fabel hingegen bei Lessing. Auch bei ihm wird die Belehrung in die Erzählung eingebunden, doch entspringt sie hier gewissermaßen dem positiven Muster und gelingt daher auf eine gelegentlich überraschende Weise: als Abweichung vom positiv formulierten Bildungsmuster. Je nach Intention des Autors kann es sich um Satire oder politische Kritik an Unrecht oder Ungerechtigkeit handeln, an den Herrschenden oder den Zuständen, an prominenten Personen und selbst an Dichterkollegen. Zum Teil werden scharfsinnige Dialoge in der Tierwelt der Fabel geführt, in der Tradition der aus dem Barock bekannten pointierten *argutia*-Gesprächsführung, des scharfen, zugespitzten Argumentierens sophistischer Herkunft, zum Teil handelt es sich um bloße Unterhaltung, verbunden mit Witz oder Ironie, indirekten Verweisen, Anspielungen oder Aussparungen humorvoller Art. Die Fabel dient als unterhaltsames Belehrungsinstrument, das seinen Zweck, die erstrebte Besserung des Menschen, in eine angemessene Form kleidet. Zugleich ist mit der Belehrungsabsicht aber auch die Grenze dieser Form markiert: Sie besitzt, über diese Belehrungsgrenze hinaus, keine literarische Entfaltungsmöglichkeit.

In Deutschland entstand die Theorie parallel zur Verbreitung des Genres, so bei Christian Fürchtegott Gellert, dessen Sammlungen von Fabeln und Erzählungen in den Jahren 1746 und 1748 erschienen, der aber bereits 1744 eine akademische Disputationsschrift zu Theorie und Geschichte der Gattung vorgelegt hatte. Demnach ist die Fabel als eine kurze, allegorisch gehaltene Form instruktiven und belehrenden Charakters zu verstehen, die zugleich durch Erfreuen nützen kann. Ähnlich wie bei den Franzosen wird auch hier die Fabel mit der Allegorie zusammengedacht, auf durchaus nicht unstrittige Weise, da das Problem der Wahrscheinlichkeit mitspielt: Dürfen Pflanzen und Tiere als redende Figuren auftreten? Sind sie glaubwürdige Träger der erwünschten Botschaft? Sind sie als Allegorien überhaupt (noch) literaturfähig? Fragen, deren positive Beantwortung Gellert nur für den Notfall einräumen will, dass sich keine wirklichkeitsgetreuere, mithin wahrscheinlichere Erzählmöglichkeit bietet. Es sind denn auch nicht nur Tierfabeln und Allegorien, denen sich prägnante Lehren entnehmen lassen, wie das Beispiel «Der Besitzer des Bogens» aus Lessings Feder zeigt:

«Ein Mann hatte einen trefflichen Bogen von Ebenholz, mit dem er sehr weit und sehr sicher schoß und den er ungemein werthielt. Einst aber, als er ihn aufmerksam betrachtete, sprach er: Ein wenig zu plump bist du doch! Alle deine Zierde ist die Glätte. Schade! – Doch dem ist abzuhelfen, fiel ihm ein. Ich will hingehen und den besten Künstler Bilder in den Bogen schnitzen lassen. – Er ging hin, und der Künstler schnitzte eine ganze Jagd auf den Bogen, und was hätte sich besser auf einen Bogen geschickt als eine Jagd? Der Mann war voller Freuden. «Du verdienest diese Zieraten, mein lieber Bogen!» – Indem will er ihn versuchen, er spannt, und der Bogen – zerbricht.»

Auch wenn einzuräumen ist, dass sich eine neue Gattung «Fabel» im 18. Jahrhundert nicht herausgebildet hat – ihre Aufgabe, «dem, der nicht viel Verstand besitzt, die Wahrheit durch ein Bild zu sagen» (Gellert), hat die der Fabeltradition verpflichtete Literatur dieser Zeit unbeirrt verfolgt. Im gleichen Sinn hat sich die mit ihr verwandte Satire im 18. Jahrhundert als eigene Gattung entwickelt als eine Art leitmotivische Begleittendenz der Aufklärungsepoche. Der kritische Witz wird gegen den unaufgeklärten Verstand gesetzt und richtet sich gegen die selbstverschuldete Unmündigkeit der Menschen. Vergleichsweise früh findet sich auch hierzu eine differenzierte Theoriebildung, so bei Johann Georg Sulzer, der in seiner *Allgemeinen Theorie der schönen Künste* (1771–1774) die formale Vielfalt der im Vergleich zur meist in gebundener Form auftretenden Satire der Antike (Horaz, Juvenal) betont. Gespräche, Briefe, Erzählungen, Geschichten, Romane, selbst das Drama und sogar das Lied lassen sich potenziell als Formen der Satire nutzen. «Difficile est satiram non scribere» (‹Es ist schwierig, keine Satire zu schreiben›), hatte einst Juvenal selbstbewusst im Blick auf die Mängel seiner Zeit erklärt. Im 18. Jahrhundert wurden die Gewissheiten eines aufgeklärten Standorts aufgeboten gegen die Unvernunft, die individuelle oder institutionelle Dummheit der Zeit. Vorgeprägt war die Satire der Aufklärungszeit bereits im 17. Jahrhundert, etwa bei Johann Michael Moscherosch (*Wunderliche und wahrhafftige Geschichte Philanders von Sittewald*, 1640–1643) und bei Christian Weise (*Der politische Näscher*, 1676), ferner durch die auch in Deutschland höchst populären, 1726 unter dem Titel *Gullivers Reisen* erschienenen Romane des Iren Jonathan Swift.

Charaktersatire, Personalsatire und Gelehrtensatire sind die dominanten Typen dieses Genres in Deutschland. Während sich die Charaktersatire gegen allgemeine menschliche Schwächen richtet, aber auch gegen Fehler von Institutionen oder ganzen Ständen, befassen sich die beiden anderen Formen vornehmlich mit Einzelpersonen. Einer der herausragenden Vertreter dieser Variante ist Christian Ludwig Liscow, der sich mit zwei bemerkenswerten Werken in die Tradition des Genres eingeschrieben hat: *Briontes der Jüngere, oder Lobrede auf den Hochedelgebohrnen und Hochgelahrten Herrn D. Johann Ernst Philippi* (1732) und *Die Vortrefflichkeit und Notwendigkeit der elenden Skribenten* (1734), Letzteres ein Höhepunkt der aufklärerischen Satire, in der Liscow im Namen der anspruchsvollen Literatur gegen die Dummheit der Zeit polemisiert. *Briontes der Jüngere* – eine Satire, die sich «Lobrede» nennt – ist in Wahrheit eine Parodie in satirischer Absicht, eine Replik nämlich auf jenen im Titel genannten «Herrn D. Johann Ernst Philippi», dessen Schriften *Sechs deutsche Reden* und *Heldengedicht auf den König von Polen* (beide 1732) Liscow zum Anlass einer scharfen Kritik in der uneigentlichen Form der Lobrede genommen hatte. So scharf, dass der attackierte Philippi bei Gericht einen Konfiszierungsantrag gegen die Schrift Liscows stellte, der freilich abgelehnt wurde. Philippi suchte daraufhin sein Heil in der Veröffentlichung zweier Gegensatiren, für die er zwar keinen Verlag fand, von denen aber Liscow Kenntnis erhielt. Daraufhin brachte dieser abermals sein satirisches Geschütz gegen Philippi in Stellung, in Gestalt einer Gegen-Gegensatire gewissermaßen, mit dem Tenor, Philippis Satire gegen ihn, Liscow, sei so schlecht, dass sie nicht einmal von Philippi stammen könne. Von nun an wogte die Auseinandersetzung hin und her. Liscow blieb unerbittlich und trieb seinen Angriff so weit, dass er seinen Kontrahenten umstandslos für tot erklärte, nachdem dieser in eine Prügelei mit zwei Offizieren verwickelt worden war. Damit nicht genug, ereilte den Kontrahenten Philippi wenig später das harte Schicksal der Realsatire: Wegen der Prügelei mit jenen Offizieren hatte er seinen Dienstherrn Friedrich Wilhelm I. um Entlassung aus seinem Amt als Professor der Universität Halle und um die Möglichkeit der Ausreise nach Göttingen gebeten. Ein solcher Schritt aber war nicht nur seit 1733 verboten, er entsprach auch nicht der Verantwortung und dem Stand eines Professors. Der Landesherr reagierte voller Zorn: Er entließ seinen Untertanen aus dem Universitätsdienst, ohne ihn außer Landes gehen zu lassen, sodass Philippi, nun mittellos, auf höheren Befehl sogar ins Gefängnis wanderte. 1742 entlassen, wies er seither, wie sich seinen Briefen bis 1750 ablesen lässt, deutliche Symptome einer Geistesstörung auf. Kurz vor seinem Tod lobte er sogar seinen einstigen Kontrahenten Liscow mit den Worten: «Er sprach zwar etwas scharf, aber er meint's doch gut.»

Liscow repräsentierte den Typus des radikal polemischen Satirikers, der bis an die Grenze der Vernichtung seines Gegners geht – den anderen Typus verkörperte Gottlieb Wilhelm Rabener, Verfasser des *Versuchs eines deutschen Wörterbuchs* und eines *Beytrags zum deutschen Wörterbuch* (beide 1746), dessen in den *Bremer Beiträgen* (4 Bde., 1751–1755) veröffentlichte Satiren sich vornehmlich auf Aspekte der Sprache konzentrierten, um anhand kommunikativer Konventionen falsche sprachliche Muster zu entlarven. Rabener gelangen dabei eine Reihe von bemerkenswerten Aphorismen, darunter die folgenden: «Was ist ein Eid? Ein Eid ist ein Akt, der eine Lüge wahrscheinlich macht.» – «Wer ist ein Menschenfeind? Ein Menschenfeind ist einer, der die Wahrheit sagt.» – «Verstand ist eine Eigenschaft, die nur den Reichen zugebilligt wird.» Es sind aphoristisch knappe Pointen, nicht ohne Witz, doch ohne die persönliche polemische Schärfe Liscows, Figuren der uneigentlichen, ironischen Stilkritik, die den angemessenen sprachlichen Duktus in Form der Entlarvung von Klischees und Stereotypen, also *ex negativo* betonen.

Zu nennen sind in diesem Zusammenhang auch Johann Heinrich Gottlob von Justi (*Scherzhafte und satyrische Schriften*, 3 Bde., 1760–1765), Friedrich Just Riedel (*Leben Junker Hansens*, 1760; *Sieben Satyren, nebst drei Anhängen*, 1765) und nicht zuletzt Jean Paul (*Grönländische Prozesse*, 1783–1784; *Auswahl aus des Teufels Papieren*, 1789) mit zwei Satiren, die jedoch nur wenig Erfolg beim Publikum hatten, weil sie – an eine gebildete Leserschaft adressiert, wie die meisten Werke dieses Autors – überaus komplex geschrieben waren. Die Hoch-Zeit der Satire scheint gegen Ende des 18. Jahrhunderts bereits überschritten. Das in den Jahren 1731 bis 1754 erschienene *Zedlersche Universallexikon*, ein seinerzeit Maßstäbe setzendes Kompendium, hatte die zeitgenössischen Vorbehalte gegen das Genre Satire schon frühzeitig benannt: «Und gewiß, wenn man die Sache genau erweget, so wird man befinden, daß die Gründe, womit man Satyren rechtfertigen will, zu schwach sind. Denn man lasse es seyn, daß jemand eine vernünfftige Absicht dabey hätte, und durch solche spöttische und lächerliche Bestraffung die Thorheiten und Irrthümer der Menschen auszurotten suchte, welches schwer halten sollte, daß keine Affecten wider gewisse Personen mit unterlauffen, so hält man doch dafür, daß man damit mehr schadet als nutzet.» Damit ist der kritische Ansatz der Satire zu einer harmonieorientierten, eher unterhaltenden denn polemischen Prosaform abgemildert. Zugebilligt wird ihr eine Tendenz zur Mäßigung, wie sie auch Rabener propagiert hat: «Die Satire soll die Laster tadeln, nicht aber die Personen»; ähnlich Breitinger, der die «gerechte Satire» als Spiegel der menschlichen Laster lobt, und Gottsched, der die Verfasser von Satiren gar für Weltweise hält. So wird die Satire zur Affirmation des Bestehenden entschärft, auch wenn sie im Werk Georg Christoph Lichtenbergs (*Timorus*, 1793; *Sudelbücher*, posthum), im 19. Jahrhundert dann bei Heinrich Heine noch einmal glanzvolle Höhepunkte erreicht hat.

Romanpoetik

Dass im Verlauf des 18. Jahrhunderts der Einzelne in den Mittelpunkt der Prosa gerückt ist, auch in das Zentrum autobiographischer Schriften, lässt sich an einer zwischen 1698 und 1745 in sieben Bänden erschienenen pietistischen Sammelreihe mit dem Titel *Historie der Wiedergebohrnen* ablesen, biographischen Texten, in denen es um Bekehrung, Erweckung und Buße geht. Sie sind Vorläufer der autobiographischen Schriften, etwa von Johann Heinrich Jung-Stilling (*Heinrich Stillings Jugend*, hg. von J. W. Goethe, 1777), auch von Karl-Philipp Moritz' Hauptwerk *Anton Reiser* (4 Bde., 1785–1790), mit seiner Verbindung von Lebensgeschichte und Roman eine der bedeutendsten Ausprägungen der autobiographischen Gattung in der zweiten Hälfte des 18. Jahrhunderts. Die Prosa begann sich, deutlich wahrnehmbar seit 1740, von den Barrieren der Tradition zu befreien, Ausdruck nicht zuletzt der Tatsache, dass das im Mittelpunkt stehende Individuum unter dem Einfluss des Romans psychologisch zunehmend differenziert gesehen wird.

Bis dahin relativ fest umrissen – eine Folge der klassizistischen Normgebung durch Nicolas Boileau und Johann Christoph Gottsched –, überschreitet der Roman die Grenzen der festgefügten normativen Ästhetik und führt im Zusammenhang der zunehmenden Psychologisierung zu einer neuen, erweiterten Formensprache, begleitet übrigens von einer hochreflektierten Theoriebildung. So erscheint bereits 1774 Christian Friedrich von Blanckenburgs *Versuch über den Roman*, der erste Schritt auf dem Weg zu einer ambitionierten Theoretisierung der neuen Gattung. Der aufklärerische Roman kann zum Paradigma der Prosaformen dieser Zeit werden, weil er eine offene Formensprache ausbildet, einen experimentellen Rahmen, in dem sich die Entwicklung eines individuellen Helden in der konfliktreichen Auseinandersetzung mit seiner Umwelt unter psychologischen Aspekten erzählen lässt, Momente und Elemente der Erprobung von Handlungsmöglichkeiten eines Subjekts, die gerade nicht normativ angelegt und schon gar nicht gattungspoetisch orientiert sind.

Der Roman repräsentiert auf diese Weise das Ende des rationalistischen Einflusses im 18. Jahrhundert. Mit der zunehmenden Alphabetisierung der Bevölkerung entsteht ein neues Lesepublikum. Es entwickelt sich ein Lesehunger, der die Vermittlung entsprechender Stoffe nach sich zieht. Statistisch gesehen heißt das: Zwischen 1615 und 1669 sind in Deutschland 90 Romane veröffentlicht worden, darunter 60 Übersetzungen – zwischen 1670 und 1724 erschienen bereits 300 Romane und zusätzlich 150 Übersetzungen. Die Gründe für diese rasch wachsende Verbreitung liegen auf der Hand: Romane bieten Orientierung; sie schildern das soziale Leben in großer Fülle und bunter Vielfalt; sie zeigen die Schicksale exemplarischer Figuren, positive wie negative; sie vermitteln, zum Teil durch abschreckende Beispiele, eine Moral; sie bieten, implizit wie explizit, didaktische Intentionen; nicht zuletzt hält der Roman Differenzerfahrungen bereit, indem er eine neue Wirklichkeit zeigt oder die vorhandene Wirklichkeit auf neue Weise zeigt, und zwar in psychologischer wie in ästhetischer Hinsicht. Der Roman bietet als Gattung eine komplexe neue Inhaltlichkeit: imaginäre Wirklichkeiten und Phantasiewelten, Exotismen und Absonderlichkeiten, Grenzüberschreitungen und utopische Räume, in Form von Idealen ebenso wie als Negativszenario. Die Romanwelt stellt einen Katechismus von Wunschvorstellungen bereit, die in Bilder sozialer und personaler Harmonie münden können, in die Idyllik, in Welten des Glücks und der Toleranz, der Zufriedenheit und der Harmonie, der Tugend und des Gottvertrauens. All dies bietet der Roman bereits im 17. Jahrhundert, poetologisch maßgebend aufgearbeitet durch den französischen Bischof Pierre Daniel Huet (*Traité de l'origine des romans*, 1670). Hier werden erstmals nicht Epos und Roman gegeneinander ausgespielt, sondern als gleichwertige, gleichrangige Formen des Erzählens vorgestellt, ja es werden dem Roman sogar Vorzüge eingeräumt, weil er ein höheres Maß an Wahrscheinlichkeit zu bieten habe und trotz seiner Stofffülle eine größere Geschlossenheit aufweise. Sowohl die Tatsache, dass es im Roman Figuren mittleren Standes gibt, als auch die Behandlung der «galanten» Liebesthematik im Medium der Tugendlehre sieht Huet als Vorzug der neuen Gattung. Ebenso lobt er die mögliche Spiegelung der potenziellen Leserschaft in der Personnage des Romans, da das Publikum sich auf diese Weise belehren und in eine spannungsreiche Figuren- und Handlungskonstellation einbeziehen lasse.

Huets Traktat wurde alsbald übersetzt und fand in Deutschland rasch Anhänger und Nachfolger, darunter Daniel Georg Morhof (*Unterricht von der Teutschen Sprache und Poesie*, 1682) und Albert Christian Rotth (*Vollständige Poesie in drei Theylen*, 1688). Das Fazit solcher Romanpoetiken klingt allerdings sehr bekannt: «Der Endzweck solcher Romaine ist, daß man dem Leser mit der Lust zugleich allerhand nützliche Sachen beibringe» – abermals also die Maxime des *aut prodesse aut delectare* in guter Horazischer Tradition, wie sie zur gleichen Zeit auch bei dem vor-aufklärerischen Denker Christian Thomasius (*Monatsgespräche*, 1688) betont wird: Der Roman sei ein Vehikel für die moralische Unterrichtung des Lesers in unterhaltsamer Weise, doch er soll keine eigenständige ästhetische oder gar belustigende Tendenz entwickeln. Romane kann man demnach nur unter Vorbehalten akzeptieren, und im Zweifelsfall soll sich der Leser durch solche Schriften belehren lassen, die ihn der Gefahr eines Missbrauchs durch Belustigung gar nicht erst aussetzen.

Doch es finden sich zu dieser Zeit auch erklärte Romangegner (Alt 1995, 279) – Gotthard Heidegger (*Mythoscopia Romantica*, 1698) ist einer von ihnen. Drei Problemkreise verbindet er in seiner Polemik: Romane seien «galant», also erotisch, frivol, amourös, eine große Gefahr vor allem für weibliche Leser; sie seien zudem zu lang und hielten die Leser dadurch von nützlichen Tätigkeiten ab; schließlich verbinden Romane, Heidegger zufolge, Fiktion und Wirklichkeit, beispielsweise Historie und Dichtung, so miteinander, dass die Gefahr einer Manipulation bestehe, etwa durch die Umdeutung der göttlichen Gesetzmäßigkeiten in der Geschichte. Der Roman mit seinen wunderbaren Phantasiewelten, den Feen und Märchengestalten, bösen Figuren und Hexen verwische die Grenzen zur göttlich geordneten Welt und verselbständige sich womöglich: «Unruh / Lüsternheit und Brunst / nehmen den Kopff gantz als in Arrest / setzen den Menschen in ein Schwitzbad der Passionen / verderben folgens auch die Gesundheit / machen Melancholicos und Duckmäuser / der Appetit vergeth / der Schlaf wird verhinderet und man walzt sich im Beth herum als wie die Thür im Angel». Am Beginn der Romanentwicklung in Deutschland steht mithin eine Auseinandersetzung über das Verhältnis von Realität und Fiktion, die, zentriert um die Frage nach dem Wirklichkeitsgehalt der Gattung, eine lange Traditionsgeschichte entfaltet hat bis hin zu den Debatten um den Begriff der «Widerspiegelung» in der zweiten Hälfte des 20. Jahrhunderts. Auch wenn Heideggers Romankritik im 18. Jahrhundert viel diskutiert wurde, war sie nicht wirklich folgenreich, zumindest nicht im Hinblick auf die Resonanz des Romans bei den Lesern. Doch sie war symptomatisch für den Geist der Zeit, da hier signifikante Argumente der Frühaufklärung ins Spiel kommen: Die Welt ist, auch in der Literatur, als Gottesentwurf zu respektieren – der Roman aber droht von dieser Verpflichtung abzulenken. In einem kleinen Gedicht hat Magnus Gottfried Lichtwer seine – ernst gemeinten – Warnungen anschaulich zusammengefasst:

> So facht in Adelheid ein kützelnder Roman
> von süßen Träumen voll, der Lüste Feuer an.
> Die Geilheit, die er ihr in feinen Zügen schildert
> erhitzt das junge Herz, und Adelheid verwildert.
> (zit. nach Alt 1995, 280)

Romane der Frühaufklärung

Die Entwicklung des Romans hat sich, wie die Erfolgsgeschichte der Gattung bis heute zeigt, durch die zitierten Einwände nicht aufhalten lassen. Sie hat, im Gegenteil, schon zur Zeit der Frühaufklärung einen überaus differenzierten Verlauf genommen. Vier nach teils formalen, teils thematischen Kriterien prägnant voneinander zu unterscheidende Typen seien im Folgenden anhand charakteristischer Beispiele vorgestellt: der Roman der Empfindsamkeit, der Staatsroman, der satirische Roman, der Inselroman wie auch die Robinsonaden.

Das Vorbild für den *Roman der Empfindsamkeit* war in Deutschland der Briefroman *Pamela* (1740) des Engländers Samuel Richardson, zwei weitere Autoren mit bedeutendem Einfluss auf die Romanentwicklung in Deutschland waren Pierre Carlet des Chamblain de Marivaux (*La vie de Marianne*, 1731–1742, und *Le paysan parvenu*, 1734/1735) sowie Abbé Prévost (*Histoire du chevalier des Grieux et de Manon Lescaut*, 1753). ‹Empfindsam› heißt: Im Mittelpunkt stehen (meist) liebende und leidende weibliche Herzen inmitten einer familiären Konstellation. Zu den Anregungen, die von außen nach Deutschland gelangt sind, gehört auch die Form des Briefromans, die für das gesamte 18. Jahrhundert prägend wurde. Sie ermöglicht gegenüber einer einzigen Erzählperspektive die Konfrontation und Kombination unterschiedlicher Seh- und Empfindungsweisen, die zu einer spannungsreichen Wahrnehmungsdifferenz führen können. Christian Fürchtegott Gellert (*Leben der schwedischen Gräfin von G****, 1747–1748) und Sophie La Roche (*Geschichte des Fräuleins von Sternheim*, 2 Bde., 1771) haben als erste Autoren in Deutschland den Briefroman als eine Bereicherung verstanden. Es geht in ihren Romanen um Individual- und Familienschicksale, auch um adelige Personen, die jedoch nicht primär als Vertreter der Aristokratie auftreten, sondern als Adelige zugleich Repräsentanten der Bürgerlichkeit sind: bürgerlicher Ideale, Moral- und Wertvorstellungen. Im Mittelpunkt stehen Figuren, die sich in verhalten psychologisch ausgeleuchteten Innenwelten bewegen. Ihre Gefühlswelt, Moralauffassung und Ethik vermitteln dem Leser die Lehre vom rechten Leben. In Gellerts Roman, weitgehend aus der Sicht der Gräfin von G*** geschrieben, sind zur Erweiterung der Erzählperspektive Elemente des Briefromans eingegangen, auch Dokumente und Berichte von Dritten, die den Rückblick der Titelheldin auf ihr Leben ergänzen. Der Roman zeigt, wie diese Gräfin als junges Mädchen im Zeichen eines ideellen Einklangs von Vernunft, Herz und Religiosität erzogen wurde, sodass es ihr am Ende ihres Lebens trotz eines schweren Schicksals gelingt, mit sich selbst im Frieden zu leben. Die Moral der Geschichte liegt auf der Hand: Man muss das Schicksal nehmen, wie es kommt, dabei aber die Tugend der Entsagung auf eine bisweilen altruistische Weise pflegen. Insgesamt bietet dieser Roman ein bürgerliches Ideal als Verhaltensmuster und Lebensmodell, das sich mit Kritik am Hof und der Versuchung durch das Laster verbindet. – Der Rückzug ins Private als Ausdruck einer bürgerlichen Gesinnung, die auch dem Adel zu Gebote steht: Auf ihre Weise hat Sophie La Roche mit der Geschichte des *Fräuleins von Sternheim* eine Fortsetzung dieses Empfindsamkeitsmusters vorgelegt, die, wiederum in Form eines Briefromans, das Schicksal einer verfolgten Unschuld schildert. Auch hier erscheint die Tugend als Teil der Bürgerlichkeit und das Laster als Kennzeichen des Adels, wobei die Titelheldin die Vernunft als Vorzug der Weiblichkeit einsetzt und höchst eigenständig zu handeln versteht – aktiv, karitativ und in deutlicher Abgrenzung gegenüber Korruption, Intrigen, Begierden und den Lastern des Hofs, zu denen auch die Verfolgung der Unschuld zählt. Der Adressat dieser Romane ist ein gebildetes weibliches Bürgertum, Leserinnen, die die bürgerlichen vor allem als weibliche Tugenden verstehen.

Der *Staatsroman* knüpft seinerseits an die literaturgeschichtliche Entwicklung des 17. Jahrhunderts an, insbesondere an die des Trauerspiels, doch steht hier im Mittelpunkt nicht der Tyrann oder die Fürstenwillkür, sondern ein adeliger Herrscher, der sich an die Staatsräson gebunden fühlt, Vorläufer des Idealbilds eines aufgeklärten absolutistischen Herrschers im 18. Jahrhundert. Thomas Hobbes' *Leviathan* (1651), die berühmte Lehre vom Wirken des Herrschers und der Funktion des Staates, die das bürgerliche Sicherheitsbedürfnis und die Maximen der Fürstenherrschaft miteinander in Einklang bringt, wirkt nach, um das berechtigte Bürgerinteresse und das gottgewollte Herrscherinteresse miteinander in Einklang zu bringen. Exemplarisch steht hierfür der Roman *Der redliche Mann am Hofe* (1740) von Johann Michael von Loen, der vom Aufstieg des Grafen Rivera handelt, eines Adeligen, der sich gegen die Intrigen am Hof des Königs von Aquitanien durchsetzt. «Redlich» heißt hier: Es geht um Reformen im Sinne der Aufklärung und des Absolutismus, deren Durchsetzung mit der Liebesgeschichte des Grafen Rivera und der Gräfin von Montserrat verbunden ist. Das Vorbild bildet der Barockroman mit dem Happy End der Hochzeit, dem ein theoretisches Konstrukt, nämlich ein Traktat über vernunftgeleitete Reformen – im Sinne einer Einrichtung des Staates nach bürgerlichen, vernunftgeleiteten Interessen – mit dem Titel «Freie Gedanken von der Besserung des Staates» angefügt ist. Redlichkeit, also vernunftgeleitete Moral, repräsentiert durch die adeligen Figuren, die ihrerseits als Träger der bürgerlichen Ideale zu verstehen sind, stehen der Politik und damit Hofleben, Intrigen, Korruption und Machtinteressen gegenüber. Ein anthropologisches Experiment zur Besserung des Menschen in Form eines überaus erfolgreichen Romans, der bis 1760, also innerhalb von 20 Jahren, fünf Auflagen erlebte. Er bot einem offenbar wissens- und innovationsbegierigen Publikum neue, den Ideen des Zeitalters verbundene Impulse, die, ohne die vorhandenen Strukturen des Absolutismus preiszugeben, den Lesern, adeligen wie bürgerlichen, die utopischen Ansätze der Aufklärung als Stimulanzien politischen und persönlichen Handelns nahelegten. Ein Reformprogramm, kein revolutionärer Wandel: Das Bestehende und zu Erhaltende soll durch Aufklärung verbessert werden.

Auch der *satirische Roman* besitzt Vorläufer, etwa in den Schelmenromanen des 17. Jahrhunderts, so in Grimmelshausens *Simplicissimus* (1668) oder in Christian Reuters *Schelmufsky* (1696). Hier ist der Held, ein Sohn der Wirtin des Gasthofs «Zum goldenen Maulhelden», eine abgerissene und verschlagene Type, Mörder, Raufbold und Frauenverführer, ein Abenteurer und Hochstapler in der literarischen Tradition des Picaro-Romans. Es handelt sich um eine Ich-Erzählung, die in Gestalt einer spannungsreichen Reihe kleinerer Handlungseinheiten geboten wird, mit Abenteuer, Politik, Liebe und Verbrechen. Der Titelheld ist bereits weitgehend als individualisierte Figur, nicht mehr nur typushaft konzipiert, als Verkörperung un- und gegenbürgerlicher Elemente der Gesellschaft, an denen sich – *ex negativo* – ablesen lässt, wie man sich verhalten soll. Oben und Unten werden dementsprechend scharf gegeneinander gestellt, um die Distanz und Diskrepanz von Idealität und Realität zu zeigen, kontrastiv und in satirischer Absicht, die gerichtsnotorisch geworden ist, da Reuter, seinerzeit Student in Leipzig mit einem ausschweifenden Alltag, unter anderen seine Zimmerwirtin, die leitmotivisch wiederkehrende «Frau Schlampampe», und ihre Töchter in Theaterstücken und Romanen verewigt hat – *Schelmufsky* wurde ebenso verboten wie andere seiner Werke. Die prägnanten Merkmale des satirischen Romans im 18. Jahrhundert sind hier vorgeprägt: Skepsis gegenüber dem Fortschritt, Kritik auch an Obrigkeit, bestehender Ordnung und Hierarchien, eine ironische Entlarvungskunst, die mit satirischen Bloßstellungen von Lüge und Betrug, Korruption und Skandalen arbeitet. Ein Musterbeispiel für diese Tradition bildet Christoph Martin Wielands Roman *Der Sieg der Natur über die Schwärmerey oder die Abenteuer des Don Silvio von Rosalva* (1764), der an spanische Vorbilder, insbesondere an Cervantes' *Don Quijote* (2 Teile, 1605 u. 1615) anknüpft. Auch Don Silvio ist Spanier. Er wächst unter der Erziehung seiner Tante Donna Mencia in Rosalva auf, einem Ort nahe Valencia. Don Silvio liest, wie Don Quijote, zahlreiche Rittergeschichten und Feenmärchen, vermischt, wie Cervantes' Romanheld auch, das Wunderbare mit dem Wirklichen oder Natürlichen, sucht nach Feen, Zauberern, Zwergen und sogar nach einem blauen Schmetterling, in dem er eine verzauberte Prinzessin vermutet. Schließlich findet er das Bildnis einer schönen Frau im Wald, der er, wie sein literarisches Vorbild, nachjagt, gemeinsam mit seinem Diener Pedrijo. Ein Roman, der sich als Kritik an der Schwärmerei versteht, an Aberglauben und Verblendung. Der Roman hält ein Plädoyer für Vernunft und Klarsicht, doch keineswegs für eine Abschaffung des Phantastischen in der Dichtung. Vielmehr wird deutlich, dass es eine Kunstwirklichkeit gibt, in der phantastische Elemente eine bedeutende Rolle spielen können. Das Phantastische in der Dichtung dient bei Wieland als Instrument der Kritik an einer falschen Einstellung zur Wirklichkeit. Wieland selbst hat betont, sein Roman besitze satirischen Charakter, um unter dem Schein der Frivolität philosophisch aufzuklären. Diese Absicht teilt er mit einigen anderen Prosawerken des 18. Jahrhunderts, so mit Friedrich Nicolais Satire *Das Leben und die Meinungen des Herrn Magister Sebaldus Nothanker* (1773–1776), Johann Karl Wezels *Wilhelmine Arend oder die Gefahren der Empfindsamkeit* (1784), Johann Heinrich Jung-Stillings *Theobald oder die Schwärmer* (1784), Theodor Gottlieb von Hippels *Kreuz- und Querzüge des Ritters A bis Z* (1785–1790), Wielands *Die Geschichte der Abderiten* (1781) sowie Johann Karl Wezels Roman *Belphegor* (1776), ein Werk, das Voltaires gegen Leibniz gerichtete Satire *Candide oder die beste der Welten* (1759) zum Vorbild hat. Der Held ist hier, wie in den anderen genannten Beispielen auch, ein Resultat der Wirklichkeitsverkennung, aber entgegen allem Aufklärungsoptimismus im Grunde ein unwandelbares und unverbesserliches Produkt seiner Zeit. Im Zweifelsfall endet diese Konstellation tödlich – es sind Romane der Aufklärung, die von deren Grenzen handeln.

Prominentester Autor des Genres *Inselroman* ist in Deutschland Johann Gottfried Schnabel. Seinen Ruhm verdankt der Dichter zum einen seinem Roman *Der im Irrgarten der Liebe herumtaumelnde Cavalier* (1738), ein Opus in der Tradition der galanten Romane, das kaum eine Ausschweifung auslässt, zum anderen und vor allem seinem Roman «Die Insel Felsenburg» (vier Teile: 1731, 1732, 1736 und 1743). An diesem Werk ist manches bemerkenswert. Zunächst: Der Verfassername («von Gisandern») ist falsch, der zumeist genannte Titel ist unzutreffend, und auch das Erscheinungsdatum des Romans unter diesem Titel stimmt nicht. Der Autorname «Gisander» ist ein Pseudonym. Der Titel des Romans lautet nicht «Die Insel Felsenburg», sondern vollständig und richtig

Wunderliche Fata einiger See-Fahrer, absonderlich Alberti Julii, eines geborenen Sachsens, welcher in seinem 18den Jahre zu Schiffe gegangen, durch Schiffbruch selbst an eine grausame Klippe geworfen worden, nach deren Übersteigung das schönste Land entdeckt, sich daselbst mit seiner Gefährtin verheiratet, aus solcher Ehe eine Familie von mehr als dreihundert Seelen erzeuget, das Land vortrefflich angebauet, mit besondere Zufälle erstaunens würdige Schätze gesammlet, seine in Teutschland ausgekundschafften Freunde glücklich gemacht, am Ende des 1728sten Jahres, als in seinem hunderten Jahre, annoch frisch und gesund gelebt, und vermuthlich noch zu dato lebt, entworfen von dessen Bruder-Sohnes-Sohnes-Sohne Mons. Eberhard Julio, Curieusen Lesern aber zum vermuthlichen Gemüths-Vergnügen ausgefertiget auch par Commission dem Druck übergeben von Gisandern. Nordhausen bey Joh. Heinrich Groß / privil. Buchhändler. Anno 1732.

Die Ausgabe schließlich, die von diesem Roman überliefert ist, stammt aus dem Jahr 1828 und verdankt sich einer Wiederentdeckung durch Ludwig Tieck. Er hat Schnabels Roman überarbeitet, gekürzt und zu guter Letzt den in der Tradition des Barock stehenden allzu sperrigen Originaltitel vereinfacht. Auf diese Weise wurde das Werk einem größeren Publikum allererst zugänglich – durch, streng genommen, unzulässige Eingriffe, die aber das Überleben des Romans, des besten deutschsprachigen Beispiels aus der Tradition der Robinsonaden, gesichert haben.

Der literaturgeschichtliche Begriff *Robinsonaden* geht zurück auf *The Life And Strange Surprizing Adventures Of Robinson Crusoe* (1719) von Daniel Defoe, einen Roman über das Inselexil eines Schiffbrüchigen, dessen Handlungskern bis heute in Form sprichwörtlicher Wendungen lebendig geblieben ist. Es gibt eine Fülle von Werken, die an Defoe anschließen, eine ganze Reihe von Robinsonaden, darunter allein in den Jahren 1721, 1722, 1723 und 1724 Bücher mit Titeln wie *Holländischer Robinson, Teutscher Robinson, Sächsischer Robinson, Französischer Robinson, Schwedischer Robinson, Amerikanischer Robinson* und *Der schweizerische Robinson,* ferner aus der Feder des aufklärerischen Pädagogen und Schriftstellers Joachim Heinrich Campe (1746–1818) einen Roman mit dem unmissverständlich auf Defoe anspielenden Titel *Robinson, der Jüngere* (1779/80). Alle diese Werke haben sich durch das bei Defoe vorgeprägte aufklärerische und erziehungsorientierte Denken anregen lassen bis hin zu Abenteuergeschichten, die das Inselmotiv aufnehmen und weiterspinnen, zum Teil als Umdichtungen in Form von Komödien und Parodien, Opern und Operetten, Ballettentwürfen und Maskenzügen. Allein zwischen 1721 und 1730 sind in Deutschland 26, zwischen 1730 und 1750 weitere 19 Robinsonaden erschienen. Diese Tatsache ist auch im Hinblick auf das Verhältnis von Wirklichkeit und Utopie von Bedeutung. Die Robinsonade repräsentiert ein Fluchtmotiv: Menschen, die auf der Reise sind, werden aus der Zivilisation geworfen und in eine Situation des Rückzugs und der Einsamkeit getragen, die sich zeitgenössisch auch als eine Art Europamüdigkeit verstehen lässt. Das Inselparadies ist ein Zufluchtsort. Der Weg dorthin gibt der Sehnsucht nach dem Urzustand Ausdruck, verbunden mit der Erkenntnis der menschlichen Kreatürlichkeit und Ungeschütztheit vor modernen, zivilisatorischen, zweckrationalen und aufgeklärten Daseins- und Wissenszuständen, beglaubigt nicht durch die Mittel eines erzählerischen Realismus, sondern in Gestalt einer poetischen Fiktionalisierung, aus welcher der Autonomieanspruch der Kunst spricht. Das Asyl der Insel bietet einerseits Zuflucht vor den Zivilisationsschäden, den Zumutungen und Verwerfungen der europäischen Gesellschaften, andererseits die utopische Verheißung eines neuen Lebens, zwar nicht ohne Rückversicherung auf die Tröstungen des christlichen Glaubens, doch im Vertrauen auf die gelingende Verknüpfung von Gefühl und Verstand, im Zeichen der Empfindsamkeit und des *common sense*, dem eine neue, glückliche Produktivität entspringen wird.

Neben den zuvor genannten Romantypen seien zwei Einzelwerke hervorgehoben, die die Entwicklung der Gattung Roman im 18. Jahrhundert maßgeblich beeinflusst haben. Zunächst Wielands *Agathon*: das Werk eines umfassend gebildeten Erzählers, der das Konzept einer «progressiven Universalpoesie» praktizierte, noch bevor es die Frühromantiker in das Zentrum ihrer ästhetischen Theoriebildung rückten. Wieland eröffnete mit diesem Prosawerk ein neues Kapitel der deutschsprachigen Romangeschichte. Henry Fieldings *The History of Tom Jones, a foundling* (dt. 1749) und Laurence Sternes *The life and opinions of Tristram Shandy* (9 Bde., dt. 1760–1769) dürften insbesondere im Hinblick auf den ebenso abenteuerlichen wie hochironischen Erzählduktus die Vorbilder gegeben haben. Die 1767 erschienene erste Ausgabe hat Wieland, über 25 Jahre hinweg, mehreren Bearbeitungen und Erweiterungen unterzogen (2. Fassung 1773, 3. Fassung 1794). Die Ergänzungen belegen, dass der Verfasser den Roman zu einem Muster vollenden wollte: Nicht nur wird die Entwicklung des Helden mit deutlich idealisierenden Zügen gezeichnet, sondern zudem soll deren Einbettung in eine Staatsutopie gelingen, die in der eher skeptisch und desillusionierend gehaltenen Erstfassung noch Fragment geblieben war. Die Figur Agathon (‹der Gute›) ist gleichwohl kein Modell des tugendhaften Mannes, sondern wird vorgeführt in ironischen Brechungen und Enttäuschungen, die aber – im Unterschied etwa zu Sternes *Tristram Shandy* – im wesentlichen linear und chronologisch, der Handlungsfolge in der Zeit entsprechend, wiedergegeben werden. Es geht um die Suche eines Menschen nach sich selbst, nach seiner Bestimmung und seinem Lebensziel – insoweit handelt es sich auch um einen philosophischen Roman, der in der Figur des Titelhelden zwei philosophische Prinzipien gegeneinander führt: den platonischen Idealismus und den sinnlichen Materialismus. Immer aufs Neue wird Agathon in unterschiedliche Diskurse und Situationen hineingestellt, in denen diese beiden philosophischen Prinzipien auf konfliktreiche Weise handlungsorientierend wirken, aber auch Enttäuschungen auslösen, ergänzt und angereichert durch weitere philosophische Aspekte und lebensgeschichtliche Probleme, darunter Fragen der Staatstheorie, der Ethik und Affektpsychologie sowie Probleme der Liebe und der Moral, zum Teil in Form von Handlungskonstellationen, zum Teil mit Mitteln des Konfliktdialogs. Entscheidend und innovativ ist vor allem die Verbindung von Staats- und satirischem Roman zu einem psychologisch fundierten Erzählganzen, das die Entwicklung des Helden und dessen Erkenntnisse zur Diskussion stellt.

Sieben Jahre nach der ersten Ausgabe von Wielands *Agathon* ist der zweite epochemachende Roman dieser Zeit erschienen, Goethes Briefroman *Die Leiden des jungen Werthers* (1774). Im Mai 1771 kommt dessen Held wegen Erbschaftsangelegenheiten seiner Mutter in einer kleinen Stadt an. Hier fühlt er sich wohl, liest «seinen» Homer und sieht sich im Einklang mit der Natur. Doch von Anfang an sind auch Gegenkräfte spürbar, Ideen und Überlegungen zu einem möglichen Rückzug auf sich selbst, sogar Selbstmordgedanken klingen an, und ebenso findet sich von Anfang an eine Beschwörung der Identität von «Ich und Natur», die vom Ausdruck eines Leidens an der Begrenztheit des Menschen und den Grenzen der Welt des Künstlers begleitet wird. Auf einem Ball lernt Werther Lotte kennen, verliebt sich in sie, die bereits verlobt ist – als ihr Verlobter Albert von einer Reise zurückkehrt, schlägt die Glückseligkeit des Verliebtseins bei Werther in Enttäuschung und Leiden um. Albert ist der Typ des seriösen, anständigen Mannes – Werther der Schwärmer, der Aufbegehrende. In dieser Konstellation wird die Situation für Werther fast unerträglich. Er nimmt eine Stellung an und durchlebt hier die sozialen Bedrückungen des Bürgers in einer adeligen Gesellschaft, erfährt Demütigungen und Zurücksetzungen, wird bei einer Tischgesellschaft gar des Raums verwiesen und kehrt schließlich in seine Heimat zurück. Doch die Sehnsucht führt ihn wieder zu Lotte, seine Eifersucht wächst, seine Situation spiegelt sich in Episoden, die von Verbrechen und Wahnsinn handeln und den Selbstmord als Handlungsalternative bieten, zurückprojizierbar auf Werther und seine künftige Entwicklung. Es folgt eine letzte Lektüre des Ossian, ein letzter Besuch bei Lotte, die sich losreißt. Werther schreibt einen bereits begonnenen Abschiedsbrief an sie zu Ende, zieht noch einmal den berühmt gewordenen blauen Frack mit der gelben Weste an und erschießt sich mit Pistolen, die er sich zuvor von Albert geliehen hatte. Zahlreiche autobiographische Aspekte sind in diesen Roman eingeflossen – enttäuschte Liebeserlebnisse zumal, ferner der Selbstmord eines jungen Mannes namens Karl Wilhelm Jerusalem im Jahr 1772 –, die Goethe bewusst als Handlungselemente aufgenommen hat, deren prägenden Einfluss auf seine Konzeption er später jedoch immer mit dem Hinweis verneint hat, dass der Roman seine eigene Wirklichkeit habe. Die Wirkungen waren umso größer: Der Roman löst eine Selbstmordwelle unglücklich Verliebter aus, ebenso eine Modewelle glücklicher Werther-Verehrer, die sich ihrerseits in einen blauen

Frack mit einer gelben Weste kleideten. Von der Popularität des Werks zeugen in den nächsten zwei Jahrhunderten zahlreiche Adaptionen, von der Parodie *Freuden des jungen Werthers* (1775) aus der Feder des Verlegers und Schriftstellers Friedrich Nicolai bis zu Ulrich Plenzdorfs Erzählung *Die neuen Leiden des jungen W.* (1972), die den Stoff in die DDR transponiert.

Das Werk ist als Briefroman konzipiert, doch im Unterschied zu dem Perspektivenwechsel, den diese Form ermöglicht, schreibt allein Werther diese Briefe, und zwar an einen Freund, dem er in aller Offenheit seine persönlichsten Empfindungen mitteilt, abgesehen von einer Brechung der Erzählperspektive am Ende, wo nach Werthers Selbstmord aus erzähltechnischen Gründen ein Herausgeber zwischengeschaltet werden muss. Der Briefroman aus der Perspektive des Helden ermöglicht eine Vertiefung des leidenschaftlichen Augenblicks, der enthusiastisch beschrieben werden kann, erhöht und verklärt, oder aber in abgründige Trauer gehüllt, vermittelt durch die emphatische Sprache Werthers, die sich im Vollzug des Schreibens herstellt. Dieser sehr persönliche Ausdruck des Helden fügt sich in keine poetologische Doktrin, sondern will und soll ganz Emotion sein. Seine die Natur verklärenden Schreibversuche, die dem Gefühl, aber auch der Reflexion und damit der Bändigung der Natur dienen sollen, sind nichts anderes als Ausdruck der Gewalt, den die Natur – als Thema wie als Empfindung – über den Schreibenden gewinnt. Der Roman ist mit Bildungselementen auf eine höchst moderne Weise durchsetzt, die das Ich nicht ungebrochen sich entwickeln lässt, sondern gleichsam Kultur- und Literaturfilter zwischen dem Subjekt und seiner Objektwelt einarbeitet, die dem modernen Selbstbewusstsein nur im Medium der Kultur eine Begegnung mit sich selbst erlaubt. Zudem hat Goethe Werthers Leiden deutlich auch sozial akzentuiert, beispielhaft in jener Episode, die Werther die Standesunterschiede innerhalb der ihn umgebenden Gesellschaft nachdrücklich vor Augen führt: Mit dem demonstrativen Ausschluss aus der Welt des Adels erfährt Werther auch sein soziales Außenseitertum. Die Leidensfähigkeit des Bürgertums in der hierarchisch strukturierten Gesellschaft teilt Werther nicht – der Weg in die Katastrophe ist damit vorgezeichnet. «Krankheit zum Tode» – so analysiert Werther am Ende selbst seine

Lage, ganz im Sinne einer unausweichlichen, schicksalhaften Disposition. Alle Motive, seine gescheiterte Liebe wie sein gesellschaftliches Ausgegrenztsein, finden sich gebündelt zu einer unheilbaren Melancholie, zu Schmerz und Verzweiflung. Die Getriebenheit des Sturm und Drang in ihrer reinsten Form, verbunden mit der Kritik an den allzu optimistischen Aufklärungsimpulsen – eine Gegenbewegung als Indiz einer Selbstkorrektur des Jahrhunderts.

Georg Christoph Lichtenberg

Lichtenberg zu lesen ist ein Vergnügen besonderer Art. Hier ist ein Autor am Werk, der nicht nur schreiben, sondern auch denken kann, auf eine wissenschaftlich wie philosophisch und literarisch höchst moderne Weise. Georg Christoph Lichtenberg lebte und lehrte, abgesehen von zwei Reisen nach England, als Professor in Göttingen, das ihm einen zu jener Zeit einzigartigen Raum für sein Denken und die Entfaltung seiner literarischen Begabung eröffnete. 1770 war er zum Außerordentlichen Professor der Philosophie, 1775 zum Ordentlichen Professor für reine und angewandte Mathematik ernannt worden, außerdem lehrte er Astronomie, physikalische Geographie und Experimentalphysik. Ein leuchtender Stern am Firmament der Wissenschaften, dazu ein ideenreicher Erfinder und Entdecker, u.a. der «Lichtenbergschen Figuren», die beim Bestäuben einer Platte aus Isolierstoff an deren Oberfläche auf Grund einer elektrischen Gleitentladung entstehen. Seit 1777 war er auch Herausgeber des *Göttinger Taschenkalenders* sowie, gemeinsam mit dem Schriftsteller Johann Georg Forster (*A voyage towards the South Pole and round the world*, 1777, dt. 1778/1780; *Ansichten vom Niederrhein*, 1791–1794), verantwortlich für das *Göttingische Magazin der Wissenschaften und der Literatur* (1780–1785). Lichtenberg hat kein einziges monographisches Werk vollendet, sondern seine Arbeiten im Wesentlichen in einem fragmentarischen Zustand oder in der Planungsphase hinterlassen – bezeichnend genug für einen Autor, der klug war und zu schreiben verstand, der aber als Physiker und Naturwissenschaftler ebenso um den experimentellen und damit vorläufigen und fragmentarischen Charakter seiner Arbeit wusste: Das Experiment wartet auf Fortführung, auf Falsifizierung oder Verifizierung und widersetzt sich damit dem Systemdenken.

Literarisch ist Lichtenberg vor allem mit Satiren hervorgetreten, darunter satirische Feldzüge unter dem Titel *Timorus* (1773), die sich gegen den bekanntesten Physiognomen seiner Zeit, Johann Kasper Lavater (*Physiognomische Fragmente zur Beförderung der Menschenkenntnis und Menschenliebe*, 4 Bde., 1775–1778), richteten. Da, Lavater zufolge, das Ziel Gottes die Verwirklichung seines Sohnes Jesus Christus im Bild des Menschen war und da am Beginn dieses Prozesses die Primaten standen, ließ sich die Menschheit nach dem Kriterium ihrer physiognomischen Verwandtschaft zum Affen beziehungsweise ihrer Nähe zum idealen Bild des Gottessohns einteilen. An dieser Art von «Wissenschaft» musste sich ein Philosoph und Schriftsteller, ein Skeptiker und Aufklärer vom Format eines Lichtenberg unvermeidlich reiben. Im Mittelpunkt seines *Timorus* steht die Absicht des fingierten Verfassers, eines religiösen, christlich-orthodoxen Fanatikers namens Konrad Futurin, die Bevölkerung zu bekehren – eine satirische Prosa in Form von Rollenironie. Die Argumente des fiktiven Autors verstoßen gegen die Evidenz der Phänomene. Die Wirklichkeit widerlegt ihn, allen praktizierten Formen der Sophisterei zum Trotz, und führt auf diese Weise zur ironischen Selbstdemontage des Protagonisten. Lichtenberg entfaltet hier wie in anderen Texten – so in den *Episteln an Tobias Göbhard* (1776), der *Physiognomik wider die Physiognomen* (1777–1778) und in seinem *Fragment von Schwänzen* (1783) – Spielräume der Ironie, in deren Doppelbödigkeit stets satirische Züge eingelagert sind.

Doch Lichtenberg war nicht nur ein großer Satiriker, sondern hat als Schriftsteller auch durch seine *Ausführliche Erklärung der Hogarthischen Kupferstiche* (1794–1799; 1835 posthum veröffentl.) überlebt. William Hogarth, englischer Maler und Kunsttheoretiker, ein Kupferstecher der Meisterklasse, hervorragender Techniker und filigraner Handwerker, hat in seinen Kupferstichen gesellschafts- und moralkritische Porträts seiner Zeit entworfen, Szenen und Genrebilder des englischen Familienalltags. Lichtenberg hatte diese Sammlung gesehen, auf seiner zweiten Englandreise (1774/75) erworben und die Kupferstiche später an die

Göttinger Bibliothek veräußert, in deren Besitz sie sich noch heute befinden. Gegenstände der Hogarth'schen Stiche waren Moden, Konversationen gesellschaftlicher Randgruppen, Alltagsfacetten wie die Tageszeiten und Themen wie «Fleiß und Faulheit», «Der Weg der Buhlerin» oder «Der Weg des Liederlichen», das später zum Anlass für Igor Strawinskys Oper *The Rake's Progress* (1951) wurde. Lichtenbergs Erläuterungen zu Hogarths Kupferstichen zeichnen sich durch präzise sprachliche Mittel aus, getreu seinem Anspruch, dem Ingenium des Künstlers, Stich für Stich und Einzelheit für Einzelheit, gerecht werden zu wollen. Diese Erklärungen sind verbunden mit zahlreichen satirischen Elementen und sozialpsychologischen Exkursen, mit Bildungsfacetten und literarischen Anspielungen und nicht zuletzt mit wissenschaftlichen Ausführungen, hochgelehrt und hochliterarisch, ein völlig neuer, eigenständiger Stil im 18. Jahrhundert. Ermöglicht wird er durch eine Empathie, die sich in die Figuren und das dargestellte Geschehen hineinversetzt, intelligent und sensibel, mit Hingabe und großem Witz, lebendige Nacherzählungen der Kupferstiche und ihre poetische Neufassung.

Während Lichtenbergs Erläuterungen zu Hogarth zu ihrer Zeit berühmt waren und dann rasch vergessen worden sind, verhält es sich mit seinen in den tagebuchartigen *Sudelbüchern* zusammengetragenen Aphorismen umgekehrt: Sie waren zu der Zeit, als sie geschrieben wurden, und auch lange nach Lichtenbergs Tod noch kaum bekannt, während sie heute als literarisches Zentrum des Lichtenberg'schen Werks gelten. Teile davon wurden zu Beginn des 19. Jahrhunderts als *Vermischte Schriften* (9 Bde., 1800–1806) herausgegeben, die erste bedeutende deutschsprachige Aphorismensammlung überhaupt, verantwortet von Lichtenbergs Bruder. Die von dem englischen Ausdruck ‹waste book› sich herleitende Bezeichnung ‹Sudelbuch›, die Idee also einer Sammlung ungeordneter Aufzeichnungen aller Art, hat Lichtenberg offenbar fasziniert – allerdings haben sich spätere Bearbeiter und Herausgeber seines Werks daran gemacht, das Textkonvolut nach systematischen Kriterien wie «Glauben und Gott» oder «Schönheit und Frauen» zu untergliedern, sodass der ursprüngliche Reiz einer ungeregelten Spontaneität aller Eintragungen verloren gegangen ist. Sie wurde erst mit der Neuausgabe seiner *Schriften und Briefe* (4 Bde., 1967–1972, hg. von Wolfgang Promies) wieder ins rechte Licht gerückt. Lichtenbergs Aphorismen bieten die besten Möglichkeiten dieser Form: knappe, pointierte Aussagen, witzig, geistreich und prägnant, Gedanken und Urteile in epigrammatischer Kürze, deren Kennzeichen die Offenheit und Unabgeschlossenheit des von ihnen in Gang gesetzten Reflexionsprozesses ist, der fragmentarische Charakter der mit ihnen vollzogenen intellektuellen Bewegung und die experimentelle Figur des revidierbaren Entwurfs. Bedeutende Vorläufer in Frankreich wie Montaigne, La Rochefoucauld und La Bruyère mögen hier prägend gewirkt haben, während gleichzeitige Versuche in Deutschland, wie jene Friedrich Schlegels und Novalis' in der Zeitschrift *Athenäum* (1797–1800), auf den Reiz dieser Form bei der zeitgenössischen literarischen Avantgarde deuten, so wie später bei Heinrich Heine, Friedrich Nietzsche und Karl Kraus. Einige der Glanzlichter aus dem aphoristischen Kosmos Lichtenbergs haben den Rang geflügelter Worte erreicht:

«Wenn ein Buch und ein Kopf zusammenstoßen und es klingt hohl, ist das allemal im Buch?»
«Ein Buch ist ein Spiegel. Wenn ein Affe hineinsieht, so kann kein Apostel herausgucken.»
«Der Rheinwein ist der beste, in welchen der Rhein und die Mosel gar nicht geflossen ist.»
«Eine seltsamere Ware als Bücher gibt es wohl schwerlich in der Welt. Von Leuten gedruckt, die sie nicht verstehen, von Leuten verkauft, die sie nicht verstehen, gebunden, rezensiert und gelesen von Leuten, die sie nicht verstehen, und nun gar geschrieben von Leuten, die sie nicht verstehen.»
«Ich kann freilich nicht sagen, ob es besser werden wird, wenn es anders wird, aber soviel kann ich sagen, es muss anders werden, wenn es gut werden soll.»
«‹Wie geht es?›, fragte ein Blinder einen Lahmen. ‹Wie Sie sehen!›, war die Antwort.»

Neben solchen scheinbar leichtgewichtigen, witzig pointierten Aperçus hat Lichtenberg auch komplexere Gedankengänge in die Form von Aphorismen gebracht, die zum Nachdenken anregen. Sie bieten zum Teil spannungsreiche Einblicke in die Erforschung des Subjekts und der individuellen Psyche, mit denen die anthropologischen Weichen der Zeit, womöglich angeregt durch Karl Philipp Moritz und Christoph Martin

Wieland, bereits in Richtung Psychoanalyse gestellt scheinen. In vergleichbarer Weise kritisch geht Lichtenberg, ganz im Geist Kants, gelegentlich auch mit borniertem Glaubensüberzeugungen und deren sprachlicher Gestalt ins Gericht. Klar unterscheidet er zwischen den Erkenntnismöglichkeiten des Menschen und der prinzipiellen Undurchschaubarkeit der religiösen Sphäre, ohne die Errichtung falscher und damit verlogener Brücken zu erlauben, die der Eingliederung in ein theologisch bestimmtes Weltbild dienen sollen. Man müsse mit Ideen experimentieren, hat der Physikprofessor einmal gesagt. In diesem Sinn sind die *Sudelbücher* ein Ideenexperiment in aufklärerischer Absicht, und die Skepsis ist ihr dominanter Gestus. Ein Gestus des Abwägens und Nachdenkens im grammatischen und intellektuellen Modus des Konjunktivs (Schöne 1982).

4 Klassik

Begriffsbestimmung und Epochenabgrenzung

Je mehr man sich mit dem Begriff ‹Klassik› beschäftigt, desto undeutlicher wird er – ein Phänomen, das seinen Niederschlag in einer Fülle von Theoriebildungen und Definitionsversuchen gefunden hat (Schulz / Doering 2003). Die Schwierigkeit eines verbindlichen definitorischen Zugriffs hat offenbar damit zu tun, dass es sich um einen ästhetischen Normbegriff und zugleich um einen literaturgeschichtlichen Epochenbegriff handelt (Voßkamp [Hg.] 2009). Der aus dem Lateinischen stammende Terminus «classicus» bezeichnete im römischen Steuerrecht eine Stufe oder Schicht innerhalb der Gesellschaft, im engeren Sinn eine Steuerklasse. Cicero hat den Begriff «classicus» im Sinne einer normativen Einstufung auf die Literatur übertragen. In diesem Verständnis wurde das Wort im Humanismus wiederentdeckt, hier allerdings zunächst als Epochenbezeichnung für die Antike und erst später als Normbezeichnung für das Mustergültige. Damit ist eine Traditionsbildung angesprochen, die sich im Lauf von Jahrhunderten entfaltet und einen verpflichtenden Charakter angenommen hat.

Als Epochenbezeichnung besitzt der Terminus Klassik einen differenzierten Bedeutungshof. Er bezeichnet die durch Konvention sanktionierte Vorstellung einer historisch gebundenen künstlerischen Wahrnehmungs- und Ausdrucksform und ebenso die mit der Tradierung dieser Konvention verbundene Neu- und Umdeutung des begrifflichen Gehalts. ‹Klassische› Epochen hat es immer schon und auf allen denkbaren kulturellen und künstlerischen Feldern gegeben: in der Baukunst ebenso wie in der Malerei, in der Plastik wie in der Philosophie, in der Antike wie im 18. Jahrhundert; zudem finden sich Epochen der ‹Klassik› in allen Nationalliteraturen. So entstand im Zuge eines immer weiter sich fortschreibenden diskursiven Aneignungsprozesses eine ständig sich erneuernde Qualität des Begriffs Klassik, die durch revidierbare

Konventionen, durch Zustimmung und Widerruf, Einverständnis und Neubestimmung charakterisiert ist.

An der Ausbildung des Idealbilds ‹Klassik› war vor allem die buchstäblich epochemachende Abhandlung *Gedanken über die Nachahmung der griechischen Werke in der Malerey und Bildhauerkunst* (1755) von Johann Joachim Winckelmann beteiligt. Mit ihr beginnt Mitte des 18. Jahrhunderts die Beschäftigung mit der Antike, eine verklärende Verehrung insbesondere der griechischen Philosophie, Literatur und bildenden Kunst mit Nachwirkungen bis heute, wenn man an das Ideal der humanistischen Bildung denkt. Winckelmann bietet mit seiner Schrift keine Vermittlung eines gelehrten antiquarischen Wissens, sondern er unternimmt eine identifikatorische Erfahrungsbildung, eine Aneignung der Antike durch Empathie, durch Hingabe an die Zeugnisse der antiken Kunst und Kultur. Die Wahrnehmung der Natur in der Antike wird durch Winckelmann zum Formideal verklärt. In ihr sieht er ein ästhetisches Prinzip verwirklicht, das sich über den Begriff der ‹Nachahmung› in die Gegenwart vermitteln lässt, verstanden als Form der künstlerischen Aneignung der Natur.

Der berühmt gewordene Kernsatz dieser Abhandlung lautet: «Das allgemeine vorzügliche Kennzeichen der griechischen Meisterstücke ist endlich eine edle Einfalt, und eine stille Größe so wohl in der Stellung als auch im Ausdrucke. So wie die Tiefe des Meeres allezeit ruhig bleibt, die Oberfläche mag noch so wüten, ebenso zeiget der Ausdruck in den Figuren der Griechen bey allen Leidenschaften eine große und gesetzte Seele.» Man erkennt hier wie in Winckelmanns Schrift insgesamt die in idealisierender Absicht vorgenommene Verschmelzung von Kunst und Philosophie, von Geist und Dichtung – das Ideal der Klassik als Verklärungsinstrument, das auch im weiteren Gang der Argumentation Winckelmanns eingesetzt wird. In diesem Sinn hat Winckelmann später eine *Geschichte der Kunst des Altertums* (1764) vorgelegt, eine bahnbrechende Entwicklungsgeschichte der künstlerischen Antike, die eine Entwicklung der Kunst des Altertums über den Dreischritt Ägypten – Griechenland – Rom entworfen und damit unsere kunsthistorischen Ordnungsmuster bis heute geprägt hat.

Der Bezug auf die antike Kunst kann als das erste Merkmal jener Epoche benannt werden, die wir mit dem Begriff einer deutschen Klassik im 18. Jahrhundert verbinden. Ihr zweites bildet das Konzept der ästhetischen Autonomie, das ohne den philosophischen Impuls durch Immanuel Kants *Kritik der ästhetischen Urteilskraft* (1790) kaum zu denken ist. Vieles findet sich hier vorgedacht, was wenig später in der zeitgenössischen Kunst ausgedrückt und nahezu gleichzeitig in der ästhetischen Theoriebildung reflektiert wird. Kant begründet im ersten Teil seiner *Kritik der Urteilskraft* die Autonomie der Kunst, ausgehend von dem Begriff eines «interesselosen Wohlgefallens», zunächst unter dem Aspekt der Rezeption: Der Betrachter findet einen Gegenstand der Kunst ‹schön›, weil er an ihm ‹Wohlgefallen› hat, ohne ein Interesse damit zu verbinden. Mit dieser Begründung verbindet sich zugleich der Aspekt der künstlerischen Autonomie, der mit dem künstlerischen Produktionsprozess selbst gegeben ist (§ 44): «Schöne Kunst dagegen ist eine Vorstellungsart, die für sich selbst zweckmäßig ist, und, obgleich ohne Zweck, dennoch die Kultur der Gemütskräfte zur geselligen Mitteilung befördert.» Die Kunst gibt sich ihre Gesetze selbst, sie dient keinem Zweck außer ihr, und sie lässt sich, so verstanden, nicht in Dienst nehmen.

Diesen Gedanken nimmt Friedrich Schiller in seinen Briefen *Über die ästhetische Erziehung des Menschen* (1795) auf, um ihn für sein eigenes ästhetiktheoretisches Konzept der Bildung des Menschen durch Kunst weiterzudenken: «Es ist ausdrücklich bewiesen worden, daß die Schönheit kein Resultat weder für den Verstand noch den Willen gebe, daß sie sich in kein Geschäft weder des Denkens noch des Entschließens mische, daß sie zu beiden bloß das Vermögen erteile, aber über den wirklichen Gebrauch dieses Vermögens durchaus nichts bestimme.» (23. Brief) Das heißt: Der Mensch kann sehr wohl von der Kunst und durch die Kunst lernen, doch ist diese nicht ein Instrument im und für das Leben. Sie öffnet uns die Sinne – aber wie wir mit diesem Angebot verfahren, das zu entscheiden ist nicht Sache der Kunst oder der Literatur. Diese ist ein Weltentgrenzungs- und Wahrheitsmedium – deshalb kann die Dichtung zum Leitmedium ihrer Zeit werden, nicht nur in der deutschen, sondern generell in der abendländischen Kultur. Die Poesie eröffnet mit den ihr eigenen Mitteln die Möglichkeit, die Wahrheit zu erkennen. Das gelingt ihr kraft des Symbolcharakters der Kunst, der über die Wirklichkeit hinausweist und eben deshalb den Spezialfall der Dichtung – sei es in Lyrik,

Prosa oder Drama – als das verallgemeinerbare Beispiel aus Geschichte und Gegenwart darstellen kann.

Neben den Bezug auf die Antike und die Autonomie tritt als drittes Merkmal einer deutschen Klassik im 18. Jahrhundert das Humanitätsideal und mit diesem das Ideal der Bildung durch Humanität. Johann Gottfried Herder legt von 1793 bis 1797 seine *Briefe zur Beförderung der Humanität* vor mit dem Kerngedanken: «Das Göttliche in unserm Geschlecht ist also *Bildung zur Humanität*; alle großen und guten Menschen, Gesetzgeber, Erfinder, Philosophen, Dichter, Künstler, jeder edle Mensch in seinem Stande, bei der Erziehung seiner Kinder, bei der Beobachtung seiner Pflichten, durch Beispiel, Werk, Institut und Lehre hat dazu mitgeholfen. Humanität ist der Schatz und die Ausbeute aller menschlichen Bemühungen, gleichsam die Kunst unseres Geschlechtes. Die Bildung zu ihr ist ein Werk, das unablässig fortgesetzt werden muß oder wir sinken, höhere und niedere Stände, zur rohen Tierheit, zur Brutalität zurück.» (27. Brief)

Ein weiterer bedeutsamer Aspekt betrifft das Verhältnis von Kunst und Natur – Natur verstanden als Offenbarung Gottes. Gott spricht aus der Natur, und der Künstler kann, wenn er die Natur in der Kunst zur Darstellung bringt, Gott zur Darstellung bringen – so lautet das Ideal der höchsten Vollendung. Goethe hat sich mit dieser Frage 1789, im Jahr der Französischen Revolution, in einer Abhandlung mit dem Titel *Einfache Nachahmung der Natur, Manier, Stil* auseinandergesetzt. Er nimmt hier ein Ideal der Naturnachahmung auf, wie es bei Winckelmann mit Blick auf die Antike bereits vorgeprägt war: «Wenn ein Künstler, bei dem man das natürliche Talent voraussetzen muß, in der frühsten Zeit, nachdem er nur einigermaßen Auge und Hand an Mustern geübt, sich an die Gegenstände der Natur wendete, mit Treue und Fleiß ihre Gestalten, ihre Farben auf das genaueste nachahmte, sich gewissenhaft niemals von ihr entfernte, jedes Gemälde, das er zu fertigen hätte, wieder in ihrer Gegenwart anfinge und vollendete, ein solcher würde immer ein schätzenswerter Künstler sein; denn es könnte ihm nicht fehlen, daß er in einem unglaublichen Grade wahr würde, daß seine Arbeiten sicher, kräftig und reich sein müssten.» Auch hier, wie bei Winckelmann, «Nachahmung» nicht im Sinne eines bloßen Kopierens, sondern als ein Aufnehmen dessen, was in der Natur substanziell erkennbar ist. «Manier» hingegen als Versuch, eine eigene künstlerische Handschrift zu finden, auch zu perfektionieren – eine zwar notwendige, aber keine hinreichende Bedingung für den Künstler. Er muss vielmehr, um der Sprache der Natur in seiner Kunst angemessenen Ausdruck zu geben, einen eigenen «Stil» finden: eine Art kultureller und geistiger Handschrift, die der persönliche Ausdruck des Autors ist und in der sich zugleich seine Zeit mitteilt. Nachahmung der Natur, Entwicklung einer Manier, Ausbildung eines Stils – das ist für Goethe die angemessene künstlerische Schritt- und Stufenfolge in der Auseinandersetzung mit der Natur, wobei der Stil die höchste erreichbare Vollkommenheit in der Begegnung von Kunst und Natur darstellt.

Der Bezug auf die Antike, das Postulat der Autonomie, das Humanitätsideal und das Stilgebot im Verhältnis zur Natur erheben charakteristische Ansprüche an die ‹klassisch› zu nennende Literatur der Zeit. Gleichwohl sah sich Goethe genötigt, in seinem Aufsatz *Literarischer Sansculottismus* (1795) eine Auseinandersetzung um den Begriff ‹Klassik› zu führen. In Schillers Zeitschrift *Die Horen* gab er anlässlich der Frage «Wann und wo entsteht ein klassischer Nationalautor?» seiner Überzeugung Ausdruck, «daß kein deutscher Autor sich selbst für classisch hält». Zur Begründung führte Goethe einen Anspruchskatalog an mit so umfassenden wie komplexen Bestimmungen des ‹klassischen Nationalautors›, dass der damit umrissene Typus sich in die Unfassbarkeit eines realitätsfernen Ideals auflösen musste. Seither lässt sich der Begriff – will man nicht weiterhin der Illusion eines die Epochen übergreifenden Klassik-Ideals folgen – sinnvoll nur dann verwenden, wenn man ihn inhaltlich präzise bestimmt und historisch exakt begrenzt.

Es empfiehlt sich deshalb, die Eckdaten 1794 und 1805 zur Eingrenzung einer ‹Weimarer Klassik› im engeren Sinn zu nutzen. Das Jahr 1794 bezeichnet den Auftakt der Zusammenarbeit zwischen Schiller und Goethe an der Zeitschrift *Die Horen*, die Schiller 1794 begründet hatte. Es ist der epochale Versuch, ein Panorama bedeutender Autoren aufzubieten, das den höchsten Standard der Kultur und der Literatur in Deutschland repräsentieren und die zeitgenössischen Auseinandersetzungen und Polemiken auf ihrem besten Niveau präsentieren sollte. Goethe trägt dieses Unternehmen mit, und das Vorhaben gelingt: Die Zeitschrift war, wie von den Dioskuren durchaus erwünscht, höchst umstritten, sie wurde bekämpft, und sie bot, dies vor allem, Goethe und Schiller hinreichend Anlass, mit ihren *Xenien* auf Kritik zu antworten. Den Abschluss dieser Zusammenarbeit, die im Briefwechsel zwischen Schiller und Goethe über Fragen der Kunst, Literatur und Philosophie ihren literaturstrategischen, in der wechselseitig produktiven Arbeit mit Balladendichtung ihren poetisch-praktischen Ausdruck gefunden hat, bildet der Tod Schillers im Jahr 1805.

Italienische Reise, Römische Elegien, Venezianische Epigramme

Goethes Reise nach Italien markiert den Beginn seiner Emanzipation nicht nur aus Abhängigkeiten, in denen er sich materiell befangen sah, sondern auch von Versuchen der Einflussnahme auf seine Persönlichkeitsentwicklung, die ihn einengten. Am 3. September 1786 bricht er von Karlsbad auf, wohin der hoch angesehene Protegé des Herzogs zur Feier seines 37. Geburtstages mit Angehörigen des Weimarer Hofs gezogen war. Goethe vermag die Einschränkungen seiner Person bei Hofe nicht länger hinzunehmen. Alles bedrückt, alles bedrängt ihn. Er will von Weimar nichts mehr wissen, und so nimmt er seinen Abschied, ohne dass er irgendjemanden hierüber in Kenntnis gesetzt hätte – seinen Förderer, den Herzog nicht, und auch seine langjährige fürsorgliche Freundin Charlotte von Stein nicht, die ihm den verheimlichten Abschied, im Unterschied zum Herzog, lange Zeit verübelt hat. Nur seinen Diener weiht Goethe ein. «Früh drei Uhr stahl ich mich aus Karlsbad, weil man mich sonst nicht fortgelassen hätte. Die Gesellschaft, die den achtun[d]zwanzigsten August, meinen Geburtstag, auf eine sehr freundliche Weise feiern mochte, erwarb sich wohl dadurch ein Recht, mich festzuhalten; allein hier war nicht länger zu säumen. Ich warf mich ganz allein, nur einen Mantelsack und Dachsranzen aufpackend, in eine Postchaise und gelangte halb acht Uhr nach Zwota, an einem schönen stillen Nebelmorgen. Die obern Wolken streifig und wollig, die untern schwer. Mir schienen das gute Anzeichen.» Es ist in der Tat eine «Flucht», wie Goethe seine Eskapade später selbst genannt hat.

Nach Italien geht die Reise auch deshalb, weil sich für Goethe mit diesem Land ein Imperativ seines Vaters verband, dem er sich bislang entzogen hatte. Johann Caspar Goethe war im Jahr 1740 nach Italien gereist, hatte über seine Erlebnisse ein seinerzeit ungedruckt gebliebenes, erstmals 1932 veröffentlichtes Buch auf Italienisch geschrieben (*Viaggio per l'Italia fatto nel anno MDCCXL*; dt. *Reise durch Italien im Jahre 1740*, 1986) und seinen Sohn verschiedentlich gedrängt, seinerseits nach Italien zu fahren. Doch Goethe war nach Weimar gegangen, entgegen dem väterlichen Gebot, weil er sich dort für seine Zukunft eigene Entwicklungs- und Aufstiegsmöglichkeiten erhofft hatte, und sah sich alsbald eingebunden in vielfältige Tagesgeschäfte, erhielt Anerkennung, verfügte über Einfluss. Goethe wirkte als Mitglied des Geheimen Rates – er trug selbst den Titel eines Geheimrats und war damit eine Art Minister –, hatte die schlechten Finanzen des Herzogtums zu verwalten und zu ordnen und lernte die wirtschaftlichen Probleme seiner Zeit kennen. Das Gewerbe des Herzogtums lag danieder, und so entwickelte Goethe einen scharfen Blick auch für die soziale Misere in seiner Umgebung. Nun aber macht er sich auf, um die Reise des Vaters im Jahr 1740 nachzuholen – man darf mit dem Psychoanalytiker Kurt Eissler (*Goethe. Eine psychoanalytische Studie 1775–1786*, 1963; dt. 1985) von einem Wiederholungszwang sprechen.

Das Italien dieser Zeit bot Goethe eine Perspektive für seine weitere persönliche Entwicklung: die Hoffnung nämlich auf eine grundlegende Veränderung seiner Lebenssituation. Goethe reist unter dem Namen Johann Philipp Möller aus Leipzig und bleibt während seiner gesamten Reise inkognito. In Rom trägt er sich unter dem Namen ‹Signore Philippo Miller, pittore tedesco› ins Register ein. Er reist ohne Diener, und das heißt in dieser Zeit: ohne sozialen Status. Er meldet sich erst nach seiner Ankunft in Rom am 29. Oktober 1786 bei seinem Dienstherrn, dem Herzog, bei seinen Freunden in Weimar und bei seiner Familie in Frankfurt. Jetzt erst bittet er Herzog Karl August offiziell um Urlaub, den ihm dieser vier Wochen später auch gewährt. Seine Briefpartner sind neben dem Herzog vor allem die Freundin Charlotte von Stein, ferner Johann Gottfried Herder, der zu dieser Zeit die erste Goethe-Ausgabe besorgt.

Die Stationen, die er auf seiner Reise rasch nacheinander durchläuft, verdeutlichen, wie viel Erfahrungshunger sich in ihm gesammelt hatte, sie zeigen aber auch, wie ausgeprägt sein Ablenkungsbedürfnis war. In Rom hält er sich im Winter 1786/87 auf. Im Februar 1787 bricht er nach Neapel auf. Von dort reist er im März/April 1787 weiter nach Sizilien. Im Mai 1787 ist er zurück in Neapel. Im Juni 1787 weilt er wieder in Rom. Dort bleibt er bis zum April 1788. In Rom lernt Goethe inspirierende Leute kennen, darunter den Maler Johann Heinrich Wilhelm Tischbein – von ihm stammt das Gemälde «Goethe in der Campagne» und jene bekannte Rückenansicht, die Goethe, aus dem Fenster blickend, in Rom zeigt – ferner Künstler und Kunstkenner, auch Schriftsteller, darunter Karl Philipp Moritz, den Autor des Romans *Anton Reiser* (1785–1790), der zu dieser Zeit an einer großen Abhandlung mit dem Titel *Über die bildende Nachahmung des Schönen* (1788) arbeitet, eine Schrift, die Goethes Überlegungen zur Begriffstrias *Einfache Nachahmung der Natur, Manier, Stil* nachhaltig beeinflusst hat. Ferner arbeitet Goethe in den Wintermonaten 1786/87 in Rom an der Vollendung seiner *Iphigenie auf Tauris* (1787), deren Abschluss ihm in Weimar nicht gelungen war. Er selbst zeichnet und malt, studiert die Antike und die Renaissance, insbesondere die berühmten Bauwerke des Baumeisters Andrea Palladio und die Gemälde Raffaels. Er reist nach Pompeji, besteigt mehrfach den Vesuv, besichtigt Ausgrabungen und Ruinen in Sizilien und schließt während seines zweiten Romaufenthalts die Arbeit an *Egmont* (1788) mit der erleichterten Notiz ab: «Vor meinen Augen liegt nun noch der Hügel Tasso und der Berg Faustus.» Diese beiden ‹Erhebungen› hat Goethe während seines Aufenthalts in Italien allerdings nicht überwinden können: *Torquato Tasso* (1790) und *Faust* (1790) werden erst nach der Rückkehr in Weimar vollendet.

Was Goethe an diesem Land seiner Sehnsucht überaus fasziniert und vielfach beschäftigt, ist das «Vulkanische» Italiens, sowohl in geomorphologischer Hinsicht als auch, in übertragenem Sinn, als Temperament verstanden, als Nationalcharakter der Italiener. Es bildet sich für Goethe ein Leitmotiv des Elementaren heraus, eine immer wiederkehrende Polarität des Himmels und der Hölle, die er beispielhaft wahrnimmt angesichts des Vesuv-Ausbruchs, aber auch inmitten des römischen Karnevals, der Erinnerung an das Zeitalter Saturns. Hier sieht Goethe, wie die sozialen Gegensätze aufgehoben sind im gemeinsamen Erlebnis eines

Ausnahmezustandes. Dieser führt ihn zu der Einsicht, «daß Freiheit und Gleichheit nur in dem Taumel des Wahnsinns genossen werden können, und daß die größte Lust nur dann am höchsten reizt, wenn sie sich ganz nahe an die Gefahr drängt und lüstern ängstlich-süße Empfindungen in ihrer Nähe genießet». Es ist die Tollheit eines ganzen Volks, wie Goethe sie aus Deutschland, zumal aus Weimar wahrlich nicht kannte – der Bericht vom zweiten römischen Aufenthalt mit dem Erlebnis des römischen Karnevals bildet dementsprechend einen erzählerischen Höhepunkt der *Italienischen Reise* insgesamt.

Die vergleichsweise lange Zeitspanne, die Goethe auf den Prozess der Überarbeitung und Durcharbeitung seiner Erlebnisse verwandt hat, verweist auf die lebensgeschichtliche Bedeutung der Aufzeichnungen, die er zunächst den Flammen hatte übergeben wollen. Anhand seiner Notizen gibt er sich rückblickend Rechenschaft über die Bedeutung seiner Reise, durch die er zu seiner künstlerischen Berufung und damit zu sich selbst gefunden habe. So schreibt er am 22. Februar 1788: «Ich bin fleißig und vergnügt und erwarte so die Zukunft. Täglich wird mir's deutlicher, daß ich eigentlich zur Dichtkunst geboren bin, und daß ich die nächsten zehen Jahre, die ich höchstens noch arbeiten darf, dieses Talent exkolieren [‹ausbauen›] und noch etwas Gutes machen sollte, da mir das Feuer der Jugend manches ohne großes Studium gelingen ließ. Von meinem längern Aufenthalt in Rom werde ich den Vorteil haben, daß ich auf das Ausüben der bildenden Kunst Verzicht tue.» In einem Brief an den Herzog vom 17. März 1788 heißt es: «Ich darf wohl sagen, ich habe mich in dieser anderthalbjährigen Einsamkeit selbst wiedergefunden; aber als was? – Als Künstler!»

Das beredteste Zeugnis seiner künstlerischen Selbstfindung in Italien – entstanden zwischen Herbst 1788 und Frühjahr 1790, abgeschlossen erst nach der Rückkehr – sind die *Römischen Elegien*. Sie wurden angeregt durch die Elegien Ovids (*Tristia*, 8–12 n. Chr.) und beeinflusst durch die Gattung der römischen Liebeselegie in der Tradition von Catull, Tibull und Properz. Die Begegnung mit Christiane Vulpius in Weimar nach der Rückkehr aus Italien im Juni 1788 gab den Anlass zur Ausarbeitung der Gedichte – literarische Zeugnisse einer Entdeckung der Liebe. Sie bieten eine Verknüpfung von persönlichem Erleben und antiker

Lyriktradition, mithin eine Objektivierung des subjektiven Erlebens zur poetischen Erfahrung, aber auch Erotica. Goethe hat sie noch vor der Veröffentlichung unter Freunden verteilt, mit der Folge, dass ihm Herzog Karl August, ebenso der Freund Herder von der Veröffentlichung dringend abrieten, da ihnen die leichten Gebilde allzu frivol erschienen. Erst die Zusammenarbeit mit Schiller führt zur Publikation der Sammlung – nur die 13. Elegie («Amor bleibet ein Schalk») war bereits in den *Horen* veröffentlicht worden. 1794 beginnt Goethe mit der Bearbeitung auf Grund der Handschriften von 1790. 24 Elegien hat er geschrieben, von ihnen scheidet er vier aus. Sie werden erst 1887, fast 50 Jahre nach Goethes Tod, veröffentlicht, darunter zwei priapische Gedichte, und selbst diese nicht vollständig: Die dezenten Herausgeber waren um ihr Publikum ebenso besorgt wie um das Andenken des Dichters, der sich hier thematisch und sprachlich vergriffen zu haben schien. Vollständig sind diese Gedichte zum ersten Mal 1914 veröffentlicht worden. Der erste Druck in den *Horen* erfolgt im Juni 1795. Der Titel *Römische Elegien* wird 1799 geprägt und in der Werkausgabe erst seit 1806 benutzt.

Den Boden für die Nutzung der aus der Antike stammenden Formtradition bereitet der Rom-Aufenthalt auf eine so anregende Weise, dass Goethe sich in den folgenden Jahren immer wieder mit der Elegie und den ihr zugehörigen Metren befasst hat, um sie dem Fluss der modernen deutschen Sprache anzupassen. Er hat sich zu diesem Zweck gelegentlich beraten lassen, etwa durch Johann Heinrich Voß, Wilhelm von Humboldt und August Wilhelm Schlegel, aber er hat die ihm erteilten Ratschläge durchaus nicht immer befolgt. Dass Goethe die strengen Formen vergleichsweise frei genutzt hat, hängt mit der im Unterschied zum Griechischen wenig schmiegsamen, nur begrenzt an die sechs- bzw. fünfhebigen Metren Hexameter und Pentameter anpassungsfähigen deutschen Sprache zusammen. Aus diesem Grund lässt Goethe die metrischen Vorgaben gelegentlich zurücktreten, um den Sprachfluss im Deutschen nicht zwanghaft dem fremden Versmaß zu unterwerfen, mit dem Ergebnis, dass bisweilen metrische Unregelmäßigkeiten auftauchen, die der Dichter großzügig in Kauf nimmt. Die Elegie, ursprünglich eine Form der musikalischen Unterhaltung, hat sich im Verlauf der Traditionsbildung, beginnend mit Ovid, zu einer Stimmung der Trauer hin entwickelt, die bis heute erhalten ist. Bei Goethe findet sich einerseits die Trauer-, auch die Abschiedsstimmung, andererseits, geweckt durch das Motiv der Erotik, ein Moment des Aufbruchs und der Gefühlsintensität, verbunden mit dem Versuch, Moderne und Antike in einer produktiven Begegnung zusammenzuführen.

Bereits in der ersten Elegie, die ein Präludium und eine Exposition für den gesamten Zyklus darstellt, wird eine schöpferische Begegnung mit der Antike entworfen, erhofft und ersehnt als Schauplatz, als Lebensraum und Lebensform der einstweilen nur visionär erahnten Geliebten, eine Vorwegnahme und Vorausdeutung des Liebeserlebnisses, das die *Römischen Elegien* in Verbindung mit der Polarität aus Gegenwart und Antike leitmotivisch durchzieht. Dies gilt für die fünfte Elegie beispielhaft: «Froh empfind' ich mich nun auf klassischem Boden begeistert; / Vor- und Mitwelt spricht lauter und reizender mir.» Der Dichter ist angekommen in Rom, die Stadt ist ihm nicht mehr fremd, seine Anregungs- und Antriebskraft, Belehrung und Beglückung zugleich ist die Liebe. Eine Elegie, die das poetisch-produktive Moment mit dem Aspekt des Begehrens verbindet. Die «Triumvirn», von denen die letzte Zeile spricht, sind die drei bereits genannten Dichter der Liebe, Catull, Tibull und Properz. Rom hat den Dichter zur Liebe befreit, dazu, sich der Liebe zu öffnen und hierdurch sich so beglückt zu fühlen, dass er poetisch produktiv sein kann. Die siebente Elegie repräsentiert den Versuch, thematisch die antike Mythologie aufzunehmen, während der Schlussteil die Motive Abschied und Tod anschlägt.

Für die Veröffentlichung 1795 in Schillers *Horen* blieb ein Zyklus von 20 Elegien erhalten mit den bereits genannten Motivkreisen der Liebe, Roms und der antiken Mythologie, die immer aufs Neue durchgespielt und zum Teil mit polaren Spannungen durchsetzt werden. Und mit einer handfesten Erotik, die durchaus nicht als spirituelle Vorstellung fungiert, sondern, wie etwa in der neunten Elegie, als gelebte Sexualität figuriert: «Und die erwärmete Nacht wird uns ein glänzendes Fest». Deutlicher noch finden sich diese erotischen Figurationen in den ausgeschiedenen Elegien, etwa der 21., in der es am Ende heißt: «Uns ergötzen die Freuden des echten, nacketen Amors / Und des geschaukelten Betts lieblicher knarrender Ton.» Ebenso deutlich klingt der Motivkreis Erotik und Sexualität in den Elegien 23 und 24 an, priapischen Gedichten, benannt nach dem hermaphroditischen Gott Priapos, der sich durch ein ausgeprägtes, überdimensionales Zeichen der Männlichkeit auszeichnet, ein Gott der Fruchtbarkeit und Potenz, der in vielen Kulturkreisen der Welt verehrt wird. Dieser Gott ist, wie die beiden letzten Elegien zeigen, im abendländischen Kulturkreis verkommen durch die Moralaspekte, welche die Kirche durchgesetzt hat, nur mehr ein Topos für die abgedrängte Sexualität, heruntergekommen, bildlich, zur Figur eines grotesken Gartengottes, eine Art trauriger Baum oder Vogelscheuche: «Hinten im Winkel des Gartens, da stand ich, der letzte der Götter, / Rohgebildet, und schlimm hatte die Zeit mich verletzt.»

Zu den Missverständnissen, denen sich die *Römischen Elegien* bei ihrem Erscheinen ausgesetzt sahen, gehört die unreflektierte Gleichsetzung des lyrischen Ich mit der Person des Autors. Der Kritiker Karl August Böttiger beispielsweise schrieb am 12. Mai 1795 aus Weimar: «Alle ehrbaren Frauen sind empört über die bordellmäßige Nacktheit. Herder sagte sehr schön, er [Goethe] habe der Frechheit ein kaiserliches Insiegel aufgedrückt. Die *Horen* müßten nun mit dem u geschrieben werden». Der Verzicht auf jeden moralischen Fingerzeig Goethes in diesen Gedichten führte bei den Zeitgenossen zu biographischen Kurzschlüssen: «Die meisten Elegien sind bei seiner Rückkunft im Rausche mit der Dame Vulpius geschrieben. Ergo –». In Wahrheit handelt es sich um eine poetische Verschmelzung von Erlebniswelten und Erfahrungsschichten in einem Kunst-Ich, in dem die empirische Person des Dichters spiegeln zu wollen hieße: es zu reduzieren. Tatsächlich transzendieren die *Römischen Elegien* das biographische Ich Goethes. August Wilhelm Schlegel hat diese besondere Qualität in seinen *Vorlesungen über schöne Litteratur und Kunst* (veröff. 1844) hellsichtig mit dem Hinweis betont, hier werde «die schöne gebildete Sinnlichkeit durch edle Gesinnung gehoben».

Noch ein zweites Mal ist Goethe nach Italien gereist, im April 1790. Er war gebeten worden, die Herzogenmutter Anna Amalia auf ihrer Rückkehr von Italien nach Deutschland zu begleiten. Ihre Ankunft in Venedig verzögerte sich jedoch, sodass Goethe auf sie warten musste, sehr zu seinem Verdruss. So wurde die zweite Begegnung mit Italien für Goethe eine Enttäuschung, wenngleich eine produktiv gewendete. Ihr

Resultat sind die *Venezianischen Epigramme* (1795), eine Werkgruppe, die ebenso wie die *Römischen Elegien* in Schillers Zeitschrift *Die Horen* erschienen ist. Goethe nutzt die Möglichkeiten des aus ein-, zwei- oder vierzeiligen, zum Teil gereimten Versen bestehenden Epigramms, das sich in Deutschland seit dem 17. Jahrhundert großer Beliebtheit erfreute, zur zugespitzten Äußerung von Emotionen und Reflexionen, die seiner gegenwärtigen Enttäuschung Ausdruck geben, beispielhaft zusammengefasst im vierten der *Venezianischen Epigramme*: «Das ist Italien, das ich verließ. Noch stäuben die Wege, / Noch ist der Fremde geprellt, stell' er sich, wie er auch will. / Deutsche Redlichkeit suchst du in allen Winkeln vergebens; / Leben und Weben ist hier, aber nicht Ordnung und Zucht; / Jeder sorgt nur für sich, mißtraut dem andern, ist eitel, / Und die Meister des Staats sorgen nur wieder für sich. / Schön ist das Land! doch, ach, Faustinen find' ich nicht wieder. / Das ist Italien nicht mehr, das ich mit Schmerzen verließ.» Doch neben solchen unverhohlenen Unmutsäußerungen – ähnlich in den Epigrammen 8 und 9 – übt der Autor auch, etwa in den Epigrammen 14 und 15, künstlerische Selbstkritik, die bis zu einem mit Ironie untermischten Selbstzweifel reicht. Ärger, Kritik, Enttäuschung – man wird viele dieser Stimmungsäußerungen der persönlichen Situation Goethes in Venedig zuschreiben dürfen, insbesondere die überraschende Häufung, in der sie hier auftreten.

Metamorphose zur Klassik

Wenn Goethe sagen konnte, er habe sich durch seine Reise nach Italien «Als Künstler!» wiedergefunden, so darf man als Beleg hierfür das Gedicht «Die Metamorphose der Pflanzen» anführen. Tatsächlich tritt mit diesem Gedicht deutlicher als zuvor jener Goethe hervor, der nach Vollendung und Harmonie, nach Versöhnung und Einheit strebt. Er hat sich mit Pflanzen und Mineralien, mit Naturwissenschaften in einem weiten Sinn dieses Worts immer wieder befasst. Seine Entdeckung des Zwischenkieferknochens ist bis heute wegweisend, seine Farbenlehre zumindest anregend geblieben. Der Pantheist Goethe, der auf der von ihm beschriebenen *Campagne in Frankreich* die vereinigten Heere begleitet, vermag sowohl die Schrecken des Krieges eindringlich zu vergegenwärtigen als auch sich an die Beschreibung eines Kieselsteins zu verlieren: Alles ist für ihn gleich gültig und gleich wert.

Was er in Italien entdeckt – neben der Antike, der Mythologie und der Liebe –, ist die ‹Urpflanze›. Goethe will in der Natur den Ursprung des Lebens, der Lebensentwicklung und der Lebensentfaltung erkennen und zur Erscheinung bringen. In einem Brief vom 8. Juni 1787 an Frau von Stein fasst er seine Konzeption zusammen: «Die Urpflanze wird das wunderlichste Geschöpf von der Welt, über welches mich die Natur selbst beneiden soll. Mit diesem Modell und dem Schlüssel dazu kann man alsdann noch Pflanzen ins Unendliche erfinden, die konsequent sein müssen, das heißt: die, wenn sie auch nicht existieren, doch existieren könnten.» Ein Gedanke, den Goethe zu der Gewissheit bündelt: «Dasselbe Gesetz wird sich auf alles übrige Lebendige anwenden lassen.»

Der Gedanke der Identität, das Bemühen, alle Erscheinungen aus einem Ursprung zu erklären und die Ergebnisse aller Entwicklungsprozesse wiederum auf einen einzigen Grund zurückzuführen, taucht um 1800 immer wieder auf. Auch in diesem Gedicht, das Goethe im Juni 1798 geschrieben hat, angeregt durch seine Naturstudien auf Sizilien: Es versucht, die Gesetzmäßigkeiten in den Naturformen und deren Relationen untereinander nachzuzeichnen. Als Lehrgedicht in der Nachfolge Albrecht von Hallers (*Die Alpen*, 1732) angelegt, zeugt es von dem Bemühen, die Natur als sich selbst gestaltende Einheit zu skizzieren, deren Struktur zu konturieren und die Essenz dessen zu vermitteln, was sich aus ihr lernen lässt. Bereits die ersten Zeilen («Dich verwirret, Geliebte, / die tausendfältige Mischung / Dieses Blumengewühls über dem Garten umher») zeigen in ihrer dialogischen Anlage, dass dieser komplexe Vermittlungsprozess mit Liebesgefühlen verbunden ist – sie erlauben, gemeinsam mit der Geliebten zu entdecken, was die Natur im Innersten zusammenhält und was sie bewegt: die Urpflanze, das Keimen, beides verstanden als Faktoren der Selbsterkenntnis des Menschen. Das der Geliebten zu vermittelnde Ideal ist eine Pflanzen-Natur, die in ihrer Gesetzmäßigkeit aufgesucht wird, erschlossen und enträtselt im Austausch eines Ich und eines Du, die sich am Ende des gemeinsamen, poetisch gefassten Erkenntnisprozesses als ein Paar sehen, das die Ordnung einer höheren Welt versteht, weil es sich die Natur – und auf diese Weise die Natur sich ihm – erschlossen hat. Das Gedicht bezeichnet mithin einen Prozess der Selbstfindung und Selbsterhöhung, in den die Kunst einbezogen ist: «Bildsam ändre der Mensch selbst die bestimmte Gestalt» (V. 70) – die damit in den Blick geratenden Gestaltungsmöglichkeiten des Menschen schließen die Kunst, insbesondere die Sprachkunst, die Poesie, ein. Das eigentliche Geheimnis der Natur, das es zu erschließen galt und immer aufs Neue zu enträtseln gilt, ist freilich das Geheimnis der Liebe: In ihrer pflanzlichen Entfaltung spricht sich die Natur des Keimens aus. Das Gedicht «Die Metamorphose der Pflanzen» kann deshalb als Schlüssel zur menschlichen Selbsterkenntnis verstanden werden: Insoweit der Mensch als Naturwesen Teil eines pflanzlichen Werdens ist, kann er sich in der Natur aufgehoben sehen.

Das Gedicht zeigt, wohin Goethes Entwicklung geht: Mit der Annäherung an die Antike, dem Studium der Natur und der Entdeckung der sinnlichen Liebe unternimmt er den Versuch, alles, was er erkannt hat, in sich zu verbinden, harmonisch zu vereinen und auf einen ‹Urgrund› zurückzuführen, alles in allem zu spiegeln und die Vielfalt von Erscheinungen als Ausdruck eines einzigen göttlichen Gesetzes zu sehen, das durchaus nicht identisch ist mit den Glaubenssätzen des Christentums.

Blickt man von dem mit diesem Gedicht erreichten Stand poetischer Einsichten auf die Entwicklung von Goethes Lyrik insgesamt zurück, insbesondere auf die Gedichte der Sturm-und-Drang-Zeit, dann erkennt man, dass der seinerzeit wahrnehmbare subjektive Impuls, das rauschhafte Ich-Sagen, das sich Prometheus gleich an die Stelle der Götter setzt, der Impuls des subjektiv Poetischen und Geniehaften nunmehr aufgehoben wird in einer Form der Objektivierung von Erfahrungen und Erfahrungsmöglichkeiten, mitbedingt durch die Begegnung mit Antike und Mythologie. Es handelt sich um eine poetische Entgrenzung der zugleich exaltierten und beschränkten Subjektivität. Sie findet sich – und sie findet zu sich – in der Begegnung mit der Natur. Das Kraftgenialische gleicht sich dem Gesetzmäßigen an und sieht sich dadurch in einer höheren Einheit aufgehoben.

Auf andere Weise zeigt sich diese Tendenz zur Objektivierung in der sehr viel später entstandenen Gedichtsammlung *West-östlicher Divan* –

wobei an die Stelle des Austauschs mit der Natur die Begegnung mit dem Geist der persischen Dichtung getreten ist. Goethe hatte die Lyrik des Dichters Hafis aus dem 14. Jahrhundert durch eine 1812/13 erschienene Übersetzung (Joseph von Hammer-Purgstall) kennengelernt und sich hierdurch seit 1814 zu eigenen Dichtungen anregen lassen, die er in zwölf Büchern zusammenfasste, darunter auch Gedichte seiner Geliebten Marianne von Willemer (im «Buch Suleika»). Ergänzt um detaillierte Erläuterungen («Noten und Abhandlungen zu besserem Verständniß des West-östlichen Divans»), ließ Goethe das Werk 1819 (erw. 1827) erscheinen. Es handelt sich um Zyklen sehr unterschiedlicher Thematik und Ausdrucksqualität, geprägt durch Formenreichtum und Perspektivenvielfalt, von ironischen und erotischen Stimmungen ebenso durchzogen wie von religiösen, mystischen und mythologischen Anspielungen, ein facettenreiches Kaleidoskop kultureller Anregungs- und Austauschprozesse zwischen Ost und West. Die Reflexion hat hier ebenso ihren Platz wie die Sinnlichkeit, der lehrhaft-didaktische Impuls steht gleichrangig neben dem Scherz. Über der Sammlung insgesamt schwebt eine geistreiche Heiterkeit – sie entspringt dem kunstvollen Gespräch, das die zwölf Bücher der Sammlung miteinander führen, wie den virtuosen Dialogen, zu denen die Poeme bisweilen gefügt sind. Nicht zuletzt aber finden sich im *West-Östlichen Divan* Gedichte, in denen sich die Lebensklugheit des Dichters mit seiner poetischen Bildkraft zur zeitenübergreifenden Einsicht verbindet, so in dem Gedicht «Selige Sehnsucht» («Und so lang du das nicht hast / Dieses: Stirb und werde! / Bist du nur ein trüber Gast / Auf der dunklen Erde.»), ebenso in dem Gedicht «Gingo Biloba», das emblematisch im Blatt des Gingko-Baums die Vision von Einheit in der Doppelheit entwirft:

Gingo Biloba

Dieses Baums Blatt, der von Osten
Meinem Garten anvertraut,
Gibt geheimen Sinn zu kosten,
Wie's den Wissenden erbaut.

Ist es ein lebendig Wesen
Das sich in sich selbst getrennt?
Sind es zwei, die sich erlesen,
Daß man sie als eines kennt?

Solche Frage zu erwidern,
Fand ich wohl den rechten Sinn;
Fühlst du nicht an meinen Liedern,
Daß ich eins und doppelt bin?

Kooperationen – Xenien, Balladen

Aus der Zusammenarbeit zwischen Goethe und Schiller gehen Ende des 18. Jahrhunderts auch Gelegenheitsgedichte hervor, auf Tagesaktualitäten gemünzte Verse, zu denen die berühmten *Xenien* zählen: Zweizeiler in Form von Distichen, die Goethe und Schiller gemeinsam veröffentlicht haben, mit unterschiedlichen Anteilen an der jeweiligen Entstehung. Sie formulieren Kampfansagen an Philister und Spießer, gerichtet gegen jene vor allem, die Schillers Zeitschrift *Die Horen* kritisiert und zum Teil attackiert haben. Das bevorzugte Publikationsforum war der vergleichsweise populäre *Musenalmanach*, eine ebenfalls von Schiller herausgegebene Zeitschrift. Nahezu tausend Xenien haben Goethe und Schiller verfasst, veröffentlicht wurden hiervon 414 allein im *Musenalmanach auf das Jahr 1797*. Kritik und Polemik, bisweilen verbunden mit Witz und Ironie, verdichten sich in diesen Versen bis hin zur persönlichen Herabsetzung. Sie vermögen beispielhaft zu verdeutlichen, mit welcher Schärfe sich die Verfasser gegen einzelne Zeitgenossen wandten, etwa gegen den Verleger und Aufklärer Friedrich Nicolai, viel gereister Autor und zugleich prominenter Kritiker Schillers, der in nicht weniger als zwölf Bänden höchst detaillierte Aufzeichnungen seiner Reisen (*Beschreibung einer Reise durch Deutschland und die Schweiz*, 1783–1796) publiziert und an einer Ausgabe der *Briefe, die neueste Litteratur betreffend* (1759–1765) mitgearbeitet hatte:

Nicolai auf Reisen

Schreiben wollt' er, und leer war der Kopf, da besah er sich Deutschland;
Leer kam der Kopf zurück, aber das Buch war gefüllt.

Nicolai

Nicolai reiset noch immer, noch lang' wird er reisen.
Aber ins Land der Vernunft findet er nimmer den Weg.

Dass solche Xenien empörte Reaktionen auslösten, haben Goethe und Schiller gern in Kauf genommen. Die öffentliche Erregung von Ärger auf Seiten ihrer Gegner war Teil einer klar kalkulierten literaturpolitischen Strategie, die zunächst Goethe geplant und vorgeschlagen, die Schiller aufgenommen und mit Verve vorangetrieben hatte. Auf diese Weise behielten beide inmitten des Literaturbetriebs ihrer Zeit das Heft in der Hand. Aber sie erkannten rasch, dass man eine solche Strategie nicht auf Dauer stellen konnte. 1796 war das Jahr der Xenien-Produktion, 1797 erschienen die Verse im *Musenalmanach*, kurz zuvor hatte Goethe in einem Brief an Schiller bereits den Rückzug angedeutet: «denn nach dem tollen Wagestück mit den Xenien müssen wir uns bloß großer und würdiger Kunstwerke befleißigen, und unsere proteische Natur, zu Beschämung aller Gegner, in die Gestalten des Edlen und Guten umwandeln» (15.11.1796). Kritik, das liegt auf der Hand, reicht auf Dauer nicht aus – um eine nachwirkende Kontinuität des literarischen Einflusses zu sichern, bedurfte es der Wendung ins Positive. Dieser Anspruch stellte sich, wiederum in geplanter Form, in Gestalt des «Balladenjahres» (Schiller) 1797 ein, in dem beide Dichter ihren Schwerpunkt auf die Ballade legen. Die Balladen aus der Feder Goethes und Schillers, ein Gegengewicht zur polemischen Form der *Xenien*, erscheinen ein Jahr später im *Musenalmanach auf das Jahr 1798*, eine Gedichtform, welche die Möglichkeit bot, etwas Neues zu beginnen, mit einer Formtradition zu spielen und auch zu experimentieren.

Die Form der Ballade ist in Deutschland vor allem durch Gottfried August Bürger inspiriert worden. Ihr Stoff verdankt sich den unterschiedlichsten Herkunftsbereichen. Sie verbindet Spannung mit der Atmosphäre des Abenteuers, bietet dramatisch aufgebaute Handlungsverläufe von erzählerischer Qualität und eignet sich daher vorzüglich zum Vortrag, gute Rezitatoren vorausgesetzt, die ihr Publikum gefangen zu nehmen verstehen. Thematische Vielfalt und Formenreichtum – beides verknüpfen die Balladen Goethes und Schillers höchst produktiv miteinander. Eine der berühmtesten Balladen Goethes, «Der Zauberlehrling», ist in diesen Jahren, im Juni/Juli 1797 entstanden, ferner «Der Gott und die Bergader», «Der Schatzgräber», «Legende» und «Die Braut von Korinth». Goethe hat die Ballade das lebendige «Ur-Ei» der Dichtung genannt, weil hier die dichterischen Elemente noch nicht getrennt seien und sich der Dichter der drei Grundarten aller Poesie – lyrisch, episch, dramatisch – frei bedienen könne. Man dürfe, so Goethe, in der Nutzung und Fortentwicklung dieser Form alle Register der Balladentradition ziehen. Diese Freiheit, im Zusammenspiel mit der aus ihr sich ergebenden Vielfalt, erschien den Dichtern des 18. und 19. Jahrhunderts außerordentlich reizvoll. Sie hat auch Schiller zu eigener Produktion angeregt. Seine Balladen «Der Ring des Polykrates», «Der Handschuh», «Der Taucher» – auch in vielfältig parodierten Formen –, ferner «Die Kraniche des Ibykus», «Ritter Toggenburg», «Der Gang nach dem Eisenhammer» und nicht zuletzt «Die Bürgschaft» entstehen im Zusammenhang einer wechselseitig außerordentlich anregenden Phase der Zusammenarbeit zwischen den Dichtern.

Schiller lebte, noch bevor Goethe ihn nach Weimar holte, in Jena. In den Monaten Mai und Juni 1797 ist Goethe nach Jena gereist, hat sich freundschaftlich mit Schiller ausgetauscht und sich durch ihn zur eigenen Balladenproduktion anregen lassen. Die Stoffe, auf die Goethe zurückgekommen ist, lagen seit Jahrzehnten in ihm gespeichert, doch bedurfte es, wie er später selbst eingeräumt hat, eines Anlasses und Anreizes, um freizusetzen und in die Balladenform umzugießen, was latent bereits vorhanden war. Fünf Balladen sind in dieser Zeit entstanden, inmitten einer offenbar stimulierenden Arbeitsatmosphäre, darunter «Der Erlkönig» und «Der Zauberlehrling», Gedichte, deren gemeinsames Thema die Abhängigkeit des Menschen von höherer Gewalt ist. Schicksalhaft prägt sich alles in ihm aus, anonyme Mächte wirken auf sein

Leben ein. Goethes Gestaltung stellt häufig das Atmosphärische und das Grauenvolle (Erlkönig), das Abenteuerliche und das Magische (Zauberlehrling) heraus, gelegentlich in ironischen und humorvollen Variationen, immer handlungsreich und virtuos in Sprache und Spannung, gedacht für ein geselliges, womöglich heiteres Publikum, das sich unterhalten lassen will.

Bei Schiller sind die Gewichte anders gelagert: Bei ihm steht die Freiheit des Menschen im Mittelpunkt. Zwar findet sich auch hier der Kampf mit den anonymen Mächten des Schicksals; doch geht es inhaltlich im Wesentlichen um die Frage, inwieweit der Mensch sich handelnd und entscheidend durchsetzen oder produktiv mit Gewalten auseinandersetzen kann, die ihm überlegen sind, um auf diese Weise in seinem Konflikt mit dem Schicksal zu sich selbst zu finden. Schiller will deutlich machen: Der Mensch handelt aus eigener Verantwortung. Daher sind seine Balladen auch als Parabeln zu verstehen, die Vorbildcharakter besitzen. Diese Qualität hat nicht nur ihre Verbreitung, ja ihre Popularität gefördert, sondern sie zu Schatztruhen des geflügelten Worts werden lassen. Es handelt sich, wie etwa in «Der Ring des Polykrates», in einem strengen Sinn um Ideenlyrik.

Schiller nimmt Bezug auf Ideen, die in Bilder und Metaphern übersetzt werden, gewiss mit einem geringeren Formenreichtum als bei Goethe, doch ebenfalls verbunden mit einer formalen Vielfalt, die sich in den Xenien wie in den Balladen und auch in den philosophisch orientierten Gedichten ausspricht. Deren gelungenstes trägt den Titel «Nänie», ein Trauergedicht in der Tradition der griechischen Totenklagen. Vergleichbar den *Römischen Elegien* Goethes, bietet dieses Gedicht Schillers eine Entgrenzung der Trauer- und Todeserfahrung in die antike Mythologie hinein. Der Rückgang auf die Chiffrensprache des Mythos führt ins Anthropologisch-Übergeschichtliche – jeder Name eine Erzählung, jeder Ort ein sprechender Topos. Zeus wird beschworen, Aphrodite genannt, und mit ihren Namen ist zugleich die Geschichte von Persephone und Adonis gegenwärtig, dessen Tod die Durchmischung des Menschlichen mit dem Göttlichen im Kosmos der Antike verdeutlicht. Das Leitmotiv bilden die Vergänglichkeit und der Tod, doch beide Topoi werden am Ende in ihrer Gesetzmäßigkeit angenommen. Das Schöne vergeht, das

Vollkommene stirbt: So lautet die Gewissheit, die aus diesem Gedicht spricht – man kann es nicht ändern. Allein die Dichtung bietet die Synthese: die Errettung der Schönheit durch Sprache im Gedicht, in die Unsterblichkeit der Klage. Die Nänie rettet das Leben, und nur das Gemeine geht zum Orkus hinab. Aber das große, schöne Leben des Helden, dessen Verlust die Geliebte wie die Mutter beweinen, wird gerettet durch die Kraft der Poesie.

Prosa: Wilhelm Meister

Bereits vor seinem Aufbruch nach Italien, in den Jahren 1777 bis 1786, hatte Goethe an seinem Roman *Wilhelm Meister* gearbeitet. Auch während der italienischen Reise schrieb er, wenngleich nur sporadisch, an seinem großen Entwurf, befasste sich mit Problemen der Stoff- und Formgebung und berichtete in Briefen immer wieder von den Schwierigkeiten der weiteren Bearbeitung. In insgesamt drei Fassungen ist das Werk überliefert: *Wilhelm Meisters theatralische Sendung*, *Wilhelm Meisters Lehrjahre* und *Wilhelm Meisters Wanderjahre oder die Entsagenden*. Einfluss auf die späteren konzeptionellen Änderungen hat vor allem Karl Philipp Moritz in Rom gewonnen, der 1793 im Alter von nur 36 Jahren verstorbene Autor des Romans *Anton Reiser*. Durch ihn sah Goethe sich veranlasst, den Aspekt des Theaters zu revidieren, der in der *Theatralischen Sendung* noch deutlich im Vordergrund des Romangeschehens gestanden hatte. Die erste Fassung ist zu Goethes Lebzeiten nicht veröffentlicht, sondern erst 1910 wieder entdeckt und 1911 zum ersten Mal gedruckt worden.

Sie ist Fragment geblieben – und stellt dennoch einen in sich eigenständigen Romanzusammenhang dar. Der Problemkreis Ich und Welt, der Einzelne und die Gesellschaft, um den es in diesem Roman geht, ist als Prozess der Auseinandersetzung des Künstler-Individuums mit den Begrenzungen der ihn umgebenden Gesellschaft gestaltet, als Versuch Wilhelm Meisters, über das Medium Theater in die Welt hineinzuwachsen und die Bühne als Austauschmöglichkeit mit der Welt zu sehen. Das Zentralmotiv dieses ersten Teils lässt sich mit dem Begriff ‹Glück› pointieren: Wo kann ich Glück finden? Wie kann ich Glück verwirklichen?

Auf welche Weise lässt sich glücklich leben? Das Theater bietet Wilhelm Meister die Möglichkeit, Dramatiker zu werden – hierin sieht er seine «theatralische Sendung», darin zeigt sich zugleich jene Problematik, die Goethe später in *Torquato Tasso* (1790) wieder aufnehmen wird, in dem Schauspiel um den großen italienischen Dichter, an dessen Schicksal der Widerspruch von künstlerischer Freiheit einerseits, materieller Abhängigkeit vom Adel und von der Politik andererseits demonstriert wird – ein Zwiespalt, an dem Tasso in Goethes Stück zerbricht. Auch im Roman *Wilhelm Meisters theatralische Sendung* steht die Künstlerproblematik im Vordergrund, thematisch entsprechend die Frage nach der künstlerischen Aufgabe und der gesellschaftlichen Funktion des Theaters, ein Sujet von erheblicher gesellschaftlicher Relevanz.

Nur Mutmaßungen lassen sich darüber anstellen, welche Schwierigkeiten Goethe bis zur endgültigen Fassung des ersten Romanteils zu überwinden hatte. Die lebensgeschichtliche Nähe zu Stoff und Titelfigur mögen hierfür ursächlich gewesen sein, so wie die Reise nach Italien offenbar zur Lösung dieser Probleme beigetragen hat. Nach seiner Rückkehr aus Italien jedenfalls sah Goethe sich in der Lage, das Werk konzentriert abzuschließen, das 1795/96 erschienen ist. Ein Vergleich der ersten und der gültigen zweiten Fassung macht deutlich, dass Goethe seinen Roman erheblich umgearbeitet hat. Zwar übernahm er Teile der *Theatralischen Sendung*, nämlich die Bücher eins bis fünf, in den ersten Teil der *Lehrjahre*. Doch während im ersten, Fragment gebliebenen Teil das Theater als Lebensmedium für Wilhelm Meister fungiert, wird dieses Stoffelement als Handlungsmotiv in der zweiten Fassung deutlich zurückgenommen. Das Theater ist nunmehr nur eine unter vielen Lebensmächten und Bewegungskräften. Es wird integriert in ein Ensemble von Motiven und Motivationen, denen die Handlung und das Figurenensemble ausgesetzt sind.

Wilhelm Meisters Lehrjahre setzt zudem im Vergleich mit der ersten Fassung, die mit der Jugend Wilhelm Meisters beginnt und seine Entwicklung in rein chronologischer Folge bietet, mit dem schon reifer gewordenen Wilhelm Meister ein, der in einem Lebensrückblick die Kindheitserlebnisse und die Erfahrungen der Jugend aufarbeitet. Es handelt sich erzähltechnisch um eine Rückwendung vom gereiften Standpunkt aus, der das Leben bewusst reflektiert, eine für das Muster des Bildungsromans bedeutsame Strukturentscheidung, da dem Helden erst im Rückblick auf sein Leben Urteile und Wertungen, auch Kritik und Selbstkritik möglich sind. In insgesamt acht Büchern werden zehn Jahre, vom Jüngling bis zum erwachsenen Mann, aus der Sicht Wilhelm Meisters rekapituliert, bis die Handlungsgegenwart einsetzt, um diese über die vielfältigen Wechselfälle des Lebens am Ende in einem positiven Fazit zu bündeln: Die füreinander bestimmten Personen – Wilhelm und Natalie, Lothario und Therese – heiraten, und die letzten Worte Wilhelms fassen das Glücksmotiv in einem Resümee vorbehaltlosen Einverständnisses mit seinem Lebensweg zusammen: «‹Ich kenne den Wert eines Königsreichs nicht›, versetzte Wilhelm, ‹aber ich weiß, daß ich ein Glück erlangt habe, das ich nicht verdiene, und das ich mit nichts in der Welt vertauschen möchte.›»

Liest man den Roman mit kritischem Blick, so steht dieses Einverständnis durchaus im Widerspruch zum tatsächlichen Geschehen und den realen Erfahrungen, die Wilhelm auf seinem Weg durchläuft: Die Ideale, Träume und Hoffnungen, die er einst hatte, kann er nicht realisieren. Goethe soll dem entsprechend gegenüber dem Kanzler von Müller geäußert haben, «Wilhelm sei freilich ein ‹armer Hund›, aber nur an solchen lasse sich das Wechselspiel des Lebens und die tausend verschiedenen Lebensaufgaben recht deutlich zeigen, nicht an schon abgeschlossenen festen Charakteren» (Gesprächsaufzeichnung des Kanzlers von Müller, 22. Januar 1821). Dass die Figur Wilhelm Meister gleichwohl zum Inbegriff dessen werden konnte, was man in der Rezeptionsgeschichte des Romans nicht allein als «Entwicklung», sondern vor allem als «Bildung» einer Persönlichkeit bezeichnet hat, hängt offenbar mit dem hohen Symbolgehalt dieser verwirrenden Vielfalt von Personen, Konflikten und Handlungsimpulsen zusammen, die gleichsam entindividualisiert sind, selbst Wilhelm, so detailliert er im Einzelnen auch gezeichnet ist. Es geht um die «Bildung» seiner Persönlichkeit als Zentralmotiv eines Romans, dessen Figuren Repräsentanten von gesellschaftlichen, philosophischen und poetischen Ideen und Traditionen sind, ohne dass diese in ihnen einfach aufgelöst würden. Die Figuren besitzen eine symbolische und repräsentative Funktion für den Romanzusammenhang und seinen Gehalt. Auf diese Weise werden die Handlungsteile wie die einzelnen Figuren zu Konstitutionselementen des Bildungsmotivs – wobei der so viel diskutierte Unterschied zwischen «Bildungs-» und «Entwicklungsroman» vergleichsweise belanglos ist: Es gibt keine Bildung ohne Entwicklung, und jede Entwicklung einer Figur in einem so komplexen Zusammenhang ist immer auch verbunden mit deren Bildung.

Die Fortsetzung des Romans ist unter dem Titel *Wilhelm Meisters Wanderjahre oder die Entsagenden* zuerst 1821 erschienen, danach, in einer erweiterten Fassung, als Ausgabe letzter Hand, 1829. Das Zentralthema ist hier nicht mehr die Bildung einer einzelnen Figur, sondern die Darstellung der gesamten Epoche nach der Französischen Revolution. Industrialisierung und wirtschaftliche Entwicklung, soziales Leben und politische Fragen bilden das stoffliche Zentrum des Romans, der dementsprechend keine chronologisch erzählte Geschichte bietet, sondern eine Konstellation von Materialien in Gestalt sehr unterschiedlicher Textsorten: Novellen, Märchen, Sachtexte, Tagebuchaufzeichnungen, Briefe, Gedichte, Lieder, Aphorismen, zum Teil unverknüpft montiert, eingegliedert in ein handlungsarmes Geschehen, das sich um Wilhelm Meister und seinen Sohn Felix gruppiert. Es geht in diesem Roman weniger um die realistische Vergegenwärtigung eines Geschehens als vielmehr um ein Arrangement von Episoden und Aspekten, die nur locker an die *Lehrjahre* anschließen. Anders als der auktoriale Erzähler der *Lehrjahre* gibt sich der Erzähler der *Wanderjahre* als Archivar zu erkennen, der die erzählte und andere Geschichten gefunden hat. Auf diese Weise wird die Handlung immer wieder unterbrochen und relativiert, zurückgenommen und am Ende als ein Bild der Zeit zur distanzierten Besichtigung freigegeben. Aus diesem ergibt sich die Didaxe, auf die der Untertitel des Romans *Die Entsagenden* anspielt: das Einzelinteresse zugunsten eines Gesamtwillens zurückzustellen.

In den Entstehungszusammenhang des *Wilhelm Meister* gehört auch Goethes wohl kunstvollstes Prosawerk, der Roman *Die Wahlverwandtschaften*, der zunächst nur als Erzählsegment innerhalb des großen Werks geplant war, jedoch rasch erzählerische Dimensionen eigenen Rechts entwickelte. Der Titel geht zurück auf einen naturwissenschaftlichen

Fachbegriff, der die Fähigkeit chemischer Stoffe bezeichnet, untereinander Verbindungen einzugehen und sich voneinander zu trennen. Diese spezifische Qualität natürlicher Phänomene überträgt Goethes Roman auf menschliche Lebensbezüge und Liebesbeziehungen in der Absicht – so Goethe in einem Gespräch mit Friedrich Wilhelm Riemer –, «soziale Verhältnisse und die Konflicte derselben symbolisch gefaßt darzustellen» (24.7.1809). Die Konstruktion der «sozialen Verhältnisse» führt vier Personen zusammen – den Baron Eduard und seine Frau Charlotte, deren Nichte Ottilie und Eduards Jugendfreund, den Hauptmann Otto –, eine Konstellation, aus der die komplexen «Konflicte» des Romans hervorgehen. Eduard und Ottilie verlieben sich ineinander in leidenschaftlicher Weise, ebenso Charlotte und der Hauptmann, die sich jedoch eine Erfüllung versagen. Den Ehebruch durchleben die Ehepartner zunächst in ihrer Phantasie: «Eduard hielt nur Ottilie in seinen Armen, Charlotten schwebte der Hauptmann näher oder ferner vor der Seele, und so verwebten, wundersam genug, sich Abwesendes und Gegenwärtiges reizend und wonnevoll durcheinander.» Doch aus den erotischen Phantasien wird im Fall Eduards und Ottilies irreversible Wirklichkeit, aus dieser erwächst, geradezu naturhaft, die persönliche Tragödie. Goethe führt die Konfliktlinien mit naturwissenschaftlicher Präzision konsequent durch: Schwangerschaft und Geburt, Tod und Entsagung heißen die Stationen, die die Figuren nach Art einer Versuchsanordnung durchlaufen. «Große Leidenschaften sind Krankheiten ohne Hoffnung. Was sie heilen könnte, macht sie erst recht gefährlich», notiert Ottilie in ihrem Tagebuch. Doch der naheliegenden Gefahr einer Trivialisierung des Geschehens durch die Festlegung auf allzu schlichte Topoi der «sozialen Verhältnisse» entgeht der Roman durch die Einbettung der «Konflicte» in den Kontext der zeitgenössischen Kriegs- und Adelsthematik ebenso wie durch seine Öffnung und Fundierung durch Aspekte der Religiosität, des Mythos und der Naturmagie. Briefe erweitern die Erzählperspektive, Tagebuchaufzeichnungen sprengen die Handlungschronologie auf. Zudem hat Goethe in Verbindung mit vielfältigen metaphorischen Verknüpfungen und Spiegelungen eine anspielungsreiche und hintergründige Namen- und Zahlensymbolik geschaffen, die sein Werk zu einem Sprachkunstwerk ersten Ranges machen.

Versepen: Reineke Fuchs, Hermann und Dorothea, Achilleis

In den 90er Jahren des 18. Jahrhunderts entstehen drei Versepen, mit denen Goethe seinen in den *Römischen Elegien* und den *Xenien* begonnenen Rückgriff auf die Formtraditionen der griechischen Klassik fortführt: *Reineke Fuchs* (1794), *Hermann und Dorothea* (1797) und *Achilleis* (1798). Die drei Werke sind im Versmaß des Hexameters gehalten – Goethe zeigt nicht die geringste Scheu, sich zum homerischen Traditionsbezug zu bekennen. Der erste Vers seines Epos *Achilleis* schließt umstandslos an das Ende der *Ilias* an. Lautet deren letzte Zeile (in der Übersetzung von Wolfgang Schadewaldt): «So besorgten diese die Bestattung Hektors, des Pferdebändigers», so heißt die erste Zeile in Goethes *Achilleis*: «Hoch zu Flammen entbrannte die mächtige Lohe noch einmal». Doch der Versuch, im Versmaß der Antike einen Stoff der klassischen Mythologie aufzunehmen, ihn fortzuschreiben und auszumalen, ließ sich, wie Goethe bald wahrnahm, nicht problemlos realisieren. Das gewählte Thema – inhaltlich sollte es um den Tod des Achill gehen – blieb deutlich hinter der die Kulturen übergreifenden Welthaltigkeit des Vorbilds zurück, die Ausschmückung durch Goethe geriet erkennbar epigonal, sodass am Ende die in einem Brief an Schiller selbstkritisch geäußerte Einsicht die Oberhand gewann: «Die Ilias erscheint mir so rund und fertig […], daß nichts dazu noch davon gethan werden kann» (16. Mai 1798). So wurde nur der erste der insgesamt acht geplanten Gesänge mit einem Umfang von 651 Versen abgeschlossen; die sieben anderen sind lediglich in Umrissen, als stichwortartige Entwürfe überliefert.

Anders verhält es sich mit *Reineke Fuchs* und *Hermann und Dorothea*. Sie lassen sich gleichfalls als bewusster Traditionsbezug auf die Formensprache der Antike verstehen, doch liegt ihnen jeweils eine aktuelle Thematik zugrunde. *Reineke Fuchs* entstand nach Goethes Rückkehr vom preußisch-österreichischen Feldzug gegen das postrevolutionäre Frankreich (1792 und 1793), dem er später in *Campagne in Frankreich* und in *Die Belagerung von Mainz* (beide 1822) detaillierte Schilderungen gewidmet hat. Das Epos, mit dessen Erarbeitung Goethe sich, zurück in Weimar, 1792 nach eigenem Bekunden auch von den Schrecknissen und Wirren der nachrevolutionären Zeit hatte ablenken wollen, umfasst, in zwölf Gesänge untergliedert, insgesamt 4312 Verse. Die abschließende Überarbeitung erfolgte während der Belagerung von Mainz. Sie trägt inhaltlich alle Zeichen der aktuellen Ereignisse: Verrat und Mord, Raub und Vergewaltigung, List und Gewalt, Betrug und Landfriedensbruch bilden die entscheidenden Handlungsimpulse. Das verallgemeinerbare, Gegenwart wie Vergangenheit umfassende Fazit ist eindeutig – Goethe hat es in einer seiner Xenien aus dem Jahr 1796 in folgende Einsicht gefasst:

Reineke Fuchs

Vor Jahrhunderten hätte ein Dichter dieses gesungen?
    Wie ist das möglich? Der Stoff ist ja von gestern und heut.

Dieser Einsicht entsprechend, fügt Goethe dem seit dem 11. Jahrhundert bekannten, in zahlreichen, lateinischen wie volkssprachigen Überlieferungen und mittelhochdeutschen Epen tradierten Stoff, der 1752 von Herder in einer Übersetzung neu herausgegeben worden war, eigene Handlungsimpulse hinzu. Der sprichwörtlich listige, verschlagene Reineke Fuchs wird wegen seiner zahlreichen Verfehlungen beim alljährlich zu Pfingsten abgehaltenen Gerichtsverfahren des Königs angeklagt, erhält zweimal Gelegenheit, sich zu verteidigen, und besiegt am Ende nicht nur seinen Gegenspieler, den vergleichsweise braven Wolf Isegrim, sondern wird zudem zum Kanzler des Königreichs ernannt – ein Triumph der Bosheit, des Egoismus und der Heimtücke über die Dummheit und die Habgier, kurz: ein «Hof- und Regentenspiegel» (Goethe) aktuellen Zuschnitts. Dennoch sollte man dieses Versepos nicht als Schlüsselerzählung missverstehen. Es enthält zwar zahlreiche Anspielungen auf die Gegenwart, doch überschreitet es entschieden deren Horizont, indem es sich zum einen auf eine alte Stoffüberlieferung bezieht, zum anderen die Tradition der Tierfabel in ihren paradigmatischen und didaktischen Qualitäten nutzt und nicht zuletzt mit dem gewählten Versmaß des Hexameters über eine geschichts- und kulturübergreifende Dimension verfügt. Zudem besitzt das Epos mit seiner Titelfigur einen überaus gewitzten und verschmitzten, frechen Helden, einen Schelm – im doppelten Sinn dieses Worts: Verbrecher und Scherzbold –, dessen Einsatz dem

Epos durchgängig einen ironischen Unterton verleiht und ihm auf diese Weise, über alle Gegenwartsbezüge hinaus, poetische Eigenständigkeit sichert.

Die Revolutionsthematik nimmt Goethe auch in der Erzählsammlung *Unterhaltungen deutscher Ausgewanderten* (1795) auf. Auch hier geht es um die Französische Revolution und ihre Folgen, mit einem Schwerpunkt auf den Schicksalen von Flüchtlingen. Die im Mittelpunkt stehende kleine Gesellschaft, darunter eine Baronesse mit ihren Kindern, ferner Freunde und Angestellte, ist 1793 vor der Revolutionsarmee vom linken Rheinufer auf ihre rechtsrheinischen Besitztümer geflohen – dies ist die Rahmenhandlung. Da aber die großen Themen der Zeit ebenso wie die persönlichen Erlebnisse die Gespräche der handelnden Figuren bis in die feinsten Verästelungen des Alltags hinein bestimmen, da diese Gespräche aufgrund der unterschiedlichen Wahrnehmungen und Erfahrungen zu Zwist und Zank, Streit und Konflikten führen und die Ordnung innerhalb dieser Gesellschaft *en miniature* außer Kraft zu setzen drohen, wird auf Anregung der Baronesse ein Verbot politischer Gespräche und Diskussionen über das «Interesse des Tages» verabredet. Man kommt überein, sich Geschichten zu erzählen, um, nach dem Vorbild von Boccaccios Novellensammlung *Il Decamerone*, ein Bollwerk gegen das Chaos der Außenwelt zu bilden, durch Gespenster- und Liebesgeschichten einerseits, moralische Geschichten andererseits. Vom Einzelnen geht es zum Beispielhaften, vom vorbildlichen Muster zum Symbolischen, von diesem zur Wirklichkeitsüberhöhung, ganz wie Goethe es in seinem poetologischen Text *Einfache Nachahmung der Natur, Manier und Stil* programmatisch formuliert hatte. Den Höhepunkt und Abschluss der Sammlung bildet das «Märchen», in dem die unterschiedlichsten Formen der Phantasie und eine Fülle von Variationen unterschiedlicher Erzähltemperamente und Fabuliertempi leicht und heiter zusammengeführt und miteinander zum Klingen gebracht werden, «ein Produkt der Einbildungskraft [...] von ihren eigenen Flügeln getragen und geführt, und indem sie sich hin und her schwingt, bezeichnet sie die wunderlichsten Bahnen, die sich in ihrer Richtung stets verändern und wenden», wie der Erzähler des «Märchens» in der Sammlung verspricht. Es erinnert «an nichts und an alles» und bringt auf diese Weise die den *Unterhaltungen deutscher Ausgewanderten* zugrunde liegende Utopie des glücklichen Zusammenlebens symbolisch zum Ausdruck. Dass Goethe sich nach dieser Novellensammlung in *Hermann und Dorothea* abermals auf die Tradition des Hexameters konzentriert, muss man mit dem zentralen Erzählgegenstand Goethes in dieser Zeit, der Französischen Revolution und ihren Folgen, in einem unmittelbaren Zusammenhang sehen. Die symbolisch versöhnende Conclusio des «Märchens» erfährt im Epos durch das klassische, der Antike entstammende Versmaß im Zusammenspiel mit der Idyllenkonzeption eine weitere formale Bekräftigung. Was Goethe an den revolutionären Ereignissen abgestoßen und seine entschiedene Kritik hervorgerufen hatte – der Terror in Paris, die Kriegsfolgen in Verbindung mit dem Revolutionsheer, die Enthauptung des Königs Louis XVI. –, musste offenbar ein weiteres Mal thematisiert werden, nun aber in einer Gestalt, welche die bestimmenden Sujets einer erschütterten Gegenwart mit Hilfe der antiken, klassischen Formen- und Gedankenwelt in Einklang zu bringen versprach.

Der inhaltliche Bezug zur Französischen Revolution und ihren Nachwirkungen findet sich in dem 1796/97 entstandenen Versepos *Hermann und Dorothea* allerdings nur in vermittelter Form. Der Arbeit an diesem Werk lag ein zuerst 1734 erschienener Bericht über Salzburger Exilanten zugrunde, die in den Jahren 1731/32 aus ihrer Heimat vertrieben worden waren. Ihr Schicksal hat Goethe mit den Fluchtbewegungen infolge der revolutionären Ereignisse in Frankreich verknüpft. Das Epos ist in insgesamt neun Gesänge untergliedert – der Zahl der Musen entsprechend, die, wie bei Homer, benannt und angerufen werden –, wobei jeder der namentlich genannten Musen bestimmte Motivkreise (Schicksal und Anteil, Das Zeitalter, Aussicht) oder handelnde Personen (Hermann, Die Bürger, Mutter und Sohn, Der Weltbürger, Dorothea, Hermann und Dorothea) zugeordnet sind. Die Musen und der Gehalt des jeweiligen Gesangs verweisen also als Bild und Deutung aufeinander, sodass sie sich wechselseitig, dem Handlungsverlauf entsprechend, in emblematischer Weise erhellen.

Die Konfliktkonstellation entspringt der Dualität nebeneinander bestehender Lebensformen: Die saturierte Sphäre des kleinstädtischen Bürgertums, dem der schüchterne Wirtssohn Hermann angehört, steht die prekäre Leidenssituation der Flüchtlinge mit der lebenstüchtigen Dorothea gegenüber. Die Zuneigung der beiden Protagonisten zerstört zunächst die Illusion paralleler, neben- und unabhängig voneinander bestehender Lebenswelten. Sie führt zu einer Vielzahl von Kontakten und Diskursen zwischen Angehörigen beider Gruppen, deren Abschluss eine Idylle bildet: die Verlobung der beiden Liebenden und die Versöhnung der Völker. Die Idylle sorgt nicht allein für den Ausgleich der Gegensätze zwischen dem Kleinbürgertum und den verelendeten Flüchtlingen, sondern trägt auch zur Angleichung von Wahrnehmungen und Wertungen bei, von Einstellungen und Urteilen, die sich als Bildungs- und Persönlichkeitsunterschiede innerhalb dieser beiden Gruppen finden. Den Weltbezug der Individuen spielt Goethe anhand eines Ringsymbols durch: Dorothea besitzt einen Ring von ihrem ersten Verlobten, der zur Unterstützung der Revolution nach Paris gegangen war und dort ums Leben gekommen ist – diesen Ring trägt sie neben dem ihres Verlobten Hermann. Auf diese Weise beschwört und bekräftigt sie die enge Verbindung von Liebe und Tod, von Einzelschicksal und Tragik der Geschichte.

Schillers Dramen

Schillers frühe Werke – *Die Räuber* (1781), *Die Verschwörung des Fiesko zu Genua* (1783), *Kabale und Liebe* (1784) und *Don Carlos* (1787) – weisen eine Reihe von Gemeinsamkeiten auf, die es erlauben, von ihnen übereinstimmend als ‹Jugenddramen› zu sprechen: Es sind Zeitstücke, die sich gegen die politische Enge richten. Es geht in ihnen um eruptive, antagonistische Konflikte. Auf der einen Seite stehen kraftgenialische Einzelfiguren, auf der anderen der personifizierte Absolutismus, gefasst in Figuren, an deren Exempel die historischen gesellschaftlichen und politischen Strukturen, zum Teil in historischem Gewand, einer unnachsichtigen Zeitkritik unterzogen werden. Der diesen Werken eigene rebellische Zug äußert sich in dem entschlossenen Bemühen, historische und gesellschaftliche Widersprüche zwischen Freiheit und Notwendigkeit hervorzutreiben, die Freiheit des Einzelnen gegen die Notwendigkeit von Gesetzen und Regeln zu setzen und im Scheitern, in der Katastrophe, im Untergang des Helden Signale zu setzen, die auf Änderung und Wandel drängen.

Alle diese Charakteristika finden sich bereits in Schillers Erstling *Die Räuber*: Karl Moor, der Rebell, der Selbsthelfer, der sich durch seine Rebellion politisch isoliert, der sich gegen seine Familie kehrt und sich außerhalb der Gesellschaft stellt, repräsentiert diese Widersprüche in exemplarischer Weise. Sie finden sich wieder in *Fiesko*, einem Drama, in dem es um Macht und Moral, um Absolutismus und republikanische Freiheit geht. Fiesko rebelliert gegen die Traditionen der Politik, gegen das Regelwerk der Institutionen und der Machtverhältnisse, und auch hier scheitert der Held an seinem Einzelgängertum wie an seiner genialischen Größe. Anders sind die inhaltliche Problematik und die dramatische Konfliktstruktur in *Kabale und Liebe* akzentuiert: Im Mittelpunkt steht die Liebesgeschichte zwischen Luise, Tochter des Musikus Miller, und Ferdinand, Sohn des Präsidenten von Walter. Luise schwankt zwischen religiösen und patriarchalischen Bindungen. Ihr Vater, die dominante Figur in einer stark religiös geprägten Familientradition, steht gegen den Präsidenten von Walter, der seinen Sohn aus karrieretechnischen Gründen mit Lady Milford verheiraten will, der Mätresse des Herzogs. Der Patriarch Miller auf der einen, der Repräsentant des Adels, von Walter, auf der anderen Seite: beide stellen sich gegen die unmögliche Verbindung von Bürgertum und Adel. Damit sind die Konfliktzonen, in denen sich die Liebe bewähren muss, bereits umrissen. Doch es tritt ein weiteres dramaturgisches Element hinzu, das bereits der Titel des Stücks benennt: die Kabale, die Intrige also. Es geht in Genua um Macht, um strategische Elemente ebenso wie um Machttaktik, von denen die einzelnen Figuren mit ihren Bedürfnissen, Gefühlen und Empfindlichkeiten aufgesogen und schließlich zerstört werden. Am Ende löst sich die Tragödie im Horizont der Kategorien Gut und Böse auf – ihre radikal gegen Willkür, Korruption und die vom Adel bestimmten Lebensverhältnisse gerichtete Moral spricht sich unmissverständlich aus.

In vergleichbarer Weise entfaltet sich auch in *Don Carlos* ein Konflikt um Liebe und Politik. Der Titelheld steht im Hinblick auf sein Temperament dem Karl Moor der *Räuber*, in gewisser Weise auch dem Fiesko des zweiten Dramas nahe. Don Carlos liebt Elisabeth, seine Stiefmutter, der er einmal versprochen war, die jedoch inzwischen mit seinem Vater, Philipp II. von Spanien, verheiratet wurde, und zwar aus Gründen der Staatsräson. Aus dieser Konfliktkonstellation resultiert jene Vernachlässigung der politischen Pflichten, deren Don Carlos sich schuldig macht. Daher vertraut Philipp II. nicht ihm, sondern Herzog Alba die Aufsicht über die niederländischen Provinzen an. Doch im Mittelpunkt des Stücks steht nicht Don Carlos, sondern Marquis Posa, der vor und hinter dem Rücken seines Freundes Don Carlos in die verschiedenen Konfliktzonen der Liebe und der Politik zum Besten aller einzugreifen versucht. Er wird am Ende zum Opfer der von ihm selbst inszenierten Intrigen, erschossen auf Befehl Philipps II., während man Don Carlos der Inquisition übergibt. Schiller, als Historiker ein vorzüglicher Kenner dieser Vorgänge, schrieb im Entstehungszusammenhang dieses Dramas eine historische Abhandlung mit dem Titel *Geschichte des Abfalls der Vereinigten Niederlande von der spanischen Regierung* (1788), in der er den politischen Konflikt in seinen Grundzügen aufarbeitete. Im Drama akzentuiert er das Geschehen als Familientragödie, die mit einem politischen Konflikt verbunden ist. Auch hier findet sich, wie in den anderen Jugenddramen, eine Anklage gegen die Deformationen durch die absolutistische Herrschaft, hier die des 16. Jahrhunderts, Kritik aber auch an der Gegenwart, wenngleich in Gestalt der historischen Camouflage.

Don Carlos, das letzte der frühen Werke, erschien im Jahr 1787 – die *Wallenstein*-Trilogie, das zweite der späten Dramen Schillers, ist erst 1798/99 erschienen. Zwischen diesen beiden Schaffensperioden liegt eine Arbeitsphase, in der die gemeinsamen Projekte mit Goethe, insbesondere *Die Horen* und das Projekt der *Xenien*, vorangetrieben werden, die seinen Namen weit über Weimar hinaustragen. In diese Zeit fällt auch seine brillante Antrittsvorlesung mit dem Titel: *Was heißt und zu welchem Ende studiert man Universalgeschichte?* (26. Mai 1789). Etwa die Hälfte der Jenaer Studenten soll zugegen gewesen sein, von großer Begeisterung ist die Rede. Was Schiller in dieser Antrittsvorlesung zu erwecken versucht, ist der humanistische Sinn für das Geschichtliche: Geschichte zu verstehen als eine nicht nur von Menschen gemachte, sondern zudem auf ein menschliches Ziel hin zu entwickelnde Selbstentäußerung des Menschen. In diesem Sinn hat Schiller insgesamt acht Jahre in zum Teil engem Austausch mit Goethe an seiner *Wallenstein*-Trilogie gearbeitet. Er lehnt sich dramaturgisch eng an die historischen Vorgänge an – zwischen 1791 und 1793 schreibt er sein zweites großes Geschichtswerk, die *Geschichte des Dreißigjährigen Krieges*, ein Beispiel glänzender historischer Prosa –, etwa im Hinblick auf die Differenzen Wallensteins mit der katholisch-spanischen Partei am habsburgischen Hof in Wien, hinsichtlich der Geheimverhandlungen mit Schweden, Sachsen und Frankreich und ebenso der Ermordung des Feldherrn 1634 in Eger. Es entsteht das Bild eines ehrgeizigen, machthungrigen Menschen von schwankendem Charakter, der durchaus eigene Ziele und nicht in jedem Fall das Wohl des Reichs im Auge hatte. Schiller zeichnet Wallenstein dementsprechend nicht als große tragische Figur, sondern vielmehr als eine zwiespältige Gestalt, deren Widerpart eine weitere entscheidende Persönlichkeit des Dreißigjährigen Kriegs ist, nämlich König Gustav Adolf von Schweden. Mit dem Feldherrn steht ein ‹gemischter Charakter› im Mittelpunkt des Stücks: hohen Geistes, hohen Sinnes, mit klaren, weitgesteckten Zielen einerseits, befangen in Kleinigkeiten, Intrigen, Verrat andererseits, ohne eine angemessene Entscheidungskompetenz und zudem in seiner Handlungsfähigkeit durch die Neigung zur Astrologie bestimmt, ein inkonsequenter Machtmensch, tatkräftig, aber sternengläubig, eine Führungspersönlichkeit mit Schwächen und Schwankungen.

Der erste Teil des Dramas, «Wallensteins Lager», nutzt die Möglichkeit einer indirekten Charakterisierung seines Protagonisten. Szene für Szene, in buntem Wechsel und durchweg den volkstümlichen Knittelvers nutzend, geben Soldaten und Kleriker, Jäger und Marketenderinnen ihre Meinung über Wallenstein zum Besten. Er erscheint als großer, unbesiegbarer Feldherr, als eine durch Fortuna begünstigte Führerfigur, die gleichwohl umstritten ist und kritisiert wird, und zwar vehement und drastisch durch einen Kapuzinermönch, den Schiller dem Prediger Abraham a Santa Clara nachempfunden hat, eine Figur, die es versteht, religiöse Ernsthaftigkeit mit scherzhafter und satirischer Volkstümlichkeit zu verbinden. Bereits in «Wallensteins Lager», in den Reden und Widerreden der Figuren, werden die Gegensätze deutlich, die Schiller das Stück durchziehen lässt: auf der einen Seite die Furcht des Wiener Hofs vor Wallensteins Macht, die Angst, er könnte sich verselbständigen, auf der anderen Seite der Konflikt zwischen den Personen, insbesondere dem Kaiser und Wallenstein. Dieser Konflikt ist unmittelbar mit Beginn des zweiten Teils, «Die Piccolomini», präsent, in dem der Knittelvers durch den klassischen Tragödienvers, den fünfhebigen Jambus, abgelöst wird, der zugleich den Kunstcharakter des Dramas betont. Von Anfang an ist Verrat im Spiel. Der Kaiser, repräsentiert durch Questenberg, Octavio Piccolomini als Intrigant, Verräter und Doppelspieler, Max Piccolomini als der idealistische Freund Wallensteins und die schillernde Figur des Feldherrn selbst bilden die Protagonisten, deren Konstellation der weitere Verlauf des Dramas differenziert vorführt. Wallenstein war die Führung des Heeres bereits einmal entzogen worden, doch hatte der Kaiser ihn in einer Notlage um Hilfe bitten müssen und ihn wieder eingesetzt. Jetzt erfährt Wallenstein, dass eine solche Absetzung abermals droht. Er fühlt sich verraten, reißt das Heer an sich, verbündet sich mit Gustav Adolf von Schweden – das Unglück nimmt seinen Lauf. Im dritten Teil, «Wallensteins Tod», sieht sich der Feldherr durch die Entwicklung der von ihm selbst eingeleiteten Ereignisse zum Handeln gedrängt. Er zieht sich vor einer endgültigen Entscheidung zurück, um die Gestirne zu befragen, zögert die Entscheidung jedoch hinaus, mit den berühmten Worten: «Ich denke, einen langen Schlaf zu tun», und wird erstochen.

Bei allem intendierten Realismus geht es auch in diesem historischen Drama Schillers nicht ohne Idealisierung ab. Der Dramatiker will seine Figuren ins Geschichtlich-Verallgemeinerbare heben, um an ihnen das Verhältnis von Schicksal und Notwendigkeit auf der einen, individueller Entscheidung und Verantwortung auf der anderen Seite zu demonstrieren. Er betreibt eine Überhöhung des Geschehens, indem er die von Wallenstein selbst hervorgerufenen Zwänge zu Notwendigkeiten erhebt. Weil Wallenstein die Gestirne befragt, entscheidet er nicht – weil er nicht entscheidet, scheitert er. Er selbst, nicht ein Fatum, ist für sein Scheitern verantwortlich.

Der Stoff von *Maria Stuart* (1800) ist mit einer neuen dramaturgischen Struktur verbunden. Schiller übt einen freien Umgang mit den – ihm wiederum sehr vertrauten – historischen Quellen. Das Stück zeigt die drei letzten Tage im Leben der schottischen Königin Maria Stuart. Das Geschehen bis zu ihrem Tod wird wie in einer Gerichtsverhandlung in Rückblenden aufgerollt. Elisabeth war von 1558 bis 1603 die letzte Herrscherin der Tudors in England. Sie hatte in Maria Stuart eine Gegenspielerin, die als schottische Königin eine fanatische Katholikin war, von Spanien und vom Papst gestützt. Elisabeth lässt sie festnehmen, als sich hierzu die Gelegenheit ergibt, voll Hass auf ihre Nebenbuhlerin. Am Ende, nach einem vielfältigen Für und Wider, Anklagen und Verteidigungsreden, einem argumentativ aufgeladenen Hin und Her der Abwägungen unterschreibt Elisabeth das Todesurteil. Zuvor kommt es zu einer schicksalhaften Begegnung zwischen den beiden Königinnen, die einen sehr modernen Zug in Schillers Drama zur Geltung bringt, eine Art psychologischer Motivierung der Figuren. Immer deutlicher wird im Verlauf des Streitgesprächs: Je mehr Maria fleht, desto mehr weicht Elisabeth zurück – je mehr diese zurückweicht, desto stolzer wird jene. Zwei Frauen bewegen sich als Rivalinnen gegeneinander, zwischen ihnen herrschen die unüberwindliche Abneigung zweier Machtmenschen und zugleich der Hass zwischen zwei völlig unterschiedlichen Frauen. Maria Stuart hat zu leben und zu lieben verstanden – Elisabeth ist die puritanische, ihre Triebe unterdrückende Frau. Eben deswegen muss sie kalten Herzens Rache nehmen – Rache für das nicht gelebte Leben. Der Zusammenhang von Religiosität und Triebschicksal motiviert das politische Handeln aus der Psychologie und personalisiert es auf diese Weise. Das persönlich begründete Handeln wirkt auf die politische Welt zurück. Dies ist der Schritt in eine moderne Dramenkonzeption, die auch die Schlusspointe einbezieht: Als Elisabeth das Todesurteil unterschreibt, umgeht sie die persönliche Erteilung des Befehls zur Ausführung – eine eher zufällige Koinzidenz führt zum Vollzug des tödlichen Beschlusses.

Auch den historischen Stoff der *Jungfrau von Orléans* (1801) nutzt Schiller sehr frei. Er schildert, zunächst in einem Prolog, die göttliche Berufung Johannas. Sie bringt dem französischen König den Sieg, sie stellt sich an die Spitze des Heers mit dem Segen der Kirche, Sieg folgt auf Sieg. Zuletzt sieht sie sich dem englischen Heerführer gegenüber, den sie töten müsste, aber nicht töten kann: Gefühl steht gegen Pflicht. Am Ende steht der Tod, der in eine verklärende Vision übergeht. *Die Braut von Messina oder Die feindlichen Brüder* (1803) ist dagegen ein Versuch, an die griechische Tragödie anzuknüpfen. Schiller führt den Chor zur Reflexion des

Handlungsgeschehens ein. Es geht um zwei feindliche Brüder, die sich in eine unglückliche Liebe zu derselben Frau verstricken, die zudem – was beide nicht wissen können – ihre Schwester ist, ein Konflikt, der wie der des klassischen Vorbilds auch tödlich endet. Der Schluss-Chor fasst den Gehalt des Dramas in dem berühmt gewordenen Wort zusammen: «Das Leben ist der Güter höchstes *nicht*, / Der Übel größtes ist die *Schuld*.» Zu historischen Quellen kehrt Schiller schließlich in seinem letzten abgeschlossenen Bühnenwerk *Wilhem Tell* (1804) zurück, zur Geschichte des legendären Schweizer Freiheitskämpfers, der zu Beginn des 14. Jahrhunderts den Aufstand gegen die Fremdherrschaft der Österreicher in den Kantonen Schwyz, Uri und Unterwalden durch die Ermordung des Tyrannen Geßler zum Erfolg führt: ein Drama, das seit Generationen zum schulischen Lektürekanon zählt. In ihm wird die Legitimität des Tyrannenmordes auf beispielhafte Weise thematisiert.

Iphigenie auf Tauris

Wenn sich Schillers *Wallenstein*-Trilogie als künstlerisches Zentrum seiner Bühnenwerke bezeichnen lässt, als Höhepunkt der ‹klassisch› genannten Periode seines dramatischen Schaffens, so gilt dies in vergleichbarer Weise für Goethes Schauspiel *Iphigenie auf Tauris*. Zwischen Februar 1779 und März 1779, innerhalb von nur sechs Wochen, hat Goethe das Stück in einer ersten Fassung fertiggestellt, die im April 1779 uraufgeführt wurde mit dem Autor in der Rolle des Orestes und zugleich als Regisseur. Doch die Arbeit war damit nicht beendet. Vielmehr erfuhr der Text zwischen 1780 und 1787 weitere Überarbeitungen, und auch nach Italien hat Goethe das Werk mitgenommen, um dort an ihm zu feilen. Die Vollendung hat ihm, wie briefliche Zeugnisse vielfach belegen, erhebliche Schwierigkeiten bereitet. Er sucht Hilfe bei Wieland und erhält Anregungen von Karl Philipp Moritz, nach der vorläufigen Fertigstellung auch von Herder.

Goethe greift auf den antiken Mythos vom Geschlecht der fluchbeladenen Tantaliden zurück, deren Abkömmling Iphigenie ist, Tochter der von ihrem Sohn Orestes ermordeten Klytämnestra und des Agamemnon, den ihrerseits zuvor Klytämnestra ermordet hatte – in der fälschlichen Annahme, er habe die gemeinsame Tochter Iphigenie geopfert. Goethe konnte für seine Arbeit nicht nur auf die Überlieferung dieses Mythos zurückgreifen, sondern auch auf dessen dramatische Bearbeitung durch Euripides (*Iphigenie in Aulis*, ca. 414–412 v. Chr.; *Iphigenie in Tauris*, nach 406 v. Chr.). Das symmetrisch gebaute Stück – auf der einen Seite Thoas, auf der anderen Seite Pylades und Orestes, zwischen ihnen die zur Vermittlung bestimmte Iphigenie – hält sich streng an die drei Einheiten (Zeit, Ort, Handlung) und ist (mit einer Ausnahme) durchweg im Jambus gehalten. Die Absicht war, ein Stück im Geist der klassischen Antike zu schreiben, ein Drama, in dem es um das Zentralmotiv der Humanität gehen sollte. Die entscheidende Veränderung gegenüber der Vorlage des Euripides bildet dementsprechend die Handlungsmotivation. Der bei Euripides noch vorhandene Kontrast zwischen ‹guten› Griechen und ‹bösen› Barbaren ist bei Goethe einer Ausgeglichenheit positiver und negativer Anteile auf beiden Seiten gewichen.

Die «Achse» (Goethe) des Stücks bildet die Heilungsgeschichte des durch Schuld beladenen, von den Erynnien verfolgten und von Schuldgefühlen geplagten Orestes – der Kern des Dramas aber offenbart sich darin, dass Iphigenie zunächst den Raub des Kultbildes decken will, dann aber diesen Plan dem König der Taurer verrät, um Thoas zur Zustimmung zu bewegen. Damit liefert Iphigenie sich, ihren Bruder und Pylades dem König aus, im Vertrauen auf die Kraft der Wahrheit und in der Hoffnung, durch Wahrheit überzeugen zu können. Dieser Konfliktkern verbindet sich mit dem die Handlung motivierenden Ausgangspunkt, der Zurückweisung des Thoas durch Iphigenie. Auch hier geht es um Überzeugung – nicht durch Wahrheit, sondern durch Reinheit, da Iphigenie als geweihte Priesterin der Artemis eine Ehe nicht eingehen kann. Wahrheit und Reinheit bilden die um Iphigenie zentrierten Ideale des Werks. Es geht um die Bewältigung einer mythischen, schicksalhaften, fluchbeladenen Vergangenheit, um der Hoffnung auf eine Zukunft willen, die Wahrheit und Reinheit verlangt. Ein Anspruch, dem sich zuletzt auch Thoas stellen muss, der Barbar, der zugleich ein edler Mann ist. Das Ende bleibt über lange Zeit offen – die Katastrophe scheint jederzeit möglich. Sie wird vermieden, indem Goethe Thoas als einen Menschen im

Sinne des Humanitätsideals darstellt, als einen im Geist der Aufklärung geläuterten Barbaren, der den Opferkult nicht mehr benötigt, sondern aus eigener Einsicht menschlich handeln und dabei Verluste in Kauf nehmen kann.

Kein Marmorbild findet sich in diesem Goethe'schen Klassizismus, sondern ein Ringen um Gut und Böse, mit Schwankungen und Ungewissheiten, mit der Entwicklung von Konflikten und mit der Veränderung von Einsichten, mit Gefährdungen und Versuchungen, die am Ende bei allen Beteiligten zur Läuterung führen, zur Mündigkeit der handelnden Personen. Die Aufklärung stellt sich als eine konfliktreiche Auseinandersetzung nicht nur zwischen den Personen dar, sondern auch in ihnen – sie führt zur Autonomie der Protagonisten, die schließlich über sich selbst bestimmen können. ‹Hoffnung› heißt das Ziel, auf das dieses um das Opfermotiv zentrierte Stück hinausläuft: Hoffnung auf Rettung aus der Verstrickung ins Verhängnis des Mythos. Iphigenie gelingt es, diese Hoffnungsvision nicht nur für andere, sondern auch für sich selbst zu realisieren, und zwar durch die Verwirklichung der Ideale Wahrheit und Reinheit. Goethe hat sein Stück im Januar 1802, in einem Brief an Schiller, als «ganz verteufelt human» bezeichnet. Diese schöne Wendung deutet nicht zuletzt darauf, dass es sich nicht um einen geschichtsphilosophisch begründeten, sondern vielmehr um einen auf die Konstellation der Figuren bezogenen Humanismus handelt.

Faust

Das lässt sich mit gleichem Recht von Goethes berühmtestem Drama sagen. Mehr als 35 Jahre hat der Dichter am *Faust* gearbeitet. Schon als Kind, im Alter von drei, vier Jahren, war er in Frankfurt mit der Figur des teils als Wunderheiler verehrten, teils als Scharlatan verschrienen Mediziners vertraut. Das Puppentheater spielte seinerzeit die *Historia von Johann D. Fausten* auf der Grundlage des alten Volksbuchs aus dem Jahr 1587, zudem gab es eine Bearbeitung des Stoffs durch Christopher Marlowe aus den Jahren 1588 bis 1593, die Goethe ebenfalls bekannt war, und nicht zuletzt ist das Stück immer wieder von Wanderbühnen aufgeführt worden, die aus England, Italien und Skandinavien nach Deutschland kamen, um möglichst drastische und effektvolle Stoffe zu präsentieren, woran sich ihr Publikum vergnügen konnte. Goethe beginnt mit dem *Faust* 1771, zunächst in Form von Vorarbeiten, die durch eigene Krankheitserfahrungen, durch den Umgang mit Arzneien, Heil- und Wundermitteln, angeregt sind. Zur selben Zeit, während seines Aufenthalts in Frankfurt, wird eine Kindsmörderin hingerichtet. Beide Handlungselemente gehen in den sogenannten *Urfaust* ein, ein in den Jahren 1772 bis 1776 entstandenes Ensemble einzelner Szenen, die keinen durchgängig erzählten Handlungsfaden, sondern locker aneinander gefügte, wenngleich in sich geschlossene Einheiten bieten. Die Handschrift dieser Fassung ist zu Lebzeiten Goethes nicht veröffentlicht worden – sie tauchte erst 1887 wieder auf. Das Resultat einer zweiten Arbeitsphase wird 1790 unter dem Titel *Faust, ein Fragment* publiziert. Goethe hatte die Arbeit für lange Zeit unterbrochen, auch wenn seinen Tagebuchnotizen zu entnehmen ist, dass er sich mit dem Stoff in einem inneren Prozess weiterhin beschäftigt und über seine produktive Fortentwicklung immer wieder nachgedacht hat. Manuskriptblätter wurden auf die Reise nach Italien mitgenommen, dort fand sich offenbar auch Gelegenheit, an einzelnen Szenen weiterzuarbeiten. Allerdings nur vorübergehend – die Figur des Doktor Faustus stellte persönlich wie produktionsästhetisch einstweilen noch eine übergroße Herausforderung dar.

Die Veröffentlichung des Fragments dürfte der Distanzgewinnung gedient haben. Seit 1797 arbeitet Goethe wieder intensiv am *Faust*, angeregt durch Schiller, der Goethe zur weiteren Arbeit ermutigt, sogar gedrängt hat, angespornt auch durch den Verleger Johann Friedrich Cotta. Doch erst 1806 wird die Arbeit abgeschlossen: «Faust, letztes Arrangement zum Druck», lautet eine Tagebucheintragung vom 25. April 1806. Das Wort «Arrangement» trifft die Sache exakt: Es gibt eine präzise Umschreibung der Struktur, die Goethe hier dem Faust-Stoff gegeben hat. Denn es handelt sich dramaturgisch nicht eigentlich um eine kohärente Entwicklung, weder im Sinn der Handlungskontinuität noch der Figurenentwicklung, sondern um eine Folge von Szenen, die stoffliche Gehalte und Probleme anhand von Situationen und Stationen reflektiert – eine Dramaturgie der Moderne.

Der Titel lautet *Faust. Eine Tragödie.* Wenn man den Begriff Tragödie in einem strengen, an den Mustern der klassischen Antike geschulten Verständnis, an den einer schicksalhaften Schuld bindet, dann ist Goethes *Faust* zweifellos keine Tragödie: weder eine Gelehrten- noch eine Gretchentragödie. Denn der Gelehrte Faust wird auf Grund seines eigenen Entschlusses schuldig: Er experimentiert mit Alchimie und fordert die Magie heraus auf der Grundlage eines willentlichen Akts, der in den Pakt mit Mephisto mündet und erst hierdurch die Perspektive der Verdammnis eröffnet. Und auch die Mechanismen der Verführung, des Kindsmordes und der Tötung sind nachvollziehbar, begründet und rational konstruiert. Selbst das Todesurteil ist nicht als Schicksal über Gretchen verhängt, sondern vollzieht sich als formaler Akt der Rechtsfindung und Rechtsprechung. Dennoch ist die Frage Tragödie – ja oder nein? mit solchen Hinweisen nicht einfach beiseite zu legen. Vielmehr verbinden sich beide Handlungsteile, der Gelehrten- wie der Gretchenteil, in einem von Anfang an präsenten, immer wieder aufgenommenen Motiv, das sich durch den Aspekt der Zeiterfahrung bestimmt (Matussek 1992). Bereits im «Prolog im Himmel» geht es um das widerspruchsvolle Verhältnis von Dauer und Wechsel, das sich zwischen 1770 und 1830 als Ausdruck einer neuen, rasch sich verändernden Naturerfahrung herausbildet. Natur wird nicht mehr als eine in sich geschlossene, statisch-räumliche Einheit verstanden, sondern als evolutionäre Größe, die sich im Bereich der Ökonomie mit dem Übergang von der Manufaktur zur industriellen Produktion vergleichen lässt, ebenso im Bereich des Sozialen und Politischen mit dem in diesem Zeitraum hervortretenden Wandel vom festen Gefüge des Absolutismus zur bürgerlichen Lebenswirklichkeit: Zunehmend erhält hier der Einzelne Einfluss, sozial definierte Einheiten bringen das Gesamtprojekt Gesellschaft voran. In Verbindung mit diesen Prozessen entsteht eine neue, durch die Dynamisierung der historischen Verhältnisse gekennzeichnete Zeiterfahrung, die zur Überwindung der alten Ordnungen und der überkommenen Ordnungsvorstellungen, zur Preisgabe der tradierten Welterklärungsmodelle wie zur Nivellierung aller Lebensverhältnisse führt. Die Lebensbezüge innerhalb des einst hierarchisch gefügten Sozialgebäudes erscheinen gleichwertig und gleichrangig und werden auf eine historische Ebene der Gleichzeitigkeit projiziert. Substanz und Dynamik, Dauer und Wechsel – dies sind die spannungsreich aufeinander bezogenen Pole, die sich in Goethes Thematisierung der Zeit zeigen. Das *Faust*-Drama lässt sich insoweit als eine künstlerische Verarbeitung der Temporalisierung der Naturgeschichte verstehen: Die Naturgeschichte wird verzeitlicht, das heißt: in den dynamischen Rhythmus der frühindustriellen Produktion eingebracht, der zu neuen Anschauungen der Wirklichkeit führt, verbunden mit sich erneuernden wirtschaftlichen, politischen und sozialen Zusammenhängen.

Erkennbar ist dieser widerspruchsvolle Zusammenhang bereits in der ersten, in Fausts mit Erkenntnisinstrumenten überladenem Studierzimmer spielenden Szene. Erst mit Mephisto tritt eine neue Qualität der Zeiterfahrung auf, doch auch sie bietet nicht eigentlich ein produktives Element der neuen Möglichkeiten, sondern repräsentiert den Geist der Zerstörung, «der stets verneint». Mephisto verkörpert die Entwertungstendenzen des modernen Zeitbegriffs, deren Ausdruck die Beschleunigung und damit die Vernichtung zeitlicher Substanz ist. Mephisto kennt nur ein Vorher und ein Nachher, der Augenblick – das gehört zur Logik seines Handelns – ist für ihn tot. Er hat es stets eilig, setzt Fristen, nennt Ziele und Termine – Fausts Gegenimpuls ist die Beharrung, das Festhalten und Fixieren: «Verweile doch, du bist so schön». Faust sucht die Erfahrung der Zeitlichkeit, des einen erfüllten Augenblicks, der die Zeit aufhebt und den er bannen will. Sein Versuch, in der Begegnung mit Gretchen und in der Liebe zu ihr sich selbst zu erfahren, wird durch den Verjüngungstrank ermöglicht – ein Versuch, Jugend noch im Alter zu erfahren und so die Zeitlichkeit des Menschen zu hintergehen. Die Erfahrung von Zeit als Dauer ist beispielhaft in der Szene «Wald und Höhle» mit ihrer Verbindung von Menschlichkeit und Kreatürlichkeit entworfen. In dem Maß, wie der Mensch sich seiner Kreatürlichkeit bewusst wird, in dem Maß, wie sich Geschichte und Natur miteinander verbinden, wird die Erfahrung der Zeitflucht aufgehoben. Faust sieht die Natur, nimmt sie wahr und in sich auf. Auch wenn er in der nachvollziehenden Beschreibung nicht eins mit ihr wird, kommt er ihr doch sehr nahe, allerdings nur nach Art einer Idylle, die nicht festzuhalten ist.

Eine Tragödie ist Goethes *Faust* am Ende auf Grund einer Paradoxie: der Tatsache nämlich, dass der Mensch in dem Maß, wie er produktiv ist, Zusammenhänge, Kausalitäten und Entitäten, kurz: die Zeit als Dauer vernichten muss. Wenn also Fausts Geschichte tragisch genannt werden kann, dann in dem anthropologischen Sinn des schöpferischen Menschen, der über sich hinaus will und dabei scheitert. Diese Dimension entfaltet der zweite, in den Jahren 1824 bis 1831 entstandene Teil, der, dem Willen Goethes entsprechend, erst 1832, nach seinem Tod, veröffentlicht wurde. Das Werk weist eine gänzlich andere Struktur als der erste Teil der Tragödie auf. Im Mittelpunkt stehen nicht mehr Faust und Mephisto, sondern ein vielfältiges Mit- und Gegeneinander von allegorischen und symbolischen Szenenkomplexen, Motiven und Motivketten. Dementsprechend bestimmen nicht die Figuren die Szenen, vielmehr werden sie – auch Faust und Mephisto – durch ihre Funktion für die einzelnen Szenen bestimmt. Diese Struktur hängt mit der stofflichen Ebene aufs Engste zusammen. Man kann angesichts der Fülle der hier versammelten Inhaltsaspekte von einer dramatischen Enzyklopädie sprechen. Themen aus nahezu allen Bereichen – Geschichte, Natur, Philosophie, Kunst, Literatur, dazu die Forschungen Goethes, ferner Problembereiche aus Mythos, Geschichte und Politik wie Kolonialisierung und Ausbeutung, Unterdrückung und Kapitalismus – all dies hat Goethe zusammengetragen und, vom Trojanischen Krieg bis zur Schlacht von Missolunghi, von Philemon und Baukis bis zur modernen Landgewinnung, zu einem Welttheater aus 7000 Versen verbunden.

Die Handlung führt von der «anmutigen Gegend» des 1. Akts, in dem Faust, auf blumigem Rasen gebettet, ermüdet und unruhig Schlaf sucht, über die Laborsituation und die «klassische Walpurgisnacht» des 2. Akts in das «Hauptstück» des 3. Akts – eine Verbindung von Vergangenheit und Gegenwart, Klassik und Romantik, Griechen- und Germanentum, verkörpert in Helena und Faust –, von hier ins Hochgebirge des 4. Akts, in dem sich Faust auf neue Ziele besinnt und, als Dank für die Unterstützung des Kaisers in einer Schlacht, ein Stück Meeresstrand als Lehen erhält, das er im 5., dem letzten Akt zur Landgewinnung nutzt – auf Kosten des mythischen Paares Philemon und Baukis, die er von ihrem Grund und Boden vertreibt, um sein Projekt zu realisieren. Was sich so, äußerst verkürzt, als «Handlung» zusammenfassen lässt, ist in Wahrheit eine überaus vielschichtige, höchst komplexe Allegorie des 19. Jahrhunderts.

Faust erscheint als eine Verkörperung der Möglichkeiten dieser Zeit in ihren verschiedensten Formen, in ihren Extremen: als Entdecker und Eroberer der Welt, der das ihm Mögliche sehen und verwirklichen will; als Repräsentant einer Begegnung der Gegenwart mit der Antike, die er für die Gegenwart öffnet, um diese zu bereichern; als ebenso radikaler wie rabiater Kolonialist, der seine Sicht der Welt ohne Rücksicht auf Verluste durchsetzt.

Die psychologische Entwicklung Fausts im ersten Teil überführt Goethe in eine typologische Konfiguration seines Helden im zweiten Teil. Am Ende ist dieser, obwohl erblindet, voll visionären Tatendrangs, während die Lemuren sein Grab schaufeln – eine abgründige Ironie, die freilich der «Schluß, wo es mit der geretteten Seele nach oben geht» (Goethe im Gespräch mit Johann Eckermann), ins Religiös-Erhabene ausbalanciert. Man darf in diesem zweiten Teil ein unabschließbar auszudeutendes Werk der Weltliteratur sehen. (Zur Vertiefung der Lektüre sei der Kommentar in der von Albrecht Schöne verantworteten Ausgabe des Deutschen Klassiker Verlags empfohlen: Bd. 1. Faust-Texte, Bd. 2. Faust-Kommentare, 1994.)

5 Exzentrische Bahnen

Friedrich Hölderlin, Jean Paul und Heinrich von Kleist sind drei ihre Zeit überragende Autoren, die sich mit den Epochenbegriffen ‹Klassik› und ‹Romantik› nicht charakterisieren lassen. Exzentrisch darf ihr Weg insbesondere im Hinblick auf die kulturellen Zentren der Zeit, Weimar und Jena, genannt werden: Sie sind Außenseiter in sozialer Hinsicht wie insbesondere im Hinblick auf ihr literarisches Werk.

Friedrich Hölderlin

Die ersten lyrischen Schöpfungen Hölderlins entstanden, wenn man von seinen Jugendgedichten absieht, in Tübingen während seiner Studienzeit. Die so genannten Tübinger Hymnen beziehen sich erkennbar auf das Vorbild Schiller, den Hölderlin in seiner Eigenschaft als Ideendichter poetologisch nutzt, mit dem Ergebnis einer vergleichsweise starren poetischen Konzeption, die deutlich hinter seinen eigenen Möglichkeiten zurückbleibt. Erst in der Frankfurter Zeit, der zweiten großen Dichtungsphase der Jahre 1797/98, findet er zu seinen großen, eigenständigen freien Oden. Die dritte Phase stellen, nach der unglücklichen Liebe zu Susette Gontard und dem unfreiwilligen Abschied aus Frankfurt, die Homburger Elegien der Jahre 1800 und 1801 dar. Das 1802 von Hölderlin angelegte Homburger Folioheft, das seit 1986 in einer bibliophilen faksimilierten Ausgabe vorliegt, erlaubt eine Rekonstruktion der unterschiedlichen Entstehungsschichten dieser Gedichte, ihrer Verzweigungen und Erweiterungen, die häufig ohne Abschluss geblieben sind. Schließlich das Spätwerk, das, zum Teil in Form von Überarbeitungen, schon zur Zeit der beginnenden Geistesstörung entstanden ist. Die Gedichte aus diesen Jahren zählen zu den schönsten, poetisch gelungensten Zeugnissen der Zeit um 1800, Hymnen und Oden, die zugleich als die am schwersten zugängliche Dichtung Hölderlins gelten.

Die Strophenformen, auf die Hölderlin bevorzugt zurückgreift, stammen aus der griechischen Antike. ‹Ode› heißt ursprünglich nichts anderes als Gesang und bezeichnet zugleich die Art und Weise des Umgangs mit Poesie in der Antike: Es handelt sich um Dichtung, deren Vortrag durch Musik begleitet wurde. Der Begriff ‹Ode› ist eine Sammelbezeichnung für alle zur Musikbegleitung vorgetragene Dichtung, in deren Entwicklungszusammenhang sich allerdings eigenständige Formen ausgeprägt haben, Versmaße, die häufig nach den Dichtern, die sie benutzt oder erfunden haben, benannt worden sind. Man unterscheidet dementsprechend die sapphische Ode der Dichterin Sappho von der alkäischen Ode des Dichters Alkaios oder der asklepiadeischen Ode des Dichters Asklepiades. Als der bedeutendste Odendichter der Antike gilt Pindar, den Hölderlin aus dem Griechischen ins Deutsche übersetzt hat. Die nach ihm benannte Strophenform entwickelt sich weiter über Italien mit dem bekanntesten Beispiel der Horaz'schen Oden, *carmina* (Lieder) genannt, die über das Lateinische, Neulateinische und Spätmittelalterliche bis nach Deutschland ins Barock wirken und hier eine Umformung in das Odenmaß erfahren haben. Georg Rodolf Weckherlin und Martin Opitz haben diese Tradition aufgenommen und weitergegeben ins 18. Jahrhundert zu Friedrich Gottlieb Klopstock und Friedrich Hölderlin.

Die Hymne ist demgegenüber ein relativ freier Lobgesang, der vor allem religiösen Gehalt besitzt. Es sind Dichtungen, in denen Götter und Heroen verklärt und gepriesen werden, Preisgedichte, wie sie sich mit je unterschiedlichem religiösem Gehalt in allen Kulturen der Welt finden. In der griechischen Antike entfalten sich die Hymnen vornehmlich in Gestalt der Dithyramben, einer Gedichtform, die sich im Zusammenhang mit den Feiern zu Ehren des Dionysos entwickelt hat, unter Einschluss von Sonderformen wie den pänischen, an den Gott Apoll gerichteten Hymnen und den Prosodien, Hymnen, die insbesondere bei Prozessionen zu Ehren der Götter vorgetragen wurden und die in dieser Funktion Einfluss auf das deutsche Mittelalter entwickelt haben, unter Wahrung des religiösen Gehalts und aufgefüllt durch die christlichen Dogmen. Erst im Barock ist die Hymne von ihrem religiösen Kontext befreit und transformiert worden, vor allem in Gestalt von Naturhymnen, in die das Göttliche als Naturoffenbarung hineinspielte. Auch in diesem

Zusammenhang ist Klopstock als innovativer Traditionswahrer zu nennen, ferner der junge Goethe in seiner Sturm-und-Drang-Zeit.

Man kann die Gedichte aus Hölderlins Frühphase, etwa die «Hymne an die Göttin der Harmonie», als Gedanken- und Ideen-, vor allem auch als religiös grundierte Lyrik bezeichnen. Entwicklungstypologisch stellen diese Gedichte sich als Aneignungsformen von schon Vorhandenem dar.

Mit den Gedichten der zweiten Schaffensphase während der Frankfurter Zeit kommt hingegen ein freierer Umgang mit Gehalt und Gestalt, Themen und Traditionen zur Geltung, beispielhaft in dem Gedicht «An Diotima». Das Versmaß der ersten Zeile bildet hier ein Hexameter, also der klassische sechshebige Versfuß; die zweite Zeile aber bietet keinen Pentameter, wie man es der Tradition des Distichons entsprechend erwarten könnte, sondern es handelt sich hier um die erste Hälfte eines Pentameters, das so genannte archilochische Versmaß, benannt nach dem Dichter Archilochos. Das Gedicht ist unvollendet geblieben: Die Pünktchen im Text deuten Auslassungen an, Stellen, an denen Hölderlin weiterarbeiten wollte. Er hat das Versmaß dort jeweils gleichermaßen berücksichtigt, wie es vorher geplant war, aber er hat das Gedicht unvollendet belassen, und in dieser unvollendeten Form hat man es aufgefunden – als eine Art ‹work in progress›:

> Komm und siehe die Freude um uns; in kühlenden Lüften
>   Fliegen die Zweige des Hains,
> Wie die Locken im Tanz; und wie auf tönender Leier
>   Ein erfreulicher Geist,
> Spielt mit Regen und Sonnenschein auf der Erde der Himmel;
>   Wie in liebendem Streit
> Über dem Saitenspiel ein tausendfältig Gewimmel
>   Flüchtiger Töne sich regt,
> Wandelt Schatten und Licht in süßmelodischem Wechsel
>   Über die Berge dahin.
> Leise berührte der Himmel zuvor mit der silbernen Tropfe
>   Seinen Bruder, den Strom,
> Nah ist er nun, nun schüttet er ganz die köstliche Fülle,
>   Die er am Herzen trug,
> Über den Hain und den Strom, und ...
>   ...

> Und das Grünen des Hains, und des Himmels Bild in dem Strome
>   Dämmert und schwindet vor uns
> Und des einsamen Berges Haupt mit den Hütten und Felsen,
>   Die er im Schoße verbirgt,
> Und die Hügel, die um ihn her, wie Lämmer, gelagert
>   Und in blühend Gesträuch
> Wie in zarte Wolle gehüllt, sich nähren von klaren
>   Kühlenden Quellen des Bergs,
> Und das dampfende Tal mit seinen Saaten und Blumen,
>   Und der Garten vor uns,
> Nah und Fernes entweicht, verliert sich in froher Verwirrung,
>   Und die Sonne verlischt.
> Aber vorübergerauscht sind nun die Fluten des Himmels
>   Und geläutert, verjüngt
> Geht mit den seligen Kindern hervor die Erd aus dem Bade.
>   Froher lebendiger
> Glänzt im Haine das Grün, und goldner funkeln die Blumen,
>   ...
> Weiß, wie die Herde, die in den Strom der Schäfer geworfen
>   ...

Das Gedicht richtet sich «An Diotima» – doch ist mit einem Gegenüber oder Dialogpartner im Gedicht immer mehr und immer auch anderes gemeint als das jeweilige biographische Ich oder Du. Hier spricht ein lyrisches Ich die Geliebte mit einem Anruf an, der einer Aufforderung gleicht: «Komm und siehe die Freude um uns», eine Art Imperativ der Liebe, von dem aus die gesamte Natur wie ein Panorama durchmustert wird, in ihren großen Zügen wie in den feinsten Details. Die Form repräsentiert zugleich den Inhalt, da die Syntax eine fortwährende Verbindung mit allen geschilderten Einzelheiten eingeht. Die meistgebrauchte Vokabel in diesem Text, das «und», erfasst additiv in Form einer Parataxe so viele der Facetten einer unendlich vielfältigen Natur wie irgend möglich. Und das «wie», das zweithäufigste Wort des Gedichts, eröffnet im Vergleich einen menschlichen Zugang zu dieser Natur. Der Vergleich bildet die Brücke in das unbekannte Reich der Natur, die dem Menschen auf diese Weise näher rückt. Das entscheidende, die Zunge lösende Wort, von dem aus alles sich entwickelt, das dieses Gedicht trägt, ist das Wort «Freude»: «Komm und siehe die Freude um uns» – ein tragendes Lebensgefühl, das als gemeinsames Kennzeichen alle Naturphänomene miteinander verbindet, mithin auch die Geliebte und das sprechende Ich mit den Phänomenen der Natur, mit der von diesen ausgehenden Freude der Liebe, die zu einer einzigen Stimmungslage verschmelzen. Das Ich und die angeredete Geliebte sind, vermittelt über den emphatisch geäußerten Wahrnehmungsanteil, ihrerseits ein Teil dieser Natur. Die Einheits-, ja Vereinigungssehnsucht, die auf diese Weise der Geliebten gegenüber ausgedrückt wird, kommt zu sich selbst in diesem Sprache gewordenen Versuch, die Freude der Liebe zu verbinden mit der in der Natur wahrgenommenen Fülle des Lebens und der Lust am Leben.

Die von Hölderlin bevorzugte Odenform ist die alkäische Strophe: 58 alkäische und 23 asklepiadeische Oden finden sich in seinem Werk. Diese Präferenz hat mit der Stimmung zu tun, die sich über das alkäische Versmaß vermittelt. Die Formensprache der alkäischen Strophe zeichnet sich dadurch aus, dass sie aufsteigt, heller klingt und leichter wirkt als die asklepiadeische Strophe, die dunkler, verschatteter, trauriger wirkt. Hölderlin hat diesen Unterschied gezielt in seinen Gedichten genutzt. In dem Gedicht «Ehmals und jetzt» drückt die alkäische Strophe mit ihrem Maß von 11–11–9–10 Silben die Stimmung des Einverstandenseins mit dem Leben auf unverkennbare Weise aus:

> In jüngern Tagen war ich des Morgens froh,
>   Des Abends weint ich; jetzt, da ich älter bin,
>   Beginn ich zweifelnd meinen Tag, doch
>   Heilig und heiter ist mir sein Ende.

Was hier in einer einzigen Strophe als eine Art Stimmungsresümee festgehalten wird, entfaltet das 16-strophige Gedicht «Dichterberuf» in Form einer reich facettierten Lebensbilanz. Entstanden in der Homburger Zeit (1800/01), stellt das Gedicht eine große Geschmeidigkeit in der Anpassung des Strophenmaßes an die ihm zur Verfügung stehende bildreiche und hochgestimmte Sprache unter Beweis. Es konstituiert einen Zusammenhang zwischen Mensch und Welt, der sich als religiös begründet erweist, und verleiht auf diese Weise dem überindividuellen Anspruch auf Objektivität Ausdruck. Der Dichter («des Tages Engel») erscheint, nahezu gottgleich, als Sprecher und Künder («wie Bacchus»), als Verkörperung einer besonderen Gattung («Der Höchste, der ists, dem wir geeignet sind»), deren poetische Verklärung dem Geniedenken der Zeit Ausdruck gibt. Das über mehrere Strophen (5–9) sich hinziehende Enjambement verdichtet die in Anredeform gefassten Bilder aus den Sphären des Himmels und der Religionen zu einer einzigen Assoziationskette des lyrischen Subjekts, das in eine Warnung vor den Niederungen alltäglicher Gewöhnlichkeit und der Entzauberung der Welt («Noch ists auch gut, zu weise zu seyn») einmündet.

Die alkäische Odenstrophe ist das kongeniale Versmaß für diesen ebenso reflexiv kühnen wie emotional spannungsreichen Höhenflug. Und wenn Philologen – etwa Wolfgang Kaiser in seiner *Kleinen Versschule* – Hölderlin gelegentlich nachweisen konnten, dass er an der einen oder anderen Stelle nicht völlig korrekt mit dem Versmaß umgegangen sei, so wird man diesem Monitum den Widerspruch entgegenhalten müssen, den die deutsche Sprache gegenüber den antiken Versfüßen und Strophenmaßen grundsätzlich aufweist: Man kann das antike Versmaß im griechischen Original, im regelgerechten Gebrauch, rein quantifizierend skandieren, ohne der Sprache Gewalt anzutun. Die deutsche Sprache dagegen verlangt akzentuierende Versmaße, sodass bisweilen das orthodoxe Versmaß zu überspringen oder zu unterschleifen ist. Dieser im Deutschen vorhandene Widerspruch zwischen quantifizierendem und akzentuierendem Versmaß erfordert gelegentlich schöpferische Freiheiten im Umgang mit den tradierten Versformen, die das poetische Ingenium Hölderlins zugunsten eines rhythmisch angemessenen, akzentuierenden Sprechens zu nutzen versteht.

Das gilt in vergleichbarer Weise auch für die Aufnahme der asklepiadeischen Strophe durch Hölderlin, die ganz bewusst dann eingesetzt wird, wenn es um die Schaffung einer gedämpften Stimmung geht. Die Atmosphäre der Schattierung und der Abdunklung in der asklepiadeischen Strophe hängt mit dem Silbenmaß 12–12–7–9 unmittelbar zusammen: Der längeren Silbenzahl der beiden ersten Zeilen und den damit verbundenen ausführlicheren Inhaltsaspekten stehen zwei kürzere

Verszeilen gegenüber, die den vergleichsweise erzählenden oder diskursiven Charakter des Eingangs abbrechen, akzentuieren und pointieren, sodass sich schon durch die Zahl der Silben eine Formensprache herausbildet, die sich zum Aufbau trauervoller und melancholischer Stimmungen eignet. Das folgende Gedicht zeigt diesen Spannungsverlauf beispielhaft:

> Hoch auf strebte mein Geist, aber die Liebe zog
>   Schön ihn nieder; das Laid beugt ihn gewaltiger;
>   So durchlauf ich des Lebens
>   Bogen und kehre, woher ich kam.

Die zuvor zitierten Beispiele entstammen sämtlich der schöpferischsten Lebensphase Hölderlins. Seit 1797 dominiert die Form der Ode, mit der die Polarität zwischen Ich und Welt, Subjektivität und Objektivität, Menschlichkeit und Göttlichkeit, Sinnlichkeit und Geist thematisiert wird: strukturell entfaltet und im Sinne einer Einheits- und Vereinigungssehnsucht aufgelöst. In der späteren Werkphase aber, etwa seit den Homburger Elegien der Jahre 1800/01, gelingt diese subjektivierende Entgrenzung der polaren Konstellation nicht mehr: «Ungebundenes aber / Hasset Gott», heißt es in der zweiten Fassung des Gedichts «Der Einzige». Verbindlichkeiten und Gesetzmäßigkeiten treten an ihre Stelle, Maximen und beschwörende Formeln, die der Bedrohung durch die erfahrene transzendentale Orientierungslosigkeit entgegengesetzt werden, bis am Ende, in «Hälfte des Lebens», einem der eindrucksvollsten Gedichte Hölderlins, der poetische Augenblick einer radikalen Desillusionierung zu Sprache wird:

> Mit gelben Birnen hänget
> Und voll mit wilden Rosen
> Das Land in den See,
> Ihr holden Schwäne,
> Und trunken von Küssen
> Tunkt ihr das Haupt
> Ins heilignüchterne Wasser.

Weh mir, wo nehm ich, wenn
Es Winter ist, die Blumen, und wo
Den Sonnenschein,
Und Schatten der Erde?
Die Mauern stehn
Sprachlos und kalt, im Winde
Klirren die Fahnen.

Das kurze Zeit nach der beginnenden geistigen Umnachtung (1802) verfasste, in ersten Entwürfen bereits 1799/1800 existierende Gedicht wurde von Hölderlin in den Jahren 1802/03 überarbeitet und ist 1804 zuerst publiziert worden – als letzte Veröffentlichung, die Hölderlin selbst noch überwacht hat. Es entstand in einer Phase, in der sich Hölderlins Formensprache an dem Vorbild des in zahlreichen Übersetzungen gewürdigten Dichters Pindar orientierte, doch lassen sich in nicht geringerem Maß Einflüsse der griechischen Dichterin Sappho nachweisen (Menninghaus 2005). Das Gedicht ist von äußerster Klarheit und zeugt in seiner zweiteiligen Bauform von einer ungebrochenen Schärfe des Blicks. Seine strenge Dualität konfrontiert Bilder der Lebensfülle, angereichert durch farbige und stimmungsvolle Adjektive (gelb, wild, hold, trunken, heilignüchtern) und durchgeführt in einem vitalen Sprachrhythmus mit einer sprachlich geradezu asketischen Stimmung der Kargheit, der Kälte und des Mangels. Die volle, reife Natur mit den üppigen Landschaftsbildern des Spätsommers mit Birnen, Rosen und Schwänen wird durchzogen von einem sinnlichen, erotischen Unterton («Tunkt ihr das Haupt / Ins heilignüchterne Wasser»), der sich als Assonanz an eine Liebesbegegnung verstehen lässt. Deren rein subjektivierende Perspektive aber findet sich im Oxymoron «heilignüchtern» aufgehoben durch eine kunstvolle Synthese von kultisch-antiker Religiosität und moderner Rationalität. Hierzu steht die zweite Strophe in vollendetem Gegensatz: Nach dem vollen, reichen Sommer droht der kalte, sonnenleere Winter, der einhergeht mit reiner Daseinsangst («Weh mir»). Diese freilich überschreitet unverkennbar den empirischen, biographischen Lebensumkreis des vom Wahnsinn bedrohten Dichters Friedrich Hölderlin, da sie sich als Lebensgesetzlichkeit, nicht als Individualerfahrung darstellt: Bereits der Titel «Hälfte des Lebens» verweist auf jene Entgrenzung ins Allgemeine, die das Gedicht insgesamt erstrebt und vermittelt.

Hölderlins Roman *Hyperion* entsteht während der Jenaer Zeit in den Jahren von 1793 bis 1795 während eines engen Austauschs mit Friedrich Schiller, in dessen Zeitschrift *Thalia* die erste Fassung des Werks 1794 erschienen ist. Schiller war es auch, der den Roman dank seiner guten persönlichen Kontakte im Programm des angesehenen und einflussreichen Verlegers Johann Friedrich Cotta unterbringen konnte. Hölderlins Prosawerk ist ebenfalls ein Bildungsroman, jedoch von einer völlig anderen Struktur als Goethes *Wilhelm Meister*: ein Briefroman wie *Die Leiden des jungen Werthers*, im Unterschied zum *Werther* aber nicht auf die Vermittlung von Erlebnisnähe und Ereignisfülle angelegt, sondern als Lebensrückblick geschrieben aus der Sicht eines alternden Manns auf den eigenen Weg, insbesondere auf seine Jugendjahre.

Hyperion lebt in der zweiten Hälfte des 18. Jahrhunderts auf der griechischen Insel Tina. Seine Briefe richtet er an Bellarmin, einen deutschen Freund, von dem sich keine Gegenbriefe finden. Eingelagert in diese Folge von Briefen sind Teile eines Briefwechsels zwischen Hyperion und seiner Freundin Diotima, die Hyperion Bellarmin zuleitet. Hyperion besteht auf dem Sein, auf der Existenz des Menschen, eine Welt-Sicht, die durch die historische, Distanz schaffende Perspektive auf das eigene Leben ermöglicht und auf diese Weise zur Diskussion gestellt wird. Der Roman umfasst zwei Bände mit jeweils zwei Teilen. Er enthält in seinem ersten, 1797 erschienenen Teil die Entwicklung Hyperions: ein junger Grieche, der auf der Kykladeninsel Tina aufwächst und von dort aus später seine Briefe schreibt. Das Buch zeigt, wie er sich in die Natur versenkt, die Natur nachgerade ekstatisch zu erfassen und dieses Erlebnis zu bewahren versucht. Doch all seine Versuche misslingen, weil es einen Widerspruch zwischen ‹Idealität› und ‹Realität› gibt, dem zentralen Begriffspaar Ende des 18. Jahrhunderts insbesondere für die Frühromantik. Der zweite Teil bringt die Auflösung dieser Diskrepanz durch Schönheit, deren Verkörperung Diotima ist. Dementsprechend findet sich hier der Versuch einer Verallgemeinerung des Ideals der Schönheit und der ihr angemessenen philosophischen Reflexion für das Handeln in der Gegenwart. Doch dieser Versuch scheitert. Hyperion nimmt 1770 am Freiheitskampf der Griechen gegen die Osmanen teil. Er muss erfahren, dass die Lebensmaximen des handelnden wiewohl zerstörerischen Prinzips in die Verzweiflung führen und dass seine Ideale in der Realität des Krieges keinen Bestand haben. ‹Idealität› und ‹Realität› lassen sich nicht verbinden – sie stehen unversöhnt gegeneinander. Aus diesem Grund sucht er den endgültigen Abschied von Diotima, den sie ihm schließlich gewährt, verbunden mit der Mitteilung, dass sie sterben müsse – auch in der Liebe ist Hyperion gescheitert.

Hölderlin pointiert diese Weltsicht am Ende des Romans mit Beobachtungen aus der Sicht Hyperions, die zu den sprachlich und gedanklich schärfsten Kommentaren zur deutschen Misere ausgangs des 18. Jahrhunderts zählen («So kam ich unter die Deutschen»). Am Ende löst Hyperion seinen Konflikt durch den Rückzug in die Natur, um zuletzt zu der Einsicht zu finden: «Versöhnung ist mitten im Streit und alles Getrennte findet sich wieder. Es scheiden und kehren im Herzen die Adern und einiges, ewiges, glühendes Leben ist alles. So dacht' ich. Nächstens mehr.» Der zentrale Gedanke der Einheit alles Seienden, in dem sich die Substanz des Wirklichen offenbart samt allen Dissonanzen in der Welt – er bildet die Erkenntnis, zu der Hölderlin Hyperion am Ende kommen lässt: Alle Dissonanzen der Welt lösen sich auf. Sie stehen nicht im Widerspruch zueinander, sondern sie bedingen einander, da sie aus demselben Geist, dem Geist Gottes und der Natur kommen, eine Vision der Harmonie, die der Welt, bei allem Zwist und aller Kriegsfertigkeit, dennoch zugrunde liegt, eine philosophische Setzung Hölderlins, die er in seiner Lyrik, in den Oden und Hymnen fortschreibt. Wie diese ist auch Hölderlins *Hyperion*, wenngleich rezeptionsgeschichtlich weniger wahrgenommen, in der Schärfe des Blicks und der Kritik Ausdruck höchster Sprachkunst.

Jean Paul

Jean Paul – mit bürgerlichem Namen Jean Paul Friedrich Richter – ist der bedeutendste der unbekannten Dichter deutscher Sprache, ein notorisch unterschätzter Querschreiber und zugleich ein reflektierter Ästhetiker, heute kaum noch gelesen, weil er als schwierig gilt. Er fand erst spät zur Literatur, zunächst mit nur mäßigem Erfolg. Unter permanentem Geldmangel leidend, musste er sich als Hofmeister verdingen und konnte erst gegen Ende des 18. und zu Beginn des 19. Jahrhunderts seine großen Romane veröffentlichen. Er wurde bekannt, ja berühmt – selbst in Weimar nahm man ihn zur Kenntnis. Doch Jean Paul lag nichts am literarischen Leben, ebenso wenig an den Geselligkeitsformen seiner Zeit. Er zog sich nach Bayreuth zurück und entwickelte sich hier zu jenem Typus des Philisters, als der er – im Unterschied zur bisweilen bizarren Phantasiewelt seiner großen Romane und seinen philosophischen und poetologischen Interessen – literaturgeschichtlich überliefert ist.

In seiner *Vorschule der Ästhetik* (zuerst 1804, erw. 1813) entfaltet Jean Paul anhand von drei «Abteilungen», zum Teil in Anlehnung an Kants und Schillers Begriff der Erhabenheit, seine Gedanken zur Dichtung, zu Phantasie und Genie, zum Humor und zur humoristischen Dichtkunst. Kant hatte in seiner *Kritik der Urteilskraft* (1790) einen Begriff von Erhabenheit entwickelt, der vom Bild einer durch ihre grandiosen Erscheinungsformen den Menschen überwältigenden, in Bann schlagenden Natur ausgeht (§ 28). Eine Ausdruckskraft, die auch die Kunst besitzen kann und deren Gegenmacht für Jean Paul – gleichsam die Verkehrung der Erhabenheit in Natur und Kunst – der Humor ist: «Der Humor, als das umgekehrte Erhabene, vernichtet nicht das Einzelne, sondern das Endliche durch den Kontrast mit der Idee.» (§ 32) Das Widerspiel von ‹endlich› und ‹unendlich›, von ‹Realität› und ‹Idealität›, das in der frühromantischen Theorie zum Tragen kommt, bringt sich indirekt auch bei Jean Paul zur Geltung, im Widerspruch zwischen dem übermenschlichen Drang auf das Absolute und dem tatsächlichen Scheitern an der Verwirklichung des Ideals, sei es durch Körperlichkeit, sei es durch Konventionen, sei es durch Geschichtliches oder Gesellschaftliches. Es sind Schranken, die immer auch das Lächerliche des großartigen Aufbruchs verdeutlichen. Die zweite «Abteilung» der *Vorschule* befasst sich mit den Themen Witz, literarische Charaktere, Gattungen und Stil und enthält zudem eine Abhandlung über den Roman, die bis hin zu «Regeln und Winken für Romanschreiber» (§ 74) reichen. Schließlich eine dritte «Abteilung»: Leipziger Vorlesungen, in denen Jean Paul ein Plädoyer für eine realistische und zugleich «himmlische» Dichtkunst hält. Das Endliche und das Unendliche sind in der Wirklichkeit stets in einem kontrast- und konfliktreichen Widerspruch befangen, der Anlass eines vielfältigen Scheiterns sein kann und, wie Jean Paul zeigt, in der Dichtkunst gleichermaßen zum Ausdruck kommen muss. Jean Pauls *Vorschule der Ästhetik* bietet insgesamt ein theoretisches Programm für die Literatur, eine Poetik und eine Praxisanweisung in Form einer Antwort auf die Frage: Wie soll geschrieben werden?

Man kann die *Vorschule* auch als eine Poetik der Romane Jean Pauls lesen, etwa für *Die unsichtbare Loge. Eine Lebensbeschreibung* (1793), die in einem Anhang die bereits 1791 entstandene Idylle *Leben des vergnügten Schulmeisterlein Maria Wutz in Auenthal* präsentierte. Es ist Jean Pauls wohl bekanntestes Werk, eine überaus vergnügte Weltsicht von unten, die aus dieser Perspektive auf humoristische Weise zu zeigen vermag, wie es auf der Welt in Wirklichkeit zugeht. Sein zweiter bedeutender Roman, *Hesperus* (1795), brachte Jean Paul den Durchbruch beim zeitgenössischen Publikum und machte auch Herder, Wieland, Schiller und Goethe auf ihn aufmerksam, freilich in Grenzen: Anlässlich einer Reise nach Weimar, zu der ihn bewundernde Briefe Charlotte von Kalbs angeregt hatten, war Jean Paul am 17. und am 23. Juni 1796 zu Gast bei Goethe, der ihm wie ein «Vulkan» erschien: «außen verschneit, innen voll geschmolzener Materie», während er Schiller nach einem Treffen am 25. Juni 1796 mit den Worten charakterisierte: «hart-kräftig, voll Ecksteine, voll scharfer, schneidender Kräfte, aber ohne Liebe». Schiller seinerseits bemerkte in einem Brief an Goethe vom 28. Juni 1796: «Von Hesperus habe ich Ihnen noch nichts geschrieben. Ich habe ihn ziemlich gefunden, wie ich ihn erwartet; fremd wie einer, der aus dem Mond gefallen ist, voll guten Willens und herzlich geneigt, die Dinge außer sich zu sehen, nur nicht mit dem Organ, womit man sieht.» Der ein wenig herablassende Tonfall hängt mit dem untrüglichen Gespür der beiden Götter des Weimarer Kultur-Olymps für jene Zeitgenossen zusammen, deren literaturstrategische Interessen und künstlerische Ziele ihren eigenen nur teilweise entsprachen. Goethes Urteil im Hinblick auf Jean Paul war in dieser Hinsicht eindeutig: «[...] wenn ich es recht bedenke, so zweifle ich, ob Richter im praktischen Sinne sich jemals uns nähern wird, ob er gleich im Theoretischen viele Anmutung zu uns zu haben scheint» (29. Juni 1796).

Jean Pauls nächster großer Roman bestätigt dieses Urteil. Es ist ein Werk voller grotesker Einfälle, dessen Originaltitel seine Herkunft aus der Erzähltradition des Barock andeutet: *Blumen-, Frucht-, und Dornenstücke oder Ehestand, Tod und Hochzeit des Armenadvokaten F. St. Siebenkäs im Reichsmarktflecken Kuschnappel* (1796–1797). Dieser Roman, meist *Siebenkäs* genannt, erschien zunächst in drei Bänden und wurde 1818 um einen weiteren Band ergänzt. Fragen der Ehe und der gesellschaftlichen Konventionen, der Tod als Komödie, nicht zuletzt Probleme des Nihilismus, wie sie in der «Rede des toten Christus vom Weltgebäude herab, daß kein Gott sei» als «erstes Blumenstück» am Ende des «zweiten Bändchens» zur Sprache kommen – all diese inhaltlichen Aspekte mischen sich auf eine so komplexe Weise, dass der Roman Fragment geblieben ist wie übrigens manch anderes Werk Jean Pauls auch, darunter sein «Kardinalroman» – so der Autor – *Titan* (1800–1803), ein vielfältig in sich verschlungenes Opus, zugleich eine ironische Persiflage auf das Muster des Entwicklungsromans, das mit der Geschichte einer Familiendynastie verwoben ist. Verwirrend und unverständlich – so könnte man, ein zentrales Argument der Jean-Paul-Kritik aufnehmend, sagen. Doch es geht in seinen Werken nicht um Handlungslogik. Vielmehr können die geschilderten Szenen jeweils für sich stehen und so, ganz im Sinne der *Vorschule der Ästhetik*, in der Schilderung des «Endlichen» das «Unendliche» sichtbar machen. Jede Episode des Romans hat, einmal abgesehen von den großen Handlungslinien, für sich Bestand. Diese Eigenart zeichnet auch das nächste, wiederum fragmentarisch veröffentlichte Werk aus: *Flegeljahre. Eine Biographie* (1804–1805), eine Art Erziehungsroman am Beispiel der Zwillingsbrüder Walt und Vult, deren kontrastreiches Leben – hier der phantasievolle Poet, dort der sensible Skeptiker – vielfältige Anlässe zu zeitkritischen Skizzen des bürgerlichen Lebens bietet. Es folgen drei größere Erzählungen (*Des Feldpredigers Schmelzle Reise nach Flätz*, 1809; *Dr. Katzenbergers Badereise*, 1809; *Leben Fibels, des Verfassers der Bienrodischen Fibel*, 1811) und schließlich der Roman *Der Komet* (1820–1822), ein gleichfalls Fragment gebliebener, heiter-melancholischer Abgesang auf die eigene Dichterexistenz, ebenfalls ohne große Publikumsresonanz.

Das Romanwerk Jean Pauls gilt auch deswegen als schwierig, weil es zum Teil fragmentarisch veröffentlicht wurde. Der Autor weicht ab von den bekannten Mustern des Erzählens, von den orientierenden Marken der Entwicklungslogik, der Figurenpsychologie und Handlungskonsistenz. Vieles wirkt hingetupft, manches bleibt an der Oberfläche. Von Szene zu Szene, von Figurenkonstellation zu Figurenkonstellation wird gesprungen, und am Ende scheint das Geschehen auf unfassbare Weise entglitten. Doch wenn man sich einlässt auf die Werke, wenn man sich einliest in ihre eigenwillige Struktur, dann wird man belohnt durch eine überbordende Phantasie, die immer wieder mit dem Erzähler durchgeht, die ihre eigene Konsequenz und Logik besitzt und eine Dynamik entfaltet, die, hat man sie einmal schätzen gelernt, mit ihrer Mischung von Groteskem und Erhabenem ein einzigartiges Lesevergnügen bereitet. Jean Paul ist ein Autor für Kenner und Liebhaber – vielleicht hat keiner unter ihnen seine Qualitäten und seine schwierige Rezeption besser erfasst als Ludwig Börne, in dessen 1825 in Paris geschriebenem Nachruf es heißt: «Nicht allen hat er gelebt, aber eine Zeit wird kommen, da wird er allen geboren und alle werden ihn beweinen. Er aber steht gelassen an der Pforte des 20. Jahrhunderts und wartet lächelnd bis sein schleichend Volk ihm nachkomme. Dann führt er die Müden und Hungrigen ein in die Stadt seiner Liebe.» Ein schöner Ausblick. Doch wenn nicht alles täuscht, dann hat Jean Paul auch an der Pforte des 21. Jahrhunderts noch lächelnd auf sein «schleichend Volk» gewartet, und zwar vergeblich.

Heinrich von Kleist

Exzentrisch ist auch die Bahn des dritten Außenseiters Heinrich von Kleist verlaufen, der, im Unterschied zu Jean Paul, gegenwärtig weder vernachlässigt noch übersehen wird, zu seiner Zeit jedoch ebenfalls gegen die dominanten Tendenzen in Philosophie und Poesie stand und an ihnen gescheitert ist. Bereits seinem Lebenslauf lässt sich entnehmen, wie ein junger Mann aus guter Familie, ältester Sohn eines preußischen Kompaniechefs, durch eine Epoche taumelt, die offenbar nicht die seine war. Er schlug zunächst, nach dem Muster seines Vaters, die Offizierslaufbahn ein, doch blieb sein Leben zwiespältig und von Spannungen geprägt. Kleist reichte – da er andere Begabungen und Neigungen in sich spürte – alsbald sein Entlassungsgesuch ein. Er wollte Dramatiker werden, doch musste er, um dieses Ziel erreichen zu können, Erzählungen veröffentlichen. Er reüssierte in einem Genre, das er in Wahrheit nicht schätzte. Er sah sich als Dramatiker – und erkannte im bedeutendsten Dichter dieser Zeit seinen Gegner. Kleists Kampf mit Goethe – so lauten sinngemäß die Titel einer Reihe literaturgeschichtlicher Untersuchungen, die Kleists innere Konflikte, aber auch seine literarischen Kämpfe zum Thema haben. Kleists Kant-Krise ist ein weiterer Topos literarhistorischer Arbeiten, die sich auf die Wirkungen des Philosophen auf den Dichter konzentrieren. Dass alle Erkenntnis bedingt ist, dass ihr Modi der Erfahrungsbildung durch Raum und Zeit vorausgehen, die unsere Erkenntnismöglichkeiten relativieren, musste auch Kleist erkennen. «Wenn alle Menschen statt der Augen grüne Gläser hätten, so würden sie urtheilen müssen, die Gegenstände, welche sie dadurch erblicken, sind grün», schrieb er am 22. März 1801 an Wilhelmine von Zenge: «Es ist das Absolute nicht zu schauen». Diese Erkenntnis stürzte ihn in eine tiefe Krise, aus der er gewandelt hervorging. Seine Literatur, sein Schreiben, sein ganzes Leben veränderten sich. Er war an die Grenzen seiner Zeit gestoßen, an unverrückbar erscheinende gesellschaftliche Konventionen, an Moralschranken, die sich nicht öffnen wollten. Aus Verzweiflung nahm er sich am 21. November 1811 am Wannsee das Leben, zusammen mit seiner Gefährtin, der weitgehend unbekannten Henriette Vogel.

Unter Kleists Dramen ist zunächst die Komödie *Amphitryon* (1807; UA 1899) zu nennen, ein Lustspiel, zu dem sich – von Plautus (ca. 201 v. Chr.) bis Molière (1668) – bekannte Vorläufer finden. Kleist erzählt die Geschichte unter Verwendung der Vorlage Molières mit einer bezeichnenden psychologischen Neuakzentuierung. Zeus, der König der Götter, verbringt eine Nacht mit Alkmene, der Gattin des Feldherrn Amphitryon, dessen Gestalt Zeus angenommen hat. Unwissentlich also betrügt Alkmene ihren Mann – mit allem Nachdruck ihres Gefühls besteht sie jedoch darauf, mit diesem die Liebesnacht verbracht zu haben. Doch die überraschende Rückkehr des Feldherrn führt zu einer Fülle von

Beschuldigungen, Verwicklungen und Einsichten, teils komischer, teils tragischer Art, an deren Ende Zeus die verzweifelte, doch in ihrer Liebe unbeirrbare Alkmene dem Amphitryon endgültig zuspricht. Gleich darauf arbeitet Kleist an seinem nächsten Lustspiel, *Der zerbrochne Krug* (1808; UA durch Goethe 1808), abermals mit einem Rückgriff auf die antike Mythologie (Sophokles' *König Ödipus*, 429–425 v. Chr.) und auf psychologische Begründungen der Handlungsimpulse. Thematisiert wird die Geschichte des Dorfrichters Adam, der als Untersuchungsrichter auf der Suche nach Wahrheit und Gerechtigkeit auf die bedenkliche Tatsache stößt, dass er selbst, ohne sich noch zu erinnern, der Täter ist. Während der Gerichtsverhandlung offenbart sich durch die Zeugenaussagen einerseits, durch die Phrasenhaftigkeit der Ausflüchte Adams andererseits der Tatzusammenhang am Ende in unmissverständlicher Weise: «Der Richter Adam hat den Krug zerbrochen!» Wie Ödipus entdeckt also der untersuchende Dorfrichter im Verlauf der Untersuchung sich selbst als den wahren Schuldigen; anders als der tragische Held des Mythos aber versucht er, sich durch Flucht der Bestrafung zu entziehen. Das einaktige, in zwölf Auftritte untergliederte Werk, im populären Blankvers gehalten, zählt bis heute zu den meistgespielten Komödien deutscher Sprache.

Das Trauerspiel *Penthesilea* (1808) treibt die unaufhebbaren Gegensätze zwischen den vor Troja kämpfenden Amazonen und dem griechischen Heer, die in der Amazonenkönigin Penthesilea und dem Helden Achill beispielhaft aufeinandertreffen, sprachlich hart und scharf hervor. Der durch Penthesileas Liebe zu Achill entstehende Konflikt, der sich in den Dialogen des 15. Auftritts ankündigt, mündet in eine Katastrophe, als Penthesilea entdeckt, dass Achill, um sie zu erobern, eine Niederlage im Zweikampf mit ihr vortäuschen will. Penthesilea sieht sich in ihrer Liebe verraten und vernichtet den zunächst geliebten, nun aber verhassten Mann auf die grausamste Weise, deren entsetzliches Finale im 22. und 23. Auftritt aus der distanzierten Perspektive der Teichoskopie berichtet wird: «Sie liegt, den grimmgen Hunden beigesellt, / Sie, die ein Menschenschoß gebar, und reißt – / Die Glieder des Achills reißt sie in Stücken!» Ein grausig-grandioser Tod, eingefangen in einer Sprache von äußerster Konzentration und Plastizität, die die Exzesse nicht allein schildert, sondern in ihrer Dynamik die Wucht des Ereignisses zum Ausdruck bringt. Eine zu Sprache gewordene Brutalität mit unübersehbar antiklassizistischem Impuls, ein barbarisches Menschsein: in der Liebe so radikal wie im Hass. Die Tragödie zweier Liebender, die nicht an ihrer Liebe scheitern, sondern an den Konventionen, die sie – hier der Held der Griechen, dort die Königin der Amazonen – jeweils einzuhalten haben.

Als ein Gegenstück hierzu lässt sich Kleists «großes historisches Ritterschauspiel» – so die Gattungsbezeichnung des Dichters – *Das Käthchen von Heilbronn oder die Feuerprobe* (1810) verstehen. Die Titelheldin ist das Gegenbild zu Penthesilea, ein Inbegriff der Reinheit und Unschuld, die Verkörperung eines Liebesideals, das nicht erotisch oder gar sexuell kodiert ist, sondern einem höheren Bild der Liebe im Sinne der Versöhnung und der Harmonie Ausdruck gibt. Dieses Mädchen widmet einem Ritter der alten «historischen» Ritterzeit, gewissermaßen in der Tradition des Götz von Berlichingen, seine Liebe, sein ganzes Herz. Wenn sich bei Penthesilea die Fähigkeit zu unauslöschlichem Hass zeigt, so bei Käthchen die zu vorbehaltloser Liebe. Daneben ist zu nennen das Drama *Die Hermannsschlacht* – entstanden 1808, 1821, zehn Jahre nach Kleists Tod, erstmals veröffentlicht und 1839 uraufgeführt –, das den Kampf des Feldherrn Hermann («der Cherusker») gegen die Römer im Teutoburger Wald zum Thema hat, mit dem Höhepunkt einer vernichtenden Niederlage des Feldherrn Varus. Hermann erscheint als Repräsentant eines unerbittlichen Widerstandes gegen jede Fremdherrschaft – unschwer zu dechiffrieren als historische Camouflage des preußischen Kampfs gegen Napoleon. Zu nennen ist ferner, gleichfalls von besonderem Gewicht, Kleists Drama *Prinz Friedrich von Homburg* (1810–1811), ebenfalls 1821 erstmals veröffentlicht und noch im selben Jahr uraufgeführt. Hier bildet der schwedisch-brandenburgische Krieg (1675–1679) mit der für die Preußen siegreichen Schlacht bei Fehrbellin (1675) den historischen Hintergrund. Im dramatischen Zentrum steht der Ungehorsam des preußischen Prinzen von Homburg, der zum Tod verurteilt wird, obwohl er – allerdings aufgrund einer eigenmächtigen Handlung – die entscheidende Schlacht gewonnen hat. Dieser Konflikt zwischen individuellem Handeln und staatlicher Autorität hinsichtlich der Handlungsdirektiven wird am Ende von Kleist harmonisch gelöst. Preußen hätte sich glücklich schätzen können, ein solches Drama zu besitzen, doch man hat es nicht gern aufgeführt und nur ungern gesehen.

Kleists Erzählungen, teilweise seit 1807 in Zeitschriften veröffentlicht, sind in den Jahren 1810 und 1811 in zwei Bänden erschienen. Band 1 enthielt *Michael Kohlhaas, Die Marquise von O.* und *Das Erdbeben in Chili*, Band 2 *Die Verlobung in Santo Domingo, Das Bettelweib von Locarno, Der Findling, Die heilige Cäcilie* und *Der Zweikampf.* Kleist hat bewusst die Gattungsbezeichnung «Erzählung» gewählt, weil er sich nicht in die romantische Novellentradition stellen wollte. Doch wenn man seine Erzählkunst im Licht der novellentheoretisch prägenden Formel Goethes sieht, nach der die Novelle «eine sich ereignete unerhörte Begebenheit» ist, muss man einräumen: Auch Kleist hat Novellen nach diesem klassischen Muster geschrieben, auch in seinen Erzählungen ereignet sich jeweils eine «unerhörte Begebenheit», die in all ihren Konsequenzen durchgespielt und ausgelotet wird. Die Erzählform freilich, die er jeweils wählt, ist ihrerseits auf einzigartige Weise «unerhört».

Beispielhaft kommt die Kleist'sche Kunst des Erzählens in seiner wohl bekanntesten Erzählung *Michael Kohlhaas* zum Ausdruck. Bereits mit dem ersten Absatz liegt der gesamte Stoff, die Konzeption wie das dramatische Potenzial des Plots in konzentrierter Form vor: Die Leser erfahren, dass «an den Ufern der Havel» einer der «rechtschaffensten» Menschen seiner Zeit lebt, dass gerade seine Rechtschaffenheit und sein Rechtsgefühl ihn aber zu einem Verbrecher machen. Bereits im zweiten Absatz erfahren die Leser, was den Titelhelden zugleich zum «entsetzlichsten» Menschen seiner Zeit gemacht hat: der Zusammenprall seines Rechtsempfindens mit obrigkeitlicher Willkür. Kohlhaas wird in seinem Besitz und in seiner Ehre geschädigt. Er kann sein Recht nicht finden, obwohl er es sucht, und so nimmt er fürchterliche Rache: Er sammelt eine Horde bewaffneter Männer, mit der er brandschatzend durch das Land zieht, bis schließlich das Eingreifen Martin Luthers zu einer Vermittlung führt, deren Vereinbarungen aber hintertrieben werden, sodass am Ende der Kurfürst von Brandenburg eingreifen muss, um das Recht wieder herzustellen. Der Preis ist die Hinrichtung des schuldig gewordenen Kohlhaas, verbunden mit einer einzigartigen Pointe: Durch eine Zigeunerin gelangt der Delinquent in den Besitz einer auf einen Zettel notierten Prophezeiung, die das Schicksal des Landes und seines Herrschers betrifft. Kohlhaas schluckt diese Notiz, nachdem er sie gelesen hat, hinunter, ohne dass sie ein anderer hat zur Kenntnis nehmen können.

Mit diesem Ende wird deutlich, wie präzise Kleist das Verhältnis von Rechtsposition und Rechtsstruktur, von der Rationalität des Arguments und der Logik des Handelns einerseits, von Ungewissheit und Unwägbarkeit, Mythos und Märchen andererseits aufeinander abstimmt und miteinander ausbalanciert. Das moderne Rechtsempfinden wird mit der Unergründlichkeit, ja: Unheimlichkeit politischer, gesellschaftlicher und individueller Lebensbezüge in Beziehung gesetzt. Auf den Auftakt der Erzählung folgt eine konzentrierte Erläuterung und Entfaltung des Konflikts. Kein Wort ist überflüssig, der Rhythmus der Sätze ist vollkommen durchgearbeitet. Es handelt sich um eine Art Versuchsanordnung, die hier durchgespielt und an der Figur des Michael Kohlhaas buchstäblich exekutiert wird, eine Sprachkomposition in Gestalt eines durchdachten erzählerischen Arrangements von ausweisloser Dichte und Konzentration, wahrnehmbar bis in den präzisen Bau der Sätze und die feinsten Einzelheiten der Syntax und Zeichensetzung.

Auch in der Erzählung *Die Marquise von O.* findet sich ein ungewöhnlicher Konflikt: Die Titelheldin wird während eines Ohnmachtsanfalls von einem russischen Grafen vergewaltigt. Sie erwartet ein Kind von ihm, doch sie schweigt – entgegen den Konventionen ihrer Zeit – nicht zu diesem Skandal, sondern macht diesen publik, indem sie öffentlich nach dem Vater ihres Kindes sucht und diesen bittet, sich bei ihr zu melden um einer Heirat willen. Hier geht es um die Differenz zwischen persönlicher Ethik und öffentlicher Moral. Kleist zeigt am Beispiel der Marquise, dass diese Qualitäten sich deutlich voneinander unterscheiden, mit kaum kalkulierbaren Folgen für Einzelne, zumal, wie in diesem Fall, für eine Frau. Auf andere Weise vermittelt auch die Erzählung *Das Erdbeben in Chili* einen Eindruck der Differenz zwischen gesellschaftlicher Konvention und individuellem Handeln. Im Mittelpunkt steht ein Erdbeben, das den Anlass zum offenen Ausbruch der krisenhaften Stimmung in einer ganzen Gesellschaft bildet. Nach dem Unglück, von dem alle Menschen gleichermaßen betroffen sind, entsteht eine Phase der

Harmonie: Alle Menschen freuen sich gleichermaßen darüber, mit dem nackten Leben davongekommen und mit einem Schlag gleich zu sein. Unversehens aber brechen unter den Überlebenden alte Konflikte wieder auf. In dem Maß, in dem das gemeinschaftliche Gefühl der Harmonie schwindet, erwacht auch der Hass der Menge wieder, dem die Erzählung eine gleichwohl von Hoffnung erfüllte Perspektive auf die Zukunft entgegensetzt. Kleist hat die Konfliktdramaturgie in dieser wie in anderen seiner Erzählungen nahezu identisch gestaltet: Die erzählte Kontroverse spitzt sich jeweils so zu, dass Situationen einer kalkulierten Ausweglosigkeit entstehen. Der jeweilige Handlungszusammenhang erweist sich als ein Erzählraum, in dem sich abgründig und katastrophisch Schrecken und Entsetzen entfalten können.

Neben seiner Arbeit als Dramatiker und Erzähler hat Kleist als Publizist und Essayist gewirkt und, zum Zweck des Gelderwerbs, als Journalist und Verleger gearbeitet. Auch wenn die Kulturzeitschrift *Phöbus* (1808–1809) und die *Berliner Abendblätter* (1810–1811) ihr Erscheinen – vor allem auf Grund von Finanzierungsschwierigkeiten – bereits nach kurzer Zeit wieder einstellen müssen, deutet die Ankündigung am 25. September 1810 doch auf ein ambitioniertes und innovatives Programm:

«BERLINER ABENDBLÄTTER Unter diesem Titel wird sich mit dem 1. Oktober d.J. ein Blatt in Berlin zu etablieren suchen, welches das Publikum, insofern dergleichen überhaupt ausführbar ist, auf eine vernünftige Art unterhält. Rücksichten, die zu weitläufig sind auseinanderzulegen, mißraten uns eine Anzeige umständlicherer Art. Dem Schluß des Jahrgangs wird ein weitläufiger Plan des Werks angehängt werden, wo man alsdann zugleich imstande sein wird, zu beurteilen, inwiefern demselben Genüge geschehen ist.»

Unterzeichnet ist diese Ankündigung mit «Die Redaktion der Abendblätter» – eine am 22. Oktober 1810 in der 19. Nummer veröffentlichte «Erklärung» zeichnete der Herausgeber namentlich. Zum ersten Mal trat Kleist in dieser Form als Verleger und Journalist an die Öffentlichkeit, um für ein Projekt zu werben, das eine Fülle qualitativ höchst unterschiedlicher Informationen und Genres in sich vereinte – Nachrichten, Artikel, Kommentare, zum größten Teil aus der Feder des Herausgebers selbst –, unter ihnen auch der berühmt gewordene Aufsatz «Über das Marionettentheater». Insgesamt ein publizistisches Unternehmen, das Kleist mit allem Nachdruck verfolgt, mit hoher Kunstfertigkeit realisiert und mit beeindruckender Innovationskraft bereichert hat. Indem er das Verhältnis von Geschichte und persönlichem Erleben als einen eigenen kleinen Kristallisationspunkt pointierte, gelang es ihm, der traditionsreichen Form der literarischen Anekdote eine neue Qualität zu verleihen, auf eine vergnüglich zu lesende und intellektuell anregende Weise.

6 Romantik

Nicht nur ‹Klassik›, auch ‹Romantik› ist ein unscharfer Begriff. Er entstammt dem altfranzösischen Wort «roman», das auf die «lingua romana» verweist, auf die romanische im Unterschied zur lateinischen Sprache. Diese war die Sprache der Gelehrten, die «lingua romana» hingegen die Volkssprache. Im Englischen ist das Wort ‹romantic› bereits um 1650 nachgewiesen, in Deutschland etwa seit 1700. Es bezeichnet in dieser Zeit etwas Wildes, Zügelloses, Leidenschaftliches, Übertriebenes: Charaktereigenschaften, die man dem Volk, den niederen Volksschichten zuschrieb, verbunden mit liedhaften Tönen und bildkräftigen Texten. Hieraus hat sich etymologisch die Bezeichnung für eine Strophenform volksliedartiger Herkunft, die so genannte Romanze, entwickelt, die bis in die zweite Hälfte des 19. Jahrhunderts und noch in Heinrich Heines *Romanzero* (1851) formbildend geblieben ist.

In der deutschen Sprache hat das Wort im Laufe des 19. Jahrhunderts sehr unterschiedliche Färbungen angenommen. Der Ausdruck ‹romantisch› für eine literarhistorische Epoche findet sich zum Beispiel in Hegels *Vorlesungen über die Ästhetik* als Kennzeichnung für die mittelalterliche Literatur. Dies ist zurückzuführen auf die (Wieder-)Entdeckung der mittelalterlichen Literatur durch die Romantiker und auf ihren identifizierenden Bezug auf sie. Gleichzeitig bürgert sich bei den Romantikern selbst das Prädikat ‹romantisch› als Synonym für ‹romanhaft› ein. Romantische Literatur in einem engen Sinn ist demnach als ‹Romanliteratur› zu verstehen, eine Begriffskonstruktion, mit welcher der etymologische Zusammenhang zur *lingua romana* wiederhergestellt ist. Der Roman zählt dementsprechend – im Gegensatz zum Drama – zur populären Literatur, eine auch literarhistorisch leicht nachvollziehbare Entwicklung, wenn man bedenkt, dass diese Prosaform aus den Volksbüchern, dem *Eulenspiegel* oder dem *Fortunatus*, hervorgegangen ist. Schwierig erscheint eine präzise Verwendung von ‹Romantik› darüber hinaus, weil dieser Terminus sich bereits gegen Ende des 18. Jahrhunderts als Synonym für ‹modern› herausgebildet hat. Die romantische als ‹moderne› Literatur bietet bereits ein ästhetisches Subjekt an, das sich – in einem philosophischen oder erkenntnistheoretischen Sinn – selbst gegenübersteht und insoweit ein gebrochenes Weltverhältnis repräsentiert. Hier fungiert ‹romantisch› denn auch als Gegensatz zu einem ‹klassischen›, in sich gerundeten, harmonischen, mit seinen objektiven Daseinsbedingungen im Einklang befindlichen Ich.

Will man sich trotz dieser vielfältigen Wahrnehmungsperspektiven, die immer auch widersprüchliche Wertungen enthalten, darauf verständigen, mit Romantik eine literaturgeschichtliche Epoche zu bezeichnen, etwa die von 1790 bis 1850, so kommt eine weitere Schwierigkeit hinzu. 60 Jahre Literaturgeschichte unter einen Epochenbegriff – und sei es auch eine Begriffskopplung wie Klassik und Romantik – zusammenzufassen, ist ohne Überschneidungen und Unschärfen an den Rändern kaum möglich. Entwicklungen, Veränderungen und Wandlungen müssen unberücksichtigt bleiben, die die komplexen Begriffe fragwürdig machen. Die geläufige Unterscheidung von drei Phasen – Frühromantik, Hochromantik und Spätromantik – verdeutlicht ihrerseits, dass sich der Epochenbegriff lediglich in heuristischer Absicht, als Annäherungswert nutzen lässt. Zudem ergibt sich eine Reihe weiterer Kriterien zur Epochenbestimmung aus innovativen und produktiven kulturellen Impulsen der Zeit. Hierzu zählt zunächst die breite Entfaltung der Literaturkritik als einer öffentlichen Institution, an der Schiller beteiligt war, ebenso auch, als junger Mann, Friedrich Schlegel, genial und frech, der im Alter von 24 Jahren eine kritische Rezension zu Goethes *Wilhelm Meister* schreibt, die er selbst als eine Art «höheres Kunstwerk» ansieht. Zwar setzt er sich mit dem großen Roman gründlich und kundig auseinander, doch will er zugleich demonstrieren, was eine Kritik auf der Höhe ihres Gegenstandes leisten kann: selbst als ein Kunstwerk zu wirken und zu gelten. Kritik soll immer auch Kritik der Kritik, Rezension immer auch Rezension der Rezension sein. Das heißt: Sie entwickelt kraft der ihr eigenen Reflexionsmöglichkeiten ihre eigene Genialität, ihren eigenen Kunstcharakter und erscheint so als eine neue literarische Gattung der Reflexion über Literatur.

Zeitgleich entsteht die geschichtsphilosophisch inspirierte Abhandlung. Hier ist vor allem Friedrich Schiller mit seinen großen ästhetiktheoretischen Schriften zu nennen: *Über Anmut und Würde* und *Über naive und sentimentalische Dichtung* sowie den Briefen *Über die ästhetische Erziehung des Menschen*. Parallel arbeitet Friedrich Schlegel seinen Essay *Über das Studium der griechischen Poesie* aus, der gleichfalls geschichtsphilosophisch orientiert ist: an einer Trias, die von einer reflektierten Orientierung an der Moderne ausgeht, den Blick zurück in das vergangene Goldene Zeitalter wendet, mit einem Kosmos, der Götter und Menschen verbindet, und einer Utopie folgt, die sich ans Maß der verlorenen Harmonie hält und an deren Rückgewinnung arbeitet, mit dem Programm einer ästhetischen Erziehung ebenso wie durch Kunst und Literatur. Die Entstehungszeit solcher geschichtsphilosophisch inspirierten Abhandlungen lässt sich bereits mit Lessings *Erziehung des Menschengeschlechts* (1780) datieren, sie reicht über Schiller und die deutsche Frühromantik bis zu Wilhelm von Humboldt, dem Sprachforscher und Universitätsbegründer, mit seinem geschichtsphilosophischen Kommentar anlässlich von Goethes *Hermann und Dorothea* (1799).

Ein weiteres Epochenphänomen, das die Weimarer Klassik charakterisiert, ist die Entstehung der Literaturtheorie, allgemeiner gesprochen: der ästhetischen Theorie. Die bereits genannten Schriften Schillers gehören ebenso dazu wie die in der Zeitschrift *Athenäum* (1796–1800) veröffentlichten Reflexionen, Aphorismen und Fragmente Friedrich Schlegels *(Gespräch über die Poesie, Über die Unverständlichkeit)*, ferner die *Blütenstaubfragmente* des Novalis. Das Fragment – also die bewusst unabgeschlossene, unvollkommene, gedankenblitzartige sprachliche Pointierung – entwickelt sich in diesen Jahren im Umkreis der Frühromantiker zur bevorzugten Literaturform.

Einen vierten Aspekt der kulturellen Phänomenologie im Umkreis der Weimarer Klassik bietet die akademische Lehrtätigkeit von Friedrich Schiller bis August Wilhelm Schlegel. Schiller hielt 1789 an der Universität Jena seine Antrittsvorlesung *Was heißt und zu welchem Ende studiert man Universalgeschichte?* und wirkte dort, zunächst ohne festes Gehalt, als Professor für Geschichte. August Wilhelm Schlegel, ein bedeutender Orientalist und Übersetzer, lehrte in Berlin und Bonn. Sein Bruder Friedrich Schlegel hielt nach der stürmischen Phase des *Athenäum* Vorlesungen in Paris und in Köln über Literatur, Philosophie und Geschichte und später – nach seiner Konversion zum Katholizismus (1808) – in Wien über die Geschichte der alten und neuen Literatur.

Nicht zuletzt entsteht in diesen Jahren eine philosophische Ästhetik, die die Gesetze von Kunst und Literatur herauszuarbeiten und philosophisch zu fundieren sucht. In diesem Zusammenhang ist Friedrich Wilhelm Joseph Schelling mit seinen Vorlesungen (1802/03 in Jena, 1804/05 in Würzburg) über die *Philosophie der Kunst* (1859) zu nennen; ferner Ferdinand Solger mit seinen *Vorlesungen über Ästhetik* (erschienen 1829) und seinen unter dem Titel *Erwin – vier Gespräche über das Schöne und die Kunst* (1815) veröffentlichten ästhetiktheoretischen Reflexionen, die wiederum Hegel einer ausführlichen Auseinandersetzung für würdig befand; und vor allem Georg Wilhelm Friedrich Hegel selbst ist in diesem Zusammenhang zu nennen, dessen *Vorlesungen über die Ästhetik* noch bis in die zweite Hälfte des 20. Jahrhunderts normativen Charakter besessen haben.

Neben der philosophischen Ästhetik findet sich auch die Entwicklung einer «impliziten Poetik». Soll heißen: Die Literatur denkt nach über die Gesetze der Dichtung und die Ansprüche an Literatur und Kunst, und zwar im Verfahren des poetischen Prozesses selbst. Die Theoriebildung wird auf diese Weise zum Bestandteil der poetischen Praxis. Sie stellt sich nicht nur als Forderung oder Maßstab dar, sondern artikuliert sich in der Literatur, schon in Goethes *Wilhelm Meisters Lehrjahre* (1795–1796), beispielsweise durch das in die Romanhandlung eingewobene Reflektieren über die Aufgaben der Kunst und des Theaters, über das Wesen der Bühne und der Schauspielkunst. Ludwig Tieck (*Franz Sternbalds Wanderungen*, 1798) ist hier ebenso zu nennen wie Novalis (*Heinrich von Ofterdingen*, 1802), ferner Goethes *Wahlverwandtschaften* (1809) und der *West-östliche Diwan* (1819), Werke, in denen über die Möglichkeiten und Grenzen der Poesie nachgedacht wird, meist in Gestalt komplexer Diskussionen und Reflexionen aus der Figurenperspektive. All diese theoretischen Bemühungen gegen Ende des 18. und im Übergang zum 19. Jahrhundert sind zudem eingebettet in die Entwicklung einer anspruchsvollen Kunsttheorie, darunter Goethes Abhandlung über das Straßburger Münster (*Von deutscher Baukunst*, 1773) oder Wilhelm Heinrich Wackenroders und Ludwig Tiecks *Herzensergießungen eines kunstliebenden Klosterbruders* (1797), poetische Orte der Reflexion über die Frage: Was ist, was soll die Kunst?

Literarische Kritik, geschichtsphilosophische Abhandlung, Literaturtheorie, akademische Lehrtätigkeit, philosophische Ästhetik, implizite Poetik, Kunsttheorie und Kunstkritik – all dies sind Versuche, sich mit der eigenen Zeit künstlerisch, theoretisch und philosophisch auseinanderzusetzen. Sie zeigen auf ihre Weise die widerspruchsvolle Vielfalt der literarischen Epoche von der Aufklärung über den Sturm und Drang und die Klassik bis zur Romantik und Spätromantik. Das Fazit aus den bisherigen Betrachtungen und Überlegungen lautet deshalb: Die genanten Daten und Fakten dienen der Orientierung, doch man sollte sich der Grenzen ihrer Tragfähigkeit bewusst sein und ebenso der Wahrnehmungs- und Differenzierungsverluste, die mit ihrer Verwendung einhergehen. Sie sind Hilfsinstrumente heuristischer Art, die es ermöglichen, Phänomene und Entwicklungen anhand vorläufiger Kriterien zu erschließen, die sich bei genauerem Hinsehen als fragwürdig erweisen können. Es handelt sich bei jenen Klassik und Romantik genannten Epochen um eine widerspruchsvolle Prozesseinheit, die als Mischform von Entwicklungen und Bewegungen, Impulsen und Wandlungen sehr unterschiedlicher Autoren und Werke zu verstehen ist.

Ästhetische Theorie der Frühromantik

«Die Französische Revolution, Fichtes Wissenschaftslehre und Goethes Meister sind die größten Tendenzen des Zeitalters. Wer an dieser Zusammenstellung Anstoß nimmt, wem keine Revolution wichtig scheinen kann, die nicht laut und materiell ist, der hat sich noch nicht auf den hohen Seitenstandpunkt der Geschichte der Menschheit begeben.» Dieser Aphorismus Friedrich Schlegels, zuerst veröffentlicht in der Zeitschrift *Athenäum* (216), fasst auf ebenso prägnante wie provokante Weise die Impulse zusammen, die das Denken und die Wahrnehmungen, die theoretischen Entwürfe und literarischen Konzepte der Frühromantiker essenziell bestimmen. Zwar bestehen auch für den jungen Schlegel zwischen der Französischen Revolution, Fichtes *Wissenschaftslehre* und Goethes *Wilhelm Meister* durchaus Unterschiede qualitativer Art, doch sind diese nicht substanzieller Natur. Es handelt sich in allen Fällen um Revolutionen, wenngleich in unterschiedlichen Bereichen – Geschichte, Philosophie, Kunst –, und allem kommt eine epochemachende Bedeutung zu.

Die Zeitschrift *Athenäum*, begründet von August Wilhelm und Friedrich Schlegel, wurde durch die Einwerbung von Beiträgen begabter junger Autoren und ebenso durch die Essays der Herausgeber rasch auf ein anspruchsvolles Niveau gehoben, dessen Anregungskraft sich, über mehr als zwei Jahrhunderte hinweg, bis heute erhalten hat. Tatsächlich zählen die Aufsätze und Aphorismen, die Friedrich Schlegel zum Teil in enger Kooperation mit Friedrich von Hardenberg, genannt Novalis, verfasst hat, zum unveräußerlichen Bestandteil geschichtsphilosophisch begründeter Modernekonzeptionen. Das Fragment war die prägnanteste Denkform dieser Zeitschrift, der Aphorismus als Pointierung eines Gedankens ihr bevorzugter Ausdrucksmodus. Die Abbreviatur eines Ideenkomplexes, der auf seine systematische Erfassung drängt, kam einem spekulativen Vermögen entgegen, das die Nicht-Vollendung, die Pointierung und Fragmentierung zum Nukleus eines antiklassizistischen Kulturprogramms machte. Komplexe, ganzheitliche Welterklärungsmodelle und utopische Weltentwürfe finden sich auf der einen Seite, das Ungenügen an den Beschränktheiten der Wirklichkeit, an der Enge der Zeit, an den Grenzen auch des poetischen Ausdrucksvermögens auf der anderen Seite. Die zentrale Denkfigur zur Überbrückung solcher Widersprüche und Paradoxien bildet die Reflexion.

Die erkenntnistheoretisch begründete Anregung für ihre ästhetiktheoretischen Überlegungen entnahmen die Avantgardisten der Frühromantik der für die Philosophiediskussion der Zeit zentralen Subjekt-Objekt-Problematik. Dem Selbstbewusstsein – so lautete der Kerngedanke der über Kant hinausgehenden *Wissenschaftslehre* (1794) Johann Gottlieb Fichtes – kommt Wirklichkeit und Gehalt nur in einer immer wieder zu vollziehenden Form der Reflexion zu, die alle Akte des Bewusstseins konstituiert und begleitet: «Das Ich setzt sich selbst. Und es ist vermöge dieses bloßen Setzens durch sich selbst. Und umgekehrt:

Das Ich ist und es setzt sein Sein vermöge seines bloßen Seins. Es ist zugleich das Handelnde und das Produkt der Handlung, denn das Ich setzt sich selbst. Handlung und Tat sind eins und dasselbe. Und daher ist das Ich-bin Ausdruck einer Tathandlung, eine Tathandlung, welche unter den empirischen Bestimmungen unseres Bewusstseins nicht vorkommt, noch vorkommen kann, sondern vielmehr allem Bewusstsein zum Grunde liegt und es allein möglich macht.» Ein erstaunlicher Idealismus, denn der Satz: «Das Ich setzt sich selbst» bedeutet, pointiert gesprochen, dass das Ich – verstanden als erkenntnistheoretisches Subjekt, nicht als empirisches Individuum – die Wirklichkeit aus sich selbst heraus entwirft. Ein radikaler Schritt nach der *Kritik der reinen Vernunft*, der Kant selbst philosophisch fragwürdig erschien und erkenntnistheoretisch wie philosophiegeschichtlich zweifellos eine Kühnheit darstellte.

Eben deswegen konnte Fichte für die Theoriebildung der Frühromantik eine so große Bedeutung erlangen. Denn Friedrich Schlegel sah sich seinerseits durch Fichte zu einem kühnen Schritt angeregt: Er präpariert das Herzstück dieser philosophischen Erkenntnistheorie, die Figur der Reflexion und der philosophischen Reflexionsbewegung, aus der Fichte'schen Konstruktion heraus und implementiert es seinem eigenen ästhetiktheoretischen System. Er verlagert eine Ich-freie Reflexion in das Absolute der Kunst. Er macht, was bei Fichte ein erkenntnistheoretischer Vorgang (Ich/Nicht-Ich) und eine philosophische Kategorie zur Erschließung des Denkens ist, zum produktiven Zentrum seiner ästhetischen Theorie, das sich im Konzept der Ironie und in der Form des Fragments realisiert. Die Ironie, so Schlegel im *Lyceum*-Fragment 108, «entspringt aus der Vereinigung von Lebenskunstsinn und wissenschaftlichem Geist, aus dem Zusammentreffen vollendeter Naturphilosophie und vollendeter Kunstphilosophie. Sie enthält und erregt ein Gefühl von dem unauflöslichen Widerstreit des Unbedingten und des Bedingten, der Unmöglichkeit und Notwendigkeit einer vollständigen Mitteilung. Sie ist die freieste aller Lizenzen, denn durch sie setzt man sich über sich selbst weg; und doch auch die gesetzlichste, denn sie ist unbedingt notwendig». Es geht um das Verhältnis von Subjekt und Objekt, Endlichkeit und Unendlichkeit, Idealität und Realität – um Gegensätze also, zu deren produktiver Überbrückung in der Kunst die Ironie als markanteste Argumentationsfigur eingesetzt wird.

Es versteht sich von selbst, dass ein solches Konzept dem bedeutendsten Systemphilosophen der Zeit skandalös erscheinen musste. Hegel setzt sich in seiner Philosophie mehrfach, über insgesamt ein Jahrzehnt, höchst polemisch mit der frühromantischen Ironiekonzeption auseinander, beginnend in seinen 1817/18 gehaltenen *Vorlesungen über die Ästhetik*, die immer neue Stufen der Überarbeitung erfahren haben, ebenso in seiner *Philosophie des Rechts* (1820) und ausführlich auch in seiner 1828 erschienenen Auseinandersetzung mit den nachgelassenen Schriften des Ästhetikers Karl Wilhelm Ferdinand Solger. Seine Kritik an der Ironiekonzeption der Frühromantik setzt konsequenterweise bei Fichte an, und zwar bei der Zurückweisung von dessen erkenntnistheoretischer Zentralkategorie: «im Ich = Ich», so Hegel, «ist alle Endlichkeit nicht nur, sondern überhaupt aller Gehalt verschwunden». Diese Negativität sei von den Frühromantikern, namentlich von Friedrich Schlegel, übernommen und in die ästhetische Theorie überführt worden und habe so «zum Verneinen der Lebendigkeit der Vernunft und Wahrheit und zur Herabsetzung derselben zum Schein im Subjekt und zum Scheinen für andere» beigetragen. Ironie ist deshalb für Hegel nichts weiter als «die transzendente Sehnsucht, diese Schwindsucht des Geistes». Dass der Philosoph sich über ein so verwerfliches Konzept dennoch über mehr als zehn Jahre empören konnte, hängt mit seinem konkurrierenden Verständnis von Kunst zusammen. Bei Schlegel sollen Kunst und Leben ineinander so übergehen, dass die Kunst als Einheit von Selbstschöpfung und Selbstvernichtung, versöhnt im Begriff der Selbstbeschränkung und vermittelt durch Ironie, autonom über sich selbst verfügt. Demgegenüber geht es Hegel um eine objektive Begründung des Wahrheitspostulats der Kunst. Sie kann gerade vermöge des künstlerischen Scheins das an und für sich Seiende herausarbeiten, das Wesen der Wirklichkeit, das Objekt mit dem Subjekt versöhnen und dadurch über die Qualität des bloßen Scheinens hinausgehen. Sie blickt hinter die empirische Oberfläche, sie kann die Gesetze, die Bewegungskräfte der Wirklichkeit aufdecken und führt sie über in ihre eigene Scheinwelt, durch die sie die Wahrheit in Form der sinnlichen Gestaltung enthüllt und die Gegensätze versöhnt.

Der Gegensatz zur Frühromantik ist damit beschrieben. Auch Schlegels Ästhetik gewinnt ihre Maßstäbe durch die Philosophie. Sie ist allerdings keine Inhalts-, sondern eine Formästhetik, und die Figur der Ironie ist eine künstlerische Formenkategorie. Sie deutet darauf hin, dass die Kunst bei Schlegel autonom wird im Verhältnis zur Realität und damit im Gegensatz zu den Ansprüchen, die Hegel an die Kunst stellt. Nach Schlegels Auffassung besitzt die Kunst – «ewig nur im Werden», niemals vollendet – kraft der Ironie die Tendenz zur Versöhnung des in der Wirklichkeit nicht mehr zu Versöhnenden, zur Aufhebung der Trennung zwischen dem sich selbst problematisch gewordenen modernen Subjekt und der Welt der Objektivität, ausgedrückt in der Figur der Reflexion und ihrem Medium, der Ironie. Das Ziel heißt, für Schlegel wie für Hegel: Versöhnung der Gegensätze. Doch während Hegel philosophisch auf der Einlösung dieses Anspruchs besteht, erkennt Schlegel, dass eine solche Versöhnung allenfalls künstlerisch erstrebt, doch realiter nicht geleistet werden kann. Die Argumente entstammen derselben Erkenntnisproblematik – die Lösungsversuche unterscheiden sich indessen diametral.

Für Schlegel ist die angemessene Form des Denkens und Darstellens ästhetiktheoretischer und kulturphilosophischer Zusammenhänge das Fragment. Es stellt als gedankliche Signatur ein Gegengewicht zum philosophischen System dar, ohne dessen Anspruch auf Substanz und Konsistenz zu ignorieren. Denn: «Es ist gleich tödlich für den Geist, ein System zu haben und keins zu haben. Er wird sich also wohl entschließen müssen, beides zu verbinden.» Tödlich ist es für den Geist, ein System zu haben, weil damit strukturell eine Einengung und Einzwängung, eine Hierarchisierung und Kolonisierung des Denkens verbunden ist – keines zu haben hingegen tödlich, weil das Denken einer ausweislichen Ordnung bedarf, wie sie gerade das System bietet. Das Fragment ist ein Versuch, beides zu verbinden: System zu sein und nicht System zu sein, ein Reflexionsmedium im Sinne der Vermittlung der Vorzüge beider Möglichkeiten. Der Terminus ‹Fragment› enthält für Schlegel mithin den Keim des Systems. Es ist nichts anderes als das präformierte System, kein geschlossenes Ganzes, doch eine Vielfalt von Einzelnem, das sich zur Konstellation eines Gesamteindrucks fügt wie in einem Mosaik. Der

‹Witz› bildet die rhetorische Figur, aus der sich dieses fragmentarische Denken der Frühromantik kristallisiert – Witz freilich nicht in dem heute geläufigen engen Sinn eines pointierten Scherzes, sondern in der weiteren Fassung eines intellektuellen Vermögens, des aufgeweckten Kopfs und des klugen, sinnreichen Einfalls. Ende des 18. Jahrhunderts enthält der Begriff ‹Witz› noch ein philosophisches Problem und ist zugleich das höchste Veranschaulichungsprinzip philosophischer Erkenntnis, Prinzip und Organ der Universalphilosophie.

Diesem Entwurf entsprechend soll sich nach dem Konzept des 116. *Athenäum*-Fragments – des programmatischen Zentrums der frühromantischen ästhetischen Theorie – die romantische Poesie zu einer «progressiven Universalpoesie» entwickeln. Sie soll, erstens, versuchen, alle anderen Dichtarten in sich zu vereinigen, also eine Synthese der Formen zu entwickeln, die noch die heterogensten Bestandteile in einem Werk verbinden kann. Sie soll, zweitens, ihre Gegenstände umspielen, mithin nichts direkt und eindimensional ausdrücken, sondern sich aus unterschiedlichen Perspektiven ihrem Gegenstand immer wieder neu annähern, die verschiedenartigsten Themen und Gegenstände, Gedanken und Sinnstiftungen bieten und in Verbindung mit einer unabschließbaren Formenvielfalt, «auf den Flügeln der poetischen Reflexion in der Mitte» schweben. Sie soll, drittens – und dies ist der produktionsästhetisch entscheidende Aspekt, der die Autonomie betrifft –, «kein Gesetz über sich» dulden, sondern sich selbst beschränken, ein dialektischer Prozess künstlerischer Produktivität, den Schlegel an anderer Stelle im Begriffspaar von «Selbstschöpfung und Selbstvernichtung» zusammenfasst. In der Selbstbeschränkung des Künstlers verbinden sich Selbstschöpfung, als geniale Ursprungskraft, und Selbstvernichtung, als Gesetzlichkeit der künstlerischen Traditionen und Regeln verstanden. Auf diese Weise kann die romantische Universalpoesie freilich «ewig nur werden, nie vollendet sein».

Nicht weniger innovativ als die ästhetiktheoretischen Bestimmungen der Literatur war die Auffassung der Literaturkritik. Sie stellt sich in den Augen der Frühromantiker nicht als Tätigkeit eines Fachmanns dar, vielmehr wird der Kritiker als produktiver Künstler oder Dichter gesehen. Die Kritik verändert sich qualitativ: von der Rezension zum Kommentar, vom Kommentar zur Neuschöpfung in Gestalt eines Kunstwerks. «Poesie kann nur durch Poesie kritisiert werden», erklärt Schlegel im 117. *Lyceum*-Fragment: «Ein Kunsturteil, welches nicht selbst ein Kunstwerk ist, entweder im Stoff, als Darstellung des notwendigen Eindrucks in seinem Werden, oder durch eine schöne Form, und einem im Geist der alten römischen Satire liberalen Ton, hat gar kein Bürgerrecht im Reiche der Kunst.» Schlegel hat als Probe aufs Exempel ein Meisterwerk der Literaturkritik vorgelegt, seine Kritik zu Goethes *Wilhelm Meister* nämlich, ein glänzendes Beispiel für einen Essay, dem poetische Qualität zukommt trotz einer stringent diskursiven Argumentation. In ähnlichem Sinn äußert sich Novalis: «Wer keine Gedichte machen kann, wird sie auch nur negativ beurteilen. Zur echten Kritik gehört die Fähigkeit, das zu kritisierende Produkt selbst hervorzubringen. Der Geschmack allein beurteilt nur negativ.»

Friedrich Schlegels autobiographisch grundierter Roman *Lucinde* (1799) sollte nach dem Willen seines Autors die poetische Einlösung der frühromantischen ästhetischen Theoriebildung sein. «Eine solche Theorie des Romans würde selbst ein Roman sein müssen», hatte Schlegel im Abschnitt «Brief über den Roman» seines *Gesprächs über die Poesie* (1800) behauptet, und tatsächlich bietet *Lucinde* die Einlösung dieses Postulats. Hier gibt es keinen schlichten roten Faden, der durch den Plot einer – autobiographisch grundierten – Liebesgeschichte hindurchführt, sondern eine anregende Vielfalt von Formen, keine erzählerische Konsistenz im Sinne einer narrativen Linearität, sondern eine Fülle von Perspektiven, die sich mit vielfältigen Aspekten des Lebens wie der Kunst paart. Alles zusammen bildet ein ästhetisches Geflecht und textuelles Mosaik, in dem sich das vielgestaltige Verhältnis Mann und Frau reflektiert. Der Roman ist symmetrisch gebaut. Jeweils sechs Kapitel gruppieren sich um das Mittelstück «Lehrjahre der Männlichkeit», einen Bericht über das Leben eines jungen Manns namens Julius, in dem einerseits eine Reihe von Liebesabenteuern wiedergegeben werden, mit großer Freizügigkeit ‹in eroticis›, andererseits ein Leben in Langeweile und Überdruss geschildert wird. Erst der Eintritt Lucindes, einer «völlig frei und unabhängig» lebenden Frau, in Julius' Dasein zeichnet ihm die eigene Bestimmung und sein Lebensglück vor: Es zielt von nun an auf Geselligkeit und

Harmonie, auf Entsagung gegenüber der bisher praktizierten oberflächlichen Lust und auf die Verbindung von Kunst und Leben.

Nur das Mittelstück des Romans, die «Lehrjahre der Männlichkeit», bietet eine Geschichte im engeren Sinn einer narrativen Einheit, während die übrigen Teile formal völlig unterschiedliche Präsentationen von Reflexionen darstellen: Essay, Dialog, Erzählung, Brief, Betrachtung, Elogen auf Kunst und Sinnlichkeit, Geistigkeit und Harmonie der Geschlechter, Tausch der Geschlechterrollen, Übergang der Kunst ins Leben und des Lebens in die Kunst. Dieses kunstvolle Gebilde mündet in eine verklärte Vision der Ehe als einer harmonischen Fügung einander liebender Menschen. Dass ein solches Buch um 1800, dass insbesondere das Kapitel «Dithyrambische Phantasie über die schönste Situation» mit seiner unverhohlen kennerischen und genießerischen Beschreibung des Rollentauschs im Liebesakt zu einem Skandalon wurde, kann kaum verwundern. Umso mehr ist die Interpretation hervorzuheben, die der Übersetzer Friedrich Schleiermacher in seiner Abhandlung *Vertraute Briefe über Friedrich Schlegels Lucinde* (1801) nur kurze Zeit nach Erscheinen des Werks vorgelegt hat, ein Essay, in dem der Hermeneutiker Schleiermacher mit wünschenswerter philologischer Präzision herausarbeitet, dass Schlegels Werk alles andere als frivol oder sinnlich in einem vordergründigen Sinn ist, sondern mit ihm vielmehr ein Meisterwerk der Literatur vorliegt.

Novalis: Heinrich von Ofterdingen

Friedrich von Hardenberg, der sich Novalis nannte, ist im Alter von nur 29 Jahren gestorben. Er veröffentlicht seine «Blütenstaub-Fragmente» in der Zeitschrift *Athenäum* und brilliert dort, ähnlich wie Friedrich Schlegel, mit Gedankensplittern und Geistesblitzen. Er verliebt sich 1794 in die zwölfjährige Sophie von Kühn, ein zartes Mädchen, das nur zwei Jahre später an Schwindsucht stirbt – ein Verlust, der das Leben des Dichters ständig begleitete. Er hat die Zeit nach ihrem Ende als Todestage datiert in der Erwartung, selbst alsbald zu sterben: «Sie ist gestorben. So sterb ich auch. Die Welt ist öde, selbst meine philosophischen Studien sollen mich nicht mehr stören. In tiefer, heiterer Ruh will ich den Augenblick erwarten, der mich ruft.» Ein großer Teil seines Werks ist unvollendet geblieben, darunter das Prosafragment *Die Lehrlinge zu Sais* (1802, entstanden 1798/99), eine Erzählung, die sich mit der Frage der Wahrheit befasst.

Im Unterschied zu Friedrich Schlegel hat Novalis an Goethes *Wilhelm Meister* harsche Kritik geübt, die umso aufschlussreicher ist, als der junge Dichter sich dieses Verdikt buchstäblich poetisch erarbeitet hat. Sein zunächst positives Urteil über Goethes Werk weicht nach einem längeren Reflexions- und Produktionsprozess während der Arbeit an seinem eigenen Entwicklungsroman *Heinrich von Ofterdingen* der Erkenntnis, *Wilhelm Meister* sei in einem grundsätzlichen Sinn falsch konzipiert. Unter der entschiedenen Überschrift «Gegen ‹Wilhelm-Meisters-Lehrjahre›» findet sich die Notiz: «Es ist im Grunde ein fatales und albernes Buch – so prätentiös und preziös – undichterisch im höchsten Grade, was den Geist betrifft, so poetisch auch die Darstellung ist. Es ist eine Satire auf die Poesie, Religion etc. Aus Stroh und Hobelspänen ein wohlschmeckendes Gericht, ein Götterbild zusammengesetzt. Hinten wird alles Farce. Die ökonomische Natur ist die wahre – übrigbleibende.» Es sei nicht mehr als eine «poetische Maschinerie»: «Sehr viel Ökonomie – mit prosaischem, wohlfeilem Stoff ein poetischer Effekt erreicht.» Wie immer man zu solchen Urteilen im Einzelnen steht: Sie bringen das Verfahren der frühromantischen Kunstkritik, das ‹Synkritizein› im Sinne Schlegels und Novalis', anschaulich und beispielhaft zum Ausdruck.

Novalis' eigener, unvollendet gebliebener Entwicklungsroman *Heinrich von Ofterdingen* sollte eine Probe aufs Exempel der ästhetiktheoretischen Postulate im Geist der Frühromantik sein. Sein erster Teil, geschrieben zwischen Dezember 1799 und April 1800, trägt den Titel «Die Erwartung». Vom zweiten Teil «Die Erfüllung» liegt nur das erste Kapitel abgeschlossen vor. Alle anderen unvollendet gebliebenen Teile des Werks wurden von Ludwig Tieck aus dem Nachlass herausgegeben. Tieck, der sich mit dem Dichter über dessen Roman, über seine Konzeption und die Fortführung intensiv ausgetauscht hatte, legte mit Novalis' literarischem Nachlass auch eine Skizze des geplanten Romanverlaufs vor, dessen Gang sich den gewählten Titeln, «Die Erwartung» und «Die

Erfüllung», unschwer ablesen lässt. Man könnte diesen Roman ebenfalls den Versuch einer Einlösung der ästhetischen Theorie der Frühromantik nennen, doch es ist eine Einlösung auf einem sehr anderen Weg, als ihn Schlegel mit *Lucinde* gewählt hat. Auch Novalis geht es um eine Poetisierung der Wirklichkeit, allerdings im Sinne der Konstituierung einer poetischen Eigenwelt. Er will die Entwicklung eines Menschen im Übergang vom Unendlichen zum Endlichen nachzeichnen, die Verbindung der Bestimmung eines Menschen mit dem praktischen Leben.

Der erste Teil des im 15. Jahrhundert spielenden Werks, «Die Erwartung», bietet den Aufbau einer Art Versuchsanordnung, der zweite Teil die Einlösung dieses Versuchs. Leitmotivisch durchzieht das Werk von Anfang an das Symbol der «blauen Blume». Von ihr hat der Held Heinrich von Ofterdingen, Sohn bürgerlicher, wohlhabender Eltern, durch die Erzählungen eines Fremden erfahren, und im Traum, einem zentralen Erfahrungsmedium der romantischen Dichtung, begegnet er der «hohen, lichtblauen Blume» wieder. Es ist ein Symbol der Sehnsucht nach Transzendenz, nach Unendlichkeit, nach einer harmonischen Verknüpfung von allem mit allem, das Heinrich von nun an sucht, auf einer Reise, die ihn hinausführt in die Welt, auf der er Erfahrungen macht, in Gesprächen Wissenswertes hört über das Wesen des Handels und die Realität der Kreuzzüge, über das Morgen- und Abendland, über die Möglichkeiten des Bergbaus, mit seinen tiefen Stollen und seinen Gefahren ein Sinnbild des menschlichen Lebens. Auf diese Weise lernt Heinrich – unter anderem durch die Bekanntschaft mit dem als Einsiedler lebenden Grafen von Hohenzollern sowie dem Dichter Klingsor und dessen anmutiger Tochter Mathilde – die Natur, die Dichtung und die Liebe kennen.

Menschen, die zum Handeln geboren sind, so lernt er, müssen überall selbst Hand anlegen und zahlreiche Entwicklungsstadien durchlaufen, um ihr Gemüt gegen die Eindrücke einer neuen Lage und die Zerstreuung durch mannigfaltige Gegenstände abzuhärten. Heinrich selbst aber erfährt, dass er «zum Dichter» geboren ist. Das Genie als Gabe der Natur und die Liebe in Gestalt eines schönen Mädchens treffen zusammen. Alles verweist aufeinander, alles durchdringt sich wechselseitig, alles geht ineinander über und findet seine Erfüllung im Zeichen der «blauen

Blume». Auf diese Weise berühren sich alle Bestimmungen, bestätigen sich und heben sich auf.

Novalis' Bildungsroman knüpft an Wielands *Agathon* wie an Goethes *Wilhelm Meister* an und weist doch eine entscheidende Differenz zu beiden Werken auf: Die Helden dieser beiden Romane, Agathon und Wilhelm Meister, sollen sich in die Gesellschaft hinein entwickeln – Heinrich von Ofterdingen aber wird sich nach innen entwickeln. «Nach innen geht der geheimnisvolle Weg. In uns oder nirgends ist die Ewigkeit mit ihren Welten, die Vergangenheit und Zukunft», heißt es im *Blütenstaub*-Fragment 18, eine Vorstellung, an der im Roman auch der Tod Mathildes nichts ändert. Zu Beginn des zweiten Teils trifft Heinrich auf die Figur Astralis, ein siderisches Wesen, das alles Irdische übersteigt und in dem er Mathilde wiedererkennt. Sie versichert ihm, dass er sich mit ihr in einer höheren Wirklichkeit vereinigen werde. So erweist sich die Welt als ein Geflecht von Wegen, als ein Innewerden von allem, das schon immer für ihn vorgesehen war: Glück, aber auch Verlust und Trauer in der poetischen Form von Traum, Phantasie und Ahnung.

Frühromantisches Lustspiel: Tieck

Von einer sehr anderen Qualität als dieser Roman sind die Lustspiele Ludwig Tiecks. Der Dramatiker und Erzähler zählte zum Jenaer Kreis um die Brüder Schlegel und Novalis, besaß erheblichen Einfluss auf die Literaturentwicklung der Zeit, nicht zuletzt als Übersetzer – insbesondere des *Don Quixote* von Miguel de Cervantes und, gemeinsam mit August Wilhelm Schlegel, der Werke von William Shakespeare –, und machte sich darüber hinaus als Herausgeber einen Namen, unter anderem der Werke Heinrich von Kleists, die er auf diese Weise vor dem Vergessen bewahrt hat, sowie des Nachlasses seines früh verstorbenen Freundes Wilhelm Heinrich Wackenroder, mit dem er 1793 eine Wanderung durch Mainfranken machte, ferner als Mitherausgeber der Werke von Novalis, darunter der unvollendete zweite Band des *Heinrich von Ofterdingen*, und als Förderer der Edition des Romans *Die Insel Felsenburg* von Johann Gottfried Schnabel, der 1822 mit einem Vorwort Tiecks neu erschienen ist.

Tieck hat sich von zeitgenössischen Autoren ebenso anregen lassen wie von sakrosankten Werken und Größen der Literaturgeschichte. Zu diesen zählen unter anderen die Komödien des Aristophanes, Hans Sachs' Fastnachtsspiele, die Märchenkomödien des italienischen Lustspieldichters Carlo Gozzi und die englische Bühne mit Francis Beaumont und John Fletcher – Lustspielautoren, von denen Tieck handwerklich und ideengeschichtlich gelernt hat. Gleichzeitig übte er eine große Ausstrahlung auf Autoren seiner Zeit aus, insbesondere durch die Figur seines gestiefelten Katers, an den E. T. A. Hoffmanns Kater Murr anschließt, auf Clemens Brentanos Drama *Gustav Wasa* (1800), Christian Dietrich Grabbes Lustspiel *Scherze, Satire, Ironie und tiefere Bedeutung* (1827) und August von Platens Komödie *Der romantische Ödipus* (1829). Gleichwohl ist von Ludwig Tieck literaturgeschichtlich vergleichsweise wenig geblieben. Seine frühen Prosawerke werden kaum noch gelesen, seine Theaterstücke kaum mehr gespielt. Seinen Werken fehlt offenbar jene literaturgeschichtliche Formprägnanz und epochemachende Ausdrucksqualität, wie sie beispielsweise Eichendorff als Repräsentant romantischer Lyrik entwickeln konnte.

Dennoch: *Der gestiefelte Kater* (1797) ist ein Geniestreich, selbst wenn er nicht – wie das Horrorstück *Ritter Blaubart* (1797) angeblich auch – in einer einzigen Nacht geschrieben sein sollte. Das Stück, uraufgeführt erst im Jahr 1844 in Berlin, und zwar auf Veranlassung Friedrich Wilhelms IV., führt im Untertitel die Genrebezeichnung *Kindermärchen in drei Akten mit Zwischenspielen, einem Prologe und Epiloge*. Zwei Handlungselemente, sofern man von «Handlung» überhaupt sprechen kann, charakterisieren dieses Lustspiel: das titelgebende dramatisierte Märchen vom gestiefelten Kater sowie die Publikums- und Literatursatire. Das Motiv des gestiefelten Katers entstammt einer französischen Märchensammlung von Charles Perrault unter dem Titel *Contes de ma mère l'Oye* (1697; ‹Erzählungen von meiner Mutter Gans›) mit Erzählungen aus dem Volksmund, die in Frankreich die Tradition des Kunstmärchens begründet haben. In die Geschichte des gestiefelten und gewitzten Katers, der dem gutmütigen Gottlieb am Ende ein Königreich und dazu die Hand der schönen und geistreichen Prinzessin einbringt, tritt als zweiter inhaltlicher Schwerpunkt die Publikums- und Literatursatire, in der die großen kulturellen Themen der Zeit zur Geltung kommen: Fragen des Geschmacks, der Illusionen durch das Theater und der künstlerischen Naturnachahmung. So finden sich kritische Seitenhiebe auf Schauspieler, Dramatiker und Literaturkritiker der Zeit, etwa August Wilhelm Iffland, August von Kotzebue oder Karl August Böttiger, und selbst auf Wolfgang Amadeus Mozart wird in Gestalt des Besänftigers aus der *Zauberflöte* mit Hilfe parodistischer Bezüge angespielt.

Der Gehalt, die Substanz des Stücks findet sich jedoch nicht in seiner Thematik, sondern in seiner Struktur. Im Zentrum steht das Wechselspiel zwischen dem Bühnengeschehen um die Figur des Gestiefelten Katers und einem Publikum, das sich mit diesem Geschehen überaus kritisch auseinandersetzt. Das wechselseitige Dementi beider Sphären macht seinen Reiz aus. Sprache und Sache treten auseinander, auf eine Weise, die das Beziehungsgefüge zwischen Signifikant und Signifikat ins Fließen bringt, aus den Fugen geraten lässt und zugleich der Vorbote einer Sprach- und Ausdruckskrise ist: Die Sprache trifft die Sache, die sie bezeichnet, nicht. Begriffe wie Publikum oder Dichter verlieren ihre Kontur als Signifikanten der Sache «Publikum» oder «Dichter». Die Kategorien werden doppelbödig. Sie besitzen keine Entsprechung in der Realität, weder in der des Stücks, denn das Publikum im Lustspiel will sich nicht als Publikum sehen, noch in der Welt der realen Zuschauer oder Leser, die von Figuren des Stücks als Publikum angesprochen werden. Ähnlich verhält es sich mit dem Signifikanten «Dichter»: Als Autor des Stücks verstanden, ist dies fraglos Ludwig Tieck. Doch tritt im Lustspiel *Der gestiefelte Kater* aus der Feder des Dichters Ludwig Tieck ein Dichter auf, der das Stück *Der gestiefelte Kater* geschrieben hat, fortwährend auf der Bühne vom Publikum attackiert wird und sich für sein schlechtes Stück entschuldigen muss. Das Lustspiel wird mit zunehmender Dauer zu einem hochironischen selbstreflexiven Spiel. Signifikant und Signifikat sind deckungsgleich nicht mehr zu haben.

Wenn am Anfang der Moderne Sprachskepsis und Sprachzweifel stehen, so bietet die Frühromantik mit dem Lustspiel Tiecks einen grandiosen Auftakt zu diesem kulturhistorischen Einschnitt. Kunst definiert sich seither nach ihren eigenen Gesetzen. Dies vermag sie, weil sie eine Bindung an die gegenständliche Wirklichkeit nicht länger benötigt, um sich selbst zu legitimieren. Es handelt sich um ein literarisches Spiel, das – vom Publikum im Stück bis zum Publikum im Zuschauerraum – als Spiel semiotischer Elemente vorgeführt und auch verstanden wird. Drei Jahre später hat Tieck mit seinem Lustspiel *Die verkehrte Welt* (1800) sich selbst noch einmal überboten hinsichtlich der Handlungskomplexität und der Illusionsdurchbrechung wie der strukturellen Staffelung des Inhalts: Ein Stück wird aufgeführt, in dem man ein Stück aufführt, in dem ein Stück aufgeführt wird, drei Handlungsebenen, drei Rahmungen, die jeweils ineinander geschachtelt sind, sodass am Ende ein Zuschauer (im Stück) sagt: «Es ist gar zu toll. Seht, Leute, wir sitzen hier als Zuschauer und sehn ein Stück, in jenem Stück sitzen wieder Zuschauer und sehn ein Stück, und in jenem dritten Stück wird jenen dritten Akteurs wieder ein Stück vorgespielt.»

Von solchen Geniestreichen einen Bogen zu den Dramen der wenig späteren Schauerromantik im frühen 19. Jahrhundert zu schlagen fällt schwer – doch gerade das Niveaugefälle zu den «Schicksalstragödien» genannten Stücken wirft ein erhellendes Licht auf die Dramenproduktion der Epoche. Adolph Müllner und Zacharias Werner mögen als Beispiel stehen. Immer wieder wird in ihren einschlägigen Werken das Schicksal beschworen. Die Rachegöttin der Antike, Nemesis, bietet das Vorbild, Aischylos, Sophokles und Schiller geben Orientierung. Doch wie organisiert man «Schicksal» in einer Tragödie um 1800? Bei Zacharias Werner durch ein Datum, den im Titel des 1809 erschienenen Stücks genannten Kalendertag *24. Februar*, an dem an drei Menschen ein tödliches Schicksal in drei Akten vollzogen wird, ausgelöst oder vollstreckt jeweils durch ein und dasselbe Messer. Am 24. Februar stirbt der Vater des Protagonisten, eines Bauern, an Herzschlag auf Grund eines gegen ihn gerichteten Messers; am 24. Februar, nur ein Jahr später, stirbt die kleine Tochter der Bauern, versehentlich getötet durch ihren Bruder; Jahre später, wiederum am 24. Februar, kommt der inzwischen reich gewordene Sohn der Bauern unerkannt zurück ins Haus der Eltern und wird von seinem eigenen Vater aus Habgier mit eben jenem ominösen und numinosen Messer ermordet. Das Finale fügt das Geschehen, *comme il faut*, schicksalhaft zusammen: Der Sohn gibt sich, sterbend, zu erkennen, und sein Vater überantwortet sich der irdischen Gerichtsbarkeit.

Die Anregung zu diesem Drama erhielt der Autor übrigens durch einen Hinweis Goethes auf die Geschichte eines Mörderehepaars. Das titelgebende Datum wählte er hingegen im Gedenken an den Tod seiner Mutter und seines besten Freundes: Beide waren am 24. Februar des Jahres 1804 gestorben. In zehn Tagen, im März des Jahres 1809, war das Opus beendet, Goethe selbst brachte es ein Jahr später in einer Weimar Uraufführung auf die Bühne – und zwar, wie sich von selbst versteht, am 24. Februar.

Negativ übertroffen im Hinblick auf die Überstrapazierung der Kategorie «Schicksal» wird Zacharias Werners Stück allenfalls durch Adolph Müllners Drama *Der 29. Februar*, in dem es um ein Ehepaar, seinen Sohn und die Inzestproblematik geht, sowie durch Müllners berühmt gewordenes Stück *Die Schuld* (1812), das seine Schicksalsthematik um Verbrechen und Verantwortung auf einen einzigen Tag konzentriert. Das Schicksal ist hier als Allegorie gefasst, die das gesamte Repertoire der Schauerromantik aufbietet: Unheilsstimmung, Burgromantik, Zigeunerastrologie, Dolchsymbolik, selbst die reißende Saite einer Harfe wird höchst bedeutungsvoll eingesetzt.

Späte Romantik

Die Entwicklung der romantischen Lyrik, die sich zumal in der zeitgenössischen Begeisterung für das Volkslied ausdrückte, wurde von England angeregt, wo Thomas Percy 1765 seine *Reliques of Ancient English Poetry* an die Öffentlichkeit gegeben hatte, eine Sammlung altschottischer und -englischer Balladen und Lieder mit großen Wirkungen auch auf Deutschland, auf Hamann und Herder, Goethe und Bürger. Zumal Herders Theorien über Volkspoesie und deutsches Volkstum sind hierdurch inspiriert und kulturgeschichtlich fundiert worden. Um eine entsprechende Sammlung deutscher Sprache zu initiieren, bedurfte es lediglich eines vergleichsweise geringfügigen Anlasses. Ihn erbrachte 1802 eine gemeinsame Schiffsreise Achim von Arnims und Clemens Brentanos auf dem Rhein von Mainz nach Koblenz, auf der es außerordentlich lustig zugegangen sein muss: «So möchte ich wohl noch einmal leben! Das Leben war frisch angebrochen wie die echte Quelle des rheinischen Weines», heißt es in einem brieflichen Bericht von Arnims. Ein buntes Treiben, das mit den an Bord vorgetragenen Liedern und Gedichten offenbar animierend gewirkt und jedenfalls dazu geführt hat, dass die jungen Dichter sich entschlossen, diese Art Volksdichtung in Handschriften, Chroniken, Musikbüchern, bei Volksliedgruppen und in Flugschriften, die sie in Bibliotheken fanden, in Deutschland ebenso wie in Frankreich und England systematisch zu suchen und zu sammeln. Seit 1804 konzentrierten sie sich auf die Edition der von ihnen zusammengetragenen, zum Teil mündlich überlieferten Beispiele: Balladen, Liebeslieder, religiöse Poesie, Kinderlieder, vor allem auch Handwerks- und Zunftlieder, insgesamt 723 Einzelgedichte aus drei Jahrhunderten deutscher Volkspoesie.

Dass die intensive und langjährige Arbeit an *Des Knaben Wunderhorn* darüber hinaus auch politische Dimensionen besaß, und zwar im Sinne einer konservativen Orientierung, trifft freilich ebenso zu. In vermittelter Form kamen in solchen Vorhaben die Nachwirkungen der Französischen Revolution zur Geltung, gegen die man sich mit den volkspoetischen Sammlungen wenden wollte. Auf ihre Weise haben zu einer solchen Orientierung auch die Brüder Jacob und Wilhelm Grimm beigetragen mit ihren großen literarischen und lexikalischen Unternehmungen, den in den Jahren 1806 und 1807 gesammelten Volksmärchen und dem seit 1854 erschienenen Wörterbuch, beide in engem Zusammenhang mit der Forschung und der Begründung des Fachs Germanistik als einer Wissenschaft von der deutschen Kultur, Sprache und Literatur. Die Rückkehr zum «einfachen Volk» und zur «alten Poesie», zum überkommenen «Geist» deutscher Literatur und Sprache und dem ihm entsprechenden Naturgefühl war insoweit auch ein Gegenkonzept. Die Naturpoesie galt als die verlorene Poesie des Goldenen Zeitalters, als unverstellter Ausdruck eines unmittelbaren Naturgefühls und -erlebens. Demgegenüber schien die Kunstpoesie der Gegenwart – programmatisch im Konzept der «progressiven Universalpoesie» Friedrich Schlegels – gekennzeichnet durch eine rationale und reflexive Komposition, die im Blick zurück zu überwinden wäre. Es handelt sich im bewussten Widerspruch zur kulturrevolutionären Emphase der Frühromantik im Grunde um ein restauratives literaturpolitisches Programm, um eine

Rückbindung der Kunst an die Parameter Volk, Nation und Religion, die der Poesie keine Autonomie im Sinne einer ästhetisch eigengesetzlichen Entwicklung einräumen wollte.

Gerade deshalb sind die immanenten Widersprüche der Sammlung höchst aufschlussreich. Denn neben den vermeintlichen «Naturformen» der Poesie enthält *Des Knaben Wunderhorn* hochentwickelte poetische «Kunstformen», etwa Sonette aus dem Barock. Dass die Poesie der Herausgeber selbst die ästhetisch fortgeschrittenen Strukturen der «Kunstpoesie» durchaus im Verständnis der frühromantischen Programmatik repräsentierte – so etwa Brentanos Gedicht «Sprich aus der Ferne» –, lässt sich nicht übersehen.

Unverkennbar ist darüber hinaus die Nähe ihrer Lyrik zu der Joseph von Eichendorffs mit ihrer Stimmung einer ungestillten Sehnsucht. Seine *Gedichte*, 1837 in einem Sammelband erschienen, sind bis auf den heutigen Tag im Wortsinn populär geblieben, Ausdruck nicht nur ihres einzigartigen volksliedhaften Tons, sondern auch Resultat der kongenialen Vertonungen, insbesondere von Robert Schumann, die ihnen eine neue Qualität verliehen haben. Sie repräsentieren eine Kunstpoesie eigener Art mit einem zwar eingeschränkten, doch vielfach in sich variierten, in immer neue, bisweilen tiefsinnige Bezüge gesetzten Stoff- und Motivvorrat. Zu ihnen zählt etwa die wiederkehrende Verbindung von Traum und Wirklichkeit in einem der Spruchgedichte Eichendorffs:

> Schläft ein Lied in allen Dingen,
> Die da träumen fort und fort,
> Und die Welt hebt an zu singen,
> Triffst du nur das Zauberwort.

Dass diese Verschränkung in den Gedichten Eichendorffs als Motiv immer wieder aufgenommen wird, bedeutet zugleich, dass die Spannung von Poesie und Wirklichkeit unversöhnt vorausgesetzt bleibt. Sie wird nicht aufgehoben, sondern bietet der Poesie die Möglichkeit des Zungenlösens, des Benennens der Trennung, nicht der Versöhnung. In vergleichbarer Weise heißt es im Gedicht «Zwielicht»:

> Dämmrung will die Flügel spreiten,
> Schaurig rühren sich die Bäume,
> Wolken ziehn wie schwere Träume –
> Was will dieses Graun bedeuten?

Zwielicht: Hell und Dunkel vermischen sich miteinander, Vorsicht ist geboten – eine Stimmung, die sich auf andere Weise auch in Eichendorffs berühmtem Gedicht «Mondnacht» findet:

> Es war, als hätt' der Himmel
> Die Erde still geküßt,
> Daß sie im Blütenschimmer
> Von ihm nun träumen müßt'.
>
> Die Luft ging durch die Felder,
> Die Ähren wogten sacht,
> Es rauschten leis die Wälder,
> So sternklar war die Nacht.
>
> Und meine Seele spannte
> Weit ihre Flügel aus,
> Flog durch die stillen Lande,
> Als flöge sie nach Haus.

Auch hier bleiben Natur und Ich getrennt, die Spannung bleibt erhalten: «als hätt'», «träumen müßt'», «als flöge» – der Konjunktiv 2, der ein Potentialis zu sein vorgibt, ist in Wahrheit ein Irrealis. Nicht die Natur, sondern die poetisch empfundene Naturstimmung bildet die Referenzqualität des Gedicht-Ichs. Was zwischen den beiden Polen «Ich» und «Natur» spielt, ist auch bei Eichendorff der Poesie gewordene Versuch, die empfundene Kluft zu überwinden, zu überbrücken durch die Formensprache des Gedichts. Dualismen bestimmen diese Welt: auf der einen Seite das Bächerauschen, die Waldesstimmung, die Ährenfelder, die Vögel, das Posthorn, der Mondschein, auf der anderen Seite Bedrohung, Verführung, die Dämonie der Landschaft, das Zwielicht als gleichsam programmatischer Titel. Dualismen, die sich in religiösen Bereichen ebenso zeigen wie in der Profanität des alltäglichen Lebens. Gottvertrauen auf der einen, das Gefühl der Trauer und Verlorenheit auf der anderen Seite – Ausdruck eines unstillbaren, unerfüllbaren Begehrens, dem ein anderes Gedicht Eichendorffs mit dem unmissverständlichen Titel «Sehnsucht» einen bis heute erhaltenen Klang verliehen hat:

> Es schienen so golden die Sterne,
> Am Fenster ich einsam stand
> Und hörte aus weiter Ferne
> Ein Posthorn im stillen Land.
> Das Herz mir im Leib entbrennte,
> Da hab ich mir heimlich gedacht:
> Ach, wer da mitreisen könnte
> In der prächtigen Sommernacht!
> [...]

Neben Eichendorff sind als Lyriker dieser Zeit vor allem August Graf von Platen, Nikolaus Lenau, Eduard Mörike und Annette von Droste-Hülshoff zu nennen. Platen – süddeutscher Aristokrat, Offizier, ein hochgebildeter Mann, der zwölf Sprachen fließend gesprochen haben soll – war ein überaus traditionsbewusster Autor, vor allem an den Formen des Sonetts und der Ode orientiert, zudem Wiederentdecker der Ghasele (*Ghaselen*, 1821; *Neue Ghaselen*, 1823), ein Versmaß aus dem persischen Kulturraum. Er reiste 1824 nach Venedig, Ziel seiner Sehnsucht, dem er eigens einen Band mit Sonetten gewidmet hat (*Sonette aus Venedig*, 1825) – Thomas Manns Novelle *Der Tod in Venedig* (1912) hat diesen Autor zum Vorbild seiner Figur, des Dichters Gustav von Aschenbach, genommen, auch im Hinblick auf Platens homosexuelles Triebschicksal, das Heinrich Heine in einer überaus problematischen Kontroverse (*Die Bäder von Lucca*, 1830) thematisiert hat. Die verdeckte, zu seiner Zeit öffentlich nicht lebbare Homoerotik des Grafen verleiht dem in seinen Gedichten ausgesprochenen Liebesleid und Schmerzempfinden eine eigentümliche Spannung.

Nikolaus Lenau – eigentlich Nikolaus Franz Niembsch, Edler von Strehlenau –, gebürtiger Ungar, ein Adeliger wie Platen, war gleichfalls ein hochkultivierter Mann, berühmt für seine Musikalität, mit einem umtriebigen Lebenswandel, zahlreichen Wanderungen und Reisen, die ihn 1832/33 bis in die USA führten. Amerika, das gelobte Land der Freiheit, der beginnenden Industrialisierung und des Fortschritts, sollte ihm einen Raum des Aufbruchs und Neubeginns bieten; seine Versuche, sich dort als Farmer niederzulassen und als Dichter neu zu beginnen, sind allerdings kläglich gescheitert. Lenau sah sich auf Seiten der Revolution und der Demokratie, doch geht es in seiner Dichtung um Aspekte der Vergänglichkeit, Vergeblichkeit und Zerrissenheit, um den Ausdruck eines Leidens an der Zeit, das sich nicht, wie bei Heine, als Aufbegehren, sondern als Rückzug auf die eigene Individualität ausspricht. Bereits die ersten Strophen seines Gedichts «Schilflieder» – ein kleines Beispiel aus einem umfangreichen Werk, aus dem die epischen Gedichte *Faust*, (1806), *Savonarola* (1837) und *Die Albigenser* (1842) herausragen – verdeutlichen, wie sich dieses Leiden in Lenaus Verhältnis zur Natur mitteilt: Die Natur wird zum Begegnungsraum zwischen dem Ich und der Geliebten, die zueinander nicht kommen können. Allein die verstörenden und zerstörerischen Veränderungen in der Natur geben ein Sinnbild der Begegnung mit der Geliebten und des Verhältnisses zu ihr. Keine Liebeserfüllung, ein Trennungsszenario:

> Drüben geht die Sonnen scheiden,
> Und der müde Tag entschlief.
> Niederhangen hier die Weiden
> In den Teich, so still, so tief.
>
> Und ich muß mein Liebstes meiden:
> Quill, o Träne, quill hervor!
> Traurig säuseln hier die Weiden,
> Und im Winde bebt das Rohr.

Der Lyriker Eduard Mörike ist auch als Verfasser zweier bedeutender Künstlernovellen (*Maler Nolten*, 1832; *Mozart auf der Reise nach Prag*, 1855) zu nennen, deren Handlungskern dem Autor jeweils Anlass für Reflexionen über Bildung, Kunst und Musik bietet, auch über Künstler und Künstlerexistenz generell, grundiert durch Heiterkeit, Melancholie und Todesahnungen. Am Ende der Mozart-Novelle findet sich ein Gedicht, das den Vergänglichkeitsaspekt betont. Der Komponist ist abgereist, das

Zimmer, in dem er gespielt hat, wird aufgeräumt und abgeschlossen, damit so bald kein anderer an den nunmehr «heiligen» Flügel herangeht. Zufällig aber findet sich dort ein Zettel mit einem Gedicht und in diesem die Zeile «Denk es, o Seele», die sich als ein *memento mori* verstehen lässt. Kunst und künstlerische Produktivität, eingebettet in den Aspekt der Vergänglichkeit – ein Leitmotiv der bedeutenden Lyrik Mörikes:

> Ein Tännlein grünet wo
> Wer weiß, im Walde;
> Ein Rosenstrauch, wer sagt,
> In welchem Garten?
> Sie sind erlesen schon,
> Denk es, o Seele,
> Auf deinem Grab zu wurzeln
> Um zu wachsen.
>
> Zwei schwarze Rößlein weiden
> Auf der Wiese,
> Sie kehren heim zur Stadt
> In muntern Sprüngen.
> Sie werden schrittweis gehn
> Mit deiner Leiche;
> Vielleicht, vielleicht noch eh
> An ihren Hufen
> Das Eisen los wird,
> Das ich blitzen sehe!

Neben Eduard Mörike ist Annette von Droste-Hülshoff die eigenwilligste literarische Figur dieser Zeit, in ihrem gesellschaftlichen Dasein ebenso widersprüchlich wie als Lyrikerin produktiv. Aus einer Adelsfamilie stammend, zurückgezogen lebend, macht sie die Bekanntschaft von zeitgenössischen Größen wie August Wilhelm Schlegel, Karl Simrock, Adele Schopenhauer oder Levin Schücking. Während die Lyrik Droste-Hülshoffs deutlich religiös geprägt ist mit der Natur als Kontrastraum, in dem der Mensch als zerstörerischer Faktor in Erscheinung tritt, zeugt ihr bedeutendstes Prosawerk *Die Judenbuche* (1842) von einer scharf kalkulierenden erzählerischen Ökonomie. Es handelt sich um eine präzise durchkonstruierte Kriminalgeschichte, erzählt von einem Mörder, der am Ende an jenem Baum erhängt aufgefunden wird, unter dem er sein Opfer, einen Juden, erschlagen hat – eine spannungsreiche Geschichte mit einer gewissen Nähe zur Tradition der Schauerromantik, doch psychologisch subtil unterfüttert, mit markanten Hell-Dunkel-Kontrasten und einem strukturell eingearbeiteten Dualismus zwischen Mensch und Natur.

Aufschlussreich für die Literaturproduktion dieser Zeit ist zudem das Aufblühen des Genres Künstlernovelle, in dessen Mittelpunkt – wie schon in Wilhelm Heinses *Ardinghello und die glückseeligen Inseln* (1787), einem Muster der Gattung in deutscher Sprache – die Probleme des Künstlers, Malers, Schriftstellers oder, wie bei Mörike, eines Komponisten stehen. Beispielhaft lässt sich hier ablesen, wie Autoren die in ihrer Zeit nicht durchsetzbaren politischen Ideen und gesellschaftlichen Vorstellungen innerhalb des literarischen Diskurses diskutieren, vermittelt über Figuren, Handlungsfäden und Konfliktkonstellationen. Einer unter ihnen ist Franz Grillparzer. Seine Künstlernovelle *Der arme Spielmann* (1847) kreist um einen etwa 70-jährigen Geiger, der auf Jahrmärkten und Dorffesten eher kläglich als virtuos spielt. Die Novelle rekonstruiert die unglückliche Geschichte des Spielmanns und verfolgt diese bis zu dessen Tod, ein Erzählrahmen für eine weitgesteckte Problematik. Denn der Spielmann Jakob stellt den Inbegriff des Künstlers dar, den es zu Harmonie, Versöhnung und Vervollkommnung drängt, dem aber die eigene Lebensgeschichte immer wieder in die Quere kommt, sodass er zwischen Individualität und Gesellschaftlichkeit zerrissen wird. Das dissonante Musikspiel des armen Spielmanns repräsentiert das Gegenbild der erstrebten Harmonie, während die materielle Welt mit den Werten Bürgerlichkeit, Geld, Anerkennung und Erfolg am Ende obsiegt.

7 Restauration, Biedermeier, Vormärz

Restauration, Biedermeier, Vormärz – bereits die Wahl des Epochenbegriffs verrät viel über die Voreinstellungen, die mit einer solchen Entscheidung verbunden sind. Etwa der Begriff ‹Restauration›: Gemeint ist die Re-Installierung des *Ancien Régime*, der alten autokratischen, aristokratischen, monarchischen Herrschaftsform, die zu Beginn des 19. Jahrhunderts vielfältig zersplittert war. Erst der Wiener Kongress des Jahres 1815 stellte mit der Heiligen Allianz zwischen Russland, Österreich und Preußen die überkommenen Machtverhältnisse wieder her, Österreich wurde zum federführenden und tonangebenden Staat in Europa, Fürst Metternich war die bestimmende politische Figur der folgenden Jahrzehnte. Seither gab es im Deutschen Bund 34 Erbmonarchien und vier Stadtrepubliken, jede von ihnen weitgehend autark, autonom und, geschützt durch den Deutschen Bund und die Heilige Allianz, berechtigt, eigene politische, kulturelle und sonstige Profile auszubilden.

Es ist eine Zeit, in der rückgängig gemacht wird, was während der Napoleonischen Besatzung an Reformen in Deutschland durchgesetzt worden war, zugleich eine Zeit, in der auch in Deutschland die industrielle Revolution einsetzt, bürgerliche Emanzipationsbestrebungen sich entfalten, verbunden mit einer rapiden Entwicklung des Kapitalismus und der Entstehung des Proletariats. Das Bürgertum, das sich emanzipieren will, benötigt den freien Handel, es braucht die nationale Einheit, es ist auf den politischen wie den ökonomischen Liberalismus angewiesen. Es will eine nur noch konstitutionelle Monarchie, keine mächtigen Autokraten. Es will die Gewaltenteilung zwischen Legislative, Exekutive und Jurisdiktion. Es will eine demokratische Öffentlichkeit und bedarf daher einer freien Presse und der Versammlungsfreiheit.

Die Karlsbader Beschlüsse von 1819 hingegen versuchen, solche Bestrebungen einzudämmen und zu unterdrücken. Burschenschaften, Einheits- und Freiheitsbewegungen, wie sie auf dem Wartburgfest 1817 zum Ausdruck kommen, unterliegen der «Demagogenverfolgung» – so die offizielle Bezeichnung –, die allen Protagonisten der Einheits- und Freiheitsbewegung Prozess und Verurteilung mit einer zunehmend sich verschärfenden Tendenz androht. Die Juli-Revolution 1830 in Paris – die zweite Revolution in Frankreich nach 1789 – wirkt in Deutschland wie ein Signal, das auch hier liberale und nationale Impulse für öffentliche Auseinandersetzungen hervorruft, mit dem Ergebnis, dass der Staatsapparat mit dem Instrument der Karlsbader Beschlüsse seinerseits die Gangart verschärft.

Eine Zeit der Autorenverfolgung setzt ein, die einen Georg Büchner auf der Flucht ins Exil sieht, einen Fritz Reuter im Gefängnis – eine Lebensphase, die er in seinem Roman *Ut mine Festungstid* (1862) aufgearbeitet hat –, ebenso Karl Gutzkow, der wegen eines Romans eingekerkert wird. Es ist eine Zeit verschärfter Unterdrückung unter Führung Metternichs und Österreichs.

Demgegenüber vermittelt das heute ‹Biedermeier› genannte Lebensgefühl Vorstellungen von Ruhe, Behäbigkeit, Gemütlichkeit und Konservatismus. Solche Vorstellungen verbinden sich mit diesem Begriff seit 1855, als Ludwig Eichrodt und Adolf Kußmaul in satirischen fliegenden Blättern Gedichte eines schwäbischen Schullehrers namens Gottlieb Biedermeier und seines Freundes Horatius Treuherz veröffentlichen. Der aus ‹Biederkeit› und ‹Meier› kombinierte Kunstname verrät die Absicht: Ein Sozialcharakter soll karikiert werden, der auf unfreiwillig komische Weise Werte wie Gemütlichkeit, Häuslichkeit und Bravheit repräsentierte. Die Parodien Eichrodts und Kußmauls beziehen sich vornehmlich auf Gedichte des aus dem Kraichgau stammenden Volkspoeten Samuel Friedrich Sauter, der ihnen entsprechende Typus findet sich auf Zeichnungen und Gemälden der Zeit, dargestellt von Künstlern wie Ludwig Richter, Moritz Schwind oder Carl Spitzweg, und, ebenfalls in parodistischer Form, in Gedichten Joseph Victor von Scheffels mit sprechenden Titeln wie «Des Biedermanns Abendgemütlichkeit» oder «Bummelmeiers Klage». Der Wandel, den das Wort ‹Biedermeier› bis zum Beginn des 20. Jahrhunderts durchlaufen hat, ist aufschlussreich: vom mentalitätsgeschichtlichen Begriff zur stilgeschichtlichen Terminologie mit einem Schwerpunkt in Architektur, Malerei und Möbelbau, nicht ohne Grund verbunden mit qualitativ hochwertiger deutscher Handwerkskunst.

Jene Autoren, die man zum Biedermeier in kulturgeschichtlichem Sinn rechnen kann, passen sich im Wesentlichen an die sozialen Verhältnisse an. Sie leben sich in die politische Situation ein, arrangieren sich mit dieser und sind durch Passivität gekennzeichnet. Der übereinstimmende Grund für diese resignative Haltung liegt in der Enttäuschung durch die Politik begründet: durch die Französische Revolution von 1789 einerseits, deren Entwicklung man in Deutschland sehr genau verfolgt und deren Wirkungen man während der Befreiungskriege in Form der französischen-napoleonischen Besatzungsheere wahrgenommen hatte; durch die nach 1815 mit der Heiligen Allianz und den Karlsbader Beschlüssen einsetzende politische Restauration andererseits, die zu einer Periode der Unterdrückung führt. Beide Aspekte legen den Rückzug in den Bereich der Kunst nahe, um die Wirklichkeit zu überhöhen und zu verklären, das Alltagsleben wie die politische Situation. Sinngebung und Sinnstiftung durch Kunst und Literatur, das seit Schiller bekannte Programm zu einer ästhetischen Erziehung des Menschen, die Propagierung ‹deutscher› Tugenden wie Pflicht, Pünktlichkeit, Einfachheit, Bescheidenheit und Arbeitsethos – all das findet sich in der Biedermeierliteratur dieser Zeit. Es harmoniert überraschenderweise und fast wider Willen mit den Erwartungen der Obrigkeit an ihre Untertanen.

Was demgegenüber den Begriff ‹Vormärz› auszeichnet, ist seine Bindung an den Gestus des Aufbegehrens, der seinerseits in einem engen Zusammenhang mit dem literaturgeschichtlichen Spezialfall des Jungen Deutschland steht. Der Terminus entstammt der Widmungsadresse zu einer Reihe von Vorlesungen, die Ludolf Wienbarg unter dem Titel *Ästhetische Feldzüge* (1834) veröffentlicht hat. Literatur und Kunst als Waffe – das ist Wienbargs Programm. «Dir, junges Deutschland widme ich diese Reden, nicht dem alten», lautet die Zueignung, die er seinem Programm voranstellt. Die ästhetische Strategie wird als poetischer Feldzug einer ganzen Autorengeneration begriffen, die zwischen 1810 und 1820 geboren ist, Autoren, die sich ausdrücklich als Vertreter der literarischen Moderne verstehen – ‹modern› nicht in einem geschichtsphilosophisch oder literaturtheoretisch strengen Sinn, sondern im Sinne eines Bekenntnisses zur eigenen Gegenwärtigkeit. ‹Modern› sein heißt – zu Beginn des 19. Jahrhunderts wie wenige Jahrzehnte später, zur Zeit des Naturalismus, abermals –, sich auf der Höhe der Zeit befinden. Es ist ein Kampfbegriff, der auf den traditionsreichen Streit zwischen den alten und den neuen, eben ‹modernen› Künstlern verweist, auf die berühmten *Querelles des anciens et des modernes* mit der entscheidenden Variante, dass die Literatur im ersten Drittel des 19. Jahrhunderts mit einem Kampfauftrag versehen wird: gegen die Unterdrückung, für die Freiheit. Wienbargs *Ästhetische Feldzüge* wollen zu diesem Kampf ermuntern. Sie bestehen aus 24 Vorlesungen, die er 1833 an der Universität Kiel gehalten hat und in denen er sich gegen eine normative, an der Klassik orientierte Ästhetik wendet. Die künstlerische Erneuerung, um die es Wienbarg programmatisch geht, bedeutet nicht, dass er Traditionen nicht zu schätzen wüsste. Für ihn ist Goethe die nicht hintergehbare poetische Größe, Lord Byron wie Heinrich Heine werden hervorgehoben. Doch unübersehbar ist die Kritik an der Restaurationsepoche, gegen die Wienbarg die Literatur mobilisieren will. Daher betont er die Priorität von Geschichte und Gesellschaft in der Kunst. Sie will er als Replik auf ihre Zeit verstehen, mithin als Instrument und Medium, um auf die aktuellen geschichtlichen und gesellschaftlichen Entwicklungen einzuwirken. Optimistisch und kämpferisch identifiziert Wienbarg mit seiner Widmungsadresse jene Gruppe von Autoren als politische Hoffnungsträger, die wenig später von einem Verbot der Bundesversammlung betroffen war.

Es handelt sich wie beim Wartburgfest von 1817 auch um Aktivitäten von Minderheiten. Ihnen stehen auf der Seite der Herrschenden Repressionen gegenüber, die Freiheitsbestrebungen aller Art zu unterdrücken suchten. Das Beispiel der «Göttinger Sieben» – Professoren, unter ihnen Jacob und Wilhelm Grimm, die in einem öffentlichen Aufruf gegen einen Verfassungsbruch durch den hannoverschen König protestiert hatten – ist hierfür schlagend: Sie wurden allesamt ihres Amtes enthoben und außer Landes gejagt. Gleichwohl verschafften sich Burschenschaften, national gesinnte Einheitszirkel, Polen-, Vaterlands- und Handwerkervereine mit politischen Zielsetzungen und selbst Geheimbünde, die versuchten, ihre politischen Bestrebungen klandestin durchzusetzen, eine öffentliche Resonanz, die im Hambacher Fest von 1832 zum Ausdruck kam. Vollends der Aufstand der schlesischen Weber 1844, an den bis heute ein Gedicht Heinrich Heines und ein Drama Gerhart

Hauptmanns erinnern, und die Hungerrevolten von 1847 stellen Vorspiele zur Revolution von 1848 dar. Es sind Versuche, die Gesellschaft umzuwälzen, da diese sich nicht zu reformieren versteht. Doch die politischen Intentionen der herrschenden Kräfte werden unter Federführung Österreichs von zahlreichen der kleinen Fürstentümer in Deutschland gestützt, die ein Interesse an der Erhaltung ihrer Machtzentren zeigen.

Auf der anderen Seite erweisen sich die Industrialisierung und das entstehende Proletariat, die Freiheits- wie die Einigungsbestrebungen als Bedingungsfaktoren der produktiven Entwicklung aller Lebensbereiche. Neben diese politischen Bewegungen tritt eine Reihe epochemachender Entdeckungen und Erfindungen: die Telegraphie und der Eisenbahnverkehr, die durch die Dampfmaschine bewirkten Industrialisierungsimpulse, die Anstöße zur Entwicklung der Fotografie durch Joseph Nicéphore Nièpce und Louis Daguerre. Sie revolutionieren die Verkehrs- und Wahrnehmungsformen der Menschen und ihre Produktionsweisen. «An die Stelle der alten lokalen und nationalen Selbstgenügsamkeit und Abgeschlossenheit», so schrieben Karl Marx und Friedrich Engels in ihrem 1848 erschienenen *Kommunistischen Manifest*, «tritt ein allseitiger Verkehr, eine allseitige Abhängigkeit der Nationen voneinander. Und wie in der materiellen, so auch in der geistigen Produktion. Die geistigen Erzeugnisse der einzelnen Nationen werden Gemeingut. Die nationale Einseitigkeit und Beschränktheit wird mehr und mehr unmöglich, und aus den vielen nationalen und lokalen Literaturen bildet sich eine Weltliteratur.» Die Alphabetisierung nimmt ebenso zu wie das Bedürfnis nach Information. Die Erfindung der Papiermaschine und der Druckerpresse führt nicht nur zu einer raschen Ausbreitung von Zeitschriften und Zeitungen, sondern auch zu einem Anwachsen der Buchproduktion und damit zu einer völlig neuartigen publizistisch und literarisch geprägten politischen, gesellschaftlichen und kulturellen Öffentlichkeit. Zwischen 1821 und 1838 steigt die Buchproduktion um 150 Prozent auf über 10 000 Titel pro Jahr, inhaltlich insbesondere dem Bereich der Theologie zuzuordnen, doch mit Schwerpunkten auch in den anwendungsorientierten Wissenschaften, den Naturwissenschaften und der Medizin. Ebenso dynamisch entwickelt sich der Bereich der Schönen Literatur, ablesbar an der Zahl von 1350 Buchhandlungen, die auf eine bereits bestehende literarische Öffentlichkeit in Deutschland verweist. Verbunden ist dieser Aufschwung des Buchwesens mit Preissenkungen, die die maschinellen Verfahrensweisen und die Erhöhung der Auflagen ermöglichen. 1825 wird, Symptom dieser Entwicklung, der Börsenverein der Deutschen Buchhändler gegründet, Vorläufer des heutigen Börsenvereins für den Deutschen Buchhandel und Ausdruck eines neuen Selbstbewusstseins der Verleger, die an der Nahtstelle zwischen Autor und Politik eine vermittelnde Funktion wahrzunehmen beginnen. Erfolgreich ist jener Typus des Verlagsbuchhändlers, den Julius Campe beispielhaft verkörpert, eine aufgeklärte, intelligente, weitsichtige Persönlichkeit – ihn verbindet mit seinen Autoren trotz mancher Honorarstreitigkeiten eine Interessengleichheit. Solche Verleger arbeiten zu jener Zeit, nicht anders als ihre Autoren, mit einem hohen Risiko, das den wirtschaftlichen Ruin ebenso einschließt wie Freiheitsstrafen, zu schweigen von dem seinerzeit noch kaum entwickelten Urheberrecht, das unentgeltliche Nach- und Raubdrucke nicht verhindert, und den permanent drohenden Eingriffen der Zensurbehörden.

‹Zensur› hieß seinerzeit: Vorzensur. Alle Manuskripte mussten eingereicht werden und wiesen nach ihrer Rückgabe an die Verlage zum Teil empfindliche Eingriffe auf. Eine Ausnahme bestand für umfangreiche Werke von 20 Druckbogen (= 320 Seiten) oder mehr, die der Nachzensur unterlagen und deren Verbreitung sich durch rasche Distribution und umgehenden Verkauf sichern ließ. Auch die Nachzensur konnte jedoch mit erheblichen Folgen verbunden sein, im Extremfall sogar mit einer Präventivzensur, das heißt: einem generellen Verbot. Verbotsgründe konnten eine allgemeine Kritik an den herrschenden Zuständen, an Fürstentümern oder politischen Personen, an Adel und Militär, Christentum und Moral, aber auch die Zustimmung zu Werten wie Freiheit und Einheit oder gesellschaftlichem Fortschritt sein. Allerdings gab es keine einheitliche Zensur, sondern – wie bei 38 autonomen politischen Einheiten unvermeidlich – eine jeweils sehr unterschiedliche Zensurpraxis mit Widersprüchen und Ungleichzeitigkeiten. Das bedeutsamste Resultat der Zensurmaßnahmen bestand jedoch in der kaum wahrnehmbaren inneren Zensur. Wer als Autor mit Vorzensur rechnen musste, hatte zugleich die ökonomischen und persönlichen Folgen für sich selbst und für seinen Verleger mitzubedenken. Ein solches Wissen führt entweder zu Selbstzensur – oder aber zur Ausbildung eines raffinierten literarischen Stils indirekter, unangreifbarer Kritik, eines Stils der Camouflage, der Uneigentlichkeit und der Ironie.

Junges Deutschland

Ein generelles Verbot traf 1835 das Junge Deutschland. Am 10. Dezember 1835 verabschiedete die Bundesversammlung einen Beschluss, der eine ganze Gruppe von Autoren und Intellektuellen in der Absicht namhaft machte, diese zu kriminalisieren und alle Aktivitäten, die sich mit ihnen in Verbindung bringen ließen, zu verbieten. Ausdrücklich wurde die Gruppe «‹das junge Deutschland› oder ‹die junge Literatur›» erwähnt, namentlich genannt wurden Heinrich Heine, Karl Gutzkow, Heinrich Laube, Ludolf Wienbarg und Theodor Mundt, unmissverständlich wurde die Hamburgische Regierung zur «geeigneten Verwarnung» der «Hoffmann und Campeschen Verlagsbuchhandlung» aufgefordert – das war nicht nur Heines Verlag, sondern auch der Gutzkows, Herweghs, Hoffmanns von Fallersleben und Laubes. Dieser Verbotsbeschluss ging zurück auf Denunziationen des Publizisten Wolfgang Menzel, der in eben diesem Jahr zum Verbot der Schriften jener Autoren aufgerufen hatte. Die Wirkungen waren erheblich: Die betroffenen Autoren besaßen keine Möglichkeit mehr, im Einflussbereich der Bundesversammlung zu veröffentlichen. Sie wurden mit Strafen bedroht und sind zum Teil ins Gefängnis gewandert. Die Schriftsteller hatten sich – so der Vorwurf – schuldig gemacht, «in belletristischen, für alle Klassen von Lesern zugänglichen Schriften die christliche Religion auf die frechste Weise anzugreifen, die bestehenden sozialen Verhältnisse herabzuwürdigen und alle Zucht und Sittlichkeit zu zerstören». Anhand einiger der genannten Autoren lässt sich die Substanz solcher Vorwürfe beispielhaft prüfen.

Karl Gutzkow hatte zunächst Theologie studiert und war zum Priester bestimmt, entschied sich jedoch für den Beruf des Journalisten. Ihn interessierten politische und soziale Fragen – zum entscheidenden Lebensimpuls wurden für ihn 1830 die Juli-Revolution in Paris und die Aufstände in Polen. Seither versuchte er, durch Pressearbeit Einfluss auf die Öffentlichkeit zu gewinnen. Sein erstes bedeutendes Werk *Wally, die Zweiflerin* (1835) hatte unmittelbar nach seinem Erscheinen die Polemik Wolfgang Menzels und damit auch das Verbot durch die Bundesversammlung zur Folge. Es trug seinem Autor im Januar 1836 eine einmonatige Gefängnisstrafe ein mit der Begründung, es handle sich um eine «verächtliche Darstellung des Glaubens der christlichen Religionsgesellschaften». Offensichtlich ist das Ziel dieses dreiteiligen Romans in Wahrheit die Kritik problematischer Aspekte des Christentums und damit, auf vermittelte Weise, deren Korrektur. Das wollte man seinerzeit aus politischen Gründen nicht dulden – Gutzkows Schriften blieben bis 1842 verboten, auch wenn seine Produktivität ungebrochen war. Allein 50 Theaterstücke hat er in dieser Zeit geschrieben, Dramen über zeitgenössische Probleme in der Form historischer Camouflage. Hervorzuheben aus der Fülle seiner Werke ist sein voluminöser, neunbändiger Roman *Die Ritter vom Geiste* (1850–1852), ein großes Zeit- und Gesellschaftspanorama, dessen Kompositionsform Gutzkow einleitend mit den Worten charakterisiert hat: «Der neue Roman ist der Roman des Nebeneinanders. Da liegt die ganze Welt, da begegnen sich Könige und Bettler. Nun fällt die Willkür der Erfindung fort. Kein Abschnitt des Lebens mehr, der ganze runde, volle Kreis liegt vor uns.» Ein Montage- und Reflexionsroman *avant la lettre*, nicht hierarchisch strukturiert, nicht chronologisch konstruiert, eingebettet in einen kolportageartigen Plot und verbunden mit einer deutlich akzentuierten politischen Programmatik.

An zweiter Stelle wird im Verbotsbeschluss der Bundesversammlung Heinrich Laube genannt, ein Freund und Förderer Gutzkows, in seiner Jugend durch die libertäre und egalitäre Programmatik des Saint-Simonismus beeinflusst. Sein erster großer Roman *Das junge Europa* (3 Teile; 1833–1837) spielt unverkennbar auf die Aufbruchstimmung nach 1830 an. Begeisterung für die Revolution in Frankreich und für die Befreiungsbewegungen Polens – diese zeitgeschichtlichen Ereignisse spielen in den aus Briefen von fünf jungen Dichtern bestehenden Roman hinein. Poesie und Philosophie, Revolution und Politik, Liebe und Kampf bieten den

Briefpartnern unterschiedliche Reaktionsmöglichkeiten auf die revolutionären Geschehnisse ihrer Zeit. «Die Dichter», «Die Krieger», «Die Bürger» lauten die Titel der drei Teile, und sie geben zugleich die Entwicklungsrichtung des Werks an: von der poetisch inspirierten Aufbruchstimmung über Kampf und Tod bis zu Anpassung, Resignation und Selbstbescheidung. Laube, auch als Dramatiker mit Werken wie dem Schiller-Stück *Der Karlsschüler* (1846) und als Verfasser von *Reisenovellen* (1834–1837) hervorgetreten, ist 1835 zu einer siebenjährigen Gefängnisstrafe verurteilt worden. Sie führte ihn offenbar zu der Einsicht, seinen alten politischen Zielen nicht nur abschwören zu sollen, sondern sich – nach Renegatenart – öffentlich auch gegen sie zu wenden und sich persönlich den veränderten Zeitläuften anzupassen, nach dem Muster seiner eigenen Romanfigur Hippolyt, der sich am Ende mit der Bemerkung aufs Land zurückzieht: «laß mir den kleineren Schritt».

Theodor Mundt hatte Philosophie und Philologie in Berlin studiert, bevor er 1832 Redakteur der *Blätter für literarische Unterhaltung* wurde, eine zu jener Zeit bekannte und geschätzte Zeitschrift für ein breites Publikum. Er habilitierte sich an der Universität Berlin, wurde zum Professor für Geschichte in Breslau ernannt und kehrte 1850 als Universitätsbibliothekar nach Berlin zurück. Auf seine radikaldemokratisch konzipierte Jugendlyrik folgte der Roman *Madonna. Unterhaltungen mit einer Heiligen* (1835), den die Zensurbehörde als «im hohen Grade sittenverderblich und also mittelbar auch politisch gefährlich» einschätzte. Tatsächlich handelt es sich um den Versuch, in Form einer Reiseerzählung die Verstrickungen einer jungen Frau in ein unentwirrbares Geflecht aus christlichen Moralvorstellungen und individuellem Liebesempfinden zu schildern. Was dieses «Buch der Bewegung» (Mundt) zu entwerfen versucht, ist die utopische Möglichkeit einer Überwindung des Zwiespalts von Glauben und Sinnlichkeit. Man erkennt an dieser inhaltlichen Disposition, dass die Zielgruppe der vom Verbotsbeschluss der Bundesversammlung betroffenen Autoren ein gebildetes Publikum war, akademisch geprägte Leser, bei denen auf eine Bereitschaft zu sozialen und geistigen Reformen zu rechnen war.

Es geht den genannten Autoren, inhaltsästhetisch gesprochen, um Reformen, nicht um Revolution; um die Verbesserung des Christentums, nicht um eine Abschaffung der Religion; Erneuerung, nicht Schleifung der Institution Kirche lautet ihre Programm, Demokratisierung des Staates und der Gesellschaft, nicht Anarchie. Volk und Nation, Freiheit und Emanzipation sind die wesentlichen Gemeinsamkeiten, die sie mit ihren Lesern verbinden, vermittelt durch eine neue Formensprache, die die sozialen Dimensionen ihrer Zeit in sich aufnimmt. Komplexer wird das Profil des Jungen Deutschland erst dann, wenn man über den von der Bundesversammlung benannten Autorenkreis hinaus jene Schriftsteller einbezieht, die in einem weiteren und zugleich spezifischeren Sinn für die politischen Ziele des Vormärz kämpfen: Ferdinand Freiligrath, Georg Herwegh, August Heinrich Hoffmann von Fallersleben und Georg Weerth.

«Von unten auf!» lautet der programmatische Titel eines der bekannten Freiligrath-Gedichte. Mit ihm tritt ein neuer Ton in die Lyrik. Das Wort «Proletarier-Maschinist» erscheint in der Öffentlichkeit. Die politische Perspektive «von unten», bislang allenfalls in Gedichten und den Reisebildern Heinrich Heines aufgetaucht, rückt in den Vordergrund, und zwar in einer Schärfe und Bedrohlichkeit, die den revolutionstheoretischen Grundgedanken des *Kommunistischen Manifests* vorwegzunehmen scheint. Bestehende Schlösser als künftige Ruinen zu entwerfen und das Proletariat als Träger einer neuen Zeit darzustellen, war als Thema wie als These in der Lyrik der Zeit unerhört und erschien revolutionär. Das Gedicht «Von unten auf!» wurde bei seinem Erscheinen 1846 sofort verboten. Freiligrath hatte sich in den 1830er Jahren literaturpolitisch höchst ambivalent verhalten. Einerseits äußerte er Kritik am Jungen Deutschland und agitierte mit Menzel gegen Heine. Diese Positionierung hatte ihm sogar den preußischen König gewogen gemacht und ihm 1842 einen königlichen Ehrensold eingebracht. Andererseits übte Freiligrath seit den 1840er Jahren scharfe Gesellschaftskritik und setzte sich in seiner Dichtung nachdrücklich, auch im Zusammenspiel mit anderen Autoren, für politische Veränderungen ein. Nach dem Verbot eines Teils seiner Gedichte ging er zunächst ins Schweizer Exil. Sein weiterer Weg führte ihn 1846 nach England und 1848 nach Köln zurück, wo er verhaftet und vor Gericht gestellt wurde. Er wanderte ins Gefängnis, schloss sich dem Bund der Kommunisten um Marx und Engels an und veröffentlichte in dieser Zeit mit «Trotz alledem» ein sozialkritisches und aufbegehrendes, dem schottischen Lyriker Robert Burns («A man's a man for that») nachempfundenes Gedicht, dessen klassenspezifische Argumentation am Ende in die allgemeine Perspektive überführt wird: «Daß rings der Mensch die Bruderhand / Dem Menschen reicht trotz alledem!» Danach lebte Freiligrath in England, um erst 1868 nach einer Amnestie und aufgrund einer finanziellen Unterstützungsaktion nach Deutschland zurückzukehren. Das Pathos und die bisweilen überanstrengte politische Rhetorik seiner Lyrik haben Freiligrath zu einem der meistparodierten Dichter der Zeit werden lassen.

Mit Freiligraths Weg und Werk vergleichbar ist Georg Herwegh. Auch er war ein radikaler Linker, auch er ging ins Schweizer Exil, auch er arbeitete mit Marx und Engels zusammen. 1837, im Alter von 20 Jahren, veröffentlicht Herwegh seine ersten Kritiken und Gedichte, 1841 erschien in Zürich sein Band *Gedichte eines Lebendigen* – in Heines Augen lediglich «Tendenzpoesie». Immerhin wurden von diesem Gedichtband in vier Jahren 16 000 Exemplare verkauft, ein zweiter Teil erschien 1843 in einer Auflage von 7500 Exemplaren, ein Hinweis darauf, dass in den kritischen, zum Teil satirisch gehaltenen Dichtungen Herweghs ein Impuls wahrgenommen wurde, der dem Veränderungswillen der Zeit entgegenkam – auch wenn der Autor nach einer unglücklich verlaufenen Audienz bei König Friedrich Wilhelm IV. ausgewiesen wurde und eine nicht weniger unglücklich scheiternde revolutionäre Aktion unter seiner Beteiligung den Spott der Öffentlichkeit nach sich zog. Herwegh seinerseits sparte durchaus nicht mit Kritik an seinen revolutionären Zeitgenossen unter den Poeten, so etwa in seinem Gedicht «Die Partei», das sich mit Freiligrath und zumal mit dessen These «Der Dichter steht auf einer höhern Warte / Als auf den Zinnen der Partei» («Aus Spanien», 1841) auseinandersetzt. Was in diesem Gedicht Herweghs vorgetragen wird, ist allerdings reine Programm- und Gedankenlyrik, die abstrakt und agitatorisch durchsetzen will, was Marx und Engels im *Kommunistischen Manifest*, in der *Deutschen Ideologie* oder in zeitkritischen und politisch-ökonomischen Analysen in die Öffentlichkeit getragen hatten.

August Heinrich Hoffmann von Fallersleben ist heute vor allem durch sein mit der dritten Strophe zur deutschen Nationalhymne avanciertes Gedicht «Deutschland, Deutschland über alles» bekannt. Die Melodie stammt bekanntlich aus dem 1797 entstandenen «Kaiserlied» von Joseph Haydn, der Hymne «Gott erhalte Franz, den Kaiser» für den letzten römisch-deutschen Kaiser Franz II., deren Melodie Haydn später im zweiten Satz seines «Kaiserquartetts» verwendet hat. Weniger bekannt ist, dass Hoffmanns Gedicht im Zusammenhang mit der sogenannten Rheinkrise entstand. 1840 wurde befürchtet, dass Frankreich einen Überfall auf das Rheinland unternehmen könnte. Frankreich hatte die Verträge von 1815 gekündigt und begann aufzurüsten. Der damalige französische Regierungschef Adolphe Thiers beanspruchte in verschiedenen Reden den Rhein als französische Ostgrenze. Es war die Zeit, da unter anderem patriotische Lieder wie Nikolaus Beckers «Rheinlied» (1840) intoniert wurden. «Sie sollen ihn nicht haben, / Den freien deutschen Rhein», lautet der Tenor dieses und zahlreicher anderer gleichzeitig entstandener Gedichte, etwa von Ernst Moritz Arndt oder Robert Prutz. Dies ist der Entstehungskontext auch von Hoffmanns Deutschland-Lied mit den politisch-programmatisch gedachten Zeilen «Von der Maas bis an die Memel, / Von der Etsch bis an den Belt». Berühmt geworden zu seiner Zeit aber ist Hoffmann durch seine *Unpolitischen Lieder* (1840 ff.). Der Autor, in jenen Jahren Professor der Germanistik in Breslau, wurde wegen dieser Gedichte aus dem Dienst entlassen. Er war ein liberaler, überaus gebildeter Mann, Verfasser zahlreicher Kinderlieder, die zum Teil von namhaften Komponisten (Louis Spohr, Felix Mendelssohn Bartholdy, Robert Schumann, Franz Liszt) vertont worden sind. Unbeliebt, weil politisch unbequem, wurde er 39 Mal aus deutschen Fürstentümern ausgewiesen und erhielt nach 1848 auch keinen Lehrstuhl mehr, sondern arbeitete als Redakteur, später als Bibliothekar sowie als Autor seiner noch zu Lebzeiten erschienenen Autobiographie in sechs Bänden.

Zu nennen ist schließlich Georg Weerth, ein früh verstorbener begabter Autor, Mitglied des Bundes der Kommunisten, Redakteur und Korrespondent mit einem prägenden Auslandsaufenthalt in England (1843–1845), ein parteilicher Schriftsteller, den Friedrich Engels als den «ersten und bedeutendsten Dichter des deutschen Proletariats» bezeichnet hat. Mit gutem Grund: Seine *Humoristischen Skizzen aus dem deutschen Handelsleben* (1845–1848) und die unter dem Titel *Leben und Taten des berühmten Ritters Schnapphanski* (1848–1849) veröffentlichten Satiren repräsentieren mit ihrer Zitat- und Montagetechnik eine offene literarische Form, die sich an Heines *Reisebildern* ebenso orientiert wie am Postulat der entschiedenen, eingreifenden Parteinahme für die Arbeiterklasse. Weerth wurde wegen seiner politischen und literarischen Aktivitäten 1849 zu einer Gefängnisstrafe von drei Monaten verurteilt, auch er ging nach der gescheiterten Revolution ins Exil. Sein Gedicht «Das Hungerlied» zeigt sein literarisches Verfahren beispielhaft: klare Parteinahme, unverblümte Rollensprache, einfaches Reimschema und ein dem Inhalt verpflichteter unregelmäßiger Rhythmus – das sind die Ingredienzien einer Dichtung, die eine kämpferische, operative Funktion im Klassenkampf wahrnehmen will.

> Verehrter Herr und König,
> Weißt du die schlimme Geschicht?
> Am Montag aßen wir wenig,
> Und am Dienstag aßen wir nicht.
>
> Und am Mittwoch mussten wir darben,
> Und am Donnerstag litten wir Not;
> Und ach, am Freitag starben
> Wir fast den Hungertod!
>
> Drum laß am Samstag backen
> Das Brot, fein säuberlich –
> Sonst werden wir sonntags packen
> Und fressen, o König, dich!

Heinrich Heine

Die Leitfigur des Jungen Deutschland ist Heinrich Heine – intellektuell, politisch, poetisch und neben Ludwig Börne seit 1831 auch als führende Persönlichkeit im französischen Exil. Heine zählt wie viele andere Autoren seiner Zeit zur Hegel'schen Linken. Aus Georg Wilhelm Friedrich Hegels *Vorlesungen über die Geschichte der Philosophie* haben die Autoren des Jungen Deutschland gelernt: «Die Weltgeschichte ist der Fortschritt im Bewußtsein der Freiheit – ein Fortschritt, den wir in seiner Notwendigkeit zu erkennen haben.» Heine ist bewusst, dass die Philosophie der politischen Praxis bedarf, wenn es in Deutschland – wie zuvor schon in Frankreich – zu gesellschaftlichen Veränderungen kommen soll. «Der Gedanke will Tat, das Wort will Fleisch werden», heißt es zu Beginn des dritten Buchs seines Essays *Zur Geschichte der Religion und Philosophie in Deutschland*: eine These, die den Dichter als Geschichtsphilosophen und diesen als Revolutionstheoretiker zeigt.

Heines Ruf als Dichter hat – neben seinen *Reisebildern* (1826–1831) und den großen Essays (*Zur Geschichte der Religion und Philosophie in Deutschland*, 1835; *Die romantische Schule*, 1836) – seine Lyrik begründet. In ihr lassen sich drei Entwicklungsphasen unterscheiden: die frühe des *Buchs der Lieder*, die mittlere, in der Heine auf die Lyrik in Form seiner *Neuen Gedichte*, des *Wintermärchens* und des *Atta Troll* zurückkommt, und eine späte, durch die Leidenszeit in der Matratzengruft gekennzeichnete Phase des *Romanzero* und der *Gedichte 1853/54*.

Das *Buch der Lieder* war schon bei seinem ersten Erscheinen im Jahr 1827 nicht, was sein Titel noch heute nahezulegen scheint: eine in sich geschlossene, homogene Sammlung von Gedichten liedhafter Prägung. Vielmehr hat dieser erfolgreichste Gedichtband Heines – sein Autor erlebte nach einem kümmerlichen Verkaufserfolg zu Beginn insgesamt 13 Auflagen – vielfältige Überarbeitungen und Umschichtungen, Korrekturen, Neufassungen und Ergänzungen erfahren bis hin zu der 1844 gedruckten fünften Auflage. Diese gilt, da Heine an ihr keine Veränderungen mehr vorgenommen hat, als Ausgabe letzter Hand. Schon die erste Ausgabe der Gedichtsammlung setzte sich jedoch aus Zyklen zusammen, die zu unterschiedlichen Zeiten entstanden und an verschiedenen Orten veröffentlicht worden waren. Sie enthielt nicht nur Teile von Heines erstveröffentlichtem Gedichtband (*Gedichte*, 1822), die ihrerseits zumeist in Form kleinerer Gedichtgruppen oder -zyklen zuvor schon verstreut publiziert worden waren. Sondern Heine fügte dieser Sammlung auch bereits veröffentlichte Zyklen an, so *Lyrisches Intermezzo* (zuerst 1823 erschienen im Zusammenhang mit *Almansor* und *William Ratcliff*) oder *Heimkehr*, *Aus der Harzreise* und *Nordsee* (zuerst in *Reisebilder* erster und zweiter Teil, 1826 und 1827). Insgesamt enthält das *Buch der Lieder* 237 Gedichte, die, chronologisch geordnet, zu fünf Zyklen zusammengefasst sind.

Die zyklische Komposition des Bandes besitzt ihr Vorbild unverkennbar in Goethes Spätwerk *West-östlicher Divan* (1819), in dem sich ein *Buch der Liebe* findet. Das organisierende Zentrum der Heine'schen Zyklen bilden die zum Teil explizit benannten Formtraditionen (Lieder, Romanzen, Sonette) oder Motive (Traumbilder, Heimkehr, Nordsee), in denen inhaltlich und thematisch Schauerromantik und Zeitkritik, Liebesthematik und Landschaftsimpressionen, antike Mythologie und Naturallegorien einander ablösen. Heine verbindet Traditionen des Volkslieds und des epigrammatischen Gedichts, der Hymnen- und Balladendichtung mit reimlosen und rhythmisch freien Versen. Diese Traditionszusammenhänge zeigen, dass Heine frühzeitig literarische Strömungen – nicht nur seiner Zeit – aufgenommen und produktiv verarbeitet hat. Entscheidend für Heines literarhistorische Bedeutung sind die poetischen Pointierungen, die er seinen vielfältigen Anregungen aus Vergangenheit und Gegenwart zu geben verstand. Mit seinen Liebesgedichten knüpft er an die Dichtung der Anakreontik, der Romantik und des jungen Goethe an. Doch lässt sich Heines Lyrik in der Form, in der sie phänotypisch zuerst im Zyklus *Heimkehr* (1823/24) hervortritt, als ein poetisch präzises Gegenmodell zur anakreontischen und romantischen Liebesdichtung wie zur herrschenden Erlebnislyrik begreifen. Nicht die Topologie der geglückten Liebe charakterisiert diese Dichtung, nicht das einzelne Erlebnis als Ausdruck der höchsten Empfindungsfülle einer freien Subjektivität, das die Liebeslyrik des 18. Jahrhunderts bis zum jungen Goethe prägt und beherrscht, sondern vielfach wiederkehrende und variierte Muster desillusionierenden Scheiterns von Liebesbegegnungen. Es handelt sich bei der Liebeslyrik in Heines *Buch der Lieder* um eine Aufnahme und Fortführung jener auf Petrarca zurückgehenden Tradition der Liebesdichtung, zu deren inhaltlichen Kennzeichen – neben ihrem virtuos gehandhabten Formenkanon und ihrer reichen Bildersprache – vor allem der Aspekt der unglücklichen Liebe, der nicht erfüllten und nicht erfüllbaren Liebessehnsucht, des Leidens und der Entsagung zählt. Liebesschmerz und Liebesklage umspielen bei Heine wie bei Petrarca das typisierte Bild der schönen, doch unerreichbaren oder unnahbaren Geliebten. Polare Spannungen zwischen lyrischem Ich und angebetetem Du bestimmen die poetische Struktur. Metaphorisch sublimierte Aggregatzustände der Hitze und Kälte, Sanftheit und Härte, Sehnsucht und Abwehr bis hin zur existenziellen Konstellation von Liebe und Tod kennzeichnen das Verhältnis der Liebenden. Der Diskurs der Liebe in Heines *Buch der Lieder* kennt kein Pardon: kein Stillen der Sehnsucht, kein Erfüllen des Begehrens. Das Zitat von Formkonventionen, die Fortführung von Motivtraditionen dienen wie die ironisch gebrochene Topologie der Liebesthematik insgesamt der Offenlegung von Abgründen unter den gesprochenen Liebesworten. Sie destruieren und demontieren gesellschaftliche Konventionalität, wie Heine sie in einem der schönsten Liebesgedichte im *Buch der Lieder* vorgeführt hat:

> Sie saßen und tranken am Teetisch,
> Und sprachen von Liebe viel.
> Die Herren, die waren ästhetisch,
> Die Damen von zartem Gefühl.
>
> Die Liebe muß sein platonisch,
> Der dürre Hofrat sprach.
> Die Hofrätin lächelt ironisch,
> Und dennoch seufzet sie: Ach!
>
> Der Domherr öffnet den Mund weit:
> Die Liebe sei nicht zu roh,
> Sie schadet sonst der Gesundheit.
> Das Fräulein lispelt: Wie so?
>
> Die Gräfin spricht wehmütig:
> Die Liebe ist eine Passion!
> Und präsentieret gütig
> Die Tasse dem Herren Baron.
>
> Am Tische war noch ein Plätzchen;
> Mein Liebchen, da hast du gefehlt.
> Du hättest so hübsch, mein Schätzchen,
> Von deiner Liebe erzählt.

Liebe besitzt für Heine eine überindividuelle, schicksalhafte Kraft, die katastrophale Visionen, Szenerien der Vernichtung und des Untergangs heraufbeschwören kann. In Heines wohl bekanntestem Gedicht, der *Loreley* mit den berühmten Anfangszeilen «Ich weiß nicht was soll es bedeuten, / Daß ich so traurig bin; / Ein Märchen aus alten Zeiten, / Das kommt mir nicht aus dem Sinn», wird diese schicksalhafte Dimension in der Tradition des Volkslieds aktualisiert: als Untergang eines «Schiffers mit kleinem Schiffe», den «mit ihrem Singen» die Loreley in den Abgrund geführt hat, Inbegriff einer ebenso verführerischen wie zerstörerischen sirenenhaften Weiblichkeit, eine Art Menetekel der Liebe und Anlass zur trauervollen Selbstbesinnung des lyrischen Ich. Dies gilt in vergleichbarer Weise auch für jene Gedichte, die nicht ein Liebeserlebnis thematisieren, sondern Mythos und Geschichte als Konstellationen des Unheils und der Vergänglichkeit, des Kampfs und des Todes. Immer geht es auch um die Einbettung des Einzelgeschehens ins schicksalhaft Allgemeine, des Individuellen ins objektive Geschehen, des Persönlichen ins Geschichtliche.

Neue Gedichte hat Heine seinen zweiten Lyrikband genannt, ein Titel, der Inhalt und Charakter des 1844 erschienenen Werks streng genommen nicht präzise trifft. Zwar bot diese Ausgabe, 17 Jahre nach dem *Buch der Lieder*, erstmals wieder eine neue Sammlung von Gedichten. Doch unter diesen hatte ein nicht geringer Teil seine erste Veröffentlichung bereits andernorts erlebt, in Zeitungen und Zeitschriften, aber auch in Buchform. Zudem enthielt der Band Gedichte, deren Entstehungszeit weit zurückreicht, zum Teil bis in die 1820er Jahre. Ebenso wenig war die lyrische Formensprache neu, die Heine einzelnen seiner Zyklen unterlegte: Gedichte in Romanzen-Form etwa und vereinzelte *Zeitgedichte* hatte bereits das *Buch der Lieder* enthalten. Und nicht zuletzt die zyklische Organisation des Werks wies auf den ersten 1827 erschienenen Gedichtband zurück, in dem Heine seine überaus kunstvolle Struktur des ästhetischen Verweisens, Fortführens und Verzweigens entwickelt hatte. Kontinuitäten solcher Art hatte Heine wohl auch im Auge, als er 1844 im Vorwort zur fünften Auflage des *Buchs der Lieder* den zeitgleich erscheinenden neuen Gedichtband charakterisierte als «eine Sammlung poetischer Erzeugnisse, die wohl als der zweite Teil des ‹Buchs der Lieder› zu betrachten» sei. Der Erfolg dieser Sammlung hing mit der sorgfältigen Konzeption des Bandes aufs engste zusammen. In vier Zyklen hat Heine seine *Neuen Gedichte* organisiert: *Neuer Frühling, Verschiedene, Romanzen, Zeitgedichte*. Sie bilden thematisch-formale Einheiten, die wiederum – wie schon im *Buch der Lieder* – von einer durchdachten Ästhetik des Arrangements zeugen, von einer Art Binnengespräch zwischen den Gedichten innerhalb der einzelnen Zyklen, aber auch der einzelnen Zyklen untereinander. Selbst wenn die innere Komposition der Zyklen insgesamt offener strukturiert wirkt als die präzise kalkulierten zyklischen Verknüpfungen und Verflechtungen des ersten Gedichtbandes, gilt doch auch für die neue Lyriksammlung: Es ist nicht das einzelne lyrische Element allein, das hier sprechen will und sprechen soll, sondern es ist sein kompositorischer Stellenwert, sein Zusammenklang mit anderen Gedichten, der seinen ästhetischen Rang erst zur vollen Entfaltung bringt. Und was für die einzelnen Gedichte und ihre Stellung innerhalb der Zyklen, also für die Mikrostruktur des Bandes gilt, lässt sich auch für die Gesamtkomposition sagen: Nicht die einzelnen Zyklen für sich, sondern erst deren Zusammenspiel entfaltet vollkommen, was literarhistorisch wirklich «neu» an Heines *Neuen Gedichten* war und ist.

Dies gilt auch für die beiden nachfolgenden Versepen. *Deutschland. Ein Wintermärchen* (1844) stellt den politischen und sozialkritischen Ertrag einer Reise dar, die Heine im Herbst 1843, zum ersten Mal nach zwölfjähriger Exilzeit, nach Deutschland unternahm. Seine Reiseroute führte – per Kutsche, Bahn und Schiff – im Oktober von Paris aus über Brüssel, Aachen, Köln, Hagen, Unna, Münster und Bremen nach Hamburg, von dort im Dezember über Celle, Hannover Minden, Bückeburg, Münster, Hagen, Köln und Brüssel zurück nach Paris. «Ein ganz neues Genre» hat Heine sein Versepos in einem Brief an Campe vom Februar 1844 genannt: «versifizierte Reisebilder». Neu an diesem «Genre» sind nicht die inhaltlichen Positionen, die Heine einnimmt und variiert. Die Liebe zur Freiheit, das Loblied saint-simonistischer Lebensfreude, der Preis des «Himmelreichs» auf Erden sind ebenso vertraute Topoi der Heine'schen Dichtung und Publizistik wie sein Misstrauen gegenüber König und Kirche, Kritik an Restauration und Untertanenmentalität, Zorn über die Verlogenheit in Politik und Moral. Seine «unheilbare»

Liebe zur Heimat steht unmittelbar neben seinem Hass auf das «Nazionale». Und wenn ihm Verse «mit größerer Leichtigkeit gelingen, wenn ich deutsche Luft athme», so heißt das: Heine bezieht Substanz und Energie seines Schreibens vor allem aus der deutschen Misere, aus jenen politischen Zuständen im preußisch-reaktionären Deutschland, denen er – wie er im September 1844 an Karl Marx schreibt – «den Fehdehandschuh zugeworfen» hat. Im *Wintermärchen* werden diese kontrastreichen Eindrücke in schon bekannter Weise kombiniert. Neu aber ist das «Genre» der Kombination: eine Collage aus Reisebericht und Zeitgeschichte, die Märchen und Mythen, Fakten und Fiktionen, Phantasien und Träume einbezieht, eine brisante Mischung von Scherz, Satire und Ironie, in der Episoden und Exkurse, Assoziationen und Arabesken in bunter Folge wechseln, in der sich romantische Motive mit politischer Kritik verbinden, scharfer Witz mit Pathos und Melancholie sich paart und die Sehnsucht nach einer besseren Welt in die Vision eines «entsetzlich» stinkenden Deutschland mündet.

Heines Versepos *Atta Troll* (1847) stellt einen letzten großen Versuch dar, die Auseinandersetzung mit der Romantik auf poetisch produktive Weise zu führen. Heine erzählt in seinem Epos von dem Tanzbär Atta Troll, der sich während einer Vorführung im eleganten Pyrenäenbad Cauterets von seiner «Sklavenfessel» losgerissen hat, um zu seinen Jungen in die Berghöhle zurückzukehren. Denen schwärmt er – Inhalt des ersten Hauptteils – in trauervoller Erinnerung an seine beim Bärenführer zurückgelassene Gattin, die «arme schwarze Mumma», von seinen Künsten als Tanzbär vor und von seinen Freiheits- und Gleichheitsideen, während zur selben Zeit – dies der Inhalt des zweiten Teils – der anonyme Ich-Erzähler gemeinsam mit dem Bärenjäger Laskaro aufbricht, um Atta Troll zu erlegen, was nach einer furiosen Hatz schließlich im dritten Hauptteil des Epos gelingt. Eingeschlossen wird der dreiteilige Erzählkern von einem doppelten Rahmen, der zum einen den Abschluss des Unternehmens schildert, zum anderen poetologische Reflexionen des epischen Ich bietet. Den Höhepunkt des phantastischen Geschehens bildet der Geisterzug der «wilden Jagd» (Capita XVIII–XX), in dem Diana, die Fee Abunde und Herodias die Tradition repräsentieren: die griechische Antike, die nordische Romantik und das Judentum. Es ist ein

Zug voller «Gespenster! Nachtgesichte! Luftgebilde! Fieberträume!», ein Zug voll allegorischer Figuren aus Mythos und Geschichte, Literatur und Kunst, Politik und Gesellschaft.

Heine war sich bewusst, mit dem Gedichtband *Romanzero* die «dritte Säule meines lyrischen Ruhmes» zu errichten, «vielleicht ebenfalls von gutem Marmor, wonichtgar von besserem Stoffe». Die ausladenden Stoffmassen des Bandes hat der Dichter in drei Bücher – *Historien, Lamentationen, Hebräische Melodien* – eingeteilt, nach Thematik und geschichtlichem Perspektivismus untergliedert und locker verbunden mit religiösen und poetischen Traditionen. Die Romanze erweist sich als Zitat einer Formtradition, deren Gesetzmäßigkeit Heine sich nicht unterwirft, sondern die er – wie schon im *Buch der Lieder* und in den *Neuen Gedichten* – aufnimmt, um sie fortzuentwickeln. Nicht anders verhält es sich mit der Balladenform, die das Werk durchzieht. Auch hier interessieren Heine mehr die ihm sich eröffnenden Möglichkeiten produktiver Erneuerung des Genres als die Einhaltung eines normativen Regelwerks. Und wie mit den Formen verhält es sich mit den inhaltlichen Traditionsbezügen: Auch sie werden lediglich zitiert. Mit den *Historien* greift Heine auf jene seit Herodot sich entfaltende Spezies empirischer Geschichtsschreibung zurück, die im deutschen Spätmittelalter ihre Entwicklung zur versifizierten Kunstform erfuhr, lehrhaft und unterhaltsam, bilderreich und plastisch, bisweilen drastisch und phantastisch biblische wie geschichtliche Stoffe ausmalend und pointierend. Mit den *Lamentationen* spielt Heine auf die alttestamentlichen Klagelieder des Jeremias an, offenbar eine Frucht jener Bibellektüre, von der er im Mai 1852 in der Vorrede zur *Geschichte der Religion und Philosophie in Deutschland* so tief beeindruckt spricht. Den Titel *Hebräische Melodien* schließlich hatte zuvor bereits Lord Byron benutzt, Heines Wahlverwandter im Geiste und sein poetischer «Vetter», dessen Werke er übersetzt, dessen Melancholie er bewundert und dessen Seelenschmerz er sympathetisch nachempfunden hat (Schnell 1996).

Facetten der Prosa

Kunst als Widerspruch zum sozialen Leben und als Ausdruck eines Weltverlusts – diese Thematik steht auch im Mittelpunkt des Romans *Die Epigonen* (1836) von Karl Immermann, dessen Titel freilich auch auf Immermanns eigenes literarisches Verfahren passt. Die Anleihen bei bekannten Vorläufern des Bildungs-, Abenteuer- und Reiseromans sind unverkennbar, eine Beobachtung, die auch auf seinen Roman *Münchhausen* (1838f.) zutrifft. Am Ende von *Die Epigonen* bietet Immermann eine bürgerliche Idylle, verbunden mit einer nahezu ökologisch orientierten Warnperspektive und einem ideologischen Sprung zurück in das vorindustrielle Zeitalter. Das letzte Bild, fast eine biedermeierliche Genreszene, zeigt den Helden mit Braut und Schwester glücklich vereint, überstrahlt vom Glanz des Abendrots.

Eine Fortdauer romantischer, auch klassischer Dichtungstraditionen, bevorzugt zentriert auf Themen wie Geschichte, Natur und Volkstum, insbesondere in Form von Legenden und Märchen, findet sich bei Wilhelm Hauff (*Lichtenstein*, 1826; *Der Mann im Mond*, 1826), dem jung verstorbenen Autor historischer Romane und Kunstmärchen – er war einer der beliebtesten Hausautoren in der ersten Jahrhunderthälfte. Vor allem mit historischen Themen hat sich Willibald Alexis befasst, allerdings geschult an einem großen Vorbild, dem schottischen Romancier Walter Scott. Alexis will Geschichte erzählen – angesiedelt in der Mark Brandenburg –, wie sie «eigentlich» gewesen ist: fakten-, detail- und wirklichkeitsgetreu. Sein Roman *Die Hosen des Herrn von Bredow* (1846) handelt vor dem Hintergrund eines vergleichsweise banalen Plots die tödlich endenden Spannungen zwischen einer Gruppe von Verschwörern und dem Kurfürsten von Brandenburg ab. Der 1806, zur Zeit des preußischen Zusammenbruchs, spielende Roman *Ruhe ist die erste Bürgerpflicht* (1852) setzt sich hingegen mit der jüngeren Geschichte auseinander, verbunden mit politischen Fragen der Gegenwart. Von Walter Scott hat auch Charles Sealsfield (eigtl. Karl Postl) gelernt. Ursprünglich dem Priesterberuf geweiht, studierte Postl Theologie, wurde als Priester ordiniert, entwich nach Amerika, brachte es zum Farmer und arbeitete als Journalist, eine unkonventionelle Vita, die ihn gelegentlich zurück nach

Europa führte und ihn zu einem der scharfsichtigsten Kritiker an den politischen Verhältnissen unter Metternich werden ließ (*Austria as it is*; dt. *Österreich wie es ist oder Skizzen von Fürstenhöfen des Kontinents*, 1828). Im Mittelpunkt seines bekanntesten Werks, *Das Kajütenbuch oder Nationale Charakteristiken* (1841), steht in lockerer Fügung mit wechselnden Formen das soziale und private Leben der unterschiedlichsten Bevölkerungsschichten und Individuen inmitten verschiedenartiger materieller, politischer und religiöser Beziehungen, aufgezeichnet von einem kenntnisreichen Beobachter der amerikanischen Pionierzeit, lebendig, kritisch und reflektiert geschrieben.

Und noch ein weiterer herausragender Prosaautor ist in diesem Zusammenhang zu nennen: Johann Peter Hebel. Sein berühmtestes Werk, das *Schatzkästlein des rheinischen Hausfreundes* (1811), hat das Genre der Kalendergeschichte bereichert, indem es erzählerisch der traditionsreichen Gattung innovative Impulse zuführte. Kalendergeschichten dienten im konventionellen Hauskalender der Unterhaltung. Neben Horoskopen, Glossen, Zeichnungen, Drucken und Stichen fanden sich immer auch Geschichten und Erzählungen, die nicht zu lang sein durften und verständlich sein mussten, um ein möglichst breites Publikum ansprechen zu können. Hebel versuchte, ein marodes Unternehmen, eben den *Rheinischen Hausfreund*, wieder auf die Beine zustellen. Dies gelang ihm, indem er die einfache Form der Kalendergeschichte mit hintergründigem Sinn, unaufdringlicher Moral und gehaltvollem Humor versah und sie auf diese Weise von Grund auf erneuerte. Mit gutem Grund gelten die Erzählungen *Kannitverstaan* und *Unverhofftes Wiedersehen* als unveräußerlicher, immer noch und immer wieder lesenswerter Bestandteil der deutschsprachigen Literatur.

E. T. A. Hoffmann

Der herausragende Prosaautor dieser Zeit war zweifellos E. T. A. Hoffmann: eine komplexe Künstlerpersönlichkeit, nicht nur ein großer Dichter, sondern auch Maler und Bühnenarchitekt, Direktor eines Musiktheaters und zudem Komponist. Seine frühen Rezensionen zur Musik Beethovens sind scharfsinnige Analysen und noch heute lesenswerte Kabinettstücke der Musikkritik, auch wenn man den romantischen Ton der Entstehungszeit und ebenso Hoffmanns schwärmerischen Geist bedenken muss. *Undine* (1812–1814), Hoffmanns bekannteste Oper, ist nach einer Erzählung und dem Libretto von Friedrich de la Motte Fouqué entstanden, einem mit Hoffmann eng befreundeten Romantiker. Darüber hinaus hat Hoffmann Symphonien und Messen geschrieben sowie kleinere Singspiele verfasst. Doch neben all diesen künstlerischen Tätigkeiten lebte Hoffmann ein zweites Leben als Jurist und Verwaltungsbeamter. Von 1792 bis 1795 hatte er Jura in Königsberg studiert und wurde 1798 Gerichtsreferendar in Berlin. 1806 ist Hoffmann, zwischenzeitlich in die polnische Provinz als Assessor strafversetzt, von Warschau wiederum nach Berlin gegangen, 1808 nach Bamberg, wo er fünf Jahre am Theater wirkte, um 1814 nach Berlin zurückzukehren, wo er 1816 zum Kammergerichtsrat ernannt wurde sowie 1819, zu seinem Leidwesen, zum Mitglied der «Immediatkommission», die man zur «Ermittlung hochverräterischer Verbindungen und anderer gefährlicher Umtriebe» begründet hatte, gerichtet nicht zuletzt gegen die zu jener Zeit politisch progressiven Burschenschaften. Hoffmann hat in dieser Kommission eine Politik der Restauration mitvertreten und juristisch absichern müssen, die er inhaltlich nicht teilte.

Die berühmten «Serapions-Brüder» – ein Freundeskreis, darunter Adalbert von Chamisso, Friedrich de la Motte Fouqué und Clemens Brentano – boten eine der beiden Kompensationsformen, die Hoffmann sich zur Erduldung der politischen Misshelligkeiten schuf. Die andere war das Schreiben. Tatsächlich bildeten seine Berliner Jahre die literarisch im eigentlichen Sinn produktive Zeit Hoffmanns mit vielfältigen Impulsen für sein Werk, darunter Anregungen für seine Kritik am Spießertum seiner Umgebung. Seine ersten Erzählungen, die *Fantasiestücke in Callots Manier* (4 Bde., 1814f.), erschienen zu einem Zeitpunkt, als ihr Autor bereits 38 Jahre alt war; im Jahr darauf der Roman *Die Elixiere des Teufels* (2 Bde., 1815f.), sowie wiederum nur zwei Jahre später gesammelte Erzählungen unter dem Titel *Nachtstücke* (2 Bde., 1817). Danach in rascher Folge eine Reihe einzelner Erzählungen: *Seltsame Leiden eines Theaterdirektors* (1819), *Klein Zaches genannt Zinnober* (1819), ein Erzählungsband mit dem Titel *Die Serapions-Brüder* (4 Bde., 1819–1821), der Roman *Lebens-Ansichten des Katers Murr nebst fragmentarischer Biographie des Kapellmeisters Johannes Kreisler* (2 Bde., 1820–1822), die Erzählungen *Prinzessin Brambilla* (1821) und *Meister Floh* (1822) sowie das Singspiel *Die Maske* (1799; posthum 1923). Hoffmanns Berliner Jahre waren, wie seine bewundernswerte literarische Produktivität belegt, durch eine enorme Spannung zwischen seinem Künstlertum und seiner beruflichen Stellung als Kammergerichtsrat geprägt, von einer widersprüchlichen Konstellation, die sich am Ende gegen den Dichter entladen sollte: Auf Grund einer Denunziation wurde das Manuskript seiner letzten Erzählung *Meister Floh* wegen ihrer die Praktiken der Intermediatkommission auf satirische und parodistische Weise kritisierenden Tendenz konfisziert, ein Übergriff, der den bereits schwer erkrankten Dichter noch kurz vor seinem Tod zu einer poetologischen Rechtfertigungsschrift zwang.

Bereits die erste veröffentlichte Erzählung Hoffmanns *Ritter Gluck* ist mit ihrer Motivverknüpfung von realer Alltagswelt und musikalischer Phantastik ein Meisterstück, ein poetischer Auftakt, der erstmals die städtische Wirklichkeit Berlins mit den unterschiedlichsten Berufen und Personen in ein literarisches Panorama integriert. Die *Fantasiestücke* besitzen ihre leitmotivisch verbindende Figur im Kapellmeister Kreisler, einem *Alter Ego* des Dichters, in dem sich Hoffmann mit Freiheiten ausstattet, die er sich als empirische Person nicht leisten konnte. Zugleich ist die Kunstfigur Kreisler Hoffmanns Ausdrucksmedium für seine eigenen Gedanken über Musik – nicht ohne Grund hat er die Geschichten um den Kapellmeister «Kreisleriana» genannt. Der Kapellmeister ist eine Künstlerfigur an der Grenze zwischen Genie und Wahnsinn, an deren Beispiel der Autor zeigt, was Kunst kann und soll, wie auch, was sie nicht kann und nicht soll. Kunstproduktion erscheint insoweit auch als Gefährdung der individuellen Identität, der Sicherheiten, die eine Persönlichkeit sich zu schaffen sucht.

Der Titel der 1815 bis 1816 erschienenen *Fantasiestücke in Callots Manier* erweist dem großen französischen Zeichner, Kupferstecher und Radierer Jacques Callot Reverenz. Der programmatische Versuch, Callots Kunst des Kupferstichs auf die Literatur zu übertragen, ist ein Bekenntnis zur künstlerischen Konzentration und Verdichtung von Situationen, Motiven und Perspektiven, wie sie Hoffmann in der Kunst Callots vorbildlich gelungen schienen. Insgesamt bieten die *Fantasiestücke* eine Sammlung von Erzählungen und Aufsätzen, zum Teil zuvor separat veröffentlicht, deren gemeinsames Thema Musik und Kunst darstellen in Form von Kritiken und Aphorismen zu Musik, Musikphilosophie und -poesie, um durch Sprache zu fassen, was die Tonkunst in ihren Strukturen auszudrücken vermag. Der zweite Teil präsentiert Gespräche über Kunst und Literatur, darunter auch Erzählungen, die sich mit rational kaum erschließbaren Unterströmungen des Lebens befassen, etwa mit dem Magnetismus und dem Mesmerismus, naturwissenschaftlichen und esoterischen Phänomenen, die am Ende des 18. Jahrhunderts intensiv diskutiert wurden. Der dritte Teil enthält Kunstmärchen, darunter mit *Der goldne Topf* eines der bekanntesten Beispiele der Gattung, die ihre Vorläufer in Frankreich (vor allem Charles Perrault) und zeitgenössische Parallelen deutscher Sprache bei Wackenroder, Eichendorff, de la Motte Fouqué, Chamisso und Hauff findet. Im Fall E. T. A. Hoffmanns handelt es sich um meisterhafte Erzählungen, die das Wunderbare und Phantastische, Unheimliche und Irrationale mit dem Alltäglichen und Oberflächlichen verbinden und dieses immer wieder unterwandern. Der vierte Teil schließlich enthält weitere Geschichten mit Kreisleriana, darunter auch die *Geschichte vom verlornen Spiegelbilde*.

Mit dieser Erzählung knüpfte Hoffmann an *Peter Schlemihls wundersame Geschichte* (1814) von Adalbert von Chamisso an, die Motte Fouqué herausgegeben hatte. Diese handelt vom Verkauf und Verlust des Schattens, eingewoben in verschiedene Märchen- und Mythenmotive, darunter den Teufelspakt und das Glückssäckel, die Siebenmeilenstiefel und das unsichtbar machende Vogelnest, Figuren und Konstellationen der Omnipotenz und Omnipräsenz. In diese vielfältige und vielschichtige Welt wird der Titelheld Peter Schlemihl durch seine Bekanntschaft mit einem merkwürdigen Mann hineingezogen, dem er seinen Schatten verkauft. Der schattenlose Mensch freilich ist kein Mensch mehr, sondern ein gesellschaftlicher Außenseiter, wie Schlemihl erfahren muss. Doch dem Angebot jenes Mannes, ihm für die Rückgabe des Schattens seine Seele zu überlassen, widersteht der Held, der den Rest seines Lebens vereinsamt als Naturforscher zubringen muss. Eine Parabel auf das Problem der Identität und der Persönlichkeitsspaltung, hinter der sich nicht zuletzt die Problematik des gesellschaftlich isolierten Künstlers verbirgt. Wie Hoffmann haben später auch andere Autoren und Komponisten sich dieses Motivs bedient, darunter Ludwig Bechstein (*Die Manuscripte Peter Schlemihl's*, 1851) und Hugo von Hofmannsthal (*Die Frau ohne Schatten*, 1905). Ebenso hat sich Jacques Offenbach durch die *Fantasiestücke* zu seiner Oper *Hoffmanns Erzählungen* (*Les Contes d'Hoffmann*, Libretto nach einem Theaterstück von Michel Carré und Jules Barbier, UA 1881) anregen lassen: eine Oper in drei Akten, in der der Dichter Hoffmann selbst auftritt, zusammen mit Frauenfiguren aus seinem Werk (Stella, Olympia, Julietta, Antonia – Künstlerin, Puppe, Buhlerin und krankes Mädchen). Das Motiv des verschwundenen Spiegelbildes findet sich hier im zweiten, im Karneval von Venedig spielenden Akt. Wirklichkeit und Spuk, das Geheimnisvolle und das Banale sind unauflöslich miteinander verflochten. Die Liebesabenteuer des Dichters verstricken diesen in bizarre Abenteuer und Szenerien – kurzum: eine wechselseitige Erhellung der Künste, die den Kupferstecher Callot mit dem Dichter Hoffmann, diesen mit dem Poeten Chamisso und beide mit dem Komponisten Offenbach verbindet. Hoffmanns *Fantasiestücke* durchlaufen auf diese Weise eine Transformation, die ihnen jeweils ein eigenes künstlerisches Leben sichert.

Hoffmanns erster großer Roman trägt den Titel *Die Elixiere des Teufels* (2 Bde., 1815–1816) und den Untertitel *Nachgelassene Papiere des Bruders Medardus*. Es handelt sich um einen Klosterroman, der mit Motiven der Schauerromantik arbeitet, mit der Ästhetik des Unheimlichen, den Grüften von Klöstern und den Verliesen von Schlössern, mit Gespenstern und Doppelgängern. Vorbilder dieser Realität des Irrealen und Irrationalen hatte E. T. A. Hoffmann in der englischen Gothic Novel gefunden, etwa in Matthew Gregory Lewis' Roman *The Monk* (1796), der in kurzer Zeit vier Übersetzungen in die deutsche Sprache erlebte, ein Musterbeispiel der schwarzen Romantik mit Geheimbünden und schwarzen Messen, dessen schreckliches Ende – bei Lewis muss der lasterhafte Mönch Ambrosius zuletzt in der Hölle schmoren – Hoffmanns Roman in einen glücklichen Ausgang wendet: Der Weg des Bruders Medardus führt schließlich zu Buße und Läuterung. Der Roman ist in der Form einer autobiographischen Lebensbeichte gehalten, als Rückblick des Medardus mit eigenen

Urteilen, Kritik und Selbstkritik versehen, aus der Perspektive eines erlebenden Ich also, erzählt in der präsentischen Zeit des Erlebens. Medardus befindet sich auf der Höhe der Ereignisse, die er schildert, sodass der Leser nah an das Geschehen herangeführt wird und sich weitgehend mit der Perspektive dieses erlebenden Ich identifizieren kann. Nur allmählich, im Fortschreiten des Geschehens, entdeckt der Leser, immer auf gleicher Höhe mit dem erzählenden Bruder Medardus, dass es sich um einen unentrinnbaren Fluch handelt. Tatsächlich bietet der Roman einen Aufriss abgründiger Leidenschaften, die durch keinen Moraldiskurs einzudämmen ist – ein literarisches Spiel mit vielschichtig aufeinander bezogenen poetischen Traditionen und Motiven. In seinen 1816/1817 erschienen *Nachtstücken* hat Hoffmann die Motivik des Familienfluchs und der Schauerromantik fortgeschrieben, insbesondere in den Erzählungen *Der Sandmann* und *Das Majorat*, übrigens mit Wirkung auf Sigmund Freuds Essay *Das Unheimliche* (1919), in dem diese Erzählungen und der Roman Hoffmanns als dokumentarische Quellen eingearbeitet wurden, um dem Motiv des Doppelgängers nachzuspüren.

Hoffmanns zweiter Roman heißt *Lebens-Ansichten des Katers Murr nebst fragmentarischer Biographie des Kapellmeisters Johannes Kreisler in zufälligen Makulaturblättern* (2 Bde., 1819 und 1821). Er bietet einerseits die Autobiographie des Katers Murr, unverkennbar eine Parodie auf den Bildungsroman nach dem Muster von Goethes *Wilhelm Meister*, andererseits Erzählungen nach dem Muster der Kreisleriana, die sich um den Lebensweg des Kapellmeisters ranken. Die Gesellschafts- oder Bürgersatire am Beispiel des Katers Murr gliedert sich streng chronologisch. Das Bildungsmedium des Katers sind vor allem Literatur und Philosophie. Er liest Shakespeare, Goethe, Schiller, Kant und Ludwig Tieck. Sein Bildungsziel ist die nahtlose Einfügung in die spießige bürgerliche Gesellschaft: Murr passt sich seiner Umwelt an, imitiert sie und spiegelt auf diese Weise in Form einer Persiflage ihre negativen Eigenschaften. Der Kreisler-Teil hingegen bietet Kritik an der aristokratischen Gesellschaft in Gestalt einer Adelssatire und am Exempel eines romantischen Künstlers, der in sich selbst zerrissen und mit der Welt zerfallen ist. Dieser Teil ist nicht chronologisch gebaut, sondern verfährt sprunghaft und montageartig.

Bereits durch seinen Bau erweist sich Hoffmanns *Kater Murr* als ein herausragender Roman der literarischen Moderne. Sein auffälligstes Kennzeichen ist die Selbstreflexion in Form vielfältiger, schon den Beginn kennzeichnender Distanzierungen, die das Buch als ein Spiel in einem Spiel in einem Spiel erweisen, welches sich durch die Struktur des Doppelromans verstärkt. Er ist in seiner Struktur ironisch konzipiert auf eine Weise, die mit der Doppelbödigkeit des Verhältnisses von Wirklichkeit und Kunst spielt. Die Relativierung der Teile durch alle anderen Teile des Romans, die so weit vorangetrieben wird, bis am Ende kein fester Halt mehr vorhanden ist, stellt nicht nur die traditionelle narrative Instanz des Helden in Frage, sondern auch die bislang unbefragte Tradition des Erzählens selbst. Kein Stein ruht auf dem anderen. Was bleibt, ist das ironische Spiel der Uneigentlichkeit. Die Ironie dieses Romans spricht mithin in ihrer Struktur von der Ironie eines Lebens, dessen Verhältnisse sich nicht länger aufeinander reimen lassen.

Drama: Grabbe, Büchner

Den Nuancenreichtum der Lyrik, die Vielfalt der Prosa erreicht das dramatische Schaffen dieser Zeit nicht – mit Ausnahme der über lange Zeit wenig oder gar nicht aufgeführten Werke Christian Dietrich Grabbes und Georg Büchners. Die Theaterspielpläne werden von Autoren bestimmt, die heute kaum mehr bekannt sind. Unter ihnen ist August von Kotzebue (*Menschenhaß und Reue*, 1789; *Die deutschen Kleinstädter*, 1803) zu nennen – seine Ermordung durch den Studenten Sand gab den Anlass für die Karlsbader Beschlüsse des Jahres 1819 –, ferner der bedeutende Schauspieler und Regisseur August Wilhelm Iffland (*Die Jäger*, 1785), nicht zuletzt Eduard Bauernfeld (*Der Magnetiseur*, 1823), der als Autor von Lustspielen hervorgetreten ist. Ihre Namen dominierten bis weit in die 1860er Jahre das deutschsprachige Theater. Allein die Werke Kotzebues erlebten bis 1867 3650, die Bauernfelds zwischen 1828 und 1892 1100 Aufführungen, und zwar an den führenden Bühnen der Zeit, darunter das Burgtheater in Wien und das Wiener Akademie-Theater. Beliebter noch war das Wiener Volkstheater, eine kulturelle und gesellschaftliche

Institution, an der Autoren wie Karl Meisl, Joseph Alois Gleich und Adolf Bäuerle Erfolge feierten, Letzterer ein überaus produktiver Autor von mehr als 60 Wiener Lokalpossen und Burlesken mit Zauber- und Geistermotiven – Unterhaltungstheater im guten wie im fragwürdigen Sinn des Worts.

Dass diese Autoren an Wiener Bühnen reüssierten, war kein Zufall: Die österreichische Hauptstadt bildete das Zentrum des deutschsprachigen Theaters. Auch Franz Grillparzer, der bedeutendste unter den zeitgenössischen Bühnenautoren, machte sich hier mit Dramen wie *Der Traum – ein Leben* (1840) und *Des Meeres und der Liebe Wellen* (1840) einen Namen. Er galt mit seiner Dramaturgie des Verfalls und historischen Niedergangs, des Untergangs und Todes als kulturpessimistischer Dramatiker, ein politisch konservativer, kaisertreuer Autor, für den die Revolution von 1848 einen Schock bedeutete. Neben ihm ist Ferdinand Raimund zu nennen, auch er ein bedeutender Autor noch heute sehenswerter Stücke, darunter *Der Alpenkönig und der Menschenfeind* (1828), ein Werk mit einer spannungsreichen Zauber- und Märchenmotivik, ausgefallener Bühnentechnik, allegorischen Figuren (Fortuna, Jugend, Alter, Hoffnung) und einer Dramaturgie der Spiegelungen, die am Ende zu selbstkritischer Einsicht führt. Ein Plädoyer für das Gute und gegen das Böse – die Läuterung wird schließlich sogar materiell belohnt. Und ein weiterer Autor ist im Zusammenhang des Wiener Volkstheaters von Bedeutung, nämlich Johann Nepomuk Nestroy, sehr viel stärker als Grillparzer und Raimund – die ihn dann auch mit Vehemenz befehdeten – an politisch-sozialen Aspekten interessiert. Auch Nestroy ist ein überaus produktiver Autor, Verfasser von etwa 80 Stücken, von denen sich *Der böse Geist Lumpazivagabundus oder Das liederliche Kleeblatt* (1835) und *Freiheit in Krähwinkel* (1849) bis heute auf den Bühnen gehalten haben. Es geht um satirische Kritik an der kleinbürgerlichen Alltäglichkeit und Gemütlichkeit der Stadt Wien mit ihren Einwohnern, ebenso um die Ereignisse der Revolution von 1848 in Verbindung mit den autoritären Ein- und Übergriffen staatlicher Institutionen in die demokratische Entwicklung, all dies garniert mit parodistischen Versatzstücken, die Raum ließen für Stegreifeinlagen und so dramaturgisch Mittel bereitstellten, um die Zensur zu unterlaufen.

Insgesamt bot das Wiener Volkstheater eine gute Unterhaltung, die zugleich den Mittelpunkt der Wiener Welt bildete: Fiaker, große Garderobe und *tout le monde* – man zeigte sich und wurde gesehen, konnte sich austauschen und vergnügen, ein gesellschaftliches Ereignis, das freilich seit den 1840er Jahren auf Grund des österreichischen Staatsbankrotts seinen Niedergang erlebte. Die Theaterkarten wurden immer teurer, das zunehmend verarmende Publikum konnte die Billetts nicht mehr bezahlen, sodass viele Theater schließen mussten und die große Zeit des Wiener Volkstheaters, ein Höhepunkt der Theatergeschichte, zu Ende ging.

Christian Dietrich Grabbe

Ernstzunehmende, bis heute lebendig gebliebene Bühnenwerke stammen von zwei Autoren, die zu ihrer Zeit kaum bekannt waren und wenig gespielt wurden: Christian Dietrich Grabbe und Georg Büchner. Grabbe – zwölf Jahre nach der Französischen Revolution geboren, zwölf Jahre vor der deutschen Revolution von 1848 gestorben – lebte inmitten einer Epoche des Umbruchs, des Zwiespalts und der Zerrissenheit, die sein Werk unverkennbar geprägt hat. Unter seinen zahlreichen literatur- und vor allem theaterkritischen Arbeiten ist Grabbes Aufsatz *Über die Shakespearo-Manie* aus dem Jahr 1827 wegweisend und programmatisch. Er befasst sich mit der ungebrochenen Faszination eines genialen Dramatikers, der Generationen von Autoren inspiriert und zur kritischen Auseinandersetzung herausgefordert hat. Doch Grabbe lehnt die «zur fashion gewordene Bewunderung Shakespeares» strikt ab. Das «deutsche Volk will deutsche Charaktere, es will eine kräftige Sprache und einen guten Versbau, und in der Komik verlangt es [...] gesunden Menschenverstand, jedes Mal blitzartig einschlagenden Witz, poetische und moralische Kraft». Grabbe spricht hier offenbar *pro domo*. Doch seine Dramen sind alles andere als einfach und klar, seine Bildwelt ist exzessiv und hochkomplex. Wenn es einen deutschen Dramatiker gibt, dessen dramaturgische Kraft und Sprachgewalt sich mit dem englischen Dramatiker messen kann, so ist es dieser «betrunkene Shakespeare» (Heinrich Heine). Grabbes Shakespeare-Kritik dient in erster Linie der Profilierung des eigenen dramatischen Werks im Licht eines rezeptionsästhetisch orientierten Programms.

Der Stoff von Grabbes dramatischem Erstling *Herzog Theodor von Gothland* (1822) ist frei erfunden. Er entstammt dem Umkreis der nordischen Sagenwelt, mit dem sich Grabbe ausführlich beschäftigt hat, dem missionierten Schweden und dem heidnischen Finnland um das Jahr 1000. Ein wahrhaft wüstes Stück – durchaus im Widerspruch zu Grabbes programmatischen Forderungen an das Drama seiner Zeit – und ein genialischer Auftakt in der Tradition von Shakespeares *Titus Andronicus*, Goethes *Goetz von Berlichingen*, Schillers *Die Räuber* und Kleists *Penthesilea*. Das Drama zeugt von eben jener Zerrissenheit, in die sich der Autor selbst gestellt sah. Schwarz und Weiß, dritte und erste Welt, Mythos und Geschichte, Heidentum und Christentum, Schuld und Sühne, Verbrechen und Vergeltung, kurz: die Polarität von Gut und Böse bildet den Motor der Handlung, getreu der Einsicht Gothlands: «Weil es verderben soll, ist das Erschaffene erschaffen» und «Des Frevels Stunde ist vorbei, nun schlägt die Stunde der Vergeltung, das ist die stete Ordnung der Natur.» Der Märtyrer als Tyrann, der Tyrann als Märtyrer – es ist die Dramaturgie des barocken Trauerspiels, an die Grabbe anknüpft.

Innerhalb von drei Monaten verfasste Grabbe sein zweites Stück *Scherz, Satire, Ironie und tiefere Bedeutung* (1822), eine Komödie, die sich als Komplement des dramatischen Erstlings erweist: Sie bietet ihrerseits keinerlei Positivität und ist gleichfalls ein Geniestreich. Grabbe schreibt, an Ludwig Tieck anknüpfend, die Desillusionierungsdramaturgie der frühromantischen Komödie fort bis zu ihrer vollständigen Auflösung. Die Widersprüchlichkeit der Figuren und Situationen gibt einer kalkulierten dramaturgischen Disproportion Ausdruck: Je weniger Bedeutung die Figuren für das Stück besitzen, desto mehr werden sie hervorgehoben – je stärker sie exponiert werden, desto größeren Raum bieten sie der Satire. Der szenische und der satirische Diskurs werden so miteinander verbunden, dass keine der Figuren ernst genommen werden kann. Selbst der vergleichsweise realistisch gezeichnete Schulmeister erscheint höchst widerspruchsvoll: einerseits als Aufklärer, mit klugen Sätzen an der Spitze des Fortschritts seiner Zeit, andererseits als ausgebuffter Schwätzer und approbierter Trinker. Sein Bildungsanspruch, gepaart mit Spießbürgerlichkeit und Allmachtsphantasien, zeigt sich am plastischsten und humorvollsten im Trinkgelage des dritten Akts, einer der glänzendsten Saufszenen der deutschen Literatur. Deutlich ist, dass Grabbe auf diese Weise die Proportionen als Disproportionen zeichnet, Ausdruck einer Zeit der Extreme, die sich in der Struktur des Werks wiederfindet. So erscheint «Grabbe, der Verfasser des Lustspiels», ganz am Rande, zum Schluss, apostrophiert als «die zwergichte Krabbe» mit einer Laterne in der Hand – weniger ein Lichtsymbol der Aufklärung als eine Metapher der Sinnsuche. Das sich selbst setzende, autonome schöpferische Subjekt der Frühromantik wird selbstironisch zur bloßen Bühnenfigur degradiert. Wie im *Gothland* bleibt auch in diesem Lustspiel kein Stein auf dem anderen. Das Stück entfaltet vielmehr in seinen strukturellen, dramaturgisch bedeutsamen Elementen das Panorama einer verkehrten Welt, die ihre Identität in der Verkehrung der romantischen verkehrten Welt findet. Am Ende dieses Lustspiels wird kein *deus ex machina* aufgeboten, der die verschlungenen Knoten löst, sondern die Nichtlösbarkeit des Knotens ist von Anfang an Teil der Dramaturgie. Das frühromantische Komödienmuster wird aufgesprengt. Die Bedeutungslosigkeit der Handlungsebenen, die Disproportionalität, in welcher Randszenen und Randfiguren zur Zentralhandlung stehen, der Identitätsverlust der Figuren, der Sinnverlust der Bühnenwirklichkeit – all das bedeutet Substanzentzug und Entleerung von Tradition. Es sind Elemente einer desillusionierenden Dramentechnik, deren Ironie, eine Form radikaler Uneigentlichkeit, auf nichts Positives verweist. Was immer man dem Lustspiel an Deutungen zugeführt hat – nichts ist aus ihm zu lernen außer eben dieses: dass aus ihm nichts zu lernen ist. Die negative Kraft ihres ironischen Diskurses macht diese Komödie zu einem noch immer und immer wieder belachenswerten Geniestreich. Es ist freilich, wie Grabbe betont hat, «ein Lachen der Verzweiflung».

Georg Büchner
Damit lässt sich der Bogen zu dem zweiten bedeutenden Dramatiker der Zeit schlagen. Im selben Jahr, in dem Grabbe stirbt (1836), hält der 23-jährige Georg Büchner an der Universität Zürich eine Vorlesung mit dem Titel «Über Schädelnerven». Er ist studierter Mediziner und hat an der Universität Straßburg im September 1836 für seine Abhandlung *Sur le*

système nerveux du barbeau («Über das Nervensystem der Barbe») den Titel eines Doktors der Philosophie erhalten. Zudem ist der junge Mann Dichter und Revolutionär. Er wird steckbrieflich gesucht und befindet sich auf der Flucht. Die Vorlesung «Über Schädelnerven», die Büchner am 5. November 1936 in Zürich gehalten hat, ist in zweifacher Hinsicht auch für das Verständnis seines Lebenswegs und des dichterischen Werks aufschlussreich. Zum einen enthält sie *in nuce* Büchners naturwissenschaftliches Weltbild. Der junge Wissenschaftler kennzeichnet zu Anfang zwei einander entgegengesetzte Richtungen der Naturforschung, nämlich den «teleologischen Standpunkt», der der Evolution der Natur einen Zweck unterstellt – sie entspricht nicht Büchners Auffassung: «Die Natur handelt nicht nach Zwecken, sie reibt sich nicht in einer unendlichen Reihe von Zwecken auf, in denen der eine den anderen bedingt; sondern sie ist in allen ihren Äußerungen sich unmittelbar selbst genug. Alles, was ist, ist um seiner selbst willen da. Das Gesetz dieses Seins zu suchen, ist das Ziel der der teleologischen gegenüberstehenden Ansicht, die ich die philosophische nennen will.» Dieser «philosophischen» Maxime folgt die Zürcher Vorlesung. Sie ist, erkenntnistheoretisch und sprachlich, repräsentativ für Büchners Denken insgesamt: Es vermittelt das Bild einer evolutionären Natur, die sich selbst genügt und in sich ruht, die keinen Zweck erfüllt, sondern das Maß ihrer Schönheit in sich trägt. Sie stellt insoweit ein Gegenbild zur Welt der Menschen dar, zur gesellschaftlichen Totalität wie zur individuellen Verfasstheit, zum Chaos der Geschichte wie zur Verzweiflung und Isolation des Individuums.

Seine Naturwahrnehmung begründet Büchners Auslegung der menschlichen Wirklichkeit. Die Sprache ist für ihn ein Instrument der Erkenntnis, eine Sonde, die in die soziale Realität wie in die Naturphänomene eingeführt wird, um deren Strukturen und Relationen zu erschließen – in Klarheit, Schärfe und Präzision. Der Naturforscher, der Dichter und der Sozialrevolutionär Georg Büchner sind voneinander nicht zu trennen. Das zeigt sich auch an Büchners Drama *Dantons Tod*, entstanden zwischen Mitte Januar und Ende Februar 1835, in «höchstens fünf Wochen» (Büchner) unter einem erheblichen äußeren Produktionsdruck, der aus der ständig drohenden Verhaftung des Autors resultierte. 1835 erschien zunächst mit dem verharmlosenden Untertitel «Dramatische Bilder aus Frankreichs Schreckensherrschaft» eine verstümmelte Fassung, die Karl Gutzkow zu verantworten hatte, seinerzeit Lektor im Sauerländer Verlag. Büchner zeigte sich über die eigenmächtigen Eingriffe Gutzkows empört, wenn nicht verbittert, wie aus einem Brief aus Straßburg vom 28. Juli 1935 an seine Familie hervorgeht: «Der Titel ist abgeschmackt, und mein Name steht darauf, was ich ausdrücklich verboten hatte [...]. Außerdem hat mir der Korrektor einige Gemeinheiten in den Mund gelegt, die ich in meinem Leben nicht gesagt haben würde.»

Der Dramatiker soll Büchner zufolge «die Geschichte zum zweiten Mal» erschaffen, indem er «uns gleich unmittelbar, statt eine trockene Erzählung zu geben, in das Leben einer Zeit hineinversetzt, uns statt Charakteristiken Charaktere und statt Beschreibungen Gestalten gibt». *Dantons Tod* – ein Drama in vier Akten, in Prosa gehalten – trägt diesem Anspruch in jeder Hinsicht Rechnung. Es zeigt einen Ausschnitt aus der Französischen Revolution, den Zeitraum vom 24. März bis zum 5. April 1794, jene Phase der Französischen Revolution also, in der es um den Umschlag von den plebiszitären Appellen Dantons zur Schreckensherrschaft Robespierres geht. Mit diesen Namen ist zugleich die polare Konstellation des Dramas benannt: auf der einen Seite Danton, der des Blutvergießens müde gewordene Revolutionär, Nihilist und Lebenskünstler, ein epikureischer Genussmensch, der zugleich Skeptiker ist, der als Sensualist ein Plädoyer für das Ende des Blutvergießens hält, desillusioniert ist und Verzicht auf jede revolutionäre Programmatik leisten will und ebenso auf eine Politik, die sich gegen Menschen richtet. Auf der anderen Seite Robespierre, der Taktiker und Techniker der Macht, der Rationalist, der einen Kampf gegen Danton führt, weil er das Laster bekämpft, der für die Tugend ist und deshalb für den Schrecken, Spießer und Genussfeind zugleich – so jedenfalls zeichnet ihn Büchner. Dazwischen St. Just, ein Handlanger der Revolution, der für das Blutbad plädiert, ein Motor der Revolutionsmaschine, der die Vernichtungsdynamik vorantreibt. Am Ende seines Plädoyers steht der Tod Dantons – und mit diesem eine radikal-pessimistische Absage an jeden Fortschrittsglauben. «Wir sind alle lebendig begraben», so Danton, «und wie Könige in drei- oder vierfachen Särgen beigesetzt, unter dem Himmel, in unsern Häusern, in unsern Röcken und Hemden. – Wir kratzen fünfzig Jahre lang am Sargdeckel. Ja, wer an Vernichtung glauben könnte! dem wäre geholfen. – Da ist keine Hoffnung im Tod; er ist nur eine einfachere, das Leben eine verwickeltere, organisiertere Fäulnis, das ist der ganze Unterschied!»

Büchner hat dieses Drama anhand von Originalquellen der Französischen Revolution geschrieben und diese zum Teil wörtlich in den Text übertragen. Er benutzt eine nicht gebundene Sprache und löst die überkommene Dramenform in zahlreiche Einzelszenen auf, die aneinandermontiert werden und Geschichte als eine Konstellation historischer Augenblicke erkennen lassen, als spezifische Ereignismomente, in denen jeweils besondere Dynamiken, gleichwertig auf einer Ebene, sich zuspitzen. Man kann von einer Auflösung der geschlossenen Form des Dramas sprechen – ein entscheidender Schritt auf dem Weg in die literarische Moderne. Es entsteht das authentische Schreckensbild einer Revolution, die buchstäblich im Blut watet und keine Gnade kennt, die ihre Kinder nicht nur frisst, sondern, wie St. Just sagt, «die Menschheit zerstückt», um sie zu verjüngen, das heißt: auszurotten. Büchner bietet keine weiterführende, womöglich entlastende, gar erlösende Perspektive. «Ich studierte die Geschichte der Revolution», so schreibt er im November 1833 an seine Braut Louise Wilhelmine Jaeglé: «Ich fühlte mich wie zernichtet unter dem gräßlichen Fatalismus der Geschichte. Ich finde in der Menschennatur eine entsetzliche Gleichheit, in den menschlichen Verhältnissen eine unabwendbare Gewalt, allen und keinem verliehen.»

Büchners *Woyzeck* ist ein Jahr nach *Dantons Tod* entstanden, doch erst 1879 erschienen. Der junge Dichter hat daran vom Herbst 1836 bis unmittelbar vor seinem Tod im Februar 1837 gearbeitet. Das Stück ist Fragment geblieben, doch seine literaturgeschichtliche Wirkung lässt sich kaum überschätzen. Gerhart Hauptmann und Frank Wedekind haben sich ebenso an Büchners Drama orientiert wie Alban Berg, dessen Oper *Wozzeck* 1925 uraufgeführt wurde. Diese Wirkungsgeschichte ist umso bemerkenswerter, da *Woyzeck* nicht in einer authentischen Fassung überliefert ist, sondern in vier fragmentarischen Entstehungsstufen, die aufeinander verweisen. Da eine Fassung letzter Hand nicht existiert, stellen alle vorliegenden Druckfassungen lediglich eine Art Interlinearversion dar, die den Inszenierungen seit der Uraufführung im Münchener Residenztheater 1913 zugrunde liegen.

Man kann *Woyzeck* als Komplementärdrama zu *Dantons Tod* lesen. Geht es in Büchners Erstlingswerk um die Geschichtlichkeit des Menschen, so in *Woyzeck* um seine Individualität, und auch hier hat Büchner historische Quellen benutzt. Dem Drama liegt stofflich der Mord an einer jungen Frau im Jahr 1821 zugrunde, begangen von ihrem Geliebten, einem entlassenen Soldaten und arbeitslosen Perückenmacher namens Johann Christian Woyzeck, der 1824 wegen dieses Verbrechens hingerichtet worden ist. Das Drama stellt die Frage nach der Verantwortung eines Täters für seine Tat. Es fragt nach der gesellschaftlichen wie der individuellen Moral, nach sozialen Hierarchien und Wertmaßstäben, auch nach dem Verhältnis von Wissenschaft und Fortschritt. Das Stück zeigt «den Geringsten unter den Menschen» (Büchner): eine soziale Randfigur, unterprivilegiert, ein Verbrecher. Was vorgeführt wird, ist «eine erbärmliche Wirklichkeit» (Büchner), hier am Beispiel eines einzelnen Menschen. Der inhaltlichen Struktur entspricht die Bauform, soweit sich diese den einzelnen Fassungen entnehmen lässt. Es handelt sich, auch hierin vergleichbar mit *Dantons Tod*, um einzelne Szenen, die schlaglichtartig unterschiedliche Orte der persönlichen Entwicklung Woyzecks bis hin zu seinem Verbrechen repräsentieren. Zudem hat Büchner seinen Figuren eine mundartlich gefärbte Sprechweise zugewiesen, die sie gesellschaftlich charakterisiert. Die Figur Woyzeck wird – auch dies eine Vorwegnahme psychologischer und psychoanalytischer Erkenntnisse – im Zustand der Depravation vorgeführt, einer sozialen Degradierung im Übergang zu Wahnzuständen, die mit den an ihm vorgenommenen wissenschaftlichen Experimenten zu tun haben. Eine Perspektive des Ausweges eröffnet auch dieses Stück nicht. Seine Quintessenz hat Büchner vielmehr in jenem unendlich traurigen Märchen vom «arm Kind» zusammengefasst, in dem die Erde zuletzt «ein umgestürzter Hafen» ist. Wie *Dantons Tod* das Trauerspiel der Geschichte zeigt, so *Woyzeck* die Tragödie des gegenwärtigen Individuums.

Eine glänzende Zeitsatire ist hingegen das 1836 anlässlich eines Preisausschreibens des Verlags Cotta verfasste, erst 1838 posthum veröffentlichte Lustspiel *Leonce und Lena*. Dramaturgisch organisiert durch eine

Desillusionierungstechnik in frühromantischer Tradition, mündet die verwirrende Handlung dieser Komödie in eine brillante Utopie paradiesischen Nichtstuns in einem epikureischen Staat der Kunst und des Genusses: eine Parodie auf die romantische Unendlichkeitssehnsucht, verbunden mit einer satirischen Kritik am Staat und den mechanistischen Menschenbildern der Moderne, an Rationalismus, Naturwissenschaften und am philosophischen Idealismus, etwa der Wissenschaftslehre Fichtes. All dies ist unterfüttert durch das Ideal der Liebe – ein Gegenprogramm zur dunklen Weltsicht in *Dantons Tod* und *Woyzeck*, wenngleich in der uneigentlichen Form der Ironie.

Der Dichter ist, wie Büchner wusste, nicht die moralische Letztinstanz der Welt. Er muss sie so zeigen, wie sie ist. Diesen Anspruch repräsentiert auch seine Erzählung *Lenz*, gleichfalls 1835 entstanden und 1839 posthum veröffentlicht. Auch für diese Erzählung hat Büchner Quellen als Material genutzt, Aufzeichnungen des elsässischen Pfarrers Johann Friedrich Oberlin, die dieser 1825 nach einem Besuch des Dichters Jakob Michael Reinhold Lenz in seinem Haus im elsässischen Waldersbach angefertigt hatte. Veröffentlicht hatte Oberlin diese Notizen 1831 unter dem Titel «Der Dichter Lenz im Steintal» in der Zeitschrift *Ervinia*. Büchner legt seiner Erzählung diesen Bericht zugrunde, ebenso Briefe von Lenz und auch Goethes Darstellung seiner Begegnung mit ihm in *Dichtung und Wahrheit*. Er deutet Lenzens Weg als einen psychopathologischen Krankheitsverlauf, in dem sich die innere Entwicklung der Person und ihre Naturwahrnehmung als Bedingungsfaktoren aufeinander beziehen. Die Sprache dieser Erzählung ist einerseits fast nüchtern, beobachtend, parataktisch, ein Art Seelenprotokoll, distanziert, nahezu teilnahmslos. Andererseits gehen solche Momentaufnahmen in weit ausholende, die innere Verfassung des Dichters Lenz assoziativ auslotende, gleichsam von innen gesteuerte Satzperioden mit einer großen psychischen Dynamik über. Auf diese Weise dringt Büchners Sprachkunst in die seelische Struktur vermittels der Grammatik ein, durch den Bau der Sätze und die Organisation des Wirklichkeitsmaterials.

Büchners Werke zeigen – von *Dantons Tod* und *Woyzeck* über *Leonce und Lena* bis zur Erzählung *Lenz* – einen scharfsichtigen und scharfsinnigen jungen Autor, dessen Sprachkraft und Formgefühl ihm einen einzigartig kritischen Blick auf seine Zeit ermöglichen. Es sind Begabungen, die auch Impuls und Substanz der Flugschrift *Der Hessische Landbote* prägen, die Büchner gemeinsam mit dem Butzbacher Rektor Friedrich Ludwig Weidig herausgegeben hat. Die revolutionäre Botschaft dieser Handzettel rief dazu auf, einzugreifen in die desolate Welt, um sie zu verändern – nicht durch Dichtung, sondern durch Kampf, nicht gekleidet in verbrämte Dramen und Erzählungen, sondern in der Form eines agitatorisch vorgetragenen wie auch programmatischen Angriffs auf deutlich zu benennende Gegner. «Friede den Hütten! Krieg den Palästen!», lautete der Kern dieser Botschaft, die Georg Büchner im Mai 1834 verfasst, in der schließlich publizierten Form aber nicht gebilligt hat. Diese hatte Weidig erstellt, allerdings aus religiösen wie aus taktischen Gründen unter Einarbeitung einer Reihe einschneidender Korrekturen am ersten Entwurf, die auf Büchners heftigen Widerspruch stießen, da sie in seinen Augen dem sozialen Aspekt die ökonomische Schärfe nahmen.

Büchners poetische Sprache steht hier ganz im Dienst der politischen Sache: Der Inhalt wird getragen vom Rhythmus der sozialrevolutionären Bewegung, der Elan zeigt sich in der Dynamik der Bilder und Metaphern, in der Schärfe der Polemik, in der Härte des Angriffs auf den Gegner. Genutzt wird nicht zuletzt das Mittel der Intertextualität mit Anspielungen auf die Bibel, auf die Erlösungsbotschaft des Neuen wie auf eine urkommunistische Lesart des Alten Testaments. Die 1000 Exemplare dieser Flugschrift wurden im Untergrund durch Schüler Weidigs verteilt, ihre Urheber und Multiplikatoren aber alsbald denunziert und verhaftet. Büchner musste fliehen, Weidig wurde Opfer von Folter und einer zweijährigen Isolationshaft – wenige Tage nach Büchners Tod hat er sich umgebracht.

8 Bürgerlicher Realismus

Das Stilphänomen ‹Realismus› repräsentiert eine epochenübergreifende Qualität, die unterschiedliche Künste und Medien einschließt. Die Frage, wie mit dem Material der Wirklichkeit, den poetischen Stoffen aus Natur und Gesellschaft, künstlerisch umzugehen sei, hat sich für Autoren, Maler und Komponisten immer aufs Neue gestellt und ebenso für die Theoriebildung zur Kunst. In dieser Frage liegt ein Problem beschlossen, das mit der Diskussion des Verhältnisses von Mimesis und Poiesis bereits in der Poetik des Aristoteles aufgeworfen wird. Schon hier stehen das Postulat der Nachahmung und der – auch technischen – Gestaltung in einem Spannungsverhältnis zueinander. Bereits in der klassischen Antike geht es um die Überlegung, ob und inwieweit die Kunst vorgefundenen Mustern, zum Beispiel in der Natur, Ausdruck zu geben habe oder ob sie, im Gegenteil, gehalten sei, nach ihren eigenen Strukturen und Gesetzlichkeiten zu verfahren.

Dass diese Frage in der zweiten Hälfte des 19. Jahrhunderts abermals in den Mittelpunkt der Diskussion trat, war kein Zufall, ebenso wenig die Tatsache, dass diese in der französischen Malerei einsetzte. Gustave Courbet, einer der revolutionären französischen Maler der Zeit, veranstaltete 1855 in einer «Pavillon du réalisme» benannten Baracke eine Ausstellung eigener Werke – Ausdruck des Protests gegen die Weigerung einer Jury, seine Bilder für die Weltausstellung in Paris anzunehmen. Es handelte sich zugleich um einen Protest gegen die zeitgenössische Favorisierung klassizistischer Tendenzen in der Kunst und um eine programmatische Absage an die verblassende künstlerische Produktion der französischen Romantik. Dass Kunst und Lebenswirklichkeit nicht in einem Widerspruch zueinander stehen, dass Mimesis und Poiesis einander vielmehr entsprechen, dass sich die Produktivität einer realistischen Kunst gerade darin zeigt, auf welche Weise Poiesis und Mimesis füreinander fruchtbar gemacht werden, sich ergänzen und wechselseitig zum Ausdruck bringen, dass erst eine künstlerisch bis zur Meisterschaft entwickelte Technik in der Lage sei, die Gesetze und Strukturen, Zusammenhänge und Muster, die Farbigkeit und Substanz der Wirklichkeit herauszuarbeiten – dieser Impuls Courbets brachte am prägnantesten den Kunstwillen der nachrevolutionären Epoche zu Gehör. Der realistische Künstler sollte versuchen, die Wirklichkeit in einer künstlerisch eigenständigen und tragfähigen Form zu gestalten.

‹Gestaltung›: Damit ist der produktionsästhetische Zentralbegriff der Epoche benannt. Kunst, auch die Sprachkunst, soll die Wirklichkeit formen, ein Postulat, das bis zu den wirkungsmächtigen Theoriegebäuden des marxistischen Philosophen Georg Lukács seinen Einfluss bewahrt hat. Die theoretische Grundlage dieses Postulats bildet der Begriff Totalität, verstanden als ein Modus der Wirklichkeitswahrnehmung, der die komplexen Phänomene des Lebens, die Oberfläche ebenso wie die Tiefenstruktur, die Gesetze, die Dynamik und die Bewegungsrichtung ebenso wie die Urteile und die Kritik an der Wirklichkeit umfasst und sich in der künstlerischen Gestaltung, insbesondere im großen realistischen Roman, angemessen entwickelt und entfaltet. Dem Kunstwerk wird die Aufgabe zugewiesen, «die Totalität des Lebens in allen wesentlichen objektiven Bestimmungen aufzudecken, gestalterisch sich anzuverwandeln und in richtigem und richtig proportioniertem Zusammenhang widerzuspiegeln» (Lukács). Was «objektive Bestimmungen» sind, was ein «richtiger» und ein «richtig proportionierter» Zusammenhang ist, das hat Lukács, gelegentlich mit der dogmatischen Schärfe eines orthodoxen Marxisten, in zahlreichen Schriften festgelegt, beispielhaft nachzulesen in seinem Werk *Kunst und objektive Wahrheit* (1954): Die Besonderheit, die Eigenart des Ästhetischen, die das Kunstwerk repräsentiert, soll die allgemeinen Strukturen und Gesetze des Lebensprozesses abbilden.

Der Begriff Bürgerlicher Realismus bezeichnet die historisch signifikante Ausprägung dieses programmatischen Realismus-Konzepts: die Verbindung des Stilphänomens Realismus mit dem spezifischen Stoff bürgerlicher Entwicklung. ‹Bürgerlich› daran ist der thematische Zusammenhang: Die einschlägigen Werke greifen Probleme der bürgerlichen Welt auf, eines Lebenszusammenhangs, der in analytischer Absicht wahrgenommen und beschrieben wird, und zwar mit einem sozialkritischen Akzent, der die mit der Entwicklung der bürgerlichen Welt verbundenen Verluste in den Vordergrund rückt. Als Epoche des Bürgerlichen Realismus in der deutschsprachigen Literatur wird im Folgenden die Zeit von 1848 bis etwa um 1900 verstanden. 1848 als einschneidendes Datum mit historischem Bezug auf den März 1848: das Ende einer Aufbruchsbewegung, auch der Literatur, die sich seit 1815 entwickelt hatte und nach dem Niederschlagen der revolutionären Bewegungen in ganz Europa einer Phase der Resignation, der Enttäuschung und des Rückzugs weicht. Was in der Zeit nach 1848 in der Dichtung entsteht, gibt der Absicht Ausdruck, die vorgefundene bürgerliche Lebenswirklichkeit mit literarischen Mitteln wiederzugeben, zu gestalten und zu deuten – ein Konzept, das durch seine konsequente Zuspitzung im Naturalismus aufgehoben wird und um 1900 seine literaturgeschichtliche Relevanz verliert.

Europäische Einflüsse

Blickt man über den Tellerrand der deutschen Kultur hinaus, so erkennt man rasch, dass viele der hier sich ausbildenden literarischen Konzepte durch Traditionsbildungen in anderen europäischen Ländern, allen voran Frankreich, ermöglicht wurde. Zu nennen ist hier besonders Stendhal (eigtl. Marie-Henri Beyle), dessen Roman *Le Rouge et le Noir* (1830) Zeitkritik mit einer modernen Form der Psychologie verbindet; ferner Honoré de Balzac, dessen mehr als 40 Bände umfassendes Romanprojekt *La Comédie Humaine* das Pariser Leben, zum Teil in satirischer Absicht, in seiner ganzen Fülle zeigt: Milieus, politische Intrigen, soziale Unterschiede und Klassenkämpfe, erotische Verstrickungen und Liebeshändel, all dies sozialkritisch zugespitzt, eingebettet in das weit ausgreifende Panorama einer menschlichen, bisweilen allzu menschlichen Komödie, die Balzac nicht vollenden konnte. Zu nennen sind weiter Victor Hugo, Autor der Romane *Notre-Dame de Paris* (1831; dt. *Der Glöckner von Notre Dame*) und *Les Miserables* (1862; dt. *Die Elenden*), Werke, die zeitgeschichtliche Aspekte aufnehmen und Probleme der unterprivilegierten Klassen thematisieren; Gustave Flaubert, berühmt geworden durch seine Romane *Madame Bovary* (1857) und *L'éducation sentimentale, histoire d'un jeune homme* (1870; dt. *Lehrjahre des Gefühls*), in denen die Wirklichkeit – die große gesellschaftliche Geschichte ebenso wie die individuelle Lebensgeschichte – mit unbarmherzigem Scharfblick, von Flaubert selbst «impassibilité» genannt, analysiert und seziert, satirisiert und denunziert wird, ein Desillusionsroman, der mit der Entdeckung der Zeit als Erzählgegenstand wie als Erzählprinzip einhergeht; nicht zu vergessen Eugène Sue mit seinem als Fortsetzungsserie erschienenen Kolportageroman *Les Mystères de Paris* (1842; dt. *Die Geheimnisse von Paris*); George Sand (eigtl. Amandine-Lucie-Aurore Dupin; *Rose et Blanche*, 1831; *La Confession d'une jeune fille*, 1865), eine der wenigen emanzipierten Schriftstellerinnen der Epoche; Alexandre Dumas ‹père›, Autor des Abenteuerromans *Les trois mousquetaires* (1844; dt. *Die drei Musketiere*), der wegen des großen Erfolgs nicht nur zwei Fortsetzungen erlebte, sondern zudem zur Gründung einer professionellen Schreibfabrik führte; und ausdrücklich zu nennen ist im Zusammenhang realistischer Schreibstrategien und Programme ein weiterer französischer Autor, der allerdings über die Epoche des Realismus hinaus und auf den Naturalismus vorausweist, nämlich Émile Zola mit seinem 20-bändigen Romanzyklus *Les Rougon-Maquart* (1871–1893), in dem die Geschichte von fünf Generationen einer Familie mit minuziösen Darstellungen der Milieus aufgerollt wird.

Wenn man unter dem Aspekt realistischer Schreibkonzepte, die deutschen Autoren Anregungen boten, nach England schaut, so ist vor allem Walter Scott mit seinem überaus erfolgreichen Roman *Waverley* (1814) zu nennen. Bis ins einzelne historische und gesellschaftliche Detail prägnant und präzise – wenn auch nicht immer angemessen proportioniert, vielmehr das Wichtige wie das Unwichtige gelegentlich allzu gleichförmig nebeneinander gesetzt –, wirkte Scott struktur- und formbildend, ja mustergültig für die gesamte Gattung des historischen Romans bis ins 20. Jahrhundert, bis zu Heinrich Manns Romanen *Die Jugend des Königs Henri Quatre* (1935) und *Die Vollendung des Königs Henri Quatre* (1943). Zu erwähnen ist ferner William Thackerays *Vanity Fair* (1847 f.), ein «Roman ohne Held» (Thackeray), der ein Panorama der Gesellschaft bietet, und zwar aus der Perspektive eines auktorialen, alles wissenden, omnipotenten und omnipräsenten Erzählers, der sich im Dauergespräch mit dem Leser befindet und in Form einer satirisch eingefärbten Gesellschaftskritik souverän über seine Figuren verfügt. Auf andere Weise, nämlich mit einem unter- und hintergründigen Humor, übte Charles Dickens mit seinen Romanen *Oliver Twist* (1838) und *David Copperfield* (1850) Kritik an den sozialen Missständen seiner Zeit anhand von Figuren, die in der Phase der Industrialisierung Englands von den Auswirkungen der Proletarisierung großer Bevölkerungsteile betroffen sind.

Auch der Blick auf Russland eröffnet eine Perspektive auf Autoren, die sich als anregend für die Epoche des Bürgerlichen Realismus in Deutschland erweisen sollten: Alexander Puschkin etwa, ein Wegbereiter des russischen Realismus, der die Literatur der folgenden Jahre entscheidend geprägt hat, unter anderem durch seine Erzählung *Der Postmeister* (1831) und den Roman *Eugen Onegin* von (1825–1832); Iwan Turgenjew, der, befreundet mit zahlreichen Autoren in Frankreich und Deutschland – darunter Gustave Flaubert, Gustav Freytag und Theodor Storm –, sozialkritische Romane über das Russland der Jahre von 1850 bis 1870 geschrieben hat, darunter *Väter und Söhne* (1862); Fedor Dostojewski mit seinen großen Romanen *Schuld und Sühne* (1866), *Der Spieler* (1868), *Der Idiot* (1868), *Die Dämonen* (1872) und *Die Brüder Karamasow* (1879–1880), Werke, die von sozialen und seelischen Abgründen ebenso handeln wie vom Triumph und Scheitern Einzelner, von Mord und Totschlag, hohen Idealen und kläglichem Versagen; schließlich Leo Tolstoi, Autor der Romane *Krieg und Frieden* (1864–1869), ein voluminöses Werk, in dem nahezu die gesamte Geschichte und Gesellschaft Russlands thematisiert wird, und *Anna Karenina* (1873–1876), die Geschichte einer jungen verheirateten Frau, die sich in eine gesellschaftlich nicht akzeptierte Liebesbeziehung verstrickt und zum Opfer dieser Konstellation wird.

Panorama der Prosa: Storm, Meyer, Freytag, Raabe, Stifter, Keller, Fontane

Der Einfluss der genannten Autoren und ihrer Werke auf die literarische Entwicklung in Deutschland nach 1848 ist kaum zu überschätzen. Die produktive Aufnahme des Gestaltungspostulats und die Hinwendung zur bürgerlichen Wirklichkeit als Stoffreservoir deutet auf eine Phase literarischer Neubestimmung und Selbstfindung, in der die Dichtung die Verzweigungen und Widersprüche ihrer Zeit aufnimmt, um sie nach dem Vorbild und den Mustern europäischer Vorbilder aufzuarbeiten und auf ihre Weise zu vertiefen. Diese Tatsache hat offenbar damit zu tun, dass sich die bürgerliche Welt in der Literatur ihrer selbst zu vergewissern sucht. Am besten war hierfür das Genre des Romans geeignet, auch die gedrängte Form der Prosaerzählung, die Novelle, da sich hier die Ereignisse, die Konflikte wie die Psychologie der Figuren differenziert entfalten und konturscharf pointieren lassen. Herausgearbeitet werden auf diese Weise die typischen, signifikanten, womöglich gesetzmäßigen Strukturen eines zur Handlung verdichteten Geschehens, das zum Teil historisch entworfen, zum Teil in der Gegenwart situiert wird, verbunden mit dem Anspruch auf Gestaltung vertrauter oder fremdartiger Lebenszusammenhänge.

Was der Roman, das Epos der modernen Lebenswirklichkeit, bietet, ist – so Hegel in einer charakteristischen, für die Romantheorie folgenreichen Bestimmung – eine «einheitsvolle Totalität»: «Hier tritt», so Hegel in seinen *Vorlesungen über die Ästhetik*, «einerseits der Reichtum und die Vielseitigkeit der Interessen, Zustände, Charaktere, Lebensverhältnisse, der breite Hintergrund einer totalen Welt sowie die epische Darstellung von Begebenheiten vollständig wieder ein. Was jedoch fehlt, ist der *ursprünglich* poetische Weltzustand, aus welchem das eigentliche Epos hervorgeht. Der Roman im modernen Sinne setzt eine bereits zur *Prosa* geordnete Wirklichkeit voraus». Von Friedrich Theodor Vischer (*Ästhetik oder Wissenschaft des Schönen*, 6 Bde., 1857) bis zu Friedrich Spielhagen (*Beiträge zur Theorie und Technik des Romans*, 1883) wiederholt sich diese von Hegel entwickelte, geschichtsphilosophisch inspirierte Argumentationsstruktur, bis sie sich am Ende zu einer Poetik des Romans verfestigt, die, geprägt durch den zeitgenössischen Positivismus, mit Handlungsanleitungen und Schreibanweisungen für Autoren einhergeht. Faktizität ist gefragt, Ursache und Wirkung kommen ins Spiel, der Held soll nachvollziehbar handeln, die Motivation muss aus ihm selbst kommen. Damit das Romanganze in sich stimmig erscheint und handlungslogisch überzeugend wirkt, soll der Autor als Gestalter hinter dem Erzählvorgang verschwinden, sodass die Figuren sich selbst entfalten, Konflikte austragen und sich versöhnen können, auch wenn die geschichtsphilosophische Substanz auf diese Weise womöglich verloren geht.

Hegels Denken bot den Ausgangspunkt auch für die Poetik der Novelle im 19. Jahrhundert, wenngleich variiert und durch eine kontextbedingte Rhetorik neu akzentuiert. Das klassische Novellenmuster, vorgeprägt durch Boccaccios *Decamerone* und von Goethe 1827 im Gespräch mit Eckermann als eine «sich ereignete, unerhörte Begebenheit» bestimmt, brachte Paul Heyse in der Einleitung zur Sammlung *Neuer deutscher Novellenschatz* (1871) anhand einer Boccaccio-Novelle auf die Formel vom «Falken der Novelle» und versah diese mit der Definition: «Wenn der Roman ein Kultur- und Gesellschaftsbild im großen, ein Weltbild im kleinen entfaltet, bei dem es auf ein gruppenweises Ineinandergreifen oder ein konzentrisches Sichumschlingen verschiedener Lebenskreise recht eigentlich abgesehen ist, so hat die Novelle in einem *einzigen* Kreise einen *einzelnen* Konflikt, eine sittliche oder Schicksals-Idee oder ein entschieden abgegrenztes Charakterbild darzustellen und die Beziehungen der darin handelnden Menschen zu dem großen Ganzen des Weltlebens nur in andeutender Abbreviatur durchschimmern zu lassen.» Entscheidend für die Bestimmung der Novelle ist demnach die Einzigartigkeit eines Lebenskreises, die Singularität des Konflikts, für die nach Heyse der ‹Falke› in der Novelle Boccacios symbolisch steht: der Höhepunkt, auf den hin die Erzählung komponiert und konzentriert ist. Die literarhistorischen Charakteristika der Epoche werden im Folgenden am Beispiel der bedeutendsten Prosaautoren deutscher Sprache im 19. Jahrhundert konturiert.

Storm

Theodor Storm hat literaturgeschichtlich nicht als Lyriker, auch nicht als Romanautor überlebt, sondern als Verfasser umfangreicher und komplexer Novellen. Erscheinen seine novellistischen Anfänge noch eher provinziell und biedermeierlich – im landläufigen Sinn des Worts: kleinformatig idyllisiert und der ländlichen Region deutlich verhaftet –, so stellt sein Spätwerk sich als Ausdruck objektivierender Tendenzen dar.

Es sind Schicksalsnovellen, in denen eine Bestimmung durch existenzielle Problemkonstellationen sich durchsetzt, die über das einzelne Leben hinausgreift. Naturdämonien und Abgründigkeiten des Alltags halten, verbunden mit dem Aspekt der Vergänglichkeit des individuellen wie des gesellschaftlichen Lebens, Gefährdungen bereit, die das Vertrauen in die Welt erschüttern und verstören, mit dem Resultat der Verlusterfahrung und Melancholie als Weltverhältnis. Hinzu kommt der Abbau des Glaubens und der Religiosität im Zeitalter der Naturwissenschaften und des Positivismus mit seiner Orientierung aufs Diesseits.

Storms erster großer Erfolg war die Novelle *Immensee* (1850), eine Reihe von Episoden, Szenen und Bildern, aus denen im Rückblick Stationen eines Lebens entworfen werden. Kreisförmig beziehen sie sich immer wieder auf sich selbst, erzähltechnisch konstruiert als Geschlossenheit eines Lebenszyklus. Nicht Handlung oder Entwicklung sind hier entscheidend, sondern symbolisch aufgeladene Szenen und Situationen, Bilder und Landschaften. Die erste Station, «Der Alte», stellt die Verbindung zum Leser her, bringt ihn in Kontakt zu dem Helden der Erzählung und führt ihn mit dessen Erinnerungsschüben in Form von Rückwendungen durch die Geschichte einer unerfüllten Liebe, deren letzter Abschnitt wiederum «Der Alte» heißt. Dieser einfache Plot wird mit einfachen Mitteln, unaufdringlich und schlicht erzählt, versehen mit symbolischen Aufladungen, etwa durch eine Wasserlilie, die den Helden bedroht und auf die Verfehlung seines Lebensglücks deutet. Es sind lyrische Stimmungsbilder, in Form einer Montage aneinandergereiht, vor dem Lebenshintergrund entsagender Bürgerlichkeit. *Aquis submersus* (1876), eine der historischen Novellen Storms, ist eine Liebestragödie aus dem 17. Jahrhundert, deren Ausgangspunkt eine bemerkenswerte Szene bildet. In ihr sieht der Erzähler ein Gemälde mit einem toten Kind, das eine Wasserlilie in der Hand hält. In einer Ecke des Bildes finden sich die vier Buchstaben C.P.A.S.: «culpa patris aquis submersus» (etwa ‹Durch die Schuld des Vaters von den Wassern verschlungen›). Um den erzählerischen Binnenraum zu entgrenzen, wird ein Erzählrahmen eingeführt, der deutlich macht: Es liegt der Fluch einer unreinen, auch unstandesgemäßen Liebe auf dieser Familie. In vergleichbarer Weise gibt es Familienkonflikte auch in späteren Novellen, so in *Hans und Heinz Kirch* (1882), einer bürgerlichen Tragödie, erzählt in großen Zeitsprüngen mit Kritik am Geist der Gründerzeit, der sich um die Beziehungen zwischen den Menschen nicht länger sorgt.

Storms bekannteste Novelle ist *Der Schimmelreiter* (1888). Sie zählt noch heute zum Kanon der Schullektüre, und dies mit gutem Recht. Denn sie zeigt den Dichter als souverän pointierenden und detaillierenden Erzähler, der das Geschehen trotz eines differenzierten Zeitgefüges perspektivisch überschaubar hält. Hier wird anhand einer Storm schon seit 1838 bekannten Quelle vom Leben und Sterben des Deichgrafen Hauke Haien erzählt, die Geschichte eines begabten jungen Mannes, der die Kunst des Deichbaus erlernt, später sogar Deichgraf wird, doch durch einen fehlerhaften Deichbau während der (historischen) Flutkatastrophe von 1756 seinen eigenen Untergang herbeiführt, ebenso wie den seiner Frau und seines Sohns. Die Rahmenerzählung erlaubt es, der rationalistischen Weltsicht Hauke Haiens das Reich des Dämonischen in Gestalt eines Teufelspakts entgegenzusetzen. Auf diese Weise werden die modernen Naturwissenschaften mit ihrer Tendenz zur Weltbeherrschung und -begradigung aus einer kunstvollen erzählerischen Distanz mit einer weiterhin bestehenden Sphäre des Unheimlichen konfrontiert, die spätromantisch inspiriert scheint. Diese Konstruktion hat den *Schimmelreiter* bis heute vor der Vergänglichkeit bewahrt. Storms Novellen bieten kein Weltenpanorama, aber in der ihnen eigenen konzentrierten Form das unerschöpfliche Stoffreservoir der Heimat (Husum, Schleswig-Holstein), des lokalen Kolorits (Halligen, Warften, kleine Inseln) und der entsprechenden Erzähltraditionen (Märchen, Sagen, Spukgeschichten). Zudem kennt Storm die Literatur seiner Zeit, die Spätromantik (Mörike, Eichendorff, E. T. A. Hoffmann), aus der er für sein eigenes Schreiben gelernt hat.

Meyer

Conrad Ferdinand Meyer ist ebenfalls ein Meister der symbolischen Verdichtung epischen Geschehens. Seine durch Antinomien, Polaritäten und Dichotomien, durch Konflikte und Kontraste geprägten Erzählungen erweisen sich immer aufs Neue als Überhöhungen einer komplexen

Lebenswirklichkeit. Diesen Überhöhungen entspricht ein hoher Ton. Meyer strebt in seinen Novellen wie auch in seiner Lyrik Schönheit durch Sprache an, die einen Widerpart zum chaotischen Leben bilden soll. In seinem Roman *Jürg Jenatsch* (2 Bde., 1875–1878), in Erzählungen wie *Das Amulett* (1873), *Der Schuss von der Kanzel* (1878), *Gustav Adolfs Page* (1882) oder *Die Hochzeit des Mönchs* (1884) wird eine zerklüftete und zerstörerische, abgründige und tödliche Welt gezeigt. Doch die Kunst der Sprache übersteigt das Chaos des Lebens, in ihr liegt die Möglichkeit der Heilung beschlossen, auch wenn sie von den Härten des Daseins handelt. Die Überbrückung des Abstands zwischen der hohen Kunstsprache und einer konzentrierten artifiziellen Konstruktion einerseits, den Abgründen der Welt, von der erzählt wird, der Dämonie, den Aporien, den unlösbaren Widersprüchen, dem Unheilbaren, das sich erst im Tod und Untergang löst und auflöst, andererseits – diese Überbrückung gelingt durch Ironie. Sie erscheint hier als Spott, als böser Scherz, als grobe Verfehlung des Schicksals, das den Handelnden widerfährt – Schicksal verstanden als Bewegungsmechanismus in der Immanenz des Lebens, nicht als Transzendenz oder Verhängung durch ein göttliches Fatum. Es ist eine Welt der Leidenschaften, der Triebe, der Egoismen, der Unvernunft, der Kurzsichtigkeit von Menschen. Aber diese Welt wird gefasst in nahezu starre Erzählformen, die sie bändigen sollen, häufig in Rahmenhandlungen, die Distanz schaffen. Diesem Ziel dient auch der historische Hintergrund, den Meyer gelegentlich wählt. Es sind Ausschnitte, die den Blick der eigenen Zeit auf die Vergangenheit lenken, von dort aber zurück auf die Gegenwart verweisen, mit Hilfe einer Brechung und Relativierung, wie sie beispielhaft die auf Spannungserzeugung und Überraschungseffekte angelegte Erzählung *Die Hochzeit des Mönchs* vorführt – ein hochartifizielles Unternehmen, erzählt aus der Perspektive des Dichters Dante Alighieri, voll Klarheit, Schärfe und Prägnanz.

Freytag

Gustav Freytag, einer der populärsten Autoren seiner Zeit, stammte aus einem begüterten, gebildeten Bürgerhaus, studierte Germanistik, promovierte 1838 über die Anfänge des Dramas und habilitierte sich wenig später in Breslau mit einer Arbeit über Hrotsvit von Gandersheim. Seine ersten Erfolge feierte er mit Dramen, vor allem Komödien (*Die Brautfahrt oder Kunz von den Rosen*, 1844), die der versierte Philologe, der 1863 eine Abhandlung über *Die Technik des Dramas* veröffentlichte, kenntnisreich konstruiert hat, auf Pointen orientiert, mit gewitzter Dialogführung und souveräner Entfaltung der Handlungs- und Konfliktlinien. Allerdings hat keines seiner Stücke auf der Bühne überlebt außer dem Lustspiel *Die Journalisten* (1854). Hier geht es um die Beständigkeit politischer Überzeugungen im Zeitalter der Bestechung und Käuflichkeit. Ein auf zwei Personen konzentrierter, dramaturgisch klug gebauter Konflikt zwischen konservativen, preußisch-monarchistisch gesinnten und liberal-bürgerlichen, parlamentarisch orientierten Publizisten nimmt die Zeitströmungen nach 1848 auf, verbunden mit Liebeshändeln, Geldgier und Happy End, ausgestattet mit dem Lokalkolorit einer Provinzhauptstadt und versehen mit genauer Milieukenntnis, die Freytag seiner eigenen Tätigkeit als Journalist verdankte.

Literaturgeschichtlich überdauert hat Freytags großer Roman *Soll und Haben* (1855), bereits zur Zeit seines Erscheinens ein großer Erfolg. Freytag entwirft wiederum – wie in *Die Journalisten* auch – zwei Konfliktlinien in Form zweier Biographien: auf der einen Seite das Leben des aus Schlesien stammenden Beamtensohns Anton Wohlfahrt, auf der anderen Seite das des gleichfalls aus Schlesien stammenden Juden Veitl Itzig. Antons aufsteigender Lebensweg steht dem des unübersehbar antisemitisch gezeichneten, in tödliche Verbrechen verstrickten Juden diametral entgegen. Neben diese beiden Handlungslinien tritt zum einen der Niedergang einer Adelsfamilie, zum anderen das regionale Kolorit des deutsch-polnischen Grenzgebiets, in das der Freiheitskampf Polens hineinspielt. Deutsch-bürgerliche Handels- und sonstige Tugenden (Pflichtgefühl, Pünktlichkeit, Ordnungssinn) stehen einer als kulturlos gekennzeichneten polnischen Mentalität gegenüber, eine ideologische Orientierung, die den Erfolg des Werks zumindest teilweise erklärt. Seine konstruktiven, holzschnittartigen Schwächen sind ebenso unübersehbar wie die Avancen, die sein Autor dem deutschen Bürgertum damit machte: Die freie Entfaltung der Ökonomie in der Zeit nach 1848 wird als Leistung des Besitzbürgers gefeiert.

Im Mittelpunkt des zweiten großen Romans von Gustav Freytag *Die verlorene Handschrift* (1864) steht das Bildungsbürgertum, personifiziert in dem Philosophieprofessor Felix Werner, an dem der Autor den alten Konflikt zwischen Eros und Kultur durchspielt. Der Professor sucht eine Tacitus-Handschrift – am Ende findet er seine Frau. Eine harmonische Auflösung, nach einer Reihe von Intrigen und Betrugsversuchen, die Eros und Kultur miteinander zu versöhnen sucht, um hieraus die Perspektive einer Zukunft zu zweit zu destillieren. Ein gut konstruierter, unterhaltender Roman mit vielfältigen Handlungsfäden und vielgestaltigen Typen, gesellschaftlichen Auseinandersetzungen und Sozialcharakteristika, der – wie *Soll und Haben* auf seine Weise auch – noch heute als verlässliche Quelle zur Mentalitätsgeschichte des deutschen Bürgertums in dieser Zeit gelten darf.

Freytags dritter Roman *Die Ahnen* (1872–1880) besteht aus einem Zyklus von sechs Teilen: die Geschichte einer deutschen Familie von der Völkerwanderung bis 1848 und ein Geschichtspanorama aus dem Geist der Reichseinigung von 1870/71. Ihm waren die *Bilder aus der deutschen Vergangenheit* (1859–1867) in fünf Teilen vorangegangen, eine Art quellengeschichtlicher Sammlung, aus der Freytag für seine Arbeit am Roman schöpfen konnte, auch heute noch wertvolle Studien zur deutschen Kulturgeschichte mit reichhaltigen Materialien und Dokumenten und einer bemerkenswerten Detailfülle. Was Freytag nach eigenem Bekunden zeigen will, ist «das Verhältnis des einzelnen Menschen zu seinem Volke, die Einwirkungen der Gesamtheit auf den Einzelnen und das, was jeder Einzelne durch seine Lebensart der Gesamtheit abgibt». In diesem Sinn eines dialektischen Verhältnisses von Individuum und Gesellschaft sind *Die Ahnen* eine Verklärung der deutschen Geschichte am Beispiel einer Familie und einzelner ihrer Angehörigen, von der Völkerwanderung bis in die Mitte des 19. Jahrhunderts unter dem besonderen Wahrnehmungswinkel des Jahres 1870/71. Die Verehrung für Bismarck, die Glorifizierung Preußens schlägt fortwährend als Darstellungsimpuls durch, eine Aufstiegsgeschichte, die sich als literarisches Unterpfand für den Geist des Wilhelminismus verstehen lässt, für die erfolgreiche Industrialisierung Deutschlands und die Kapitalisierung aller Lebensverhältnisse. Freytag ist einer der großen ideologiebildenden und -prägenden Autoren des Bürgerlichen Realismus gewesen, an dessen Darstellung des wachsenden deutschen Machtbewusstseins auch die Literaturpolitik des Dritten Reichs noch anzuknüpfen vermochte.

Raabe

Wilhelm Raabe, einer der produktivsten Erzähler seiner Zeit, hat 25 – zum Teil mehrbändige – Romane geschrieben und 42 – bisweilen romanlange – Erzählungen. Der Roman *Die Chronik der Sperlingsgasse* (1856) machte ihn bekannt. In ihm entwirft Raabe eine kleine provinzielle Welt aus der Perspektive des Erzählers, eines alten Mannes, der von November 1854 bis zum Mai des nächsten Jahres eine Vielzahl kleiner alltäglicher Geschichten zusammenfügt, unterschiedliche Materialien und Textsorten, Erinnerungen und Briefe, Rückblenden bis zu den Napoleonischen Kriegen und Ausblicken in Heimat, Studienzeit, Freundschaft und Liebe, getragen durch Humor und eine liberale Weltsicht. Privatheit, Öffentlichkeit und politische Sphäre sind miteinander verbunden, soziale Aspekte wie Armut, Not und Elend spielen in die *Chronik* hinein, doch es wird vergleichsweise konventionell erzählt. Innovativ ist hingegen die Themenvielfalt: Die *Chronik* bietet auf der einen Seite ein philisterhaftes Bürgertum, kleinkariert, spießig und detailversessen, auf der anderen Seite gesellschaftliche Außenseiter, Käuze, die fremd geworden sind in ihrer Gesellschaft, deren scheinbar verschrobene Sicht der Dinge sie die Welt aber umso schärfer und treffender durchschauen lässt. Einen literarisch produktiven Zwiespalt hat sich Raabe in seinem zweiten großen Erfolg, dem Roman *Der Hungerpastor* (1864), zunutze gemacht hat, bis heute sein bekanntestes Werk. In ihm wird das Modell des Bildungsromans anhand zweier Lebensläufe durchgespielt – wiederum, wie bei Gustav Freytag, der eines Deutschen, Hans Unwirsch, und der eines Juden, Moses Freudenstein –, die von einer tiefen Jugendfreundschaft zu einer abgründigen Entzweiung im Alter führen und am Ende zum Verzicht des «Hungerpastors» Hans Unwirsch auf Weltglück zugunsten eines Glücks im Winkel, in Idylle und Innerlichkeit.

Der Roman *Stopfkuchen* (1891) trägt den aufschlussreichen Untertitel «Eine See- und Mordgeschichte», «Wieder an Bord!» lautet der erste

Satz des Erzählers Eduard – geschrieben wird die Geschichte seines Freundes Stopfkuchen, eines dicken, phlegmatischen Mannes, der in der Welt nicht handelt, sondern sie lediglich beobachtet. Die Titelfigur, nicht ihr weltgewandter, vielgereister Freund ist der eigentliche Held der Geschichte. Seine Distanz zur Welt ermöglicht ihm das rechte Urteil, verleiht ihm seinen Humor und setzt ihn instand, seinem Freund von einem Totschlag erst zu einem Zeitpunkt zu erzählen, als der Schuldige verstorben und beigesetzt ist. Weltklugheit und Humor paaren sich in der Person des Außenseiters Stopfkuchen mit Scharfsinn und Scharfsicht. Er sieht in seiner Abgeschiedenheit die Dinge klar, weil er sich freizuhalten vermag von den Wahrnehmungsverkürzungen und Vorentscheidungen seiner Mitmenschen. Wie *Stopfkuchen* im Besonderen zeichnet die Romane Wilhelm Raabes insgesamt ein hohes Maß an Provinzialität aus. Dies freilich weniger – als vergleichsweise die Novellen Theodor Storms – in stofflicher Hinsicht. Vielmehr ist der Stoffbereich seiner Werke durchaus kulturgesättigt: Die Erzählung *Das Odfeld* (1888) etwa zitiert den Bildungshorizont seiner Zeit auf hohem Niveau. Doch erzählt wird hier wie auch in den anderen Werken Raabes aus der Sicht provinziell entworfener Figuren, die die Last des ihnen zugeschriebenen Welt- und Bildungsstoffs nicht immer überzeugend und glaubwürdig zu tragen vermögen.

Stifter

Adalbert Stifter ist einer der bis heute umstrittenen Erzähler der österreichischen Literatur. Zu seinen bedeutenden literarischen Arbeiten gehören *Der Hochwald* (1841), eine in der Sammlung *Studien* (6 Bde., 1844, 1847, 1850) erschienene Erzählung; ferner ein Band mit den unterschiedlichsten literarischen Formen («Die Mappe meines Großvaters»), der nicht als abgeschlossenes Werk erschienen ist; außerdem *Bergkristall* (1845), veröffentlicht in dem Erzählband *Bunte Steine* (2 Bde., 1853) – ihm hat Stifter eine «Vorrede» vorangestellt, in der er sich nachdrücklich gegen seine Kritiker, unter ihnen der Dramatiker Friedrich Hebbel, wendet.

Stifter bekennt sich hier zu einem erzählerischen Verfahren, das sich am prägnantesten anhand des Romans *Der Nachsommer* (1857) skizzieren lässt, sein erster und noch heute sein bekanntester Roman. Stifter hat an diesem Werk, einem dreibändigen Bildungsroman, seit 1848 gearbeitet. Der Titel meint den ‹Nachsommer› einer Liebe, die keinen ‹Sommer› erlebt hat. Eine Liebe der Entsagung stand zunächst im Mittelpunkt des Romans. Doch Stifter hat die Erzählstrategie im Zuge einer Neubearbeitung des Stoffs vollständig verändert, indem er einen jungen Mann namens Heinrich Drendorf einführt, dessen Entwicklung nun den eigentlichen Handlungskern des Romans bildet. Heinrich erhält als junger Mann von seinem Vater die Möglichkeit, für die Wissenschaft zu leben, ohne Nützlichkeitserwägungen anstellen zu müssen. Auf einer seiner Wanderungen trifft er einen Herrn von Risach, der seither über das Lebensschicksal dieses jungen Menschen wacht. Er fördert ihn, sorgt für seine Bildung und Ausbildung und bewahrt ihn vor Fehlern, er weckt und mehrt seine künstlerischen Fähigkeiten, Fertigkeiten und Kenntnisse und trägt zu seiner Vervollkommnung bei. Die Ordnung der Welt, das Verhältnis von Geschichte und Natur, der Eigenwert der Dinge, Kunst und Literatur, die Schönheit als Absolutum, die Natur als Erhabenheit, die Gegenwart als Übergangszeit zu einer neuen, glücklichen Zukunft, die Liebe ohne Leidenschaft als Ausdruck göttlicher Ordnung, das sanfte Gesetz der Natur und die Entsagung als Erfüllung – Stifters *Nachsommer* ist kein Zeit-, auch kein politischer Roman, doch er verfügt thematisch über alle zeitgenössisch relevanten Register.

Stifter hatte an den Ereignissen des Jahres 1848 großen Anteil genommen – nach dem Scheitern der Revolution zog er sich zurück und suchte Antworten auf jene Fragen, die inmitten des Chaos dieser Welt im Zusammenhang einer göttlichen Ordnung stehen könnten. Insoweit darf man im Blick auf den *Nachsommer* von einer bewussten Aussparung der Gegenwart, der Politik wie der Gesellschaft, sprechen. Mehr noch: Stifter wurde nach 1848 ein Apologet des Überkommenen, des Tradierten und in sich Ruhenden. Hierin wollte er ein Gegengewicht zur aktuellen Entwicklung der Industrialisierung, der sozialen Frage und der Verarmung der Bevölkerung in den Metropolen schaffen. Man hat ihm deshalb immer wieder den Vorwurf gemacht, eine affirmative Idylle geschaffen zu haben, einen Ruhepol der Beschaulichkeit, auf den man sich zurückziehen kann, mit der Welt und seinen Mitmenschen versöhnt. Doch darf man nicht übersehen, dass dieser Roman in Wahrheit eine Antwort auf die umgebende Wirklichkeit ist. Die überkommene Welt und ihre Ordnung begann in der Zeit der Industrialisierung, der neu entstehenden sozialen Schichtungen und Klassenbildungen, der gesellschaftlichen Zerklüftungen und Kämpfe zu zerfallen. Stifters Roman lässt sich als ein Versuch verstehen, dieser Entwicklung, zumindest ihren Wirkungen auf den einzelnen Menschen, durch Kunst und Literatur Einhalt zu gebieten – ein Protest in der uneigentlichen Form der künstlerischen Versöhnung und damit eine Antwort auf die zeitgeschichtlich neue Situation. Niemand hat diese Qualität besser verstanden als Friedrich Nietzsche, der in *Menschliches, Allzumenschliches* (1886) Stifters *Nachsommer* zu jenen Büchern zählte, die es «verdienten, wieder und wieder gelesen zu werden».

Witiko (3 Bde., 1865–1867) ist der zweite große Roman Stifters, im sprachlichen Gestus streng, nahezu karg gehalten und statisch gebaut, ein historischer Roman aus den Jahren von 1169 bis 1176 über den Truchsess des Königs von Böhmen. Die Titelfigur verkörpert das Ideal eines hierarchisch gegliederten Feudalstaats und die Idee der Gemeinschaft eines Volkes, in dessen Zusammenhang sich sein Weg als lebensgeschichtliche Erfüllung eines Weltgesetzes, ja eines göttlichen Plans entfaltet. Der Held ist kein Individuum, sondern, so zeigen Entwicklung und Aufstieg, ein Repräsentant der Treue und der Traditionsbewahrung, der sich über nahezu 1000 Seiten im Medium eines archaisierenden Sprachgestus bewegt. Stifter stellt diese Figur gegen die Zerfallserscheinungen der eigenen Epoche. Am Ende heißt es, mit einer bezeichnenden Assonanz an die Nibelungendichtung: «Es sagten damals einige, es werde ein großes Lied kommen, in welchem die Treue der Männer gegen ihren König und die Treue des Königs gegen seine Männer gepriesen werden wird. Heinrich von Oftering, der noch die blonden Haare trug, sprach: ‹Es kann schon ein solches Lied kommen, das uns von alten Mären, von Helden voll der Ehren, von Müh und Festlichkeiten, von kühner Ritter Streiten, von Weinen und von Klagen viel Wunders möge sagen.›» Die Tendenz zur Stilisierung im Geiste des Mittelalters ist unübersehbar, und unverkennbar sind auch die Traditionsanleihen bei den Topoi Heldentum und Treue, Völkergemeinschaft und germanischer Geist.

Keller

Gottfried Keller hat in die erste Ausgabe seines Zyklus *Die Leute von Seldwyla* (1856) die Erzählungen *Pankraz, der Schmoller, Romeo und Julia auf dem Dorfe, Frau Regel Amrain und ihr Jüngster, Die drei gerechten Kammacher* sowie *Spiegel, das Kätzchen* aufgenommen und in die erweiterte Ausgabe (1874) zusätzlich die Erzählungen *Kleider machen Leute, Der Schmied seines Glücks, Die mißbrauchten Liebesbriefe, Dietegen* und *Das verlorene Lachen* eingefügt. *Romeo und Julia auf dem Dorfe* schildert die auf einer wahren Begebenheit beruhende Geschichte zweier junger Liebender, deren Leben durch den Streit ihrer Väter wegen eines Grundstücks zerstört wird: Man findet das junge Paar am Ende tot in einem Boot, das auf einem Fluss treibt. Keller hat diese Geschichte mit einer an Kleist gemahnenden Präzision erzählt. Sie schließt mit einem Zitat aus der Tagespresse, in der es seinerzeit hieß: «abermals ein Zeichen von der um sich greifenden Entsittlichung und Verwilderung der Jugend». Kellers Erzählung zeigt, woher die angebliche Verrohung der Jugend rührt: aus den unversöhnten Widersprüchen einer Gesellschaft, die junge Menschen nicht zu sich selbst finden lässt. Die Erzählung mit dem sprichwörtlich gewordenen Titel *Kleider machen Leute* schildert die Geschichte eines Hochstaplers: Er wird auf Grund seiner eleganten Kleidung für mehr gehalten, als er tatsächlich ist, und vermag auf diese Weise seine Mitmenschen erfolgreich zu betrügen, bis er am Ende durch eine kluge Frau auf sein Normalmaß zurückgestutzt wird. Beide Erzählungen spielen, wie die anderen Prosaarbeiten dieser Sammlung auch, in dem Ort Seldwyla, Synonym für das sprichwörtliche Schilda, ein fiktiver Ort, in dem die Unvernunft blüht wie das Nichtstun, der spekulative Geist wie die Querköpfigkeit. Es handelt sich um eine von Humor, Ironie und Heiterkeit durchsetzte Satire auf die Unbelehrbarkeit seiner Schweizer Landsleute. Was hier ‹Humor› genannt wird, ist freilich, da es zum Lachen reizen soll, eher versöhnlich als bösartig grundiert, entworfen als Instanz einer Vermittlung zwischen poetischer Imaginationskraft und der harten, kruden Realität.

Eine weitere zweibändige Sammlung mit Erzählungen Kellers trägt den Titel *Züricher Novellen* (2 Bde., 1876–1877). Die Geschichten *Hadlaub, Der Narr auf Manegg* und *Der Landvogt von Greifensee* sind im ersten Band durch eine Rahmenerzählung verbunden; im zweiten Band fügte Keller die Erzählungen *Das Fähnlein der sieben Aufrechten* (zuerst 1860) und *Ursula* hinzu. Die Erzählungen dienen, wie der Rahmung des ersten Bandes zu entnehmen ist, der Belehrung eines jungen Mannes namens «Herr Jacques», der aus den geschilderten Vorgängen lernen soll. So aus *Der Landvogt vom Greifensee* die Tugend der entsagenden Liebe, eine Erzählung aus der Zeit des Rokoko, in der der Landvogt Salomon Landolt im Alter von 42 Jahren nach einem Treffen mit seiner ersten Geliebten ein Wiedersehen mit den fünf Frauen arrangiert, mit denen er im Laufe seines Lebens Affären hatte. Und siehe da: Es wird ein harmonisches Fest, da alle handelnden Personen sich entschließen, der Liebe zu entsagen, und der Landvogt sich ein sozial erfülltes Leben gönnen darf. Und auch die Moral der Geschichte, die Belehrung für ihren Adressaten – stellvertretend für die Leser Kellers: der junge «Herr Jacques» – fehlt am Ende nicht: Er «verzichtete freiwillig und endgültig darauf, ein Originalgenie zu werden».

Der Titel von Gottfried Kellers Roman *Der grüne Heinrich* entspringt dem Umstand, dass sein Titelheld, der junge Heinrich Leh, einen grünen Anzug trägt, der ihm von seiner Mutter aus der abgelegten Jagdkleidung seines Vaters geschneidert worden ist. Heinrich ist ein armer Junge, er muss diesen Anzug auftragen, und so wird er von der Dorfbevölkerung «der grüne Heinrich» genannt. Die Farbe ‹grün› weist zugleich metaphorisch darauf hin, dass Heinrich noch ‹grün hinter den Ohren› ist, unbesonnen nämlich und unerfahren. Keller hat zwei Fassungen des Romans erarbeitet, deren Vergleich aufschlussreiche Hinweise für das Genre des Entwicklungs- oder Bildungsromans erbringt. Die erste Fassung, nach fünfjähriger Arbeit fertiggestellt und 1854/55 in vier Bänden erschienen, bietet eine harte Lebensgeschichte. Sie beginnt als Er-Erzählung mit dem Abschied des jungen Helden von der Schweiz, schildert seinen Aufenthalt in der Kunststadt München, wird danach von Heinrich selbst unterbrochen, und zwar in Form einer Ich-Erzählung, die seine Jugend wiedergibt, und mündet in Heimkehr und Tod. Der ungewöhnliche Bruch zwischen Ich- und Er-Erzählung hat unter den Lesern Abwehr erzeugt und dem Roman keine Freunde gewonnen.

Die zweite Fassung (1879/80) zeigt, dass der Autor aus der Kritik gelernt hat. Der Roman ist nunmehr durchgehend aus der Ich-Perspektive des Helden erzählt, der auf sein Leben zurückblickt, eine strukturelle Umformung, die nicht nur mit stilistischer Glättung einhergeht, sondern auch mit einer deutlichen Mäßigung der sinnlichen und kritisch-reflexiven Partien, einschließlich der zuvor formulierten politischen und antiklerikalen Kritik und des harten Schlusses: Nicht Heinrichs Tod steht am Ende, sondern Entsagung in der Liebe. Trotz solcher Glättungen handelt es sich jedoch nicht um die Geschichte der glücklichen Lebenserfüllung eines Menschen, der sich in die Welt hinein entwickelt, vielmehr ist auch Kellers Heinrich Leh wie Goethes Wilhelm Meister ein Möchtegernkünstler, der am Ende seine Grenzen erkennt. Auch er muss sich die Hörner abstoßen, auch er durchlebt Illusionen und erfährt die Enttäuschung seiner Hoffnungen, und auch er macht am Ende seinen Frieden mit der Welt. Es ist ein Roman des Aufbruchs, des Ungestüms und der unbelehrten Jugend, der gleichwohl Niederlagen und Zerstörungen bereithält, ein Künstler- und zugleich ein Bürgerroman mit einer Zentralfigur, die, stärker als der Held Goethes, in der zweiten Fassung bereits psychologisch durchgeformt ist, «romanhafter» im Sinne eines psychologischen Realismus, auch episch breiter angelegt, aber eben auf Kosten der sozialen Schärfe.

Fontane

Theodor Fontane arbeitete zunächst als Journalist und veröffentlichte Reiseberichte aus England, bevor seine *Wanderungen durch die Mark Brandenburg* (1862–1882) veröffentlicht wurden. Der Plan zu diesem Projekt entstand während eines England- und Schottlandaufenthalts von 1855 bis 1859. Erschienen sind die *Wanderungen* in vier Teilen: «Die Grafschaft Ruppin» (1861), «Das Oderland» (1863), «Das Havelland» (1872) und «Spreeland» (1881), denen 1888 ein Bericht über fünf Schlösser unter dem Titel «Die Mark Brandenburg» folgte: Schilderungen von Landschaften, Gestalten, Geschlechtern, bedeutenden Persönlichkeiten und unbedeutenden Einzelpersonen. Erzählungen, Tatsachenberichte und Notate wechseln einander ab, leicht geschrieben und gut lesbar, mit viel Lokalkolorit und einem weiten Bildungshorizont. Fontane entwickelt mit diesen Texten die Tradition der *Reisebilder* Heinrich Heines weiter zu einer künstlerischen Form des «Reisefeuilletons», wie der Schriftsteller Günter de Bruyn dies einmal genannt hat. In ihm teilt sich der gleichermaßen belehrende und unterhaltende, historisch perspektivierte und aktuell angereicherte Charakter der zeitgenössischen Publizistik auf anspruchsvolle Weise mit.

Erst ab 1878 – Fontane ist fast 60 Jahre alt – erscheint sein literarisches Erzählwerk im engeren Sinn, und zwar in rascher Folge: *Vor dem Sturm* (1878), *Grete Minde* (1880), *Ellernklipp* (1881), *L'Adultera* (1882), *Schach von Wuthenow* (1883), *Graf Petöfy* (1884), *Unterm Birnbaum* (1885), *Cécile* (1887), *Irrungen Wirrungen* (1888), *Stine* (1890), *Quitt* (1891), *Frau Jenny Treibel* (1892), *Mathilde Möhring* (1892), *Effi Briest* (1895), *Die Poggenpuhls* (1896) und *Der Stechlin* (1898). *Vor dem Sturm* ist durch seinen Untertitel «Roman aus dem Winter 1812 auf 1813» als Prosaarbeit über die Zeit der Freiheits- und Befreiungskriege gegen Napoleon ausgewiesen. Ein historischer Roman – doch in seinem Mittelpunkt stehen nicht bedeutende Einzelpersönlichkeiten, sondern die unterschiedlichsten Schichten, Gruppen und Figuren in einer exakt datierten Phase des Kriegs, geschildert aus dem Geist des politischen Liberalismus und philosophischen Humanismus. Thematisiert werden nicht Ideen, Programme und Ideologien, sondern das Verhältnis einzelner Menschen zueinander in ihrem alltäglichen Handeln und Denken, in dem sich das Geschichtliche wie das Gesellschaftliche zeigen, im Persönlichen wie im Politischen, eine Schreibhaltung, die Fontanes Romane von Anfang an kennzeichnet. Sie ist bis in Fontanes Alterswerk prägend geblieben und enthält zugleich die Begründung für seinen wachsenden Ruhm: Er steigt in dem Maß, in dem sich der Autor diesem Erzählprinzip literarisch verschreibt. Frauengestalten stehen meist im Zentrum des Geschehens, häufig als exemplarisch Unterdrückte innerhalb der männlich dominierten Gesellschaft, als Objekt und Opfer des «Gesellschaftsetwas», wie es in *Effi Briest* heißt. Es handelt sich um eine strukturelle, normative Macht, die Frauen leiden und Lebensprojekte Liebender scheitern lässt. So in dem Roman *Irrungen Wirrungen*, in dem eine unstandesgemäße Liebe an den Konventionen der Gesellschaft scheitert und die Liebenden sich gezwungen sehen, einen anderen standesgemäßen, doch ungeliebten Partner zu heiraten; so auch in dem wenig später erschienenen Roman *Stine*, in dem eine Mesalliance durch Selbstmord endet.

Frauen werden bei Fontane jedoch nicht nur als Opfer gezeigt. Vielmehr erscheinen sie bisweilen auch als Produkte und Agenten sozialer Konstellationen, die sie, um vom gesellschaftlichen Kräftespiel zu profitieren, für sich funktionalisieren und instrumentalisieren. Der Roman *Frau Jenny Treibel* führt die Entfaltung dieses Prinzips durch Fontane exemplarisch vor – und steht zugleich beispielhaft für Fontanes Kunst, ein hinsichtlich Trivialität und Simplizität kaum überbietbares Sujet auf kunstvolle Weise zum Leben zu erwecken. Erzählt wird die Geschichte einer Liebe, die keine ist, einer Verlobung, die zu keiner Ehe führt, einer Hochzeit, mit der das Realitätsprinzip obsiegt. Eine Geschichte, die sich in einem einzigen Satz zusammenfassen lässt: Corinna Schmidt, Tochter eines Gymnasialprofessors, will den reichen, aber willensschwachen Leopold Treibel heiraten, bekommt aber, weil dessen Mutter, Frau Jenny Treibel, gegen eine solche Liaison sich auflehnt, nur den anständigen Marcel Wedderkopp. Ein Trivialroman also, ja nicht einmal das. Denn was den Trivialroman kennzeichnet, ist ein Happy End, das hier auf ganzer Linie fehlt. Anstelle eines glücklichen Endes steht die desillusionierende Variante der Entsagung und Selbstbeschränkung. Man könnte deshalb vermuten, es handle sich um eine schlichte Verkehrung des Trivialmusters oder gar um eine Parodie auf die Poetik des realistischen Romans im 19. Jahrhundert. Doch wenn man genauer hinsieht, entdeckt man unter der oberflächlich erzählten Geschichte einen Subtext mit höchst komplexen Strukturen, der eine ganz andere Geschichte erzählt. Denn nicht das Stoffliche repräsentiert die entscheidende Ebene des Romans, sondern die Struktur seiner narrativen Organisation. Mit nahezu jedem Satz, so zeigt schon der Auftakt des Romans, wird eine Relativierung vorgenommen, die zu einer neuen Qualität führt, mit jedem Perspektivenwechsel ist eine Neuinterpretation verbunden, die eine andere Geschichte erzählt. Ein höchst ironisches Verfahren also. Es entspringt dem wechselvollen Verhältnis von Bewegung und Stillstand im Roman. Bewegung ist das eigentliche energetische Prinzip dieser Zeit, der Gründerzeit, des Wilhelminismus, der Zeit der Industrialisierung und des Aufstiegs, die sich im Roman ästhetisch im fortwährenden Wandel von festen Zuschreibungen mitteilt. Voraussetzung zur Wahrnehmung dieses Wechselspiels ist eine Distanz, die Fontane in die Erzählperspektive des Romans überträgt. Diese Distanz ermöglicht dem Autor die Installierung einer beobachtenden und beschreibenden Erzählinstanz, die sich wertend in Form von Ironisierungen und Relativierungen inmitten des gesellschaftlichen Lebens ihrer Figuren bewegt mit einer Kühle und Schärfe, die es mit der «impassibilité» Flauberts durchaus aufnehmen kann. Fontane lagert auf diese Weise die Geschichte des 19. Jahrhunderts, die Stoffgeschichte der Bourgeoisie, des Bildungsbürgertums und des aufgeklärten Stadtbürgers seit 1870, in die Strukturebene des Romans *Frau Jenny Treibel* ein.

Sein komplementäres Gegenstück ist der Roman *Effi Briest*, die Geschichte eines Leidens – unglückliche Ehe, Liebesverhältnis mit einem anderen Mann, Tod –, Fontanes wichtigster Gesellschaftsroman, der in thematisch engem Zusammenhang mit Gustave Flauberts *Madame Bovary* und Tolstois *Anna Karenina* steht. Zu Beginn ist von Tradition und Beständigkeit die Rede, von der Symmetrie zwischen Architektur und Natur, sozialem Stand und Lebenssinn, von einer festgefügten Ordnung, die freilich alsbald gestört wird: durch die Ehe zweier zueinander nicht passender Partner, durch die Untreue der Partnerin und deren späte Entdeckung, durch ein tödlich verlaufendes Duell und die Verstoßung der jungen Frau, die Trennung von ihrem Kind und am Ende ihre Nervenkrankheit mit tödlichem Ausgang. Ein mit Mitteln der Psychologie und solchen der Symbolisierung durchgeführter Gesellschaftsroman und mit ebenso kultivierten wie konfliktgeladenen Gesprächen, an deren Ende die offenen Fragen der ratlosen Eltern Effi Briests stehen – und die berühmte, leitmotivisch wiederkehrende Antwort des alten Briest: «‹ ... das ist ein *zu* weites Feld ›». Rainer Werner Fassbinder hat diese Atmosphäre 1974 in einer kongenialen Verfilmung eingefangen, indem er in die Geschichte des Films zurückgeht, die Zeit des Stummfilms zitiert, grobkörniges Filmmaterial benutzt, Zwischentitel einfügt, die die Handlung unterbrechen, und Auf- und Abblenden einsetzt, sodass eine höchst kunstvolle Künstlichkeit entsteht, die den Roman gleichsam mit der Brille des Films zu lesen erlaubt. Auf diese Weise bildet sich eine neue ästhetische Qualität der Literaturverfilmung heraus, die nicht mehr nur Verfilmung von Literatur, sondern ein eigenes Kunstwerk ist.

Fontanes letzter Roman *Der Stechlin* ist erst 1899, nach dem Tod des Autors, in Buchform erschienen. Zuvor wurden jedoch in der Zeitschrift *Über Land und Meer* in Fortsetzungen Teile des Werks veröffentlicht, über deren Publikumswirksamkeit sich der Autor keinen Illusionen hingeben wollte. «Von Verwicklungen und Lösungen», schrieb Fontane 1897 in diesem Zusammenhang an den zuständigen Redakteur, «von Herzenskonflikten oder Konflikten überhaupt, von Spannungen und Überraschungen findet sich nichts» – und dennoch hielt er die gewählte Form der gesellschaftlichen Unterhaltung, des gedehnten Gesprächs und der geistreichen Causerie für «die gebotene Art, einen Zeitroman zu schreiben». Stofflich-inhaltlich geht es in einem vordergründigen Sinn um das Verhältnis von Alt und Neu, Tradition und Moderne, um Politik und Gesellschaft, Verkehrsformen und Geschlechterverhältnisse, um eine literarische Zeitaufnahme des Übergangs, verteilt auf unterschiedliche Figurenkonstellationen. Alle Positionen der einen Seite werden auf der anderen Seite relativiert, in Frage gestellt, mit Gegenargumenten versehen. Die dramaturgische Struktur des Romans besteht darin, die unterschiedlichen Argumente Für und Wider gegeneinander zu stellen. Im Vordergrund steht der Adel, doch ist dies keine Sympathieentscheidung des Autors. Vielmehr nimmt Fontane jene Gesellschaftsschicht in den Blick, der er die aktuellen Konstellationen am prononciertesten in den Mund legen kann, verbunden mit Problembewusstsein und Bildung, angesiedelt auf einem kommunikativen Niveau, durch das ein Gespräch unter Freunden sich als Konfiguration substanzieller gesellschaftlicher Fragen erweist, die alle Beteiligten freilich auch zu anderen Antworten hätte führen können. «Wenn ich das Gegenteil gesagt hätte, wäre es ebenso richtig», sagt Dubslav von Stechlin, der Held des Romans, Major a. D. («schon ein gut Stück über sechzig hinaus»), kurz vor seinem Tod. Der See, mit dem dieser «Typus eines Märkischen von Adel» seinen Namen teilt, darf als ein Symbol des Weltzustandes gelten: «Alles ist still hier. Und doch von Zeit zu Zeit wird es an ebendieser Stelle lebendig. Das ist, wenn es weit draußen in der Welt, sei's auf Island, sei's auf Java, zu rollen und zu grollen beginnt oder gar der Aschenregen der hawaiischen Vulkane bis weit auf die Südsee hinaus getrieben wird. Dann regt sich's auch *hier*, und ein Wasserstrahl springt auf und sinkt wieder in die

Tiefe.» Seismische Erschütterungen in einem märkischen See als geologischer Indikator weltweiter Gärungen – noch im kleinsten Dorf teilt sich die Weltgeschichte spurenhaft mit. Ein Zeitroman, in dem nichts entschieden, aber alles unterschieden wird, sorgsam differenziert, gegeneinander gestellt und zueinander in ein Verhältnis gesetzt.

Die großen Romane Fontanes bieten die prägnantesten Schilderungen der politischen und gesellschaftlichen Geschichte, die wir aus dieser Zeit in Deutschland besitzen, einer Zeit der Übergänge aus dem alten Preußentum in das neue Kaiserreich, vorausdeutend auf jene großen Erschütterungen durch Industrialisierung und Kapitalismus, die in den Ersten Weltkrieg münden. Ihr Verfasser ist der bedeutendste unter den deutschsprachigen Autoren realistischer Prosa im 19. Jahrhundert, auch unter dem eingangs skizzierten Wahrnehmungs- und Wertungswinkel der europäischen Literatur. Seine Romane weisen die Distanz, die Schärfe und die Kälte des Blicks auf, die Ironie, aber auch den ab- und hintergründigen Humor, dessen der Wille zur literarischen Gestaltung einer bürgerlichen Welt bedarf, der seinem Gegenstand gerecht werden will.

Drama

«Das Drama», so heißt es in Georg Wilhelm Friedrich Hegels *Vorlesungen über die Ästhetik*, «muß, weil es seinem Inhalte wie seiner Form nach sich zur vollendetsten Totalität ausbildet, als die höchste Stufe der Poesie und der Kunst überhaupt angesehen werden.» Diese emphatische Beschreibung der poetischen Qualitäten des Dramas stammt aus den 20er Jahren des 19. Jahrhunderts, aus den Berliner Vorlesungen des Philosophen, doch kann sie als repräsentativ gelten für die Wertschätzung, die das 19. Jahrhundert insgesamt dieser Kunstform entgegengebracht hat. Auch der Ästhetiker Friedrich Theodor Vischer hat diese Position vertreten, ebenso der Philosoph Arthur Schopenhauer und der einflussreiche Germanist Hermann Hettner oder der Dramatiker Friedrich Hebbel, der 1843 seinen Essay *Mein Wort über das Drama* veröffentlicht, mit deutlichem Anklang an Hegel: «Das Drama stellt den Lebensprozeß an sich dar. Und zwar nicht bloß in dem Sinne, daß es uns das Leben in seiner ganzen Breite vorführt, sondern in dem Sinne, daß es uns das bedenkliche Verhältnis vergegenwärtigt, worin das aus dem ursprünglichen Nexus entlassene Individuum dem Ganzen, dessen Teil es trotz seiner unbegreiflichen Freiheit noch immer geblieben ist, gegenübersteht. Das Drama ist demnach, wie es sich für die höchste Kunstform schicken will, auf gleiche Weise ans Seiende, wie ans Werdende verwiesen [...].»

Das Drama als Gattung wird also im 19. Jahrhundert gerühmt – doch dem Lob der «höchsten Kunstform» entspricht die dramatische Praxis der Zeit keineswegs. Sieht man von Friedrich Hebbel selbst ab, so werden die programmatisch anspruchsvollen Forderungen von den zeitgenössischen Dramatikern kaum je eingelöst. Otto Ludwig (*Der Erbförster*, 1850; *Die Makkabäer*, 1852), der als Erzähler (*Zwischen Himmel und Erde*, 1856) großen Erfolg hat, Paul Heyse (*Die Sabinerinnen*, 1859), Ernst von Wildenbruch (*Die Quitzows*, 1888) oder Ludwig Anzengruber (*Der Meineidbauer*, 1871) bringen Werke auf die Bühne, die heute kaum noch gespielt werden, ihre Autoren sind so gut wie vergessen. Ein Grund hierfür lässt sich der bereits erwähnten, 1863 erschienenen Abhandlung *Die Technik des Dramas* von Gustav Freytag ablesen. Darin wird beschrieben, wie ein Drama gebaut sein soll im Sinne einer technischen Handlungsanleitung für die Dramaturgie. Es geht Freytag ausdrücklich nicht wie Hegel und Hebbel um die Frage einer möglichen philosophischen Auflagung des Dramas. Vielmehr strebe er mit seinen Aufzeichnungen nach einem «praktischen Nutzen». Gelehrt werden sollen dramaturgische Handgriffe, ein System von Einzelvorschriften, um «jüngeren Kunstgenossen einige Handwerksregeln in anspruchsloser Form» zu vermitteln. Das Drama gilt ihm als Instrument, mit dem sich das Leben – verstanden als eine in sich sinnerfüllte Welt- und Daseinsordnung – auf angemessene Weise, das heißt für Freytag: regelgerecht erschließen lässt. Dramatiker wie Ludwig, Heyse, Wildenbruch oder Anzengruber haben dieses Postulat auf ihre Weise zweifellos erfüllt. Die Dramaturgie ihrer Werke entspricht der Regellehre Gustav Freytags, aber sie bieten keine Substanz, die sich für die Bühne womöglich heute noch fruchtbar machen lässt. Zu sehr wirken bei diesen Dramatikern, die sich zum Teil zu Poetenzirkeln zusammenschließen – so zum berühmten Münchener Dichterkreis «Krokodil», dem außer Paul Heyse auch der Lyriker Emanuel Geibel oder der Porträtmaler Franz von Lenbach angehören –, alte und jüngere Muster nach. Die klassische Antike, das ewig unerreichbare Ideal William Shakespeare, der Ideendichter Friedrich Schiller sind die Vorbilder, deren Stoffe adaptiert werden, um sie anhand der zu erlernenden «Technik des Dramas» auf die Bühne zu bringen.

Nicht anders verhält es sich mit der Aufnahme historischer Sujets. Ein Drama, das die Zeit bewegt hat – allerdings nicht auf der Bühne, sondern in Form von Briefwechseln –, ist Ferdinand Lassalles *Franz von Sickingen* (1858), ein Werk in Geist und Diktion Friedrich Schillers, das seinen Stoff aus der Zeit des Bauernkriegs nimmt. In Wahrheit aber geht es Lassalle um die dramatische Illustration eines höchst aktuellen politischen Ziels: die nationale Einigung. Lassalle, einer der führenden Ideengeber der deutschen Arbeiterbewegung, verlegt sein Thema ins 16. Jahrhundert in den historischen Umkreis Franz von Sickingens und Ulrich von Huttens. Mit großer Geduld und in ausführlichen Briefen haben sich Karl Marx und Friedrich Engels argumentativ auf Lassalles Opus eingelassen, auch mit deutlicher Kritik, insbesondere an der Transponierung eines aktuellen Themas in eine weit zurückliegende Epoche, die notwendig zu falschen Maßstäben und historisch unzutreffenden Wertungen habe führen müssen. In vergleichbarer Weise wird auch bei dem erfolgreichen Revolutionsdramatiker Robert Griepenkerl (*Maximilian Robespierre*, 1849; *Die Girondisten*, 1852) der Gegenwart ein Spiegel in Gestalt historischer Vorgänge vorgehalten, um in deren Licht aktuelle Probleme zu diskutieren. Ein sehr anderes künstlerisches Problem, nämlich eine allzu große Verehrung für den Reichskanzler Otto von Bismarck, offenbart demgegenüber Ernst von Wildenbruchs Drama *Die Quitzows* (1888). Sein Autor versteht sich als Vertreter der nationalen Idee, Bismarck gilt ihm als Heros der Epoche, und die Idee der Reichsgründung bedeutet für ihn die Erfüllung der Geschichte. Das Stück bietet eine Vision vom Geist Preußens, den die Bühne durch einen hohen, markanten Ton zu beglaubigen hat. Die nationale Idee, Aufbruch, Tat und imperiale Geste verbürgen die Gesinnung des Autors, zumal seine Preußenverehrung. Abermals ein reines Ideendrama, ohne historische oder gesellschaftliche Unterfütterung – ein dramatischer Heroismus, der nicht aus Eigenem lebt und deshalb immer wieder rhetorischer Anleihen bei Schiller bedarf.

Friedrich Hebbel hingegen wählte seine Stoffe, entsprechend seinem Postulat einer dialektischen Verflochtenheit von «Seiendem» und «Werdendem», nach der Maxime, dass «das Leben als Vereinzelung, die nicht Maß zu halten weiß, die Schuld nicht bloß zufällig erzeugt, sondern sie notwendig und wesentlich mit einschließt und bedingt» – mit der dramentheoretisch reflektierten Folge, dass das Drama, «indem es an immer neuen Stoffen, wie die wandelnde Zeit und ihr Niederschlag, die Geschichte, sie ihm entgegenbringt, darzutun hat, daß der Mensch, wie die Dinge um ihn her sich auch ändern mögen, seiner Natur und seinem Geschick nach ewig derselbe bleibt». Schon die Titel seiner Dramen verraten, dass es sich um gezielt gewählte Stoffe handelt, die diesen Maximen gerecht werden können: *Judith* (1840), *Maria Magdalene* (1844), *Herodes und Mariamne* (1849), *Agnes Bernauer* (1852), *Die Nibelungen* (1861). Nicht selten stehen – hierin sind Hebbels Dramen den Romanen Fontanes vergleichbar – Frauengestalten im Mittelpunkt des Geschehens, inmitten des gesellschaftlichen «Ganzen» exemplarisch unterdrückte oder unterprivilegierte Figuren, an denen sich der Grundkonflikt von Schuld und Vereinzelung, Kontinuität und Wandel entfalten lässt.

Die Männer stehen für eine Idee – die Frauen für nichts als sich selbst. So die Judith des Alten Testaments, die Hebbel im Konflikt zwischen weiblicher Individualität und göttlicher Bestimmung zeigt. Sie will den Assyrer-Feldherrn Holofernes töten, um das jüdische Volk zu retten; doch in ihren Vorsatz mischen sich persönliche Motive, Impulse und Signale weiblicher Erotik, die Holofernes zu einer Vergewaltigung Judiths veranlassen und Judith zur Ermordung des Holofernes: Der religiöse Handlungsimpuls Judiths schlägt um in private Rache. Deutlicher noch zeigt sich dieser Grundkonflikt in *Maria Magdalene*, im dramatischen Kontext einer Kleinbürgerwelt, die durch die Wahl des biblischen Namens überhöht wird, wie auch in *Agnes Bernauer*, einem historischen Stoff aus dem 15. Jahrhundert. Sucht Klara, die Maria Magdalene des Dramas, den Tod, um den rigiden gesellschaftlichen Zwängen und Urteilen zu entkommen, so wird Agnes Bernauer am Ende aus Gründen der Staatsräson ermordet. Beide Frauenfiguren beharren auf ihrem individuellen Recht entgegen den Ansprüchen der Gesellschaft. Zumal in *Agnes Bernauer* geht es um den Kampf eines weiblichen Ich gegen die Idee des Staates, die von Gott gesetzt ist: «Daß das Individuum», so Hebbel, «wie herrlich und groß, wie edel und schön es immer sei, sich der Gesellschaft unter allen Umständen beugen muß, weil in dieser und ihrem notwendigen formalen Ausdruck, dem Staat, die ganze Menschheit lebt, in jenem aber nur eine einzelne Seite desselben zur Entfaltung kommt» – dieser Anspruch grundiert die Konfliktkonstellation auch der *Nibelungen*: Hier ist es Kriemhilds Rache, die sich im letzten Teil in einer Katastrophe entlädt. Die philosophischen Voraussetzungen dieser Konfliktdramaturgie finden sich bereits in Hegels *Grundlinien der Philosophie des Rechts* (1821): Der Einzelne muss sich dem Staat als der legitimen Institution des rechtlich gesicherten Interessenausgleichs aller Bürger unterwerfen, gleichviel, ob er diesem objektiven gesellschaftlichen Zusammenhang subjektiv zustimmt oder nicht. Er ist Teil der Gesellschaft und insofern auch Teil ihrer Rechtskonstruktion. Ihr muss er sich beugen, ja unterwerfen – er darf seinen Individualwillen nicht gegen die Idee des Staates zu behaupten, gar durchzusetzen versuchen. Auf andere Weise wird dieser Konflikt auch in *Herodes und Mariamne* entfaltet, nämlich als Psychogramm eines Herrscherpaars, in dem sich Aspekte der Staatsräson mit individuell motivierten Handlungsimpulsen konfliktreich verbinden.

Kann man solche Konstellationen von Ideen und Gestalten noch ‹tragisch› nennen? Diese Frage schließt jene nach der literarhistorischen Stellung Hebbels in der zweiten Hälfte des 19. Jahrhunderts ebenso ein wie die nach der Stellung seines dramatischen Werks in der Geschichte der Tragödie und des deutschen Trauerspiels. Eine zentrale Frage – es lohnt die Mühe, sich ihrer Beantwortung über eine Schrift des Philosophen Karl Jaspers mit dem Titel *Über das Tragische* (1952) zu nähern. Jaspers spricht hier von der «Verwandlung des tragischen Wissens in ein ästhetisches Bildungsphänomen». Die Tragödien des 19. Jahrhunderts, so Jaspers, «werden zum größten Teil aus Konstruktionen mit Hilfe des Denkens entstandene Virtuosenleistungen der fesselnden Pathetik». Hier erscheinen «philosophische Theorien in der Verkleidung der Theaterfiguren», als «abgeleitete Bildungswelt», in der «zumeist blutleere Gebilde entstehen, in denen die Heftigkeit ihrer Gefühlserregungen, die Dramatik der Ereignisse, die Geschicklichkeit der Bühneneffekte nicht ersetzen können, was in der unendlichen Tiefe der griechischen Dramen und Shakespeares spricht». Sieht man von dem unüberhörbar kritischen Unterton einmal ab, so bieten diese Beobachtungen dramentheoretisch wie literaturgeschichtlich überaus anregende Aspekte. In der Tat bedeutet das Drama Hebbels einen Übergang in ein dramengeschichtliches Zwischenstadium, das nicht eine Entwicklungsphase abschließt, nicht eine andere eröffnet, sondern zwischen Antike und Moderne steht, Ausdruck einer Zeit, die kein eigenes Drama besitzt, da sie in sich undramatisch ist. Womöglich vermag – so lässt sich dieser Gedanke weiterführen – das 19. Jahrhundert ein großes Drama nur um den Preis noch zu schaffen, die bisherige Tradition des Dramas, seine Strukturen, seinen Gehalt und seine Ideen gleichsam als Bildungspotenzial aufzunehmen in der Form eines Ersatzes für den tatsächlich nicht mehr vorhandenen Stoff. Die tradierten Stoffe besitzen kein Leben mehr, und eine Zeit der Resignation und des Rückzugs wie jene nach 1848 kann sie nicht wieder lebendig machen. So müssen sie notgedrungen künstlich verlebendigt werden: Eine durch Tradition geadelte Idee wird als tragisch gesetzt und als Bildungserlebnis um die alten Stoffe gruppiert.

Dies ist der Preis, den das Drama des Übergangs von der geschlossenen zur offenen Form im 19. Jahrhundert zu zahlen hat: Sophokles und Shakespeare vor Augen, durch Schiller geprägt, im Bestreben, etwas Neues zu schaffen, ohne dieses Ziel erreichen zu können. Die Kunstperiode der Goethezeit, die Zeit der Kleist, Büchner und Grabbe ist ebenso vorüber wie die Epoche des politischen und sozialen Quietismus nach 1848. Das Drama muss Traditionen beerben, Konstruktionen übernehmen und Bildungsversatzstücke zusammentragen, um aus diesen gleichsam eine Art Meta-Dramatik zu schaffen, die die Geschichte des Dramas voraussetzt, sie zitiert und mit ihr spielt. Selbst Hebbels Drama – das einzige, das zählt in dieser Zeit – kann sich literaturgeschichtlich nur dadurch noch behaupten, dass es seine Konflikte anhand abstrakt gewordener Ideen generiert, die lediglich als «ästhetische Bildungsphänomene» ihren Platz finden. Als «tragisch» – dies ist literaturgeschichtlich der objektive Stand des Dramas in der zweiten Hälfte des 19. Jahrhunderts – können sie nicht mehr gelten.

Lyrik

Ebenso wenig wie das Drama ist die Lyrik in der zweiten Hälfte des 19. Jahrhunderts durch Innovationen geprägt. Aufgenommen werden die Impulse des Sturm und Drang, insbesondere Goethes Jugendlyrik, angeknüpft wird an die Balladendichtung Schillers und Bürgers, fortgeführt das Bewährte aus den Traditionen der Klassik und Romantik. Daher überwiegt der Eindruck einer poetischen Wiederholung von bereits Bekanntem. «Unser ist das Los der Epigonen, / Die im weiten Zwischenreiche wohnen», sagt Gottfried Keller in einer Ghasele aus dem Jahr 1847. Es handelt sich in der lyrischen Produktion dieser Zeit überwiegend um Varianten von Bekanntem, deren inhaltliche Merkmale wiederum Hegel in seinen *Vorlesungen über die Ästhetik* präzise benannt hat. Da sich in der Lyrik das «Bedürfnis» befriedige, «*sich* auszusprechen und das Gemüt in der Äußerung seiner selbst zu vernehmen», müsse der Lyrik «auch das Recht bleiben, sich auf den Ausdruck rein innerlicher Stimmungen, Reflexionen usf. zu beschränken, ohne sich zu einer konkreten, auch in ihrer Äußerlichkeit dargestellten Situation auseinanderzulegen». Dementsprechend habe die «echte Lyrik», so Hegel, «den wahren Gehalt der menschlichen Brust auszusprechen»: «Als lyrischer Inhalt jedoch muß auch das Sachlichste und Substantiellste als subjektiv empfunden, angeschaut, vorgestellt oder gedacht werden.»

Die hiermit theoretisch und poetologisch vorgegebenen Ansprüche und Begründungen lassen sich in der poetischen Praxis des Bürgerlichen Realismus unschwer wiederfinden. Ob Theodor Storm oder Conrad Ferdinand Meyer, Friedrich Hebbel, Gottfried Keller oder Theodor Fontane: Ihre Dichtung pflegt subjektive Stimmungen und Emotionen, strebt nach Harmonie und Einklang und ist durch Sentimentalität gekennzeichnet – als hätte es die epochemachenden ironischen Brechungen in der Lyrik eines Heinrich Heine nicht gegeben. Man greift gewiss nicht zu kurz, wenn man diese Merkmale auch als einen Reflex auf die in ganz Europa gescheiterte Revolution von 1848 versteht. Und doch finden sich auch unter diesen Voraussetzungen kunstvolle Beispiele einer eigenständigen lyrischen Sprache – man denke an Friedrich Hebbels «Herbstbild» («Dies ist ein Herbsttag, wie ich keinen sah!», 1836), Theodor Storms

«Die Stadt» («Am grauen Strand, am grauen Meer», 1852) oder an Gottfried Kellers «Abendlied» («Augen, meine lieben Fensterlein», 1872). Doch es handelt sich um vereinzelte Beispiele, die die Abkehr von der entschieden und explizit politischen Lyrik, wie sie bis 1848 vorherrschte, umso sinnfälliger machen. Und selbst Klaus Groths Gedichtsammlung *Quickborn* (1852) mit ihrer großen Vielfalt niederdeutscher Poesie vermag das vergleichsweise unverbrauchte Idiom des ‹Plattdeutschen› nur ausnahmsweise als Impuls für die Lyrikentwicklung zu nutzen.

Auch Theodor Fontane orientierte sich in seiner Poesie zunächst an herkömmlichen Sprechweisen. Seine Anfänge stehen deutlich unter dem Einfluss der späten Romantik, insbesondere Eichendorffs, auch wenn er eine Nähe zu den Autoren des Jungen Deutschland und des Vormärz gesucht hat. In Berlin zählte Fontane seit 1844 zum Dichterkreis «Tunnel über der Spree», einem Künstler- und Literaturverein, zu dem auch ein gehobenes Bildungsbürgertum, Adelige und selbst Offiziere Zugang besaßen, einem Club mit einem gewissen aristokratischen Touch, einem Netzwerk nicht zuletzt für das persönliche und künstlerische Fortkommen. Fontane wurde binnen kurzem zu einem der wichtigsten Repräsentanten dieses Kreises, der die Lyrikentwicklung im deutschen Sprachraum insgesamt nachhaltig beeinflusst hat. Der Autor war zu dieser Zeit königstreu gesinnt und ein Anhänger des preußischen Staates, trotz gelegentlicher Anklänge an die Zeit des Vormärz und seine liberalen Impulse. Für ihn bedeutete diese Konstellation keinen Widerspruch, weil Kultur ihm als ein über den Klassen und Ständen stehendes, allen Menschen gemeinsam verfügbares Phänomen galt, in dem sich keine sozialen, womöglich klassenkämpferischen Auseinandersetzungen abspielen konnten. Kultur als nationales Gemeingut – dies war die Devise des Denkens und Handelns, die den Dichterkreis und auch Fontane als Grundgedanke verband bis in die 1860er Jahre hinein, wenn auch gezeichnet durch erste Erosionserscheinungen nach der gescheiterten Revolution.

Fontanes preußisch orientiertem Konservatismus entspricht bei allen liberalen Tendenzen ein Traditionalismus in künstlerischer Hinsicht, der auch den Dichterkreis prägte. Die Jahre von 1844 bis 1854 stellen Fontanes produktivste Zeit als Lyriker dar, mit einem Schwerpunkt auf Balladen mit sozialem Gehalt, das heißt: einer gesellschaftlichen

Thematik, die politisch aufgeladen wird. Er versteht sich zu Beginn als Sänger eines preußischen Heldentums und entwickelt sich von diesen Anfängen her zu konzentrierten künstlerischen Formen, Formverknappungen und antithetischen Bildungen mit einem ebenso sachlichen wie volkstümlichen Unterton. Neue Impulse für seine Lyrik erhielt er 1848, als er die von Thomas Percy herausgegebenen *Reliques of Ancient English Poetry* (1765) kennenlernte, eine Sammlung alter heroischer Gedichte und Lieder, die sich schon für Gottfried August Bürger als Fundgrube erwiesen hatte. 1861 erschien die erste Ausgabe seiner Balladen, darin berühmt gewordene Gedichte wie jenes über «John Maynard», die Geschichte der Rettung von Reisenden und der Besatzung eines Schiffs durch die Tapferkeit des Titelhelden, eines Steuermanns, der bei seiner Großtat den Tod findet. Die letzte Strophe des Gedichts resümiert in einer Art Nachruf seine Leistung mit den Worten:

> Hier ruht John Maynard. In Qualm und Brand
> Hielt er das Steuer fest in der Hand,
> Er hat uns gerettet, er trägt die Kron,
> Er starb für *uns*, unsre Liebe sein Lohn.
>   John Maynard.

Auf weniger heroisch akzentuierte Weise spricht sich Fontanes Verehrung für preußische Tugenden auch in seiner Ballade «Herr von Ribbeck auf Ribbeck im Havelland» aus, die mit leichter Ironie und feiner Skepsis erzählte Geschichte des alten Ribbeck, angesiedelt in einer nahezu idyllischen Landschaft und gefasst in eingängige Reimformen. Der antithetische Bau setzt dem liebenswerten großzügigen Alten den junkerhaften geizigen Sohn entgegen, den Repräsentanten einer neuen preußischen Kaste, zwar auf humorvolle Weise, nicht ohne kritischen Biss, doch versöhnlich und offen für eine Zukunft, in der es einst so etwas wie ein harmonisches Miteinander zwischen den unterschiedlichen gesellschaftlichen Gruppen und Generationen geben könnte. Man darf vermuten, dass Theodor Fontane sich in diesem alten Ribbeck selbst entworfen hat: Der Gehalt des Gedichts und sein erzählender Gestus offenbaren den Geist des weltoffenen Kritikers, als der sich der Autor Theodor Fontane verstand.

Weist Fontanes Lyrik mit ihrem erzählenden Duktus auf die Balladendichtung des 18. Jahrhunderts zurück, so nimmt die Dichtung des Schweizers Conrad Ferdinand Meyer den um die Jahrhundertwende entstehenden Symbolismus in mancher Hinsicht vorweg. Er geht von der Ballade aus und knüpft an die Tradition der Romanzen an, doch bereits seine Sammlung *Gedichte* (1882) erweist sich in ihrem Aufbau wie in der Komposition der einzelnen Gedichte als ein eigenständiges Werk. Die Zyklen «Stimmung» und «Erzählung», deren Titel den jeweils gewählten poetischen Gestus treffend wiedergeben, sind präzise durchgearbeitet. Die Gedichte, sorgsam gefeilt und gruppiert, bilden «symbolische Motivgruppen in komplexer Verknüpfung» (Martini 1974, 349). Ihr Symbolismus ist zu verstehen als eine künstlerische Verarbeitung des ihnen zugrunde liegenden Gehalts, persönlicher Erlebnisse und biographischer Einschnitte – der frühe Tod seines Vaters, die Trauer um die Mutter –, die im Prozess der lyrischen Symbolisierung eine Sublimierung erfahren. Zugleich kündigt sich damit ein Ende der Erlebnisdichtung an, wie man sie seit dem 18. Jahrhundert kennt, eine Lyrik, die bei einem emphatisch hervorgehobenen Ich einsetzt und, von Goethes Jugendlyrik ausgehend, im Zusammenspiel mit den Gedichten Klopstocks bis weit ins 19. Jahrhundert nachwirkt.

Bei Conrad Ferdinand Meyer kann von einem Ich in der Nachfolge der Erlebnislyrik keine Rede mehr sein. Wo Gefühle, Empfindungen und Wahrnehmungen eines Ich zur Geltung kommen, lösen diese sich in eine kunstvolle Bildersprache auf, in das Spiel poetischer Formen, das artistisch sein will, um die Ordnung einer ungeordneten Welt zu repräsentieren. Beispielhaft zeigt sich diese neuartige Qualität in dem Gedicht «Der römische Brunnen»:

> Aufsteigt der Strahl und fallend gießt
> Er voll der Marmorschale Rund,
> Die, sich verschleiernd, überfließt
> In einer zweiten Schale Grund;
> Die zweite gibt, sie wird zu reich,
> Der dritten wallend ihre Flut,
> Und jede nimmt und gibt zugleich
>   Und strömt und ruht.

Das Gedicht vollzieht einen doppelten Prozess. Einerseits zeichnet es bereits mit seinem ersten Wort konkret den Wasserfluss eines römischen Brunnens nach, der von Schale zu Schale nach unten sich ergießt, andererseits dient der römische Brunnen als Symbol des Lebens, das aufsteigt, sich ergießt, herabfällt und am Ende ruht, worauf neues Leben folgt, das wiederum strömt und verfließt und ruht – und so fort. Das symbolische Ausklingen des Lebens, der Tod, der mit dem letzten Wort ‹ruht› eingefangen wird, bedeutet in diesem Gedicht kein Ende, sondern verweist auf den Anfang zurück. Die Kunst des Gedichts besteht darin, dass in ihm nicht nur die materielle Wirklichkeit des Brunnens zu einem sprachlichen Bild geformt wird, sondern dass diese Form zugleich über sich selbst hinausweist auf die Sphäre des Lebens. Die Gegenständlichkeit des Brunnens und die Symbolebene besitzen eine je eigene Realität – Sein und Bedeutung verweisen aufeinander und stehen jeweils für sich. In vergleichbarer Weise kunstvoll ist auch das folgende Gedicht gefügt:

Zwei Segel

Zwei Segel erhellend
Die tiefblaue Bucht!
Zwei Segel sich schwellend
Zu ruhiger Flucht!

Wie eins in den Winden
Sich wölbt und bewegt,
Wird auch das Empfinden
Des andern erregt.

Begehrt eins zu hasten,
Das andre geht schnell,
Verlangt eins zu rasten,
Ruht auch sein Gesell.

Auch hier wird auf den ersten Blick nichts anderes thematisiert als die Bewegung zweier Segel auf einem Boot, ihr Spiel mit dem Wind, das Verhältnis von Bewegung und Stillstand, Verlangsamung und Beschleunigung. Und auch hier weist die kunstvolle Sprache über den Zusammenhang des Gedichts hinaus, indem sie das thematisierte Zusammenspiel der zwei Segel auf die Zweisamkeit von Gefühlen erweitert. Das geschieht, unmerklich fast, durch die Einfügung von Substantiven und Verben des Gefühls (empfinden, erregen, begehren, verlangen), sodass sich die Atmosphäre des maritimen Gleichklangs zu einem Symbol für die Vollkommenheit und Harmonie der Liebe erweitern kann. Das Chaos des Lebens, von dem die schwellenden Segel wegführen, wird gebändigt durch die Form, durch den schlichten, sanften Ton des Gedichts. Die Gedichte Conrad Ferdinand Meyers repräsentieren, ein Vierteljahrhundert nach dem Tod Heinrich Heines, in der deutschsprachigen Poesie einen entschieden neuen Ton, der mit seinem symbolischen Gehalt die Welt der Dissonanzen sprachkünstlerisch aufzulösen und aufzuheben versucht.

9 Naturalismus

Der Naturalismus stellt literaturgeschichtlich eine Fortschreibung des Realismus dar im Sinne einer Radikalisierung der bereits ausgebildeten literarischen Verfahren. Der Begriff bezeichnet für den Zeitraum etwa von 1870 bis 1900 das Bemühen, der Wirklichkeit durch Sprache nahe zu kommen, um sie, soweit möglich, sprachlich unmittelbar wiedergeben zu können. Die soziale Frage, die Industrialisierung, das Proletariat, die Großstadt bilden die thematischen und inhaltlichen Gemeinsamkeiten naturalistischer Werke. Zugleich aber bedeutet die Hinwendung zur Faktizität eine entschiedene Abkehr von der Gestaltungsabsicht des Bürgerlichen Realismus: Es geht um die Reproduktion von Einzelheiten.

Der wichtigsten Programmschrift des Naturalismus, dem Aufsatz «Die Kunst. Ihr Wesen und ihre Gesetze» (1891 / 92) von Arno Holz, lässt sich dieser neue Impuls in wünschenswerter Deutlichkeit entnehmen. Es handelt sich um Überlegungen zu Literatur und Kunst, die sich inhaltlich an Naturgesetzlichkeiten, methodisch an den Verfahrensweisen der Naturwissenschaften orientieren, um hieraus auf Gesetzmäßigkeiten für die Literatur zu schließen und Regeln für diese aufzustellen. Ein Kernsatz lautet: «Die Kunst hat die Tendenz, wieder die Natur zu sein. Sie wird sie nach Maßgabe ihrer jedweiligen Reproduktionsbedingungen und deren Handhabung.» Holz hat diesen komplexen Inhalt in die pseudomathematische Formel «Kunst = Natur – x» gefasst und ihn später, um ihn verständlicher zu machen, zu der These vereinfacht: «Die Kunst hat die Tendenz, die Natur zu sein; sie wird sie nach Maßgabe ihrer Mittel und deren Handhabung.» Holz' Programmatik unterscheidet sich deutlich von der des französischen Naturalismus, die Émile Zola auf die Formel gebracht hatte: «Ein Kunstwerk ist ein Stück Natur, gesehen durch ein Temperament.» Holz nennt diese Vorstellung unverblümt «plumpplausibel». Er will den unkalkulierbaren Faktor ‹Temperament› zurücknehmen, um die Subjektivität des Dichters ‹tendenziell› ebenso auszuschließen wie die künstlerische Rückbindung an sprachliche Konventionen. Die Sprache soll sich verselbständigen und reiner Ausdruck der ‹Natur› werden – verstanden als umfassender Komplex einer Gegenständlichkeit, die auch soziale Phänomene einschließt, mithin die Gesamtheit der natürlichen und kulturellen, gesellschaftlichen und geschichtlichen Wirklichkeit.

Drama: Hauptmann, Schnitzler, Wedekind, Panizza

Am nächsten ist der Umsetzung dieser Programmatik das naturalistische Drama gekommen. Seine charakteristischen Merkmale lassen sich folgendermaßen zusammenfassen:

Ausschnitt aus der Wirklichkeit: es geht nicht um Handlung im klassischen Sinn einer Konfliktentfaltung, sondern um eine szenische Vergegenwärtigung, die signifikante Augenblicke aus einem Handlungskontinuum heraushebt;
Angleichung von dramatisierter Zeit und Dramenzeit: die Handlung auf der Bühne entspricht den Zeitvorgaben des zu entfaltenden Konflikts, sodass der Zuschauer buchstäblich zum Beobachter und Zeugen eines aktuellen Geschehens wird;
antagonistische Konfliktstruktur: Gegensätze prallen aufeinander, aus ihrem Zusammenprall erwächst die dramaturgisch erzeugte Spannung, es gibt keine Konfliktlösung, es sei denn in Gestalt eines zwanghaft installierten *deus ex machina*;
soziale Durchschnittlichkeit oder Unterdurchschnittlichkeit der Figuren und des Milieus: die Mentalität des Kleinbürgertums, zum Teil mit proletarischen Elementen versetzt, erbringt die erwünschte Mimesis des Alltags;
Determinierung und Präformierung: die Figuren sind, entsprechend der Milieu- und Erbetheorie, in ihrer Entwicklung nicht autonom oder frei, sondern bleiben gebunden durch ihre sozialen Prägungen, ihr Erbgut, ihr Triebschicksal;
Aufbrechen von Tabus: eine Lancierung von gesellschaftlich nicht akzeptierten Themen und Gegenständen auch durch sprachliche Mittel, die nicht gesellschaftsfähig sind oder als ordinär und obszön gelten;
Reproduktion von Kommunikation: versucht wird eine möglichst große Annäherung an jene Sprachform, die der jeweils zur Sprache kommenden sozialen Schicht eigen ist, in Form von Dialekten, Soziolekten oder Psycholekten, meist in Gestalt eines restringierten, begrenzten und beengten Unterschichtcodes;
verkürzende und verknappte Ausdrucksformen: sprachliche Verdichtungen führen zu einer Alltagsmimesis in Gestalt eines typisch naturalistischen Sprachgestus (u.a. Ellipse, Anakoluth, Katachrese).

Ein repräsentatives Beispiel für die Ausarbeitung solcher charakteristischen Merkmale bietet *Meister Oelze* (1892; UA 1894) von Johannes Schlaf, ein Drama, das mit Recht als das klassische Beispiel für einen konsequenten Naturalismus gilt. Einheit von Handlung, Ort und Zeit, detaillierte Regieanweisungen, thüringisch-sächsischer Dialekt, Sekundenstil – hier ist alles vorhanden, was ein im Wortsinn ‹naturalistisches› Drama auszeichnet, dazu eine Konfliktstruktur, die die Tradition des Schicksalsdramas – es geht um die späten Wirkungen eines lange Jahre zurückliegenden Mordes – mit dem Milieu eines Handwerkerhaushalts verbindet. Holz wollte, wie er in seinem Essay «Vom intimen Drama» (1897) betont hat, anhand von Handlungsdetails und Artikulationsnuancen einen Einblick in die inneren seelischen Vorgänge einer Kleinstadtszenerie geben, und zwar so, «dass wir hinter allen diesen indirekten Reden des Franz und der Pauline gleichsam einen viel leidenschaftlicher bewegten, direkten unterirdischen Dialog der Seelen wie mit einem inneren Ohr zu hören vermeinen». Diese Absicht zu realisieren gelingt ihm dadurch, dass die Psychologie seiner Figuren zeitlupenartig zum Ausdruck kommt, in kleinsten, minuziösen Gesprächsbewegungen, die bisweilen auf Silben und Vokale reduziert sind.

Nicht ohne Grund galt auch Max Halbe nach der Uraufführung seines Stücks *Jugend* (1893) im Berliner Residenz-Theater als einer der repräsentativen Autoren des naturalistischen Dramas. Diese Tatsache hatte zum einen mit der Thematik des Stücks zu tun, die durch Frank Wedekinds Jugendtragödie *Frühlings Erwachen* (1891) bereits in die Öffentlichkeit getragen worden war: die Pubertätsproblematik, das Entdecken der Liebe in der Jugend mit aufbegehrenden jungen Helden, die den gesellschaftlich vorgegebenen Rollenzwängen entfliehen wollen. Zum anderen war der Erfolg auf die atmosphärisch dichte Wiedergabe emotionaler Konstellationen zurückzuführen, mit einem prägnanten und präzisen, naturalistischen Prinzipien verpflichteten Sprachgestus. Darüber hinaus dürfte der kontrastiv aufgebaute Konflikt – auf der einen Seite klerikaler Fanatismus und geistesgestörte Eifersucht, auf der anderen Seite jugendliche Weltoffenheit und libidinöse Zwanghaftigkeit – mit einer gewaltsamen, tödlichen Konfliktlösung am Ende das zeitgenössische Publikum angesprochen haben. Allerdings ist Halbes Stück der Tradition der Schicksalsdramen Müllners und Werners allzu vordergründig verhaftet: Die unehelich geborene, überaus sinnliche Tochter setzt mit ihrem Begehren die Verfehlungen ihrer Mutter fort – sie ist es dann auch, die am Ende zugrunde gehen muss.

Hauptmann

Gerhart Hauptmann lehnt sich mit seinem ersten Drama *Vor Sonnenaufgang* (1889) hinsichtlich der Thematik und des Plots unübersehbar an Leo Tolstois Drama *Macht der Finsternis* (1886) an. Zwar ist das Stück mit seinen fünf Akten auf den ersten Blick an dramaturgischen Vorbildern der Klassik orientiert, doch verweist bereits seine regionale Zuordnung – es spielt in dem fiktiven schlesischen Dorf Witzdorf auf dem Hof des Bauern Krause –, vor allem aber seine soziale Problematik auf den naturalistischen Entstehungszusammenhang. Es geht um Alkoholismus, Milieueinflüsse, Verfallsszenerie, Vererbungslehre, Familienintrigen, Ausbeutung und soziale Abhängigkeit. Hauptträger der dramatischen Spannung ist eine Figur mit dem alttestamentlichen Namen Loth, ein Fremder, der in das entlegene Dorf Erkenntnisse der neuen Wissenschaften hineinträgt wie die Verhaltenslehren und Milieutheorien, insbesondere auch den Aspekt des Moralismus und damit Dimensionen der Bürgerlichkeit am Ende des 19. Jahrhunderts. Hierdurch erst, also gleichsam von außen in die soziale Thematik des Stücks injiziert, entsteht der Konflikt, mit der Folge, dass Loth am Ende verschwinden muss, damit die binnendramatisch, zum Teil mit Hilfe geradezu epischer Regieanweisungen entfaltete Problematik bis zum Scheitern entwickelt werden kann – eine künstliche Konstruktion, die den Kapitalisten Hoffmann und den bürgerlichen Utopisten Loth nicht in eine dramaturgisch tragfähige Balance bringt. Dass dieses Stück zu einem der umstrittensten Dramen der Zeit werden konnte, hat freilich nicht in erster Linie mit seiner Thematik, sondern vor allem mit seinen sprachlichen Dimensionen zu tun, nicht zuletzt mit dem von Hauptmann effektvoll eingesetzten Wechsel zwischen Hochsprache und Dialekt. Mit seinem Drama *Vor Sonnenuntergang* (1932) knüpfte er 30 Jahre später an sein erstes großes Bühnenwerk an in der Absicht, zu den eigenen Anfängen zurückzukehren – ein

Alterswerk, aufgeladen mit vielfältigen Anspielungen auf Goethe, Hauptmanns großes Vorbild, dem er während des Dritten Reichs im sprachlichen Gestus ebenso wie in seinem persönlichen, äußeren Habitus nahezukommen suchte.

Die Familienthematik und -problematik hat Hauptmann in zwei weiteren Bühnenwerken aufgenommen: in einem Drama mit dem ironischen Titel *Das Friedensfest* (1890) und dem Untertitel «Eine Familienkatastrophe», eine Skizze bürgerlicher Lebenswirklichkeit, mit der die Ursachen des miserablen Lebenszusammenhangs und Bedingungen des Verfalls dieser Familie vorgeführt werden, und in dem Stück *Einsame Menschen* (1891), in dem es um die Figur eines Gelehrten mit aufklärerischen Ideen geht, der sich in seiner Lebenspraxis durch eine fragwürdige Haltung der Anpassung, sogar Verrat kompromittiert.

Ein bedeutenderes Werk ist zweifellos *Die Weber* (1892), ein Drama über den Aufstand der Weber im Jahr 1844 im schlesischen Eulengebirge. Hauptmann hatte seit 1888, vor seiner Arbeit an diesem Stück, umfangreiche Studien unternommen und sich Kenntnisse insbesondere durch den zeitgenössischen Bericht von Wilhelm Wolff (*Das Elend und der Aufruhr in Schlesien*, 1844), ferner durch Alfred Zimmermanns Untersuchung *Blüte und Verfall des Leinengewerbes in Schlesien* (1885) angeeignet sowie als literarisches Vorbild Émile Zolas *Germinal* (1885) studiert. Darüber hinaus unternahm er im April 1891 Reisen ins Gebiet des einstigen Weberaufstandes, hielt sich in Reichenbach auf, in Peterswaldau und in Langenbielau, um mit Augenzeugen des Aufstandes zu sprechen, und ließ sich von einem Redakteur der sozialistischen Zeitschrift *Proletarier* beraten. Gewidmet hat der Autor das Stück seinem Vater, dessen Erzählungen er die Anregungen zu seinem Drama verdankte. Zunächst schrieb Hauptmann eine Fassung im schlesischen Idiom, der er später eine hochdeutsche folgen ließ – sie ist es, die sich am Ende durchgesetzt hat. Das Stück hat großes Aufsehen erregt. Es wurde verboten, weil es einer Verfügung des Berliner Polizeipräsidenten von 1893 zufolge als aufrührerisch galt.

Der Stoff der ersten vier Akte besitzt epischen Charakter. Geschildert wird anhand von Figuren, die Teil eines Kollektivs sind, das Leben der verarmten und verelendeten Weber, eine Art Erzählung, hinter der ein subjektiv gestaltendes episches Ich erkennbar ist. Der fünfte Akt bedeutet demgegenüber einen dramaturgischen Bruch: Mit der Einführung der Figur Hilse und ihrer symbolischen Hinrichtung auf der Bühne vollzieht sich eine Abkehr vom epischen Charakter des Hauptgeschehens mit seiner Fülle von Personen und Zufällen, Kollektivität und Stellvertretung, die der Erzeugung von Wirklichkeitsnähe im Geist des Naturalismus dienen. Am Ende setzt sich die Dramatik im Sinne einer klassischen Formtradition durch.

Dieser Schluss bietet Anlass, nach der Progressivität des naturalistischen Dramas zu fragen. Denn offenbar besteht eine Tendenz, die alten, vorgeblich verworfenen Traditionen wieder aufzunehmen trotz allem programmatischen Selbstverständnis der Erneuerung und Modernisierung des Theaters. Tatsächlich kann man von einem ästhetischen Konservatismus im Naturalismus sprechen: Sein forcierter wirklichkeitsgerechter Sprachgestus erweist sich bei genauem Zusehen als eine höchst artifizielle dramaturgische und sprachliche Gestaltung, deren Gewaltsamkeit am Ende ihre Verwandtschaft zur Tradition des bürgerlichen Trauerspiels nicht leugnen kann. Die Thematik, die Hauptmann aufgreift, die Probleme, die er in der Form eines Theaterstücks schildert – das Proletariat und das Kapital, die Ausbeutung, die Armut, der Aufstand –, erfordern ästhetisch im Grunde eine andere Lösung als das gewählte tragische Ende, nämlich einen zukunftsoffenen Schluss.

In vergleichbarer Weise zeigt sich dieses Problem auch in anderen Bühnenwerken Hauptmanns, etwa in *Fuhrmann Henschel* (1899) und in *Rose Bernd* (1903), Stücke, die man unter die «Rettungsversuche» (Szondi 1967) des Dramas gezählt hat. *Fuhrmann Henschel* steht in der Tradition des Schicksalsdramas: ein gebrochenes Versprechen, die bedrückende Last aus der Vergangenheit, am Ende Tod und Verderben; ähnlich *Rose Bernd* mit einer Titelfigur, die ihrerseits strauchelt und untergeht: Ehebruch, Vergewaltigung, Kindsmord und am Ende Isolation, Einsamkeit und beginnender Wahn – Klinger und Goethe, Schiller, auch Hebbel bilden die Traditionslinie, an der sich Hauptmann hier orientiert. Tatsächlich ist der Naturalismus auf diese Weise klassizistisch befangen geblieben. Seine Versuche, die Stagnation des deutschsprachigen Dramas gegen Ende des 19. Jahrhunderts durch die Erschließung neuer

Stoffschichten, die Entdeckung eines neuen Heldentypus, durch das Kollektiv auf der Bühne aufzubrechen, fügt sich immer wieder auch traditionellen Mustern des dramatischen Erzählens. Auf diese Weise bleibt der Naturalismus stets in einem Widerspruch befangen: einerseits der Rekurs auf die reinen Tatsachen, der nicht mehr als die Wiedergabe einer Oberfläche erlaubt; andererseits der Versuch, diese Oberfläche dramatisch zu durchdringen und zu analysieren, sodass eine Art Tragik entsteht, freilich um den Preis einer konservativen, an klassische Traditionen anknüpfenden Form.

Dieses Problem zu lösen ist Hauptmann bezeichnenderweise in seiner Komödie *Der Biberpelz* (1893) gelungen: Hier befreit sich der Dramatiker von der traditionellen Intrigenform des klassischen Lustspiels. Er verzichtet auf eine konsequente komische Handlung und tendiert stattdessen zur epischen Reihung einzelner Szenen, auch zur Repetition von strukturell ähnlichen Vorgängen. Es ist eine «Diebskomödie» – so der Untertitel –, in deren Mittelpunkt die Waschfrau Wolf, genannt Mutter Wolfen, steht. Zwei Konfliktlinien, eine politische und eine gesellschaftliche, werden innerhalb dieser Komödie gegeneinander geführt und am Ende aufgehoben, und zwar mit Mitteln einer offenen Dramaturgie, durch Situationskomik, Parallelhandlungen und Kontrastfiguren, deren konfliktreiches Widerspiel in ein befreiendes Lachen mündet. Das gelungenste Werk Hauptmanns aber, das auch auf den Bühnen in bisweilen glanzvollen Inszenierungen überlebt hat, ist zweifellos *Die Ratten* (1911) – bezeichnenderweise mit dem Durchbruch zu einer offenen Dramaturgie. Das Stück spielt auf zwei Ebenen in einem Mietshaus. In der einen Wohnung wird, repräsentiert durch den Theaterdirektor Hassenreuter und seinen Schüler Spitta, Theater gespielt: Hassenreuter will seinem Eleven die Regeln der klassizistischen Poetik vermitteln, während Spitta ein Anhänger des Naturalismus ist. Die zweite Ebene des Stücks ist die des Maurerpoliers John und seiner Frau, einer Familie, die im zweiten Stock des Mietshauses wohnt, inmitten einer kleinbürgerlichen Idylle, die zunehmend gestört wird. Was man in der Wohnung der Familie John ebenso wie auf der Ebene von Hassenreuter und Spitta hört, sind kratzende, hässliche, furchtbare Geräusche, die auf Brüchigkeit, Erosion und Verfall deuten, ein Lärmen, das offensichtlich von Ratten herrührt. Und in der Tat sind hinter den Personen des Stücks die Ratten die eigentlich handelnden Figuren, die wahren Helden und die wirklichen Sieger. Sie sind es, die hörbar, fühlbar, spürbar machen: Etwas verfällt, weil es keine Substanz mehr besitzt.

Schnitzler

Auf eine sehr andere Weise als Gerhart Hauptmann bearbeitet der Wiener Dramatiker Arthur Schnitzler Probleme des Verfalls. Im Mittelpunkt seines dramatischen Werks – ebenso in seinen Erzählungen *Die Traumnovelle* und *Fräulein Else* (1926) – steht das Verhältnis von Erotik und Sexualität. So in Schnitzlers Episodendrama *Reigen* (1896/97), in dem sich eine Liebesbeziehung in die nächste übersetzt, diese in eine weitere übergeht, ein ‹Reigen› erotischer Bezüge und Beziehungen, die auseinander hervorgehen und sich fortsetzen wie zuvor schon in Schnitzlers Stück *Anatol* (1893): einem Zyklus von unterschiedlichen dramatischen Szenen, aneinandergefügt als Variationen ein und derselben Grundsituation, die auf die Figur Anatol fokussiert ist. Es handelt sich um Beziehungen zu unterschiedlichen Frauenfiguren von der Weltdame bis zum Vorstadtmädchen, an deren Beispiel soziale Hierarchien vorgeführt werden, Gestalten, Begegnungen, in denen sich die Flüchtigkeit des Lebens spiegelt. Hugo von Hofmannsthal hat dem Stück Verse vorangestellt, die dessen Substanz prägnant zusammenfassen: «Also spielen wir Theater, / Spielen unsre eignen Stücke, / Frühgereift und zart und traurig, / Die Komödie unsrer Seele, / Unsres Fühlens Heut und Gestern, / Böser Dinge hübsche Formel, / Glatte Worte, bunte Bilder, / Halbes, heimliches Empfinden, / Agonien, Episoden …» Ein im Hinblick auf Schnitzler ebenso treffendes wie bedenkenswertes Motto – es gilt mit einer signifikanten Abweichung auch für Hofmannsthals eigenes dramatisches Welttheater *Der Tor und der Tod* (1900). Hier klagt der arme Claudio am Ende seines Lebens in wunderschönen Jamben darüber, dass er eigentlich gar nicht gelebt habe. Dies ist die Atmosphäre der Kaffeehäuser, in denen Literaten, Künstler und Poeten beieinander saßen und über jenes Leben sprachen, das sie über ihren Gesprächen versäumten. Dort sitzt auch Claudio und quält sich mit dem nicht gelebten Leben herum, wobei ihn der Tod ereilt. Es ist die Stimmung ‹um 1900›, die Jahrhundertwende, die einen Sigmund Freud und mit ihm die Psychoanalyse hervorbringt, einen Karl Kraus und mit ihm die Sprachkritik. Eine Stimmung, die bei Schnitzler und Hofmannsthal auf je einzigartige Weise erfasst wird: Sie hat mit dem in Berlin virulenten Naturalismus kaum etwas, viel hingegen mit Wien zu tun, mit dem Nachdenken über die vergängliche Zeit und mit der Sublimierung dieser Disposition durch Poesie.

Wedekind
Dass es sich bei diesem kunstvollen Einsatz sprachlicher Charakteristika gleichwohl nicht um eine singuläre Tugend in der Dramatik der Jahrhundertwende handelt, zeigt ein Blick auf einen Dramatiker, den man der dominanten Zeitströmung des Naturalismus im Allgemeinen nicht zurechnet, nämlich Frank Wedekind, der zunächst mit Parodien, Satiren und kritischen Gedichten hervorgetreten war, die ihm 1898 sogar eine halbjährige Festungshaft wegen Majestätsbeleidigung eintrugen. Als Dramatiker fand er mit seinem Drama *Frühlings Erwachen* Anerkennung, sehr viel später als von ihm erhofft und erwartet. Das bereits 1891 gedruckte Stück wurde erst 1906 uraufgeführt, und zwar in den Berliner Kammerspielen (Regie Max Reinhardt). Das Stück handelt von den Pubertätskrisen Jugendlicher inmitten einer autoritären und hierarchischen Umwelt (Elternhaus, Schule, Kirche), die ihnen ohne jedes Verständnis für ihre altersbedingten und generationenspezifischen Nöte gegenübersteht. Es lässt – von der Sexualität über die Abtreibung bis zum Freitod – kaum ein gesellschaftliches Tabu seiner Entstehungszeit aus, um die Anstandsfassaden des Bürgertums zu demontieren. Wedekind gelingt diese Demaskierung in Form von episodisch entworfenen Einzelszenen, die sich zu prägnanten Skizzen der in Konflikte sich verstrickenden jugendlichen Protagonisten (Wendla Bergmann, Moritz Stiefel, Melchior Gabor) verdichten. Seine bis heute andauernde Präsenz auf den Spielplänen der Theater verdankt sich gerade nicht diesen naturalistisch inspirierten Elementen. Sondern sie gelingt dadurch, dass Wedekind die Moralversatzstücke des Bürgertums mit einem kühnen Griff ans Licht zerrt, sie zueinander in Beziehung setzt und das Stück in eine Tragödie

münden lässt. Am Ende erscheint die Gestalt eines unbekannten «vermummten Herrn», dem das Stück auch gewidmet ist. Er bewahrt Melchior Gabor davor, Selbstmord zu begehen – und das Stück vor einer Perspektive vollkommener Hoffnungslosigkeit. Was seine zeitgenössischen Kritiker, Ankläger und Verächter nicht haben sehen wollen, offenbart dieser Schluss: Wedekind ist, wie in seinen anderen bedeutenden Dramen auch, im Grunde ein radikaler Moralist. Im Mittelpunkt seines Dramas *Lulu*, bestehend aus *Erdgeist* (1895) und *Die Büchse der Pandora* (1902), steht eine Frau als *femme fatale*, die die Männer zugrunde richtet, die Frau als animalisch-triebhaftes Wesen. Doch Wedekinds Konzeption zeigt die Männer als Heuchler- und Lügnerfiguren, während Lulu in ihren wechselnden Liebesbeziehungen ganz Hingabe ist. Am Ende wird sie, ein Opfer männlichen Hasses, von dem Serienmörder Jack the Ripper umgebracht. Die Hure als Heilige – im Medium dieser traditionsreichen Botschaft verdichtet Wedekind seine Kritik an der Männerwelt.

Panizza

Auch Oskar Panizza hat mit seinem Drama *Das Liebeskonzil* (1895) einen Skandal ausgelöst. Ebenso wie Wedekind wurde er angeklagt und nach einer Verurteilung wegen Gotteslästerung für ein Jahr ins Gefängnis gesteckt. Die dem Andenken Ulrichs von Hutten (1488–1523) gewidmete «Himmelstragödie» (Panizza) in fünf Aufzügen befasst sich mit der im Mittelalter «Lustseuche» genannten Krankheit Syphilis. An ihr war Hutten selbst erkrankt, mit ihr hat er sich 1519 in einem Traktat auseinandergesetzt, ihr ist er schließlich erlegen wie – Ironie des Schicksals – Panizza auch. Zu Zeiten Huttens galt die Lustseuche als Strafe Gottes für die Sündhaftigkeit der Menschen – an diesen Glauben knüpft Panizza thematisch an. Er verlegt die Handlungszeit ins Frühjahr 1495, in dem zum ersten Mal vom Auftreten der Syphilis berichtet wird, und stellt sie als Resultat einer Vereinbarung zwischen der göttlichen Dreieinigkeit, dem Teufel und der Jungfrau Maria dar. Das Stück spielt im Himmel, auf der Erde und in der Hölle. Seine inhaltliche Tendenz ist antichristlich, sein Stil blasphemisch, doch wird es substanziell und im Grunde unmissverständlich getragen von einer scharfen Kritik, an den Lebensgepflogenheiten der Menschheit insgesamt wie insbesondere an den geistlichen Repräsentanten der katholischen Kirche. Es versteht sich von selbst, dass sich seinerzeit keine Bühne bereit fand, das Stück zu zeigen. Uraufgeführt wurde es erst 1969 in Paris, und zwar in französischer Sprache. Verfilmt hat es 1981 der Regisseur Werner Schroeter, nachdem er eine Aufführung im Teatro Belli in Rom aufgezeichnet und in seinen Film Teile der historischen Gerichtsverhandlung gegen den Autor als Rahmenhandlung eingearbeitet hatte.

Prosa

Die Aufgabe der «erzählenden Kunst» sei es – so der Philosoph Wilhelm Wundt in einem 1894 in der Zeitschrift *Die Gesellschaft* unter dem Titel «Zur Psychologie der erzählenden Kunst der Zukunft» erschienenen Aufsatz –, «das Leben in seiner Totalität, in allen seinen Verknüpfungen und Äußerungen, und nicht bloß in herausgerissenen Momenten» darzustellen. «Wie sich aus Eigenart und äußeren Umständen Stimmungen entwickeln», so Wundt weiter, «das leise, unmerkliche Fortgleiten aus der einen Stimmung in die andere, wie sich aus diesen Stimmungen Gedankengänge, Affekte, Entschlüsse, Taten herausschälen, das darzustellen muss Aufgabe der modernen erzählenden Kunst werden.» Vergegenwärtigt man sich die thematischen Schwerpunkte, die den Naturalismus als Literaturbewegung kennzeichnen – die soziale Frage im Zusammenhang der Industrialisierung, die Bedeutung der Naturwissenschaften, der Positivismus im Zusammenspiel mit der Milieutheorie –, so wird man Wundts Funktionsbestimmung der Literatur zustimmen können. Die naturalistische Dichtung war, soweit sich dies ihren Manifesten ablesen lässt, in einer literaturgeschichtlich einzigartigen Weise an ihren materiellen, politischen und gesellschaftlichen Voraussetzungen interessiert. Nicht ohne Grund fällt deshalb in dem zitierten Aufsatz der Begriff der «Totalität» – die Totalität des Lebens darzustellen, galt seit Hegels Ästhetik als vornehmste Aufgabe der erzählenden Prosa, zumal des Romans. Der Roman schöpft aus dem Leben und gestaltet es. Er nimmt die Stimmungen und Bewegungen der sozialen Wirklichkeit in sich auf und transformiert sie in Personen und Handlungen, Entwicklungen und Konflikte. Die Totalität des Lebens darzustellen und über diese Darstellung Einsicht in die Bewegungsgesetze der Wirklichkeit zu vermitteln, in ihre Strukturen und Gesetzlichkeiten einschließlich ihrer psychologischen Mechanismen und ihrer ökonomischen, politischen und sozialen Zusammenhänge – das soll die Dichtung der Gegenwart und der Zukunft leisten. «Nicht Phantasterei, sondern Erkenntnis ist das Ziel der Poesie», hatte Heinrich Hart schon 1889 in der Zeitschrift *Kritisches Jahrbuch* gefordert.

Doch es verhält sich mit der Theorie der Prosa wie mit den programmatischen Äußerungen zur Lyrik: Gut begründeten, analytisch differenzierten und polemisch zugespitzten Überlegungen steht eine angesichts der erhobenen Ansprüche eher schlichte literarische Produktion gegenüber. Die Programmatik ist stärker als die Praxis – die Zahl der vergessenen Prosaautoren aus der Zeit des Naturalismus spricht eine eigene Sprache. Um einige wenige der seinerzeit bekanntesten Namen zu nennen: Paul Ernst, Max Kretzer, Wilhelm Walloth, John Henry Mackay, Max Halbe, Helene Böhlau, Klara Fiebig, ferner Hermann Bahr, Otto Julius Bierbaum, Otto Erich Hartleben und Hermann Sudermann. Ihre Prosa hat keine Formen entwickelt, die der Wirklichkeit gewachsen wären. Sie ist, bezogen auf die soziale Thematik der Epoche, unterkomplex. Sie hat für die Dynamiken ihrer Zeit keine angemessene Sprache gefunden. Zwar werden Leid, Elend und Not beispielsweise bei Max Kretzer und Peter Hille anschaulich herausgearbeitet. Doch herrschen, da der große Roman nicht gelingen will, vor allem die kleinen Formen vor: Erzählung, Novelle, Reportage, Prosaskizzen und -miniaturen, für die immanent Vertiefungen in Richtung einer psychologischen Konturierung der Figuren gesucht werden.

Eine Ausnahmefigur ist wiederum Oskar Panizza, der nicht nur als Dramatiker, sondern auch als Prosaautor einer der wenigen originellen Schriftsteller dieser Zeit war – was zugleich bedeutet, dass er sich unter dem Stichwort ‹Naturalismus› gerade nicht rubrizieren lässt. Er geht – experimentell in der Form, frech in der Thematik und respektlos gegenüber allen Traditionen – deutlich über den Naturalismus hinaus. Beispielhaft hierfür kann seine zuerst in dem Erzählungsband *Dämme-*

rungsstücke (1890) erschienene Prosaminiatur «Das Wachsfigurenkabinett» stehen, ein für die damalige Zeit dreistes Stück religiöser Blasphemie. Panizza lässt Jesus und seine Jünger als Wachsfiguren auftreten, die sprechen können, weil ihnen ein Automat eingebaut wurde, der allerdings zu gelegentlichen Sprachstörungen auf Grund einer unausgereiften Technik führt. Diese ist nicht zuletzt die Ursache dafür, dass es Jesus nicht gelingen will, ein offenes und freies «Ja!» zu sprechen – es reicht lediglich zu einem gehemmten und gestotterten «Nja!» –, eine Szene, satirisch entworfen und frech beschrieben, die Bertolt Brecht und Karl Valentin auf kühne Weise vorwegnimmt.

Sehr viel näher als Oskar Panizza steht Gerhart Hauptmann den programmatischen Forderungen an eine naturalistische Prosa. Seine Erzählung *Bahnwärter Thiel* (1888) ist unprätentiös, in einem einfachen, ja schlichten Erzählduktus gehalten, doch aufgeladen mit einer den Text verdichtenden Symbolik in Form einer distanzierten Darstellung der äußeren Vorgänge und einer sensiblen Nachzeichnung der psychologischen Innenwelten. Sie wird dynamisiert durch eine Dämonisierung der Technik, wie sie die Eisenbahn repräsentiert, das Symbol einer Zukunft, die die alten Lebensverhältnisse hinwegfegt. Man kann angesichts dieser Erzählung Hauptmanns von einer Verschmelzung des naturalistischen Erzählprinzips mit spätromantischen Zügen sprechen, die das Abgründige im Zeitalter des Fortschritts aufscheinen lassen.

In vergleichbarer Weise thematisiert Max Kretzers bekanntester Roman *Meister Timpe* (1888) diese Problematik. Er handelt von einem in Berlin lebenden Handwerksmeister und seiner Familie. Erzählt wird – in realistischer Tradition mit naturalistischen Einsprengseln – anhand dreier Generationen von der gesellschaftlichen Dynamik, die mit dem industriellen und ökonomischen Umbruch Ende des 19. Jahrhunderts einhergeht. Schon Kretzers erster Roman *Die beiden Genossen* (1880) hatte sich dieser Thematik unter sozialistischen Vorzeichen angenommen – *Meister Timpe* erweitert diese politische Perspektive auf den Kontext der Großstadt. An die Stelle des Handwerks tritt die industrielle Massenproduktion, und mit ihr verändert sich auch die Stadt Berlin rapide, symbolisch eingefangen durch die moderne Stadtbahn, die am Ende ins Bild kommt. Konstruktion und Konfliktstruktur des Romans sind bisweilen klischeehaft, und doch bietet *Meister Timpe* ein Zeitbild, das den Charakter der Großstadt wie die Figuren und Typen, die sie bevölkern, plastisch und anschaulich zeichnet.

Verwandt mit Kretzers *Meister Timpe* ist Wilhelm von Polenz' Roman *Der Büttnerbauer* (1895): Auch hier geht es um die Generationenfrage, die Auflösung aller alten Bindungen und die Dynamik der Zeit, auch hier steht mit Traugott Büttner, einem Bauern in der Lausitz, eine Figur im Mittelpunkt, die von der Zeit überrollt wird. Der Einbruch der kapitalistischen Ökonomie in die alte Zeit und der Naturwissenschaften in die Bewirtschaftung des Landes richtet im Zusammenspiel mit betrügerischen Machenschaften und dem Verfall seiner Familie den Büttnerbauern am Ende zugrunde. Der Roman – in seiner inhaltlichen Argumentation einerseits sozialkritisch, andererseits traditionsorientiert – gilt als eines der eindrucksvollsten Beispiele naturalistischer Prosa. Doch er ist konventionell erzählt: Er lädt seine Leser durchweg zur Identifikation mit der ideologischen Position und dem Lebensschicksal des alten Büttnerbauern ein, der – ohne Zeitung, ohne Maschinen, ohne Kunstdünger – in der alten Zeit verharrt.

Nur in begrenztem Maß wird man Ludwig Ganghofer zu den Schriftstellern im Umkreis des Naturalismus rechnen können. Er gilt als einer der bedeutendsten Autoren der süddeutsch geprägten Heimatliteratur und war zugleich einer der erfolgreichsten Romanschriftsteller seiner Zeit mit Millionenauflagen. Sein bekanntester Roman *Schloss Hubertus* (1895) handelt vom Schicksal einer Familie und von Konflikten zwischen den Generationen, und zwar in einer deutlich kontrastiven Schwarz-Weiß-Charakteristik, ein Merkmal auch anderer Werke Ganghofers (*Der Klosterjäger*, 1892; *Die Martinsklause*, 1894), in denen die tüchtigen, aufrechten und tapferen, natur- und volksnahen Menschen gut und gesund, die modernen, der Großstadt und der Technik zugewandten Figuren hingegen schlecht und krank sind. Es ist ein Schicksalsroman um den Herrn auf Schloss Hubertus, dessen Jagdleidenschaft die Ursache eines familiären, in Mord- und Wilderergeschichten hinüberspielenden Niedergangs bilden. Die positive Gegenfigur, der einzige Halt inmitten vielgestaltiger Irrungen und Wirrungen, ist der Jäger des Grafen, durch den der strudelartig in den Abgrund treibende Weg der Familie am Ende aufgefangen wird. Die zahlreichen Adaptionen der Romane Ganghofers – *Schloss Hubertus* wurde allein dreimal verfilmt (1934, 1954, 1973), ebenso *Der Klosterjäger* (1920, 1935, 1953) und *Der Jäger von Fall* (1936, 1967, 1974), ferner *Gewitter im Mai* (1938, 1987), *Der Edelweißkönig* (1939), *Die Martinsklause* (1951), *Das Schweigen im Walde* (1955), *Waldrausch* (1962, 1977) und *Der Unfried* (1986) – illustrieren deren hohen Unterhaltungswert, der von ihrem kontrastiven, vergleichsweise schlichten Gesellschaftsbild nicht zu trennen ist.

Von anderer Qualität ist hingegen der Prosatext *Papa Hamlet* (1898), veröffentlicht zusammen mit den Erzählungen «Der erste Schultag» und «Ein Tod» unter dem Pseudonym Bjarne P. Holmsen. Es handle sich, so konnte man im Vorwort eines Übersetzers namens Dr. Bruno Franzius lesen, um die Erzählung eines jungen begabten norwegischen Autors, zu dessen Biographie sich ausführliche Erläuterungen finden – doch stimmte davon kein Wort. Weder gab es einen Autor Bjarne P. Holmsen, noch existierte der Übersetzer Dr. Bruno Franzius. Es handelte sich vielmehr um eine buchmarktstrategisch motivierte Finte der Autoren Arno Holz und Johannes Schlaf, die ihren Text vor dem Wind der Skandinavienbegeisterung ihrer Zeit segeln ließen und im Sog von Autoren wie Henrik Ibsen oder August Strindberg zum Erfolg zu führen versuchten. Tatsächlich ist es ein Gemeinschaftswerk der beiden Autoren. «Es gibt Stellen, ja ganze Seiten im Papa Hamlet», so Arno Holz im Rückblick auf die Entstehungszeit, «von denen wir uns absolut keine Rechenschaft mehr abzulegen vermöchten, ob die ursprüngliche Idee zu ihnen dem einen, die nachträgliche Form aber dem anderen angehört oder umgekehrt. Oft flossen uns dieselben Worte desselben Satzes gleichzeitig in die Feder. Oft vollendete der eine den soeben angefangenen Satz des anderen. Wir können so vielleicht sagen, wir hätten uns das Buch gegenseitig erzählt. Wir haben es uns einander ausgemalt, immer deutlicher, bis es endlich auf dem Papier stand.».

Vor dem Hintergrund dieses Panoramas naturalistischer Prosa sei schließlich auf einen der bekanntesten zu Beginn des neuen Jahrhunderts erschienenen Romane verwiesen, ein Werk, das sich gerade nicht auf eine vorgegebene Programmatik kapriziert, sondern die charakteristischen Merkmale seiner Epoche auf eine sprachlich und strukturell einzigartige Weise nachgezeichnet hat: Thomas Manns *Buddenbrooks* (1901). Die Anfänge an diesem Sprachkunstwerk liegen in der Blütezeit des Naturalismus, und seinen Auftakt im Lübecker Idiom darf man getrost einen naturalistischen Tonfall nennen. Doch der junge Thomas Mann bleibt hierbei nicht stehen. Er verleiht seiner epochalen Zeitaufnahme einer Familie und ihres Abstiegs vielmehr eine abgründige, melancholische Qualität, die in eine philosophisch orientierte Erzählperspektive eingebettet ist und Generationen wie Epochen übergreift. *Buddenbrooks* ist nicht ein Roman der Jahrhundertwende, sondern ein Jahrhundertroman.

Lyrik

Den Auftakt der kurzen Blüte naturalistischer Lyrik bildet eine Anthologie mit dem Titel *Moderne Dichter-Charaktere* (1885), begründet von den Brüdern Heinrich und Julius Hart, herausgegeben von Wilhelm Arent und gleich mit zwei Vorworten versehen. Bereits die gewählten Titel – «Unser Credo» und «Die neue Lyrik» – machen deutlich, dass es sich um programmatische Texte handelt, die im Kontext gleichzeitig entstehender literarischer Programmschriften zu sehen sind. Merkwürdig aber: Die mit diesem Aufbruchsimpuls verbundene Euphorie des Neubeginns, die revolutionäre Emphase, die von einem radikal neuen literarischen Selbst-, wenn nicht Sendungsbewusstsein zeugen soll, wird – von Ausnahmen abgesehen – durch die Dichtung, die sie begleiten und fördern will, ebenso wenig eingelöst wie durch die rhetorische Praxis der Manifeste selbst. Vielmehr ist in ihnen sehr abstrakt die Rede «von der Zeit der großen Seelen und der tiefen Gefühle», oder man verkündet entschlossen: «wir brechen mit den alten überlieferten Motiven» und behauptet vollmundig: «wir werfen die abgenutzten Schablonen von uns» – eine Rhetorik im Gestus der Opposition, der Abkehr vom Alten und der Hingabe an eine neue Epoche, eine theoretisch unterbestimmte Moderne, der die poetische Praxis kaum einmal entspricht. Die gleichzeitig erscheinenden Gedichte bleiben vielmehr konventionell in Form und

Thematik, sieht man von gelegentlich auftretenden sozialen Spurenelementen ab.

Allein das Thema der Großstadt ist neu. Zwar finden sich auch zuvor schon, in Heines Zyklus «Verschiedene» im Band *Neue Gedichte* (1844) etwa, frühe Beispiele einer modernen Großstadtpoesie, doch rückt dieser Aspekt in der naturalistischen Lyrik erstmals als Thema einer ganzen Generation in den Blick. Doch man soll sich nicht täuschen: Es ist eine verschwindend kleine Zahl von Großstadtgedichten, es sind nur wenige Autoren, die die Epoche des Naturalismus literaturgeschichtlich überdauert haben. Einer von ihnen ist Detlev von Liliencron, dessen Gedicht «In einer großen Stadt» 1883 erschienen ist:

> Es treibt vorüber mir im Meer der Stadt
> Bald der, bald jener, einer nach dem andern.
> Ein Blick ins Auge, und vorüber schon.
>   Der Orgeldreher dreht sein Lied.
>
> Es tropft vorüber mir ins Meer des Nichts
> Bald der, bald jener, einer nach dem andern.
> Ein Blick auf seinen Sarg, vorüber schon.
>   Der Orgeldreher dreht sein Lied.
>
> Es schwimmt ein Leichenzug im Meer der Stadt,
> Querweg die Menschen, einer nach dem andern.
> Ein Blick auf meinen Sarg, vorüber schon.
>   Der Orgeldreher dreht sein Lied.

Liliencron ist ein genauer Beobachter. Er verfügt über eine mehr als nur – im engen Sinn – ‹naturalistische› Sicht der Dinge. Seine Lyrik besitzt zahlreiche Facetten, darunter, wie hier, eine Art Stimmungsimpressionismus, der sich, ablesbar an den leitmotivisch wiederkehrenden, doch behutsam variierten Wort- und Bildelementen über eine stilbewusst durchgehaltene Subjektivität vermittelt.

Daneben findet sich eine politisch inspirierte Lyrik, die gesellschaftliche Probleme bis hin zur käuflichen Liebe thematisiert, eine kämpferisch sich gebende Poesie aus der Feder von Autoren wie Karl Henckell oder Hermann Conradi, Gedichte, die spannungsreich Brüche und Widersprüche notieren, Dinge des Alltags in einer alltäglichen Sprache aufgreifen, um, bisweilen in rabiater Form, Stimmungen und Illusionen zu stören.

Vor diesem Hintergrund bietet sich der Blick auf die gleichzeitige, in ihren Anfängen auf die Mitte des 19. Jahrhunderts zurückgehende Entwicklung einer inhaltlich an Industrialisierung und Kapitalismus anschließenden Dichtung mit einer sozialen Thematik an, die ihrerseits politische Probleme berührt, eine Arbeiterlyrik also in einem engen Sinn des Worts. Sie ist freilich in vielem noch traditionsorientierter als die Dichtung des Naturalismus, ja bisweilen epigonal entworfen. In Arbeiterbildungsvereinen fand sie ihre ersten Anregungen und auch ihren Resonanzboden, begrüßt als Versuch, anhand der orientierenden Perspektive auf die ‹bürgerliche› Literatur insbesondere Schillers das Kulturniveau der Arbeiter zu heben. Es handelt sich in der Regel um eine traditionsorientierte Ideenlyrik, die sich in der Geschichte der Arbeiterbewegung nicht selten als Hymnus darbot:

Festgesang

> Die du die Binde von dem Blick genommen
> Der Menschheit, ringend nach der Wahrheit Licht;
> Die du erhellst, was dunkel und verschwommen
> Des Menschen Geist mit Trug und Wahn umficht:
> O Wissensmacht! Du sollst die Schritte leiten,
> Die wir auf steiler und beschränkter Bahn
> In reinem, glühendem Verlangen schreiten
> Nach der Vollendung des Geschlechts hinan.

Reine Ideen- und Gedankenlyrik – in diesem Fall des Österreichers Andreas Scheu –, die sich in der Tat an den Schiller'schen Pathosformeln von Freiheit und Liebe der Menschen orientiert. 1805 starb Schiller, 100 Jahre später finden die Gedenkfeiern zu seinen Ehren statt, die Schillerfeiern der Deutschen Arbeiterbewegung, die ein Gipfel werden sollen bei dem Versuch, die Höhen der bürgerlichen Kultur zu erstürmen. Der Freiheitsdrang, die Menschenliebe: allgemein verbindliche Menschheitsideale, nicht klassenspezifische Ziele der Arbeiterbewegung werden hier formuliert. Es ist eben eine Freiheits- und Ideenlyrik, die den Kampf der Arbeiter begleiten soll. In Anthologien wie *Eine Auswahl. Lieder und Gedichte deutscher Proletarier* (5 Bde., 1893) und *Stimmen der Freiheit* (1900) wird versucht, die soziale Frage in die Poesie aufzunehmen und dem Proletariat als Träger der Revolution eine Stimme zu verleihen. Die Thematik dieser beiden Bände ist bestimmt durch einen auf die Zukunft gerichteten kämpferischen Optimismus. Doch nicht die Arbeitswelt oder die soziale Problematik formt, einmal abgesehen von der Thematik, diese Literatur, sondern die Vorbilder, die sie in der bürgerlichen Literatur findet.

Von sehr anderer Qualität ist die Dichtung einer heute gänzlich vergessenen Autorin: Margarete Beutler, um die Jahrhundertwende zu Hause in den Künstlerkreisen Berlins und Münchens, Verfasserin mehrerer Lyrikbände (*Gedichte*, 1902; *Neue Gedichte*, 1908; *Leb' wohl, Bohème*, 1911) und eines Dramas (*Das Lied des Todes*, 1913), eine im Milieu bewanderte, mit Dialekten vertraute Dichterin, der es durch eine Art Stimmenassimilation, durch die Angleichung an soziale Tonhöhen gelingt, deren Eigenart zum Ausdruck zu bringen. Das Gedicht «Wiegenlied» ist ein Rollengedicht in der Tradition des Couplets – es erschien in der von Hans Ostwald herausgegebenen Anthologie *Aus dem Rinnstein* (1903) –, geschrieben aus der Perspektive einer Mutter, die ihrem Säugling zur Ruhigstellung Alkohol verabreicht:

Sauf, Karnickel! Det macht Spaß.
Vata is een ollet Aas –
raus den Proppen! Lutsch man fest,
wat er in de Pulle läßt –   Sauf!

Brennt 'n bisken woll in' Mund,
macht nischt, det is dir jesund –
Vata bricht mal det Jenick,
denn wirst du der Jaljenstrick.   Sauf!
[...]

Eine ähnliche Kunstfertigkeit beweist ein Gedicht von Richard Dehmel, der vielfältige literarische Formen erprobt hat, von naturalistischen und symbolistischen Gedichten bis hin zur Alltagspoesie und zu Gebrauchsformen selbst kabarettistischer Art (*Erlösungen*, 1891; *Aber die Liebe*, 1893; *Lebensblätter*, 1895; *Weib und Welt*, 1895; *Die Verwandlungen der Venus*, 1907). Sein Gedicht «Fitzebutze» zeigt bereits in seinen ersten Zeilen den naturalistischen Impuls in seiner reinen Gegenwartzugekehrtheit und eine hohe poetische Artistik, die über den banalen Anlass eines Kindergedichts mit spielerischem Vergnügen hinausweist. Es ist Kindersprache in ihrer schönsten Form. In der anaphorischen Wiederkehr ‹kleiner› Vokabeln, am Ende variantenreich die Welt der Erwachsenen als gegen das Spielzeug sich kehrende Rollensprache aufbietend («Marsch!»), bringt Dehmel eine kapriziöse kindliche Weiblichkeit ins Spiel, die er an einer «kleinen Detta», seiner eigenen Tochter nämlich, beobachtet hat: die Fähigkeit zu flirten, das Spiel mit dem Hampelmann als Präfiguration weiblicher Erotik.

> Lieber, ßöner Hampelmann,
> deine Detta sieht dich an!
> Ich bin dhoß und du bis tlein;
> willst du Fitzebutze sein?
> Tomm!
> [...]

Doch der einzige naturalistische Lyriker von nicht nur originellem, sondern originärem und innovativem Format ist Arno Holz, ein «Vater der Moderne», wie Helmut Heißenbüttel ihn genannt hat, einer literarischen Moderne, die Sprache nicht als Abbildungsinstrument einer vorgegebenen Wirklichkeit versteht, sondern sich auf die Sprache als Material der Poesie bezieht, als Medium von Realitätsentwürfen eigener Art. Holz, von Hause aus Autodidakt, war gewiss der beste Kopf der Naturalisten, als Lyriker wie als Theoretiker. Ein Jahr nach Veröffentlichung der Anthologie *Moderne Dichter-Charaktere*, in der er noch mit vergleichsweise epigonaler Dichtung in der Nachfolge Emmanuel Geibels (*Gedichte*, 1840) vertreten war, erschien sein Gedichtband *Buch der Zeit. Lieder eines Modernen* (1886; erw. 1892). ‹Modern› wird in diesem Titel nicht substanziell im Sinne einer literatur- und strukturtheoretischen Bestimmung benutzt, sondern unverkennbar als Programm- und Kampfbegriff: Kritik am Alten, Überkommenen, Falschen und Anspruch auf Neubeginn. Was fehlt, ist auch hier eine dem eigenen Anspruch angemessene poetische Praxis – sie blitzt in dem durchaus traditionsbefangenen *Buch der Zeit* nur zum Teil auf. Zwar hat Holz bei Heinrich Heine und Georg Herwegh gelernt. Auch er bietet Ironie auf, ebenso Pathos und Idyllik, er führt die soziale Thematik ein, problematisiert die negativen Aspekte der Großstadt und bringt die fragwürdige Existenz des Dichters ins Spiel. Auch findet sich in diesem Gedichtband bereits die Gestalt des «Phantasus», die Holz' gesamtes späteres Werk prägen wird. Doch bis zur formexperimentellen Dichtung der *Phantasus*-Lyrik, an der Holz über Jahrzehnte hinweg immer wieder arbeiten wird, ist es noch ein weiter Weg.

Zu nennen ist zunächst der Band *Die Blechschmiede* (1902), eine Sammlung satirischer und parodistischer Gedichte auf zeitgenössische und ältere Literatur nach dem Muster eines mittelalterlichen Sängerwettstreits. Holz will sich mit seiner eigenen Dichtung vom Goethekult um 1900 abgrenzen, und dies gelingt ihm auf fulminante Weise: eine einzigartige Sammlung bunt gemischter Sprachmonstrositäten und Banalitäten in Gestalt von Parodien und Satiren, zugleich eine Art lyrisches Lesedrama mit Publikumseinlagen, ein Register der lyrischen Formenvielfalt in parodistischer Absicht, an allen denkbaren und an vielen undenkbaren Schauplätzen spielend, mit dem Auftritt des Autors in wechselnden Rollen, eine Art Leitmotiv, mit dessen Hilfe das lesende Publikum durch dieses Panorama hindurchgeführt wird. Im Kern handelt es sich um eine virtuos vorgetragene Kritik an der leer gewordenen lyrischen Formensprache, verbunden mit einer Verdammung des Reims und der alten lyrischen Traditionen. Arno Holz selbst hat dieses Werk später «einen Riesenpapierkorb der Weltliteratur» genannt.

Der Gedichtband *Dafnis* (1904), eine der *Blechschmiede* vergleichbare, wenngleich nicht annähernd so monumentale und ausschweifende Lyriksammlung, trägt den Untertitel «Lyrisches Portrait aus dem 17. Jahrhundert», eine Anspielung auf die Schäferdichtung, die erotische Poesie der Bukolik. Der Titel *Dafnis* geht auf einen Sohn des Gottes Hermes zurück: eine Figur des griechischen Mythos, der Erfinder des Hirtenliedes, der sich in eine Nymphe verliebt und dieser ewige Treue geschworen hatte. Zur Strafe für den gebrochenen Treueschwur musste er erblinden – am Ende ist er in Liebesqualen verstorben, betrauert von der ganzen Natur, von Tieren und Hirten wie von den Göttern. Diese Figur steht im Mittelpunkt der Lyriksammlung, die zahlreiche Zyklen mit unmissverständlich erotischen Titeln vereint, darunter «Sämtliche Fress-, Sauf- und Venuslieder» sowie «Angehängte, aufrichtige und reumütige Bußtränen» des alten Dafnis, der auf seine Jugend zurückblickt.

Die Titelfigur der mehrfach überarbeiteten und ergänzten Gedichtsammlung *Phantasus* (1898–1899; erw. 1913, 1916, 1924–1925; posthum 1961–1962) ist ein Dichter, der sich in einer ständigen Notlage befindet, ausschließlich seiner dichterischen Arbeit sich widmet und schließlich elend verreckt. Im fortgeführten und erweiterten Opus erscheint Phantasus als ein lyrisches Ich, das durch das Auf und Ab dieser Dichtung hindurchführt. Mit der Wahl des Titels knüpfte Holz explizit an Ludwig Tiecks *Phantasus* (1812–1816) an, doch setzt er nicht etwa die inhaltliche Tradition der Frühromantik fort, sondern nutzt diesen Bezug als Signal einer Abkehr vom Naturalismus. Phantasus, in der griechischen Sage der Sohn des Hypnos, wegen seiner Verwandlungsmöglichkeiten Erzeuger der menschlichen Träume, wird bei Holz zu einer allegorischen Figur für die dichterische Einbildungskraft, ein energetisches Prinzip des von Phantasien getriebenen Dichters, das sich in Gestalten, Bildern und Landschaften entwirft. Das gesamte Gedicht ist um eine imaginäre Mittelachse gruppiert, um, so Holz, «die jeweilig beabsichtigten Lautbilder möglichst auch schon typographisch anzudeuten». Durch leichte Wortbewegungen wird das akustische Konzert der modernen Großstadt in Form von Rhythmisierungen und Bewegungsimpulsen zu Gehör gebracht, vermittelt über die Subjektivität eines wahrnehmenden Ich, das sich in unterschiedliche Welten und Identitäten versetzen kann, in historische und mythische Zeit- und Vorzeitdimensionen wie in die Subjektivität einer komplex assoziierten und strukturierten Innenwelt. Hinein spielen ebenso Literatur und Wissenschaft wie eine gebrochene und reflektierte Wahrnehmung der Dingwelt. Insgesamt kennzeichnet den gesamten Gedichtkomplex eine duale

Struktur, die dem lyrischen Ich – seinen Visionen, Träumen, Assoziationen, Erinnerungen, Wünschen, Hoffnungen, Glücks- und Leidenserfahrungen – den Alltag und das Lokalkolorit Berlins, Großstadtleben und Industriekultur, Fin-de-Siècle-Stimmung und Philistertum entgegensetzt, beide Sphären in je unterschiedlichem sprachlichen Gestus und Rhythmus eingefangen.

«Das letzte Geheimnis der Phantasus-Konzeption», so hat Holz bemerkt, «besteht im Wesentlichen dahin, dass ich mich unaufhörlich in die heterogensten Dinge und Gestalten zerlege.» Tatsächlich hat Holz vor dem Hintergrund von Ernst Haeckels Hauptwerk *Die Welträtsel* (1899) ein lyrisches Ich konzipiert, das stammesgeschichtlich im Gesamtprozess der Menschheitsentwicklung steht: Alle Elemente und Faktoren, die es in sich trägt, physische wie psychische, besitzen ihre eigene Qualität und Farbigkeit. Sie sind stets präsent, wenn auch nicht jederzeit verfügbar. Sie sind – dies betrifft den strukturellen Aspekt der Form – ästhetisch gespeichert und ermöglichen auf diese Weise dem Dichter, die Materialität der Sprache für die moderne Kunst funktional fruchtbar zu machen, im Sinne einer Evolution, die aus sprachspielerischen Versatzstücken eine neue, poetische Wirklichkeit formt.

10 Jahrhundertwende (1880–1920)

Die literarische Epoche um 1900 hat sehr unterschiedliche Versuche einer begrifflichen Fixierung auf sich gezogen. Zu ihnen zählen die Termini Fin de Siècle, Wiener Moderne und Jahrhundertwende, die jeweils eigene wie eigenwillige Assoziationen und Konnotationen mit sich bringen: eine Stimmung des Verfalls, eine Programmatik des Aufbruchs, einen nicht nur kalendarischen Neubeginn.

Im Zusammenhang mit diesen Begriffen sind die gleichzeitig entstehenden Stiltendenzen Impressionismus, Symbolismus und Jugendstil zu sehen. Sie laufen auf nicht unproblematische Zuspitzungen und Abstraktionen hinaus, die gleichwohl etwas Typisches der Epoche wie der künstlerischen Produktion treffen. Dem Impressionismus, der sich aus der französischen Malerei herleitet, geht es nicht primär um Beschreibungsmöglichkeiten für die Wirklichkeit, sondern um eine Auflösung fester Konturen. In der Literatur meint der Begriff einen subjektbezogenen Zugriff auf die Realität, der durch sprachliche Verdichtungen, stilistische Eigenarten, Metaphorisierungen und Symbolisierungen einen Ausdruck der Konzentration von Stimmungen hervorbringt. Im Fall des Symbolismus handelt es sich um ein Stilphänomen, das sich von der realitätsbezogenen Sprache abzugrenzen und zu Verdichtungen in Gestalt sprachbildlicher Prägungen zu finden versucht, die auf Transzendentes und Metaphysisches, Übermenschliches und Überweltliches hinausweisen. Der Begriff Jugendstil bezeichnet in der Geschichte der Malerei ornamental verzierte Darstellungen, bleiverglaste Fenster, Vasen, Möbel und dekorativen Buchschmuck, eine linienbetonte Figürlichkeit, Schwingungen und Kurven, die eine sublime Erotik ausstrahlen, mit einer deutlich antinaturalistischen Tendenz, die vor allem in Kunstgewerbe und Plakatmalerei, Graphik und Design reüssierte.

Soweit solche Begrifflichkeiten für die Geschichte der Literatur überhaupt tragfähig sind, fassen sie eine Stiltendenz in sich zusammen, die sie zugleich pointieren. Sie wenden sich gegen den Realismus, gegen die

Funktionalität und Nützlichkeit von Literatur. Sie pflegen einen Geist, der sich selbst feiern, ja erheben will: Kunst als autonomes Gebilde. Gerade deshalb aber eignen sie sich nicht für Abgrenzungen deduktiver Art. Zur begrifflichen Komplexität tritt die Vielfalt der lokalen Bezüge, in denen die Literatur der Jahrhundertwende steht. Ihren Kontext bildet ein kulturell-gesellschaftlicher Zusammenhang, der sich mit den Metropolen Berlin, München und Wien verbindet. In diesen Zentren entsteht eine künstlerische Boheme, die sich rasch ausbreitet und zu einem magnetischen Anziehungspunkt für eine ganze Künstler- und Intellektuellengeneration wird, mit eigenen Lebens-, Denk- und Aktionsstilen, subversiven Formen der Kommunikation und künstlerischen Identitätsbildung. Rivalen und Konkurrenten gab es zuhauf, ebenso Intrigen, Gehässigkeiten und Konflikte, die man mit der Vorstellung einer Künstlergemeinschaft kaum verbinden möchte.

Berlin war das Zentrum für Gruppenbildungen, Fehden und Auseinandersetzungen einer Avantgarde, die sich um Zeitschriften herum kristallisierte. Die Brüder Heinrich und Julius Hart erwiesen sich als fulminante Anreger und Anführer des Austauschs in diesen Zirkeln, nicht zuletzt durch die Gründung von Periodika, die freilich mangels finanzieller Substanz über kurz oder lang immer wieder eingestellt werden mussten. Das zweite Zentrum des literarischen Lebens um die Jahrhundertwende war München mit dem Kreis um Stefan George. Wenn der Verein den zentralen Versammlungsort der Literaturzirkel in Berlin bildete, so war es in München der Salon. In Wien aber traf man sich im Caféhaus: um Zeitung zu lesen, über das Leben zu philosophieren, über Kunst zu räsonieren und Debatten über das Wesen der Frau zu führen. Peter Altenberg, Hermann Bahr, Arthur Schnitzler, Richard Beer-Hofmann, Felix Salten, Alfred Polgar, berühmte Literaten alle miteinander, waren in den Caféhäusern zu Hause, buchstäblich wie im übertragenen Sinn, die Exzentriker, die Intellektuellen, die Künstler. Einer der schönsten Texte zur Beschreibung der einschlägigen Atmosphäre findet sich bei Karl Kraus, «Die demolirte Literatur» (1899), der feuilletonistisch gehaltene Essay eines notorischen Sprachkritikers, dem die bevorstehende Schließung des Café Griensteidl zum Anlass einer glänzenden Satire wurde: der Abgesang auf eine lebensunfähige Literatenclique.

Lyrik: Rilke, Hofmannsthal, George

Angesichts dieser Vielfalt von Stilmerkmalen und Entstehungszusammenhängen erscheint es angemessen, für die Epoche von 1880 bis 1920 einen flexiblen Umgang mit den orientierenden Begrifflichkeiten zu pflegen. Dies gilt auch für die Lyrik der Jahrhundertwende mit ihren heteronomen Ausprägungen. Will man trotz der vielfältigen Auffächerungen lyrischer Sprechweisen in dieser Zeit einen gemeinsamen inspirierenden Impuls benennen, so ist es der Friedrich Nietzsches: eines Philosophen, der Gründe gesehen hat, sich auch als Poet auszudrücken. Seine Dichtungen sind unter dem Titel *Dionysos-Dithyramben* bekannt geworden. Nietzsche hat sie – Gedichte in der Tradition ekstatisch-enthusiastischer, hymnischer, in Strophenform gehaltener Chorlieder zu Ehren des Dionysos – vorab in einigen seiner großen Essay-Sammlungen veröffentlicht. *Die fröhliche Wissenschaft* etwa enthält einzelne dieser Gedichte, ebenso wurden in *Also sprach Zarathustra* einige Poeme aufgenommen, bevor sie 1891 in Form eines in sich geschlossenen Gedichtbandes den Weg in die literarische Öffentlichkeit fanden. Sie schließen lyrikgeschichtlich an die großen hymnischen Arbeiten Klopstocks an: Gesänge, die sich melancholisch auf den Dualismus eines lyrischen Ich und einer diesem Ich konträren Wirklichkeit konzentrieren, Klagegedichte, in denen Einsamkeit und Schmerz thematisiert werden, ausdrucksstark und bildkräftig. Es seien die Lieder Zarathustras, welche er sich selbst «zugesungen» habe, auf dass er seine letzte Einsamkeit ertrüge, hat Nietzsche bemerkt. In ihnen feiert sich auf leidende Weise und in wechselnden Rollen der Topos der Weltabkehr, des Rückzugs aus der Welt, des Stehens über der Welt – Selbstbetrachtungen und Selbstkommentare in Form durch und durch poetischer Bilder, die mit Motiven der Unruhe und Ekstase arbeiten, auch mit der Haltung der Reflexion, Beobachtung und Erwartung und nicht zuletzt der Hingabe an Todesgedanken, an den Gestus der Auflösung und der Ruhe.

Diese Dichtungen Nietzsches haben Wirkungen vor allem auf den jungen Rilke, auf Hofmannsthal und George gehabt. Doch es finden sich zur selben Zeit auch andere Beispiele einer zeitgenössischen Lyrik, die mit einer eigenwilligen Formensprache einhergehen. In Gedichten von

Alfred Mombert etwa zeigt sich eine florale Poesie, die mit Blumenmotiven, vor allem Lilien und Seerosen aufwartet, mit Schwänen, dem Weiher und dem Park. Demgegenüber zeichnen sich die Spielarten der durch den Jugendstil geprägten Lyrik durch einen feierlich-symbolischen Ton aus, der sich mit dem Symbolismus berührt und mit Autorennamen wie Eduard Stucken und Ernst Stadler verbunden ist: eine Lyrik der preziösen Sprache und gehobenen Stillage, deren Stoffgebiet Mythen und Sagen, das Mittelalter und die Sakralität sind. Neben ihnen steht Max Dauthendey, ein zu Unrecht fast vergessener Dichter, der zu seiner Zeit bemerkenswerte lyrische Innovationen durchgesetzt hat (*Ultra-Violett*, 1893; *Reliquien*, 1899; *Die ewige Hochzeit*, 1905; *Singsangbuch*, 1907). Sie haben bis heute eine eigene, unverwechselbare Substanz bewahrt, so das Gedicht «Drinnen im Strauß»:

> Der Abendhimmel leuchtet wie ein Blumenstrauß,
> Wie rosige Wicken und rosa Klee sehen die Wolken aus.
> Den Strauß umschließen die grünen Bäume und Wiesen,
> Und leicht schwebt über der goldenen Helle
> Des Mondes Sichel wie eine silberne Libelle.
> Die Menschen aber gehen versunken tief drinnen im Strauß,
> Wie die Käfer trunken und finden nicht mehr heraus.

Auf den ersten Blick ein sehr schlichtes, nahezu naives Gedicht; doch auf den zweiten Blick zeigt sich seine Doppelbödigkeit. Denn die Wahrnehmungsperspektive ist synästhetisch gefügt. Sie verbindet die Farben des Himmels mit denen des Blumenstraußes und nimmt zudem die Menschen in das Naturbild hinein. Alle Lebewesen, alle Naturphänomene werden in die Wahrnehmungsmöglichkeiten einer einzigen Perspektive integriert, vermittelt über die Komparationen des ‹wie›. Es handelt sich nicht um Gleichsetzungen, sondern um Vergleiche, die unterschiedliche Wirklichkeitssphären aufeinander beziehen und in ihrer Differenz nebeneinander bestehen lassen. Dauthendey benutzt gängige lyrische Mittel vom Reim über Alliterationen bis zum unregelmäßigen Rhythmus – das Bild der Menschen, die aus einem «wie ein Blumenstrauß» leuchtenden Abendhimmel nicht mehr herausfinden, ist hingegen neu. Es wird durch die Perspektive eines Beobachters wahrgenommen, der sich außerhalb eines in sich geschlossenen Kosmos positioniert hat und seinen Wahrnehmungen dadurch ihre synästhetische Qualität verleihen kann.

Innovativ ist auf andere Weise auch das Gedicht «Ein alter Tibetteppich» von Else Lasker-Schüler (*Styx*; 1902; *Der siebente Tag*, 1905; *Meine Wunder*, 1911; *Die Kuppel*, 1920; *Mein blaues Klavier*, 1943). Auch hier findet sich, im Zusammenhang eines beziehungsreichen Liebesspiels, eine Fülle von Neologismen, symbolisch aufgeladen und doch von ganz unaufdringlicher Art:

Ein alter Tibetteppich

Deine Seele, die die meine liebet,
ist verwirkt mit ihr im Teppichtibet.

Strahl in Strahl, verliebte Farben,
Sterne, die sich himmellang umwarben.

Unsere Füße ruhen auf der Kostbarkeit,
Maschentausendabertausendweit.

Süßer Lamasohn auf Moschuspflanzenthron,
Wie lange küßt dein Mund den meinen wohl
Und Wang die Wange buntgeknüpfte Zeiten schon?

Schließlich Stefan Zweig, Autor der biographischen Essaysammlung *Sternstunden der Menschheit* (1927) sowie zahlreicher weiterer Biographien (u.a. *Joseph Fouché. Bildnis eines politischen Menschen*, 1929; *Marie Antoinette*, 1932; *Triumph und Tragik des Erasmus von Rotterdam*, 1934; *Maria Stuart*, 1935), Erzählungen und Novellen (*Amok*, 1922; *Verwirrung der Gefühle*, 1927; *Schachnovelle*, 1941) und einer lesenswerten Autobiographie (*Die Welt von gestern*, 1942) – er ist das Beispiel eines eher epigonalen Lyrikers. Seinem Gedicht «Nocturno» lässt sich die Traditionsverwandtschaft zur Romantik unschwer ablesen, eine poetische Nachfolge ohne Originalität:

Siehe die Nacht hat silberne Seiten
In die träumenden Saaten gespannt!
Weiche, verzitternde Klänge gleiten
Über das selig atmende Land
Fernhin in schimmernde Weiten.

Sanft wie eine segnende Hand
Tönt und vertönt ihre Weise
Leise ... so leise ... so leise ...

Und die Seele hebt ihre Schwingen
– Silberne Klänge sind ihre Flügel –
Weit über duftumsponnene Hügel
Durch der Täler verdämmernden Schein
Schwebt sie auf sehnsuchtsgewiesener Reise
Still ins strömende Mondlicht hinein ...

Im Gegensatz hierzu stehen Christian Morgensterns *Galgenlieder* (1905), eine bekannte Sammlung von Gedichten, die in erweiterten Ausgaben immer aufs Neue aufgelegt worden sind, ergänzt um andere Gedichtsammlungen, darunter *Palmström* (1910) und *Palma Kunkel* (1916). Sie sind der Versuch, die erfahrene, reflektierte Sprachkrise nach 1900 produktiv aufzunehmen, beispielhaft durchgespielt im Gedicht «Das große Lalula», das Rätsel aufgibt, obwohl es offensichtlich alle Merkmale eines Gedichts aufweist. Es besitzt eine leicht verständliche Überschrift, die ein Leitmotiv des Gedichts aufnimmt; es beginnt mit einer Frage und einer Antwort, die durch ein Ausrufungszeichen unterstrichen wird; es enthält in allen drei Strophen das vertraute Schema des Kreuzreims (abab), das streng durchgehalten wird – kurz: Es enthält Formen, Zeichen, Elemente, die Lyrik traditionell kennzeichnen. Doch sein Inhalt bleibt rätselhaft, mit der Folge, dass über mehr als ein Jahrhundert eine Fülle von Dechiffrierungsversuchen mit ebenso prägnanten wie widersprüchlichen Deutungsvorschlägen unternommen worden sind, zu denen auch der Autor selbst beigetragen hat – allerdings unter einem Pseudonym. Was dieses Gedicht trägt, ist die Einsicht, dass die Sprache ihre wirklichkeitsprägende Kraft verloren hat, ein Problem, das sich gerade nicht in einer diskursiven Form, die auf Kommunikation oder Mitteilung angelegt ist, ausdrücken lässt. Man kann diese Problematik, wie Morgenstern wusste, nur in Gestalt einer Selbstdestruktion des Gedichts aufnehmen.

Rilke

Von prägendem Einfluss ist die Dichtung Nietzsches auf Rainer Maria Rilke gewesen, ein früh- und hochbegabter Autor, der als eben 20-Jähriger in rascher Folge seine ersten Dramen (*Jetzt und in der Stunde unseres Absterbens*, 1897; *Im Frühfrost*, 1897; *Ohne Gegenwart*, 1898) und Gedichtbände (*Larenopfer*, 1896; *Wegwarten*, 1896; *Traumgekrönt*, 1897; *Advent*, 1898; *Mir zur Feier*, 1899) veröffentlicht. Es sind literarische Anfänge eher epigonaler Art, noch befangen in Formkonventionen, inspiriert durch geläufige poetische Bilderwelten der Jahrhundertwende, des Jugendstils ebenso wie der Neuromantik und des Naturalismus – Ausdruck einer großen Formbegabung, doch noch ohne eigene Erfahrung und Substanz. Rilke sucht Anerkennung in der literarischen Öffentlichkeit, und er findet sie binnen kurzem bei prominenten Zeitgenossen, darunter der österreichische Germanist August Sauer, der Maler Emil Orlik und der Dichter Detlev von Liliencron.

Vor allem aber gewinnt er die Zuneigung der attraktiven und intelligenten, umschwärmten und exzentrischen Lou Andreas-Salomé, die enge freundschaftliche Beziehungen zu Friedrich Nietzsche und Sigmund Freud unterhält. Sie war Psychoanalytikerin und Schriftstellerin, Verfasserin von Erzählungen, Romanen und Essays, darunter *Fenitschka* und *Eine Ausschweifung* (1898), zwei Prosaarbeiten, in deren Mittelpunkt das Geschlechterverhältnis unter den Aspekten Erotik und Sexualität steht, geschrieben unter deutlichem Einfluss der psychoanalytischen Theoriebildung dieser Zeit. Drei Jahre besteht Rilkes Liebesbeziehung, aus der sich eine lebenslange Freundschaft entwickelt, zu Lou Andreas-Salomé. Sie ist für den jungen Dichter die ältere, reifere, überlegene Partnerin. Ihr widmet er seinen Gedichtband *Mir zur Feier* (1899). Mit ihr unternimmt er zahlreiche Reisen, unter anderem nach Russland, das seither, wie später Italien, in der Topographie von Rilkes Werk ein Zentrum poetischer Besinnung und Einkehr bildet. Die Anziehungskraft, die Lou

Andreas-Salomé auf ihn ausgeübt hat, lässt sich anhand eines an die Geliebte adressierten Gedichts nachvollziehen:

> Lösch mir die Augen aus: ich kann dich sehn,
> wirf mir die Ohren zu: ich kann dich hören,
> und ohne Füße kann ich zu dir gehn,
> und ohne Mund noch kann ich dich beschwören.
> Brich mir die Arme ab, ich fasse dich
> mit meinem Herzen wie mit einer Hand,
> halt mir das Herz zu, und mein Hirn wird schlagen,
> und wirfst du in mein Hirn den Brand,
> so werd ich dich auf meinem Blute tragen.

Vier Entwicklungsphasen lassen sich nach Rilkes Jugendlyrik voneinander unterscheiden: die der frühen Lyrik, zu der die Gedichtbände *Das Buch der Bilder* (1902) und *Das Stunden-Buch* (1905) zählen – in dieser Zeit verarbeitet er seine Russlandreisen sowie künstlerische Erfahrungen und Wahrnehmungen der Großstadt Paris; es folgt die Phase der so genannten Dinglyrik mit dem Band *Neue Gedichte* (1907 f.) und dem eher parodistisch gedachten poetischen Zwischenspiel *Das Marien-Leben* (1913); sodann die bedeutenden Prosawerke *Die Weise von Liebe und Tod des Cornets Christoph Rilke* (1906) und *Die Aufzeichnungen des Malte Laurids Brigge* (1910); schließlich die späte Lyrik, *Duineser Elegien* (1923) und *Sonette an Orpheus* (1923), an denen Rilke parallel gearbeitet hat und die zur gleichen Zeit erschienen sind.

Rilke war – wie bereits seine frühe Lyrik zeigt – kein der Welt abgewandter Autor. Vielmehr hat er sehr bewusst auch Aspekte des sozialen Lebens in seine Dichtung aufgenommen. Einen Beleg hierfür bietet ein Gedicht aus dem drei Bücher («Vom mönchischen Leben», «Von der Pilgerschaft», «Von der Armut und vom Tode») umfassenden *Stunden-Buch*:

> Denn sieh: sie werden leben und sich mehren
> und nicht bezwungen werden von der Zeit,
> und werden wachsen wie des Waldes Beeren
> den Boden bergend unter Süßigkeit.

Denn selig sind, die niemals sich entfernten
und still im Regen standen ohne Dach;
zu ihnen werden kommen alle Ernten,
und ihre Frucht wird voll sein tausendfach.

Sie werden dauern über jedes Ende
und über Reiche, deren Sinn verrinnt,
und werden sich wie ausgeruhte Hände
erheben, wenn die Hände aller Stände
und aller Völker müde sind.

Ein dialogischer Auftakt in Form der Anrede an ein imaginäres Du: Selbstansprache des lyrischen Ich oder Anruf eines imaginären Lesers – das bleibt offen. Hervorzuheben ist der kunstvolle Bau mit Alliterationen (werden / wachsen / Waldes) und Assonanzen (werden / Beeren), dem Zusammenspiel von Reim und Binnenreim (Hände / Hände aller Stände) und dem Enjambement (Hände / erheben), poetische Techniken, die Rilke meisterlich und souverän anwendet, unaufdringlich dem Fluss des Gedichts und seinem Rhythmus dienend. Jenes «sie» in der ersten Zeile der ersten Strophe wird im «die» in der ersten Zeile der zweiten Strophe wiederholt, eingebunden in einen biblischen Anspielungszusammenhang. Das Gedicht betont auf diese Weise seinen hohen Abstraktionsgrad. Es will offenbar nichts mit dem Alltagsgestus naturalistischer Lyrik zu tun haben, sondern arbeitet mit einer Art geschichtsphilosophischer Unterfütterung, die doppeldeutig ausgelegt ist: «Reiche», verstanden als ‹Wohlhabende›, aber auch als Völker, als Nationen im Sinne von Imperien, deren «Sinn verrinnt». Zudem bietet das Gedicht eine Zukunftsdimension in Gestalt einer Verheißung oder Prophetie, die in die Pflanzlichkeit des Bildes eingebettet ist: Sie «werden wachsen wie des Waldes Beeren». Der Regen, die Frucht, die Ernten gehören in einen organologischen Zusammenhang, der Geschichte in Natur auflöst, ein Prozess, der mit Passivität einhergeht. Rilke nimmt eine Ästhetisierung des sozialen Lebens vor, keine politisch-geschichtliche Akzentuierung, und doch findet sich in der dritten Strophe eine aufschlussreiche Variation. Während die beiden ersten Strophen jeweils aus vier Zeilen bestehen, besitzt die dritte Strophe fünf Zeilen. Die Variante findet sich in der dritten und im Übergang zur vierten Zeile: «und werden sich wie ausgeruhte Hände / erheben», ein Enjambement, mit dem die Passivität aufgehoben und ein Moment aktiven Handelns angesprochen wird. Rilkes Gedicht führt den Aspekt der Armut ebenso vor Augen wie den des sozialen Aufbegehrens: «wenn die Hände aller Stände / und aller Völker müde sind».

In dem 1902 zuerst veröffentlichten *Buch der Bilder* – eine Anspielung auf Heines *Buch der Lieder* (1827) – hatte Rilke zunächst eine Reihe von Gedichten aus den Jahren 1898 bis 1901 zusammengestellt. Eine zweite Ausgabe, vermehrt um Gedichte der Jahre 1902 bis 1906, war 1906 erschienen. Rilke hatte in beiden Sammlungen Gedichte zusammengefasst, die wichtige Stationen seiner Entwicklung repräsentieren. Erst 1913 aber wurde die endgültige Durchsicht des Textes für die fünfte, in zwei Büchern zu je zwei Teilen gegliederte Auflage vorgenommen. Die versammelten Gedichte spielen ein breites Spektrum poetischer Formen und Sprechweisen durch, von der knappen epigrammatischen Form bis hin zu balladesken Zyklen mythisch-historischen Charakters, darunter berühmt gewordene Gedichte wie «Herbsttag», das eine Welt der Einsamkeit und Bedrohung, der Unruhe und Unbehaustheit evoziert: ein Bild für den Herbst des Lebens und das nahende Lebensende.

Die *Neuen Gedichte*, in den Jahren 1907 und 1908 in zwei Bänden erschienen, bedeuten eine entschiedene Abkehr von der frühen Phase der Stimmungslyrik, der Selbstfeier und Selbstaussprache des lyrischen Ich hin zum Gegenständlichen. Rilke stand zu Beginn des 20. Jahrhunderts unter dem Einfluss Auguste Rodins und Paul Cézannes, seinen großen künstlerischen Begegnungen in Paris. Er war im Auftrag eines Verlags nach Paris gegangen, um ein Buch über Rodin zu schreiben. Entstanden ist ein Essay (*Auguste Rodin*, 1903), der in den Werkausgaben mit Recht als eigenständige Prosa gewürdigt wird, ein hochpoetischer Text, in dem Rilkes Kunstverstand und seine sprachliche Meisterschaft eine enge Verbindung eingegangen sind. Er entdeckte durch Rodin, als dessen Privatsekretär er 1906 für acht Monate tätig war, den Kosmos der Kunst und lernte durch Cézanne die für ihn ganz neue Welt der Farben und deren widerspruchsvolle Verbindung mit der Natur kennen. Diese Schule der Kunst eröffnete ihm neue Zugänge zur Wahrnehmung, die ihm auch dazu verhalfen, sich von der emphatisch-subjektivierten Perspektive der frühen Gedichte zu lösen und sich dem zuzuwenden, was er «Arbeit» nennt: dem Handwerklichen und Gegenständlichen, um, wie er in einem Brief an Lou Andreas-Salomé aus dem Jahr 1903 betonte, «Dinge zu machen; nicht plastische, geschriebene Dinge – Wirklichkeiten, die aus dem Handwerk hervorgehen». Gegenstände, Lebewesen, Geschehnisse will Rilke in poetischer Form fassen: «Alle Dinge, an die ich mich gebe, / werden reich und geben mich aus», heißt es in dem im Winter 1905/1906 geschriebenen Gedicht «Der Dichter». Dies ist das Programm der Dinglyrik, die in den *Neuen Gedichten* dominiert: Panther, Gazellen, Flamingos, Pflanzen, blaue Hortensien, römische Brunnen, das Karussell, die Kunst der Antike – «Dinge» allesamt, die in Rilkes Gedichten Sprache werden und zugleich eine symbolische Überhöhung erfahren. Berühmt gewordene Gedichte wie «Der Panther», «Blaue Hortensie» und «Römische Fontäne» können als Beispiel für die kunstvolle Realisierung dieses Programms stehen. Ebenso das Gedicht «Archaïscher Torso Apollos»: auch hier ein «Ding», ein Kunstgegenstand als thematisches Zentrum, an den eine symbolische Erweiterung, Folgerung und Forderung geknüpft wird: «Du musst dein Leben ändern» – eine Dimension der Erfahrung, die an die Wahrnehmungsperspektive des Betrachters gebunden bleibt, an ein Erleben des archaischen Torsos, das durch Reflexion zu Selbsterkenntnis wird.

Auf den ersten Blick deutet das kurz nach dem *Stunden-Buch* erschienene Prosastück *Die Weise von Liebe und Tod des Cornets Christoph Rilke* auf einen Genrewechsel, doch bereits der Titel dieses Textes besitzt eine lyrische Qualität. Denn in der Art einer «Weise», als einfache, volksliedhafte Melodie ist dieses Prosastück gehalten, «das unvermutete Geschenk einer einzigen Nacht» des Jahres 1899, wie Rilke später bemerkt hat. Erst 1904, nachdem der Text bereits in der Prager Zeitschrift *Deutsche Arbeit* veröffentlicht worden war, fand sich ein Verleger. Die Buchausgabe kam 1906 auf den Markt; zum Erfolg wurde das Bändchen schließlich, als es 1912 als Nummer 1 der Insel-Bücherei erschien. Innerhalb von acht Jahrzehnten erlebte es eine Auflage von über einer Million Exemplaren – es wurde Rilkes erfolgreichstes Werk. Die Anregung hierzu hatte der Dichter in einer Chronik gefunden, in der er auf den Namen Christoph von Rilke aus dem Ort Langenau gestoßen war. Aus diesem Dokument aus dem 17. Jahrhundert wird vorab zitiert. Das Zitat eröffnet den Zugang zu einer komplexen Thematik mit entlegenen Bezügen, die in eine verschlüsselte Symbolik eingearbeitet sind, und zugleich bietet der Text einen Aufriss der Strömungen und Stimmungen einer ganzen Epoche, verbunden mit dem Anspruch, in einer hohen Form die Daseinsproblematik des neuzeitlichen Menschen durch deren Überhöhung ins Mythisch-Religiöse zu überschreiten.

Im Mittelpunkt dieser vollkommen durchrhythmisierten Prosa («Reiten, reiten, reiten, durch den Tag, durch die Nacht, durch den Tag. Reiten, reiten, reiten.») steht der Tod der Titelfigur. Von ihm spricht bereits der vorangestellte Auszug aus der Chronik: Der Held wird sterben – doch den Gegenpol zu seinem Tod bildet die Liebe. In unterschiedlichen Skalierungen von Weiblichkeit (Mädchen, Frau, Geliebte, Mutter, Weib, Dirne, Büßerin, Jungfrau Maria) begegnet der 18-jährige Cornet den Frauen, erfährt er die Liebe. Der rhythmisch bis ins daktylische Versmaß hinein ausgefeilte und metaphorisch aufgeladene Text, eine wahrhaft lyrische Prosa, zeigt den jungen Cornet in einigen wenigen, sehr kurzen Textpassagen in unterschiedlichen Szenerien: auf dem Ritt durchs weite Land, am Lagerfeuer, beim Heer, in einem Schloss, beim Festmahl und beim Tanz. Er erlebt eine Liebesnacht mit der Herrin des Schlosses – als dieses am nächsten Morgen überfallen und in Brand gesteckt wird, sprengt er mit der brennenden Fahne in die feindlichen Reihen hinein und kommt, hochdramatisch und traurig-schön, zu Tode. Ein Sprachfest, da nicht die Geschichte eines Lebens durch einen Erzähler wiedergegeben wird, vielmehr leuchten Facetten eines Lebensausschnitts wie Schlaglichter auf, eine «Weise» zwischen Jugendstil und Jugendbewegung, zwischen Schönheit und Aufbruch, eine «vers-infizierte Prosa», wie Rilke später einmal selbstironisch gesagt hat.

Im Gegensatz hierzu befasst sich der Roman *Die Aufzeichnungen des Malte Laurids Brigge* mit der unmittelbaren Gegenwart. Erfahrungen aus Rilkes erstem Parisaufenthalt haben Eingang in dieses bedeutende Prosawerk gefunden, ebenso seine Russland- und Skandinavien-Reisen. Sie sind verdichtet zur Erfahrungswirklichkeit eines 28-jährigen dänischen Adeligen namens Malte Laurids Brigge, der einer aussterbenden aristokratischen Familie angehört und eine Dichterexistenz in Paris zu Beginn des 20. Jahrhunderts lebt. Man kann diesen Roman ein Wegzeichen der literarischen Moderne nennen: Rilke bricht in ihm mit den realistischen Erzählmustern des 19. Jahrhunderts. Hier wird keine Handlungskontinuität im traditionellen Sinn geboten. Es gibt keinen Plot, keine personale Erzählinstanz, sondern lediglich das fingierte Tagebuch einer erfundenen Figur und Erzählabschnitte, die in die zwei Hauptteile des Romans untergliedert sind, Prosasegmente mit Beschreibungen und Berichten, Beobachtungen und Reflexionen. In ihrem Mittelpunkt steht die Wirklichkeit der Großstadt Paris: Armut und Elend, Ängste, Ekel und Tod. Die Grundstimmung dieses Jahrhunderts ist die Angst, das Thema des Romans aber ist die Bewusstwerdung seines Titelhelden, das, was er selbst «sehen lernen» nennt. Rilkes Roman erzählt keine Geschichte, sondern bietet Wahrnehmungseinzelheiten, sprunghaft und assoziativ, doch verbunden durch ein Ich, das in dieser Geschichte zu sich selbst findet und zur Erfahrung seiner Zeit. Vermittelt werden sie über die Aufhebung der Zeitchronologie und die Wiedergabe unterschiedlicher Zeitqualitäten, *temps* und *durée*, deren philosophische Erschließung auf Henri Bergson zurückgeht: die mechanische Zeit und die Zeit als Dauer, die technisch messbare Zeit und die innere Erfahrung der Zeit, die jeder Mensch für sich bemisst. Motivverknüpfungen anstelle eines Handlungszusammenhangs, Aspekte wie Tod, Angst und Krankheit in Form einer Kontrastästhetik aufeinander bezogen, harte Gegensätze, verbunden durch eine Art musikalischer Kontrapunktik, die durch lyrische Episoden, die Weichheit der Bilder, die Zartheit der Stimmungen und eine Traumhaftigkeit der Erinnerungen an die Vergangenheit austariert und aufgehoben wird: der Auftakt des modernen deutschsprachigen Romans.

Nach diesem grandiosen Prosawerk löst der Ausbruch des Ersten Weltkriegs im August 1914 eine Erschütterung aus, die zu einer langen Schaffenspause in Rilkes Entwicklung führt. Er wird im Unterschied zu vielen seiner künstlerischen und intellektuellen Zeitgenossen zu einem entschiedenen Gegner des Kriegs, zu dem er «Fünf Gesänge» veröffentlicht, reflexive, der Prosa angenäherte Gedichte, die sein Entsetzen angesichts des Kriegsausbruchs unmissverständlich ausdrücken. Sie sind singulär in einer Zeit, da sich die Expressionisten mit flammendem Herzen und einer entsprechenden Lyrik in den Krieg stürzen, bis sie Erfahrungen gemacht haben, die sie aller Illusionen berauben. Rilke ist von Anbeginn illusionslos. Der vermeintlich hohe Rilke-Ton, die scheinbare Weltabgewandtheit erweisen sich als missverstandene Signale. Rilke hat seine Zeit sehr genau und kritisch wahrgenommen, wie auch ein Gedicht vom September 1914 zeigt, mit deutlichem Bezug zu den «Dionysos-Dithyramben» Friedrich Nietzsches:

> Ausgesetzt auf den Bergen des Herzens. Siehe, wie klein dort,
> siehe: die letzte Ortschaft der Worte, und höher,
> aber wie klein auch, noch ein letztes
> Gehöft von Gefühl. Erkennst du's?
> Ausgesetzt auf den Bergen des Herzens. Steingrund
> unter den Händen. Hier blüht wohl
> einiges auf; aus stummem Absturz
> blüht ein unwissendes Kraut singend hervor.
> Aber der Wissende? Ach, der zu wissen begann
> und schweigt nun, ausgesetzt auf den Bergen des Herzens.
> Da geht wohl, heilen Bewußtseins,
> manches umher, manches gesicherte Bergtier,
> wechselt und weilt. Und der große geborgene Vogel
> kreist um der Gipfel reine Verweigerung. – Aber
> ungeborgen, hier auf den Bergen des Herzens ...

Ein Gedicht, das Rilke nirgends veröffentlicht hat und das doch, obwohl unvollendet, vollkommen ist. Es ist ein ungeheures Bild, das hier gebraucht wird: «Ausgesetzt auf den Bergen des Herzens», an einem Ort, wo alles klein wird und zurückgelassen ist. Das reine Gefühl, die Trauer, der Schmerz, die Liebe – auf den Bergen des Herzens ist nichts Sicheres mehr vorhanden. Eine Stimmung der Weltverlorenheit, gebannt in Bilder des Verlusts, inmitten einer gefahrvollen Umgebung, in der nur die Tiere geborgen sind. «Ausgesetzt auf den Bergen des Herzens» – dreimal wird dieses Motiv in diesem Gedicht angespielt, eine Verstärkung des Einsamkeitsgefühls. «Aber ungeborgen, hier auf den Bergen des Herzens» heißt es noch einmal zum Schluss. Es gibt kein Ende, keine Zukunft, nur Ungewissheit: Man weiß nicht, was wird. Dieses Gedicht ist ein Sprachzeichen der Einsamkeit, auch in seinen formalen Mitteln. Es ist fragmentarisiert und wirkt abgebrochen: Dies ist der eigentliche

Abschluss, die Vollendung, die in diesem Gedicht nicht gelingt, nicht gelingen darf – um der künstlerischen Wahrhaftigkeit willen. Daher der offene Schluss.

Rilkes krisenhafte Schaffenspause dauert bis zu den 1923 erscheinenden Gedichtbänden *Sonette an Orpheus* und *Duineser Elegien* an. *Duineser Elegien* – der Titel des Gedichtbandes besitzt einen nahezu mythischen Klang. Er verdankt sich dem Ort Duino in Italien in der Nähe von Triest, wo Rilke seit 1910 wiederholt auf dem Schloss der Fürstin Marie von Thurn und Taxis zu Gast war. Begonnen hatte er mit der Arbeit an den Elegien nach Mitte Januar 1912 auf Schloss Duino – mehr als zehn Jahre später konnte er sie auf Château de Muzot im Schweizer Kanton Wallis abschließen. Die Elegie, in der Antike ein eher fröhliches Lied zur Flötenbegleitung, ist im Verlauf ihrer Geschichte immer dunkler geworden durch Formen der Begleitung, die ihren Ton zunehmend herabgestimmt haben, traurig und düster, sodass sich im Lauf der Zeit auch die Inhalte der Gedichte und die Semantik dieser Form veränderten: Sie wurde zum Klagegesang. Hieran knüpft Rilke an, angeregt von Vorläufern im 18. Jahrhundert, vor allem Klopstock und Hölderlin. Alle Elegien sind in daktylischen Langzeilen gehalten – mit Ausnahme der Vierten und der Achten Elegie –, eine reflexive Form, die Rilke unterschiedliche Möglichkeiten der Rhythmisierung bietet. Häufig verharren die Verse exakt in der Zeilenmitte mit einer Betonung, um danach mit einer erneuten Betonung wieder einzusetzen, sodass durch das Aufeinanderprallen der Daktylen Spannung entsteht und eine zusätzliche innere Bewegung dadurch, dass Metrum und Rhythmus einander widersprechen, mithin zwei Impulse gegeneinander arbeiten. Die hymnischen Daktylen tragen auf diese Weise als Formensprache zur Überhöhung ins Mythische bei. Die Dichtung erscheint als gültige Aussage über die menschliche Existenz schlechthin, die poetische Sprache führt über das Leben hinaus. Indem sie aber über das Leben spricht, übersteigt sie das Leben auch. Das Gedicht handelt in seiner Form, als implizite Poetik, zugleich von der Aufgabe und von der Leistung der Dichtung. Was Rilke mit diesen Gedichten versucht, ist ein Epochenaufriss: die Signatur seiner Zeit, ihre Schrecknisse wie ihre Vergänglichkeit, in Verse, Sprache, Rhythmus und Bilder zu bannen, beispielhaft zu Beginn der Ersten Elegie:

Wer, wenn ich schriee, hörte mich denn aus der Engel
Ordnungen? und gesetzt selbst, es nähme
einer mich plötzlich ans Herz: ich verginge von seinem
stärkeren Dasein. Denn das Schöne ist nichts
als des Schrecklichen Anfang, den wir noch grade ertragen,
und wir bewundern es so, weil es gelassen verschmäht,
uns zu zerstören. Ein jeder Engel ist schrecklich.

Eine Ergänzung zu den *Duineser Elegien* bilden thematisch und formal die *Sonette an Orpheus* – «Geschrieben», so die Widmung, «als ein Grab-Mal für Wera Ouckama Knoop», eine von Rilke verehrte, bereits mit 19 Jahren verstorbene Tänzerin. Es handelt sich um einen Zyklus von 55 Gedichten, die zwischen dem 2. und 23. Februar 1922 auf Château de Muzot entstanden sind, also noch während der abschließenden Arbeit an den *Duineser Elegien*. Sie untergliedern sich in zwei Teile zu 26 und 29 Sonetten, wobei Rilke über deren Form sehr frei verfügt, um sie offen und prozesshaft weiterzuentwickeln. «Sein ist Zwiespalt» – «Gesang ist Dasein»: In dieser Antithetik entfaltet Rilke den antiken Orpheus-Mythos, im ersten Teil als orphischen Gesang, in den sein Gegenstück, der Vorgang des Hörens, einbezogen ist, während der zweite Teil aus einem Dualismus besteht, der innerhalb der Gesamtkonstruktion mit orphischen Motiven durchgeführt wird: Baum, Tiere, Spiegel, Doppelgänger – dies sind Figurationen für die Orpheus-Symbolik des Doppelbereichs, aus denen durch das orphische Singen eine höhere Natur hervorgeht. Assonanzen, Anklänge und kunstvolle Reime bilden Verknüpfungen und Verschlingungsfiguren formaler Art mit dem Gesang als verbindendem Medium und der Musik als göttlichem Instrument, das gegen die Maschinenwirklichkeit der modernen Welt aufgeboten wird. In den *Sonetten an Orpheus* wie in den *Duineser Elegien* finden sich Dasein und Tod als die beiden großen thematischen Klammern, zwischen denen die poetische Sprache vermittelt. Sie hebt die Spannung zwischen Dasein und Tod, von der sie handelt, in sich auf. So schon im ersten Sonett: «Da stieg ein Baum! O reine Übersteigung! / O Orpheus singt! O hoher Baum im Ohr!» – Interjektionen, Ausrufe, Verkürzungen, Verknappungen, von Verben freie Sätze, Pointierungen, aus denen Dynamik entsteht, ein «Äquivalent des Lebens» (Rilke) in Gestalt der Sprache.

Hofmannsthal

Hugo von Hofmannsthal begann als Gymnasiast mit formvollendeten Gedichten. Bereits als 16-Jähriger publizierte er, da er als Schüler nicht veröffentlichen durfte, Gedichte unter dem Pseudonym Loris. Er trat in Salons auf und rezitierte eigene Werke vor einem hingerissenen Kaffeehaus-Publikum. Dem jungen Hofmannsthal geht es um eine Dynamik, die die Substanz des Lebens zu treffen und in Sprache zu bannen vermag. Ein Gedicht sei, so Hofmannsthal, ein «gewichtloses Gewebe aus Worten, die durch ihre Anordnung, ihren Klang und ihren Inhalt, indem sie die Erinnerung an Sichtbares und die Erinnerung an Hörbares mit dem Element der Bewegung verbinden, einen genau umschriebenen, traumhaft deutlichen, flüchtigen Seelenzustand hervorrufen, den wir Stimmung nennen». Alles Erleben ist dabei nur Ein- und Ansatzpunkt für das lyrische Gebilde, das überführt wird in Reflexion, Eigenbewegung, Gedanken und Verallgemeinerungen, um über die bloß subjektiv-individuellen atmosphärischen Dimensionen des jeweiligen Anlasses hinauszugehen.

Doch schon mit 25 Jahren ist die Zeit der Lyrik beendet. Hofmannsthal durchlebt, ausgelöst durch Zweifel an seiner poetischen Ausdruckskraft und an der Realitätsmächtigkeit der Sprache, eine tiefe Krise, deren Überwindung ihm nicht die Lyrik, sondern das Drama und die Prosa – als zeitgemäßer «Anschluß an große Form» – ermöglichen. Seine poetische Produktivität übersetzt sich seit Beginn der 1890er Jahre in lyrische Dramen (u. a. *Der Tod des Tizian*, 1892 / 1901; *Der Tor und der Tod*, 1893; *Das Kleine Welttheater oder Die Glücklichen*, 1897; *Der weiße Fächer*, 1897; *Der Kaiser und die Hexe*, 1897; *Das Bergwerk zu Falun*, 1899; *Jedermann*, 1911; *Der Turm*, 1924), auch in Lustspiele (*Der Schwierige*, 1919, UA 1921; *Der Unbestechliche*, 1922) und Erzählungen (*Das Märchen der 672. Nacht*, 1895; *Reitergeschichte*, 1899; *Andreas oder Die Vereinigten*, 1907–1917 / 18; *Die Frau ohne Schatten*, 1919). Vor allem sichert die in der Literaturgeschichte beispiellose Zusammenarbeit mit dem Komponisten Richard Strauss sein Überleben als Autor. Sie führt zur Erarbeitung mehrerer Libretti durch Hofmannsthal (*Elektra*, 1903, als Oper 1909; *Der Rosenkavalier*, 1911; *Ariadne auf Naxos*, 1912 / 1916; *Die Frau ohne Schatten*, 1919, gleichzeitig als Erzählung; *Die ägyptische Helena*, 1928; *Arabella*, posthum

1933), wobei der Dichter sich mit seiner Auffassung, die Musik füge zu seinen poetischen Texten «noch etwas sehr Schönes dazu», über die tatsächlichen Gewichte und die Anteile der Künste am Gelingen des Kunstwerks Oper fraglos getäuscht hat.

Hofmannsthals frühe Dichtung bleibt zum Teil traditionellen Formen verbunden, doch begnügt er sich nicht mit deren Reproduktion, sondern verändert und erweitert sie nicht zuletzt durch Reflexionen, die eine Brechung von Stimmungswerten mit sich führen. Das moderne lyrische Ich tritt als Reflektor seines eigenen Erlebens in Erscheinung, im doppelten Sinn des Worts: als Spiegel eines Erlebnisses und als Medium von dessen Reflexion. Als Beispiel hierfür können die Terzinen Hofmannsthals gelten, deren erste den Titel «Über Vergänglichkeit» (1896) trägt:

> Noch spür ich ihren Atem auf den Wangen:
> Wie kann das sein, daß diese nahen Tage
> Fort sind, für immer fort, und ganz vergangen?
>
> Dies ist ein Ding, das keiner voll aussinnt,
> Und viel zu grauenvoll, als daß man klage:
> Daß alles gleitet und vorüberrinnt.
>
> Und daß mein eignes Ich, durch nichts gehemmt,
> Herüberglitt aus einem kleinen Kind
> Mir wie ein Hund unheimlich stumm und fremd.
>
> Dann: daß ich auch vor hundert Jahren war
> Und meine Ahnen, die im Totenhemd,
> Mit mir verwandt sind wie mein eigenes Haar,
>
> So eins mit mir als wie mein eignes Haar.

Der regelmäßige Strophenbau der Terzine (aba bcb cdc), deren letzte Zeile stets den Reim des vorletzten Verses aufnimmt, erlaubt, wie dieses Beispiel zeigt, Abweichungen, die im Hinblick auf den Rhythmus der Verse und das Reimschema eine breitere Ausdrucksskala sichern. Das Gedicht beginnt mit einem persönlichen Erlebnis und dessen Weiterwirken, ein Liebeserlebnis, dem die Reflexion folgt, ein Gedankenprozess, der sich in der Abweichung vom klassischen Reimschema der Terzine mitteilt: Statt des regelmäßigen bcb der zweiten Strophe folgt hier cbc – ein Wechsel, der einen bewussten Bruch mit dem Schema vollzieht, um durch einen Schnitt das individuelle Erlebnis von dem Nachdenken darüber abzusetzen. Es geht in einen Reflexionsprozess über, der eine historische Dimension in das Gedicht einzuführen erlaubt mit dem Ergebnis, dass das reflektierende Ich am Ende nicht mehr identisch mit dem erlebenden Ich am Anfang ist – ein Ich-Verlust, der innerhalb des poetischen Prozesses nachzuvollziehen ist, eine Reflexion im Gegenlicht der Objektwelt und insoweit eine Verdinglichung des Bewusstseins, die eine epische Tendenz mit unterschiedlichen Rollenzuweisungen an das lyrische Ich erkennen lässt.

Daneben finden sich bei Hofmannsthal das Rollen- oder Dialoggedicht, ferner die Figurengedichte und ebenso, wenngleich vereinzelt, Gedichte, die Aspekte des sozialen Lebens aufgreifen. Schon der 16-jährige Gymnasiast hatte sich anlässlich einer Massendemonstration im Wiener Prater am 1. Mai 1890 in seinem Gedicht «Tobt der Pöbel» dieses Themas angenommen, freilich mit dem Blick eines jungen Adeligen, der das beobachtete Geschehen auf der Straße durchaus reaktionären Bewertungen unterwarf, um im selben Atemzug ein Plädoyer für die Schönheit der Kunst zu halten. Von einer sehr anderen, gereiften Weltsicht zeugen hingegen Gedichte wie «Ballade des äußeren Lebens» (1895) und «Manche freilich ...» (1895), die von Kindern in Hunger, Not und Elend sprechen, Reflexionen in Naturbilder überführen und soziale Phänomene mit organischen korrelieren lassen, das Thema der Vergänglichkeit anschlagen und am Ende über den einzelnen Tag hinaus auf Menschheitserfahrungen verweisen. Historische und persönliche Geschichte werden im Sinne einer Lebensbilanz aufeinander bezogen, in poetischen Bildern, deren Schönheit keines Kommentars bedarf – eine Totalität der Daseinserfahrung, die die soziale Frage bei Hofmannsthal in Raum und Zeit, Geschichte und Universum, Ich und All entgrenzt.

Warum diese ungemein produktive Lyrik-Phase dennoch frühzeitig ein Ende gefunden hat, vielleicht finden musste, hat Hofmannsthal in seinem Essay *Ein Brief* (1902) prägnant zusammengefasst. Er knüpft an das um 1900 entstehende Bewusstsein der Mängel jeder Sprache an, das sich sprachphilosophisch in Franz Mauthners *Beiträgen zur einer Kritik der Sprache* (1901 / 1902) in drei Bänden niedergeschlagen hat – sie sind nichts Geringeres als die philosophische Grundlegung des Sprachkrisenbewusstseins jener Zeit. Die Sprache wird von Mauthner als Handwerkszeug des Menschen charakterisiert, der damit weder die äußere Wirklichkeit noch seine eigenen Empfindungen tatsächlich auch erfassen könne, und zwar deswegen nicht, weil Sprache als Instrument nur verfestigte Erinnerungen an Sinneseindrücke darstellt und deswegen zur Quelle von Irrtümern und Missverständnissen wird. Damit ist die Kritik an der Sprache um 1900 auch ein Verdikt über die Abstraktionsleistung des Denkens und das menschliche Ausdrucksvermögen.

Dieses Bewusstsein und die aus ihm entspringende Krise thematisiert der Brief des Lord Chandos, der zugleich eine Selbstkritik des Dichters Hugo von Hofmannsthal ist. Außer Acht bleibt bei seiner Lektüre häufig, dass die brieflichen Äußerungen des Lord Chandos durch den Autor auf das Jahr 1603 datiert sind. Der fiktive Briefschreiber adressiert sie an seinen Freund, den Naturforscher und Philosophen Francis Bacon. Im Jahr 1603 begann die Herrschaft Jakobs I., unter dem Bacon zum Großsiegelbewahrer und Lordkanzler aufstieg. Mit Bacon setzte der Siegeszug eines Denkens ein, das Fortschritt als ein Fortschreiten naturwissenschaftlicher Erkenntnis und diese als die fortschreitende Herrschaft des Menschen über die Natur verstand. Hofmannsthal siedelt sein Textprojekt mithin exakt zu Beginn jenes Jahrhunderts an, in dem die Entwicklung der optischen Medien einen bahnbrechenden Aufschwung genommen hat, zu einer Zeit, als Galileo Galilei als Professor in Padua die natürlichen Bewegungsabläufe analysierte und die Beobachtung des Sternenhimmels vorantrieb und Johannes Kepler als Mathematiker und Hofastronom in Prag den Gesetzen der Planetenentwicklung auf der Spur war. Diese Entdeckungen macht der Autor zur Basis der Sprachkrise seiner Figur. Er sucht nach einem «Material, das unmittelbarer, flüssiger, glühender ist als Worte» (Hofmannsthal). Die um 1900 mit der Fotografie und dem Film entstehende Bilderflut der Moderne ist ein Teil dieses Materials, doch wird man, auf den weiteren Weg Hofmannsthals blickend, ebenso das große Theater und die Bühnenkunst, vor allem die

Musik und die Oper in Betracht ziehen müssen. Eine Irritation entsteht freilich durch den performativen Widerspruch des Textes. Denn die Klage über die Krise der Ausdrucks ist in eine meisterliche Sprache gekleidet, so kunstvoll wie elegant, so geschmeidig wie eloquent, voll abgründiger Szenen, prägnanter Bilder und spannungsreicher Metaphern.

George

Der Kreis um Stefan George war gewiss eine der spektakulärsten Gruppenbildungen in der an Dichterzirkeln nicht eben armen deutschen Literaturgeschichte (Kolk 1998). Sie finden sich im Umkreis der vergleichsweise engen Bindungen einer frühromantischen Geselligkeit um Friedrich Schlegel und Novalis, im Göttinger Hainbund, in den offenen Verbindungen des Jungen Deutschland mit ihren Ausstrahlungen in die vor- und nachrevolutionäre Zeit der Metropole Paris zwischen 1830 und 1848, ferner im Zusammenhang der Dichterkreise einer Schwäbischen und Heidelberger Romantik, ebenso in den Kooperationsformen um 1900 unter den Naturalisten, Expressionisten und Dadaisten, schließlich in denen der Zeit nach 1945 mit der Gruppe 47 als dem bekanntesten Beispiel, der späteren Gruppe 61 und dem ‹Werkkreis Literatur der Arbeitswelt› als explizit politisch sich verstehenden Vereinigungen zur Förderung der Arbeiterliteratur – literarische und intellektuelle Produktionsgemeinschaften, verbunden in dem Versuch, ein eigenes Profil zu entwickeln, das seine primären Handlungsimpulse aus einer oppositionellen Haltung empfängt.

Die um George zentrierte Gruppe von Dichtern und Künstlern, Wissenschaftlern und Philosophen aber war ein literaturgeschichtlich einzigartiger geistesaristokratischer Zirkel, zu dem unter anderen Karl Wolfskehl, Ernst Kantorowicz, Ludwig Klages, Friedrich Gundolf, Max Kommerell und Norbert von Hellingrath zählten. Sie bildeten den George-Kreis im strengen Sinn eines in sich geschlossenen Bundes mit einem hierarchischen Gefüge, das unbedingte Unterordnung unter die Weisungen des Meisters einschloss und von der persönlichen Aura Stefan Georges bestimmt war – der bis zu seinem Tod im Jahr 1933 alles überstrahlenden, alle Jünger auf sich verpflichtenden Persönlichkeit. Auf den mit klarem Bewusstsein arrangierten Fotografien besticht der Dichter durch ein prägnantes Profil, elegant gewelltes Haar, ein aristokratisches Gesicht mit energisch hervorstechendem Kinn und eine Körperhaltung, in der sich die Position eines Herrschers ausspricht – Ausdruck der Hierarchie innerhalb des Kreises, die aus einer freiwilligen, verehrenden Fügung der Jünger unter den «Meister» hervorgeht. Frühzeitig, wenn auch nur als korrespondierendes Mitglied hat auch der junge Hugo von Hofmannsthal Kontakt zu diesem Kreis – allerdings war er nicht bereit, auf den von Seiten Georges geäußerten Wunsch nach persönlicher Nähe einzugehen.

George, aus begütertem Elternhaus stammend, war hoch gebildet. Er hat frühzeitig Reisen nach Italien und Frankreich unternommen, sprach ein Dutzend Sprachen, zum Teil fließend, und ist vor allem als Übersetzer hervorgetreten mit kongenialen Nach- und Neudichtungen französischer, skandinavischer, englischer und italienischer Literatur. Die Anregung für die Begründung seines Kreises erhielt er 1889 während eines Aufenthalts in Paris durch Stéphane Mallarmé, den bedeutendsten poetischen Symbolisten seiner Zeit, Repräsentant einer reinen Kunst, des ‹L'art pour l'art›. Er führte in Paris einen renommierten Salon, den die bedeutenden Künstler und Intellektuellen regelmäßig besuchten, unter ihnen Paul Verlaine, Paul Claudel, Guy de Maupassant, André Gide und Paul Valéry, und eben auch Stefan George, der hier seine Neigung zum Ästhetischen, zum Preziösen und auch zum Religiösen bestätigt fand. Hier behauptete die Kunst ihr eigenes, autonomes Reich, hier begegnete George dem Kult des Dandy, einem Typus antibürgerlichen, aristokratischen Außenseitertums, dessen Hang zur exzentrischen Selbstdarstellung Charles Baudelaire in seinem Essay «Über die Dandies» treffend charakterisiert hat.

George wird in Deutschland zum Meister eines Kreises, der sich als Kreis von Meistern versteht (Raulff 2009), als Elite, die eine neue antinaturalistische Kunst schaffen will. Der Terminus «Meister» fungiert auch als Gegenbegriff zu dem des Bürgers, zur Bezeichnung eines Gegen-Typus, dessen äußere Merkmale Zylinder, Gehrock und Monokel sind und das Weihrauchkorn auf der brennenden Zigarette. George will wie seine Jünger auch eine hohe Dichtkunst schaffen in einer eigens von ihm kreierten, an den romanischen Idiomen orientierten Literatursprache, einer Kunstsprache im doppelten Sinn des Worts: eine künstlerische, zugleich kunstvolle und künstliche Sprache. Der Titel seines ersten als Privatdruck erschienenen Gedichtbandes ist hierfür beispielhaft: *Hymnen* (1890), ein feierlich auftretendes Opus mit einem prunkvollen, erlesenen, hohen Ton, dem der Charakter der 1892 begründeten, bis 1919 bestehenden Zeitschrift *Blätter für die Kunst* in nichts nachsteht. Auch sie ist als Privatdruck erschienen, für Freunde und Gleichgesinnte von Freunden und Gleichgesinnten, ausgefeilt bis in die Details der Typographie. Hier schreiben Karl Wolfskehl, Ludwig Klages, Max Dauthendey und Friedrich Gundolf. Die wichtigste Figur dieses Kreises war in Georges Augen Karl Wolfskehl, ein hingebungsvoller Verehrer des Meisters, diesem intellektuell deutlich über-, als Persönlichkeit ebenso deutlich unterlegen, ein unsteter Charakter mit flammenden Ideen, weit gefächerten Kenntnissen, die er extemporierend ins Gespräch einbringen konnte, doch ohne jene Disziplin und Weitsicht, Klarheit, Strenge und Energie, die George auszeichnete.

George sammelte junge, gebildete Angehörige eines wohlhabenden Bürgertums um sich, unter ihnen auch der junge Friedrich Gundolf, ein schöner, melancholisch blickender Jüngling, hochbegabt, später ein namhafter Anglist, der sich auch als Übersetzer und Dichter einen Namen gemacht hat – George pflegte ihn stets als «Kind» anzusprechen. Die homoerotische Komponente spielte eine bedeutende Rolle im George-Kreis – Frauen besaßen keinen Zugang. Inbegriff dieser Männerfreundschaften war Maximin, ein Kunst- und Kosename Georges für den jungen Max Kronberger, den der Meister 1902 verschiedentlich in München gesehen und den er sogleich ins Herz geschlossen hatte. Er verliebte sich in den 14-Jährigen, verehrte, ja vergötterte ihn und musste nur zwei Jahre später den Tod des Jungen erleben. Dieses Erlebnis steht am Anfang einer bedeutenden Verklärungsdichtung, die, erschienen in einer Auflage von nur 200 Exemplaren, George seinem Schützling gewidmet hat (*Maximin. Ein Gedenkbuch*, 1907). Dem Geist des verstorbenen Maximin hatten auch die anderen dem Kreis angehörenden Verehrer des Meisters ihre Huldigung abzustatten. Es war der Kult Georges für einen Knaben, Heiligung und Entrückung zugleich, und «Entrückung» heißt dementsprechend auch der Titel des letzten *Maximin*-Gedichts, das mit den Zeilen schließt: «Ich bin ein funke nur vom heiligen feuer / Ich bin ein dröhnen nur der heiligen stimme».

Dem Ziel, eine Elite zu formen, die kulturpolitisch und -pädagogisch führen sollte, um in einer Art Kulturkampf zur Erneuerung Deutschlands beizutragen, dienten auch die literarhistorischen und editionsphilologischen Bemühungen, zu denen sich unter anderem George und Wolfskehl als Herausgeber zusammenfanden. Unter dem Obertitel *Deutsche Dichtung* erschienen drei von ihnen verantwortete Bände: *Jean Paul. Ein Stundenbuch für seine Verehrer* (1900), *Goethe* (1901) und *Das Jahrhundert Goethes* (1902), 1903 lag diese Sammlung abgeschlossen vor. Eine *Deutsche Dichtung*, durchaus in «nationeller» (George) Absicht, die gleichwohl den Kenner deutscher Dichtung zeigt: Jean Paul, den großen, unbekannten und wenig gelesenen Dichter aus dem Schatten des Vergessens zu holen und ihm wieder eine literarhistorische Präsenz zu verschaffen, war zweifellos verdienstvoll. George hat auch die Hölderlin-Editionen Norbert von Hellingraths unterstützt und zugleich zur Wahrnehmung dieses Dichters als eines Verkünders der deutschen Sprache beigetragen, zu einer Verklärung aus Geistesverwandtschaft, deren Wirkungen bis in die Hölderlin-Verehrung des Zweiten Weltkriegs andauern sollte.

Der Titel des Gedichts, mit dem der 22-jährige Stefan George seinen ersten Lyrikband, *Hymnen* (1890), eröffnet, benennt ein Motiv, dem der Dichter zeit seines Lebens treu bleibt. Es heißt «Weihe» – und schon die erste Strophe schlägt den hohen Ton an, dem George von nun an folgen wird:

> Hinaus zum strom! wo stolz die hohen rohre
> Im linden winde ihre fahnen schwingen
> Und wehren junger wellen schmeichelchore
> Zum ufermoose kosend vorzudringen.

Hier ist bereits alles versammelt, was Georges Lyrik über vier Jahrzehnte hinweg auszeichnet: ein selbstbewusster Stilwille, der sich in starken, prunkenden Bildern äußert, verbunden mit einer kunstvoll-künstlichen Symbolsprache, hervorgehoben durch Alliterationen und Binnenreime, verfeinert durch den die Sprache tragenden und sie bewegenden Rhythmus. Auch wenn der zeitgenössische Einfluss der Jugendstilkunst, des Dekorativen und Kunstgewerblichen in diesem Band unübersehbar ist, auch wenn die hier noch spürbare Kunst-Anstrengung in den späteren Werken einer größeren Eleganz und Virtuosität des Ausdrucks weicht – Georges Intention tritt bereits unverkennbar zutage: der Sprachkunst mit aller Entschiedenheit ein Reich eigenen Rechts und Gewichts zu schaffen. Eine Absicht, die der Dichter in seinen nächsten Lyrikbänden *Pilgerfahrten* (1891) und *Algabal* (1892) unbeirrt weiterverfolgt. Im Unterschied zu den bisher erschienenen Werken wurde *Algabal* nicht nur als Privatdruck, sondern auch in einem Publikumsverlag veröffentlicht. Das forcierte Formbemühen der ersten Bände geht hier in eine größere Freiheit und Souveränität des lyrischen Ausdrucks über. Der Titel ist eine Assonanz an den Namen des spätrömischen Kaisers Heliogabal, der im Alter von 18 Jahren nach einer nur vierjährigen Regierungszeit bei einer Palastrevolte ermordet wurde. Er galt als Melancholiker und Verschwender, ein ausschweifend lebender Kaiser, zugleich Hohepriester des Sonnengottes Elagabal. George hat in dieser mythischen und historischen Figur tragische Züge erkannt, in denen er sich selbst entwerfen konnte. Bereits die Überschriften der drei Teile signalisieren die Gestaltungsabsicht: «Im Unterreich» breitet die Schöpfung Algabals aus, eine Kultur-Natur, in der sich ein unteres, künstliches und kunstvolles Reich präsentiert; «Tage» führt Szenen aus dem Kaiserpalast vor: Tanz und Tod, Erotik und Spiel, Laszivität und Erhabenheit; «Die Andenken» lässt Tage und Jahre aus der Perspektive des Kaisers Revue passieren, Gedanken und Assoziationen in Form melancholischer Erinnerungssplitter. An der kunstvollen Fügung der Gedichte wie am durchdachten Bau des Bandes insgesamt lässt sich erkennen, dass George seinen Stil seit den frühen Gedichtbänden weiterentwickelt hat: von den forcierten bildsprachlichen Anfängen hin zu einer Stimmigkeit des lyrischen Ausdrucks, in dem keine Silbe, kein Vokal zu viel ist, vielmehr alle Elemente und Details präzise aufeinander abgestimmt sind – Sprachkunst, die als Kunst nur für sich selbst einstehen will. Hinter diesem Gedichtband und in Gedichten wie diesen erkennt man dann auch George in seinem unbedingten Anspruch an sich selbst und an die Kunst, gekleidet in die selbstbewusste Perspektive des Kaisers: «ICH bin als einer so wie SIE als viele».

Das gilt auch für die Gedichte des nächsten Bandes mit dem prätentiösen Titel *Die Bücher der Hirten- und Preisgedichte · der Sagen und Sänge und der hängenden Gärten* (1895). Auch dieses Werk ist in seinem Aufbau präzise durchdacht. Es macht sich die Grammatik als einen außerpoetischen Faktor in Form vielfältiger Abweichungen von der Norm zunutze, bis hin zur Interpunktion, mit der für George typischen Setzung eines Punkts in halber Zeilenhöhe, ebenso durch den Fortfall des Kommas und eine radikale Kleinschreibung. In den Gedichtbänden *Das Jahr der Seele* (1897), sein wohl bekanntester Gedichtband, und *Der Teppich des Lebens* (1900) stilisiert George das Ich seiner Gedichte zur Figur des Ausgestoßenen und Geächteten, zum Partisanen, der innerhalb des kulturellen Horizonts seiner Zeit zum Täter wird. «Schmerzbrüder», «Der Jünger», «Der Erkorene», «Der Verworfene» lauten in *Der Teppich des Lebens* die Titel der für diesen Selbstentwurf repräsentativen Gedichte. Sie enthalten Angebote zur Idolatrie, einer dienenden Verehrung des Meisters, der sich wie Jesus als Opfer einer Verfolgung und des Verrats sieht und sich deshalb über seine Jünger erhebt: «O wüsstet ihr wie ich euch alle ein wenig verachte!» Woraus diese Selbsterhöhung ihre Substanz bezieht, zeigt das Gedicht «Der Freund der Fluren», in dem George eine Art Rückübersetzung des Wortes ‹Kultur› in den lateinischen Ursprungssinn des Ackerbaus unternimmt. Kultur bedeutet nichts anderes als ‹bearbeitete Natur›, und so, als eine Art Pfleger der Natur, versteht sich der «Freund der Fluren» dieser Gedichte: als Kulturhüter und -pfleger, der die Ähren und die Pflanzen prüft und den überwölbenden Himmel in seine Prüfung einbezieht. Taktilität und Sinnlichkeit sind ein unverlierbarer Bestandteil dieser Kulturpflege, zu der die Entsorgung des Überzähligen ebenso gehört wie die Erotik, die der Behütungs- und Fürsorgefunktion eingeschrieben ist. Die Früchte, die diese Pflege der Natur und Kultur trägt, sind seine Belohnung.

Der Band *Der siebente Ring* (1907) setzt sich aus mehren Zyklen zusammen: «Zeitgedichte», «Gestalten», «Gezeiten», «Maximin», «Traumdunkel», «Lieder» und «Tafeln», unter den letzteren zahlreiche Widmungsgedichte, vor allem an Freunde aus seinem engeren Kreis.

Was diese Gedichte verbindet, ist der forciert vorgetragene Hegemonieanspruch des Dichters, der sich zum Anspruch auf Führung zu einem neuen Leben und zu neuer Kultur erweitert. Auch hier findet sich, exemplarisch im Eröffnungsgedicht, eine polare Konstellation: dort jene, die anklagen, weil sie dem Leben zugewandt sind und eine entsprechende Dichtung wollen, hier der Dichter-Führer, der fern allen wechselnden Moden ebenso festliche wie schlichte Gedichte schreibt. Er ist sich treu und immer gleich geblieben, während seine Zeitgenossen sich den Ablenkungen und Irrungen des modisch orientierten Alltags ergeben haben. Die Behauptung der Dauer im eigenen Werk und der Unwandelbarkeit des bedeutenden Geistes stellt sich in diesem Band in eine traditionsreiche Reihe künstlerischer Führerpersönlichkeiten – Dante, Goethe, Nietzsche, Böcklin –, die der Gedichtband *Der Stern des Bundes* (1914) programmatisch in ein «reich des Geistes» fortschreibt. Die künftigen Herren der Welt – sie werden aus diesem «reich des Geistes» hervorgehen, dem Elysium eines Dichters, der seine «sohnschaft» erwählt, zur Elite formt und sie, «neugestaltet umgeboren», durch den Druck der Gemeinschaft prägt, eine Art Ashram, *avant la lettre*, dessen Regelwerk in Gestalt einer epigrammatischen Dichtung mit belehrendem und forderndem Charakter vorliegt.

Georges letzter Gedichtband *Das neue Reich* (1928) übersetzt diese Linie der Selbsterhöhung und Selbstverklärung überdeutlich in ein kulturpädagogisch-politisches Programm, das keineswegs esoterisch oder gar weltabgewandt ist, sondern sich sehr bewusst auf seine Zeit bezieht, um dieser wie im Gedicht «Das Wort» durch Poesie ein Ziel zu setzen: «Kein ding sei wo das wort gebricht», lautet die letzte Zeile, die explizit den Zusammenhang von «ding» (= Wirklichkeit, Gegenständlichkeit) und «wort» (= Sprache, Dichtung) herstellt, bezeichnenderweise entgegen den landläufigen Bestimmungsversuchen dieses Verhältnisses: Das Wort schafft die Wirklichkeit. Wo die Sprache kein Echo, keinen Gegenpol, keine Entsprechung besitzt, da existiert in Wahrheit nichts. *Das neue Reich* bietet zu diesem Thema eine variantenreiche Reihe langer Gedichte mit komplexen Reflexionsprozessen, mit typisierten Figuren und dramatischem Charakter, zum Teil in Gestalt von Rollengedichten, die auf den Reim verzichten, nahezu erzählenden Charakter besitzen, dialogisch angelegt sind und sich – Spruchgedichte an die Lebenden und die Toten – an wahlverwandte Traditionen oder an die eigenen Jünger und Freunde adressieren.

Dieser letzte Gedichtband fasst, fünf Jahre vor dem Tod, die charakteristischen Merkmale des Dichters noch einmal in konzentrierter, reflektierter und normativer Gestalt in sich zusammen. Georges Bedeutung entspringt, so darf man resümierend sagen, der Anti-Haltung gegen den Geist und die Entwicklungen seiner Zeit. Sein poetisches Programm setzt auf eine neue Dichtung unter der Voraussetzung, dass der Dichter als Führerfigur anerkannt wird – nicht im praktisch-politischen, sondern in einem umfassenderen, politisch-kulturellen Sinn des Worts. Georges Position lässt sich deshalb literaturgeschichtlich aus heutiger Sicht wohl nur dann angemessen bestimmen, wenn man seine Persönlichkeit – und ebenso den ihn umgebenden Kreis von Freunden und Verehrern – historisiert. Das heißt: wenn man ihn inmitten der Jahrhundertwende-Literatur und der Literaturbewegungen zu Beginn des 20. Jahrhunderts situiert, inmitten der Programme und Manifeste jener Zeit, angesichts der dynamischen Kunstströmungen, der vielfältigen Ismen und poetischen Entwicklungssprünge. Vor diesem Hintergrund beweist seine Dichtung, bis heute, ihre literaturgeschichtliche Einzigartigkeit.

Expressionismus

Selten lässt sich eine literarische Epoche exakt auf den Zeitraum eines Jahrzehnts eingrenzen – für den Expressionismus trifft diese Ausnahme von der Regel zu. An seinem Anfang stand im Jahr 1910 mit Jakob van Hoddis' «Weltende» ein Gedicht, das buchstäblich Epoche machte – an ihrem Ende, im Jahr 1920, eine Anthologie, die Bilanz zog: *Menschheitsdämmerung. Symphonie jüngster Dichtung.* Der Herausgeber Kurt Pinthus hatte alle repräsentativen Lyriker und die meisten der bedeutenden Gedichte dieser Dekade versammelt: Johannes R. Becher, Gottfried Benn, Theodor Däubler, Albert Ehrenstein, Ivan Goll, Walter Hasenclever, Georg Heym, Kurt Heynicke, Jakob van Hoddis, Wilhelm Klemm, Else Lasker-Schüler, Rudolf Leonhard, Alfred Lichtenstein, Ernst-Wilhelm Lotz,

Karl Otten, Ludwig Rubiner, René Schickele, Ernst Stadler, August Stramm, Georg Trakl, Franz Werfel, Alfred Wolfenstein und Paul Zech. Ein wenig gewaltsam, doch nicht ohne gute Argumente hatte der Herausgeber seine Auswahl in vier Rubriken unterteilt: «Sturz und Schrei», «Erweckung des Herzens», «Aufruf und Empörung», «Liebe den Menschen» – das gesamte Ausdrucksarsenal der expressionistischen Lyrik, gegliedert nach Inhaltsaspekten. Das bereits erwähnte Gedicht von Jakob van Hoddis eröffnete die Anthologie – ein programmatischer Titel, mit dem auf frappante Weise ein Pandämonium der bürgerlichen Welt kurz vor ihrer Zerstörung präsentiert wird:

Weltende

Dem Bürger fliegt vom spitzen Kopf der Hut,
In allen Lüften hallt es wie Geschrei,
Dachdecker stürzen ab und gehn entzwei,
Und an den Küsten – liest man – steigt die Flut.

Der Sturm ist da, die wilden Meere hupfen
An Land, um dicke Dämme zu zerdrücken.
Die meisten Menschen haben einen Schnupfen.
Die Eisenbahnen fallen von den Brücken.

Ein Gedicht, das seine Zeit beschrieben, ergriffen und zugleich demontiert hat – es war von ungeheurer Wirkung. Im Jahr 1910 war der Komet Halley erschienen, man hatte ihn sehen können, ein bedrohliches Zeichen, das Gedanken an Untergänge und Katastrophen aufkommen ließ und Gefühle der Erschütterung hervorrief. Doch das Gedicht geht über diesen Anlass weit hinaus: Es handelt sich um eine Krisenbeschreibung der bürgerlichen Welt und ihrer Wahrnehmungsformen, eine treffende und bestürzende Zeitdiagnose. Das Gedicht ist im Straßenjargon gehalten, mit platten Bildern («gehn entzwei»), ohne Tiefendimension. Es finden sich drastische, fast vulgäre Alliterationen, («dicke Dämme»), die Massenmedien werden erwähnt, die Erfahrung aus zweiter Hand bieten («liest man»), sprachlich offenbar unangemessene Ausdrucksformen werden eingesetzt («Die wilden Meere hupfen / An Land») – durchweg Inkongruenzen, wie sie sich auch in den Reimen zeigen («hupfen» / «Schnupfen») und in der Wahl der Bilder zur Bezeichnung von Katastrophen («Die Eisenbahnen fallen von den Brücken»). Zudem wird ausschließlich parataktisch gesprochen, in Form von Aufzählungen und Hauptsätzen, sodass der Eindruck einer Gleichzeitigkeit des Ungleichzeitigen entsteht, zusammengefasst unter dem apokalyptischen Titel «Weltende». Alles ist gleichrangig, gleichwertig, gleich wichtig und gleich unwichtig, alles ist zugleich tragisch und banal, und alles liegt auf einer einzigen Oberfläche zutage. Die Apokalypse wird zum Spiel mit leer gewordenen Bedeutungen, das Weltende bedeutet das Ende aller Sinnstiftungen.

Im Widerspruch zu dieser apokalyptischen Perspektive steht freilich die Tatsache, dass das Gedicht sorgfältig gereimt und in Strophen gegliedert ist, einen gleichmäßigen und eingängigen Rhythmus aufweist, die inhaltlich beschworene Verstörung also nicht in eine entsprechend zerstörte Form übersetzt wurde. Der Gedanke liegt nahe, dass der subversive Inhalt einer äußeren Verpackung bedurfte, um in der Öffentlichkeit eine Wirkung entfalten zu können, wie dies in vergleichbarer Weise auch einem Gedicht Alfred Lichtensteins mit dem Titel «Die Dämmerung» gelang: Banalität steht hier gegen Erhabenheit, Lächerlichkeit gegen Tragik, und das Naturverhältnis erweist sich als ein Lebensbezug, in dem der Mensch so ridikül erscheint, wie die Natur vermenschlicht wird, ein Signal des Weltendes auch dies: Es besteht in einer Ich-Erschütterung, die als Ich-Entmächtigung erscheint.

Die Bedeutung dieser Gedichte liegt darin, dass allen Erscheinungsformen der bürgerlichen Welt die Tiefe entzogen wird. Das Lebensgefühl des *ennui* ist dominant: Langeweile, Weltekel, Ziellosigkeit, Saturiertheit sind die Kennzeichen der modernen Welt. Geld- und Gewinnstreben gehen mit dem Verlust von Sinn einher. Ein Lebensgefühl, das der Befreiung durch Aufbruchsimpulse bedarf – sie suchen sich ihren Ausdruck vor allem in den gleichzeitig begründeten Zeitschriften. Die Expressionisten haben sich in ihren Periodika – den publizistischen Zentren der Bewegung mit einem verlegerischen Schwerpunkt in Berlin – ein Forum geschaffen, auf dem sie miteinander kommunizieren konnten. Die beiden bedeutendsten Publikationen waren *Der Sturm* (1910–1932), herausgegeben von Herwarth Walden, und *Die Aktion* (1911 bis 1932), herausgegeben von Franz Pfempfert. Den Titeln der Zeitschriften ist ihr jeweiliges Programm unschwer abzulesen.

Der Sturm – nicht nur eine Literatur-, sondern vor allem eine Kunstzeitschrift – vertrat einen kulturellen Aktivismus im Sinne des ästhetischen Aufbegehrens. Eine Avantgarde-Zeitschrift für Künstler, die sich gegen die kulturellen Werte der bürgerlichen Welt kehrte: gegen einen klassizistisch orientierten Humanismus und die ihm entsprechenden Ideale ebenso wie gegen den zeitgenössischen Naturalismus. Die Zeitschrift entwickelte ein Programm, das später vom Futurismus, vom Konstruktivismus und vom Kubismus beeinflusst und überlagert wurde. Der Herausgeber Herwarth Walden, ein Genie in der Zusammenführung und Sammlung, Entdeckung und Förderung von jungen, seinerzeit noch kaum oder gar nicht bekannten Künstlern, hatte einen Verlag und eine Galerie gegründet, über die er den französischen Impressionismus nach Deutschland holte. Über 20 Jahre hinweg hat er Ausstellungen veranstaltet, in Berlin, aber auch an anderen Orten, und in diesen Ausstellungen die bedeutenden progressiven Maler der Zeit präsentiert.

Ebenso hat die Zeitschrift *Der Sturm* alle wichtigen Lyriker vorgestellt, nicht nur in Form von Gedichten, sondern auch in Essays, Porträts, Skizzen, Erzählungen und Polemiken, insgesamt ein breites Spektrum unterschiedlicher Genres. Dezidiert allerdings vermied *Der Sturm* politische Themen, es sei denn solche, die unmittelbar die Kunst betrafen. Es finden sich hier keine politischen Manifeste, sondern ausschließlich eine der Kunst und Literatur verpflichtete Programmatik. Das kulturell orientierende Zentrum bildete Berlin, einen Kooperationsschwerpunkt stellte Wien dar mit Mitarbeitern wie Karl Kraus, Adolf Loos und Oskar Kokoschka. Zu nennen ist in diesem Zusammenhang auch Prag mit Max Brod, dem Entdecker, Förderer und Herausgeber des Werks von Franz Kafka. Darüber hinaus gab es eine intensive Zusammenarbeit mit den Programmatikern des Futurismus, vor allem mit Filippo Tommaso Marinetti, mit international bereits bedeutenden Malern wie Robert Delaunay, Fernand Léger, Lyonel Feininger, Pablo Picasso, Franz Marc, Wassily Kandinsky, August Macke und Marc Chagall. *Der Sturm* war zweifellos der wichtigste publizistische Ort der künstlerischen Moderne nach 1910, allerdings mit einer deutlich nachlassenden Wirkung in den 1920er Jahren. Der Expressionismus erschöpfte sich, der Nachexpressionismus besaß nicht die Wucht der Anfangszeit. In der Malerei tritt die Neue Sachlichkeit in den Vordergrund, daneben ein politisch orientierter Konservatismus und die völkische Kunst in Verbindung mit der nationalsozialistischen Kulturpolitik, die den Einfluss des *Sturm* und auch der *Aktion* zurückdrängen, schließlich unterdrücken.

Die *Aktion* verstand sich als Fortführung einer radikal-demokratischen Politik in der Tradition der liberalen bürgerlichen Revolution von 1848. Sie vereinte in sich die unterschiedlichsten linksradikalen (Anarchismus, Aktivismus, Marxismus) und undogmatischen sozialistischen Strömungen. Hier wurde eine Politik des Antimilitarismus, des Antinationalismus und des Antichauvinismus vertreten, die sich mit rhetorischer Verve gegen Polizei, Parteien, Presse, kurz: gegen alles wandte, was seinerzeit zum gesellschaftlichen und politischen Establishment zählte. Die Hoffnungen und Erwartungen richteten sich demgegenüber auf eine revolutionäre Jugend. Es bedarf keiner großen Phantasie, sich vorzustellen, dass die Zeitschrift immer wieder Gegenstand von Eingriffen der Zensurbehörden gewesen ist. Dementsprechend entwickelte man in der Redaktion Techniken der Camouflage, des indirekten, verdeckten und versteckten Schreibens, des Attackierens zwischen den Zeilen. Karl Kraus, einer der Mitarbeiter und zugleich Mentor der *Aktion* in Fragen der Camouflage, verfasste in regelmäßigen Abständen eine Kolumne mit dem Titel «Ich schneide die Zeit aus», in der er Originalzitate der gegnerischen Seite veröffentlichte: entlarvende Zeugnisse und Dokumente des Chauvinismus deutscher Prägung, um auf diese Weise mit ebenso schlichten wie raffinierten Montagen das Denken des Militarismus, des Nationalismus und des Präfaschismus bloßzustellen.

Etwa 100 Zeitschriften haben im Umkreis des Expressionismus existiert, die meisten, da finanziell unabgesichert, nur kurzfristig. Zu nennen sind hier die Musikzeitschrift *Anbruch* (1919–1937), ferner die von Karl Schmidt-Rottluff 1919 begründete Kunstzeitschrift *Kündung* und nicht zuletzt *De Stijl*, die 1917 in Amsterdam begründete Zeitschrift einer niederländischen Künstlervereinigung. *Der Sturm* war die früheste und neben der *Aktion* die originellste Publikation unter diesen Periodika. Der von Paul Raabe herausgegebene *Index Expressionismus*, eine vorzügliche Bibliographie der Beiträge in den Zeitschriften und Jahrbüchern des literarischen Expressionismus von 1910 bis 1925, erschließt ein einzigartiges Arsenal expressionistischer Stimmungen.

Die Zeitstimmung drängte darauf, etwas Neues zu beginnen – was immer es sein mochte. Man kann darin den Ausdruck eines Transzendenzverlusts sehen: Die Religion bot keine Zuflucht, die Geschichtsphilosophie stiftete keinen Sinn mehr. Diese Zeitstimmung mündete in die Destruktion aller überkommenen Werte und führte zur Auflösung der Traditionen. Die Sprache wurde als eine Möglichkeit verstanden, ihrer Zeit Ausdruck zu geben, auch in Form der Zeitkritik und als Beschreibung der Abgründe, die man nicht erklären oder mit Sinn versehen konnte. Es sind Katastrophenphänomene, auf die die Dichtung sich einlässt, unter ihnen die Erfahrung der großen Stadt, der Georg Heym Ausdruck gegeben hat.

Der Gott der Stadt

Auf einem Häuserblocke sitzt er breit.
Die Winde lagern schwarz um seine Stirn.
Er schaut voll Wut, wo fern in Einsamkeit
Die letzten Häuser in das Land verirrn.

Vom Abend glänzt der rote Bauch dem Baal,
Die großen Städte knien um ihn her.
Der Kirchenglocken ungeheure Zahl
Wogt auf zu ihm aus schwarzer Türme Meer.

Wie Korybanten-Tanz dröhnt die Musik
Der Millionen durch die Straßen laut.
Der Schlote Rauch, die Wolken der Fabrik
Ziehn auf zu ihm, wie Duft von Weihrauch blaut.

Das Wetter schwelt in seinen Augenbrauen.
Der dunkle Abend wird in Nacht betäubt.
Die Stürme flattern, die wie Geier schauen
Von seinem Haupthaar, das im Zorne sträubt.

Er streckt ins Dunkel seine Fleischerfaust.
Er schüttelt sie. Ein Meer von Feuer jagt
Durch eine Straße. Und der Glutqualm braust
Und frißt sie auf, bis spät der Morgen tagt.

Der Gott der Stadt wird als ein anthropomorpher Gott gesehen, die visionäre Beschwörung gilt einem Dämon. Es handelt sich um eine Allegorie der Bedrohung, die mit der großen Stadt auf die Menschen einstürmt in Gestalt einer mythischen Figur, die Zeiten überdauernde Qualitäten hat, um einen Gott, der heruntergekommen ist zur dämonischen Figur, die die Menschen verschlingt. Die poetischen Mittel entfalten eine große Intensität, etwa mit Hilfe der Farbigkeit, verbunden mit Schattierungen, mit Dunkelheit und Grau, einer neuen, synästhetischen Bildlichkeit («Die Winde lagern schwarz um seine Stirn») und einer ungewöhnlichen Wortkombinatorik («Korybanten-Tanz»). Die Massen der modernen Stadt mit ihrer Lautstärke, ihren Geräuschen, ihrer neuartigen Sinnlichkeit («Meer von Feuer», «Glutqualm», «der Schlote Rauch») und ihrem neuen Zeitgefühl lassen die Vision einer Endzeit entstehen, eines Weltendes vor der Menschheitsdämmerung, das bei Heym in Metrik und Rhythmus, Reim- und Strophenform allerdings konventionell und gleichmäßig konstruiert ist.

Gleichzeitig mit dieser Großstadtlyrik entsteht eine Ästhetik des Hässlichen. Nach 1910 bringt die avancierte Dichtung die Verwerfungen und Verzerrungen, Entstellungen und Krankheiten ihrer Zeit zur Sprache, am prägnantesten Gottfried Benn in seinem ersten Gedichtband *Morgue* (1912), ein junger Autor, der im Alter von 25 Jahren in seiner Lyrik eine Thematik aufnimmt, die zuvor so nicht gesehen worden ist:

Kleine Aster

Ein ersoffener Bierfahrer wurde auf den Tisch gestemmt.
Irgendeiner hatte ihm eine dunkelhellila Aster
zwischen die Zähne geklemmt.
Als ich von der Brust aus
unter der Haut
mit einem langen Messer

Zunge und Gaumen herausschnitt,
muß ich sie angestoßen haben, denn sie glitt
in das nebenliegende Gehirn.
Ich packte sie ihm in die Brusthöhle
zwischen die Holzwolle,
als man zunähte.
Trinke dich satt in deiner Vase!
Ruhe sanft,
kleine Aster!

Unbarmherzig wird hier der Vorhang weggerissen von jeglicher Verklärung des Lebens. Der Blick des Lesers wird auf eine Szene gelenkt, die bis zu diesem Zeitpunkt auf den Schauplätzen der Literatur nicht sichtbar war: die Anatomie, die Sezierung eines Leichnams. Der menschliche Körper – ein toter Gegenstand, nutzlos, allenfalls interessant als Untersuchungsobjekt der Pathologie. Die zur Wahrnehmung dieses Vorgangs benutzte Sprache entstammt dem Straßenjargon, Begrifflichkeiten und Verben, die in der Lyrik bis Ende des 19. Jahrhunderts nicht zu finden waren. Hier werden sie im Zusammenspiel mit unregelmäßigen Rhythmen gezielt zur Verstörung eingesetzt, zur Unterminierung der traditionell Einklang und Gleichmaß stiftenden Funktion des Reims («gestemmt» – «geklemmt», «herausschnitt» – «glitt») und der Assonanzen («Brusthöhle» – «Holzwolle». «Vase» – «Aster»). Und nicht weniger verstörend das expressionistische Farbenspiel («dunkel-hell-lila»). Offenbar geht es diesem Autor nicht darum, durch seine Lyrik dem Leben einen Sinn abzuringen oder aufzuzwingen, sondern, im Gegenteil, den alltäglichen Verfall des Lebens ebenso zu notieren wie die Banalität des Todes. So auch im Gedicht «Mann und Frau gehen durch die Krebsbaracke» (1912): Ein Mann zeigt einer Frau eine Kollektion von bevorstehenden Todesfällen, Kranke, die nur noch vegetieren («Klumpen Fett und faule Säfte»), rücksichtslos, in knappen, parataktischen Segmenten festgehalten, in einfachen Beobachtungen, die keiner weiteren Deutung bedürfen. Ebenso im Gedicht «Nachtcafé» (1912): Menschliche Komplexität ist hier reduziert auf Einzelmerkmale, die wie auf Gemälden von Otto Dix oder Georges Grosz die ganze Person repräsentieren, eine Montage von Wirklichkeitsfragmenten eines Caféhauses – Nummern, Ziffern,

Zahlen, körperliche Details («grüne Zähne, Pickel im Gesicht», «Fett im Haar») oder berufliche Funktionen («das Cello», «die Flöte»), eine Ästhetik des Hässlichen und der Komplexitätsreduktion. Der Expressionist Gottfried Benn reißt seiner Zeit die Maske der traditionellen Formensprache vom Gesicht und konfrontiert sie mit sich selbst: eine harte und schreckliche, abstoßende Wirklichkeit, kurz vor dem Ausbruch des Ersten Weltkriegs.

Dass diese häufig so genannte Verfallsdichtung selbst dort, wo sie Aspekte des Verfalls thematisiert, hohe Sprachkunst ist, lässt sich beispielhaft an der zweiten Fassung von Georg Trakls Gedicht «Grodek» zeigen:

> Am Abend tönen die herbstlichen Wälder
> Von tödlichen Waffen, die goldnen Ebenen
> Und blauen Seen, darüber die Sonne
> Düstrer hinrollt; umfängt die Nacht
> Sterbende Krieger, die wilde Klage
> Ihrer zerbrochenen Münder.
> Doch stille sammelt im Weidengrund
> Rotes Gewölk, darin ein zürnender Gott wohnt,
> Das vergoßne Blut sich, mondne Kühle;
> Alle Straßen münden in schwarze Verwesung.
> Unter goldnem Gezweig der Nacht und Sternen
> Es schwankt der Schwester Schatten durch den schweigenden Hain,
> Zu grüßen die Geister der Helden, die blutenden Häupter;
> Und leise tönen im Rohr die dunklen Flöten des Herbstes.
> O stolzere Trauer! ihr ehernen Altäre,
> Die heiße Flamme des Geistes nährt heute ein gewaltiger Schmerz,
> Die ungebornen Enkel.

«Alle Straßen münden in schwarze Verwesung»: Trakl fasst das Grauen nicht deskriptiv, sondern als Konzentrat in ein einzigartiges Bild. Das Gedicht entstand im Ersten Weltkrieg während der Schlacht bei Grodek in Polen am 13. Oktober 1914. Der Dichter, zu dieser Zeit ein physisch und psychisch labiler, drogenabhängiger Soldat mit allen Anzeichen der Schizophrenie, war in ein Lazarett eingeliefert worden – wenige Wochen später ist er hier gestorben, vermutlich an einer Selbstvergiftung durch

Kokain, im Alter von 27 Jahren, leidend unter der einzigen Liebe seines Lebens, der zu seiner Schwester, mit der ihn eine inzestuöse Beziehung verband. Auf diese Verbindung spielt das Gedicht an («Es schwankt der Schwester Schatten durch den schweigenden Hain») – das Refugium eines Dichters, der nicht mehr dichten kann. Die Schwester ist, wie in anderen Gedichten Trakls auch, nur als Schatten gegenwärtig, ein unwirkliches Bild der Sehnsucht, womöglich der Schuld, eingebettet in die Straßen des Leidens und des Verfalls mit einer rätselhaften Perspektive am Ende («Die heiße Flamme des Geistes nährt heute ein gewaltiger Schmerz / Die ungebornen Enkel»). Ein Schmerz, hervorgehend aus dem Wissen, dass es keine Enkel geben wird nach der Generation, die bei Grodek gefallen ist, eine «stolzere Trauer», weil diese keine Zukunft mehr kennt, weil es keine Zukunft geben wird – weder für die Liebe zur Schwester noch für die Kriegsgeneration.

Das Abschütteln des Formzwangs und der poetischen Traditionen führt, wie die Beispiele Benns und Trakls zeigen, zu einer Freisetzung neuer Ausdruckskräfte. Unzweifelhaft hat der gewichtigste Themenkomplex der expressionistischen Dichtung, der Erste Weltkrieg, hierzu entscheidend beigetragen. Der 1. August 1914, das Datum des Kriegseintritts, hat der jungen Dichtergeneration wie den Intellektuellen und Künstlern dieser Zeit insgesamt den Boden ihres Glaubens und Denkens, ihrer Gewissheiten und Gewohnheiten entzogen. Die Emotionen bewegten sich zwischen Begeisterung und Abscheu – doch was der Krieg bedeuten würde, konnte man nicht wissen. Man erfuhr es rasch, mit aller Gewalt, wie das Beispiel des Dichters August Stramm zeigt, an dem sich die Wirkungen und Verwerfungen des Krieges beispielhaft nachzeichnen lassen. Stramm, als Postbeamter aus kleinbürgerlichen Lebensverhältnissen stammend, vollzog den Sprung in die Existenz des Künstlers im Jahr 1910 in Verbindung mit einer Jagd nach neuen Ausdrucksformen. Sein Entdecker und Förderer seit Anfang 1914 war Herwarth Walden, die Zeitschrift *Der Sturm* bildete sein publizistisches Elixier, der Dichter selbst profilierte sich innerhalb dieses Organs der künstlerischen Avantgarde in Berlin rasch als einer der bekanntesten Lyriker der Zeit und wurde zum Repräsentanten der expressionistischen Bewegung insgesamt. Seinen posthum erschienenen Band *Du* (1915) mit Liebesgedichten stellte Herwarth Walden zusammen, der ebenfalls posthum veröffentlichte Gedichtband *Tropfblut* (1919) erschien in Waldens Verlag. Zu Beginn der Zusammenarbeit mit Walden hatte Stramm bereits konkrete Vorstellungen von Dichtung entwickelt: Das «Wort», nicht der Inhalt eines Gedichts – so Stramm unter dem prägenden Einfluss des Futurismus – sollte die Zeit erfassen und ausdrücken, «Wortkunst» heißt sein Programm, das mit einer radikalen Zerstörung der Grammatik, konventioneller Ausdrucksformen und poetischer Traditionen einhergeht. Simultaneität von Eindrücken, Dynamik in der Fügung der Worte und Bilder, Beseitigung von Adjektiven und Adverbien, entschlossene Substantivierung innerhalb der Bilderwelt, konturscharfe Akzente in der Thematik bei gleichzeitiger Abschaffung der Interpunktion sind die formalen Aspekte, verbunden mit einer Neigung zur Abstraktion, wie sie sich auch in der zeitgenössischen Malerei findet, propagiert etwa von Wassily Kandinsky und der Zeitschrift *Der Blaue Reiter*: Malerei als «reine» Kunst, Rhythmus und Bewegung als Ausdrucksformen eines inneren Erlebens und als Garanten künstlerischer Autonomie. August Stramm war der konsequenteste Vertreter dieses Programms. Welche Qualitäten mit der neuen «Wortkunst», welche Engführungen sie aber auch in ihren eben gewonnenen Ausdrucksmöglichkeiten mit sich brachte, lässt sich seinem Gedicht «Patrouille» beispielhaft ablesen:

> Die Steine feinden
> Fenster grinst Verrat
> Äste würgen
> Berge Sträucher blättern raschlig
> Gellen
> Tod.

Hier wird die Gegenständlichkeit der Kriegswirklichkeit anthropomorphisiert: Partisanen und Waffen, aufgelöst in eine subjektivierte Dinglichkeit; eine bedrohliche, dschungelartig tödliche Natur; Bedrohung, Lärm, das sichere Ende – es ist eine im buchstäblichen Sinn fatale Realität, die hier auf ihren kleinsten gemeinsamen Nenner gebracht wird, auf das Substantiv als Konzentrat einer tödlichen Situation, die in der typographischen Verjüngung am Ende auch visuell zum Ausdruck kommt.

Einige der Gedichte Stramms besitzen ihre Pointe in einer einzigen Silbe, so etwa das Gedicht «Wache», das, gleichfalls typographisch pointiert, in den Anruf «Du!» mündet – als konzentrierter Ausdruck der Isolation, der Vereinzelung, des Ausgesetztseins. Der Feind des Neuen ist freilich auch in der Dichtung die Wiederholung, die zur Abnutzung und zum Verschleiß führt – zu einer Erschöpfung der Wörter und Bilder, wie sich beispielhaft an Gedichten Stramms wie «Traumig» oder «Granaten» ablesen lässt. Die bedeutungsgesättigte Aufladung einzelner Wörter und knapper Satzsegmente, die den Schrecken des Krieges in ein poetisches Bild zu bannen versucht mit einer äußersten Verknappung der Mittel und der Konzentration auf das einzelne Wort – dies ist das Markenzeichen, aber auch der Engpass des literarischen Expressionismus. Eine Blüte der Ausdrucks- und Wortkunst, die bereits nach einem Jahrzehnt verwelkt war.

Man wird dem expressionistischen Jahrzehnt in der Literatur freilich nur dann gerecht, wenn man sich die Breitenwirkung dieses poetischen Aufbruchs vor Augen führt. Es handelt sich nicht um Einzelerscheinungen, sondern – ablesbar an den sich anschließenden politischen Wegen der expressionistischen Dichtergeneration mit ihren unterschiedlichen Markierungen – um ein höchst widersprüchliches Generationenphänomen. Die politischen Entwicklungen reichen einerseits vom Pazifismus über einen militanten Antimilitarismus bis hin zur radikalen Linken, verbunden mit einer zum Teil visionären sozialrevolutionären Ekstase, andererseits bis zu einem emphatischen, lebensphilosophisch begründeten Irrationalismus, der in den Faschismus mündet. Johannes R. Becher, der im Moskauer Exil zur Gruppe Ulbricht gehörte, in der DDR nach 1945 Kulturminister wurde und sich als Lyriker auf das Verfassen von Deutschland-Sonetten kaprizierte, steht für die eine Seite – für die andere Gottfried Benn, der in den 1920er Jahren eine rabiat konservative Kulturkritik vertrat, in den Jahren 1933 und 1934 den Nationalsozialismus emphatisch begrüßte und über die Adresse Klaus Manns einen groben Absage-Brief an die Dichter des Exils richtete, danach in die Innere Emigration ging und in den 1950er Jahren als Lyriker zum «Phänotyp dieser Stunde» (Dieter Wellershoff) wurde. Zwei völlig unterschiedliche Wege also, und man kann nicht behaupten – wie dies später im Zusammenhang der sogenannten Expressionismus-Debatte (Schmitt [Hg.] 1973) unter anderem von Georg Lukács versucht worden ist –, die literarische Strömung des Expressionismus hätte diese oder jene Entwicklung *a priori* begünstigt.

Dada

Der Dadaismus, nur wenig später als der Expressionismus entstanden, ist aus Anti-Kunstimpulsen hervorgegangen, als eine Bewegung mit vielen Zentren – Zürich, Berlin, New York, Genf, Köln, Paris, Holland, Tirol – und zahlreichen Exponenten aus Dichtung wie bildender Kunst. Zu ihnen zählten der Rumäne Tristan Tzara, einer der Theoretiker und Manifest-Autoren; Franz Jung, der später in die politische Aktions- und Revolutionskunst im Umkreis der Kommunistischen Partei wechselte; George Grosz, Maler und Karikaturist; Marcel Janco aus der Zürcher Anfangsphase der Dada-Bewegung; Richard Huelsenbeck, Außenseiter und Repräsentant zugleich; Raoul Hausmann, einer der originellsten Köpfe des Dadaismus; ferner Max Lüthy, Friedrich Glauser, Hugo Ball und Hans Arp. Ein buntes Gemisch origineller Köpfe und späterer Berühmtheiten, zu denen auch Walter Serner gehörte, ein Dandy der Literatur, ebenso der «Oberdada» Johannes Baader, der zum Umkreis der *Aktion* zählende, nahezu vergessene Publizist Ferdinand Hardekopf, der Montagekünstler John Heartfield und sein Bruder, der Verleger Wieland Herzfelde, Kurt Schwitters, der große Einzelgänger, der Romancier E. E. Cummings, der Fotograf, Bild- und Montagekünstler Man Ray, der Maler Max Ernst und der Grafiker Theodor Baargeld. Zum weiteren Umkreis dieser Bewegung zählte auch die Gruppe der Surrealisten, die aus dem Dadaismus / Futurismus hervorgegangen ist – und sich später mit den Dadaisten überwarf –, allen voran André Breton, Philippe Soupault, Louis Aragon, Paul Éluard und Francis Picabia.

Die Entstehung der Bezeichnung ‹Dada› ist umstritten. Handelt es sich um eine unartikulierte Zeigeformel der Babysprache? Um die Übernahme eines Worts aus der rumänischen Sprache mit der Bedeutung von ‹ja, ja›? Um einen Fund der Dada-Begründer in einem deutsch-französischen Wörterbuch? Wichtiger als alle Semantik dürfte der Klangwert dieses Worts sein – Klang als ‹Ausdruck› im doppelten Sinn dieses Terminus verstanden: Lautausdruck und Semantik in einem, leer an Bedeutungen und doch verbunden mit einer Fülle von Bedeutungsmöglichkeiten, mit einem deiktischen und einem infantilen, einem internationalen und einem montageartigen Charakter, kurz: eine Abstraktion und eine geniale Absurdität.

Fest steht immerhin das Anfangsdatum der Bewegung: der 5. Februar 1916, und der Gründungsort: Zürich, seinerzeit das Sammlungszentrum von Pazifisten, Exilierten, Antimilitaristen. Sie waren in die Schweiz emigriert, um sich nicht an dem Kriegstaumel zu beteiligen, dem Mitteleuropa seit 1914 verfallen war. Einer ihrer maßgeblichen Initiatoren war Hugo Ball, Begründer des «Cabaret Voltaire», eines der großen Zentren des Dadaismus, in dem seit März 1916 experimentelle Bühnenveranstaltungen stattfanden. «Das Prinzip des Cabarets soll sein», so Hugo Ball in seiner Einladung zur ersten Veranstaltung, «daß bei den täglichen Zusammenkünften musikalische und rezitatorische Vorträge der als Gäste verkehrenden Künstler stattfinden. Und es ergeht an die junge Künstlerschaft Zürichs die Einladung, sich ohne Rücksicht auf eine besondere Richtung mit Vorschlägen und Beiträgen einzufinden.» Was die teilnehmenden Künstler vereinte – neben Flucht, Exil und Abkehr vom Krieg –, war die Kritik an der etablierten Kunst und Literatur und die Entschlossenheit, neue, bislang unbekannte, nie gesehene, unerhörte künstlerische und literarische Qualitäten zu entdecken, darunter das Element des Akustischen. «Das laute Rezitieren», so Hugo Ball in seinen Tagebüchern, «ist mir zum Prüfstein der Güte eines Gedichtes geworden. Und ich habe mich vom Podium belehren lassen, in welchem Ausmaße die heutige Literatur problematisch, das heißt am Schreibtische erklügelt, und für die Brille des Sammlers statt für die Ohren lebendiger Menschen gefertigt ist.» Diese Wiederentdeckung des Akustischen ging einher mit der Entwicklung des Bruitismus (frz. ‹bruit› = laut, lärmend), dem Versuch also, aus Geräuschen – sei es zufällig, sei es künstlich erzeugter Art – eine eigenständige, ‹lärmende› Kunst zu erzeugen, darunter Lautgedichte und aus Wortelementen bestehende Konzerte.

Das Dada-Gründungsmanifest, von Hugo Ball für den Eröffnungsabend verfasst, ist am 14. Juli, dem französischen Nationalfeiertag zum Gedenken der Revolution von 1789, veröffentlicht worden. In ihm geht es programmatisch um die Zerstörung der konventionellen Grammatik und traditioneller Sinnstiftungsversuche, um die Auflösung fester Wortbedeutungen und künstlerischer Genres, um Destruktionen, mit deren Hilfe es gelingen sollte, zu den einfachsten Sprachelementen der Dichtung, dem einzelnen Wort, den Vokalen und Konsonanten vorzustoßen, um diese in Form von Montagen neu zusammenzusetzen. Ein Programm, das in der Gründungszeit ein fulminantes Echo hervorrief und doch, wie die Zürcher Gruppe insgesamt, nicht langlebig war. Es gab bei aller grundsätzlichen Bereitschaft zur Aufsprengung der Grenzen zwischen den Disziplinen alsbald Differenzen zwischen den Literaten auf der einen, den bildenden Künstlern auf der anderen Seite. Was sich mit der Dada-Dichtung in Zürich veränderte, waren die Darbietungsformen von der Rezitation zur Choreographie. Es gab Formen des Tanzes, mit denen Dichtung dargeboten wurde, Maskenspiele und -choreographien, die von dem Tanzmagier und -theoretiker Rudolf Laban und der bedeutendsten Tänzerin dieser Zeit, Mary Wigman, vorgeführt wurden, neue Formen des freien Tanzes mit eigenen Ausdrucksmöglichkeiten und -räumen, eigener Gestik und eigenen Zeitrhythmen, die sich nicht länger durch vorgegebene Ballett- und Tanztraditionen dominieren und disziplinieren ließen, sondern den Körper *als Körper* zum Zentrum des Tanzes machten, um ihm veränderte Ausdrucksmöglichkeiten zur Entfaltung zu bieten.

Man kann sich, wenn man die detaillierten Beschreibungen solcher Inszenierungen nachliest, zugleich anhand einer kleinen Notiz aus der Feder Hugo Balls die Koinzidenz der kulturrevolutionären dadaistischen Aktionen vor Augen führen: 1916 wüteten die Materialschlachten des Ersten Weltkriegs in Flandern wie in Frankreich, gewissermaßen vor der Haustür der Schweiz, mit Hunderttausenden von Toten; 1917 tobte in Russland die Revolution der Bolschewiki, die die Welt verändern sollte; und in Zürich wohnte in enger Nachbarschaft ein Mann, zu dessen welthistorischer Rolle die Protagonisten des Dadaismus ihr «Gegenspiel» veranstalteten, im doppelten Sinn des Worts: als polares Gegenstück und künstlerische Entsprechung der Realgeschichte:

«Während wir in Zürich, Spiegelgasse 1, das Cabaret hatten, wohnte uns gegenüber in derselben Spiegelgasse Nr. 6, wenn ich nicht irre, Herr Uljanow Lenin. Er musste jeden Abend unsere Musiken und Tiraden hören. Ich weiß nicht, ob mit Lust und Gewinn. Und während wir in der Bahnhofstraße die Galerie eröffneten, reisten die Russen nach Petersburg, um die Revolution auf die Beine zu stellen. Ist der Dadaismus wohl als Zeichen und Geste das Gegenspiel zum Bolschewismus? Stellt er der Destruktion und vollendeten Berechnung die völlig Don-Quichottische, zweckwidrige und unfassbare Seite der Welt gegenüber? Es wird interessant sein, zu beobachten, was dort und was hier geschieht.»

Mit den Veranstaltungen im Jahr 1917 war die kurze Phase des Zürcher Dadaismus bereits beendet. Lenin ging bekanntlich nach Moskau, um dort die Revolution zu führen – die Literaten nach Berlin, um dort mit Künstlern wie John Heartfield, Georges Grosz, Raoul Hausmann, Franz Jung und Johannes Baader zusammenzuarbeiten. Rasch fand man sich auch hier unter programmatischen Gemeinsamkeiten zusammen, darunter vor allem durch die Negation jedes tradierten Kunst- und Formideals und aller Verbindlichkeiten von Gattungen und Gattungsgrenzen. Doch diese Negationen bildeten auch in Berlin nur vorübergehend ein gemeinsames Band. Die Dada-Bewegung strebte rasch auseinander, ihre Protagonisten bekämpften sich zum Teil, es bildeten sich neue Strömungen gerade auch im Zusammenspiel mit den politischen Entwicklungen der Weimarer Republik. Immerhin: Es gibt – vergleichbar jenem ersten Manifest in Zürich, verfasst von Richard Huelsenbeck und ergänzt durch andere Autoren – noch 1918 eine programmatische Plattform, die von vielen Künstlern mitgetragen wird. Sie besteht mit allem verfügbaren Pathos darauf, dass Kunst die Erfahrungen ihrer Zeit in sich aufnehmen muss. Ein radikal avantgardistisches Manifest: ein Bekenntnis zur Revolutionierung der künstlerischen Formensprache, das nichts mit Ethik, mit bürgerlicher Kultur und Moral, mit Innerlichkeit oder den Seelenbeständen der klassizistischen Epoche zu tun haben will. Die bruitistische Lautdichtung, die simultane Poesie, die unterschiedliche Phänomene gleichzeitig auf einer Fläche präsentiert, das statische Gedicht, das aus dem Fluss der Zeit mit wenigen Worten ein Moment des Stillstands herauszustanzen versucht, um daraus eine Vision der Realität zu entwerfen – das sind die innovatorischen Ansprüche an eine Kunst *à jour*. Und damit ein solches Programm seinerseits ‹auf der Höhe der Zeit› steht, schließt es mit einer dadaistischen Conclusio, einer selbstironischen Pointe, an der auch der Bierernst und das Pathos dieses Manifests zerschellen: Am Ende ist der wahre Dadaist gegen alles – auch gegen das, wofür er programmatisch eintritt. Der letzte Satz dieses Manifests lautet: «Gegen dies Manifest sein, heißt Dadaist sein.»

Soweit die Programmatik – in seiner künstlerischen Praxis lebt der Dadaismus, wie der gleichzeitige italienische Futurismus auch, von der Technik der Montage, ein Impuls, der sich dem Kinematographen verdankt. Der Film ist, so erkennt man frühzeitig, antipsychologisch und außenperspektivisch strukturiert. Er lebt vom Spiel mit Zeitbezügen. Vor dem Tonfilm löst er lediglich optische Reize aus, eine Kunst des momentanen Eindrucks, die mit Tricks und Illusionierungsverfahren arbeitet. Neben den Film treten als Inspirationsquelle die Wirklichkeit der Großstadt und das gesamte Ensemble der neu entstehenden Medien. Elektromagnetik und Telegraphie, Phonographie, Telephonie und Fotografie wälzen die menschlichen Wahrnehmungsformen um. Insofern sind der Futurismus und der Dadaismus auch ästhetische Reflexe der technisierten Zeit um 1900. Es entsteht ein neuer Stil aus Parataxen und poetischer Mikrologie, kleinsten Worteinheiten und Satzpartikeln, die eine Art elektrifizierter Literatur hervorbringen. Die Sprachverknappung, die hier betrieben wird, führt zurück zum Essenziellen, freilich nicht der Stimmung und des Ausdrucks wie bei den Expressionisten, sondern zur Essenz des Klangs, zu einer Sprachverknappung, die mit Sinnentzug einhergeht, weil die Wirklichkeit keinen Sinn ergibt, sondern nur mehr als Impulsgeber fungiert. Optische und akustische, gestische und mimische Reize treten als Impulse an die Stelle von Sinnstiftungen. Es entsteht eine Symbiose des poetischen Subjekts mit Technik und Maschine, die sich in den Strukturen der Texte ausdrückt, für die das Moment des Schocks, der Verfremdung und Bewegung, der Geschwindigkeit und Dynamik, des Assoziationsstils und der Simultaneität kennzeichnend ist, aber auch die Dissoziation, das Zerfallen von Oberflächen. Die Revolutionierung der Nachrichten- und Verkehrssysteme wandert in die Struktur der Texte ein, auch in Gestalt des Krieges, der die Summe der entfesselten Produktivkräfte um und nach 1900 darstellt.

Es versteht sich von selbst, dass eine solche Atmosphäre Einzelgänger und Außenseiter faszinierte, produktive Köpfe, die, angesichts einstürzender Traditionen und zusammenbrechender Konventionen die neuen Freiräume zu ihrer persönlichen Entfaltung zu nutzen wussten. Die auf diese Weise gewonnene Autonomie der Kunst ist das Zeichen der künstlerischen Moderne, die auch bildende Künstler anzog, etwa Hans Arp, einen der großen Surrealisten in Paris, später Mitglied des Kreises um André Breton. Er eröffnet in der Zeit des Dadaismus zunächst auf literarischem Gebiet eine Phase höchster Produktivität, die ihn zum Absurdismus mit Sprachspielen aus Klängen, Rhythmen und Bildern führt in Verbindung mit Assoziationen, die autonomen Impulsen folgen. Die Diskursivität und Konventionalität der Sprache wird, wie den beiden ersten Strophen des Gedichts «Der gebadete Urtext» (1924) beispielhaft abzulesen ist, in Gestalt von Sprachexperimenten real unterlaufen:

> Der Zwerge dünnes Horn erschallt.
> Die Schiffe reiten auf den Ratten.
> Das Wasser hat sich losgeschnallt.
> Der Blitz will jede Laus begatten.
>
> Die Luft gerinnt zu schwarzem Stein.
> zermalmt wird Schnabel, Braut und Rose.
> Es reißt der Sterne Ringelreihn.
> Der Zirkus stürzt ins Bodenlose.

Die Eigenlogik des Sprachrhythmus und des Klangs und die Eigendynamik von parataktischen Wortfolgen, die auf nichts als aufeinander hören, bestimmen die Bewegung dieses Textes. Er spielt mit Erwartungen an Sinn und Bedeutung, mit Reimtraditionen und Metren, Strophenformen und Versmaßen, die jedoch als poetische Signale der Beförderung eines von ihnen unabhängigen, autonomen Prozesses aus akustischen und gestischen Gebärden dienen, wie er sich in vergleichbarer Weise auch in Hugo Balls «Karawane» findet, einem der bekanntesten Dada-Gedichte: Zeile für Zeile, in unterschiedlichen Schrifttypen, teils fett, teils kursiv, teils unterschlängelt, wird hier die Bewegung einer Karawane durchgespielt – ein Versuch, den Rhythmus einer Bewegung in den Rhythmus und den Klang von Lauten zu übersetzen, um ihm anhand des Zusammenspiels der Vokale und Konsonanten einen sprachlichen Ausdruck zu verleihen.

Unter den Einzelgängern des Dadaismus ist aber vor allem Kurt Schwitters zu erwähnen. In seiner Malerei und Dichtung zunächst eher konventionell orientiert, realistischen und naturalistischen Prinzipien folgend, ließ er sich später vom Expressionismus, insbesondere von August Stramm, und vom Futurismus beeinflussen, bevor er zu seiner eigenen ‹Bewegung› fand, die sich mit einem einzigen Wort umschreiben lässt: «Merz». Schwitters hat nicht nur eine Zeitschrift mit dem Titel *Merz* herausgegeben, sondern zudem Merz-Gedichte geschrieben, Merz-Kunst hergestellt, Merz-Collagen produziert und – sein Lebenswerk – einen Merz-Bau errichtet. Schwitters, eine durchaus bürgerliche Erscheinung, verblüffte seine Zeitgenossen, gerade auch die Künstler unter ihnen, durch die Radikalität, mit der er seine Kunstübungen vorantrieb. Es war nur konsequent, dass Hugo Balls Versuche, Schwitters in den Kreis der Berliner Dadaisten aufnehmen zu lassen, an den Vorbehalten eines Richard Huelsenbeck scheiterten: Der Dadaist aus Hannover erschien dem Berliner Revolutionär zu spießig – eine bemerkenswerte Begründung, die über den spießbürgerlichen Charakter solcher Ressentiments Aufschluss gibt.

Schwitters hat sich dadurch nicht beirren lassen. Der Begriff Merz, ursprünglich ein Ausschnitt aus dem Wort «Commerz Bank», beschreibt ein Programm des Findens und Erfindens, des Sammelns und Bastelns, der Imagination und der Konstruktion. Papierfetzen, Nägel, Bleistifte, Zigarettenstummel – Schwitters konnte alle Gegenstände gebrauchen, um im Haus seiner Eltern in der Waldhausenstraße 5 zu Hannover seinen Merz-Bau zu errichten. Begonnen in den 1920er Jahren, wurde dieses Haus zu einem Kunstwerk ausgebaut: ein Innenbau mit Holz und Treppen, Fenstern und Luken, Puppen und Büchern, Schallplatten und Brillen. Alle nur denkbaren Materialien fanden sich in diesem Bau, an dem Schwitters über mehr als zehn Jahre arbeitete, bis er sich wegen der Nationalsozialisten gezwungen sah, nach Norwegen, später nach England zu emigrieren. Sein Haus fiel einem Bombenangriff zum Opfer – eine spätere Rekonstruktion anhand von Fotos, die Schwitters zum Teil noch selbst angefertigt hatte, zeigt eine labyrinthische Konstruktion, die innen subversiv umgestaltet hat, was außen als traditionelle Hausform vorgegeben war, eine völlig zweckfreie Montagearbeit, ein Spiel mit *objets trouvés* und *ready mades*, gefügt nach den Prinzipien des Zufalls, der Offenheit und der Unabschließbarkeit.

Fortgeführt hat Schwitters diesen ihm eigenen, seinen «Kerndadaismus» auch in der Revolutionierung der literarischen Formensprache. Bis in den Lautstand einzelner Gedichte lässt sich diese Konsequenz nachvollziehen, so anhand von Schwitters' «Ursonate», einem Gedicht, das ausschließlich aus Vokalen besteht, sodass man die Kraft einer Sprache wahrnehmen kann, die nicht durch Bedeutungsproduktion zu sich findet, sondern durch die äußerste Konzentration, ja Reduktion auf sich selbst. Das beste Beispiel für dieses Unterfangen stellt das Gedicht «An Anna Blume» aus dem Jahr 1919 dar, in dem sich Schwitters' Sprachkunst auf erhellende Weise offenbart. Sie lebt aus dem Widerspruch von Destruktion und Konstruktion, daraus, dass sie Bestehendes zerstören muss, um sich einen eigenen Entfaltungsraum zu schaffen, und zugleich als originäres, innovatives und belebendes Medium des Ausdrucks sich zu entgrenzen hat, um eine neue Formensprache allererst zu erschaffen.

«An Anna Blume» ist gewiss eines der schönsten Liebesgedichte der Weltliteratur, und zwar gerade deshalb, weil es ein Spiel mit leeren Referenzen ist – dieser Umstand macht seine Fülle aus. Doch nicht Sinnlosigkeit wird in diesem Gedicht artikuliert, sondern Sinnwidrigkeit. Es ist ein Spiel mit Signifikanten, das deswegen widersinnig erscheint, weil die Signifikanten sich auf Signifikate nicht länger beziehen lassen. Was bleibt, ist der reine Signifikant. Er heißt in diesem Gedicht ANNA, ein in sich vollkommener Name, so schön wie leicht, von vorne wie von hinten zu lesen einschließlich aller erotischen Assoziationen, die sich in einem Liebesgedicht damit verbinden lassen. Man kann sich, als Leser wie als Hörer des Gedichts, freilich auch dem reinen Klang überlassen. Tut man das, so bleibt nichts als das freie Spiel der Kunst, *l'art pour l'art* – und doch mehr als das. Denn in diesem Gedicht verbinden sich zahlreiche Realitätspartikel und Reflexionselemente, die auf die Funktion und den Funktionsverlust der Sprache verweisen, sodass man durchaus nicht von einem bloßen Spiel mit Vokabeln und Worthülsen, Vokalen und Konsonanten sprechen muss. Vielmehr wird dieses Spiel auf eine Weise gespielt, dass auf die erzeugte Leere immer aufs Neue verwiesen wird. So wächst ihr eine neue Fülle zu.

11 Literatur in der Weimarer Republik

Kaum ein Autor hat die bewegten Zeiten nach dem Ersten Weltkrieg – die Abdankung Wilhelms II. und das entstehende Machtvakuum, die Revolution von 1918 und die Räterepublik – so aktiv begleitet wie Ernst Toller: ein junger Dichter, Student der Jurisprudenz, geprägt durch das Erlebnis des Krieges, ein glänzender Redner mit großer persönlicher Ausstrahlung, der nach anfänglicher Begeisterung für die Revolution lebensgeschichtlich eine Phase der Desillusionierung durchlebte. In seiner Autobiographie *Eine Jugend in Deutschland* (1933) hat Toller einen einzigartigen Rückblick auf Dynamik und Hektik, auf die utopisch-revolutionäre Programmatik und die Widersprüche der Rätebewegung gewagt – beginnend mit den Landtagswahlen am 12.1.1919 und schließend mit dem Scheitern der Republik, das durch die Widersprüche innerhalb des linken Bündnisses zwischen Kommunisten und USPD-Mitgliedern wie durch die mörderische konterrevolutionäre Bewegung verursacht wurde. «Wer den Zusammenbruch von 1933 begreifen will, muß die Ereignisse von 1918 und 1919 in Deutschland kennen», so Toller, der mit seinen Dramen *Masse Mensch* (1920) und *Die Maschinenstürmer* (1922) seinen Weltruf als expressionistischer Autor begründete, im Vorwort zu diesem Buch. 1933, nach der nationalsozialistischen Machtübernahme, ist Toller ins Exil gegangen – 1939, in tiefer Depression, hat er sich in New York aus dem Fenster gestürzt.

1918 lässt sich nach Toller als eine historische Zäsur verstehen, deren Wirkungen bis ins Jahr 1933 nachzuvollziehen sind. Der Kapp-Putsch und der Ruhrkampf, die Hitler/Ludendorff-Revolte von 1923, dazu Inflation, Weltwirtschaftskrise und Massenarbeitslosigkeit waren die entscheidenden Faktoren für den Niedergang der Weimarer Republik. Das Ende des Weltkriegs wurde als doppelte Niederlage empfunden, da die Siegermächte auf demütigende Weise den Deutschen die alleinige Kriegsschuld zugewiesen hatten, obwohl fraglos auch andere europäische Mächte am Ausbruch des Krieges beteiligt gewesen waren. Dass die Alliierten Deutschland enorme Reparationsleistungen abverlangten, dass zudem das Saarland und das Ruhrgebiet besetzt wurden, dass die Entfaltungsmöglichkeiten Deutschlands politisch wie militärisch beschnitten waren – all dies führte dazu, dass das Ergebnis der Verhandlungen von Versailles als Diktat aufgenommen und von der nationalistischen Rechten erfolgreich für ihre machtpolitischen Ziele genutzt werden konnte. Die weltweite Rezession Ende der 1920er Jahre und das Anwachsen der Arbeitslosenzahlen auf über sechs Millionen taten das Ihre, um den Aufstieg der Nationalsozialisten und die Machtübernahme durch Hitler am 30. Januar 1933 zu ermöglichen.

Dass man gleichwohl auch von den «Goldenen Zwanziger Jahren» sprach, hatte mit dem Dawes-Plan zu tun, der für amerikanische Dollar-Investitionen in Deutschland sorgte, das wirtschaftlich darniederlag, obwohl es, wie die Amerikaner wussten, ein großes industrielles Potenzial besaß und sich deshalb für ein finanzielles Engagement anbot. So strahlte in den Jahren von 1924 bis 1929 kurzfristig die «Dollarsonne» über Europa, insbesondere über Deutschland, und wenn es sich auch nur um eine Scheinblüte handelte, die durch eine industrielle Produktivität nicht gedeckt war, konnte man zumindest vorübergehend von einem prosperierenden Land sprechen. «The Roaring Twenties», die Jahre von 1924 bis 1929, führten zu einer Amerikanisierung des öffentlichen und kulturellen Lebens mit einer boomenden Zerstreuungskultur. Deren Konturen lassen sich anhand der Bestseller-Autobiographie Henry Fords *My Life and Work*, 1922; dt. *Mein Leben und Werk*, 1923) und mit dem Schlagwort «Fordismus» ebenso benennen wie durch die Revuen mit Tiller-Girls, Jazz, Swing und Charleston – eine Hochkonjunktur der Wirtschaft wie des Amüsements, deren bestes Dokument ein Film ist: *Berlin: Die Sinfonie der Großstadt* (1927) von Walter Ruttmann, eine hinreißende Rhythmisierung von Bildern in Form einer Montageästhetik, die den Puls der Metropole Berlin auf einzigartige Weise einfängt.

Elementarer Bestandteil der Zerstreuungskultur war die Massenpresse, die ihren Erfolg den neuen Rotationsdruckmaschinen verdankte und in den 1920er Jahren eine große Vielfalt an Zeitungen und bedeutenden Verlagskonzernen mit einem erheblichen politischen Einfluss hervorgebracht hat. Häuser wie Ullstein, Mosse und Scherl sind hier zu nennen, ebenso der Industrielle und Medienunternehmer Alfred Hugenberg, Minister im ersten Kabinett Hitlers, ein deutschnationaler Politiker, der nicht nur Zeitungen und Druckereien, Magazine und Illustrierte besaß, sondern auch die Filmproduktionsfirma UFA. Seit 1923 wuchs in Deutschland zudem die Bedeutung des Rundfunks, mit dem sich auch die Schallplattentechnik entwickelte und der zugleich ein neues Arbeitsfeld für Autoren eröffnete, mit Sendeplätzen für Hörspiele, Lesungen und Diskussionen.

Die Frage nach dem Zugang zu den entsprechenden Produktions- und Distributionsmöglichkeiten stellte sich für die progressiven Autoren schon damals unmittelbar. Am konsequentesten ist ihr seinerzeit Bertolt Brecht nachgegangen, so 1927 in seinem medienkritischen Aufsatz «Radio – eine vorsintflutliche Erfindung?». Brecht äußerte sich zu diesem Thema in der Absicht, die Strukturen des Rundfunks und insbesondere die Verfügungsmöglichkeiten über ihn strategisch zu verändern: von einem Distributionsapparat zu einem Kommunikationsapparat, in dessen Austauschprozesse die Hörer aktiv einzubeziehen wären. In seinen 1928/29 enstandenen «Vorschlägen für den Intendanten des Rundfunks», in seinem Hörstück «Der Flug der Lindberghs. Ein Radiolehrstück für Knaben und Mädchen» aus dem Jahr 1929 und in einer 1932/33 verfassten Rede mit dem programmatischen Titel «Der Rundfunk als Kommunikationsapparat» unternahm Brecht eine grundlegende Neubestimmung des Verhältnisses von Öffentlichkeit und Rundfunksystem. Er wurde in dieser Auseinandersetzung von einem Kritiker des Hörfunks zum medienoptimistischen Propagandisten eines demokratischen Rundfunksystems.

Das neben Presse und Rundfunk dritte bedeutende Medium dieser Jahre ist der Film. *Hätte ich das Kino!* lautet der Titel eines 1920 erschienenen Manifests von Carlo Mierendorff, in dem der Film – vor dem Hintergrund einer literarischen Ausdruckskrise, wie sie Hofmannsthals Chandos-Brief beispielhaft vorgeführt hatte – als das große künstlerische und unterhaltende Medium der Zeit gefeiert wird: An die Stelle sprachlicher Dürre und Abstraktheit sollte die Strahlkraft der Bilder treten. Zugleich erwies sich mit diesem Manifest, dass es bereits einen Filmboom gab, auch und gerade in Deutschland. Allein im Jahr 1922 wurden 500 abendfüllende Spielfilme produziert, darunter Zeugnisse großer Filmkunst, vom filmischen Expressionismus bis zu den Beispielen Neuer Sachlichkeit, von Friedrich Wilhelm Murnau über Georg Wilhelm Pabst bis zu Fritz Lang. In dieser Zeit entstanden auch die ersten großen Werke der Filmtheorie von Autoren wie Kurt Pinthus (*Das Kinobuch*, 1914) und Béla Balázs (*Der sichtbare Mensch*, 1924; *Der Geist des Films*, 1926), mit erheblichem Einfluss auf die Literatur. Die Faszination, die von dem neuen Medium, insbesondere durch das Prinzip der Montage, ausging, ermöglichte den Schriftstellern, von der Ästhetik des Films für die Literatur zu lernen. Die Filme der russischen Avantgarde (Sergej Eisenstein, Dziga Vertov, Wsewolod Pudowkin), auch die Slapstick-Ästhetik Charlie Chaplins waren die entscheidenden Impulsgeber. Ihre Wirkungen hat Bertolt Brecht in seinem Essay *Der Dreigroschenprozeß* (1931) scharfsinnig herausgearbeitet, indem er zugleich den Verwertungszusammenhang der neuen Kunstform thematisierte. Der Begriff der Kunst verändert sich durch die neuen Produktionsweisen, vor allem durch die technische Apparatur, die dem Film zur Verfügung steht, aber auch durch die Form seiner kapitalistischen Aneignung auf eine grundsätzliche Weise – eine Einsicht, die wenige Jahre später Walter Benjamin in seinem Aufsatz *Das Kunstwerk im Zeitalter seiner technischen Reproduzierbarkeit* (1936) zu einer wirkungsmächtigen Kunsttheorie ausgebaut hat.

Massenpresse, Rundfunk, Film und technische Reproduzierbarkeit sind Stichworte, die auch auf die literarische Produktion der Weimarer Republik verweisen. Sie sind nicht weniger bedeutsam als die Erfahrung des Ersten Weltkriegs, die die Autoren in den folgenden Jahren nicht nur geprägt, sondern auch polarisiert und in unterschiedliche politische Lager geführt hat. So veröffentlichte Thomas Mann, zu dieser Zeit bereits ein berühmter Autor, 1918 seine *Betrachtungen eines Unpolitischen*, ein Großessay, der in den Jahren 1915 bis 1917 entstanden ist. Er bildet den gewichtigen Auftakt einer konservativen Weltanschauungsessayistik, die die Weimarer Republik wie eine leitmotivische Kette durchzieht: Sie reicht von Oswald Spengler (*Der Untergang des Abendlandes*, 1918) bis zu Ernst Jünger (*Der Kampf als inneres Erlebnis*, 1920; *Die totale Mobilmachung*, 1931; *Der Arbeiter. Herrschaft und Gestalt*, 1932). Thomas Mann macht wie die anderen Autoren auch Front gegen die «Zivilisation», gegen die

«Bourgeois-Demokratie» und insbesondere gegen den Typus des «Zivilisationsliteraten», hinter dem unschwer sein Bruder Heinrich Mann zu erkennen ist. Auf dichotome Weise wird in diesem Werk polarisiert: Deutschland gegen Frankreich, Kultur gegen Zivilisation, Dichtung gegen Literatur. Denn, so Thomas Mann: «Geist ist nicht Politik. Der Unterschied von Geist und Politik enthält den von Kultur und Zivilisation, von Seele und Gesellschaft, von Freiheit und Stimmrecht, von Kunst und Literatur. Und Deutschtum, das ist Kultur, Seele, Freiheit, Kunst und nicht Zivilisation, Gesellschaft, Stimmrecht, Literatur. Der Mensch ist nicht nur ein soziales, sondern auch ein metaphysisches Wesen.» Ein Essay, der auf konservative, geistesaristokratische und polemische Weise Front macht gegen die Entwicklung zur Demokratie – der Autor hat ihr 1922 eine durch Selbstkritik geprägte Neuauflage folgen lassen, in der er unter anderem das Kapitel «Der Zivilisationsliterat» getilgt hat.

Kulturkämpfe dieser Art wurden in der Weimarer Republik mit großer Intensität geführt, von Seiten des Staates flankiert durch Restriktionen, mit deren Hilfe die künstlerischen Freiheiten zunehmend eingeschränkt wurden. Schon 1922 – die Ermordung Walther Rathenaus durch Angehörige der politischen Rechten, zu denen auch Ernst von Salomon gehörte, bildete den Vorwand – erließ man ein «Gesetz zum Schutz der Republik», das sich faktisch gegen Autoren und Intellektuelle der politischen Linken richtete und gegen diese auch effektiv eingesetzt wurde. So gegen den Expressionisten Johannes R. Becher, der 1919 in die KPD eingetreten war. Sein Antikriegsroman *Levisite oder Der einzig gerechte Krieg* (1925) führte zu einer Anzeige wegen «literarischen Hochverrats» – erst 1928 wurde das Verfahren eingestellt, nicht zuletzt auf Grund des Protests prominenter Autoren, darunter Thomas Mann. 1926 folgte eine weitere Verschärfung der Zensur mit dem Inkrafttreten des sogenannten Schmutz- und Schundgesetzes, mit dessen Hilfe die Filme von Sergej Eisenstein ebenso verboten wurden wie die Filme *Im Westen nichts Neues* (1930) nach dem Roman von Erich Maria Remarque, *Kuhle Wampe oder Wem gehört die Welt* (1931) von Bertolt Brecht und Slatan Dudow oder die Brecht-Dramen *Die heilige Johanna der Schlachthöfe* (1929) und *Die Mutter* (1931). «Schmutz und Schund» war das politisch Missliebige, das sich seit 1931 in Gestalt der «Pressenotverordnung» einer abermals verschärften Zensur ausgesetzt sah. Diese erlaubte ohne richterliche Anordnung die Beschlagnahme von Zeitschriften und Zeitungen bis zu acht Monate – betroffen waren vor allem Schriftsteller der politischen Linken, so Willi Bredel, zugleich Redakteur der *Kommunistischen Volkszeitung*, oder Carl von Ossietzky, Herausgeber und Redakteur der *Weltbühne*, der über die laut Verfassung der Weimarer Republik verbotene Aufrüstung im Bereich der deutschen Luftwaffe berichtet hatte.

Zum kulturellen Leben in der Weimarer Republik gehörten darüber hinaus die neu sich entwickelnden Formen der Selbstorganisation von Autoren. Neben dem bereits seit 1909 bestehenden Schutzverband Deutscher Schriftsteller (SDS), der sich 1932 entlang den politischen Fronten spaltete, gab es seit 1927 eine eigene Organisation der nationalsozialistischen Schriftsteller, die sich zu einem «Kampfbund für deutsche Kultur» zusammengeschlossen hatten. Gründer und Vorsitzender war der NS-Ideologe Alfred Rosenberg, Autor des faschistischen Pamphlets *Der Mythus des 20. Jahrhunderts* (1930), der erfolgreich versuchte, diesen «Kampfbund» im Zusammenspiel mit nationalsozialistischen Kulturfunktionären zu einer schlagkräftigen und wirkungsvollen Kulturinstitution auszubauen, was ihm in Thüringen vergleichsweise frühzeitig gelang: Hier nutzten die Nationalsozialisten bereits im Jahr 1932 den Bereich der Kultur als politisches Experimentierfeld, um bestimmte Elemente der NS-Ideologie durchzusetzen, darunter das Verbot einzelner Bücher und ganzer Musikrichtungen (z. B. Jazz).

Nahezu zeitgleich erfolgte 1928 die Gründung des kommunistischen «Bundes proletarisch-revolutionärer Schriftsteller» (BPRS), dem Autoren wie Johannes R. Becher, Willi Bredel, Erich Weinert und Anna Seghers angehörten. Dieser Bund verstand Literatur als Teil des politischen Kampfs der Kommunistischen Partei, zu dem die Entwicklung einer klassenbewussten, revolutionär sich verstehenden Arbeiterliteratur nach sowjetischem Vorbild beitragen sollte. Der BPRS war die konsequenteste und erfolgreichste der politischen Autorengruppen. Er führte die literarischen Aktivitäten der kommunistischen und sozialistischen Linken zusammen. Daneben gab es die Gruppe der «Arbeiterkorrespondenten», ein Zusammenschluss schreibender Arbeiter, die sich eine literarische und publizistische Öffentlichkeit zu schaffen versuchten. Im

Umkreis des BPRS entstand auch das Genre der «Rote-Eine-Mark-Romane», reportageartige Werke wie *Brennende Ruhr* (1928) von Karl Grünberg, *Sturm auf Essen* (1930) von Hans Marchwitza, *Barrikaden am Wedding* (1931) von Klaus Neukranz, *Maschinenfabrik N. & K.* (1930) und *Rosenhofstraße* (1931) von Willi Bredel sowie *Kämpfende Jugend* (1932) von Walter Schönstedt. Hier treten Helden mit einem klar definierten proletarischen Ziel auf, das sie gegen die entschiedenen Widerstände des Klassenfeindes durchzusetzen versuchen. Einfache literarische Formen, schlichte Dialoge, eine leicht nachvollziehbare, dem Realismus verpflichtete Sprache – es geht um Agitation und Wirkung.

Eine Form nicht parteigebundener künstlerischer Arbeit repräsentierte innerhalb der Linken der Theaterregisseur Erwin Piscator, der bereits in den Jahren 1920 und 1921 Revuen und Montagen auf die Bühne gebracht und die Institution Theater für das proletarische Publikum erschlossen hatte, so mit den Aufführungen von Dramen Georg Büchners und Gerhart Hauptmanns, später auch Bertolt Brechts. Seit 1927 verband Piscator in der Berliner Volksbühne die Mittel der Montage, der Bildprojektion und des Films mit avancierten Formen eines revolutionären Revuetheaters. Auch Piscator verstand Kunst als Waffe, doch engagierte er sich für eine Bühne, die ihr Formenarsenal im Geiste der künstlerischen Avantgarde revolutionierte.

Neue Sachlichkeit: Prosa

Die dominante literarische Strömung zur Zeit der Weimarer Republik bildete jedoch nicht die im engeren Sinn ‹politische› Literatur, sondern die der Neuen Sachlichkeit, mit einer deutlichen Abgrenzung gegen den Expressionismus und die künstlerischen Bewegungen der Jahrhundertwende. Sie repräsentiert das Programm einer den Eigengesetzlichkeiten der gegenständlichen Welt und der Objektivität des Schreibens verpflichteten Literatur: Im Mittelpunkt stehen Nüchternheit und Präzision, Bericht und Beobachtung, die *Funktion*, nicht der Sinn einer Sache. Realistische Schreibweisen beginnen in Anknüpfung an den Naturalismus zu dominieren, Malerei und Architektur werden zum Vorbild der

Literatur, Form und Funktion sind miteinander verbunden. Die Literatur misst sich in ihrem Zugriff auf thematische Felder an den analytischen Verfahrensweisen der Wissenschaften. Kunst soll nicht *l'art pour l'art* sein, auch nicht Expression oder Formsprengung, sondern Erkundung in unbekannten Wirklichkeitsbereichen und Übermittlung von deren Geheimnissen – kraft einer Sprache, die so objektiv, nüchtern und zweckmäßig sein muss, wie es die des Naturalismus einst hatte sein wollen.

Heinrich Manns satirischer Roman *Der Untertan* (abgeschlossen 1914, erschienen 1918) darf als ein Vorläufer dieses Schreibprogramms gelten: die Geschichte eines typischen «Untertanen» der wilhelminischen Epoche, eines autoritären Charakters, der das Muster von Unterdrückung, Unterwerfung und Anpassung als erwachsener Mensch in eben dem Maß reproduziert, wie er es als Kind und Jugendlicher am eigenen Leib erfahren hat: opportunistisch und feige. Die öffentliche Kritik an einem solchen Menschenbild konnte nicht ausbleiben: Aus konservativer Sicht bemängelte man vor allem den satirischen Ansatz, der die deutsche Nation verhöhne. Auch Bertolt Brechts Kriegsheimkehrerstück *Trommeln in der Nacht* (1922) ist ein prägnantes Beispiel für das Verfahren, mit realistischen Mitteln politische und gesellschaftliche Entwicklungen der Nachkriegszeit zu zeigen, ebenso Arnolt Bronnens Drama *Vatermord* (1920), eine wüste, doch bühnenwirksame Familientragödie um Inzest, Vergewaltigung und Totschlag. Den größten Erfolg in diesem Zusammenhang erzielte Carl Zuckmayers Volksstück *Der fröhliche Weinberg* (1925), ein Schwank um Intrigen und Bestechung, in dem Sauf- und Raufszenen, Liebeshändel und sprachliche Derb- und Grobheiten eine fröhliche Mischung eingegangen sind – ein Ärgernis insbesondere für die katholische Kirche. Erkennbar ist in solchen Stücken die Tendenz zur Vereinfachung von Sprache, Stil und Bauform, eine Versachlichung der Ausdrucksformen, die der Forderung nach Nüchternheit, Einfachheit, Klarheit und Deutlichkeit entspringt und dem Anspruch auf Nachprüfbarkeit des Handlungsgeschehens im Sinne der psychologischen Rekonstruktion, der Exaktheit und Transparenz des Beschriebenen entspricht.

Einer solchen Literatur hat auch Brecht früh programmatisch Ausdruck verliehen, so in seinem Aufsatz «Mehr guten Sport» (1926). Es geht Brecht um ein Erhöhung des «Gebrauchswerts» der Literatur: Sie soll auf amüsante Weise nützlich sein. Und sie soll – so der Schriftsteller Erik Reger in einem 1928 in der Zeitschrift *Der Scheinwerfer* veröffentlichten Aufsatz mit dem programmatischen Titel «Die Erneuerung des Menschen durch den technischen Geist oder das genau gebohrte Loch» – ihre literarischen Techniken orientieren an der Präzision, mit der in der Industrie gearbeitet wird. Regers Roman *Union der festen Hand* (1931) ist ein Insider-Bericht am Beispiel der Krupp-Werke in Essen, der die Geschichte der Arbeiterbewegung und ihrer großindustriellen Gegenspieler zeigt. In einem Vorwort mit der Überschrift «Dem deutschen Volke» betont der Autor: «Man lasse sich nicht dadurch täuschen, dass dieses Buch auf dem Titelblatt als Roman bezeichnet wird. Man beachte, dass in diesem Buche nicht die Wirklichkeit von Personen oder Begebenheiten wiedergegeben, sondern die Wirklichkeit einer Sache und eines geistigen Zustandes dargestellt wird.» Im Vordergrund steht die Entwicklung einer Tatsachenpoetik, einer dokumentarischen Schreibweise mit der Tendenz zum Journalismus, aus der die Form der Reportage hervorgeht. Einer ihrer bedeutendsten Autoren war Egon Erwin Kisch, der seine gesammelten Reportagen unter dem reißerischen Titel *Der rasende Reporter* (1925) veröffentlichte. Er mischt sich in unzählige, einer breiten Öffentlichkeit unbekannte gesellschaftliche und politische Zusammenhänge ein, von denen er mit seiner zwar an der Sache orientierten, doch durchaus Partei ergreifenden wie mitreißenden Schreibweise berichtet. Seine Sprache, seine literarische Technik passt sich dem Stoff der gesellschaftlichen Randzonen, den Objekten seiner Beobachtung, von Trinkerasylen bis zu Krankenanstalten, vollständig an. Sie wird zum Medium seiner Zeugenschaft, seiner Beobachtungsgabe – *Der rasende Reporter* ist zum klassischen Modell der sozial interessierten und engagierten Reportage geworden.

Ein Roman wie Lion Feuchtwangers *Erfolg* (1930), auch Kurt Tucholskys Satirensammlung *Mit fünf PS* (1928) – eine Anspielung auf die Tucholsky-Pseudonyme Ignaz Wrobel, Peter Panter, Theobald Tiger und Kaspar Hauser –, ebenso Joseph Roths Zeitroman *Die Flucht ohne Ende* (1927), im Untertitel ausdrücklich «Bericht» genannt, und Alfons Paquets Roman *Städte, Landschaften und ewige Bewegung* (1925) repräsentieren ein verändertes Kunst- und Literaturverständnis: Nicht Geniegedanke oder Originalität oder Einzigartigkeit von Autor und Stil stehen im Vordergrund, sondern eben die Gegenständlichkeit einer «Sache», hinter der der Autor verschwindet. Auch in Kriegsromanen der 1920er Jahre setzte sich diese Programmatik durch, so in Arnold Zweigs bekanntestem Werk *Der Streit um den Sergeanten Grischa* (1927): die Geschichte eines einfachen Soldaten im Ersten Weltkrieg, der zerrieben wird zwischen seiner individuellen Lebens- und Leidensgeschichte auf der einen, den Anforderungen des Staates und den Verfügungen über sein Schicksal auf der anderen Seite. Auch Erich Maria Remarque mit seinem Antikriegsroman *Im Westen nichts Neues* (1929) zeigt mit den Mitteln des erzählerischen Realismus die Wirklichkeit des Ersten Weltkriegs in desillusionierender Weise. Hier geht es nicht um ein individuelles Schicksal, sondern darum, den Krieg in seiner Grausamkeit zu zeichnen. Als weiterer Autor ist in diesem Zusammenhang Ludwig Renn zu nennen, der in seinen neusachlichen Romanen *Krieg* (1928) und *Nachkrieg* (1930) die Schlachtenrealität in Form von Parallelmontagen und Spiegelungen zeigt. Alle diese Werke sind unmissverständlicher Ausdruck pazifistischer und antimilitaristischer Tendenzen. Dies gilt auch für den bereits in seinem Titel Sachlichkeit signalisierenden *Heeresbericht* (1930) von Edlef Köppen. In der Tat handelt es sich um nicht mehr als einen Bericht, geschrieben aus einer Perspektive, die sich am Ende des Buchs gegen den Krieg kehrt, indem sie dessen grausame Wirklichkeit in Form von Fakten, Tatsachen und Materialien ausbreitet. Kein Antikriegsroman, sondern eher ein Zeitroman ist schließlich *Jahrgang 1902* (1928) von Ernst Glaeser, der die Erfahrungen einer ganzen Generation schildert – und doch ist auch hier der Krieg allgegenwärtig in Form des Militarismus, Nationalismus und Chauvinismus der Elterngeneration dieses Jahrgangs 1902.

Auch Karl Kraus ist in diesem Zusammenhang zu nennen. Der Begründer der Zeitschrift *Die Fackel*, deren 37 Jahrgänge zwischen 1899 und 1936 mit 922 Nummern in 415 Heften und rund 18 000 Seiten erschienen sind, schrieb seinen satirischen Monumentaltext *Die letzten Tage der Menschheit* in den Jahren 1918/19. Er wurde zunächst in Sonderausgaben der *Fackel*, in den Jahren 1922 und 1926 auch in Buchausgaben veröffentlicht. In 220 Szenen werden Hunderte zeitgeschichtlicher Persönlichkeiten und Randfiguren präsentiert, beginnend mit der Ermordung des österreichischen Thronfolgers am 28. Juni 1914 bis zum Ende des Krieges. Der Schauplatz ist, ausgehend von Wien, die gesamte österreichisch-ungarische Monarchie, dazu die Metropolen Wien und Berlin, Schauplätze und Räume, die montageartig zusammengeführt werden, um den Wahnsinn der Zeit und das Grauen des Krieges in Originalzitaten auf plastische Weise zu präsentieren. Lügen und Arroganz, Dummheit, Korruption und Inkompetenz – Kraus zeigt unnachsichtig, was diese Katastrophe begründet und was sie angetrieben hat, bis hin zur Katastrophe.

Daneben entstand – als eigenständige Strömung und doch nicht zu denken ohne die politischen Aufbruchsbewegungen der Weimarer Zeit – eine Frauenliteratur, durchaus in einem strengen Sinn dieses Begriffs: Literatur von Frauen für Frauen und im Interesse der Frauen. Ihre wichtigsten und repräsentativen Autorinnen waren Gabriele Tergit, Marie-Luise Fleißer, Irmgard Keun, Mascha Kaléko und Claire Goll. Sie nahmen eine seit der Französischen Revolution sich entwickelnde emanzipatorische Tradition auf, die, typisiert in der Figur der *nouvelle femme*, in den 1920er Jahren im Begriff der «Neuen Frau» aktualisiert wurde. In der Essay-Sammlung *Die Frau von morgen wie wir sie wünschen* (1929) verabschiedete man programmatisch die traditionsreiche Erscheinung der deutschen Hausfrau der wilhelminischen Zeit. Das neue Bild der Frau zeigt diese intelligent, selbstbewusst, attraktiv und modisch gekleidet. In Irmgard Keuns Romanen *Gilgi, eine von uns* (1931) und *Das kunstseidene Mädchen* (1932) ist dieser Frauentypus zur literarischen Figur geworden. Die Titelheldinnen zählen zur neu entstehenden Schicht der Stenotypistin, des Tipp-Fräuleins, der Sekretärin, die nach einem harten Arbeitstag in ihrer freien Zeit ihr Leben zu genießen versucht, am Abend und am Wochenende inmitten turbulenter Szenerien der Metropole Berlin mit ihren Revuen und Amüsements. Dabei verbindet sich heitere Erotik mit Formen einer kritisch-ironischen Desillusionierung bis hin zum Scheitern individueller Lebensgeschichten.

Beobachtung statt Einfühlung, Impression statt Expression, Distanz statt Nähe, Bericht statt Fiktion, Ironie statt Psychologie, Parteinahme durch Objektivität, nicht durch Einfühlung – dies sind die ästhetischen Tendenzen der Neuen Sachlichkeit in der Literatur. Sie zeigen sich am

Ende dieser Phase in Erich Kästners Roman *Fabian* (1931) noch einmal beispielhaft: in der «Geschichte eines Moralisten» (Untertitel), der an seiner Zeit leidet, an einer Gegenwart, die er distanziert und beobachtend wahrnimmt, ohne sich handelnd einzumischen, ein Wissenschaftler, dessen Karriere an einer Intrige scheitert und dessen Ende Kästner in einer grotesken Schluss-Szene, dem Rettungsversuch eines kleinen Jungen aus dem Fluss, symbolisch eingefangen hat: «Der kleine Junge schwamm heulend ans Ufer. Fabian ertrank. Er konnte leider nicht schwimmen.» Die Literaturkritik aus marxistisch orientierter Perspektive beklagte angesichts des *Fabian* die mangelnde Parteilichkeit Kästners und seine ironische Wirklichkeitsdistanz als «linke Melancholie» (Walter Benjamin). Ein Urteil, das man als «ungerecht» bezeichnet hat und das dennoch nicht falsch ist: Der Gebrauchswert dieser Literatur bemisst sich an der gelingenden Begründung und Vermittlung dessen, was als der Wahrheitsgehalt einer «Sache» gelten kann – dass Melancholie hierbei im Fall Kästner die Begleitmelodie bildet, lässt sich kaum bestreiten.

Zu den bedeutenden Werken der deutschsprachigen Literatur zwischen 1918 und 1933 zählen vier weitere Romane, die ebenso zum Fundus der literarischen Moderne gehören wie Marcel Prousts *À la recherche du temps perdu* (1913–1927), James Joyce' *Ulysses* (1922) und John Dos Passos' *Manhattan Transfer* (1925). Dies sind *Der Zauberberg* (1924) von Thomas Mann, *Der Prozeß* (1925) von Franz Kafka, *Berlin Alexanderplatz* (1929) von Alfred Döblin und *Der Mann ohne Eigenschaften* (1930–1932) von Robert Musil.

Der Zauberberg ist ein Zeitroman im doppelten Sinn des Worts: Seine Handlungszeit reicht von 1907 bis 1914. Sie bezieht sich also auf die sieben Jahre vor dem Ersten Weltkrieg, mit denen als mythischer und märchenhafter Größe auf höchst ironische Weise gespielt wird. Dabei reflektiert Thomas Mann die Problematik eines Erzählens, das im 20. Jahrhundert die Gewissheit verloren hat, mit sprachlichen Mitteln über Wirklichkeit noch verfügen zu können. Gespielt wird mit zahlreichen Weltanschauungsfacetten, deren konfliktreiches Gegeneinander deutlich macht: Die Wirklichkeit besitzt keinen Boden mehr unter den Füßen. Was einst verbindlich und gesichert schien, befindet sich in einer fließenden, flirrenden und flüchtigen Bewegung. Die Wahrheit ist zur Weltanschauung und also austauschbar geworden. Und erzählen lässt sich von alldem nur mehr um den Preis, das Nichtbeständige in die Struktur des Erzählens aufzunehmen: als Ironie gegenüber dem Erzählen und dem Erzählten. Hans Castorp, die Hauptfigur des Romans, wird in einem Schweizer Bergsanatorium einem Bildungsprozess ausgesetzt, um dessen Gelingen sich zwei Erzieher bemühen: Naphtha mit seiner eiskalten, schneidenden Ideologie und Settembrini mit seinem hohen, an Nietzsche geschulten vitalistischen Ethos. Den Anlass der zunächst auf nur drei Wochen geplanten Reise bildet Castorps Vetter Joachim Ziemßen, lungenkrank, lebensuntüchtig und am Ende des Romans seinem Leiden erlegen. Hinzu tritt als Liebeslehrerin mit grünen Augen und hartem Akzent die verführerische Slawin Clawdia Chauchat, ferner Mynher Peeperkorn, ein geschwätziger «verwischter Charakter», der zwar nichts zu sagen hat, aber doch zu leben weiß, das heißt: zu trinken, zu essen und zu genießen versteht. Am Ende des Romans wird Hans Castorp zum Militär eingezogen, er wird Soldat, und der Erzähler gibt ihn preis: «Fahr wohl, du lebest nun oder bleibest. Deine Aussichten sind schlecht. Das arge Tanzvergnügen, worein du gerissen bist, dauert noch manches Sündenjährchen und wir möchten nicht hoch wetten, dass du davonkommst.» Es handelt sich um einen Ausblick, der keine Antwort bietet, nur ein Fragezeichen – dieses aber gilt einem ganzen Jahrhundert.

Der Prozeß ist ein unvollendet gebliebener Roman. Er beginnt am 30. Geburtstag mit der Verhaftung des Josef K. und endet am Vorabend seines 31. Geburtstags mit seiner Hinrichtung mittels eines Fleischermessers. Josef K. durchläuft Stationen einer alltäglichen Wirklichkeit, die vollkommen rational strukturiert scheint und doch voller Unwägbarkeiten und Abgründe ist: eine Welt der Institutionen (Gericht, Kirche) und Amtspersonen (Rechts- und Staatsanwälte, Geistliche und Richter), vor denen sich K. verantworten muss, ohne sich einer Schuld bewusst zu sein. Es bleibt eine irritierende Art der Unbestimmtheit, verbunden mit dem wiederholt erfolglosen Versuch, die empirische Materialität des Alltagslebens durch eindeutige Sinnzuweisungen zu erschließen. Der Schluss des Romans, die Hinrichtung K.s, hat sich dementsprechend einer Deutung bis heute verweigert: «Mit brechenden

Augen sah noch K., wie die Herren, nahe vor seinem Gesicht, Wange an Wange aneinandergelehnt, die Entscheidung beobachteten. ‹Wie ein Hund!› sagte er, es war, als sollte die Scham ihn überleben.» «Scham» – worüber? Scham über K.s Leben? Über diesen Tod? Und welcher Art ist eine Welt, in der eine solche Scham «überleben» kann? Der Roman bleibt nicht nur angesichts seines Endes rätselhaft – und genau diese immer aufs Neue Fragen aufwerfende Offenheit macht seinen unerschöpflichen Reiz aus. Er ist eine Parabel auf die moderne, immer komplexer und immer anonymer werdende, von immer vielfältigeren und vielschichtigeren Strukturen durchzogene Welt, in der niemand mehr für irgendetwas verantwortlich zu sein scheint und in der doch alle miteinander schuldig zu werden scheinen.

Berlin Alexanderplatz trägt den Untertitel «Die Geschichte vom Franz Biberkopf». Doch es geht dem Autor durchaus nicht in erster Linie um die Entwicklung seines Romanhelden, sondern um das Berlin der 20er Jahre, um einen Schnittpunkt vielfältiger Realitäten, in dem sich Strömungen und Einflüsse der technischen, philosophischen, ideologischen, sprachlichen, sozialen wie auch asozialen Moderne treffen. Die Geschichte von Franz Biberkopf wird unterbrochen von zahlreichen Einsprengseln und Erzählsplittern – Zeitungsartikel und Reklametexte, Radioberichte und Kneipendialoge –, die in den Handlungszusammenhang einmontiert sind und auf diese Weise die kontinuierliche Erzählstruktur aufbrechen. Die Figur Franz Biberkopf wird in und mit diesem erzählerischen Verfahren demontiert im buchstäblichen Sinne: körperlich und seelisch versehrt. Er wird verraten und landet im Knast, ein Arm wird ihm abgetrennt, er hört Stimmen und landet im Irrenhaus, eine kärgliche und ärmliche Existenz, entworfen vor dem Hintergrund eines grandiosen, so bewunderungswürdigen wie erschreckenden Großstadtpanoramas. Auch wenn der Autor den Einfluss von John Dos Passos und James Joyce auf seine eigene Arbeit rückblickend gering veranschlagt hat – die Montageästhetik, die er entwickelt, die literarischen Techniken, die er zur Kennzeichnung seiner Figuren verwendet, zeigen, dass Döblin Anregungen der künstlerischen Avantgarde aufgenommen und eigenständig weiterentwickelt hat. Formen, die wir heute zum vertrauten Arsenal der literarischen Techniken rechnen, darunter der innere Monolog und die erlebte Rede, auch parodistische Elemente, die mit Intertextualität verbunden sind, und die leitmotivische Verwendung von Liedern, ferner mythologische und biblische Anspielungen bis hin zur Travestie des Buchs Hiob. Literarische Mittel, die von einer zu ihrer Zeit in der deutschsprachigen Literatur einzigartigen Modernität des Erzählens zeugen.

Der Mann ohne Eigenschaften blieb unvollendet. 1930 erschien der erste Teil, 1933 ein Teil des zweiten Bandes. In diesem Jahr floh Musil vor den Nationalsozialisten aus Berlin nach Wien, nach dem «Anschluss» Österreichs ging er 1938 ins Schweizer Exil, wo er 1942 starb, ohne sein Jahrhundertprojekt abschließen zu können. Musil rüttelt mit diesem *roman d'essai* an den Grundfesten des Erzählens, indem er dieses zum Gegenstand poetischer Reflexion macht. Er arbeitet mit erzählerischen ebenso wie mit essayistischen, geschichtsphilosophischen, diskursanalytischen und -theoretischen Elementen, stellt Ideologien und Weltanschauungen nebeneinander, spiegelt sie und relativiert sie, eingebettet in ein Erzählkontinuum, aus dem eine unvollendete Utopie erwächst. Der Held des Romans, Ulrich, ist jener ‹Mann ohne Eigenschaften›, von dem der Titel spricht, ein Intellektueller von etwa 30 Jahren, der sich am Vorabend des Ersten Weltkriegs einer Welt mit allzu vielen Eigenschaften ausgesetzt sieht, beispielhaft ablesbar an der ironisch entworfenen «Parallelaktion», in der es um die Planung für die Feiern anlässlich zweier Jubiläen geht: des 70-jährigen Thronjubiläums Kaiser Franz Josephs I. und des 30-jährigen Regierungsjubiläums Wilhelms II. Wobei die Ironie ihren Grund in der schlichten historischen Tatsache besitzt, dass der Erste Weltkrieg solchen Planungen – und vielen anderen auch – den Boden entzog, ein Urteil nicht zuletzt über die Zuverlässigkeit von Planungen in der Moderne und über die Planbarkeit von Zukunft überhaupt. Der Gegenpol zu dieser Ironie heißt «der andere Zustand». Ulrich bewegt sich in wechselnden Verhältnissen, auch zu Frauen, erkennt, dass selbst in Liebesbeziehungen eine Leere dominiert, die durch Gefühle nicht zu verdrängen ist. Als utopische Vision eines «anderen Zustandes» erscheint die Perspektive des Inzests mit seiner Schwester Agathe – die Wiederbegegnung mit einem Teil des eigenen Selbst als Möglichkeit, einen letzten Halt gegen die dynamische Flüchtigkeit der Welt zu bilden. Zwar hat Musil in diesem Sinne ein Konzept des geplanten Schlusses mit dem Titel «Eine Art Ende» entworfen, doch bleibt angesichts der skrupulösen Arbeitsweise dieses Autors mit seinen fortwährenden Revisionen und Neuentwürfen fraglich, ob er dieses Konzept tatsächlich auch realisiert hätte. Der Roman des gelernten Naturwissenschaftlers und Erkenntnistheoretikers Robert Musil zeigt vielfältige Figuren und Formen des Lebens wie des Denkens, die es erlauben, mit dem Widerspruch und Gegensatz von Wirklichkeitssinn und Möglichkeitssinn zu spielen. Eine künstlerische Haltung, die in einem engen Zusammenhang mit der zeitgenössischen Sprachphilosophie steht, insbesondere der des Wiener Kreises und Ludwig Wittgensteins. Eine abschließende Rundung fehlt – sie hätte, dies lässt sich aus Entwürfen ablesen, die Musil kurz vor seinem Tod noch im Januar und Februar 1942 verfasst hat, auch darin bestehen können, dem Roman einen Epilog Ulrichs anzufügen, in dem dieser aus philosophischer Perspektive auf die eigene Zeit zurückblickt. Die Leser können sich inzwischen selbst ein Urteil bilden: Das Werk liegt seit 2010 in Gestalt einer kommentierten digitalen Edition, einschließlich des unveröffentlichten Nachlasses, als *Klagenfurter Ausgabe* vor.

Lyrik

Wenn lakonischer Stil und pointierter Witz, kritische Pointen und ein gelegentlicher Anflug von Melancholie als herausragendes Merkmal einer Lyrik der Neuen Sachlichkeit gelten können, dann wird man Erich Kästner und Kurt Tucholsky als deren herausragende Repräsentanten nennen dürfen. Ein in diesem Sinn programmatisches Gedicht von Kästner trägt den Titel «Sachliche Romanze». Es schildert eine Alltagstragödie, das Ende einer Liebe, banal, traurig und abgründig. Doch das Leben geht weiter: Es geht über die Liebenden hinweg, die einander nicht mehr gernhaben können. Mit Mitteln der Aussparung wird die Trauer ironisch überspielt. Stilsicher nimmt Kästner die klassische Form der Romanze auf, die im 16. und 17. Jahrhundert aus Spanien über Frankreich nach Deutschland gelangt und von Heinrich Heine zu ironischer Vollendung gebracht worden ist. Immer schon ging es dieser Form stofflich-thematisch um den Konflikt zwischen der Sehnsucht nach Liebeserfüllung und dem Scheitern der Gefühle, so in vergleichbarer Weise auch in Kurt Tucholskys Gedicht mit dem Titel «Ideal und Wirklichkeit» und der leitmotivisch wiederkehrenden, abschließenden Verszeile «C'est la vie –!», bald im französischen Originalton, bald in Berliner Mundart («Ssälawih –!»). Eine Formel, die das alltägliche Schicksal des Ideals in der Wirklichkeit repräsentiert: Es geht verloren, in der Liebe wie in der Politik. Ein wenig kokett und spielerisch, bisweilen ironisch und satirisch, wie es die Form des Couplets nahelegt, wird mit diesem Mangel umgegangen. Die Feststellung des Mangels und das lakonische, bisweilen mokante Arrangement mit ihm fallen zusammen. Man richtet sich ein, man arrangiert sich mit dem Bestehenden, indem man sich bescheidet und zufrieden gibt – dies war der Preis, den die Dichtung der Neuen Sachlichkeit für ihren Wirklichkeitszugang zu entrichten hatte.

Daneben nahm die neusachliche Lyrik sich vor allem des Themas Natur an. Seit Ende der 1920er Jahre bot die Zeitschrift *Die Kolonne* (1929–1932) jungen Naturlyrikern, unter ihnen Günter Eich, Peter Huchel und Oda Schäfer, hierfür ein Forum. Ihre Namen stehen für eine literarhistorische Kontinuität, die vom Ende der Weimarer Republik über das Dritte Reich bis in die Zeit nach 1945 reicht. In ihren Gedichten steht das lyrische Ich inmitten einer Natur, der etwas Unheimliches, ja Bedrohliches anhaftet, das in beschwörende Deutungsformeln gefasst wird. Deutung heißt: Bannung der Natur in magischen Bildern. Die Naturlyrik der Neuen Sachlichkeit zeigt eine gezeichnete und beschädigte, zumindest bedrohte Natur. Ein Austausch mit ihr findet nicht statt, vielmehr wird der Bezug zu ihr durch Sprachbilder hergestellt, die zugleich ein Fremdheitsverhältnis ausdrücken.

Überraschend wirkt im Vergleich mit solchen Beispielen neusachlicher Naturlyrik im Umkreis der *Kolonne* die Radikalität und Robustheit, mit der Bertolt Brecht in seinem Gedicht «Morgendliche Rede an den Baum Griehn» aus dem Band *Hauspostille* (1927) den Zugang zur Natur aufsprengt: indem er alle Traditionszusammenhänge der Naturverbundenheit und der Naturmagie kappt. Schon der Titel des Gedichtbandes stellt eine Anspielung auf eine alte Tradition religiöser Lyrik dar, die 400 Jahre zuvor Martin Luther mit der von ihm edierten *Taschen- und Hauspostille* (1521) zur Erbauung der christlichen Welt begründet hatte.

Brecht nimmt diesen Titel ironisch auf, nicht zuletzt durch die von ihm zitierten Formtraditionen: Chroniken und Liturgien, Bittgänge und Exerzitien, Oratorien und Balladen, die er zum Teil in reimlosen und rhythmisch freien Versen, zum Teil in Verbindung mit Notenbeispielen präsentiert. Satirisch, subversiv und parodistisch wird hier angesetzt, etwa in Gestalt einer Travestie im «Großen Dankchoral»: «Lobet die Kälte, die Finsternis und das Verderben! / Schauet hinan: / Es kommet nicht auf euch an / Und ihr könnt unbesorgt sterben», lautet die letzte Strophe, die ironische Verkehrung des großen historischen Musters, subversiv gegen den Prätext eingesetzt, um dessen Geist zu zerstören. Das verbindende Leitmotiv dieses wie anderer Gedichte des Bandes heißt «Vergänglichkeit» – ein Weltgericht, ein bewegter und bewegender Abgesang an die alten Geschichten und die großen Überlieferungen der abendländischen Glaubenskonventionen, von dem auch die anderen Gedichte des Bandes zeugen. Es geht nicht allein um religiöse Traditionen oder kirchliche Rituale, sondern immer auch um das Verhältnis des Menschen zur Natur und zu den gesellschaftlichen Verhältnissen, um deren Kritik und Verspottung in Gestalt von Parodien und Persiflagen.

Selbst in einem der schönsten Liebesgedichte Brechts, zugleich eines seiner bekanntesten überhaupt: «Erinnerung an die Marie A.», findet sich das Thema der Vergänglichkeit, hier freilich verbunden mit einem abgründigen Ton der Trauer, der in der Nähe zur neusachlichen Liebeslyrik eines Erich Kästner steht. Doch Brecht geht weiter: Das Gesicht der Geliebten ist schon nicht mehr vorhanden, die Frau ist entrückt, die Zeiten verschränken sich miteinander, überlagern einander, die Zeitdimensionen setzen sich wechselseitig außer Kraft. Kein Pathos, sondern Kälte ist hier am Werk: Nichts geblieben – außer einer Wolke, die sogleich verschwand. Das ist in dieser Intensität einzigartig in der Lyrik der 1920er Jahre, und einzigartig ist auf ganz andere Weise auch die «Legende vom toten Soldaten», ein Gedicht, das die Editionsgeschichte der *Hauspostille* nachhaltig beeinflusst hat: Brecht hatte seine Texte bereits 1922 in Gestalt einer «Taschenpostille» veröffentlichen wollen, doch scheiterte dieser Plan daran, dass der Verleger sich weigerte, die «Legende vom toten Soldaten» in den geplanten Band aufzunehmen. Vier Jahre nach dem Ende des Ersten Weltkriegs, inmitten einer von der «Dolchstoß»-Legende geprägten Zeit, steigert das Gedicht den Irrsinn und den Aberwitz des Geredes von Ehre und Ruhm und vergleichbaren Pathosformeln in die blanke Absurdität. Das Militär und die Kirche, die Pfaffen und die Prostitution – nichts und niemand bleibt vom Spott des Gedichts verschont, ganz im Sinne der Leseanweisung: «Diese Hauspostille ist für den Gebrauch der Leser bestimmt. Sie soll nicht sinnlos hineingefressen werden.»

Dramatik der 20er Jahre

In vergleichbarer Weise, nämlich am Gebrauchswert der Literatur orientiert, wandte sich Brecht in seinen frühen Stücken (*Baal*, 1922; *Trommeln in der Nacht*, 1922; *Im Dickicht der Städte*, 1924; *Mann ist Mann*, 1927) gegen jede Einfühlungsästhetik. Auch wenn die Begründung für seine Ablehnung des aristotelischen Theaters der «Einfühlung» noch nicht formuliert und der Begriff der «Verfremdung» zu diesem Zeitpunkt noch nicht erprobt war, zeigte sich schon hier – bei der Stoffwahl wie in der Bauform der Stücke, im sprachlichen Gestus der Figuren wie in Distanz schaffenden Regieanweisungen – die Orientierung Brechts an der Vorstellung eines antiklassischen Theaters. Während in *Baal* der Name eines archaischen Gottes zur Charakterisierung eines jungen, genialischen, anarchischen Dichters genutzt wird, ausgestattet mit einer grandiosen, expressionistisch durchsetzten Sprache, nehmen die nächsten Stücke explizit Zeitgeschichtliches in sich auf: *Trommeln in der Nacht* die Wirren des Weltkriegs, *Im Dickicht der Städte* den Diskurs der Großstadt. *Mann ist Mann* zeigt Brecht unter dem Einfluss des Behaviorismus: Die Umwelt prägt den Menschen, Personen kann man mitten auf der Bühne ummontieren – eine rabiate Zerstörung der Legende von der personalen und psychischen Identität des Menschen.

Auch bei Marieluise Fleißer findet sich in Dramen wie *Fegefeuer in Ingolstadt* (1926) und *Pioniere in Ingolstadt* (1928 / 29) der Blick auf die moderne Lebenswirklichkeit, verbunden mit der Perspektive der «Neuen Frau». Zwei Welten – die Strenge der katholischen Tradition und der konservativen Bürgerlichkeit auf der einen, der Ausbruchsversuch in ein bohemehaftes Leben auf der anderen Seite – prallen unversöhnlich aufeinander. In vergleichbarer Weise kritisch setzt sich Ernst Toller in seinem revueartigen Stück *Hoppla, wir leben!* (1927) mit der Revolution des Jahres 1918 auseinander, am Beispiel zerfallender Lebenswege und zerstörter Biographien der beteiligten Revolutionäre – ein Drama in einer Splitterform, die es inspirierten Inszenierungen immer wieder ermöglicht hat, die Einzelstücke erneut einzusammeln und zu aktualisieren. Zu einem der großen, dauerhaften Erfolge der Theatergeschichte wurde Carl Zuckmayers *Der Hauptmann von Köpenick* (1930), bis heute bekannt vor allem durch die Verfilmung mit Heinz Rühmann (1956; Regie Helmut Käutner). Anhand der Geschichte des Schusters Voigt, dem eine Uniform hilft, Türen und Tore zu öffnen, persifliert Zuckmayer die obrigkeitshörige deutsche Bürgerlichkeit preußischen Zuschnitts. Ödön von Horváths Dramen thematisieren – in Wien bzw. im süddeutschen Raum angesiedelt – den Zusammenhang zwischen der zeitgenössischen Alltagswirklichkeit und dem aufkommenden Faschismus. Die Volksstücke *Geschichten aus dem Wienerwald* (1931), *Italienische Nacht* (1931) und *Kasimir und Karoline* (1932) zeigen ebenso wie das Drama *Glaube, Liebe, Hoffnung* (1932) am Beispiel einfacher, sozial niedrig stehender Menschen, wie sehr die große Politik und die geschichtlichen Triebkräfte sich bis in das einzelne Leben, in die feinsten Fasern und Verästelungen des Alltags auswirken. Die Kunst Horváths besteht darin, den schleichenden Prozess der Faschisierung aller Lebensverhältnisse in den alltagssprachigen Regungen und Wendungen seiner Personnage aufzusuchen und vorzuführen, kunstvoll und zugleich politisch dimensioniert – auch deswegen sind die Stücke Horváths immer wieder aufgeführt worden. In diesem Zusammenhang ist auch Friedrich Wolf zu nennen, ein sozialistischer Dramatiker mit seiner aristotelisch geprägten Dramaturgie der Einfühlung ein entschiedener Antipode Bertolt Brechts und mit seiner vergleichsweise traditionellen Dramaturgie in mancher Hinsicht zunächst sogar erfolgreicher als dieser. Figuren und Charaktere wurden auf die Bühne gebracht, in denen sich die Zuschauer wiedererkennen, mit denen sie sich identifizieren konnten, so mit der Titelfigur des Stücks *Professor Mamlock* (1934), einem konservativen Arzt jüdischer Herkunft, an dessen Lebens- und Leidensweg sich die politischen Veränderungen dieser Zeit ablesen lassen.

Mit der *Dreigroschenoper* (1928, nach John Gay; Musik Kurt Weill) erlangte Brecht Weltruhm. Im Mittelpunkt des Stücks steht Macheath, genannt Mackie Messer, der Chef eines Einbrecher- und Straßenräuberunternehmens; sein Gegenspieler ist der Bettlerbandenchef Jonathan Jeremiah Peachum; dessen schöne Tochter heißt Polly; und der Vierte im Bund ist der Polizeipräsident Brown, gut befreundet mit dem Verbrecher Mackie Messer. «Das Stück zeigt: der Bürger ist Räuber; aber auch: der Räuber ist Bürger» – unter diesem Motto nimmt Brecht auf ingeniöse Weise die Traditionen des bürgerlichen Theaters auf, um sie mit- und gegeneinander ins Spiel zu bringen. Was später «episches Theater» heißt, nämlich das Bühnengeschehen durch Songs und szenische Signale zu unterbrechen und so eine Distanzierung des Zuschauers zu bewirken, ist in diesem «Stück mit Musik» (Brecht) bereits präsent. Der Autor der *Dreigroschenoper*, der Oper *Aufstieg und Fall der Stadt Mahagonny* (1929) und des Dramas *Die heilige Johanna der Schlachthöfe* (1932) erarbeitet sich zu dieser Zeit – auch im Zusammenhang von Studien des Marx'schen Hauptwerks *Das Kapital* – eine Fülle von Kategorien, die ihm erlauben, theoretische Impulse in die Vielfalt seiner dramatischen Einfälle und Ideen aufzunehmen. Im Zusammenhang der Oper *Aufstieg und Fall der Stadt Mahagonny* entwickelt er die Elemente seiner Dramaturgie anhand der Gegensatzpaare aristotelisch – episch, handelnd – erzählend, Suggestion – Argument, Gefühl – Ratio. *Die heilige Johanna der Schlachthöfe* ist ein Klassenkampf-Drama, in dem es um einen Streik und dessen Niederschlagung auf dem Schlachthof von Chicago geht, um Kapitalismus und Börsenspekulationen und um die politische Funktion bürgerlicher Intellektueller. Der Kapitalismus siegt – woraus zu lernen ist, dass er bekämpft werden muss.

Brechts umstrittenstes dramatisches Werk ist *Die Maßnahme* (1930; Musik Hanns Eisler). Hier werden die Ideale des Kommunismus und die Wirklichkeit des revolutionären Kampfs in einer harten, ja: ausweglosen Konfrontation vorgeführt, die radikale Fragen provoziert. Man hat dieses Stück um vier kommunistische Agitatoren, die wegen der Tötung eines jungen Genossen vor einem Parteigericht stehen, nicht selten als offene Rechtfertigung stalinistischer «Säuberungen» und Massenmorde verstanden. Doch wenn man die Struktur des Stücks sorgfältig analysiert und den Kontext der Lehrstücktheorie, in den das Drama gehört, in die Analyse einbezieht, lässt sich eine solche Deutung nicht aufrechterhalten. Brechts Stück bietet ein Forum für die Darstellung der vier Agitatoren, von denen jeder einmal die Rolle des toten Genossen spielen muss – eine dramaturgisch kluge Verschränkung von Täter und Opfer. Diese Szenen werden einer doppelten Beurteilung ausgesetzt: durch den Massenchor auf der Bühne und durch das Publikum im Zuschauerraum, einer doppelten Brechung, die die Distanz, welche Brecht mit dem epischen Theater stets angestrebt hat, erweitert. Das heißt: Man darf *Die Maßnahme* nicht allein auf der inhaltlichen Ebene zur Kenntnis nehmen, wenn man der Substanz des Stücks gerecht werden will, sondern man muss ebenso ihren Subtext und ihre künstlerische Struktur einbeziehen, zu der auch die Musik Hanns Eislers gehört. Aufschlussreich ist die Lektüre der *Maßnahme* darüber hinaus im Gegenlicht eines Fragment gebliebenen Textes, an dem Brecht seit 1927 – und noch bis in die 1950er Jahre – gearbeitet hat. Er trägt den Arbeitstitel *Der Untergang des Egoisten Johann Fatzer* und thematisiert die Handlungsweisen eines unzuverlässigen, für kollektive Zwecke unbrauchbaren, eigenwilligen Individualisten. Der sprachliche Gestus dieses Textes war, wie Brecht in seinem *Arbeitsjournal* notierte, «der höchste standard technisch» (25. 2. 1939) – eine Bemerkung, die die Faszination durch eine Haltung der individuellen Abweichung erkennen lässt.

12 Literatur im Dritten Reich

Die nationalsozialistische Machtübernahme am 30. Januar 1933 leitete einen in der deutschen Geschichte beispiellosen politischen Umbruch ein. Das Parlament wurde aufgelöst, Neuwahlen wurden festgesetzt, die Kommunisten verhaftet und ins KZ gesperrt. Die Wahlen vom 5. März 1933 brachten der NSDAP und der DNVP gemeinsam 51,9 Prozent der Stimmen, davon der NSDAP allein 43,9 Prozent. Am 23. März 1933 verabschiedete die NSADP das «Ermächtigungsgesetz», durch das sie sich als allein herrschende Partei parlamentarisch bestätigen ließ. Die Gewerkschaften wurden zerschlagen. Die Deutsche Arbeitsfront (DAF) erfasste als Zwangsorganisation alle Berufstätigen. Mit dem Massaker an der sogenannten «linken» NSDAP am 30. Juni 1934 waren alle potenziellen Gegenspieler Hitlers beseitigt. Eineinhalb Jahre nach ihrem Machtantritt hatten die Nationalsozialisten ihre Herrschaft konsolidiert und den Staat in einen Terrorapparat verwandelt. Auf dem Reichsparteitag der NSDAP 1934 konnte Hitler sagen: «In den nächsten 1000 Jahren findet in Deutschland keine Revolution mehr statt.»

Was politisch durchgesetzt werden sollte, war der totalitäre Gedanke einer «Volksgemeinschaft». Zu den in diesem Zusammenhang kulturpolitisch wichtigsten Maßnahmen zählte die Gründung der Reichskulturkammer, einer Zwangsorganisation, die der «Gleichschaltung» diente: Wer im Dritten Reich künstlerisch tätig sein und eine nennenswerte Öffentlichkeit erreichen wollte, musste ihr angehören. Die Durchsetzungsmechanismen der nationalsozialistischen Kulturpolitik variierten das Muster der Destruktion tradierter Einrichtungen und der aktiven Einbeziehung neu geschaffener Institutionen in den Umbau des gesamten kulturellen Bereichs, beispielhaft ablesbar an den Aktionen und den Parolen zur Bücherverbrennung vom 10. Mai 1933, in denen sich die NS-Ideologie von «Arteigenem» und «Artfremdem» zur Bekämpfung des politisch-kulturellen Feindes auch rhetorisch reproduzierte. Die nationalsozialistische Machtübernahme innerhalb der Preußischen Akademie der Künste, die Pressenotverordnungen und Zeitungsverbote, die Aufstellung «Schwarzer Listen» für Buchhandlungen und Bibliotheken – all diese Maßnahmen der ersten Stunde deuteten auf die Entschlossenheit der Nationalsozialisten, im kulturellen Bereich keine Nischen und Freiräume zu dulden. Der Destruktion tradierter Institutionen folgte mit dem Aufbau der Reichskulturkammer die Etablierung eines kulturpolitischen Instrumentariums, das auf die lückenlose Erfassung und Überwachung aller im kulturellen Bereich tätigen Individuen und Gruppen angelegt war. Gemeinsam mit anderen Staats- und Parteiorganisationen, etwa der Parteiamtlichen Prüfungskommission unter Philipp Bouhler und dem Hauptamt Schrifttum unter Alfred Rosenberg, garantierte die Reichskulturkammer ihrem obersten Dienstherrn, dem Minister für Volksaufklärung und Propaganda, Joseph Goebbels, herrschaftstechnisch ein Maximum an Kontroll- und Eingriffsmöglichkeiten bis hin zur direkten, persönlichen Intervention. Die Künstler und Publizisten dürften deshalb den Zynismus sehr genau mitgehört haben, mit dem Goebbels seine Rede zur Eröffnung der Reichskulturkammer im November 1933 würzte: «Nicht einengen wollen wir die künstlerisch-kulturelle Entwicklung, sondern fördern […]. Wir wollen nur die guten Schutzpatrone der deutschen Kunst und Kultur auf allen Gebieten sein.»

Vor allem im Selbstverständnis der dem Faschismus applaudierenden Künstler fand sich der Resonanzboden solcher Programmatik. Deren mit der Konsolidierung des nationalsozialistischen Herrschaftsapparats sich wandelnde Auffassung von Literatur und Kunst kann als Indiz einer künstlerischen Disposition gelten, die sich – teils widerstandslos, teils gutwillig, teils akklamierend – als artifizielles Anhängsel des ästhetisierten politischen Lebens in Dienst nehmen ließ und so zur Sicherung nationalsozialistischer Herrschaft beitrug. Bereits im Oktober 1933 erklärte Hitler gegenüber Hanns Johst, eine Institution schaffen zu wollen, «die dem Führer allein verantwortlich und unmittelbar unterstellt sei». Offenbar war den Nationalsozialisten aber gerade der elitäre Kulturkonservatismus der ihnen politisch nahestehenden Dichter suspekt. Nicht der vorgeblich autonomen Ästhetik der künstlerischen Phänomene wurde Vertrauen geschenkt, sondern allein der kalkulierbaren politischen Wirkung, für die diese Phänomene sich einsetzen ließen. Der politische Auftrag an Poesie mündete freilich in die Vernichtung von Literatur als Kunst. Deren Formgestalt hatte Hitler kulturpolitisch bereits festgelegt, als er anlässlich der Verabschiedung des «Ermächtigungsgesetzes» vom «Heroismus» als «kommender Gestalter und Führer der Völkerschicksale» und in einer Unterredung mit Hanns Johst von notwendiger «Innerlichkeit» gesprochen hatte. Autoren wie Heinrich Lersch, Hans Friedrich Blunck, Will Vesper, aber auch solche der Inneren Emigration wie Hans Carossa stellten sich staatlichen und parteiamtlichen Instanzen für Lesungen und Diskussionen bereitwillig zur Verfügung, um vor vollbesetzten Rängen ihre Rolle im Auftrag der Politik zu spielen.

In sein herrschaftstechnisches Konzept bezog der Nationalsozialismus freilich nicht nur die NS-konforme Literatur ein. Vielmehr muss man sich den machtpolitischen Rahmen und das ihn begründende Kalkül auch und gerade dann vor Augen halten, wenn man von heute aus die Leistungen und die Problematik der nicht-nationalsozialistischen Literatur im Dritten Reich beurteilen will. Als Grenzen jeglicher künstlerischen oder publizistischen Tätigkeit, soweit diese darauf angelegt war, eine Öffentlichkeit zu erreichen, haben die staatlichen Erfassungs- und Überwachungsmaßnahmen zu gelten, mithin die breite reale Skala vom zensurierenden Eingriff bis hin zum Schreibverbot, vom dirigistischen Mittel der Papierzuteilung bis hin zur Schließung eines ganzen Verlags. Wer trotz kritischer Distanz zum Regime veröffentlichen wollte, hatte angesichts der Machtverhältnisse die «Schwierigkeiten beim Schreiben der Wahrheit» reflektierend in seine Arbeit einzubeziehen, über die Bertolt Brecht 1939 gesprochen hat: «Er muß den Mut haben, die Wahrheit zu schreiben, obwohl sie allenthalben unterdrückt wird; die Klugheit, sie zu erkennen, obwohl sie allenthalben verhüllt wird; die Kunst, sie handhabbar zu machen als eine Waffe; das Urteil, jene auszuwählen, in deren Händen sie wirksam wird; die List, sie unter diesen zu verbreiten.»

Ohne diese Überlegungen Brechts zum literarischen Widerstand zu kennen, verfuhr eine Reihe von Schriftstellern und Publizisten nach einem ähnlichen Konzept. Als Beispiele, die zugleich die Ambivalenz dieses Vorgehens verdeutlichen, können jene kulturpolitischen Zeitschriften gelten, in deren Umkreis es einer Reihe nicht assimilierter Autoren nach 1933 gelang, weiterhin zu publizieren. Zu diesen Zeitschriften zählen vor allem die *Deutsche Rundschau*, die von Rudolf Pechel redaktionell betreut wurde, sowie die von Peter Suhrkamp herausgegebene, redaktionell unter anderem von Karl Korn geleitete *Neue Rundschau*. Neben diesen beiden in einem weiteren Sinn politisch-kulturellen Zeitschriften, die auch heute noch ein mehr als nur historisches Interesse beanspruchen dürfen, können die eher literarischen Zeitschriften *Corona, Europäische Revue, Hochland, Das Innere Reich* und *Die Literatur* als begrenzte Foren einer zumindest distanzierten, wo nicht verdeckt oppositionellen Literatur und Essayistik gelten. Freilich mit Vorbehalten: *Hochland* etwa beschränkte sich konzeptionell vor allem auf einen katholischen Leserkreis, während *Das Innere Reich* ebenso wie *Die Literatur* – beide organisatorisch an «gleichgeschaltete» Verlage gebunden – in den redaktionellen Beiträgen deutliche Kompromisse mit der offiziellen Literatur- und Kulturpolitik zu schließen hatten.

Der politisch-kulturelle Freiraum für zumindest distanzierte, zum Teil unverkennbar kritische Texte wurde erkauft um den Preis, auch solche Beiträge aufzunehmen, die ebenso unverkennbar die kulturpolitische Linie des Nationalsozialismus unterstützten. Als Beispiel solcher Zeitschriftenpolitik kann ein in der *Deutschen Rundschau* erschienener Aufsatz Paul Fechters mit dem programmatischen Titel «Die Auswechslung der Literaturen» dienen – er erschien im Mai 1933, zu jenem Zeitpunkt also, als in Deutschland öffentlich Bücher verbrannt wurden. Fechter, Verfasser einer im Dritten Reich weit verbreiteten Geschichte der deutschen Literatur in völkisch-nationalem Sinn – sie wurde nach 1945 unverändert wieder aufgelegt –, vertrat in diesem Aufsatz die Auffassung, dass durch die nationalsozialistische Machtübernahme jener Literatur zum Durchbruch verholfen werde, die bislang vom offiziellen «Weimarer» Literaturbetrieb unterdrückt worden sei: die nationalsozialistische und die völkisch-nationale Literatur.

NS-Literatur

Die Traditionen der NS-Literatur reichen bis ins 19. Jahrhundert zurück. 1890 war anonym («Von einem Deutschen») die Schrift *Rembrandt als Erzieher* von Julius Langbehn erschienen, der wohl wirkungsmächtigste Vorläufer nationalistischer und rassistischer Ideologiebildung im 20. Jahrhundert. In nur zwei Jahren erlebte Langbehns Schrift 39 Auflagen. «Rembrandt» ist eine Chiffre für den Prototyp eines ‹deutschen› Künstlers, mit dessen Hilfe versucht werden sollte, eine repressive, nationalchauvinistische und antisemitische Kulturpolitik durchzusetzen. Es handelte sich um eine ideologische Abwehrbewegung, die sich gegen Entwicklungstendenzen der Moderne richtete, gegen Dynamisierung und Beschleunigung in Ökonomie, Politik und Gesellschaft, Technik und Industrie, um einen Versuch, die Geschichte nicht nur anzuhalten, sondern hinter den historisch erreichten Entwicklungsstand zurückzugehen unter das Dach eines abgeschirmten Deutschtums, das seine Identität aus überlebten Vorstellungen von Monumentalität und Pathos gewinnen sollte. Ideologien der «Ungleichzeitigkeit» hat Ernst Bloch in seinem Buch *Erbschaft dieser Zeit* (1935) solche Dispositionen genannt, Vorstellungswelten und Denkweisen also, die gegen Entwicklungstendenzen der Moderne aufgeboten wurden.

Als Literaturprogramm hat sich diese Ideologie am deutlichsten bei Adolf Bartels ausgeprägt, einem aus Schleswig-Holstein stammenden Literarhistoriker, der das Judentum in den Rang einer literaturgeschichtlichen Kategorie erhob. Umstandslos werden in seiner mehrfach aufgelegten *Geschichte der deutschen Literatur* (zuerst 1901/02) die Juden zur Ursache aller modernen Probleme und Fehlentwicklungen erklärt, voller Ressentiments wird die Zukunft Deutschlands in einer Strategie der Ausgrenzung gesucht, die sich auf die Dichotomie «Deutsch – Undeutsch» beruft: «Nur ein unermüdlicher, heißer, selbstloser Kampf um unsere höchsten Güter mit dem Ziel reinlicher Scheidung zwischen Deutsch und Undeutsch kann uns noch retten.»

Auf ihre Weise hat die NS-Literatur dieses Programm durchzusetzen versucht, indem sie das geforderte ideologische Arsenal auf eine künstlerisch belanglose Weise erstellte. Als Beispiel hierfür kann der historische

Roman des Nationalsozialismus dienen, der Versuch einer propagandistischen Ausfüllung der NS-Ideologie in Romanform mit der Absicht, alle Geschichte als Vorgeschichte des Dritten Reichs zu verstehen. Im Blick auf die Gegenwart, auf Reich und Volk und Führer, wird die deutsche Geschichte anhand der Frage durchmustert, ob sich historische Kräfte durchgesetzt haben, die zur Entfaltung deutscher und arischer Wesenszüge, des Heldischen und Reinen, des Kämpferischen und Opferbereiten beitragen konnten. Zu dieser Reihe zählt bereits der Roman *Engel Hiltensperger* (1930) von Georg Schmückle mit einem Stoff aus der Zeit des Bauernkriegs, in dem eine Moral des Verzichts für die Zukunft des deutschen Reichs entwickelt wird, die sich ohne Schwierigkeiten auf das Dritte Reich übertragen lässt. Zu nennen sind ferner von Hans Friedrich Blunck *Die große Fahrt* (1935), ein im Jahr 1473, also noch vor Kolumbus' Entdeckung Amerikas (1492) spielender Roman, in dem das Volksganze gegen das Individuum steht, Ausdruck eines metaphysischen Gesetzes, dem der Mensch sich nicht widersetzen darf, es sei denn bei Strafe des eigenen Untergangs; außerdem *König Geyserich* (1936), ein Roman um Heldentum, Opfergang und Pflichterfüllung für die höhere Wirklichkeit, um die Bestimmung der großen Persönlichkeit im Horizont der Geschichte und des Gesetzes, das die Geschichte repräsentiert; und nicht zuletzt der im Livland des 15. Jahrhunderts angesiedelte Roman *Wolter von Plettenberg* (1938) um ein Heldenschicksal und eine Opferperspektive, die den Leser zur Identifikation einlädt. Zu nennen ist in diesem Zusammenhang auch Robert Hohlbaum mit seiner Trilogie *Volk und Mann* (*König Volk*, 1931; *Der Mann aus dem Chaos*, 1933; *Stein. Der Roman eines Führers*, 1934), in der es um die Wirren der Französischen Revolution geht und darum, wie sich mit der Klarsicht und den gestalterischen Fähigkeiten eines großen Mannes die deutsche Zukunft formen lässt – der preußische Reformer vom und zum Stein als Hauptfigur eines nationalsozialistisch inspirierten Romans. Erwin Guido Kolbenheyers Roman *Das gottgelobte Herz* (1938) schließlich rankt sich um das Herz eines Mystikers, der Verzicht übt und opferbereit entsagt. Diese wenigen Beispiele aus der Flut historischer Romane zur Zeit des Nationalsozialismus mögen reichen, um die inhaltliche Dimension dieser Werke und ihre doppelte Wirkungsabsicht zu veranschaulichen: Sie dienten der verklärenden Deutung der Gegenwart im Licht der Geschichte und zugleich der Identifikation des Lesers mit den im Roman angebotenen Idealen.

Das hatte auf seine Weise auch ein anderes Genre erzählender Prosa im Dienst des Nationalsozialismus zu leisten, nämlich der SA-Roman, der sich mit den braun uniformierten Parteigenossen befasste – Romane, die die Massen erreichen sollten. Sie waren in wesentlichen Strukturmerkmalen den Rote-Eine-Mark-Romanen nachempfunden, die im Kontext der politischen Arbeit innerhalb der Kommunistischen Partei Deutschlands bereits seit Mitte der 1920er Jahre Verbreitung fanden. Wie diese sollte auch der SA-Roman den einfachen, tapferen Parteisoldaten in seinen alltäglichen Auseinandersetzungen zeigen, Ehe und Familie eingeschlossen. Die SA-Romane waren Trivialwerke, zu deren massenhafter Verbreitung eine einfache Handlungsführung beitrug, verbunden mit schlichter Syntax und simplen Dialogen, so beispielsweise bei Bruno Nellissen Haken (*Die Ehe des arbeitslosen Martin Krug*, 1932), Felix Riemkasten (*Der Götze*, 1933) und Wilfrid Bade (*Die SA erobert Berlin*, 1934) – trivialisierte Bildungsromane, in denen ein junger Mann hinaus muss ins feindliche Leben, um nach Überwindung von mancherlei Widerständen, durchweg greifbar im Feindbild des Kommunismus, am Ende doch Anschluss an seine politische Heimat, die SA, zu finden, nicht zuletzt auf Grund des tätigen Rats braun uniformierter Helfer.

Dass die genannten Autoren heute vergessen sind, kann nicht verwundern. Interessant ist hingegen die Frage, warum Romane dieser Art schon während des Dritten Reichs keine wesentliche Rolle zu spielen vermochten. Diese Tatsache hängt offenbar mit der politisch-kulturellen Selbstdarstellung des Nationalsozialismus zusammen: Die NS-Bewegung nutzte für ihre ideologische Propaganda durchaus nicht in erster Linie die Literatur, auch nicht Malerei oder Musik, vielmehr bildeten die Reichsparteitage der NSDAP in Nürnberg ihre Öffentlichkeitssphäre. Hier kam, beispielhaft eingefangen und reproduziert in den Filmen von Leni Riefenstahl (*Triumph des Willens*, 1934; *Olympia*, 1938), die Ästhetik des Nationalsozialismus zu ihrem Ausdruck. Die Künste, auch die Literatur hatten sich der Wucht und Monumentalität dieser ganz auf Adolf Hitler zugeschnittenen Inszenierungen unterzuordnen. Das galt auch für das einzige Genre, das der Nationalsozialismus als ein literarisches Feld zu installieren versuchte, nämlich das Thingspiel. Es sollte sich als «Weihefestspiel» an eine große Öffentlichkeit von bis zu 20 000 Personen adressieren, an besonderen Aufführungsorten, den sogenannten Thingstätten, und mit einer spezifischen Architektur, in Form von Amphitheatern nachempfundenen Rundbauten, um germanische Traditionen, Rituale und Mythen darzubieten. Tatsächlich hat das Thingspiel – 1934 begründet durch den Reichsdramaturgen Rainer Schlösser – nur zwei Jahre bestanden.

Um das Profil einer spezifisch ‹nationalsozialistischen› Dichtung herauszuarbeiten, reicht es also offenbar nicht aus, ideologische Merkmale des Nationalsozialismus zu bestimmen. Vielmehr zeigt sich in der Lyrik von Autoren wie Gerhard Schumann (*Wir aber sind das Korn*, 1936), Richard Euringer (*Deutsche Passion 1933*; 1933), Herybert Menzel (*Im Marschtritt der SA*, 1933), aber auch in Prosawerken von Will Vesper, Heinz Steguweit oder Werner Beumelburg, dass in dieser Literatur eine nationalsozialistische ‹Haltung› zutage tritt, die deutlich über inhaltliche Charakteristika hinausweist. NS-Literatur versteht sich als eine Dichtung des Aufbruchs, die dualistisch strukturiert ist. Ob Kampflyrik oder Weihedichtung, ob volkhafte Dichtung oder historischer Roman, ob Blut-und-Boden-Sonette oder SA-Roman: NS-Dichtung feiert in sich selbst immer das Andere, das Bessere, nicht allein gegenüber Kommunismus oder Judentum, sondern gegenüber allem ‹Undeutschen› und ‹Artfremden›, verbunden mit der Rebellion gegen Leiden und dem Aufbegehren gegen den äußeren Feind. Zudem ist die NS-Dichtung eine Literatur der Heimkehr, die das Ziel ihrer Sehnsucht in der alten Heimat Deutschland, in einem neuen Reich des Ostens oder im Dritten Reich hier und jetzt sieht. Haltungen dieser Art gehen mit dem Gestus des Sakralen einher, dessen Verkörperung der ‹Führer› im Zusammenspiel mit der ‹Volksgemeinschaft› bildet. Da die NS-Dichtung Massen- und Gemeinschaftsdichtung sein will, äußert sie sich mit Hilfe von Kollektivsymbolen (Feuer, Meer, Regen, Fluss, Wald, Korn, Wind, Sand, Steinhaufen, Sterne, Fahnen, Blut), die eine naturhafte Qualität besitzen. Geschichte und Tradition erscheinen dementsprechend, wie Elias Canetti (*Masse und Macht*, 1969) gezeigt hat, in Form von «unsichtbaren Massen», unsichtbaren Toten vor allem, die nach germanischem Glauben als gefallene Krieger in Walhall versammelt sind. In der erhabenen Feier der Toten soll immer auch eine Erhöhung der Lebenden, ja eine Sinngebung für diese mitformuliert werden und zugleich ein Trost für die Hinterbliebenen des Zweiten Weltkriegs. In der Bejahung des Opfers, in der Kultivierung des Todes für den Führer enthüllt sich der letzte Sinn des Zitats «unsichtbarer Massen» in nationalsozialistischer Dichtung, das sich mit Sprechweisen der Monumentalität und des Auktorialen, des Männlichen und Soldatischen (Befehl, Anweisung, Verpflichtung) verbindet. NS-Dichtung ist so gesehen eine durchaus epigonale Dichtung. Sie übernimmt nicht nur Elemente des tradierten Formenkanons, um diese «nationalsozialistisch» aufzuladen, sondern stellt auch den erfolglosen Versuch dar, der ästhetisierten Sphäre des politischen Lebens mit den Ausdrucksmitteln der Poesie nachempfindend auf den Fersen zu bleiben. Marsch-, Kampf- und Gemeinschaftslieder bieten hierfür schlagende Beispiele.

Die Bewegung des Aufbruchs und die dualistische Weltsicht, eine regressive Utopie und ästhetisches Epigonentum sind Kennzeichen nicht nur der «völkisch-nationalen» Vorläuferliteratur des Nationalsozialismus, sondern auch der konservativen Weltanschauungsessayistik im 19. Jahrhundert, nach 1890 auch der Heimatkunst-Bewegung und der Neuromantik mit ihren zum Teil aggressiven Antisemitismen und Nationalchauvinismen. Die Differenz zwischen völkisch-nationaler und nationalsozialistischer Literatur liegt in der ungerichteten Negativität der völkisch-nationalen, in der entschiedenen Positivität der nationalsozialistischen Dichtung begründet. Hatte jene ihre Wirklichkeitsabkehr, ihren Kampf gegen das Undeutsche eher in ein dunkles Nicht-Wollen gekleidet – Hermann Löns und Hermann Burte beispielsweise – und darin die Ungerichtetheit und Unentschiedenheit ihrer regressiv-utopischen Strebungen mitgeteilt, so findet NS-Dichtung ihr Ziel in der Positivität des Reichsgedankens – des Deutschen wie des Dritten Reichs – und in der Positivität des messianisch gesehenen Führers. Diese Haltung unterscheidet nationalsozialistische Dichtung auch von faschistischer Literatur. Der italienische Faschismus verstand sich als politische Avantgarde. Aus diesem Grund erschien es ihm selbstverständlich, sich mit der künstlerischen Avantgarde zu verbünden und Arm in Arm mit ihr in eine offene, stets aufs Neue zu gestaltende Zukunft zu gehen. Umgekehrt erkannten Autoren wie Ezra Pound, Filippo Tommaso Marinetti, Louis-Ferdinand Céline und Pierre Drieu la Rochelle in der Appellstruktur des politischen Faschismus die artistische Struktur ihres ästhetischen Entwurfs wieder. Der Nationalsozialismus hat eine Vorstellung von der Offenheit des historischen wie des ästhetischen Prozesses nie formuliert – sein Ziel war stets die Regression auf Führertum und Reich (Schnell 1998).

Innere Emigration

Der Begriff Innere Emigration geht auf Schriftsteller zurück, die sich als «unerwünschte» Autoren während des Dritten Reichs ins politische und kulturelle Abseits gestellt sahen. Bereits 1933 notierte Jochen Klepper in seinen Tagebüchern seine «Emigrantenstimmung» und sprach von einem «geistigen Exil» und seiner «Existenz als Emigrantentum»; Gottfried Benn zog sich 1934 aus der literarischen Öffentlichkeit als Arzt in die Wehrmacht zurück und bezeichnete diesen Schritt als eine «aristokratische Form der Emigration»; Ernst Barlach beklagte 1937, dass er in seinem Vaterland eine Art «Emigrantendasein führe» – durch die Verhängung des Berufsverbots sei sein Zustand «noch übler als der eines echten Emigranten»; Thomas Mann sprach in seiner Rede «Dieser Friede» 1938 von den Deutschen der «inneren und äußeren Emigration», die er als «Opposition extra et intra muros» verstanden wissen wollte; ebenfalls 1938 verwendete Kurt Kersten diesen Begriff, als er in einer Rezension zu Hans Falladas Roman *Wolf unter Wölfen* (1937) in der Moskauer Emigrantenzeitschrift *Das Wort* die «Fluchtversuche eines Menschen, der nicht zum Überläufer werden, sich aber auch nicht als Angehöriger der inneren Emigration empfinden wollte», thematisierte; in seinem «Roman unter Emigranten» (Untertitel) *Der Vulkan* (1939) schrieb Klaus Mann von «denen, die heimatlos in der Heimat geworden seien. Man nennt sie die Innere Emigration». Eine Fülle zeitgenössischer Belege also für die Verwendung einer geläufigen Metapher, die freilich ebenso fragil wie unscharf ist. Auch wenn sich zahlreichen zeitgenössischen Dokumenten, Tagebüchern, Briefen und anderen Aufzeichnungen, gleichviel ob von Ernst Barlach, Jochen Klepper oder Oskar Loerke, übereinstimmend ein verzweifelter Ton der Dissidenz entnehmen lässt, handelt es sich um einen in sich spannungsreichen Terminus, der eine Vielfalt sehr unterschiedlicher künstlerischer wie persönlicher und politischer Verhaltensweisen im Dritten Reich von der Anpassung bis zum Widerstand bezeichnen soll.

Als Beispiel können die Gedichte Oskar Loerkes dienen. Er hat insgesamt sieben Lyrikbände veröffentlicht – Loerke selbst sprach von seinem «Siebenbuch» –, darunter zwei im Dritten Reich: *Der Silberdistelwald* (1934) und *Der Wald der Welt* (1936). Es folgten, posthum, seine *Tagebücher 1903–1939* (1955) sowie eine zweibändige Werkausgabe (1958). Trotz einer neueren Edition seiner *Sämtlichen Gedichte* (2010, hg. von Lutz Seiler) ist Loerke heute kaum mehr bekannt – das Etikett «Naturlyriker» mag hierzu beigetragen haben. Doch der Begriff ‹Natur› ist im Fall Loerkes sehr weit zu fassen: von der reinen, ‹natürlichen Natur› bis zu der durch Menschen umgestalteten und unterworfenen, kolonisierten und destruierten Wirklichkeit. Loerke versucht, die Totalität der Welt in seinen Gedichten zu erschließen und das naturlyrische Gedicht als Erkenntnismedium zu benutzen, in dessen Dichte und Konzentration, in dessen Bilderwelt und Metaphorik sich Zusammenhänge der gesellschaftlichen Realität fassen und repräsentieren lassen. Er montiert unterschiedliche Sprachwirklichkeiten ineinander, fügt heterogene Welten – natürliche, gesellschaftliche, auch solche der Industrialisierung (Maschinen, Technik) – in seine Bilderwelt und nimmt dabei unmissverständliche Wertungen vor. Das lyrische Ich in Loerkes Gedichtbänden aus der Zeit des Dritten Reichs leidet, empfindet Schmerz, klagt und unternimmt zugleich den Versuch, seine begrenzte Situation im lyrischen Sprechen zu überwinden und sich auf diese Weise von der Wirklichkeit zu entfernen und zu befreien. Flucht und Protest – beide Dispositionen einer Inneren Emigration im Dritten Reich finden sich in seiner Dichtung verbunden: Flucht als Rückzug des lyrischen Ich auf sich selbst und auf den Naturbereich als einem von Menschen freien, den eigenen Gesetzen gehorchenden Welt- und Lebensbereich – Protest, da das lyrische Ich sich gegen eine unmenschliche Wirklichkeit wendet.

Der zweite bedeutende Naturlyriker dieser Zeit ist Wilhelm Lehmann – in seinem Werk sind die Akzente anders gesetzt. Lehmann, bis zu Loerkes Tod dessen enger Gesprächspartner, wendet sich den Einzelheiten der Natur zu, dem einzelnen Baum, dem vereinzelten Blatt, um im Detail das Ganze zu erfassen. In seinen Gedichtbänden *Antwort des Schweigens* (1935) und *Der grüne Gott* (1938) findet sich eine epigrammatische Formensprache, mit der Lehmann durch Konzentration eine Gegenposition zur gesellschaftlichen Wirklichkeit zu beziehen versucht. Unüberhörbar ist etwa in seinem Gedicht «Trost der Blätter» aus *Antwort des Schweigens* ein Appell formuliert: der Trost der Blätter inmitten des zauberhaften Bereichs einer göttlichen, magischen, mystischen Natur, entworfen als Hort, in den der Mensch aufgenommen, durch den er errettet werden kann:

[…]
Die ihr röchelt, die ihr schreit,
Grüner Zauberer steht euch bereit.

Laßt das tränenschwere Auge übergehn:
Leichte Blätter, werden wir uns wieder sehn.

Ein Angebot der Poesie an die Leser im Dritten Reich, einer Gegen-Wirklichkeit sich zuzuwenden, mit einer deutlichen Differenz zu Loerke: Dessen Ambivalenz, die Spannung von Flucht und Protest, geht bei Lehmann in ein Ausweichen vor der Wirklichkeit über. Man kann deshalb durchaus von einem Fluchtangebot sprechen, doch sollte auch hier die historische Dimension nicht übersehen werden: Flucht im Dritten Reich vor dem Terror des Nationalsozialismus spricht als Reaktion immer auch ein Urteil über die Wirklichkeit, vor der zurückzuziehen die Dichtung sich gezwungen sieht. Dies bei literaturgeschichtlichen Wertungen zu bedenken erscheint auch deswegen ratsam, weil neben Loerke und Lehmann Autoren stehen, die eine affirmative Naturlyrik veröffentlicht haben, welche auf eine dumpfe Weise Gemeinplätze des Präfaschismus, der völkisch-nationalen Ideologie oder des Nationalsozialismus bewahren, Autoren wie Georg von der Vring (*Die Lieder des Georg von der Vring*, 1939) mit Gedichten, die als poetische Zeugnisse einer ‹Emigration nach innen› kaum ernsthaft in Betracht kommen.

Als ambivalent erweist sich auf seine Weise auch der historische Roman der Inneren Emigration, der seine Kritik an der bestehenden Wirklichkeit unter dem Deckmantel der Geschichte zu äußern versucht, jener «List» entsprechend, die Bertolt Brecht in seinen Gedanken über *Fünf Schwierigkeiten beim Schreiben der Wahrheit* (1939) als eine Voraussetzung zur Verbreitung der Wahrheit im Dritten Reich bezeichnet hat. Zu den möglichen «Listen» in diesem Sinn zählte Brecht auch die Möglichkeit, Kritik an der Gegenwart so zu tarnen, dass die Werke nicht verboten wurden, zugleich aber diese mit so vielen Hinweisen auf das eigentlich Gemeinte zu versehen, dass die Kritik doch verstanden werden konnte. In dieser Absicht hat Werner Bergengruen seinem Roman *Der Großtyrann und das Gericht* (1935) eine Präambel vorangestellt, die die Lektüre eines Subtextes nahelegt. Sie soll dazu beitragen, den Roman als eine Distanzierung von den Willkürmaßnahmen des nationalsozialistischen Führerprinzips zu dechiffrieren. Aufschlussreich ist allerdings die Tatsache, dass die von Bergengruen beabsichtigte Kritik in Gestalt einer historischen Camouflage missverstanden werden konnte: Im *Völkischen Beobachter*, dem Parteiorgan der NSDAP, wurde sein Werk als «Führerroman der Renaissancezeit» gewürdigt.

Mit der Möglichkeit der Übertragung historischer Vorgänge auf die Gegenwart arbeitet in vergleichbarer Weise auch der Roman *Las Casas vor Karl V.* (1938) von Reinhold Schneider. Seine Handlungsgegenwart ist die Zeit der Conquistadoren, sein Thema der Kampf des Dominikaner-Mönchs Bartolomé de Las Casas gegen den Missionsauftrag der Kirche. Der Roman erzählt vom Völkermord an den Indios in Mittel- und Südamerika, der, so Las Casas, mit dem christlichen Glauben nicht vereinbar sei. Im Widerstreit zwischen der Staatsräson und dem Missionsauftrag der Kirche auf der einen, den elementaren Rechten des Menschen auf der anderen Seite obsiegt am Ende Las Casas: Kaiser Karl V. übergibt dem Mönch nach einem nächtlichen Gespräch die neuen Gesetze, die im Jahr 1542 erlassen werden. Eine Übertragung dieses historischen Vorgangs auf die Gegenwart ermöglicht Schneiders Erzählstrategie der Generalisierung, mit deren Hilfe sich der Bericht aus den Kolonien in verallgemeinerbare Erkenntnisse überführen lässt, obwohl der Autor auf eine Dechiffrieranleitung in Gestalt einer Präambel verzichtet hat. Wehrlose

Völker, so die Botschaft des Romans, dürfen nicht unterworfen, Minderheiten nicht ermordet, Menschen nicht entrechtet werden – die Parallelen zur Außenpolitik der Nationalsozialisten und zur Vernichtungsstrategie gegenüber den Juden liegen auf der Hand.

Weniger eine historisch als eine mythologisch orientierte Camouflage hat Ernst Jünger mit seinem Roman *Auf den Marmor-Klippen* (1939) vorgelegt, zweifellos das künstlerisch bedeutendste Beispiel historischer Camouflage im Dritten Reich. Es setzt mit einer Ansprache an den Leser ein, um diesen in einen Erzählprozess hineinzuziehen, über den der Erzähler souverän verfügt. Erzählt wird aus einer *vision par derrière* von der geistigen Gemeinschaft eines Brüderpaars, das in der Zurückgezogenheit seiner «Rautenklause» naturwissenschaftliche und philosophische Studien betreibt, bis der Terror einbricht, angeführt von dem «Oberförster». Ein Kampf entbrennt, in dem mythische Figuren und wilde Tiere über die Menschen und übereinander herfallen, bis am Ende die Landschaft in Flammen aufgeht und überall die Vernichtung wütet, eingefangen in der makabren Symbolik einer Schädelstätte mit dem sprechenden Namen «Köppelsbleek». Scharfsichtige Anspielungen auf die Wirklichkeit des Dritten Reichs stehen neben Entgrenzungen des Geschehens und seiner Symbolsprache in Dimensionen der Menschheitsgeschichte. Sowohl die Figuren als auch die Landschaft, sowohl die Konflikte als auch die Konfliktbeteiligten sind aus zahlreichen Quellen unterschiedlicher Zeiten und Regionen gemischt und zu einer mythischen Simultaneität synthetisiert, die das aktuelle Geschehen im Dritten Reich als ein überhistorisches erkennen lässt und zugleich von dem geschilderten mythischen Geschichtsausschnitt einen Bogen zur Gegenwart des Nationalsozialismus zu schlagen erlaubt.

Eine Präambel hat auch Ernst Wiechert seinem Roman *Das einfache Leben* (1939) vorangestellt, und auch hier geht es um die Möglichkeit der Übertragung – nicht eines historischen Vorgangs, sondern des Modells eines «einfachen Lebens» aus der Handlungsgegenwart der 20er Jahre auf die Gegenwart des Dritten Reichs. Thematischer Mittelpunkt des Romans ist die Lebensmaxime, alles «loswerden» zu wollen – sie wird dem Leser zur Identifikation angeboten. Im Mittelpunkt steht Thomas von Orla, ein ehemaliger Korvettenkapitän, der während der Handlungszeit des Romans Ekel und Überdruss am Lebenszuschnitt der *roaring twenties* empfindet. Das Amüsement in den großen Städten erscheint ihm so oberflächlich, dass er sich in die Wälder Ostpreußens zurückzieht, um dort als Jäger und Fischer urzeitlichen männlichen Tätigkeiten nachzugehen und zugleich als gebildeter Mensch mit seiner Bibliothek zu leben, zu denken und zu schreiben. In dieser Haltung entdeckt er sich selbst: in der Natur und in den Gesetzen der Natur, eine Haltung, die von vielen Lesern als Signal zu einer Emigration nach innen verstanden worden ist.

Weitere Romane in diesem Zusammenhang sind *El Greco malt den Großinquisitor* (1936) und *Wir sind Utopia* (1942) von Stefan Andres, *Bockelson – Geschichte eines Massenwahns* (1937) von Friedrich Reck-Malleczewen und *Robespierre* (1935) von Friedrich Sieburg. Allerdings wird man diesen Werken nur mit Vorbehalten eine systemkritische Haltung oder gar die Qualität literarischen Widerstands zuschreiben können. Mehr noch als die Romane Bergengruens und Schneiders, Jüngers und Wiecherts sind die in ihnen sich äußernden Positionen Ausdruck eines politischen wie ästhetischen Konservatismus, der seine Grundlagen in geschichtsphilosophischen Irrationalismen besitzt. Kritik geübt wird lediglich an Einzeläußerungen und subjektiven Verfehlungen – Übertragungen aktualisierender Art lassen sich nur gelegentlich anhand einzelner, kritisch gezeichneter Figuren und Charakterzüge vornehmen (Schnell 1976).

Literarischer Widerstand

Literarischer Widerstand im engeren Sinn findet sich im Umkreis der verbotenen Kommunistischen Partei Deutschlands, insbesondere innerhalb des ihr nahestehenden Bundes proletarisch revolutionärer Schriftsteller (BPRS). Die ihm angehörenden Autoren haben versucht, im Untergrund zu arbeiten, Flug- und Tarnschriften zu verbreiten – darunter Brechts *Fünf Schwierigkeiten beim Schreiben der Wahrheit* –, weitere politische Kampfzellen anzusprechen, zu ermutigen und zu fördern – immer mit dem wachsenden Risiko, entdeckt und verhaftet, eingesperrt und ermordet zu werden.

Ein Autor hingegen, der auf eigene Faust, ohne Zugehörigkeit zu einer Organisation, literarischen Widerstand geleistet hat, ist der expressionistische Dramatiker Georg Kaiser. Er hat Schmähgedichte auf führende Nationalsozialisten verfasst, diese auf Matrize abgezogen und sie 1936 bei den Olympischen Spielen in und um Berlin verteilt oder verteilen lassen. Kaiser hasste den Nationalsozialismus und seine Repräsentanten. Er nahm mit scharfem Blick wahr, was im Dritten Reich geschah, und sah sich genötigt, seine Identität als Künstler preiszugeben: «Die Kunst ist Teufelswerk. Sie ist eine Produktion von Masken. Humanität bedeutet, Kunst nicht zu fördern, sondern auszurotten. Die Kunst untergräbt das mögliche Glück der Menschheit, deshalb muss Kunst liquidiert werden.» Zur Bekämpfung der «faschistischen Pest» (Kaiser) bediente sich der Dramatiker literarischer Ausdrucksmöglichkeiten, deren Niveau er seiner Verachtung der nationalsozialistischen Machthaber anpasste. Das Ergebnis dieser Auseinandersetzung ist ein Zyklus von Gedichten, die 1968 unter dem Titel *Die Gasgesellschaft* ediert worden sind – ein Bestiarium, das in chiffrierter Form die nationalsozialistischen Größen (darunter Hitler, Himmler, Goebbels, Rosenberg und von Schirach) herabsetzt, zum Teil unter Verwendung von Fäkal- und Analvokabular wie etwa im Fall Hermann Göring:

Das Batzenschwein

Dies ist das echte Batzenschwein.
Es scheißt tagaus, es scheißt tagein.
Es kann kaum vorne so rasch beißen
wie hinten schon gequirlt zu scheißen.

Göring war 1936 zum Verantwortlichen für den Vier-Jahres-Plan ernannt worden. Er hatte fortwährend Pläne gemacht, diese revidiert, neue Pläne vorgelegt – und so weiter. Es ging also um ökonomische Probleme, um Geld und darum, Göring in seiner sprichwörtlichen körperlichen Fülle und seinem Machtgehabe mit Marschallstab und Hermelin persönlich zu desavouieren. Für zeitgenössische Leser dieses Flugblatts war er vermutlich problemlos als «Batzenschwein» zu identifizieren.

Daneben sind vor allem die *Moabiter Sonette* (1946) von Albrecht Haushofer als Beispiel literarischer Opposition zu nennen. Ihr Autor war wegen seiner Kontakte zum politischen Widerstand verhaftet und unmittelbar vor der Einnahme Berlins durch die Rote Armee hingerichtet worden. Sein Bruder fand bei ihm Sonette, die während der Haftzeit zwischen Dezember 1944 und April 1945 entstanden sind – Gedichte, in denen sich die erniedrigende Erfahrung der Haft ebenso ausspricht wie das Bemühen um eine Entgrenzung des Kerkergefühls, poetische Reflexionen, die weit zurückgehen in Mythos und Geschichte, die ausgreifen bis nach Algerien und Japan. In ihnen kommt ein Widerstandsgeist aus der Tradition eines christlichen Humanismus zum Tragen, der von einer unbeirrbaren Individualität zeigt.

Auch der autobiographische KZ-Bericht *Die Moorsoldaten* (1935) von Wolfgang Langhoff gehört in diesen Zusammenhang, eine 1935 in Zürich veröffentlichte Schilderung der unmenschlichen Lebensbedingungen in Konzentrationslagern, die Langhoff selbst während einer 13-monatigen Internierungszeit durchlitten hatte. Und ebenso ist hier der Kabarettist Werner Finck zu erwähnen. Er hat im Dritten Reich seine oppositionelle Haltung auf ebenso intelligente wie witzige Weise öffentlich gemacht im Kabarett «Die Katakombe», dessen Name Programm war: Hierhin konnte man sich zurückziehen, gleichsam in ein Erdloch, von hier aus konnte man versuchen, anhand von alltäglichen Beispielen in Form von Volkswitz und Sklavensprache ein wenig Licht ins Dunkel politischer Vorgänge und nationalsozialistischer Repressionen zu bringen. «Für die Katakombe», so Finck im Rückblick, «war die Zeit der raffinierten Andeutungen gekommen. Man brauchte nur mit einem kleinen Hämmerchen an ein kleines Glöckchen zu schlagen, so übertrug sich das in das Läuten mit einer Sturmglocke. Die Angst im Publikum, die sich immer wieder im Lachen befreite, trug die Stimmung des Abends, und mir eine Verwarnung nach der anderen ein. Die Spitzel wußten immer genau, was sie mitzuschreiben hatten.» KZ-Haft und ein Berufsverbot, das in den Jahren 1936 bis 1939 wieder aufgehoben wurde, waren die Folge, sodass Finck die Möglichkeit nutzen konnte, im «Kabarett der Komiker» unterzukommen und die Veröffentlichung einer Reihe von Glossen in dem alsbald verbotenen *Kautschbrevier* (1938) zu veranlassen.

Literatur des Exils

Welche Spannungen und Probleme die Situation des Exils mit sich brachte, die Ruhelosigkeit, das Warten und Fragen, die Hoffnung und die ohnmächtige Wut, das ist nirgendwo so eindringlich eingefangen worden wie in Bertolt Brechts Gedicht «Über die Bezeichnung Emigranten». «Vertriebene sind wir, Verbannte», heißt es da: «Und kein Heim, ein Exil soll das Land sein, das uns da aufnahm». Dass Brecht die Bezeichnung «Emigranten» entschieden zurückweist und auf der Bezeichnung «Exil» beharrt, hat seinen Grund in der Fremdbestimmung, die sich in dieser Lebenssituation ausdrückt. Ausgegrenzt zu sein aus dem eigenen Land, von politischen Kräften, die sich als Feinde erwiesen haben, ist die demütigende Erfahrung des Exils, das eben deshalb auch keine neue Heimat werden kann: «Unruhig sitzen wir so, möglichst nahe den Grenzen / Wartend des Tags der Rückkehr, jede kleinste Veränderung / Jenseits der Grenze beobachtend, jeden Ankömmling / Eifrig befragend, nichts vergessend und nichts aufgebend / Und auch verzeihend nichts, was geschah, nichts verzeihend.» Eine existenzielle Situation, die Tausende von Künstlern, Intellektuellen und Wissenschaftlern erfahren haben. Sie mussten zu einem großen Teil schon 1933 das Deutsche Reich verlassen, weil sie um ihr Werk und ihr Leben fürchteten, unter ihnen etwa 250 Autoren in einem weiten Sinn des Worts, darunter die berühmtesten Repräsentanten der deutschen Literatur: Thomas, Heinrich und Klaus Mann, Arnold Zweig und Stefan Zweig, Alfred Döblin, Lion Feuchtwanger, Anna Seghers, Robert Neumann, Oskar Maria Graf, Johannes R. Becher, um nur diese zu nennen.

Exil hieß vor allem Mangel an Geld – finanzielle Ressourcen waren in den meisten Fällen nicht vorhanden. Zudem gab es Verständigungsprobleme, denn die Sprachheimat war verloren gegangen. Hinzu kamen das Gefühl der Fremdheit in einer unbekannten Kultur und die Erfahrung der Rechtlosigkeit auch innerhalb Europas, abzulesen an Schikanen und Restriktionen. Kaum ein Land war von sich aus bereit, politische Flüchtlinge, darunter vor allem Künstler und Intellektuelle, aufzunehmen, von denen man annehmen musste, dass sie sich nicht einmal selbst ernähren könnten. Politische Entmündigung war die Folge. Wer sich beispielsweise in der Schweiz aufhielt, durfte keine politischen Äußerungen von sich geben – widrigenfalls musste er mit seiner Abschiebung rechnen. Nur in den seltensten Fällen konnten die Autoren erwarten, sich eine neue Lebensperspektive, zumal eine berufliche, eine künstlerische Existenz als Autor aufzubauen. Nicht wenige der exilierten Autoren haben aus Hoffnungslosigkeit und Verzweiflung Selbstmord begangen, unter ihnen Kurt Tucholsky, Ernst Toller und Walter Benjamin. Lion Feuchtwangers *Exil* (1940) und Anna Seghers' *Transit* (1944), geschrieben aus eigenem Erleben, lassen sich geradezu als Schlüsselromane dieser Zeit lesen: Aufzeichnungen von Schicksalen, Rückschlägen und Enttäuschungen, die nicht zuletzt aus der illusionären Überzeugung resultierten, dass die nationalsozialistische Diktatur alsbald zusammenbrechen werde. Eine Hoffnung, die in Exilzeitschriften wie *Neue deutsche Blätter*, *Die Sammlung* und *Das Wort* zumindest bis 1935 propagiert worden ist.

Neben dieser Hoffnung einte die Autoren des Exils ein antifaschistisches Programm, das der Sammlung der Kräfte im Kampf gegen das Dritte Reich dienen sollte. Es fand seinen prominentesten Ausdruck 1935 auf dem Internationalen Schriftstellerkongress zur «Verteidigung der Kultur» in Paris. Dieses Programm erschloss einen politisch zunächst offenen Horizont zur Entwicklung einer Perspektive des Widerstandes; allerdings mit einer strategischen Nähe zur Volksfront, dem von der Kommunistischen Internationale gesteuerten Versuch, die unterschiedlichen Positionen zum Kampf gegen den Nationalsozialismus in Deutschland und den Faschismus in Europa zu bündeln und zu mobilisieren – eine Strategie, die insbesondere in Heinrich Mann einen engagierten Befürworter fand.

Jene Autoren und Intellektuellen, denen Joseph Goebbels das böse Wort «Kadaver auf Urlaub» nachgerufen hatte, erwachten, soweit überhaupt erforderlich, politisch gerade durch die Erfahrung des Exils und fühlten sich zu gemeinsamer Verantwortung herausgefordert, zu öffentlichem Engagement, zur Parteinahme und zum Kampf im Spanischen Bürgerkrieg wie im Krieg gegen Deutschland. Autoren wie Klaus Mann und Hans Habe, Alfred Döblin und Stefan Heym kämpften auf Seiten der Amerikaner, der Engländer und der Franzosen. Auch Thomas Mann ist mit seinen Rundfunkansprachen gegen Nazideutschland, die in den Jahren 1940 bis 1945 unter dem Titel *Deutsche Hörer!* ausgestrahlt wurden, in diesem Zusammenhang zu nennen – Sendungen, die in Kalifornien aufgezeichnet, auf Schallplatte mitgeschnitten, nach New York geflogen, von New York per Telefon an die BBC übertragen und von London aus nach Deutschland ausgestrahlt wurden, wo man sie trotz Verbots mit Hilfe selbstgebauter Rundfunkempfänger abhören konnte. Joseph Goebbels hat diese Ansprachen als eine «europäische Gefahr» bezeichnet – sicherlich das größte Kompliment, das er ihrem Autor und der deutschsprachigen Literatur des Exils insgesamt machen konnte.

Doch nicht nur deutsche Intellektuelle und Schriftsteller fanden sich zu gemeinsamen Aktionen zusammen, sondern ebenso Autoren anderer Länder, die Solidarität üben wollten. Während der All-Unionskongress in der Sowjetunion 1934 vor allem der politischen Begründung und Rechtfertigung der stalinistischen Doktrin eines Sozialistischen Realismus diente, mithin lediglich einem eingeschränkten Spektrum theoretischer und politischer Auffassungen Raum gab, fand 1937 in Nordspanien der Internationale Kongress Antifaschistischer Schriftsteller statt, zu dem trotz des Bürgerkriegs mehr als 200 Schriftsteller aus 30 Nationen anreisten. Er wurde zu einer Demonstration intellektuellen Selbstbewusstseins mit prominenter Beteiligung, darunter André Gide, André Malraux und Louis Aragon. Die diskutierten Problemkreise machen deutlich, dass die hier versammelten Autoren sehr genau wussten, worauf sie sich einließen, wenn sie miteinander sprachen. Die Rolle des Schriftstellers in der Gesellschaft stand ebenso auf dem Programm wie die Würde des Denkens, die Bedeutung von Individualität, Humanismus und Nation, ferner Probleme der spanischen Kultur, des kulturellen Erbes und der literarischen Produktivität, auch konkrete Hilfen für die republikanischen Schriftsteller.

Brecht hat in seiner auf dem Kongress verlesenen Rede den Zusammenhang von Krieg und Frieden, Literatur und Leben, Politik und Kultur mit der Forderung pointiert: «Die Kultur, lange, allzu lange, nur mit geistigen Waffen verteidigt, angegriffen aber mit materiellen Waffen, selber nicht nur eine geistige, sondern auch und besonders sogar eine materielle Sache, muss mit materiellen Waffen verteidigt werden» – eine unmissverständliche Kampfansage an den Nationalsozialismus, an die faschistischen Bewegungen in Europa und ein buchstäblich ‹materialistisches› Verständnis von Kultur, geistiger und künstlerischer Produktivität. Sie fand nicht nur in Frankreich, sondern auch in Italien Unterstützung, so von dem Literaturtheoretiker Benedetto Croce, von Autoren wie Eugenio Montale und Alberto Moravia, Cesare Pavese und Elio Vittorini, die sich in Italien ihrerseits der Zensur, der Verfolgung und Unterdrückung ausgesetzt sahen. In vergleichbarer Weise bildeten sich – zum Teil schon vor Beginn des Zweiten Weltkriegs und zumal nach der Besetzung durch die deutschen Truppen – auch in Griechenland, Polen, Dänemark, Norwegen und Schweden Widerstandsgruppen prominenter Autoren: «Dichtung im Untergrund» (Paul Éluard).

Sehr bald aber kamen diese Bemühungen, eine kulturelle oder gar literarische Volksfront herzustellen, ans Ende ihrer Entfaltungsmöglichkeiten. Spätestens 1937 war ein Ende der Volksfrontpolitik abzusehen, auf der politischen Ebene wahrnehmbar durch das Auseinanderfallen der stalinistisch geprägten kommunistischen Politik und der durch Sozialdemokraten und Gewerkschafter repräsentierten Arbeiterbewegung. Auch für die Literatur galt, dass sich das breite Spektrum unterschiedlicher Positionen dauerhaft nicht durch die negativ definierte Gemeinsamkeit eines «Antifaschismus» zusammenhalten ließ. Es zeigte sich, dass die unterschiedlichen literarischen und künstlerischen Konzeptionen grundsätzlich divergierten. Beispielhaft für die Auffassungsunterschiede hinsichtlich der Funktion von Literatur ist die in den Jahren 1937 und 1938 geführte «Expressionismus-Debatte», eine grundsätzliche Diskussion über Form und Funktion der Literatur, über Fragen des künstlerischen Realismus und der literarischen Avantgarden, an der sich in verschiedenen Exilzeitschriften Intellektuelle und Theoretiker wie Georg Lukács und Ernst Bloch, Bertolt Brecht und Hanns Eisler beteiligten, ferner Autoren und Kritiker wie Klaus Mann, Herwarth Walden, Alfred Kurella, Heinrich Vogeler und Rudolf Leonhard. Im Kern ging es vor allem Lukács darum, zugleich mit der Kritik an expressionistischen Gesten und Haltungen, Bildern und Sprechweisen eine Literaturkonzeption auszuarbeiten und durchzusetzen, die der des Sozialistischen Realismus zumindest nahekam, entworfen in der Tradition des Bürgerlichen Realismus im 19. Jahrhundert. Es ging um die Frage der zukünftigen

Kunst, ein Problem, das Lukács anhand der Bewegungsgesetze von Geschichte und Gesellschaft unter marxistischen Vorgaben zu lösen versuchte – während die stärkste Gegenposition, die auf künstlerischer Autonomie bestand, durch Bertolt Brecht vertreten wurde. Brecht allerdings veröffentlichte seine Beiträge seinerzeit nicht, da er die Position der Exilautoren im Kampf gegen den Nationalsozialismus nicht schwächen wollte.

Lyrik: Bertolt Brecht

Bertolt Brecht ist der repräsentative Autor des Exils – daher seien an seinem Beispiel im Folgenden die Konturen und Spannungen, Widersprüche und Wechselfälle dieser lebensgeschichtlichen und literarischen Existenzform beispielhaft nachgezeichnet. Brecht wurde durch das Exil umgetrieben wie kaum ein anderer Schriftsteller in dieser Zeit. Es führte ihn über Prag nach Wien, von dort über die Schweiz und Frankreich nach Dänemark, dann über Schweden nach Finnland, verschlug ihn über die Sowjetunion (Moskau, Wladiwostok) von 1941 bis 1947 in die USA (Santa Monica) und brachte ihn schließlich über die Schweiz 1948 zurück nach Deutschland. Fünfzehn Jahre Exil, «öfter als die Schuhe die Länder wechselnd» (Brecht) – es war zugleich seine produktivste Zeit. Er hat sich in den Jahren von 1933 bis 1939 aufgrund seiner Kapitalismuskritik eine Faschismusanalyse erarbeitet («Aufsätze zum Faschismus»); er hat die Erfahrungen des Exils verschiedentlich in seiner Lyrik bewahrt, so in den *Svendborger Gedichten* (1939), benannt nach seinem Aufenthaltsort im dänischen Exil; er hat sein Theaterkonzept ausgearbeitet, einschließlich einer Theorie des Dramas, die fortschrittliche Tendenzen des bürgerlichen Theaters und seine eigenen Versuche mit epischem Theater und Lehrstück im Projekt einer nicht-aristotelischen Dramatik zusammenfasste. Brecht hat es mithin verstanden, die Situation des Exils als eine Herausforderung zu begreifen – dies gelang ihm nicht zuletzt deswegen, weil er sich selbst, etwa in seinem Gedicht «Die Auswanderung der Dichter», in einer langen Traditionsreihe der Unterdrückung und Vertreibung der Literatur sah:

> Homer hatte kein Heim
> Und Dante mußte das seine verlassen.
> Li-Po und Tu-Fu irrten durch Bürgerkriege
> Die 30 Millionen Menschen verschlangen
> Dem Euripides drohte man mit Prozessen
> Und dem sterbenden Shakespeare hielt man den Mund zu.
> Den François Villon suchte nicht nur die Muse,
> Sondern auch die Polizei
> «Der Geliebte» genannt
> Ging Lukrez in die Verbannung
> So Heine und so auch floh
> Brecht unter das dänische Strohdach.

Neben Brecht ist eine große Zahl von Lyrikern zu nennen, die sich in Form von Gedichten mit dem Nationalsozialismus auseinandergesetzt haben. Eine einschlägige Anthologie (Emmerich / Heil [Hg.] 2004) versammelt nicht weniger als 347 Gedichte von 76 Autoren, darunter namhafte Dichter dieser Epoche wie Rudolf Borchardt, Alfred Mombert, Ivan Goll, Hans Arp, Richard Huelsenbeck, Nelly Sachs, Rose Ausländer, Hilde Domin, Gertrud Kolmar und Paul Celan – Dichter zum Teil, die nicht Exilautoren in einem strengen Sinn des Wortes sind, wohl aber im Verständnis eines existenziellen Ausgegrenzt- oder politischen Verfolgtseins. Die Themen ihrer Gedichte schließen politische Fragen ebenso ein wie konkrete Fluchterfahrungen, die deprimierenden Eindrücke des Exilantendaseins wie das Ringen um poetische Sprechweisen, das Gefühl der Isolation und die Ermordung der Juden. Inhaltliche Topoi bilden Verfolgungsangst und Todesfurcht, Trostbedürfnis und Hoffnungszeichen. Genutzt wird das gesamte Formenspektrum der Dichtung: vom traditionell gefügten Sonett bis zum reimlosen, unregelmäßigen Gedicht der Moderne.

Brecht zählte im amerikanischen Exil zu den prominentesten Autoren und Intellektuellen, darunter Heinrich Mann, Lion Feuchtwanger, Alfred Döblin, Bruno Frank, Fritz Kortner und Erich Maria Remarque. Er besaß Kontakte zu Charlie Chaplin, Karl Korsch und Friedrich Pollock, es kam zu Kooperationen mit dem Filmregisseur Fritz Lang und den Schauspielern Peter Lorre, Orson Welles und Charles Laughton, aber es gab auch Konkurrenzen, ja Feindschaften im Exil, so vor allem zu dem Antipoden Thomas Mann. Brecht hat unter seinem amerikanischen Exil gelitten, unter dem marktorientierten Glitzerding namens Hollywood, wo man «Lügen verkauft» (Brecht), in Gestalt von Filmscripts, um zu überleben. Er unterzog seine Gedichte einer «Sprachwaschung», um Askese und Selbstbeschränkung bei der Verwendung seines poetischen Materials zu üben. Ein Gedicht wie «Landschaft des Exils» erschien ihm bereits «zu reich»:

Aber auch ich auf dem letzten Boot
Sah noch den Frohsinn des Frührots im Takelzeug
Und der Delphine graulichte Leiber, tauchend
Aus der japanischen See.

Das Pferdewäglein mit dem Goldbeschlag
Und die rosa Armschleier der Matronen
In den Gassen des gezeichneten Manila
Sah auch der Flüchtling mit Freude.

Die Öltürme und dürstenden Gärten von Los Angeles
Und die abendlichen Schluchten Kaliforniens und die Obstmärkte
Ließen den Boten des Unglücks
Nicht kalt.

Es waren, um einen anderen Gedichttitel Brechts aus der Zeit des Exils zu zitieren, «schlechte Zeiten für Lyrik». «Deutschland, bleiche Mutter» – dies ist die Chiffre, unter der die besudelte und befleckte Heimat gefasst wird, ein Panorama aus allegorischen Figurationen des Faschismus, aus Gewalt, Blut und Tod, Lüge, Unterdrückung und Ausbeutung, Raub und Mord. Brechts lyrische Produktion aus der Zeit des Exils bietet ein breites Spektrum an Themen und Formen: Deutschlandbilder, mythologische Projektionen, poetologische Poesie, Gedenk- und Klagegedichte, das Sonett, die Ballade und die Elegie, Satiren, Parodien, Schmäh-, Mahn- und Warngedichte, Chroniken. Zudem hat Brecht eine Art politischer Gebrauchslyrik verfasst, die sich für den Kampf gegen den Nationalsozialismus benutzen ließ, darunter das «Einheitsfrontlied», das Ernst Busch mit seiner schneidend scharfen, agitatorischen Stimme zu einem populären Song der Arbeiterbewegung gemacht hat. Erwin Piscator hatte dieses Lied – die Musik stammt von Hanns Eisler – für die erste Arbeiterolympiade der Musik 1935 in Moskau bestellt. Es wurde von Busch zusammen mit 3000 Arbeitersängern vorgetragen und erlangte auf diese Weise in der Geschichte der Arbeiterbewegung einen Kultstatus wie zuvor nur Heines Gedicht «Die schlesischen Weber».

Dramatik des Exils

In verschiedenen Stücken und anhand unterschiedlicher Stoffe hat Brecht darüber hinaus versucht, seine Vorstellungen eines produktiven, zeitgemäßen Theaters zu realisieren und die Exil-Erfahrungen thematisch und formal zu verarbeiten, darunter auch der Einakter *Die Gewehre der Frau Carrar* (1937). Ein Zeitstück im Wortsinn: Sein Thema ist der Spanische Bürgerkrieg von 1936. Brecht hat diesem Bühnenwerk ein aufschlussreiches Vorwort vorangestellt: «Das kleine Stück wurde im ersten Jahre des Spanischen Bürgerkriegs für eine deutsche Truppe in Paris geschrieben. Es ist aristotelische (Einfühlungs-)Dramatik. Die Nachteile dieser Technik können bis zu einem gewissen Grade ausgeglichen werden, wenn man das Stück zusammen mit einem Dokumentenfilm, der die Vorgänge in Spanien zeigt, oder irgendeiner propagandistischen Veranstaltung aufführt.» Der Versuch, ein Theaterstück für den aktiven politischen Kampf zu schreiben, ging also mit einer selbstkritischen Distanzierung von der gewählten Dramaturgie der Einfühlung einher, deren Konzept Brecht in seinem 1939 in Stockholm gehaltenen Vortrag «Über experimentelles Theater» erstmals zusammengefasst und später in zahlreichen Schriften verfeinert und ergänzt hatte. Seine eigene Dramaturgie mitsamt ihrer Technik des Bühnenbaus und der Schauspielkunst umschreibt der von Brecht entwickelte Begriff der «Verfremdung»: «Einen Vorgang oder einen Charakter verfremden heißt zunächst einfach, dem Vorgang oder dem Charakter das Selbstverständliche, Bekannte, Einleuchtende zu nehmen und über ihn Staunen und Neugierde zu erzeugen.»

In diesem Sinn hat Brecht sein Theaterstück *Mutter Courage und ihre Kinder* (1941) entworfen, die Komposition einer Szenenfolge um die Figur einer Marketenderin, die ihr Geld im und am Dreißigjährigen Krieg verdient. Vorausgegangen waren dieser Arbeit das Studium von Chroniken aus dem 17. Jahrhundert sowie die Lektüre von Grimmelshausens *Abentheurlichem Simplicissimus Teutsch*. Die zwölf Szenen spielen in der Zeit vom Frühjahr 1620 bis zum Januar 1636. Je weiter der Krieg sich ausdehnt und je länger er dauert, desto besser gehen die Geschäfte der Mutter Courage. Ein Problem stellen ihre drei Kinder dar, die ihr durch den Krieg und durch ihre Fixierung auf das Geldverdienen genommen werden. Am Ende hat sie nichts gelernt – unbelehrt sagt sie: «Ich muß wieder in 'n Handel kommen.» Was sie nicht lernt, soll das Publikum lernen, aus ihren Fehlern, angeregt durch die vielfältig eingesetzten Mittel der Verfremdung. Vorangestellte Inhaltsangaben, Songs, sprachliche Umwertungen und Verkehrungen, die offene Form der Reihung von Szenen: dieses Instrumentarium des epischen Theaters ermöglicht der Bühne, als Medium der Unterhaltung und Belehrung zu wirken, getragen durch eine der großen Frauenfiguren des deutschsprachigen Dramas – Schauspielerinnen wie Helene Weigel und Therese Giehse haben sie auf eine theatergeschichtlich prägende Weise verkörpert.

Brecht hat im Exil ein neues Theater entworfen, das auch mit der Technik der Montage arbeitet, so in dem aus insgesamt 27 Szenen bestehenden Stück *Furcht und Elend des III. Reiches*, Skizzen des Alltagslebens, die Brecht anhand von Zeugenaussagen, Zeitungsmeldungen und Rundfunkberichten zusammengestellt hat. «Deutschland, ein Greuelmärchen» sollte der Titel ursprünglich heißen. Ein Teil dieser Szenen wurde bereits 1938 unter dem Titel «99 Prozent» in Paris aufgeführt, 1945 erschien die erste vollständige Ausgabe. Die Szenenfolge schildert die Zeit von der nationalsozialistischen Machtübernahme 1933 bis zum «Anschluss» Österreichs 1938, und zwar am Beispiel eines Ensembles von Kleinbürgern (Arzt, Richter, Bauer, Arbeiter, KZ-Häftling, SA-Mann, SS-Mann), die unterschiedliche Perspektiven der Wirklichkeit Deutschlands unter dem Nationalsozialismus bieten, Szenen und Splitter, Einzelwahrnehmungen und Beobachtungen, in denen Lüge, Anpassung, Misstrauen, Feigheit, Angst, Denunziation, Erniedrigung, Verrat vorkommen – all das, was im Dritten Reich unter den Bedingungen nationalsozialistischer Herrschaft Alltag gewesen ist: «Charakter, das ist eine

Zeitfrage», weiß eine der Figuren zu sagen: «Und reden wir nicht von Unglück, reden wir von Schande.»

Seine Vorstellungen eines Theaters der «Verfremdung» realisierte Brecht in seinem Stück *Leben des Galilei* zum ersten Mal in einer Weise, die seinen theoretischen Überlegungen nahekam. Die erste Fassung war 1938/39 noch in Dänemark entstanden, während die zweite englische Fassung 1944/45 aus der Zusammenarbeit mit Charles Laughton hervorging. Eine dritte Fassung, eine Rückübersetzung des englischen Textes ins Deutsche, erarbeitete Brecht 1955, indem er unter dem Eindruck der Atomdebatte während der 1950er Jahre einige Akzentverschärfungen einfügte. Es geht in dem Stück um den Physiker Galileo Galilei, der seine Entdeckung, dass die Erde sich dreht und nicht der Mittelpunkt des Universums ist, anhand präziser Beobachtungen des Sonnen- und Sternensystems gewonnen hat. Seine Erkenntnisse werden auf den Index gesetzt, da sie die Macht der Kirche und des Papstes zu bedrohen scheinen. Der Wissenschaftler Galilei wird gezwungen, zu widerrufen – dieser Widerruf ist das zentrale Thema des Stücks. Der junge Andrea, Bewunderer und Schüler Galileis, formuliert angesichts des Widerrufs seinen Vorwurf an die Adresse seines Vorbilds: «Unglücklich das Land, das keine Helden hat», doch Galilei antwortet: «Nein, unglücklich das Land, das Helden nötig hat.» Galilei ist kein Held, doch die Frage bleibt: Hätte er nicht doch widerrufen müssen? Brecht hat dieses Problem in seinen Überarbeitungen nicht zuletzt unter dem Eindruck der Atombombenabwürfe auf Nagasaki und Hiroshima wieder und wieder diskutiert. Er verstärkt den Vorwurf gegenüber Galilei durch die Betonung der Verantwortung – und damit der Schuld – des Wissenschaftlers.

Zu seinem Stück *Herr Puntila und sein Knecht Matti*, eine Komödie in Form einer Parabel, ist Brecht bereits 1940 in Finnland durch eine Erzählung seiner Gastgeberin, der Schriftstellerin Hella Wuolijoki, angeregt worden. Es geht in zwölf Bildern, gerahmt durch Prolog und Epilog, um das Verhältnis von Herrschaft und Knechtschaft: Herr Puntila ist ein versoffener, lüsterner Gutsbesitzer, der Chauffeur Matti sein intelligenter, zudem handwerklich begabter Knecht. Puntila hat Geld und Macht, aber keine Fähigkeiten, daher braucht er, um überleben zu können, seinen Knecht. Der Herr wird abhängig von seinem Knecht und darum zum

Knecht des Knechts, der seinerseits, da der Herr von ihm abhängig wird, der eigentliche Herr ist – eine Dialektik von Herrschaft und Knechtschaft, die das einschlägige Kapitel in Hegels philosophischem Hauptwerk *Phänomenologie des Geistes* thematisch aufgreift und die Problematik von Samuel Becketts *Endspiel* vorwegnimmt: Am Ende bleibt der Herr in Abhängigkeit und Einsamkeit zurück. Doch Puntila ist nicht einfach nur ein böser Kapitalist, sondern, gerade in seiner Hilflosigkeit, durchaus menschlich gezeichnet, einschließlich seiner Trinkgewohnheiten. Und auch Matti ist ein gemischter Charakter: Er weiß seine eigenen Interessen ebenso zu wahren wie seine Standesgrenzen. Der parabolische Charakter dieses Stücks ist jederzeit erkennbar und weist deutlich über den Text hinaus auf das Weltmodell, das hinter diesem steht.

Das erst posthum (1957) veröffentlichte Stück *Der aufhaltsame Aufstieg des Arturo Ui* thematisiert, wie bereits die Assonanz des Titels vermuten lässt, den «aufhaltsamen Aufstieg» des nationalsozialistischen Führers Adolf Hitler, der freilich nicht in der Sphäre der Politik, nicht einmal im Deutschen Reich angesiedelt ist. Vielmehr wird die Geschichte eines Gangsters und seiner Bande erzählt, die sich von Industriellen kaufen lässt, um für diese die Inhaber kleiner Läden auszupressen. Diese Aufgabe übernehmen Arturo Ui und seine Bande, mit der Folge, dass die Macht der Gangster wächst. Sie bringen die Großindustriellen dazu, dunkle Geschäfte mit ihnen zu verabreden, aufgrund derer die Industriellen ihrerseits erpressbar werden, sodass am Ende die Gangster die Macht besitzen. Die parabolische Struktur des Stücks erlaubt die Übertragung der Vorgänge auf die Ereignisse in der Weimarer Republik: Die Funktionsmechanismen des Chicagoer Gangstermilieus lassen sich unschwer als Determinanten der nationalsozialistischen Machtübernahme mit Hilfe des Kapitals und der Deutschnationalen Volkspartei entziffern.

Eine Parabel ist auch das Stück *Der gute Mensch von Sezuan*, das in einer chinesischen Provinz spielt. Brecht hat den Stoff, an dem er in den Jahren 1939 bis 1941 gearbeitet hat (UA Zürich 1943), aus dem Chinesischen übernommen und ihn in ein Vorspiel, einen Epilog und eine Folge von zehn Szenen und Zwischenspielen mit Songs nach der Musik von Paul Dessau untergliedert. Es geht um das Verhältnis von Gut und Böse, insbesondere um die Frage, ob es auf der Welt überhaupt einen schlechthin guten Menschen geben kann. Diese Frage stellen sich die Götter im Himmel – um sie zu beantworten, schicken sie drei Abgesandte auf die Erde, denen durch die Begegnung mit der Prostituierten Shen Te am Ende klar wird: Es gibt nicht das Gute an sich auf der Welt, da der Mensch unter den herrschenden Bedingungen nicht schlechthin gut sein kann.

Auf vergleichbare Weise bietet das Stück *Schweyk im zweiten Weltkrieg* eine aktuelle Szenenfolge, an der Brecht seit 1941 gearbeitet und die er 1943 abgeschlossen hat – uraufgeführt wurde sie erst 1957. Das Stück versucht am Beispiel des Soldaten Schweyk, einer Romanfigur von Jaroslav Hašek, jene Erfahrungen vorzuführen, die ein Soldat im Zweiten Weltkrieg machen musste, eine Folge grotesker, absurder und absonderlicher Szenen mit witzigen, karikierenden und parodistischen Einsprengseln, die, kompakt und konzentriert, nicht zuletzt die Repräsentanten des Dritten Reichs im Visier haben. Zum Schluss singen die Schauspieler das Lied von der Moldau mit einer unmissverständlichen Botschaft für die Zukunft:

> Am Grunde der Moldau wandern die Steine.
> Es liegen drei Kaiser begraben in Prag.
> Das Große bleibt groß nicht und klein nicht das Kleine.
> Die Nacht hat zwölf Stunden, dann kommt schon der Tag.

Die im Exil entstandenen Stücke zeigen Brecht als Rationalisten und Aufklärer zugleich. Er will sichtbar machen, unter welchen Bedingungen sich die Lebensverhältnisse seiner Zeit entwickelt haben, um erkennen zu lassen, wie sie zu verändern sind. Das Theater sollte dazu beitragen, Entwicklungen wie jene in Deutschland und Europa für alle Zukunft zu verhindern.

Romane des Exils

Was in der Zeit der Vertreibung und Verbannung außerhalb Deutschlands poetisch geschaffen worden ist, zählt zu einem nicht geringen Teil zum herausragenden und bleibenden Bestand der deutschsprachigen

Literatur, darunter Romane von Lion Feuchtwanger (*Der falsche Nero*, 1936), Gustav Regler (*Die Saat*, 1936), Joseph Roth (*Die Kapuzinergruft*, 1938/39), Thomas Mann (*Lotte in Weimar*, 1939; *Joseph und seine Brüder*, 1933–1942; *Doktor Faustus*, 1947) und Heinrich Mann (*Die Jugend des Königs Henri Quatre*, 1935; *Die Vollendung des Königs Henri Quatre*, 1938); ferner von Alfred Döblin (*Babylonische Wanderung*, 1934; *Pardon wird nicht gegeben*, 1935; *Das Land ohne Tod*, 1937–1948; ebenso die Trilogie *November 1918*, die allerdings erst nach dem Krieg 1948–1950 erscheinen konnte); schließlich von Klaus Mann (*Mephisto*, 1935), Irmgard Keun (*Nach Mitternacht*, 1936), Arthur Koestler (*Sonnenfinsternis*, 1940; dt. 1948), Anna Seghers (*Das siebte Kreuz*, 1942; *Transit*, 1943), Hermann Broch (*Der Tod des Vergil*, 1945) und Theodor Plivier (*Stalingrad*, 1945).

Das Genre des historischen Romans dominiert. Es steht den Autoren des Exils als Instrument der Auseinandersetzung mit der Gegenwart ebenso zur Verfügung wie denen der Inneren Emigration und der völkisch-nationalen Literatur. Die Funktion, die diesem Genre jeweils zugewiesen wird, ist freilich sehr unterschiedlich. Während sie für die systemkohärente Literatur im Dritten Reich in der Verklärung der NS-Gegenwart aus dem Blickwinkel der Vergangenheit besteht und in der Literatur der Inneren Emigration im Wesentlichen als Camouflage, zur verdeckten und versteckten Auseinandersetzung und zur Kritik an der Gegenwart des Nationalsozialismus benutzt wird, dient der historische Roman des Exils als Medium der Geschichtsreflexion und als literarisches Forum für Entwürfe von Gegenwelten. In diesem Sinne hat Alfred Döblin in seinem Aufsatz «Historie und kein Ende» (1936) das Genre des historischen Romans theoretisch und programmatisch für das Exil fruchtbar zu machen versucht, ebenso Lion Feuchtwanger in seinem Aufsatz «Vom Sinn und Unsinn des historischen Romans» (1935), in dem die Vergangenheit als produktiver Anlass für aktuelle Auseinandersetzungen gerechtfertigt wird. Nicht vergessen sei die im Exil entstandene grundlegende Untersuchung von Georg Lukács mit dem Titel *Der historische Roman* (1938), in deren Mittelpunkt ein an der Romantradition des 19. Jahrhunderts orientiertes Gestaltungspostulat steht: der historische Roman als ästhetische Formung und Überhöhung eines Menschentypus in der Tradition des Humanismus. Lukács' Vorbild ist Heinrich Manns *Henri Quatre*: Zwar arbeitet auch dieser Roman in Form historischer Parallelisierungen mit Anspielungen auf die Gegenwart, doch geht es hier vor allem darum, historische Vorgänge und Strukturen, Ideen und Kontroversen so herauszuarbeiten, dass sich in ihrem Licht die geschichtlich entscheidenden Typen und Individualitäten, Kräfte und Strömungen profilieren lassen.

Im Hinblick auf seine *Joseph*-Tetralogie hat Thomas Mann 1941 gegenüber dem Mythenforscher Karl Kerényi betont: «Man muss dem intellektuellen Fascismus den Mythos wegnehmen und ihn ins Humane umfunktionieren. Ich tue längst nichts anderes mehr.» In seinem in vier Teilen – *Die Geschichten Jaakobs* (1933), *Der junge Joseph* (1934), *Joseph in Ägypten* (1936) und *Joseph, der Ernährer* (1943) – erschienenen Roman *Joseph und seine Brüder* geht es nicht zuletzt um ein Spiel mit dem Spiel des Erzählens: Der Erzähler erzählt auf eine Weise, die das Erzählen selbst zum Gegenstand des Erzählens macht, sodass der bisweilen gedrechselt und geschraubt wirkende Tonfall als Teil des ironischen Erzählvorgangs erscheint. Der Roman beginnt mit den Geschichten Jaakobs, die sich eng an die biblischen Vorgänge halten: Der Erzähler tastet die Stoffschichten ab und senkt sein Lot immer tiefer in diese hinein, um zu eruieren, welche Motive des alten biblischen Mythos gegenwärtig noch von Interesse sein und Aktualität beanspruchen könnten. Es folgt die Geschichte Josephs in Ägypten, ebenfalls eng am biblischen Vorbild orientiert: Joseph entwickelt sich durch die Macht seines Gottes und durch sein eigenes Herkunfts- und Sendungsbewusstsein zu einer bedeutenden Figur, die im letzten Teil des Romans (*Joseph, der Ernährer*) in der Funktion des Traumdeuters und als Günstling des Pharaos zu Berühmtheit kommt. Die Arbeit an diesem Stoff ist «Arbeit am Mythos», durchaus im Verständnis des Philosophen Hans Blumenberg, literarische Arbeit mit elaborierten poetischen Mitteln und zweifellos in der Absicht, den «Diebstahl» (Ernst Bloch) der Faschisten an Tradition und Mythologie rückgängig zu machen und gegen das Dritte Reich zu kehren.

Dies gilt auch für den zweiten im Exil entstandenen Roman Thomas Manns, *Doktor Faustus* (1947), ein gleichfalls höchst komplexes Werk, dem der Autor wenig später den Essay *Die Entstehung des Dr. Faustus* (1949) mit dem koketten Untertitel «Roman eines Romans» folgen ließ.

In diesem Essay schildert Thomas Mann, welche Materialien er in den Roman aufgenommen, wie er ihn stofflich und theoretisch angereichert hat, darunter die Kompositionslehre Arnold Schönbergs und die Diskussionen mit dem Philosophen Theodor W. Adorno (*Philosophie der neuen Musik*, 1949). Der Roman bezieht seinen Reiz aus der Rahmenkonstruktion mit einem fiktiven Erzähler namens Dr. phil. Serenus Zeitblom, einer scheinbar naiven Figur, aus deren Sicht das Schicksal des genialen Komponisten Adrian Leverkühn geschildert wird: eines Künstlers, der angesichts der historischen und philosophischen Erschöpfung des produktiven Potenzials musikalischer Mittel einen Pakt mit dem Teufel schließt, um einmal noch ein großes Werk komponieren zu können. Dieser Pakt führt am Ende, nachdem Leverkühn seinen Freunden das neu geschaffene Kunstwerk vorgeführt hat, zum Zusammenbruch des Komponisten. Eine grandiose Parabel auf die Epoche des Faschismus, vorgeführt anhand eines vielfachen Spiels narrativer Brechungen, das von der parodistischen Erzählinstanz des Dr. phil. Serenus Zeitblom bis zur Spiegelung der Zeitebenen reicht, Erzählschichten, in die auch das Schicksal und der Tod Friedrich Nietzsches einbezogen werden, des historischen Vorbilds für die Figur des Komponisten Adrian Leverkühn.

Zu den großen Werken dieser Zeit zählt auch Hermann Hesses Roman *Das Glasperlenspiel* (1943) mit dem Untertitel «Versuch einer Lebensbeschreibung des Magister Ludi Josef Knecht samt Knechts hinterlassenen Schriften». Der Lehrer des Glasperlenspiels mit dem sprechenden Namen Josef Knecht ist ein Dienender – des Spiels, seines Ordens und am Ende der ganzen Menschheit. Der um das Jahr 2400 spielende Roman umfasst drei Teile: eine ausführliche Einführung in die Geschichte des Glasperlenspiels, eine Lebensbeschreibung des Josef Knecht und schließlich die hinterlassenen Schriften dieses Magister Ludi, die aus Gedichten und drei fiktiven Lebensläufen bestehen. Das «Glasperlenspiel» ist der Versuch, gegen das «feuilletonistische Zeitalter» die Traditionswerte einer Kultur des Geistes in Form eines luziden, intelligenten Spiels zu bewahren, das über Spezialistenwissen und Fachgrenzen hinausführt. Eine Art Schachspiel, in dem Strukturen, nicht Inhalte aufeinander bezogen werden – «Glasperlen» eben, eine Metapher für den reinen Intellekt, der in seinen unterschiedlichsten Variationen und Ausprägungen ins Spiel kommt, mit Musik als einem Ausgangsmedium, das in seinen Strukturen – Töne, Melodisches, Motivisches – die reinste aller Künste repräsentiert. Immer wieder ist in diesem Roman, dessen Handlung in einer männlichen, mönchischen Klausurwelt angesiedelt ist, von Geisteszucht und Askese die Rede. Tatsächlich stellt die von Hesse entworfene Geistesaristokratie eine Gegenwelt dar, die mit einer Haltung der Weltabkehr verbunden ist. Sie macht den Orden und die ihm angehörenden Spieler weltuntüchtig. Sie leben eine rein geistige Existenz, deren Voraussetzung die Askese bildet. Hesses wohl bekanntestes Gedicht mit dem Titel «Stufen» findet sich im Nachlass des Josef Knecht – ein programmatisches Gedicht der Einkehr und des Einverständnisses: «Wohlan denn, Herz, nimm Abschied und gesunde!» lautet seine letzte Zeile. Das «Glasperlenspiel» ist eine Utopie, aufgeboten gegen die konkrete Wirklichkeit des 20. Jahrhunderts. Der Tod des Magisters Josef Knecht tritt zu jenem Zeitpunkt ein, als er sich, «hungrig nach Wirklichkeit», der Welt wieder zuwenden will. Der Reiz, der in der rein intellektuellen, perfekt organisierten Spielwirklichkeit liegt, hat seinen tödlichen Preis.

13 Literatur im geteilten Deutschland (1945–1989)

Die Anfänge der Nachkriegsliteratur (1945–1949)

Mit dem Ende der zwölfjährigen NS-Herrschaft am 8. Mai 1945 brach ein riesiger, vielfältig in sich verschlungener Staats- und Parteiapparat in sich zusammen, eine gigantische Industrie- und Kriegsmaschinerie, der Traum von einem Dritten Reich und die Ideologie einer germanisch-deutschen Überlegenheit über andere Völker und Rassen. Die bedingungslose Kapitulation schien ganz Deutschland in ein politisch-kulturelles Vakuum zu führen. Nicht weniger als acht Millionen Kriegstote waren allein in Deutschland zu beklagen, 60 Millionen als Folge des Krieges in ganz Europa und in Übersee. Fabriken und Industrieanlagen waren vernichtet, Familien zerstört – und die meisten Deutschen, aktiv oder passiv, mitverantwortlich für die mörderischen Wirkungen des Nationalsozialismus.

Diese Einsicht hatte erhebliche Folgen für die öffentlich geführten Debatten. Doch nicht nur nach Schuld und Verantwortung, sondern auch nach oppositionellen Kräften, nach Widerstand innerhalb wie außerhalb Deutschlands wurde gefragt, nicht zuletzt nach dem Beitrag der Literatur gegen den Faschismus. Erinnerungen, Tagebücher, poetische Zeugnisse der Existenz im Dritten Reich wurden nach dem befreienden Zusammenbruch in rascher Folge veröffentlicht – Dokumente der Auseinandersetzung mit dem Nationalsozialismus, des Leidensausdrucks, der Bedrängung in Todesnot, die nicht einfach dem Vergessen anheimfallen sollten. Daneben bestand die Bereitschaft zu einem Neubeginn insbesondere im Kreis jener jungen Schriftsteller und Publizisten, die in amerikanischen Kriegsgefangenenlagern in Berührung mit westlichen Demokratievorstellungen gekommen waren, darunter Walter Kolbenhoff, Alfred Andersch und Hans Werner Richter. Es waren Autoren, die im Umkreis der Zeitschrift *Der Ruf* eine neue Identität zu finden suchten, um ihrer Vorstellung von einem Sozialismus des ‹Dritten Wegs› Ausdruck zu geben.

Die Besatzungsbehörden im Westen Deutschlands begriffen freilich rasch, dass ihre Zielsetzungen mit den Vorstellungen der Intellektuellen und Publizisten dieser «jungen Generation» keineswegs durchzusetzen waren, sondern allenfalls mit einer Politik, die sich die Zustimmung der unternehmerfreundlichen, konservativen Teile des deutschen Bürgertums sicherte. Es bedurfte nur noch der Währungsreform von 1948 und schließlich der formellen Staatsgründung der Bundesrepublik Deutschland 1949, um die Wiederherstellung eines kapitalistischen Wirtschaftssystems und eines bürgerlich-parlamentarischen Staates zu gewährleisten.

Eine Konsequenz dieser Entscheidung bildete die unterschiedliche Aufnahme der Exilliteratur: Sie blieb im Westen Deutschlands nahezu ausgegrenzt. Von einer Repatriierung der Exilliteratur kann deshalb allenfalls im Blick auf die damalige Sowjetische Besatzungszone, die spätere DDR, die Rede sein. Nur hier konnten die Exilautoren an politische und literarische Traditionen anknüpfen, die bis zu den politischen Kämpfen der Weimarer Zeit zurückreichten, zur Mitgliedschaft in der KPD und im Bund proletarisch-revolutionärer Schriftsteller (BPRS). Bertolt Brecht, Johannes R. Becher, Friedrich Wolf, Rudolf Leonhard, Theodor Plievier, Stephan Hermlin, Erich Arendt, Wieland Herzfelde, Louis Fürnberg, Stefan Heym, Eduard Claudius, Hans Marchwitza, Otto Gotsche, Karl Grünberg, Hans Lorbeer, Erich Weinert, Bodo Uhse, Ludwig Renn, Franz Carl Weiskopf, Jan Petersen, Adam Scharrer, Willi Bredel, Bruno Apitz, dazu der Philosoph Ernst Bloch, der Literaturwissenschaftler Hans Mayer – die Liste der Namen ist ebenso eindrucksvoll wie die Vielfalt der Länder, aus denen diese Autoren zurückkehrten: Sowjetunion, USA und Mexiko, ferner Kolumbien und Palästina, Frankreich, England und die Schweiz, abgesehen von Zwischenstationen wie Spanien (zur Zeit des Bürgerkriegs 1936), Skandinavien, Tschechoslowakei oder (unmittelbar nach 1945) die Westzonen Deutschlands. Auch Arnold Zweig setzte sein Lebenswerk fort, so mit seinem monumentalen Prosazyklus *Der große Krieg der weißen Männer* über die Zeit des Ersten Weltkriegs mit den Romanen *Die Feuerpause* (1954; neue Fassung von *Erziehung vor Verdun*, 1934) und *Die Zeit ist reif* (1957). Zu nennen ist auch Anna Seghers, die nach ihren Exilwerken *Das siebte Kreuz* (1942) und

Transit (1944) den 1943 noch im mexikanischen Exil begonnenen Roman *Die Toten bleiben jung* 1947 in Deutschland beendete.

Die Rückkehr dieser Autoren nach Deutschland lässt die Debatte über einen möglichen «Nullpunkt» im Jahr 1945 ebenso abstrakt und künstlich erscheinen wie die Tatsache, dass im Westen Deutschlands die Autoren der literarischen Inneren Emigration das Erscheinungsbild der Dichtung prägten. Die Anfänge der deutschen Nachkriegsprosa lagen weniger bei der «jungen Generation» dieser Jahre als bei den im vorangegangenen Krieg bereits bekannten Autoren. In ihrem Zeichen standen die ersten Prosaarbeiten, die nach 1945 erschienen, von Autoren wie Werner Bergengruen und Reinhold Schneider, Gertrud von Le Fort, Erhart Kästner und Frank Thiess. Weltflucht, gepaart mit dem Versuch einer metaphysisch bestimmten Überhöhung, ja Aufhebung erfahrenen Leides – unter diesem Aspekt begegneten sie den Autoren der vier wohl wichtigsten Romane einer späten Emigration nach innen: Elisabeth Langgässer (*Das unauslöschliche Siegel*, 1946), Ernst Kreuder (*Die Gesellschaft vom Dachboden*, 1946), Hermann Kasack (*Die Stadt hinter dem Strom*, 1947) und Wolf von Niebelschütz (*Der blaue Kammerherr*, 1949). Zu nennen ist in diesem Zusammenhang auch Hans Falladas Roman *Jeder stirbt für sich allein* (1947), das Werk eines bereits in den 30er Jahren sehr bekannten Autors (*Bauern, Bonzen und Bomben*, 1931; *Kleiner Mann – was nun?*, 1932; *Wer einmal aus dem Blechnapf frißt*, 1934), das zunächst in einer redigierten, erst 2011 in einer vollständigen Fassung veröffentlicht worden ist.

Die Jahre 1933 und 1945 bilden für die Geschichte der deutschsprachigen Literatur daher allenfalls eine Zäsur, an deren Ende kein neuer Anfang stand. «Trümmerliteratur» und «Poesie des Kahlschlags» lauten gleichwohl die Schlagworte, unter denen die neu entstehende Literatur der frühen Nachkriegszeit über lange Jahre hinweg begriffen worden ist: Trümmerliteratur zur Bezeichnung der Realität des Schutts und der Ruinen, aus der diese Literatur hervorgegangen ist, Kahlschlag zur Bezeichnung der Abkehr von den Traditionsbildungen im Umkreis der Inneren Emigration und des poetischen Konservatismus. Dergleichen aber war leichter zu fordern als einzulösen. Denn die traumatischen Erfahrungen der jüngsten Vergangenheit ließen sich nicht einfach abstreifen. Überlieferte poetische Traditionen wirkten fort, die Neigung zur Verdrängung der Trümmerwirklichkeit überwog bei manchen Autoren die Bereitschaft zur Auseinandersetzung mit der Gegenwart, und die Sprache war durch nationalsozialistisches Pathos und propagandistischen Bombast verbraucht, also unglaubwürdig geworden.

Nicht ohne Grund wurde die Lyrik die herausragende literarische Repräsentationsform von Stimmungen der frühen Nachkriegsjahre: In ihr erblickten viele Autoren eine unmittelbar zugängliche Möglichkeit, ihren Erlebnissen und Erfahrungen, Eindrücken und Empfindungen Ausdruck zu verleihen. Die Absicht der jüngeren Autoren, ganz von neuem zu beginnen, schien sich am ehesten in einer lyrischen Subjektivierung ausdrücken zu lassen. Doch der Formentraditionalismus, dessen sie sich häufig befleißigten, verrät die Befangenheit, die jedem Neubeginn entgegenstand. Unterschiedslos wurde beispielsweise das Sonett für Liebes- und Naturpoesie, für die Deutschland-Lyrik oder für grelle Antikriegsgedichte verwendet, in einem Ausmaß, das Zeitgenossen von einer «Sonettenraserei» sprechen ließ. Nur wenigen Autoren gelang es in einigen wenigen Gedichten, den selbst gesetzten Anspruch auf einen poetischen Neubeginn einzulösen. Denn dieser Anspruch erforderte zugleich einen Verzicht auf Bilderreichtum, Metaphernfülle und lyrische Schönheit.

Den vielleicht konsequentesten Ausdruck für diese zugleich illusions- und schmucklose Haltung hat Günter Eich in seinem Gedicht «Inventur» gefunden, das vermutlich bereits im April/Mai 1945 in einem Kriegsgefangenenlager entstanden und zuerst in der von Hans Werner Richter herausgegebenen Anthologie *Deine Söhne Europa* erschienen ist. Gerade dieses häufig zitierte Gedicht aber sollte nicht darüber hinwegtäuschen, dass es eine Ausnahme geblieben ist, auch im Werk des Dichters selbst, welche die Regel einer fortbestehenden Lyriktradition bestätigt. Wie Günter Eich gehörte auch Peter Huchel zur Gruppe junger Lyriker um die Dresdner Literaturzeitschrift *Kolonne*, zu deren Erfahrungsbereichen Landschaft und Natur, zu deren poetischen Visionen mythisch-antike wie naturhafte Gegenwelten zählen. Wie Eich nimmt auch Huchel Natur als eine poetische Konstante in sein Werk hinein, als ein nach 1945 freilich irritierendes Element, in das Schrecken, Grauen, Vergänglichkeit und Todeserfahrung verstörend hineinspielen.

Dies gilt in vergleichbarer Weise auch für die Prosa der Nachkriegszeit. Heinrich Bölls freimütiges Bekenntnis «Es war so unglaublich schwer, kurz nach 1945 auch nur eine halbe Seite Prosa zu schreiben» war mehr als nur ein kokettes Spiel mit den eigenen Schreibanfängen. In diesem Eingeständnis teilte sich die Einsicht mit, dass die konkreten Zeitumstände – Drittes Reich, Kriegserlebnis, Nachkriegswirren – einer erzählerischen Vergegenwärtigung noch nicht zugänglich waren, welche auf die Mitteilung von Erfahrungen hätte setzen wollen. Die frühen Erzählungen Heinrich Bölls sprechen von diesem Problem fortwährend, auch wenn sie es nicht zu ihrem Gegenstand machen. Er hat ihm mit dem Mittel einer konsequenten Vereinfachung, ja Einfachheit in Sprache und Syntax Ausdruck gegeben. Der schmucklose paratatkische Bau der Sätze wie deren unprätentiöse Konstruktion, die präzisen Detailbeschreibungen, das Anakoluth, die lautsprachlichen Mittel sind Elemente einer «Trümmersprache», die in den Erzählungen Heinrich Bölls auf die unmittelbare Vergegenwärtigung eines Geschehens angelegt ist. Sieht man sich den Schluss der Erzählungen *Der Angriff* (1947), *Wiedersehen in der Allee* (1948) und *Der Zug war pünktlich* (1949) an, so erkennt man allerdings auch: Hier wird jeweils vom sinnlosen Tod im Krieg erzählt um den Preis, die Grenze zum Trivialen, zum Kitsch sogar deutlich zu überschreiten. Die Form der Kurzgeschichte entsprach der Darstellungsabsicht und dem Stilwillen der Nachkriegsautoren, der «Kurzatmigkeit der Epoche» (Böll), die keinen verbindlichen Erfahrungszusammenhang aufwies, sondern in schockhafte Einzelerlebnisse zerfiel, die der durchdringenden Reflexion unzugänglich geworden waren. In diesem Sinn hatte sich auch Wolfgang Borchert in seinem flammend-expressiven Text *Das ist unser Manifest* bereits 1947 geäußert. Orientiert vor allem an der Entwicklung der amerikanischen Short Story, wie sie mit dem Werk Ernest Hemingways und in einer Anthologie (*Amerikanische Erzähler*, 1946) beispielhaft vorlag, veröffentlichen fast alle namhaften Autoren der Nachkriegszeit Kurzgeschichten in Zeitschriften und Sammelbänden: Hans Erich Nossack, Geno Hartlaub, Luise Rinser, Wolfdietrich Schnurre, Marieluise Fleißer, Elisabeth Langgässer (*Der Torso*, 1948), Ernst Schnabel (*Sie sehen den Marmor nicht*, 1948), Gerd Gaiser. Ihre Erzählgegenstände fanden diese Autoren in ihrem unmittelbaren zeitgeschichtlichen Hintergrund: Krieg, Faschismus, Terror, Gefangenschaft, Heimkehr, Außenseitertum. Tatsächlich vermochte es aber nur ein einziger Erzähler der frühen Nachkriegszeit, den Schock des Kriegserlebnisses ästhetisch produktiv zu machen, mithin eine neue Form literarischer Wirklichkeitsverarbeitung zu begründen: Arno Schmidt, der 1949 mit seiner Erzählung *Leviathan oder Die beste der Welten* einen bislang ungehörten Ton im vielstimmigen Chor der «jungen Generation» anschlug, wie er auch in Schmidts folgenden Erzählungen bestimmend blieb: *Brand's Haide* (1951), *Schwarze Spiegel* (1951) und *Aus dem Leben eines Fauns* (1953).

Wie im Hinblick auf Lyrik und Prosa kann auch hinsichtlich des Dramas der frühen Nachkriegszeit von einer anspruchsvollen Dichtung noch keine Rede sein, auch wenn mit einer Reihe renommierter Theaterleute schon 1945 ein breiter Fundus an Erfahrungen und Regiebegabungen an den Theatern wieder vorhanden war. Sieht man sich die Stücke an, die unter Aufsicht der Alliierten gespielt werden durften, so kann man die Frage nach einem Neubeginn auch im Blick auf das Theater ausnahmsweise nur bejahen. Lediglich von drei deutschen Theaterstücken gingen in dieser Zeit Anregungen aus: Wolfgang Borcherts *Draußen vor der Tür*, Carl Zuckmayers *Des Teufels General* und Günther Weisenborns *Die Illegalen*. «Ein Stück, das kein Theater spielen und kein Publikum sehen will» – diesen pessimistischen Untertitel hat Wolfgang Borchert seinem einzigen Schauspiel mit auf den Weg gegeben. Tatsächlich war Borcherts Drama – zusammen mit Carl Zuckmayers *Des Teufels General* – das erfolgreichste Stück auf den Bühnen der Nachkriegszeit. Ende 1946 in nur wenigen Tagen, in atemlosem Schaffensdrang niedergeschrieben, im Februar 1947 als Hörspiel vom Nordwestdeutschen Rundfunk auf Anregung Ernst Schnabels gesendet, im November 1947 – einen Tag nach dem frühen Tod des Autors – in Hamburg uraufgeführt (Inszenierung Wolfgang Liebeneiner), 1948 schließlich verfilmt unter dem Titel *Liebe 47* (Regie Wolfgang Liebeneiner), erlebte es seither unzählige Inszenierungen und Aufführungen. *Draußen vor der Tür* galt als Generationenstück – in mehr als einer Hinsicht. In ihm sprach sich die Erfahrung des Krieges aus, die, vermittelt über die Erlebnisse des Anti-Helden und Protagonisten Beckmann, eine ganze Generation als Erfahrung eigenen

Leidens zu erkennen vermochte. Wie der Unteroffizier Beckmann – 25 Jahre alt wie sein Autor – war die Generation Wolfgang Borcherts als Opfer, betrogen und tief verstört, aus dem Grauen des Krieges heimgekehrt, müde und zerschlagen, ausgesetzt den Verdrängungsversuchen ihrer Mitmenschen, den bedrückenden Erinnerungen, den Einflüsterungen in Vergangenheit und Gegenwart.

Konstellationen der 50er Jahre (1950–1959)

Die politische Teilung Deutschlands wurde – noch vor der offiziellen politischen Staatsgründung – durch ein markantes ökonomisches Datum eingeleitet, nämlich durch die Währungsreform vom 20. Juni 1948 in den Westzonen, der nur drei Tage später eine Währungsreform in der Sowjetischen Besatzungszone folgte. Sie führte zum Ende des Tauschhandels, vor allem der sogenannten Zigarettenwährung, und der Bevorratung von Lebensmitteln. Von den Staatsgründungen der Bundesrepublik Deutschland (BRD) und der Deutschen Demokratischen Republik (DDR), die der Währungsreform ein knappes Jahr später folgten, blieben die Schriftsteller in Ost und West selbstverständlich nicht unberührt. Denn nach der Konstituierungsphase der Bundesrepublik Deutschland und der DDR, nach der Desillusionierung aller Hoffnungen, die in der Nachkriegszeit auf einen gemeinsamen Neuanfang gesetzt worden waren, geriet die DDR-Literatur in zunehmende Abhängigkeit von der staats- und parteioffiziellen Kulturpolitik, die sich vorbehaltlos an den Vorgaben der Sowjetunion orientierte, während die westdeutsche Literatur in eine prekäre Spannung zur offiziellen politischen Sphäre der Adenauer-Zeit trat.

Die kulturpolitischen Maßnahmen in der frühen DDR – und im Grunde während der SED-Herrschaft insgesamt – standen im Zeichen des «Antifaschismus», einer universellen Formel zu einer Bündnispolitik in der Tradition der Volksfront. Diese Formel hatte, da sie sich gegen den Nationalsozialismus richtete, zur Zeit des Dritten Reichs einen konkreten politischen Inhalt: Kampf aller politischen Kräfte – von den Konservativen bis zu den Kommunisten, von den Kirchen bis zu den Gewerkschaften – gegen den Faschismus. Paradoxerweise aber konnte diese Idee erst nach dem Zusammenbruch des Faschismus ihre politische Wirkung voll entfalten, nun freilich unter sich wandelnden Bedingungen und auch in einem veränderten Sinn. Denn nach 1945 diente der Begriff «Antifaschismus», gepaart mit dem Anspruch auf «Demokratisierung», vor allem dazu, den Führungsanspruch der Kommunisten zu legitimieren und eine einheitliche, von oppositionellen Kräften gereinigte Politik durchzusetzen. Diesem Ziel dienten auch die kulturpolitischen Diskussionen der 50er Jahre, die im Zeichen des «Antifaschismus» geführt wurden. Sie sollten sich einerseits gegen künstlerische und literarische Entwicklungen in den westlichen Ländern richten. Sie hatten andererseits zur Entwicklung einer Kunst beizutragen, die, wie es der 3. Parteitag der SED vom Juli 1950 in einer Entschließung bereits gefordert hatte, die politischen und gesellschaftlichen Verhältnisse in der DDR zum Ausdruck bringen sollte.

Formalismus, Realismus, Kulturerbe lautete die Begriffstrias, mit deren Hilfe dieser Anspruch umgesetzt werden sollte: Formalismus als ein generelles Verdikt über alle Kunst und Literatur, die man des «Modernismus» verdächtigte; Realismus als die erwünschte Spielart des «Sozialistischen Realismus», deren verpflichtenden Charakter der sowjetische Ideologe Andrei Schdanow bereits 1934 formuliert hatte; Kulturerbe als eine Maxime, die, der Phase der antifaschistisch-demokratischen Erneuerung entstammend, darauf zielte, an das «Erbe» der Klassik unter dem Aspekt des sozialistischen Aufbaus in der DDR anzuknüpfen. Diese drei Begriffe bestimmten über nahezu vier Jahrzehnte hinweg die Kultur- und Literaturpolitik der DDR. Fördern jedoch – dies erkannten auch die Kulturpolitiker der DDR – konnte man auf Dauer nur, wenn man der künstlerischen Entwicklung auch Freiräume bot. Nach Stalins Tod im März 1953 und dem Arbeiteraufstand vom 17. Juni 1953 in Ostberlin hatte sich deshalb unter maßgeblicher Beteiligung des 1954 zum Kulturminister ernannten Johannes R. Becher zunächst eine relativ liberale kulturpolitische Praxis in der DDR herausgebildet, die auf dem 4. Schriftstellerkongress Anfang 1956 in Berlin in eine vergleichsweise offene und kritische Diskussion mündete, an der sich auch Bertolt Brecht, Georg Lukács, Ernst Bloch und Stefan Heym beteiligten. Die

Schwierigkeiten aber beim Aufbau des Sozialismus, das existenzgefährdende Konkurrenzverhältnis zu den kapitalistischen Ländern und vollends die krisenhaften Erschütterungen des Ostblocks durch die Volksaufstände von 1956 in Polen und Ungarn legten den DDR-Kulturpolitikern eine abermalige Rückbindung der Literatur an die Erfordernisse der Parteiideologie nahe. Gegen Ende des Jahres 1956, im Zeichen des Kalten Kriegs und einer allenthalben vermuteten «Konterrevolution», entstand in der DDR ein Klima verschärfter Überwachung, Zensur und Verfolgung.

Einen Schritt weiter ging der 5. Parteitag der SED im Juli 1958. Programmatisch stellte man die kulturrevolutionär anmutende Forderung auf, «die Trennung zwischen Kunst und Leben, die Entfremdung zwischen Künstler und Volk zu überwinden». Zur Durchsetzung dieses Postulats wurde 1959 durch den Mitteldeutschen Verlag eine Autorenkonferenz im Industriezentrum Bitterfeld einberufen, an der rund 150 professionelle Schriftsteller und etwa 300 Arbeiterkorrespondenten und schreibende Arbeiter teilnahmen. Gedacht war mit dem Postulat des «Bitterfelder Wegs» an eine kulturrevolutionäre Praxis, die auf eine Aufhebung der Trennung von Kopfarbeit und Handarbeit, Kunst und Leben, Autor und Arbeiter, Belletristik und Betrieb hinauslief. Die «Bewegung schreibender Arbeiter» wurde ins Leben gerufen – im Grunde die Einlösung einer alten Forderung der marxistischen Theorie wie der sozialistischen Arbeiterbewegung. Die Schriftsteller sollten in die Betriebe gehen, um neue Erfahrungen «vor Ort» zu machen, während die Arbeiter zu lernen hatten, auf produktive Weise aus ihrem Lebens- und Arbeitsbereich zu berichten. Doch zeigte sich bald, dass die Frage nach der ästhetischen Qualität solcher Texte mit dem Hinweis auf Authentizität und Klassenbewusstsein auf Dauer nicht abzuweisen war. Spätestens mit dem Bau der Mauer 1961 und der Einführung des «Neuen ökonomischen Systems der Planung und Leitung» war die kulturrevolutionäre Praxis des Bitterfelder Wegs nicht mehr gefragt. Jetzt benötigte man funktionstüchtige Menschen und produktionsrelevante Werke, die der DDR helfen sollten, im Kampf der politischen Systeme um die technologische und kybernetische Zukunft zu bestehen. Die offiziell geforderte Botschaft lieferte Christa Wolf zu Beginn der 60er Jahre mit ihrem Roman *Der geteilte Himmel* (1963): Ihre Heldin Rita geht nach der Trennung vom Geliebten in die DDR zurück.

Das politische Engagement der Schriftsteller im Westen Deutschlands traf in den 50er Jahren auf eine Entwicklung, die den Intellektuellen und ihren Bemühungen, zu einer Beendigung des Kalten Kriegs beizutragen, so wenig günstig schien wie ihrem Insistieren auf einem grundlegenden sozialen Wandel. Denn was sich schon in den ersten Nachkriegsjahren angedeutet hatte, setzte sich jetzt ungebrochen fort: Verdrängung der Kriegs- und Faschismusproblematik, Rekonstruktion der tradierten Besitzverhältnisse, Abgrenzung gegenüber den Ostblockstaaten einschließlich der DDR, zunehmende Westintegration und Militarisierung. Der Antikommunismus bildete die offiziöse Ideologie der Ära Adenauer, und die linken Intellektuellen und Schriftsteller boten eines seiner bevorzugten Angriffsziele. Hinzu kam, dass sich die Bevölkerung im Zeichen des «Wirtschaftswunders» mit der zunehmenden Abgrenzung vom Osten und der Amerikanisierung der Wirtschafts- und Lebensverhältnisse rasch arrangierte. Immerhin konnten sich unter der Sonne ökonomischer Freiheit eine Prosperität, eine Konsumlust, eine Art Wohlhabenheit entfalten, an die noch wenige Jahre zuvor kaum jemand zu denken gewagt hätte. Und so nahm man in Kauf – wenn man es nicht sogar begrüßte –, dass die alten Nazis wieder in Amt und Würden kamen. Die Mehrheit der westdeutschen Bevölkerung machte ihren Frieden mit der neuen politisch-sozialen Lebensform, ließ sich einstimmen in wachsende Prosperität, teilte die Ideologie des Antikommunismus. Die Schriftsteller und Intellektuellen in der jungen Bundesrepublik hingegen sorgten sich um Restauration und Aufrüstung, unter ihnen so unterschiedliche Autoren wie Reinhold Schneider und Hans Henny Jahnn, die sich für den Frieden engagierten und gegen Rüstung und Atombombe schrieben.

Doch die Schriftsteller und Intellektuellen blieben, soweit sie eine oppositionelle Haltung einnahmen, im politisch-gesellschaftlichen Abseits. Man kann deshalb die wachsende Bedeutung, die der 1947 gegründeten Gruppe 47 im kulturellen Leben der Bundesrepublik zukam, auch als eine Art Gegen-Identitätsbildung verstehen. Tatsächlich hat keine Institution des literarischen Lebens in der Bundesrepublik die Entwicklung der deutschen Literatur nach außen so einflussreich und öffentlichkeitswirksam repräsentiert wie die Gruppe 47. Nicht nur die Abkehr von konservativen Konzepten, sondern auch die desillusionierende Einsicht in das Scheitern ihrer Hoffnung, grundlegende politisch-soziale Veränderungen herbeiführen zu können, gab den Schriftstellern aus dem Umkreis der Zeitschrift *Der Ruf*, gab insbesondere dem Initiator Hans Werner Richter den Impuls zur Gruppengründung. Zugleich zeitigte dieser Rückzug einen Gewinn: Er ging einher mit einer Konzentration auf die eigenständige ästhetische Kraft der Poesie, die von nun an zum steten Ärgernis im Spannungsfeld von Geist und Macht, Kunst und Politik werden sollte.

Aus dem Einfluss Richters erwuchs die gegenauratische Atmosphäre der Gruppentreffen. Aus seinem Renommee wie seiner Betriebsamkeit entstand das zunehmende öffentliche Interesse an den Aktivitäten der Gruppe 47, das schließlich nicht nur zur Teilnahme von Verlegern, Kritikern und Journalisten führte, sondern auch zur Finanzierung von Gruppentreffen im Ausland. Auftritte bekannter Dichter (Paul Celan, Johannes Bobrowski) wie die alljährlich verliehenen Preise (so an Günter Eich, Heinrich Böll, Ilse Aichinger, Ingeborg Bachmann, Martin Walser und Günter Grass) lenkten die Aufmerksamkeit der literarischen Öffentlichkeit auf die Gruppe 47. Allerdings blieben einige der Gruppenmitglieder den Tagungen schließlich fern, weil sie Fragen der Dritten Welt (Hans Magnus Enzensberger) oder des Vietnamkonflikts (Peter Weiss) für relevanter hielten als Literaturdiskussionen in einem geladenen Zirkel. Eben deshalb verlor die Gruppe 47 ihre Relevanz und schließlich ihre Existenz, als Ende der 60er Jahre mit der Frage nach der politischen Verantwortung des Schriftstellers zugleich die nach der Bedeutung von Kunst und Literatur überhaupt gestellt wurde.

Lyrik: zwischen Tradition und Innovation

Der namhafteste Lyriker der 50er Jahre war Gottfried Benn. Aufsehen erregte er vor allem mit seiner Poetik einer «reinen» Lyrik, die sich einer programmatischen Trennung von Kunst und Leben verdankte. Benn, bereits vor 1933 als expressionistischer Autor gerühmt und berühmt, hatte sich nach anfänglichem Eintreten für den Nationalsozialismus als Stabsarzt in die Wehrmacht zurückgezogen, diesen Schritt selbst als eine «aristokratische Form der Emigration» gedeutet und im Dritten Reich nach 1936 nichts mehr publiziert. Nach mehr als zwölf Jahren erschienen 1948 die Werke des einst hoch angesehenen, wenngleich umstrittenen Autors erstmals wieder, und zwar in rascher Folge (*Statische Gedichte*, 1948; *Trunkene Flut*, 1949; *Fragmente*, 1951; *Destillationen*, 1953). Es waren zum Teil unveröffentlichte Gedichte, die unter dem Faschismus und kurz nach Kriegsende entstanden. Nach dem Erscheinen seiner Gedichtbände wird Benn jetzt als der wortmächtige, stilsichere, formkräftige Dichter gerühmt, dem es gelingt, den Zeitgeist poetisch auszuschreiben, bildkräftig zu pointieren und sprachlich-artistisch zu transzendieren. Dieses Programm hat Benn theoretisch in seinem Vortrag *Probleme der Lyrik* (1951) ausführlich entwickelt und begründet.

Benns Poetik unterscheidet sich deutlich von der seines Antipoden in der DDR: Bertolt Brecht. In der wichtigsten Gedichtsammlung, die in den 50er Jahren in der DDR entstanden ist, den *Buckower Elegien*, einem Zyklus von 24 kleinen Poemen, hat Brecht seiner Poetik Ausdruck verliehen. Diese Gedichte, entstanden nach der Volkserhebung vom 17. Juni 1953, bilden den Höhepunkt seiner letzten Phase lyrischer Produktivität. Mit den *Buckower Elegien* gelang Brecht auf kunstvolle Weise eine Art lyrischer Diskurs über seinen Lebensalltag. Sein Beispiel zeigt: Auch die DDR-Lyrik dieser Jahre ist vor allem Fortsetzung, nicht Neubeginn. Bekannte Autoren dominieren die literarische Szenerie, vertraute Themen bestimmen die Inhalte – was kaum verwundern kann, weil die Traditionslinien auch der DDR-Literatur weit über das Jahr 1933 zurückreichen. Johannes R. Bechers Nachkriegs-Lyrikbände (*Heimkehr*, 1946; *Volk, im Dunkeln wandelnd*, 1948) und seine *Deutschen Sonette* (1952) ebenso wie Erich Arendts Spanien-Dichtung (*Bergwindballade*, 1952) knüpfen – sieht man von thematisch-stofflichen Unterschieden ab – ebenso an bewährte Formtraditionen (Sonett, Ode, Ballade, Elegie) an wie Stephan Hermlins hochgestimmte Stalin-Poesie (*Der Flug der Taube*, 1952). Dort aber, wo der Blick offen bleibt für Tiefenschichten von Geschichte und Gesellschaft wie für Einzelheiten von Arbeit und Alltag, wo Unscheinbares neben Mythischem stehen kann, Trauer sich mit Heiterkeit paart, Banales und Tiefsinn sich vertragen, da entsteht eine neue, wegweisende Formensprache. In Peter Huchels Versuchen einer erneuerten Naturlyrik (*Chausseen Chausseen*, 1965; *Die Sternenreuse*, 1967; *Gezählte Tage*, 1972), auch in Johannes Bobrowskis Sarmatien-Entwürfen: *Sarmatische Zeit* (1960) und *Schattenland Ströme* (1962) sind Natur und Geschichte derart aufeinander verwiesen, dass sie füreinander Spiegelbild und Gegenbild zugleich sein können. Neben Bobrowski sind zwei Lyriker der jüngeren Generation in der DDR zu nennen, die in den 50er Jahren bereits mit einem eigenständigen Ton hervortreten: Günter Kunert (*Wegschilder und Mauerinschriften*, 1950; *Unter diesem Himmel*, 1955; *Das kreuzbrave Liederbuch*, 1961; *Tagewerke*, 1961) und Reiner Kunze (*Vögel über dem Tau*, 1959; *Aber die Nachtigall jubelt*, 1962; *Widmungen*, 1963). Wie die Poesie Günter Kunerts, den Brecht schon 1952 als «einen der begabtesten unserer jungen Lyriker» bezeichnet hatte, zeigt auch die Lyrik Reiner Kunzes frühzeitig einen an Brecht geschulten, doch unverwechselbar ausgeprägten Ton einer dialektischen Gedankenlyrik.

Wie in der Lyrik der DDR wird auch in der Bundesrepublik Deutschland die Entwicklung der Lyrik von einer Reihe von Dichtern geprägt, die als «Klassische Moderne» zu bezeichnen man sich gewöhnt hat: von Autoren wie Günter Eich und Elisabeth Langgässer, Nelly Sachs und Karl Krolow, die zum Teil bereits um 1930 zum Umkreis der Dresdner Zeitschrift *Kolonne* gehörten und auch im Dritten Reich veröffentlicht hatten (vor allem in der Zeitschrift *Das Innere Reich*). Als Lyrikerin der «klassischen Moderne» kann etwa Marie Luise Kaschnitz gelten. «Modern» darin, ihre Formensprache in steter Auseinandersetzung mit ihrer gesellschaftlichen Wirklichkeit entwickelt zu haben, offen und konzentriert zugleich, ist sie «klassisch» geworden durch das Maß an Überzeitlichkeit, das sie ihrer Formensprache abzugewinnen suchte.

Auf seine Weise ist auch Paul Celan zu einem Klassiker geworden. Frühzeitig hat er mit seinem bekanntesten Gedicht «Die Todesfuge» (entstanden 1945) die Realität des Faschismus und der KZ-Vernichtungslager in all ihrer Grausamkeit, in ihrer Unerbittlichkeit und Todesgewalt als erinnerte Vergangenheit sprachlich vollkommen vergegenwärtigt. Seine spätere Lyrik tendiert hingegen zu einer vollkommenen Vergegenwärtigung immanenter sprachlicher Bezüge und Verweisungszusammenhänge. Poetologisch konsequent sind die Gedichte Celans darin, dass sie sich gegenüber allen Formen des Eindeutigen sperren. Die Erfahrung, dass ein Gedicht wie «Die Todesfuge» obligatorischer Gegenstand der Interpretationsrituale im Deutschunterricht werden und zudem zu einer Art Ware im deutsch-jüdischen Aussöhnungsgeschäft der 50er Jahre verkommen konnte, hatte Celan misstrauisch gemacht. Solcher Vereinnahmung sperrt sich die Lyrik der späteren Gedichtbände entschieden (nach *Mohn und Gedächtnis*, 1952, *Von Schwelle zu Schwelle*, 1955, und *Sprachgitter*, 1959, erschienen noch zu Lebzeiten Celans *Die Niemandsrose*, 1963, *Atemwende*, 1967, *Fadensonnen*, 1968, und *Lichtzwang*, 1970, posthum *Schneepart*, 1971). In ihrer sprachlichen Verknappung, in ihrer ausgrenzenden Bilderwelt, in ihrer jeder Festlegung sich verweigernden Metaphorik konstituieren diese Gedichte eine in sich geschlossene Sphäre der Mehrdeutigkeit.

Lassen sich Gottfried Benn und Paul Celan als die beiden herausragenden Repräsentanten der deutschen Poesie bestimmen, die das Erscheinungsbild der Lyrik in den 50er Jahren entscheidend geprägt haben, so darf doch nicht übersehen werden, dass sich neben diesen Autoren und zum Teil auch gegen sie eine Reihe jüngerer Lyriker entwickelt haben, die eine eigenständige lyrische Sprache erproben. Dies gilt beispielsweise für die surrealistischen Anfänge bei Ernst Meister (*Unterm Schafspelz*, 1953; *Dem Spiegelkabinett gegenüber*, 1959; *Der Südwind sagte zu mir*, 1955), ebenso für Christoph Meckel (*Tarnkappe*, 1956; *Hotel für Schlafwandler*, 1958; *Nebelhörner*, 1959) und Günter Grass (*Die Vorzüge der Windhühner*, 1956; *Gleisdreieck*, 1960) – sie erproben Ausdrucksformen einer neuen Besinnung auf eine eigenständige lyrische Sprache, die mit konventionellen Mustern zu brechen versucht, weil sie neue Erfahrungen mitzuteilen hat. Dies gilt in vergleichbarer Weise auch für Peter Rühmkorf (*Heiße Lyrik*, 1956, mit Werner Riegel; *Irdisches Vergnügen in g*, 1959) und Hans Magnus Enzensberger (*verteidigung der wölfe*, 1957; *landessprache*, 1960), die frühzeitig einen politischen, doch nicht unpoetischen Ton anschlagen: eine Dichtung, die angemessener Ausdruck der ihr zugrunde liegenden literarischen Theorie ist, wonach es eine politische Identität und Qualität auch des literarischen Kunstwerks gebe, die dessen poetischer Struktur und seiner Sprache, seinen Bildern immanent sei (*Poesie und Politik*, in: *Einzelheiten*, 1962). Ihre Themen findet diese Lyrik in der unbewältigten Vergangenheit nicht weniger als in den gesellschaftlichen Auseinandersetzungen ihrer Gegenwart. Sie präludiert mit diesem Programm jener politischen Lyrik, die in den 60er und 70er Jahren zunehmend in den Vordergrund tritt. Enzensberger konzentrierte sich nach seinem dritten Gedichtband (*blindenschrift*, 1964) jedoch stärker auf eine politische Publizistik (*Politik und Verbrechen*, 1964; *Deutschland, Deutschland unter anderem*, 1967) und auf seine Tätigkeit als Herausgeber, insbesondere der Zeitschrift *Kursbuch* (1965 ff.). Erst Anfang der 70er Jahre veröffentlichte er neuerlich – und seither kontinuierlich – Lyrik (*Gedichte 1955–1970*, 1971; *Die Furie des Verschwindens*, 1980; *Kiosk*, 1995; *Album*, 2010).

Als Gegenstimme von öffentlichem Gewicht, atmosphärisch wie poetisch, erklingt in den 50er Jahren auch die Lyrik Ingeborg Bachmanns (*Die gestundete Zeit*, 1953; *Anrufung des großen Bären*, 1956). Sie ist die wohl bedeutendste Vertreterin einer poetischen Moderne, die sich von allem Formzwang befreit hatte, ohne ihre Traditionsbezüge (Rainer Maria Rilke, Paul Celan, Günter Eich, Nelly Sachs) zu verleugnen, deren Bilder gebrochen wirkten, ohne deshalb auf sprachliche Schönheit verzichten zu müssen, deren Mittel Erneuerung leisten, ohne zu provozieren. Eine Eigentümlichkeit der Bildersprache Ingeborg Bachmanns besteht darin, fast unmerklich hinwegzugleiten und hinwegzutäuschen über die Abgründe, die sie in sich trägt. Es sind Gedichte, die von einer beschädigten Menschlichkeit, von verstörter Natur, von einem bedrängten Ich sprechen, die sich nicht beruhigen in der Schönheit ihrer Worte, sondern trotz des Glanzes, den sie ausstrahlen, von der Erfahrung des Verlusts und der Verlorenheit sprechen, die ihnen voraufgeht.

Theater der 50er Jahre

Für das Theater in Deutschland war Bertolt Brecht nach 1945 die prägende Figur in Ost und West, wenn auch aus unterschiedlichen Gründen und mit unterschiedlichen Folgen. Es gab in den 50er Jahren keine Dramentheorie, die über die seine hinausgewiesen hätte, es existierte kein

Werk, das nicht an seinem wäre gemessen worden, keine Bühne, die ihn nicht um die ihm in der DDR eingeräumten Möglichkeiten beneidet hätte. Denn Brecht besaß mit dem (Ost-)Berliner «Theater am Schiffbauerdamm» und dem von ihm begründeten Berliner Ensemble ein in der deutschen Theatergegenwart einzigartiges Instrument der Regiearbeit. Was neben Brecht in der DDR an dramatischen Werken entstand, war in erster Linie lehrhaftes Theater sozialistischen Zuschnitts, zwar geschult an Brecht, doch harmonisch gerundet, eine Legitimationsdramatik, wie sie die Mehrzahl der vorgelegten und aufgeführten Stücke kennzeichnet. Was Brecht hingegen bis zu seinem Tod im Jahr 1956 vorlegte, führte nicht nur ästhetisch über die gleichzeitigen Theaterprojekte deutlich hinaus, sondern überschritt auch die enggezogenen Margen der kulturpolitischen Lizenzgeber erheblich. Dazu zählte zunächst die eigene Theaterarbeit, das heißt: die Inszenierung eigener Werke im Berliner Ensemble, die den Autor verschiedentlich vor Probleme stellte. Sein *Turandot oder Der Kongreß der Weißwäscher* (1954), eine komplex konstruierte Kritik an den «Tuis», den Intellektuellen im kapitalistischen Westen mit ihren «weiß waschenden», herrschaftssichernden Argumenten, blieb ebenso wie *Die Tage der Commune* (1949) zu seinen Lebzeiten unaufgeführt. Angesichts solcher Schwierigkeiten konzentrierte sich Brecht auf die Bearbeitung älterer, zum Teil in den Klassikerrang erhobener Stücke, darunter Lenz' *Hofmeister* (1950), Shakespeares *Coriolan* (1951; zu dieser Arbeit schrieb Günter Grass 1966 sein Brecht-kritisches Stück *Die Plebejer proben den Aufstand*), Goethes *Urfaust* (1952), Anna Seghers' Hörspiel *Der Prozeß der Jeanne d'Arc zu Rouen 1431* (1952) und Molières *Don Juan* (1954). Brecht bot der nachfolgenden Autorengeneration in der DDR eine einzigartige Orientierungsmöglichkeit. Erwin Strittmatter (*Die neue Straße von Katzgraben. Szenen aus dem Bauernleben*, 1951), Peter Hacks (*Eröffnung des indischen Zeitalters*, 1954; *Columbus oder Die Weltidee zu Schiffe*, 1954; *Das Volksbuch vom Herzog Ernst*, 1955; *Die Schlacht bei Lobositz*, 1956; *Der Müller von Sanssouci*, 1958), Helmut Baierl (*Die Feststellung*, 1958; *Frau Flinz*, 1961; *Johanna von Döbeln*, 1965/69) und Heiner Müller (*Der Lohndrücker*, 1956; *Die Korrektur*, 1. Fassung 1957 in Zusammenarbeit mit Inge Müller; 2. Fassung 1958; *Die Umsiedlerin oder Das Leben auf dem Lande*, 1956–1961, nach der Erzählung *Die Umsiedle-*

rin von Anna Seghers; überarbeitete Fassung unter dem Titel *Die Bauern*, 1964) – die wichtigsten DDR-Dramatiker der 50er Jahre haben von ihm gelernt, sich mit ihm auseinandergesetzt und Elemente seiner Kunst aufgenommen oder fortentwickelt.

Das westdeutsche Nachkriegstheater wurde dagegen vor allem von ausländischen Autoren einer metaphysisch-religiösen Dramatik wie Jean Giraudoux und Jean Anouilh, Paul Claudel, T. S. Eliot und Christopher Fry geprägt. Nach dem Nationalsozialismus goutierte die westdeutsche Gesellschaft das Spiel mit Untergangsvisionen und Endzeitstimmungen, die, wie in Thornton Wilders *Wir sind noch einmal davongekommen* (deutschsprachige Erstaufführung Zürich 1944), im Überzeitlich-Unverbindlichen einer historisch indifferenten Menschheitsfabel verharrten. Daneben und danach bestimmten im Zusammenhang des Existenzialismus (Jean-Paul Sartre, Albert Camus) Stücke des absurden Theaters (Samuel Beckett, Eugène Ionesco), zum Teil in surrealistischer Tradition (Jean Cocteau) stehend, die Programme westdeutscher Bühnen. Ein Zeitzeuge ist Siegfried Lenz mit seiner Parabel *Zeit der Schuldlosen* (1961), entstanden aus seinem Hörspiel *Zeit der Schuldlosen – Zeit der Schuldigen* (1961). Sie ist symptomatisch deshalb, weil sie in Thematik wie Struktur Diskussionen und existenzphilosophisch geprägte Argumentationsfiguren aufnimmt und bündelt, die in den 50er Jahren vorherrschen. Auch das absurde Theater von Samuel Beckett und Eugène Ionesco, Arthur Adamov und Jean Tardieu ist für die Bundesrepublik nicht ohne Folgen geblieben. Doch haben dessen Nachfolger die Qualität ihrer Vorbilder nicht erreicht. Wolfgang Hildesheimer (*Pastorale oder Die Zeit für Kakao*, 1958; *Die Uhren, Landschaften mit Figuren, Der schiefe Turm von Pisa*, 1959; *Die Verspätung*, 1961; *Nachtstück*, 1963) und Günter Grass (*Hochwasser*, 1957; *Onkel, Onkel*, 1958; *Noch zehn Minuten bis Buffalo*, 1959; *Die bösen Köche*, 1961) haben in knappen szenischen Entwürfen bunte, bisweilen grelle Bilder eines absurden Daseins entworfen, die über ihre eigene Absurdität nicht hinausweisen konnten.

Von der «Aufbau»-Prosa zur «Weltkultur»

Bauplatz DDR lautete der programmatische Titel eines 1951 erschienenen Bandes mit Reportagen von Peter Nell. Unter dieser Prämisse erschienen Anfang der 50er Jahre zunächst eine Reihe von Reportagen, die sich mit Ereignissen und Entwicklungen aus der Arbeitswelt befassten. Hierzu zählen Willi Bredels *50 Tage* über den Aufbau des Dorfes Bruchstedt in Thüringen, Stephan Hermlins Reportage über die Kupfergewinnung in Mansfeld (*Es geht um Kupfer*, fortgeführt in *Mansfelder Oratorium*, ebf. 1950) und Eduard Claudius' reportagehafte Erzählung *Vom schweren Anfang*, deren Handlungskern, die Geschichte vom hervorragenden Aktivisten Hans Garbe, der Autor in seinem Roman *Menschen an unserer Seite* (1951) wieder aufgenommen hat. Es waren im Wesentlichen Industriereportagen mit einer Fülle von Informationen aus gleichsam literaturfremden Wirklichkeitsbereichen, mitgeteilt von Autoren der älteren Generation, die sich, dem Parteiauftrag getreu, in einer für sie neuen Arbeitswelt orientierten. Arbeiten jüngerer Autoren folgten, darunter Industrie- und Reisereportagen von Dieter Noll und Stephan Hermlin. Mit Eduard Claudius' *Menschen an unserer Seite* (1951) lag innerhalb der «Aufbau»-Literatur ein Werk vor, das von nun an als typusbildend für eine ganze Reihe von Romanen der Jahre 1952 bis 1956 galt.

Dies gilt in vergleichbarer Weise auch für die «antifaschistisch» sich verstehende Literatur dieser Zeit: Geradlinigkeit in der Handlungsführung, Entschiedenheit in der Konfliktentfaltung, Auktorialität in der Erzählperspektive sind die traditionsorientierten Garanten seiner literarischen Durchführung – von Ausnahmen abgesehen, zu denen Franz Fühmanns Novelle *Kameraden* (1955) zählt. Aus einem anderen Grund ist im Zusammenhang des «Antifaschismus» ein Buch hervorzuheben, das zu einem der größten internationalen Erfolge der DDR-Literatur wurde: Bruno Apitz' Roman *Nackt unter Wölfen*, der 1958, 13 Jahre nach Kriegsende, auf ebenso anschauliche wie eindringliche Weise das Leben im KZ Buchenwald beschrieb. Die zeitliche Distanz zum Geschehen dürfte zum Erfolg des unzeitgemäßen Werks erheblich beigetragen haben. Der Autor, als zwölftes Kind eines Druckers in Leipzig geboren, seit 1927 Mitglied der KPD, dann auch des BPRS, im Dritten Reich verschiedentlich wegen kommunistischer Widerstandstätigkeit verhaftet, verarbeitete in seinem Buch eigenes Erleben: Von 1937 bis 1945 war er selbst im KZ Buchenwald eingesperrt. Unzeitgemäß musste dieser KZ-Roman zum Zeitpunkt seines Erscheinens wirken, weil es in der DDR-Literatur Ende der 50er Jahre um «Aufbau»-Problematik und «Bitterfelder Weg» eher ging als um eine abermalige Diskussion des faschistischen Terrors. Dennoch erreichte das Werk allein in der DDR innerhalb von zwei Jahren eine Auflage von einer halben Million Exemplaren, Anfang der 70er Jahre war es bereits in 26 Sprachen übersetzt mit einer Gesamtauflage von nahezu zwei Millionen Exemplaren.

Im Westen Deutschlands bewegen sich Autoren wie Heinrich Böll und Wolfgang Koeppen, Martin Walser, Alfred Andersch und Max Frisch im Spannungsfeld von faschistischer Vergangenheit und kapitalistischer Gegenwart, Pessimismus und Aufbegehren, Identitätsverlust und radikaler Subjektivität. Diese Antagonismen schließen jene Spannung zwischen Traditionalismus und Modernität ein, innerhalb derer die jüngeren deutschen Schriftsteller den Versuch einer selbstbewussten literarischen Positionsbestimmung unternahmen. Die deutsche Prosa, insbesondere der deutsche Roman der 50er Jahre, repräsentiert in Themenwahl und Formensprache solches Selbstvertrauen ungebrochen. Zwar knüpft man an ausländische (Hemingway) und deutsche Vorbilder (Arnold Zweig, Lion Feuchtwanger) an, doch gehen in diese Anfänge die stofflichen Voraussetzungen – Kriegsthematik und Faschismusproblematik, die Konflikte der Nachkriegszeit und der unmittelbaren Gegenwart – stilbildend ein. Erzählte Zeitgeschichte, so ließe sich das Programm dieser Literatur benennen. Das Prinzip des «Einfachwerdens» (Heinrich Böll), das schon für die frühe Nachkriegsprosa Geltung besaß, bleibt auch in den 50er Jahren bestimmend. Die literarischen Ausnahmefälle dieser Zeit – Wolfgang Koeppens Romane *Tauben im Gras* 1951, *Das Treibhaus* 1953, *Der Tod in Rom* 1954) oder Max Frischs *Stiller* (1954) – bestätigen diese Regel, über die sie zugleich hinausweisen.

Im Vergleich zu Koeppens avantgardistisch inspirierten Werken findet sich in Heinrich Bölls Erzählungen und Romanen eine kunstvoll vereinfachte Darstellung der Alltäglichkeit in Krieg und Nachkrieg (*Der Engel schwieg*, 1949, erst 1992 vollständig veröffentlicht; *Kreuz ohne Liebe*,

2002 posthum erschienen; *Wanderer, kommst du nach Spa ...*, 1950; *Wo warst du, Adam?*, 1951; *Und sagte kein einziges Wort*, 1953; *Haus ohne Hüter*, 1954). Gleiches lässt sich von Manès Sperbers tausendseitiger Romantrilogie *Wie eine Träne im Ozean* sagen, die, in den 50er Jahren entstanden und in Teilen veröffentlicht, 1961 zum ersten Mal vollständig in deutscher Sprache vorliegt: eine «Saga der Komintern» (Arthur Koestler), in der die Geschichte revolutionärer Kommunisten im Konflikt mit der Moskauer Parteizentrale erzählt wird. Beiden an die Seite stellen lässt sich Hans Werner Richter, der in Romanen wie *Sie fielen aus Gottes Hand* (1959) und *Linus Fleck oder Der Verlust der Würde* (1959) typische Zeitschicksale im Zweiten Weltkrieg und in der Nachkriegszeit darstellt. Kennzeichen dieser Schreibweise ist eine deutlich satirische Einfärbung des Erzählten, die ihrerseits die Distanz des Erzählers gegenüber dem Erzählgegenstand signalisiert. Man hat Abstand gewonnen, vermittelt, wie in Martin Walsers erstem Roman (*Ehen in Philippsburg*, 1957), über eine Erzählperspektive, die eine kritisch-satirische Momentaufnahme der bundesrepublikanischen Gesellschaft ermöglicht. Die Grenzen des sozialkritischen Realismus zeigen sich freilich am klarsten dort, wo ihre Möglichkeiten wie in Alfred Anderschs autobiographischem «Bericht» *Die Kirschen der Freiheit* (1952) selbstreflexiv überschritten werden. Nicht das vordergründig autobiographische Element, sondern Daseinsdeutung und Wahrheitsfindung am Beispiel des eigenen Wegs weisen Anderschs Darstellung die Richtung. Die Desertion aus der Wehrmacht oder die Flucht aus dem Dritten Reich wie später in *Sansibar oder der letzte Grund* (1957) oder der Ausbruch aus privaten Zwängen in *Die Rote* (1960) sind individuell verantwortete, aus vollständiger Entscheidungsfreiheit vollzogene Akte der Entscheidung, ähnlich wie in Hans Erich Nossacks Roman *Spätestens im November* (1955). Ein Erzählkern, der sich mit der von Max Frisch im Roman *Stiller* (1954) entfalteten Problematik auf eine subtile Weise berührt. «Ich bin nicht Stiller», lautet hier der berühmt gewordene erste Satz. Er teilt das Grundproblem dieses Romans, das Problem der verlorenen und nicht aufzufindenden Identität, mit, ein Satz, der Leitmotiv und Selbstaussage, Stoff und Konflikt in einem repräsentiert und zugleich verdeutlicht, dass nicht die Sukzession des Handlungsverlaufs, sondern die Spannung des Roman-Ich zur Romanfigur Stiller die Struktur des Identitätsproblems bestimmt. Frisch, bis zum Erscheinen von *Stiller* bereits als Autor mehrerer Theaterstücke (*Nun singen sie wieder*, 1946; *Die chinesische Mauer*, 1947; *Santa Cruz*, 1947; *Als der Krieg zu Ende war*, 1949; *Graf Öderland*, 1951; *Don Juan oder die Liebe zur Geometrie*, 1953) bekannt und als Verfasser reflexionsreicher Tagebuchnotizen (*Tagebuch 1946–1949*, 1950) gerühmt, hatte mit dem Problem der Identität das Thema angeschlagen, welches sein Werk seither prägen sollte.

So wenig in den Jahren 1945 bis 1949 die Autoren der «jungen Generation» allein das literarische Leben bestimmt haben, so wenig in den 50er Jahren die «junge deutsche Literatur der Moderne» das Erscheinungsbild der Prosa. Auch in der erzählenden Literatur wirken Autoren fort, die schon vor 1945, zum Teil vor 1933 höchsten literarischen Rang besaßen. Hans Henny Jahnn ist hier zu nennen, dessen Romantrilogie *Fluß ohne Ufer* (1949/51, 1961) seinen avantgardistischen Expressionismus der 20er Jahre (*Perrudja*, 1929) fortsetzt. Sodann Thomas Mann, der nach seinem Roman *Der Erwählte* (1951) und seiner Erzählung *Die Betrogene* (1953) 1955 *Die Bekenntnisse des Hochstaplers Felix Krull* veröffentlicht, eine meisterhafte Parodie auf den deutschen Bildungsroman, die allerdings unvollendet blieb. Ferner Alfred Döblin, zu dem sich Günter Grass später als seinem Lehrmeister bekannt hat – von ihm wird 1956 in Ostberlin (nach vielen Verlagsabsagen) der Roman *Hamlet oder Die lange Nacht nimmt ein Ende* publiziert, ein wichtiges Spätwerk um psychologische Fragen im Kontext der Kriegsproblematik. Als der gewiss umstrittenste Autor ist in diesem Zusammenhang schließlich Ernst Jünger zu nennen. Vor 1933 bekannt geworden durch eine Reihe reaktionärer, militaristischer und nationalistischer Werke (darunter *Der Kampf als inneres Erlebnis*, 1922), im Dritten Reich eher abseits der politischen Entwicklung stehend und Autor eines der exemplarischen Werke der Inneren Emigration (*Auf den Marmor-Klippen*, 1939), war Jüngers Name nach 1945 wieder rasch in aller Munde durch seine Schrift *Der Friede* (1945), in der die Idee einer gemeinsamen Zukunft der europäischen Völker formuliert wird. Hinter solchen vordergründigen «Wandlungen» im Werk Ernst Jüngers bleibt ein Grundmuster erkennbar, das seine Anziehungskraft bei seinen Lesern über die Jahrzehnte hinweg und bis in unsere Gegenwart hinein erklärt. Zwar bestimmt Jünger in seinen späteren Schriften (vor allem *Atlantische Fahrt*, 1947; *Strahlungen*, 1949; *Der Gordische Knoten*, 1953; *Gläserne Bienen*, 1957) die «Freiheit» zum «Hauptfach des freien Menschen» (*Der Waldgang*, 1951). Doch bleiben – hierin ist Jünger vergleichbar mit Gerd Gaiser (*Die sterbende Jagd*, 1953; *Der Schlußball*, 1958) – Elitarismus und Heroismus, die Feier des Heldischen und des namenlosen Opfers die für Jünger entscheidenden Faktoren solcher «freien» Existenz. Die in *Der Weltstaat* (1960) entwickelte Vision einer «großen und wachsenden Gleichförmigkeit», die schließlich sogar «Kriegsheere» überflüssig machen könnte, ist um den Preis von Entbehrungen und Leiden erkauft, wie sie schon Jüngers Essay *Der Arbeiter* (1932) vorsah.

Wenn man für die Entwicklung der Prosa in den 50er Jahren und zumal für die des Romans einen qualitativen Maßstab angeben will, so deutet dieser auf die Tendenz zu einer wachsenden Komplexität der epischen Strukturen, wie sie in den Romanen Wolfgang Koeppens und auch in Max Frischs *Stiller* sich gezeigt hat. «Am Klassenziel der Weltkultur» (Enzensberger): In den Werken Heinrich Bölls (*Billard um halb zehn*) und Günter Grass' *Die Blechtrommel* – der erste Teil seiner Danziger Trilogie mit der Novelle *Katz und Maus* (1961) und dem Roman *Hundejahre* (1963) – sowie in Uwe Johnsons *Mutmassungen über Jakob* und ebenso in seinen nachfolgenden Werken (*Das dritte Buch über Achim*, 1961; *Karsch und andere Prosa*, 1964; *Zwei Ansichten*, 1965), die vom Thema der deutschen Spaltung handeln, kommen Wahrnehmungen von Wirklichkeit, von Vergangenheits- und Gegenwartsverschränkung zu einem literarischen Ausdruck, der auf ein Unterlaufen gängiger Orientierungsmuster, auf perspektivische Verzerrungen, auf Sprengung von Kontinuitäten, auf Deutungsvielfalt setzten. Darauf beruhen bei aller stofflichen und stilistischen Differenz ihre Gemeinsamkeit und ihre literarische Qualität. Nicht nur gesellschaftliche Außenseiter – wie Heinrich Bölls Hans Schnier in *Ansichten eines Clowns* (1963) oder Max Frischs Figur Gantenbein (*Mein Name sei Gantenbein*, 1964) –, sondern gerade auch körperlich Versehrte, die aufgrund ihrer Besonderheit als soziale Monstren wahrgenommen werden oder sich zu solchen entwickeln, bevölkern die Literatur. Bei Otto F. Walter (*Der Stumme*, 1959), bei Renate Rasp (*Ein ungeratener Sohn*, 1967), bei Gisela Elsner (*Der Nach-*

wuchs, 1970) finden sich Figuren, die man als Nachfolger des Blechtrommlers Oskar Matzerath bezeichnen kann. Aber im Unterschied zu Grass' Matzerath sind diese literarischen «Kinder» Opfer von Anpassungszwängen, denen sie ausgesetzt werden und auf die sie ihrerseits – wie Kuno in Renate Rasps Roman – als abscheuliche und bösartige Monstren reagieren.

Zwischen Mauerbau und 68er-Revolte (1960–1968)

Die deutsche Geschichte der 1960er Jahre wird in Ost und West durch zwei Daten markiert: 1961, das Jahr des Mauerbaus, und 1968, das Jahr der Studentenrevolte und der Niederschlagung des ‹Prager Frühlings›. Der Bau der Mauer am 13. August 1961 verfestigte für nahezu drei Jahrzehnte die Spaltung Deutschlands. Die Politiker der SED vermochten seitdem souverän jene Entscheidungen zu treffen, die sie im Interesse globaler politischer Erwägungen für angemessen hielten. Sie konnten, wie bislang auch, fördern und verbieten, zensieren und dirigieren, jetzt jedoch ohne Rücksicht auf direkte Einflüsse aus dem Westen. Zur Begründung zog man vor allem jene vorsichtigen Liberalisierungstendenzen heran, die sich während der 60er Jahre in den Staaten des Warschauer Pakts abzuzeichnen begannen. Sie erlebten ihren Höhepunkt 1968 im sogenannten Prager Frühling, dem Versuch, einen Sozialismus mit ‹menschlichem Antlitz› zu verwirklichen. Doch diese freiheitlichen Bestrebungen wurden blutig niedergeschlagen. Die militärische Intervention von Armeen der Warschauer-Pakt-Staaten unter Führung der Sowjetunion und unter Beteiligung der DDR beendete im August 1968 die kurze Phase eines liberalen Sozialismus.

Für den Westen bedeutete diese Intervention ebenso einen Schock wie zuvor der Bau der Mauer in Berlin, denn beide Ereignisse signalisierten dem Westen seine politische Ohnmacht. Es zeigte sich, dass sich die Spaltung Deutschlands auf eine prekäre Weise vertieft hatte. Entgegen allen offiziellen Verlautbarungen offenbarte der Mauerbau die unkalkulierten Risiken, mit denen die Einbindung in die westliche Allianz erkauft worden war. Dementsprechend folgten auf die Ära Adenauer mit

Wirtschaftsaufschwung, gesellschaftlichen Verkrustungen und Konformismus, mit einer Kulturszene, die sich ins soziale Abseits gedrängt oder auf prinzipielle Oppositionshaltungen festgelegt sah, seit Beginn der 60er Jahre in der Bundesrepublik Bewegungen eines politisch-kulturellen Selbstbewusstseins, das auf einen grundsätzlichen Wandel drängte. *Die Alternative oder Brauchen wir eine neue Regierung?* lautet der signifikante Titel eines 1961, kurz vor der Bundestagswahl, von Martin Walser herausgegebenen Bandes, in dem sich Carl Amery, Axel Eggebrecht, Peter Rühmkorf, Paul Schallück, Hans Magnus Enzensberger, Wolfdietrich Schnurre, Günter Grass, Heinz von Cramer, Hans Werner Richter, Martin Walser, Siegfried Lenz und Erich Kuby unmissverständlich gegen die CDU aussprachen und für eine SPD-Regierung plädierten. Und nur zwei Jahre später erschien, herausgegeben von Horst Krüger, ein Sammelband mit Antworten auf die Frage *Was ist heute noch links?*, ein Versuch der Selbstbestimmung oppositioneller linker Intellektueller. Beide Sammelbände gaben den Veränderungsbewegungen der 60er Jahre frühzeitig Ausdruck, auch wenn sie nicht die programmatische Schärfe der späteren außerparlamentarischen 68er-Bewegung erreichten. Diese bildete sich im Zusammenhang des Krieges der Vereinigten Staaten gegen Nordvietnam und der Politik der westlichen Industriestaaten gegenüber der Dritten Welt. Happenings, lustvolle Provokationen, kulturrevolutionäre Graffiti, der Bau von Barrikaden und die Straßenschlacht waren jene Kampfformen, in denen sich der Wille zum Umsturz manifestierte. Die Erweiterung des Kulturbegriffs, die sich in dieser Praxis äußerte, die Freisetzung von Phantasie in gesellschaftlichen Auseinandersetzungen, der politische Kampf als Aktionsfeld der Sinnlichkeit, die musikalischen Stimulanzen des politischen Liedes (Franz Josef Degenhardt, Hannes Wader, Dieter Süverkrüp, Hanns Dieter Hüsch, Walter Moßmann) und der Rock-Kultur (Jimi Hendrix, Rolling Stones, The Doors, Janis Joplin, Jimmy Cliff und der Reggae) – all diese Elemente der antiautoritären Revolte schienen die gesellschaftlichen Erstarrungen aufsprengen zu können, zumindest jenen historischen Augenblick lang, den das Jahr 1968 als Chiffre benennt.

Theater und Drama der 60er Jahre

Konnte – mit Ausnahme der Schweizer Friedrich Dürrenmatt und Max Frisch – von ernstzunehmenden Bemühungen um die Herausbildung eines neuen deutschsprachigen Theaters in den 50er Jahren die Rede kaum sein, so galt für die 60er Jahre das genaue Gegenteil. Es entstanden zahlreiche Bühnenstücke mit explizit politischer Thematik, unverkennbarem gesellschaftlichem Engagement und eigenständiger Formgebung. Das Theater zeigte eine zunehmende Tendenz, nicht nur allgemein zeitgeschichtliche Fragen aufzugreifen, sondern auch aktuelle Konflikte, Brennpunkte und Diskussionen zum Gegenstand von Bühnenstücken zu machen. Soweit es sich als politisches Theater verstand, setzte es gesellschaftliche Veränderungsstrategien ebenso in Szene wie Probleme der Arbeitswelt und soziale Revolten. Die aufklärerischen Traditionen des Theaters entfalteten sich mit seinen agitatorischen Potenzen. Die Autoren versuchten, sich mit ihren Mitteln – künstlerische, dramatische Verarbeitung von Wirklichkeit – ihrer Gegenwart und der jüngsten Vergangenheit zu stellen. Hierbei ging es ihnen nicht um eine bloße Abbildung von Realität, um deren bühnentechnisch wirksam aufbereitete Abschilderung, sondern um ihre künstlerische Veränderung. Das Wirklichkeitsverhältnis des Theaters, seine Situierung im Spannungsfeld der Pole «Kunst» und «Realität», seine Eignung als Medium der Reproduktion, der Veränderung und des Neuentwurfs sollten in den 60er Jahren zum Prüfstein seiner Bedeutung werden.

Zu nennen ist hier vor allem Friedrich Dürrenmatts groteske Komödie *Die Physiker* – ein glänzend pointiertes Spektakel. Der Schweizer Dramatiker (*Romulus der Große*, 1948; *Die Ehe des Herrn Mississippi*, 1950; *Ein Engel kommt nach Babylon*, 1953; *Der Besuch der alten Dame*, 1955; *Frank der Fünfte*, 1958, mit Paul Burkhard) gab in diesem Stück ein Modell der Ausweglosigkeit, in der sich die modernen Naturwissenschaften befinden, seit der Gang ihrer Entwicklung, die Verfügung über ihre Ergebnisse und insbesondere ihre militärische Ausbeutung offenkundig unkontrollierbar geworden sind. Eine Irrenanstalt, die sich in ein Gefängnis verwandelt – Modell einer aberwitzig gewordenen Welt, deren Fortschritte nicht zu größerer Freiheit, sondern zu tödlichen Abhängigkeiten geführt haben. «Die Dramatik kann den Zuschauer überlisten, sich der Wirklichkeit auszusetzen, aber nicht zwingen, ihr standzuhalten oder sie gar zu überwältigen», lautet eine der Thesen Dürrenmatts zu den *Physikern*. Um den Zuschauer überlisten zu können, bedarf es allerdings einer theatralischen Form wie der Komödie. Das Lachen, das sie hervorruft, wie das Entsetzen, das sie unter der Hand mitproduziert, nicht zuletzt die Distanz, in die sie die Zuschauer versetzt, sind ihre Mittel, den Zuschauer «listig» der Wirklichkeit auszusetzen. Über ihre Wirkungen ist damit freilich noch nichts gesagt.

Anders als der Schweizer Dürrenmatt knüpften die Autoren des Volks- und Zeitstücks und des dokumentarischen Theaters bewusst bei Brecht an, bei Bühnentraditionen, die schon in den 20er Jahren mit seinem Namen und dem des Theaterregisseurs Erwin Piscator verbunden waren, aber auch bei den Traditionen eines sozialkritisch-realistischen Volksstücks und eines revolutionären Agitprop-Theaters, beim Proletkult und beim Lehrstück. Parameter dieses Theaters ist die Realität, nicht die Kunst. Wie selbstverständlich nimmt es die Stilmittel des epischen Theaters in sich auf, seine Verfremdungstechniken, seine musikalischen Elemente, seine Zwischentexte, seinen zeigenden wie seinen lehrhaften Charakter, um sie in einen veränderten, meist konkret gesellschaftsbezogenen, häufig um einen bestimmten historischen Anlass zentrierten dramatischen Kontext einzufügen. Das Konzept lautet: bei Brecht anknüpfen, um über ihn hinauszugelangen. Dieses Theater zielt auf Gesellschaftskritik und Veränderung. Es will keine ästhetische Autonomie, sondern Wirkung. Dies gilt beispielhaft für das kritische Volksstück von Autoren wie Martin Sperr (*Jagdszenen aus Niederbayern*, 1966), Rainer Werner Fassbinder (*Katzelmacher*, 1969) und Franz Xaver Kroetz (*Wildwechsel*, 1971; *Stallerhof*, 1972), das sich thematisch auf Randexistenzen, auf Grenzsituationen und Außenseitererfahrungen einlässt; das Gegenwartsprobleme aufgreift, an denen sich eine spezifisch soziale Identität, nämlich die des autoritären Provinzcharakters entwickeln lässt; das sich eines besonderen mundartlichen Idioms bedient, zumeist des bayrischen, um die Besonderheit ihrer Charaktere hervorzuheben.

Einen «Abschied von Brecht» versuchte auf seine Weise auch Peter

Handke. Er bezeichnete sein Stück *Publikumsbeschimpfung* (entstanden 1965, UA am 8. Juni 1966 durch Claus Peymann), mit dem er seinen ersten großen Erfolg hatte, im Untertitel als «Sprechstück». In Form eines Prosa-Gedichts (auf vier Sprecher in der Abfolge und im Umfang beliebig aufzuteilen) führt dieses Stück – ohne Handlung, Personen und Requisiten – «Haltungen» vor, wobei sich das Publikum in einem Spiel als Spiel übers Spiel(en) mit sich selbst konfrontiert sieht.

Demgegenüber greift das Zeitstück der 60er Jahre Fragen der bundesrepublikanischen Gegenwart, der jüngsten Vergangenheit und der Dritten Welt auf. Seine Absicht ist Aufklärung und Provokation. Zu seinen bevorzugten Mitteln zählt authentisches Material (Quellen, Urkunden, Zeitberichte, Zeugenaussagen, Protokolle, zeitgeschichtliche Dokumente). Seine Wirkung resultiert nicht zuletzt aus der Funktion, die es wahrnehmen konnte: unterschlagene, verdrängte oder vernachlässigte Tatsachen zu veröffentlichen, die Wahrheit zu sagen. Rolf Hochhuth und Heinar Kipphardt zählen zu seinen Autoren, Leopold Ahlsen (*Philemon und Baucis*, 1960) und Hans Günter Michelsen (*Helm*, 1965), Peter Weiss, Hans Magnus Enzensberger (*Das Verhör von Habana*, 1970), Martin Walser (*Eiche und Angora*, 1962; *Überlebensgroß Herr Krott*, 1963; *Der Schwarze Schwan*, 1969), Günter Grass (*Die Plebejer proben den Aufstand*, 1966; *Davor*, 1969). Es sind Autoren, die an unterschiedlichen Gegenständen – Faschismus, Revolutionsproblematik, Krieg und Frieden – eine Rehabilitierung des Stoffs leisten wollen. Damit ist der Versuch gemeint, der verdrängenden Gesellschaft den abgedrängten Stoff der Geschichte, die unterschlagenen Materialien, die Faktizität der Ereignisse zu präsentieren, um aus der Konfrontation von Geschichte und Gegenwart, Anspruch und Wirklichkeit einen Funken kritischer, selbstkritischer Erkenntnis zu schlagen, der zu veränderndem Handeln führen könnte. Die rätekommunistische Diskussion dieser Zeit kommt beispielsweise in Tankred Dorsts Drama *Toller* (1968) zum Ausdruck. Hier gelangt mit der Entwicklung der Münchner Räterepublik von 1919 ein historischer Vorgang zur szenischen Darstellung, dessen aktuelle Dimensionen in der Form einer politischen Konfrontation aufblitzen.

Der erfolgreichste unter den Autoren solcher Zeitstücke war jedoch Rolf Hochhuth mit seinem «christlichen Trauerspiel» *Der Stellvertreter*

(1963, erweitert 1967) – erfolgreich sowohl hinsichtlich der Aufführungs- und Besucherzahlen als auch hinsichtlich der Wirkungen, die es erzielte. Hochhuth thematisiert hier die mehr oder minder billigende Haltung des damaligen Papstes Pius XII. zur Massenvernichtung der Juden im Dritten Reich und verletzte damit das Tabu der moralischen Integrität der katholischen Kirche. Ob Karl Jaspers oder Hannah Arendt, Golo Mann oder Susan Sontag, Papst Paul VI. oder Abgeordnete des Deutschen Bundestages: Sie alle beteiligten sich an einer literarischen, politischen und nicht zuletzt moralischen Kontroverse, wie sie kein anderes Werk nach 1945 ausgelöst hat. Hochhuths dramatisches Werk insgesamt offenbart – vom *Stellvertreter* über *Soldaten* (1967) bis zu *Tell 38* (1977) und *Judith* (1989) – ein abgründiges Vertrauen in den Einzelnen. Vertrauen deshalb, weil das Individuum sich schuldfähig zeigen und zur Verantwortung gezogen werden kann. Aber eben ein abgründiges Vertrauen: Hochhuths Helden gehen zugrunde, oder sie sind Täter des Unausdenkbaren. Die Bedingungen ihres Untergangs wie die Antriebe ihres Handelns liegen für Hochhuth in der konkreten Wirklichkeit, deren detailgetreue Übersetzung in die Sphäre des Dramas – so auch in seinem Ost-West-Stück *Wessis in Weimar* (1992/93) – ihm Verpflichtung bedeutet. Dass die Tatsächlichkeit der historischen und gesellschaftlichen Realität Züge des Absurden trägt, weiß der rigoros des Mitleidens fähige Moralist Rolf Hochhuth nur allzu gut.

Eine Rehabilitation des Stoffs unternahm jedoch nicht nur das kritische Zeitstück der 60er Jahre, sondern auch das gleichzeitig entstehende Dokumentartheater, das die Aneignung politisch-sozialer Wirklichkeit auf der Bühne durch die Präsentation authentischer Materialien sucht. Als Beispiele können die zum Teil dokumentarisch verfahrenden Zeitstücke Heinar Kipphardts dienen: *Der Hund des Generals* (UA 1962), das an einem alltäglichen Beispiel Inhumanität und Irrationalität des Krieges demonstriert, sowie sein berühmtestes Werk *In der Sache J. Robert Oppenheimer* (1964), das am Fall des Physikers Oppenheimer, «Vater der amerikanischen Atombombe», die Verantwortung des Naturwissenschaftlers für seine Erkenntnisse diskutiert, schließlich auch *Bruder Eichmann* (1982), eine szenische Montage aus den Verhörprotokollen Adolf Eichmanns in Israel mit Originaltexten.

Der theoretisch wie praktisch konsequenteste Vertreter des dokumentarischen Theaters – seiner Möglichkeiten wie seiner inneren Widersprüche – war Peter Weiss. Das hing nicht zuletzt damit zusammen, dass sein Weg zum dokumentarischen Theater den Prozess einer Politisierung, einer Radikalisierung bezeichnet. Nach Anfängen als Maler und Experimentalfilmer und ersten Versuchen mit selbstreflexiver Prosa (*Der Schatten des Körpers des Kutschers*, 1960; *Abschied von den Eltern*, 1961; *Fluchtpunkt*, 1962) gelang Peter Weiss mit seinem Drama über Jean-Paul Marat und den Marquis de Sade (*Die Verfolgung und Ermordung Jean-Paul Marats, dargestellt durch die Schauspielgruppe des Hospizes zu Charenton unter Anleitung des Herrn de Sade*, 1964) die Darstellung eines Konflikts, der eine gleichermaßen historische wie persönliche Konstellation ausdrückte. Als sein bevorzugtes Arbeitsmittel wählte er dokumentarisches Material. Entlarvung, Kritik, Parteinahme durch Analyse, Dokumentation, Agitation – dies ist das Theaterprogramm Peter Weiss' in den 60er Jahren. Stücke wie *Die Ermittlung* (1965), *Gesang vom Lusitanischen Popanz* (1967), *Wie dem Herrn Mockinpott das Leiden ausgetrieben wurde* (1968), *VietNam-Diskurs* (1968) markieren einen immer entschiedener vorangetriebenen Politisierungsprozess.

Die bedeutendsten Dramatiker in der DDR waren zu dieser Zeit Peter Hacks, Volker Braun und Heiner Müller. Allerdings hatten sie fortwährend mit Interventionen und Restriktionen, Umarbeitungsauflagen und Verboten ihrer Werke zu tun – einer gängigen Praxis der Zensoren, die beispielsweise auch den Umgang mit Hacks' Komödien *Moritz Tassow* (1965) und *Die Sorgen und die Macht* (1958, Überarbeitung 1962) bestimmte: Letztere eine kritische, lehrstückhaft-agitatorische Konfrontation von Ideal und Wirklichkeit im Sozialismus, die erbitterten Widerstand auf Seiten der Kulturfunktionäre hervorrief. Man warf Hacks vor, seine Thematik, den Interessenkonflikt zwischen Plansoll und Qualitätsstandard in der Brennstoff- und Glasproduktion, abstrakt gegen die Realität des Sozialismus in der DDR ausgelegt zu haben. Ähnliche Schwierigkeiten bereitete man Volker Braun. Er debütierte als Bühnenautor mit dem Theaterstück *Die Kipper*, das, wie Hacks' Stücke auch, mehrere Überarbeitungsstufen durchlaufen musste. Die erste Fassung lag 1962 unter dem Titel *Der totale Mensch* vor, eine zweite mit dem Titel *Kipper Paul Bauch* entstand in den Jahren 1963 bis 1965, die Spielfassung, die 1972 die Uraufführung erlebte, hieß *Die Kipper*. Brauns Stück zeigt am Beispiel eines selbstbewusst-plebejischen, urwüchsig-kraftvollen Arbeiters grundlegende Widersprüche beim Aufbau des Sozialismus, die dem Missverhältnis zwischen Wunsch und Wirklichkeit, Lust- und Realitätsprinzip, Utopie und Sachzwang entspringen. Schließlich Heiner Müller, zweifellos der Profilierteste unter diesen Autoren. Seine Aufarbeitungen antiker Stoffe haben viel mit den gesellschaftlichen Strukturen einer Gegenwart zu tun, in der die großen Widersprüche der Menschheitsgeschichte keineswegs aufgehoben sind. Ob in *Philoktet* (1958–1964), *Herakles 5* (1966), *Ödipus Tyrann* (1966/67) oder *Der Horatier* (1968/69), stets geht es um Strukturen von Mythos und Geschichte, denen Korrespondenzen mit Entwicklungsschritten und Widersprüchen der Gegenwart abzulesen sind, um Aspekte von Individualität und Kollektivität etwa, um Widersprüche innerhalb der kommunistischen Bewegung, um den Stalinismus, um die Intellektuellenproblematik oder um das Problem des Verrats. Müllers Adaptionen des griechischen Mythos, seine Aufnahme von antiken und klassischen Tragödienstoffen (Sophokles, Aischylos, Hölderlin) bilden Variationen zu Themen und Motiven, in denen unabgegoltene Widersprüche sich abermals zur Geltung bringen. Kein Ausweichen vor der Gegenwart, kein Rückzug auf Klassik, auch keine Variationen über historische Menschheitsdramatik, sondern präzise Bannung tragischer Momente – ein *Memento mori* aktueller politischer Konstellationen. Man kann keinen Bruch zwischen Gegenwartsthematik und der Adaption antiker Stoffe bei Heiner Müller konstatieren. Die Kulturfunktionäre hatten dies beizeiten erkannt und dem Dramatiker anlässlich seines Stücks *Der Bau* (1965) – eine Metapher für den «Bauplatz DDR», nach Motiven aus Erik Neutschs Roman *Spur der Steine* (1964) entworfen – wegen seiner «Tendenzen der Verabsolutierung der Widersprüche, der Mißachtung der Dialektik der Entwicklung» (Erich Honecker) massiv kritisiert. *Der Bau* durfte erst 1980, 15 Jahre nach der Erstpublikation in der Zeitschrift *Sinn und Form*, auf die Bühne gebracht werden.

Probleme des Romans

Die Suche nach einer eigenständigen Sprache kann Ende der 50er Jahre ebenso als beendet gelten wie das Suchen nach Themen, Gegenständen, Stoffen, die über die Erfahrungen des Faschismus und des Krieges hinaus in die Gegenwart gereicht haben. Die Prosa der 60er Jahre ist im Osten wie im Westen gewissermaßen bei sich selbst angekommen. Sie sucht und findet ihre Probleme im Heute, sie sieht in ihre Umgebung und nimmt aus dieser auf, was ihr mitteilens- und beschreibenswert erscheint – Indiz eines Zuwachses an Wirklichkeitsbewusstsein wie Gradmesser einer zurückgelassenen Vergangenheitsbewältigung. Eine nach dem Bau der Mauer in Berlin brüchig gewordene Realität fordert die literarischen Wahrnehmungsmöglichkeiten heraus. So erscheint als der interessanteste Aspekt der Prosa in den 60er Jahren, zumal des Romans, ihr Wirklichkeitsverhältnis.

Die Erfahrung des ‹Ankommens› in einer veränderten Gesellschaft, die neue Antworten, neue künstlerische Wahrnehmungen und Verarbeitungsformen der Wirklichkeit erfordert, lässt sich zunächst an der in der DDR entstehenden Literatur zeigen. *Ankunft im Alltag* lautet der Titel einer Prosaarbeit, die 1961 erschienen ist. Dieses Buch von Brigitte Reimann ist in mehr als einer Hinsicht ein zeitgeschichtliches Dokument. Die Autorin gehört wie Christa Wolf, Hermann Kant, Karl-Heinz Jakobs, Günter de Bruyn, Werner Bräunig und Erik Neutsch zu jener Generation der um 1930 Geborenen, die, ohne politische Verantwortung zu tragen, Drittes Reich und Zweiten Weltkrieg noch erlebt haben. Die DDR bildet den politisch-moralischen Resonanzraum ihrer Sozialisation, eine nicht hinterfragbare Instanz von väterlich-strenger Autorität. Diese Autoren richten sich ein in ihrem Staat, sie orientieren sich pragmatisch in ihrer Gesellschaft, sie verstehen die DDR als ihr Zuhause. Sie kommen in einem alltäglichen Sinn mit ihren Werken in der DDR an. Deshalb gehört zum Verständnis dieser Literatur auch die Wahrnehmung ihres kritischen Potenzials künstlerischer Produktivität, nämlich die Entwicklung einer eigenen, DDR-spezifischen «Neuen Subjektivität», die zu neuen Themen und Problemstellungen aufbricht, die originelle Stoffe und Ausdrucksformen sucht und findet.

1961 erschien Karl-Heinz Jakobs' erster größerer Prosatext *Beschreibung eines Sommers*. Der Autor hat Erfahrungen auf Baustellen gesammelt, bevor er sie zum Gegenstand seines Erzählens machte. In seinem Roman geht es um Schwierigkeiten mit und in dieser Arbeitswirklichkeit, um eine politische Abgrenzung gegenüber der Bundesrepublik und eine konfliktreiche Entscheidung für den sozialistischen Alltag, und wieder führt eine Liebesgeschichte zu tiefgreifenden persönlichen und politischen Problemen. Einen Schritt hinaus über diesen Kontext geht, thematisch wie ästhetisch, Günter de Bruyn mit seinem Roman *Buridans Esel*, der 1968 erschien, eine Dreiecksgeschichte, wie de Bruyn sie später in *Die Preisverleihung* (1972) in einer Variation wiederholt hat. Ein kleiner Kunstgriff eröffnet in *Buridans Esel* große Erzählmöglichkeiten: die Einführung einer Instanz nämlich, die sich reflektierend und wertend, kommentierend und relativierend einschaltet, wann immer der Fortgang des demonstrierten Geschehens es erlaubt oder erfordert. Die Instanz des Erzählers dient dazu, das Verhalten des Protagonisten nicht nur psychologisch auszuleuchten, sondern auch satirisch auszukosten, aus kritischer Distanz einen Erkenntnisgewinn und aus unbändiger Fabulierlust einen Lektüregenuss zu machen – Tugenden, die der Jean-Paul-Kenner und -Verehrer de Bruyn (*Das Leben des Jean Paul Friedrich Richter*, 1975) sich bis zu seinen Erkundungen der märkischen Landschaft (*Märkische Forschungen*, 1979; *Neue Herrlichkeit*, 1984) in sozialkritischer Absicht bewahrt hat. In Johannes Bobrowskis Romanen (*Levins Mühle*, 1964; *Litauische Claviere*, 1966) verbindet sich wie in seinen Erzählungen (*Boehlendorff und andere*, 1965; *Mäusefest*, 1965) die Lust am Skurrilen, der Sinn fürs Drollige, Kauzige, Abseitige und Hintergründige mit einer durch Lyrik geschulten Fähigkeit zur Präzision. Sie lässt eine einzigartige atmosphärische Dichte und Stimmungsintensität entstehen, einen Unterton aus Historie, Landschaft und Charakter, dem unüberhörbar politische Qualität eignet, wenngleich nicht im engen Sinn parteikonformer Geschichtsdeutung. Bobrowskis Roman ist ‹Heimatliteratur› in einem guten und weiten Sinn des Worts.

Ähnliches lässt sich von den Werken Erwin Strittmatters sagen, der spätestens seit seinem Roman *Ole Bienkopp* (1963) als originärer Heimatdichter der DDR gilt. Er erzählt von der Provinz und von Landschaft, von

Bürgern und Bauern, vom Stall, vom Vieh und von ländlichen Bräuchen, und er berichtet davon auf eine dem Sujet gemäße Weise: urwüchsig, deftig und karg. Strittmatter wurde damit einer der führenden Repräsentanten der DDR-Literatur, eine Position, die er mit seiner Roman-Trilogie *Der Wundertäter* (1957 / 73 / 80) nachdrücklich bestätigt hat. Er ist, obwohl alle seine Arbeiten auch im Westen erschienen sind, auch nach der Wiedervereinigung ein Autor der DDR geblieben. Seine Trilogie *Der Laden* (1983 / 87 / 92), ein Bestseller im Osten, wurde im Westen Deutschlands erst durch eine Fernsehfassung (1995) bekannt.

Die Provinz prägt den Schauplatz auch jener Geschichten, die Helga Schütz ihre Figur Jette durchleben lässt. Seit ihren ersten Abenteuern in *Torgeschichten oder Schöne Gegend Probstein* (1972) tritt die Provinz als eine ländliche Scheinidylle ins Bild, deren Winkel und Nischen, Fluchträume und Gegenbewegungen die große Geschichte von Faschismus, Krieg und Nachkrieg spiegeln – Qualitäten, die Helga Schütz auch in ihren weiteren Geschichten bewahrt hat (*Das Erdbeben bei Sangershausen*, 1972; *Festbeleuchtung*, 1974; *Jette in Dresden*, 1977). Erzählerische Schlichtheit wird man auch Hermann Kant kaum vorwerfen können, und doch kennzeichnet den Roman, der ihn auch im Westen Deutschlands bekannt gemacht hat, *Die Aula* (1964), trotz seiner Virtuosität eine bemerkenswerte Geradlinigkeit: Kants Held ist so einverstanden mit dem «real existierenden Sozialismus» wie sein Autor, der spätere Kulturfunktionär und Stasi-Mitarbeiter, auch.

Skeptisch, unterfüttert mit dem Ingrimm des politischen Dissidenten und entgrenzt in Dimensionen des Mythos, wirken demgegenüber die nur im Westen erschienenen Erzählungen des 1976 nach Westberlin übergesiedelten Thomas Brasch (*Vor den Vätern sterben die Söhne*, 1977). Ein programmatischer Titel, mit dem der Sohn des früheren stellvertretenden Ministers für Kultur, Horst Brasch, sein Leiden am diktatorischen Sozialismus der DDR sinnfällig signalisierte. Im selben Zusammenhang schließlich sind die Prosaetüden Hans Joachim Schädlichs zu nennen, die – ebenfalls 1977, gleichfalls nur im Westen – unter dem Titel *Versuchte Nähe* erschienen sind. Auch hier Parabeln, Skizzen und Notate, Gegenwart und Geschichte, Alltag und Mythos, verbunden zu einer Sprachrealität, in deren Starre und Strenge, Prägnanz und Härte die Präzision poetischer Gegenarbeit aufleuchtet. Es sind kleine Geschichten, die die großen Geschichte unterlaufen, hierin vergleichbar Klaus Schlesingers Erzählung *Alte Filme* (1975), eine präzise und scharfe Momentaufnahme des DDR-Alltags, die deutlich komplexer angelegt ist als der zuvor erschienene Roman *Michael* (1971). Eine Ausnahme in thematischer wie in ästhetischer Hinsicht stellt schließlich das Debüt des Erzählers Jurek Becker dar, der in seinem Roman *Jakob der Lügner* (1968) das problematischste Kapitel deutscher Geschichte aufgegriffen hat: den Massenmord an den Juden. Wenn der Einzelne in den bislang genannten Werken definiert wurde durch seine soziale Rolle, so ist er bei Becker gerechtfertigt durch menschliches Handeln. Juden in Ghettos, Lebensangst und Todesdrohung, Vernichtung durch die Nazis – Becker erzählt vom Grauen auf humorvolle Weise, Furcht perspektiviert er durch Optimismus, vom Tod berichtet wird beiläufig, das schreckliche Ende nimmt er zurück. Wie auch in Beckers zweitem Roman, *Irreführung der Behörden* (1973), einer Erzählung um das Verhältnis von Anpassung und Erfolg im DDR-Alltag, sind es die Geschichten, die zu leben erlauben.

Christa Wolfs Erzählung *Nachdenken über Christa T.* (1968) kann schließlich als das bedeutendste Beispiel für eine Prosa gelten, die Perspektiven einer neuen Subjektivität in der DDR-Literatur entwirft. Den Erzählanlass dieses ‹Nachdenkens› bildet die tödliche Krankheit, der Christa T., eine vertraute Freundin der Erzählerin, im Alter von kaum 40 Jahren erlegen ist. Die Möglichkeit, von ihr zu berichten, findet sie durch die Distanz, zu der dieser Tod sie nötigt: Distanz zur verstorbenen Freundin wie zu ihrem Selbstverständnis als Erzählerin, reflektierende Distanz mithin auch zu den Formen des Erinnerns selber. Die Bewegung des Nach-Denkens ist Arbeit gegen das Verschwinden, gegen das Vergessen, gegen den Tod – nicht um der Verstorbenen willen, sondern für die Lebenden. Das Ende des DDR-Sozialismus und die Gründe hierfür – in Christa Wolfs Erzählung scheint von der Entwicklung etwas vorausgeahnt, die zwei Jahrzehnte später Wirklichkeit werden sollte. Eine prognostische Qualität, die keiner politischen Position entsprang, sondern einer poetischen Haltung.

Blickt man von den in der DDR erschienenen Romanen auf die Prosa der 60er Jahre im Westen, so stehen jene Autoren im Vordergrund, die nicht nur das literarische Bild der folgenden Jahre nachhaltig geprägt, sondern auch repräsentiert haben. Zu ihnen zählen mit Heinrich Böll und Günter Grass, Siegfried Lenz, Martin Walser und Uwe Johnson Schriftsteller, die sich neben ihrer literarischen Arbeit stets auch publizistisch in der Öffentlichkeit äußern und umgekehrt sich in ihren Werken zunehmend auf Gegenwartsprobleme im engeren Sinn konzentrieren. Zu nennen sind hier vor allem Bölls Romane *Ansichten eines Clowns* (1965), *Entfernung von der Truppe* (1969) und *Ende einer Dienstfahrt* (1966); daneben Günter Grass' Aufarbeitung von aktuellen Problemen in *örtlich betäubt* (1969) und *Aus dem Tagebuch einer Schnecke* (1972); schließlich Siegfried Lenz mit seinem größten Erfolg als Autor, dem Roman *Deutschstunde* (1968), seinem bis dahin umfangreichsten und zugleich ambitioniertesten Werk, in dem manche seiner früher ausgebildeten Schreibtugenden und -schwächen (*Es waren Habichte in der Luft*, 1951; *Duell mit dem Schatten*, 1953) sich konzentrieren. Aus der Perspektive eines Ich-Erzählers schildert Martin Walser die Wirklichkeit der Bundesrepublik in seiner Roman-Trilogie um den verhinderten Helden Anselm Kristlein (*Halbzeit*, 1960; *Das Einhorn*, 1966; *Der Sturz*, 1973). Die Frage nach der Möglichkeit des Erzählens als Erinnern vergangener Wirklichkeit bildet das zentrale Problem dieser Literatur.

Arno Schmidt ist zeit seines Lebens die Ausnahmegestalt geblieben, als die er sich seit seinen Anfängen in den 50er Jahren verstanden hat, im Hinblick auf seine individuelle Existenzweise nicht weniger als hinsichtlich seines Werks. Neben seiner Tätigkeit als Übersetzer, Essayist und Interpret zu Unrecht vergessener oder missverstandener Autoren (de la Motte Fouqué, Karl May) konzentrierte sich Schmidt ausschließlich auf schriftstellerische Arbeiten, die zunehmend seinen unverwechselbaren literarischen Stil repräsentierten. Zu nennen sind hier vor allem die 1963 unter dem Titel *Nobodaddys Kinder* erschienenen Erzählungen, ferner die Romane *Das steinerne Herz* (1956), *Die Gelehrtenrepublik* (1957) und *Kaff auch Mare Crisium* (1960) sowie die Komödie *Die Schule der Atheisten* (1972). Schmidts Werk zeichnet eine kombinatorisch-assoziative Schreibweise mit Auflösung der traditionellen Orthographie aus, reich an Anspielungen und Mehrdeutigkeiten. In seinen *Berechnungen III* (posthum 1980) hat er seine poetologischen Überlegungen während der Jahre 1956 und 1957 fortgeschrieben. Seine Hauptarbeit aber galt in den 60er Jahren jenem monumentalen, keinem literarischen Vergleich zugänglichen Werk, das dem Impuls des Autors am vollkommensten Ausdruck gibt: *Zettel's Traum* (1970). Dieses Buch entstand in den Jahren 1963 bis 1969 und wurde in einer originalgetreu faksimilierten, voluminösen DIN-A 3-Ausgabe aufgelegt. Der Titel ist Anspielung auf Gelehrsamkeit und Sinnlichkeit gleichermaßen: auf die Zettelkästen des Autors und auf William Shakespeares *Mittsommernachtstraum*. Auf sein Publikum setzte Arno Schmidt indes keine allzu großen Hoffnungen: *Zettel's Traum* ernsthaft zur Kenntnis zu nehmen, mochte sein Autor, wie eine Anekdote berichtet, nicht einmal 300 Lesern zutrauen.

Sind Heinrich Böll und Günter Grass, Martin Walser, Uwe Johnson und Siegfried Lenz die herausragenden Einzelfiguren der 60er Jahre gewesen – und bis Mitte der 80er Jahre auch geblieben –, so zeigen sich doch neben ihnen eine Reihe interessanter literarischer Strömungen und Entwicklungen, die das Erscheinungsbild der Prosa in dieser Zeit wesentlich geprägt haben. Eine unter ihnen stellt die so genannte Kölner Schule des Neuen Realismus dar, der programmatisch weitestgehende Versuch, einer realistischen Prosa zum Durchbruch zu verhelfen, die soziale Faktizität selbst in äußerster Dichte und Konzentration zum Ausdruck bringt. Dieter Wellershoff war Initiator, Mentor, Theoretiker und auch literarischer Repräsentant dieser Gruppe. Autoren wie Günter Herburger (*Eine gleichmäßige Landschaft*, 1964; *Die Messe*, 1969; *Jesus in Osaka*, 1970), Nicolas Born (*Der zweite Tag*, 1965), Günter Steffens (*Der Platz*, 1965), Sigrid Brunk (*Irische Erzählung*, 1967; *Ledig, ein Kind*, 1972; *Das Nest*, 1975; *Der Besiegte*, 1977; *Der Magier*, 1979, *Flammen*, 1981) und Peter Faecke (*Die Brandstifter*, 1963; *Der rote Milan*, 1963; *Das unaufhaltsame Glück der Kowalskis*, 1982; *Flug ins Leben*, 1988) repräsentieren mit ihren Anfängen eine deutliche Nähe zum Programm wie zur literarischen Praxis Wellershoffs (*Ein schöner Tag*, 1966; *Die Schattengrenze*, 1969).

Dass die Autoren der «Kölner Schule» deren konzeptionelle Grenzen alsbald erkannten und deshalb überschritten, lässt sich an der Entwicklung ihres vielleicht widersprüchlichsten, aber auch bemerkenswertesten Autors ablesen, an Rolf Dieter Brinkmann. Dieser debütierte als Erzähler in dem von Wellershoff herausgegebenen Band *Ein Tag in der Stadt* (1962) gemeinsam mit Ludwig Harig, Günter Herburger und Günter Seuren. Hier klang frühzeitig an, was Brinkmanns Erzählweise auch in seinen beiden Prosabänden *Die Umarmung* (1965) und *Raupenbahn* (1966) auszeichnete: die Fähigkeit zur Objektivierung seiner Erzählgegenstände bis an die Grenze einer Selbstaufhebung des Erzählens zu treiben. Lebensbereiche und Lebenssituationen von existenzieller Bedeutung (Geburt, Liebe, Sexualität, Tod) werden vergegenwärtigt, indem sie sich sprachlich verdichten. Stehen diese Anfänge durchaus noch im Zusammenhang der von Wellershoff formulierten Realismus-Konzeption, so ging Brinkmanns Roman *Keiner weiß mehr* (1968) bereits deutlich über die wahrnehmbare und erfahrbare Wirklichkeit hinaus. Sein 1979 posthum veröffentlichter Collage-Band *Rom, Blicke* macht deutlich, dass er zu Beginn der 70er Jahre der Sprache allein die Wahrnehmung von Wirklichkeit nicht mehr anvertrauen mochte. Aus Fotos, Briefen, Skizzen, Stadtplänen, Zeitungsausschnitten, Postkarten, Alltagsfunden und eigenen Texten montierte Brinkmann während eines Aufenthalts in der Villa Massimo 1972/73 eine vielfältig aufgebrochene Momentaufnahme seiner eigenen und der ihn umgebenden gesellschaftlichen Existenzweise.

Das Ausbrechen aus den Umzäunungen des Realismus-Geheges lässt sich auch an der Entwicklung anderer Autoren beobachten, so bei Renate Rasp (*Ein ungeratener Sohn*, 1967), Günter Seuren (*Das Kannibalenfest*, 1968; *Der Abdecker*, 1970) und Gisela Elsner (*Die Riesenzwerge*, 1969; *Der Nachwuchs*, 1968; *Das Berührungsverbot*, 1970), hier verbunden mit einer Radikalität des schwarzen Blicks, die Elsner in ihren eher traditionell realistisch erzählten späteren Romanen (*Der Punktsieg*, 1977; *Abseits*, 1982) nicht wieder erreicht hat. Wenn vom bösen Blick auf die bürgerliche Alltagswelt, von Aggression und Aufschrei gegen sie die Rede ist, dann ist auch der Name Gabriele Wohmann zu nennen, deren Anfänge (*Jetzt und nie*, 1958; *Abschied für länger*, 1965; *Die Bütows*, 1967) bitterböse und unbarmherzige Bestandsaufnahmen des Arsenals bürgerlicher Lebensbezüge bieten, zum Teil satirisch eingefärbt (*Schönes Gehege*, 1975). Neben diesen Autorinnen und Autoren debütierten Mitte der 60er Jahre jene, deren Werk seither ebenfalls erhebliche Beachtung gefunden hat: Hubert Fichte, dessen Romane *Das Waisenhaus* (1965) und *Die Palette* (1968) detailgenaue, fast dokumentarische Skizzen aus der Zeit des Nationalsozialismus bzw. aus dem Hamburg der 60er Jahre vermitteln; Peter Härtling (*Niembsch oder Der Stillstand*, 1964), Gerhard Zwerenz (*Casanova oder Der kleine Herr in Krieg und Frieden*, 1966) und Ernst Herhaus (*Die homburgische Hochzeit*, 1967). In diesem Zusammenhang sind auch Autoren zu nennen, die experimentelle Prosa, bisweilen in deutlicher Nähe zu den Theoremen der Konkreten Poesie vorlegen, darunter Jürgen Becker, der in seinen Texten *Felder* (1964), *Ränder* (1968) und *Umgebungen* (1970), ausgehend von einem präzis und nuanciert sich äußernden individuellen Erfahrungsbereich, seinen Blick auf die Wirklichkeit zur Tiefenschärfe von Beobachtung und Beschreibung entwickelt, hierin vergleichbar der frühen Prosa Peter Handkes (*Die Hornissen*, 1966; *Der Hausierer*, 1967), in der es um das Verhältnis von Bewusstsein und Wirklichkeit geht, eine experimentelle Schreibweise, der Handke in *Die Innenwelt der Außenwelt der Innenwelt* (1969) ein theoretisches Konzept nachgeliefert hat.

Bildet die Frage nach den Möglichkeiten und Grenzen realistischen Erzählens, bei aller Unterschiedlichkeit der Antworten im Einzelnen, den inneren Zusammenhang der Prosa dieser Zeit, so darf man als bemerkenswerte Pointe auch festhalten, dass in dieser Zeit auch jener Schriftsteller zu veröffentlichen beginnt, der die Realismusproblematik frühzeitig und folgenreich hinter sich gelassen hat: In *Lebensläufe* (1962) und *Schlachtbeschreibung* (1964, Neuausgabe 1978) entwickelt Alexander Kluge Prosaformen, welche die traditionellen Gattungsbestimmungen eher sprengen als bestätigen wollen – eine Prosa der entfremdeten Welt, deren literarische Technik Kluge immer mehr verfeinert hat (*Lernprozesse mit tödlichem Ausgang*, 1973). Das authentische Zeugnis, das Material des Lebens rückt in den literarischen Blickpunkt, ohne noch den Anspruch zu vertreten, Realität gestalten, abbilden oder gar widerspiegeln zu wollen. Das hebt sie über die gleichzeitig entstehende Literatur der Arbeitswelt der «Gruppe 61» und des «Werkkreises Literatur der Arbeitswelt» deutlich hinaus, durch die die Realismusproblematik lediglich thematisch erweitert, nicht aber literarästhetisch verändert wird.

Einen konsequenten Schritt in Richtung auf eine möglichst authentische Erfassung der Wirklichkeit ging demgegenüber Erika Runge mit ihren *Bottroper Protokollen* (1968), ein literarisches Verfahren, dessen Vorzüge und Schwächen deutlich erkennbar sind: die Aufzeichnung und wortgetreue Wiedergabe von Aussagen derjenigen, die von gesellschaftlichen Krisen am nachhaltigsten betroffen waren. Dies lässt sich in vergleichbarer Weise auch für die wenige Jahre später in der DDR entstandene Protokoll-Literatur sagen, für Maxie Wanders berühmt gewordene Sammlung von Gesprächen mit Frauen nämlich, die 1977 unter dem sprechenden Titel *Guten Morgen, du Schöne* erschienen ist. In diesen Zusammenhang einer dokumentarisch exakten, protokollierenden oder reportierenden Literatur gehören auch die Arbeiten eines Schriftstellers, der wie kein anderer Autor der Bundesrepublik für Aufsehen gesorgt hat: Günter Wallraff. In seinen Reportagen (*Wir brauchen dich*, 1966; *13 unerwünschte Reportagen*, 1969; *Von einem, der auszog und das Fürchten lernte*, 1970) hat er sich immer wieder auf die Wirklichkeit der Arbeitswelt konzentriert, deren Unterdrückungsmechanismen, systembedingte Brutalität und Destruktivität, Ausbeutungs- und Herrschaftsformen er eher nüchtern als kunstvoll öffentlich machte.

Lyrik in der Diskussion

Im Frühsommer 1966 erschien in der DDR eine Lyrik-Anthologie mit einem ebenso bekenntnishaften wie programmatischen Titel: *In diesem besseren Land*. Herausgeber waren zwei Poeten, die seinerzeit zu den eigenwilligsten und kritischsten Köpfen der jüngeren Schriftstellergeneration in der DDR zählten: Adolf Endler und Karl Mickel. Die gemeinsam verantwortete Edition stellte Arbeiten von Dichtern zusammen, die den Anspruch des Titels verbürgen sollten: das «bessere» Deutschland zu repräsentieren. Neben Beiträgen der Herausgeber finden sich dort Gedichte von Volker Braun, Heinz Czechowski, Peter Hacks, Bernd Jentzsch, Rainer Kirsch, Sarah Kirsch, Günter Kunert, Richard Leising, Heiner Müller, Bernd K. Tragelehn – eine Anthologie, die ein neues Gesicht der DDR-Lyrik zeigte. Vorgestellt wurde eine Poesie, die aus dem Schatten der Nachkriegsthematik herauszutreten begann, die sich aus dem Bannkreis

Brechts, Huchels und Bobrowskis löste, die, vermittelt über eine originäre Formensprache, eine selbstbewusste Verbindung von Individualität und Gesellschaftlichkeit anstrebte.

Gegen dieses neue Selbstbewusstsein erhob sich die orthodoxe Kritik der DDR. Sie artikulierte sich zumal gegenüber Autoren und Gedichten jenes Kreises von Lyrikern, den Adolf Endler (*Erwacht ohne Furcht*, 1960; *Die Kinder der Nibelungen*, 1964; *Nackt mit Brille*, 1975) einmal die «Sächsische Dichterschule» genannt hat. Zu ihm gehörten die interessantesten Lyriker dieser Jahre, darunter Reiner Kunze (*widmungen*, 1963; *sensible wege*, 1969; *zimmerlautstärke*, 1972), Rainer Kirsch (*Bekanntschaft mit uns selbst*, 1961; *Auszog das Fürchten zu lernen*, 1978), Wulf Kirsten (*Gedichte*, 1968; *satzanfang*, 1970; *der bleibaum*, 1977), Richard Leising (*Poesiealbum*, 1975/97), Karl Mickel (*Lobverse & Beschimpfungen*, 1963; *Vita mea nova*, 1966; *Eisenzeit*, 1975), Heinz Czechowski (*Nachmittag eines Liebespaares*, 1962; *Wasserfahrt*, 1967; *Schafe und Sterne*, 1974), Bernd Jentzsch (*Alphabet des Morgens*, 1961). Hinzu kamen aus anderen Teilen der DDR Autoren wie Jochen Laabs (*Eine Straßenbahn für Nofretete*, 1970), Elke Erb (*Gutachten*, 1975), Peter Gosse (*Antiherbstzeitlose*, 1968) und nicht zuletzt Wolf Biermann sowie als Einzelgängerin Inge Müller (*Wenn ich schon sterben muß*, 1985). Volker Braun ist verschiedentlich als einer der wortmächtigsten Repräsentanten der provokanten neueren DDR-Lyrik gewürdigt worden, weil seine Dichtung entschieden den Gestaltungsanspruch und Veränderungswillen einer Poesie zeigt, die den Begriff der Revolution stets auch als einen der Form gefasst hat. Ungeduld, Aufbegehren, Bewegung, Aktivität, Dynamik – in Bildsprüngen und intermittierenden Rhythmen, in Anakoluthen und Interjektionen realisiert sich ein poetischer Gestus, der die Oberflächenruhe des «real existierenden Sozialismus» subversiv hintergeht (*Vorläufiges*, 1966; *Provokation für mich*, 1965; *Kriegs-Erklärung*, 1967; *Wir und nicht sie*, 1970). Die Lyrik-Debatte entzündet sich in diesen Jahren auch an Sarah Kirsch. 1966, als die Anthologie *In diesem besseren Land* erschien, fanden sich in der Zeitschrift *Weimarer Beiträge* anlässlich ihres Gedichts «Winter» (*Landaufenthalt*, 1967) Klassifikationen, die von kulturpolitischem Gleichschaltungswillen eher denn von Bereitschaft zu sensibler Analyse kündeten.

Die Anthologie *In diesem besseren Land* trug auf ihre Weise nicht nur zur Fortsetzung der Lyrik-Diskussion in der DDR bei, sondern führte auch zu merklichen Konsequenzen für die Lyrikentwicklung in der Zeit nach 1971, dem Jahr des Machtantritts von Erich Honecker. Gedichtbände, die bislang nicht erscheinen konnten, wurden jetzt publiziert, so Sarah Kirschs *Zaubersprüche* (1973), Adolf Endlers *Das Sandkorn* (1974) und Reiner Kunzes *Brief mit blauem Siegel* (1973). Kunze allerdings ging wegen der andauernden Repressionen 1977, ein Jahr, nachdem er wegen der West-Publikation seiner DDR-kritischen Textsammlung *Die wunderbaren Jahre* aus dem Schriftstellerverband ausgeschlossen worden war, in die Bundesrepublik, Günter Kunert folgte ihm drei Jahre später.

Die Entwicklung der Lyrik in den 60er und 70er Jahren weist in Ost und West auf den Impuls ihrer Autoren hin, zu einer Verflüssigung erstarrter gesellschaftlicher Verhältnisse durch sprachliche und poetische Innovationen beizutragen. Den konsequentesten Versuch, über die Anstrengungen eines poetischen Realismus ebenso hinauszugelangen wie über Bildlichkeit und Symbolgehalt des traditionellen Gedichts, unternahmen jedoch seit Mitte der 50er Jahre die Autoren der Konkreten Poesie. Benannt ist mit diesen Begriff vor allem eine Gegnerschaft: Konkrete Poesie wendet sich gleichermaßen gegen vordergründige literarische Inhalte, Mitteilungen und Botschaften wie gegen die tradierten Formkonventionen der Lyrik, soweit deren Bilder, Symbole und Metaphern über den Bedeutungszusammenhang des Gedichts hinausweisen. Aus dem Überdruss an herkömmlichen Sehweisen, Wahrnehmungsformen und Denkgewohnheiten entsteht eine programmatische Veränderung der poetischen Wirklichkeit in der Absicht, die Beziehungen zwischen Sprachmaterialien so vorzuführen, dass nicht über sie gesprochen und verfügt wird, sondern dass sie in ihren Eigenwilligkeiten demonstriert werden, ein Verfahren, das der Textproduzent und -theoretiker Eugen Gomringer verschiedentlich durchgespielt hat (*Konstellationen*, 1953; *vom vers zur konstellation*, 1954; *konstellationen*, 1960; *5mal 1 konstellation*, 1960). Es geht Gomringer stets um hör- und auch sichtbar gemachte Strukturen, in denen bezeichnete Sache und bezeichnendes Wort nicht auseinanderfallen, sondern sich sprachspielerisch auf eine die Wirklichkeit verändernde Weise ausdrücken. Im Kontext von «Veränderung» ist auch an Helmut Heißenbüttel zu erinnern, der die Begegnung mit Gomringers *Konstellationen* in den 50er Jahren nach eigenem Bekunden als einen «Akt der Befreiung» erfahren hat. Heißenbüttel – einer der wichtigsten Theoretiker der Avantgarde (*Über Literatur*, 1966; *Zur Tradition der Moderne*, 1972) – kann als Autor der Konkreten Poesie allerdings nur in begrenztem Maß beansprucht werden. Von Gomringer lernte er, wie er in der Einleitung zu einer Sammelausgabe von dessen «Konstellationen» (*worte sind schatten*, 1969) bekannte, «daß ich machen konnte, was ich wollte. Ich konnte alles ausprobieren und zusehen, ob es den gleichen Reiz auszuüben vermochte, den ich hier erfahren hatte». Für seine eigenen Arbeiten (*Kombinationen*, 1954; *Topographien*, 1956; *Textbuch I–VI*, 1960–1967, gesamt in *Das Textbuch*, 1970) hat Heißenbüttel aus dieser Begegnung vor allem das Prinzip der Offenheit fruchtbar gemacht.

In diesem Zusammenhang ist auch der von Gerhard Rühm 1967 veröffentlichte Sammelband mit dem Titel *Die Wiener Gruppe* zu nennen (erweiterte Neuausgabe 1985). Er gab Auskunft über eine österreichische Parallel- und Sonderentwicklung der Konkreten Poesie, deren Geschichte zum Zeitpunkt dieser Veröffentlichung bereits abgeschlossen war. Friedrich Achleitner, Hans Carl Artmann, Konrad Bayer, Gerhard Rühm und Oswald Wiener zählten zu dieser Gruppe, von Hause aus Schriftsteller, Musiker, Architekten, Maler, die sich aus einem gemeinsamen Interesse an den produktiven Energien der literarischen Avantgarden (Dadaismus, Surrealismus) zusammengefunden hatten. Der große Erfolg, den H. C. Artmann mit seinem Dialektlyrik-Buch *med ana schwoazzn dintn* (1958) erzielte – ein weiterer repräsentativer Band aus dem Kreis der Wiener Gruppe war *hosn rosn baa* (1969) von Achleitner, Artmann und Rühm –, bildete jedoch auch ein Element des Auflösungsprozesses: Artmann ging seine eigenen Wege, während Achleitner, Bayer, Rühm und Wiener sich mit Wissenschaftstheorie und Sprachwissenschaft, mit Ludwig Wittgenstein, dem Neopositivismus und der Kybernetik befassten.

In welchem Verhältnis die Konkrete Poesie zur politischen Lyrik steht, lässt sich an zwei im Jahr 1966 erschienenen Gedichtbänden zeigen, die repräsentativ genannt werden können: Ernst Jandls *Laut und Luise* und Erich Frieds *und VIETNAM und*. Schon die Titel der beiden Editionen deuten auf unterschiedliche literarische Haltungen: Das Spiel mit der Sprache steht der Wahrnehmung politischer Wirklichkeit scheinbar unvermittelt gegenüber. Allein die Namen der Autoren repräsentieren poetische Strömungen, die für unvereinbar gelten wie eben «Konkrete Poesie» oder «politische Lyrik», literarische Richtungen also, die ihren jeweiligen Verächtern noch verdächtig erschienen. Haftet der Konkreten Poesie das Odium des formalistischen Experiments, des selbstgenügsamen Sprachspiels, womöglich der ästhetischen Beliebigkeit an, so sieht sich politische Lyrik dem Vorwurf einer doktrinären Inhaltlichkeit und unkünstlerischer Propagandaabsichten ausgesetzt, zumindest dem Verdacht, in ihr dominiere eine außersprachige Wirklichkeit.

Literarische Tendenzen der 70er Jahre (1969–1977)

Bereits Ende der 60er Jahre konnte man erkennen: Das ‹realsozialistische› System des Ostblocks war diktatorisch und bürokratisch erstarrt: politisch strikt hierarchisiert, ökonomisch ineffektiv und unflexibel organisiert sowie kulturell dogmatisch geführt. Dies gilt auch für den Bereich der Kultur. Was immer in der Kulturpolitik der DDR an Restriktionen und Lockerungen praktiziert worden ist, welchen Grad an Freiheiten man auch gewährte, welche Sanktionen man verhängte und welche Repressionen man organisierte, stets bildete, in unterschiedliche Formeln gekleidet, die jeweilige Parteiauffassung vom Sozialismus das Maß aller Dinge. Ein Maß, das – wandlungsfähig genug, sich den vermeintlichen oder tatsächlichen Erfordernissen einer ‹sozialistisch› sich verstehenden Politik immer aufs Neue anzupassen – beileibe nicht dazu gedacht war, dem Anspruch der Kunst auf eine freie Entfaltung ihrer ästhetischen Potenzen zu entsprechen. Zwar gab es seit dem 8. Parteitag (1971) ein Mehr an kulturpolitischer Liberalität. Bislang unerwünschte Stücke von Heiner Müller wie seine *Macbeth*-Bearbeitung, *Die Schlacht* und *Die Bauern* konnten nach 1971 aufgeführt werden; in der Zeitschrift *Sinn und Form* wurde, begleitet von einer kontroversen Diskussion, 1972 Ulrich Plenzdorfs systemkritische Erzählung *Die neuen Leiden des jungen W.* veröffentlicht, deren erfolgreiche Theaterfassung zugleich an 14 Bühnen der DDR zu sehen war; 1975 veröffentlichte, ebenfalls in *Sinn und Form*, Volker Braun seine gesellschaftskritische *Unvollendete Geschichte*.

Dennoch blieb es dabei: Was die Parteiführung jeweils für richtig erkannt hatte, abhängig von generellen politischen Konstellationen wie von pragmatischen Opportunitätserwägungen, das bestimmte stets auch Wohl und Wehe von Wissenschaft, Kunst und Literatur in strategischer wie in taktischer Hinsicht.

Die Ausbürgerung des Sängers und Liedermachers Wolf Biermann aus der DDR im November 1976 ist dafür ein repräsentatives Beispiel. Biermann hatte noch bis Mitte der 60er Jahre in der DDR mit seinen Liedern auftreten dürfen, auch eine Tournee durch die Bundesrepublik konnte er unternehmen und gelegentlich in Anthologien seine Gedichte unterbringen, doch seit 1965 war es damit vorbei. Nach der Veröffentlichung seines Gedichtbandes *Die Drahtharfe* (1965) im Westen ereilte Biermann die Rache der Politbürokraten, die er seinerseits oft genug zur Zielscheibe seines Spotts gemacht hatte. Publikationsverbot, Auftrittsverbot, Ausreiseverbot, Überwachung und Bespitzelung – so lautete das Verdammungsurteil. Erich Honecker hatte diesem Verdikt auf der 11. Tagung des ZK der SED im Dezember 1965 die höheren Weihen des Politbüros verliehen, als er Biermann zum «Verräter» am Sozialismus stempelte. Von diesem Zeitpunkt an lebte Biermann in der DDR isoliert, ebenso wie etwa Peter Huchel oder der Physiker Robert Havemann. Doch Biermann dichtete, veröffentlichte und sang auf Schallplatten weiterhin, wenngleich er nur im Westen ein Publikum erreichen konnte. Er übte Kritik an den erstarrten und versteinerten Formen des DDR-Sozialismus und ließ sich selbst durch die öffentliche Schelte Honeckers nicht einschüchtern. Dies war der Grund, weshalb das Ministerium für Staatssicherheit bereits seit 1973 an einem Szenario für seine Ausbürgerung arbeitete. Im November 1976 war es dann so weit: Biermann durfte auf Einladung der IG Metall zu Konzerten in die Bundesrepublik ausreisen. Bereits sein erster Auftritt in Köln – ein großer Erfolg vor einem hingerissenen Publikum, über das West-Fernsehen auch in der DDR zu verfolgen – diente als Anlass, dem verfemten Liedermacher nach § 13 des «Staatsbürgerschaftsgesetzes» die Staatsbürgerschaft der DDR abzuerkennen «wegen grober Verletzung der staatsbürgerlichen Pflichten», deren Biermann sich «mit seinem feindseligen Auftreten» gegenüber der DDR schuldig gemacht habe.

Hier löste der Vorgang eine Protestwelle aus, wie man sie zuvor noch nicht gesehen hatte. Widerspruch kam vor allem von Autorenkollegen Wolf Biermanns, die sich mit einem Brief an die Öffentlichkeit wandten, und zwar – weil die Presseorgane der DDR nicht reagierten – an die der Bundesrepublik. Zu den Erstunterzeichnern dieses offenen Briefs gehörten Sarah Kirsch, Christa Wolf, Volker Braun, Franz Fühmann, Stephan Hermlin, Stefan Heym, Günter Kunert, Heiner Müller, Rolf Schneider, Gerhard Wolf, Jurek Becker und Erich Arendt. Damit erklärten sich solidarisch auch die Autoren Ulrich Plenzdorf, Klaus Schlesinger, Fritz Rudolf Fries, Thomas Brasch, Kurt Bartsch, Hans Joachim Schädlich, Bettina Wegner, Gerulf Pannach, Jürgen Fuchs, Günter de Bruyn, Karl-Heinz Jakobs, Helga Schütz, Klaus Poche, Elke Erb, Katja Lange-Müller. Hinzu kamen eigens abgegebene Erklärungen für Biermann von Reiner Kunze und Bernd Jentzsch. Zahlreiche bildende Künstler, Schauspieler, Musiker, Filmemacher, Theaterleute und Intellektuelle schlossen sich den Solidaritätsadressen an. Binnen weniger Tage protestierten mehr als 150 Intellektuelle gegen die Ausbürgerung Wolf Biermanns. Ihnen gegenüber wurde eine verschärfte Gangart in der Literaturpolitik angeschlagen. Ein Exempel hierfür ist der Ausschluss der Autoren Kurt Bartsch, Adolf Endler, Stefan Heym, Karl-Heinz Jakobs, Klaus Poche, Klaus Schlesinger, Rolf Schneider, Dieter Schubert und Joachim Seyppel aus dem Schriftstellerverband der DDR im Juni 1979. Auf diese Weise vollzog sich innerhalb der DDR eine Wende, die auf das Ende des utopischen politisch-gesellschaftlichen Entwurfs «Sozialismus» im Jahr 1989 vorausdeutete.

Parallel hierzu entstand im Westen Deutschlands Mitte der 70er Jahre eine neue politisch-kulturelle Situation, für die sich der Begriff «Tendenzwende» einbürgerte. Er drückt aus, dass die gesellschaftliche Umbruchstimmung, die sich mit der Revolutionseuphorie des Jahres 1968 im Westen andeutete, die eine ganze Generation erfasst und sich in einem politischen Veränderungswillen, in kulturellen Neuansätzen auszudrücken versucht hatte, schon nach wenigen Jahren verflogen war. Zum einen hatte sich die APO-Strategie vom «Langen Marsch durch die Institutionen» (Rudi Dutschke) als Illusion erwiesen. Zum anderen führte die Politisierung der 68er Jahre zu einer Vielzahl linker Organisationen, zu Parteigründungen und politischen Splittergruppen, in deren konkurrenzhaftem Sektierertum sich das Auseinanderfallen der außerparlamentarischen Opposition manifestierte. Schließlich reagierte der Staat auf den Politisierungsprozess im Wesentlichen nach autoritärem Muster, insbesondere durch den unter dem damaligen Bundeskanzler Willy Brandt angeregten «Radikalenerlass» (1972) und das infolgedessen drohende Berufsverbot für Lehrer und Hochschulwissenschaftler. Hinzu kam das RAF-Syndrom der 70er Jahre: die massive Verfolgung nicht nur der Terroristen um Andreas Baader und Ulrike Marie Meinhof («Rote-Armee-Fraktion»), sondern eine Bedrohung auch der Literatur durch die Verschärfung von Zensurbestimmungen, die erst 1980 zurückgenommen wurden.

Am Ende des Politisierungsprozesses steht im Westen eine Entpolitisierung, die jedoch nicht unpolitisch ist. Wenn sie auch auf eine Abkehr von gesellschaftlichen Institutionen, auf Misstrauen gegenüber den etablierten Parteien und den sozialen Hierarchien deutet, so enthält der Entpolitisierungsprozess doch zugleich eine stärkere Betonung individueller Interessen und Motivationen, eine programmatische Rückeroberung der eigenen Sinnlichkeit, die im Politisierungsprozess der 60er Jahre nicht selten verloren gegangen schien. In Autobiographien, in der Literatur der Frauenbewegung, in der neuen Dialektdichtung, in einer Lyrik, für die sich Privates und Politisches als untrennbar erweisen, zeigt sich ein veränderter Zugang zum Verhältnis von Lesen und Schreiben. Dieses wird nicht mehr ausschließlich unter dem Aspekt einer (professionellen) Autorentätigkeit und einer (konsumierenden) Leserhaltung gesehen. Vielmehr gewinnt Literatur vor dem Hintergrund des Begriffs «Erfahrung» eine neue Qualität als reziproker Prozess des Lesens und Schreibens.

Was auf diese Weise in der westlichen deutschsprachigen Literatur in den 70er Jahren als neue literarische Entdeckung hervortritt: die Subjektivität eines gesellschaftlich geprägten Ich, hatte für die DDR Christa Wolfs *Nachdenken über Christa T.* bereits 1968 vorbereitet. Wenn diese Erzählung innerhalb der DDR-Realität als eine poetische Reflexionsbewegung auf der Suche nach Identität sich verstehen lässt, so klingt aus zwei anderen Texten dieser Zeit, die nur wenig später erschienen sind, der Ruf nach deren Verwirklichung: Ulrich Plenzdorfs *Die neuen Leiden des jungen W.* (1972) und Volker Brauns *Unvollendete Geschichte* (1975). Forderungen nach Verwirklichung individueller Lebensansprüche und subjektiver Bedürfnisse in einer sozialistisch sich verstehenden Gesellschaft finden sich hier ausgedrückt als Erfahrung eines Mangels: Literatur als Leiden, Geschichte in Form ihrer Nicht-Vollendung. Vor allem Plenzdorf löste mit seiner Erzählung heftigen Protest aus. Er hatte mehr als nur ein Tabu berührt: Er setzte einen jungen Mann ins literarische Leben, der gerade das Zeitliche gesegnet hat; er machte einen Jargon literaturfähig, der konservativen DDR-Kritikern das Wort «Fäkalien-Vokabular» abnötigte; er pflegte einen Umgang mit dem «klassischen Erbe», der im Reich seiner bestallten Verwalter bislang unerhört war.

Zwischen Autobiographie und Neuer Subjektivität

Der «Erfahrungshunger» (Michael Rutschky) der 70er Jahre ist Ausdruck einer neugewonnenen, wiederentdeckten und ihrer selbst bewusst gewordenen Subjektivität, für die sich rasch das Schlagwort «Neue Subjektivität» eingebürgert hat. Eine Reihe bekannter Autoren veröffentlicht eine Fülle lebensgeschichtlicher Entwicklungen und Details, darunter Max Frisch (*Tagebuch 1966–1971*, 1972; *Montauk*, 1975), Peter Rühmkorf (*Die Jahre die Ihr kennt*, 1972), Gerhard Zwerenz (*Kopf und Bauch*, 1971), Jakov Lind (*Selbstporträt*, 1970; *Nahaufnahme*, 1973), Günter Grass (*Aus dem Tagebuch einer Schnecke*, 1972), Wolfgang Hildesheimer (*Zeiten in Cornwall*, 1971), Walter Kempowski (*Tadellöser & Wolff*, 1971; *Uns geht's ja noch gold*, 1972), Peter Handke (*Der kurze Brief zum langen Abschied*, 1972; *Wunschloses Unglück*, 1972), Wolfgang Koeppen (*Jugend*, 1976), Thomas Bernhard (*Der Keller*, 1976), Elisabeth Plessen (*Mitteilung an den Adel*, 1976). Einen Vorläufer solcher autobiographischen Literatur darf man Hermann Lenz nennen: Er legt in den Jahren 1966 bis 1978 vier Romane vor, die Entwicklungsstufen seines eigenen Lebenswegs schildern (*Verlassene Zimmer*, 1966; *Andere Tage*, 1968; *Neue Zeit*, 1975; *Tagebuch vom Überleben und Leben*, 1978). In den Romanen des Schweizers Gerhard Meier (*Der Besuch*, 1976; *Toteninsel*, 1979; *Borodino*, 1982; *Die Ballade vom Schneien*, 1985) wie in den Werken Werner Kochs (*Seeleben I*, 1971; *Wechselfähre oder Seeleben II*, 1975) lassen sich Gemeinsamkeiten mit der autobiographisch inspirierten Schreibweise des Hermann Lenz entdecken, während die autobiographischen Werke des späteren Literaturnobelpreisträgers Elias Canetti (*Die gerettete Zunge*, 1977; *Die Fackel im Ohr*, 1980; *Das Augenspiel*, 1985) als eine einzigartige «recherche», durchaus im Sinne Marcel Prousts, aus der Literatur dieser Zeit herausragen. Eine autobiographisch grundierte Prosaarbeit ist demgegenüber Nicolas Borns Roman *Die erdabgewandte Seite der Geschichte* (1976), ebenso Günter Grass' *Der Butt* (1977) und Peter Schneiders Erzählung *Lenz* (1973).

Thematisch heben sich von dieser autobiographischen Literatur der 70er Jahre eine Reihe von Werken ab, die sich, zum Teil aus durchaus subjektiver Perspektive, mit den politischen, sozialen und psychischen Dispositionen der außerparlamentarischen Revolte und der Studentenbewegung befassen. Es ist eine Zeit-Literatur im genauen Sinn des Worts: Reflex persönlicher Geschichten und gesellschaftlicher Entwicklung, Verarbeitung von Erlebnissen und Wandlungsprozessen, auch Kritik und Distanzierung festgefügter Standorte und Positionsbestimmungen. Zu ihren Autoren zählen Peter Paul Zahl (*von einem der auszog, GELD zu verdienen*, 1970; *Die Glücklichen*, 1979), Gerd Fuchs (*Beringer und die lange Wut*, 1973), Uwe Timm (*Heißer Sommer*, 1974), Christian Geissler (*Das Brot mit der Feile*, 1976), Bernward Vesper (*Die Reise*, 1969–1971, posthum veröffentlicht 1977), Hermann Kinder (*Der Schleiftrog*, 1977), Jochen Schimmang (*Der schöne Vogel Phönix*, 1979) und Michael Buselmeier (*Der Untergang von Heidelberg*, 1981). Ihre Werke, literarische Verarbeitungen lebensgeschichtlicher Erfahrungen, stehen in einem biographischen und politischen Zusammenhang mit einer Reihe autobiographischer Veröffentlichungen aus der Zeit der außerparlamentarischen Bewegung, darunter Bommi Baumann (*Wie alles anfing*, 1975) und Daniel Cohn-Bendit (*Der große Basar*, 1975), und auch kulturkritischer Essays, darunter Hartmut Lange (*Die Revolution als Geisterschiff*, 1973), Michael Schneider (*Die lange Wut zum langen Marsch*, 1975), Hermann Peter Piwitt (*Boccherini und andere Bürgerpflichten*, 1976) oder Peter Schneider (*Atempause*, 1977).

Unter dem Aspekt der künstlerischen Qualität ist Bernward Vespers autobiographischer Roman-Essay *Die Reise* (1977) wohl das bedeutendste dieser Werke. Es ist der Versuch, in einer schonungslos vorangetriebenen Individual-Archäologie die Erkundung des bürgerlichen Individuums zu betreiben: eines Einzelnen, für den individualpsychologisch die Autoritätsfixierungen der faschistoiden kleinbürgerlichen Familienstrukturen prägend sind, für den politisch die Entwicklung aus der konservativen Adenauer-Ära in die radikale Revolte der 60er Jahre bestimmend ist, für den soziologisch die Nicht-Erfahrung einer gesellschaftlichen Identität sich auswirkt und für den ästhetisch-kulturell die Traditionsbildungen des Bürgertums ihren verbindenden und verbindlichen Charakter verloren haben. Diese Faktoren – Destruktions- und Verlusterfahrungen – haben sich in der Form von seelischen Verwundungen und politischer Verzweiflung in das bürgerliche Individuum Bernward Vesper eingeschrieben bis hin zum zerstörerischen Wahn durch Drogeneinfluss. Der Autor ist am Ende Opfer der «Sprengkraft» (Vesper) von LSD geworden. Seine Einweisung in die Nervenklinik, aus der er lebend nicht mehr herausgekommen ist, erfolgte aufgrund eines Wahnzustandes, für den Drogeneinfluss, zumindest als ein Faktor, ursächlich vermutet werden kann. Mit Vespers Werk liegt ein Stück authentischer Wirklichkeit der Revolte von 1968 vor – authentisch in seiner Fragmentierung wie in seinem Aufbegehren, in seiner Grenzüberschreitung wie in seinem Scheitern.

Ebenfalls ein autobiographisch inspiriertes Resultat der 68er-Revolte ist die Frauenliteratur, die sich seit Mitte der 70er Jahre vor allem im Westen zu entwickeln begonnen hat. Ihr Programm lautete: Abgrenzung von der Welt der Männer wie von traditionellen Sozialisationsformen und Rollenfixierungen, Entdeckung einer spezifischen Weiblichkeit in Geschichte und Gegenwart, Entwicklung und Behauptung einer weiblichen Identität in einer patriarchalisch bestimmten Wirklichkeit. «Frauenliteratur» heißt in diesem Zusammenhang: Literatur von Frauen über Frauen für Frauen. Sie versteht sich als Teil einer neuen Frauenbewegung, sie sieht ihre Erfahrungsvoraussetzungen bestimmt durch die Welt der Männer, nicht zuletzt durch eine männlich dominierte Sexualität, die zu ebenso subtilen wie brutalen Formen der Vergewaltigung ausgreifen kann. Unterdrückung, Entmündigung und

Einsamkeit, Gefühlskälte und Beziehungslosigkeit kennzeichnen diese literarischen Nachrichten aus unterschlagenen, alltäglichen Wirklichkeitsbereichen, teils aggressiv, teils leidend vorgetragen, bisweilen mokant und spröde gegenüber dem anderen Geschlecht. Die Frauen in dieser deutlich autobiographisch geprägten Literatur befinden sich auf der Suche nach einem Selbstbewusstsein, das sich von dem der Männer abkehrt und abgrenzt, das zu sich findet und über sich selbst verfügt, nicht selten im Austausch und in der Gemeinsamkeit mit anderen Frauen.

Ein erstes aufsehenerregendes Beispiel gab Verena Stefan mit ihrem Prosatext *Häutungen* (1975). In ihm werden vor dem Hintergrund der Frauenbewegung in der Bundesrepublik Prozesse notiert wie Ablösung von vertrauten sozialen Bindungen und Zusammenhängen, Lösung aus tradierten Mustern sexueller Beziehungen, Entdeckung einer neuen weiblichen Identität, die von Selbsterfahrungszwang und Offenbarungsdrang zeugt. «Autobiographische Aufzeichnungen Gedichte Träume Analysen» lautet der Untertitel dieser literarischen Reflexion, mit der die traditionellen Gattungsbezeichnungen gesprengt werden, umgearbeitet, verwandelt, amalgamiert zu einer neuen Form poetischer Selbsterfahrung, die in den Satz mündet: «der mensch meines lebens bin ich». Diese Gewissheit, erreicht um den Preis eines qualvollen und langwierigen Entwicklungsprozesses, bleibt allerdings noch zu sehr den tradierten poetischen Sprachformen verhaftet, als dass dieser Text den umfassenden Anspruch einer eigenständigen Frauenliteratur hätte erfüllen können.

Von der Schwierigkeit, eine neue Sprache zu entwerfen, neue Ausdrucksformen für neue Wahrnehmungen zu finden, zeugen auch die meisten literarischen Arbeiten aus dem Umkreis der neuen Frauenbewegung, darunter Caroline Muhr (*Freundinnen*, 1974), Margot Schröder (*Ich stehe meine Frau*, 1975), Brigitte Schwaiger (*Wie kommt das Salz ins Meer?*, 1977), Svende Merian (*Der Tod des Märchenprinzen*, 1980). Karin Strucks Roman *Klassenliebe* (1973) hat hingegen aus anderen Gründen Aufsehen erregt. In ihm verarbeitete die Autorin ihre eigenen Erfahrungen als aufsteigende Arbeiterin, die nach einer Zeit der Politisierung während der Studentenbewegung ihre Subjektivität wiederfindet. Das Interesse an diesem Roman galt dem Problem einer klassenspezifischen

Identität und deren Wandlungen im Prozess der außerparlamentarischen Revolte, wie es die Perspektive einer autobiographisch inspirierten Ich-Erzählerin vermittelte. Bekennende Ehrlichkeit und Offenheit auch hier, sogar als Beglaubigung persönlicher Identität und Wahrhaftigkeit, ein Drang nach Selbstoffenbarung, von dem auch die beiden folgenden Romane Karin Strucks *Die Mutter* (1975) und *Lieben* (1977) zeugen: Beide feiern urtümlich-mythische Bindungen in Mutterschaft und Sexualität als höchste Erfüllung. Hinter solchen Ausdrucksproblemen verbirgt sich fraglos auch die Geschichte einer Unterdrückung: die Abdrängung des Weiblichen aus der Literatur, wie sie etwa Christa Reinig in ihren Werken zu überwinden versucht hat (*Orion trat aus dem Haus*, 1968; *Die himmlische und die irdische Geometrie*, 1975; *Entmannung*, 1976). Als Beispiel einer ‹Frauenliteratur›, lange bevor der Feminismus diesen Begriff instrumentalisierte, kann demgegenüber das Werk Luise Rinsers gelten. Die eigene Kindheit im Spannungsfeld von Religiosität und Freiheitsbedürfnis, die Existenz unter dem Faschismus und die Inhaftierung aufgrund einer Denunziation (*Gefängnistagebuch*, 1946), die Polarität von weiblicher Identität und patriarchalisch dominierten Erziehungs- und Verkehrsformen sind Erfahrungen, die ihr Werk leitmotivisch wieder und wieder umspielt, zum Teil in Form einer katholischen Erbauungs- und Entsagungsideologie (*Die vollkommene Freude*, 1962; *Den Wolf umarmen*, 1981).

Die Entwicklung der deutschsprachigen Frauenliteratur seit Ende der 70er Jahre zeigt eine Bewegung zu größerer Freiheit, zu sprachlicher Innovation, zu literarisch glaubwürdigeren Bildern und Bauformen. In Angelika Mechtels Roman *Wir sind arm, wir sind reich* (1977) wird die Geschichte erwachender weiblicher Sinnlichkeit am Beispiel eines jungen Mädchens erzählt, eingebettet in die soziale Entwicklung der 50er Jahre. Geschichte bildet auch den Hintergrund von Ingeborg Drewitz' Roman *Gestern war heute – Hundert Jahre Gegenwart* (1978), ein breit angelegter Versuch der Aufarbeitung von Faschismus und Nachkriegszeit im Spiegel individueller und familiärer Frauensozialisation. Mit den Romanen Jutta Heinrichs (*Das Geschlecht der Gedanken*, 1977) und Barbara Frischmuths (*Die Mystifikationen der Sophie Silber*, 1976; *Amy oder die Metamorphose*, 1978; *Kai und die Liebe zu den Modellen*, 1979) gelingt eine poetische

Aufsprengung des moralisch-autobiographischen Bannkreises, in dem sich die Literatur der Frauenbewegung befand. Dies trifft vor allem im Hinblick auf den Roman *Malina* (1971) der Österreicherin Ingeborg Bachmann zu. Vor dem Hintergrund der Erzählung *Undine geht* (1961) und im Zusammenhang ihrer poetologischen Überlegungen zu *Problemen zeitgenössischer Dichtung* (1959/60) lässt sich der Roman als Einlösung eines widerspruchsvollen Utopie-Entwurfs verstehen: *Malina* zeigt das Verlangen nach Vollkommenheit als dessen Scheitern, zeigt die Liebe im Prozess ihrer Zerstörung, führt den Versuch der Vervollkommnung im Verfahren von deren Dekonstruktion vor, bezeichnet die Einlösung der Utopie als Tod, als «Mord». Der Roman entfaltet die paradoxe Spannung von Utopie und Realität in einer Sprache, die zugleich Ausdruck der Spannung ist und die Bedingungen des Scheiterns aller Utopie mitteilt. Er entwirft, pointiert gesprochen, jene Utopie der Liebe, die er selbst zerstört. Auch die Erzählstruktur teilt ein utopisches Element implizit mit: Zwar verschwindet das erzählte Ich zuletzt «in der Wand», doch bleibt das erzählende Ich als fortwirkende Instanz erhalten, buchstäblich überlebend in Wirklichkeitssphäre und Person der Erzählerin. Gerade in der auf den ersten Blick abgründigen Negativität der *Todesarten*-Romane Bachmanns darf man ein Indiz ihres ästhetischen Wahrheitsanspruchs sehen, der mit der Radikalität des subjektivierenden Blicks zusammenfällt – und diesen über sich selbst hinaustreibt. Nicht Affirmation des *Status quo* ist der letzte Sinn dieses Schreibens, sondern der unausgesprochene Neuentwurf, der die Zerstörung des Bestehenden voraussetzt.

Alltagslyrik

Die (Wieder-)Entdeckung der Subjektivität hat Wirkungen auch auf die Lyrikproduktion gehabt. Ihren wichtigsten theoretischen Ertrag bildete ein Band mit poetologischen Essays zum Thema *Was alles hat Platz in einem Gedicht?* (1977), den Hans Bender und Michael Krüger herausgegeben hatten mit Beiträgen von Horst Bienek, Peter Hamm, Peter Rühmkorf, Hans Christoph Buch, Helmut Heißenbüttel, Günter Kunert, Nicolas Born, Heinz Piontek und Wolfgang Weyrauch. Konsens bestand –

bei allen Auffassungsunterschieden im Einzelnen – darin, dass die Lyrik nach Gottfried Benn und Paul Celan von allen belastenden Traditionen, das heißt von allen Absolutheitsansprüchen an die poetische Sprache und einem hermetischen Kunstverständnis zu befreien sei.

Die Konsequenz für die poetische Praxis zeigte sich alsbald im Werk jüngerer Lyriker wie Rolf Dieter Brinkmann und Jürgen Theobaldy. «Man muß vergessen, dass es so etwas wie Kunst gibt! Und einfach anfangen.» Dieses seither vielzitierte Diktum Rolf Dieter Brinkmanns von 1968 (in *Standphotos*, 1980) war durchaus angetan, einem traditionellen Lyrikverständnis den Boden zu entziehen und nicht weniger der Banalität jener Wirklichkeit, welcher Brinkmann sein lyrisches Material verdankt. «Einfach anfangen» – die Unmittelbarkeit des Realitätsbezugs wie die Spontaneität des poetischen Produktionsprozesses, die mit diesem Postulat freigesetzt wurden, verweisen auf Brinkmanns Orientierung an amerikanischer Pop- und Underground-Lyrik (*ACID*, 1969). Doch man muss mit solchen Etikettierungen, zumindest im Blick auf Brinkmanns eigene Poesie, vorsichtig sein, weil ihre genauen Stimmungsbilder, die Nuancen und Schattierungen dieser Lyrik, ihre atmosphärische Dichte wie ihr kalkulierter Lakonismus von einer präzisen Durcharbeitung sehr wohl Zeugnis ablegen. Brinkmanns Postulat «einfach anfangen» bedeutet nicht einfach eine Absage an den Kunstanspruch, der sich mit Literatur verbindet, sondern vor allem einen Versuch der Befreiung von den großen lyrischen Traditionen und ihren Autoren. Freude, Trauer, Glück, Empfindungen, Stimmungen liegen ebenso auf dem Weg dieser Alltagslyrik wie die Gegenstände der umgebenden Dingwelt. Und sie vermag sich diese nur deswegen poetisch zu assimilieren, weil sie sie einem Transformationsprozess unterwirft, weil sie die Materialität der äußeren Wirklichkeit sprachlich konzentriert und verdichtet, ohne metaphorisch über sie hinauszuweisen.

Um die Ausdrucksmöglichkeiten und Formenvielfalt dieser Alltagslyrik anzudeuten, seien einige ihrer Autoren und Werke genannt: Arnfrid Astel (*Alle Epigramme*, 1979), Jürgen Becker (*Schnee*, 1971; *Das Ende der Landschaftsmalerei*, 1979), Nicolas Born (*Das Auge des Entdeckers*, 1972), Hugo Dittberner (*Ruhe hinter Gardinen*, 1980), Frederike Frei (*Losgelebt*, 1978), Günter Herburger (*Ziele*, 1977; Orchidee, 1979), Karin Kiwus

(*Von beiden Seiten der Gegenwart*, 1976; *Angenommen später*, 1979), Ursula Krechel (*Nach Mainz*, 1977; *Verwundbar wie in den besten Zeiten*, 1979), Renate Rasp (*Junges Deutschland*, 1978), Johannes Schenk (*Die Genossin Utopie*, 1973, *Jona*, 1976), Jürgen Theobaldy (*Blaue Flecken*, 1974; *Zweiter Klasse*, 1976; *Drinks*, 1979), Rainer Malkowski (*Einladung ins Freie*, 1977; *Zu Gast*, 1983), Rainer Brambach (*Kneipenlieder*, 1974; *Auch im April*, 1983), Rolf Haufs (*Die Geschwindigkeit eines einzigen Tages*, 1976; *Größer werdende Entfernung*, 1979) und – bisweilen ins Mythologische und Orientalische entgrenzt – Cyrus Atabay (*An diesem Tag lasen wir keine Zeile mehr*, 1974; *Das Auftauchen an einem anderen Ort*, 1977; *Die Leidenschaft der Neugierde*, 1981).

In dem Versuch der Befreiung von Formstrenge, Sprachkonventionen, Bild- und Metapherntraditionen offenbart sich jedoch auch das immanente poetologische Problem der Alltagslyrik. Denn es gelingt ihr nicht immer, der Banalität zu entkommen, die ihrem Thema, der Alltagswelt, nun einmal eigen ist. Nicht selten verfließt ein «langes Gedicht» ins Beliebige und Austauschbare, nur selten kommt ein kurzes Gedicht über die kalauernde Pointe hinaus. Im genauen Registrieren alltäglicher Details gerät vielfach deren gesellschaftlicher Charakter aus dem Blick – darin liegt die Gefahr der Vereinfachung, die Verführung zur beifallsträchtigen Pointe begründet. Gerade der Versuch, in der Alltagslyrik etwas von der ‹einfachen› Gegenständlichkeit der Welt sichtbar zu machen, steht in der Gefahr, sich jenem Wandel unterwerfen zu müssen, dem auch die ‹einfachen› Gegenstände unterliegen – und gerade dadurch dem Vergessen anheimzufallen.

Literatur und Gesellschaft im Übergang (1978–1989)

Für die literarische Entwicklung nach 1945 können die Jahre 1978 und 1989 als markante Grenzen gelten. Zwar repräsentiert 1978 im Unterschied zum Ereignis von 1989 keinen Einschnitt von historischer Dimension, doch darf es im Hinblick auf die literaturgeschichtliche Periodisierung einige Evidenz beanspruchen. Im Westen war die «Tendenzwende» der 70er Jahre nicht allein mit einer neuen Subjektivität einhergegangen, sondern auch mit einem Erstarken des politischen Konservatismus, das auf die spektakulären Ereignisse im Kontext des Krisenjahrs 1977 folgte. Die Konsequenzen der Entführung und Ermordung des Arbeitgeberpräsidenten Hanns Martin Schleyer, der aufsehenerregende Stammheim-Prozess gegen Mitglieder der sogenannten Rote Armee Fraktion und deren Selbstmord, die Terroristenfahndung in den folgenden Jahren – all das prägte das politisch-soziale und kulturelle Leben in der Bundesrepublik, all das hat sich auch in kritischen literarischen Arbeiten niedergeschlagen, so bei F. C. Delius (*Ein Held der inneren Sicherheit*, 1981), Eva Demski (*Scheintod*, 1984), Eva Zeller (*Heidelberger Novelle*, 1988), Peter-Jürgen Boock (*Abgang*, 1988), Rainald Goetz (*Kontrolliert*, 1988) und Judith Kuckart (*Wahl der Waffen*, 1990). Zu den atmosphärischen Turbulenzen jener Zeit traten eine sich immer mehr verschärfende Wirtschaftskrise und steigende Arbeitslosenzahlen hinzu, sodass sich der politische Konservatismus zunehmend als Alternative zur sozialliberalen Ära Brandt / Schmidt darstellen und sich mit der Bildung der Regierung Kohl im Jahr 1982 auch parlamentarisch bestätigt sehen konnte. Diese Veränderungen blieben auch für die Kultur nicht ohne Folgen: Restriktionen in der Filmförderung griffen um sich (gegen Herbert Achternbusch, Alexander Kluge, Hans Jürgen Syberberg); Sparmaßnahmen der öffentlichen Hand trafen insbesondere die Bibliotheken und damit einen wesentlichen Teil der Lesekultur; in Diskussionen um die Außenrepräsentanz der Bundesrepublik zogen Politiker allen Ernstes ein Auftrittsverbot für unliebsame Schriftsteller wie Günter Grass und Heinrich Böll bei Veranstaltungen der Goethe-Institute in Betracht – kulturpolitisch restriktive Tendenzen, die ihrerseits die Voraussetzung schufen für Proteste der Betroffenen, für ein verstärktes politisches und gesellschaftliches Engagement der Schriftsteller. Im Übergang zu den 80er Jahren entstand ein soziales Klima, in dem sich die Gegensätze von Kultur und offizieller Politik – vergleichbar den 50er Jahren – drastisch verschärften. Auch darin lag jene Rückbesinnung auf die Potenzen der Poesie, lag ein neues Selbstbewusstsein begründet, das die deutsche Literatur der 80er Jahre prägen sollte.

Demgegenüber markieren die Jahre 1978 und 1989 in der Geschichte der DDR, so kann man rückblickend sagen, Stationen des Verfalls einer sozialen Utopie in ihrer staatlichen Praxis. Sie repräsentieren den Schnittpunkt aus jener «neuen Sozialpolitik», die das SED-Parteiprogramm 1976 festgeschrieben hatte, der Ausbürgerung Wolf Biermanns, dem nachfolgenden Massenexodus von Künstlern und Intellektuellen, von dem schon die Rede war, und dem auch auf die DDR ausstrahlenden militanten Aktionismus der «Rote Armee Fraktion» (RAF) im Westen mit seinem dramatischen, (selbst)mörderischen Ausgang. Das Jahrespaar 1976/77 markiert, so gesehen, auch das Ende einer Vision. Es ist ein historischer Zeitpunkt, von dem aus die Auflösung der DDR sich unaufhaltsam vollzog.

Die DDR-Gesellschaft befand sich im Niedergang. Politik diente nur noch der Machterhaltung von Parteieliten, von einer Förderung der Kunst und Literatur im Sinne ästhetisch produktiver Herausforderungen konnte kaum noch die Rede sein. Eher lässt sich von der Absicht sprechen, eine «vergesellschaftete Literatur» (Hermann Kant) zu etablieren, und das hieß in Wahrheit: eine kontrollierte, domestizierte, reglementierte, unterworfene Literatur. Die Kultur- und Literaturpolitik in der DDR wurde betrieben auf Kosten der Dichter und gegen sie. Wo Literatur aufbegehrte, schien sie verdächtig, wo Autoren eigenständig sprachen, galten sie als Staatsfeinde. Den Maßstab zur Beurteilung gab der jeweilige Parteikurs, Eigensinn war nicht gefragt. Schriftsteller im Dienste des Staates, Poesie als Herrschaftsmittel war die politische Absicht und nicht selten alltägliche Praxis. Diese Kultur- und Literaturpolitik hätte allerdings nicht durchgesetzt werden können, wenn nicht auch Schriftsteller an ihrer Durchsetzung mitgewirkt hätten. Zum Teil haben sie sich als Kämpfer für die SED verstanden und zugleich der Staatssicherheit gedient, etwa Hermann Kant, der noch in seinen Erinnerungen (*Der*

Abspann, 1991) die DDR-Zensur rechtfertigte. Bisweilen haben Schriftsteller auch als Spitzel im Dienst des Regimes gestanden, so Paul Wiens, Sascha Anderson oder Reiner Schedlinski. Nicht selten wohl – gleichviel, ob naiv oder eingeschüchtert, in bester Absicht oder aus politischer Rücksicht, unwissentlich oder unwillentlich – haben sie den vielfältigen Überwachungsstrategien des Systems durch Informationen genutzt, so Christa Wolf und Heiner Müller.

Die Übergangsgesellschaft hat Volker Braun ein Stück aus dem Jahr 1982 betitelt, das eine zeitgeschichtlich sehr genaue Momentaufnahme dieser transitorischen DDR-Situation im Übergang zu den 80er Jahren darstellt. Die DDR wird gezeigt als Haus aus «morschem Holz», das schließlich seinem Untergangsschicksal überantwortet wird: Es geht in Flammen auf. Poesie ist klüger als Politik, Schriftsteller sind – gelegentlich – weitsichtiger als die öffentlichen Verwalter der Macht. Die Vehemenz, mit der die alten Politiker der DDR ihre Positionen auch in den 80er Jahren noch zu behaupten suchten, belegt die Richtigkeit dieser These. Volker Brauns Zeitdiagnose hat sich als triftig erwiesen. Aber auch andere Autoren verstanden die Zeichen der Zeit scharfsichtiger, genauer und intelligenter als die Politiker zu lesen. Heiner Müller etwa, der Mitte der 80er Jahre erst erkannte, was er anstelle des intendierten «Hoffnungs»-Textes während seiner Arbeit an *Wolokolamsker Chaussee* in Wahrheit formuliert hatte: einen «Nachruf, auf die Sowjetunion, auf die DDR» noch vor deren Auflösung. Ebenso Christoph Hein, der in seiner Parabel *Die Ritter der Tafelrunde* (1989) vom Ende der kommunistischen Gralssuche erzählt. «Du wirst viel zerstören», sagt am Schluss der Gralshüter Artus zu seinem unbotmäßigen Sohn. Dessen Antwort lautet lakonisch: «Ja, Vater.» Und auch an manchen zuvor schon im Westen erschienenen Texten exilierter Dissidenten ließ sich ablesen, dass in der DDR bereits ein Selbstzerstörungsprozess des Sozialismus stattgefunden hatte: Jürgen Fuchs (*Gedächtnisprotokolle*, 1977), Gerald K. Zschorsch (*Glaubt bloß nicht, dass ich traurig bin*, 1977), Frank-Wolf Matthies (*Morgen*, 1979; *Unbewohnter Raum mit Möbeln*, 1980), Siegmar Faust (*Die Knast- und Wanderjahre*, 1979), Lutz Rathenow (*Mit dem Schlimmsten wurde schon gerechnet*, 1980).

Vielleicht hat niemand deutlicher der Enttäuschung über die Entwicklung in der DDR Ausdruck gegeben als Christa Wolf mit ihrer

Erzählung *Kein Ort. Nirgends* (1979). Es war, so die Autorin über den Schreibprozess, eine «Zeit, da ich mich selbst veranlasst sah, die Voraussetzungen von Scheitern zu untersuchen, den Zusammenhang von gesellschaftlicher Verzweiflung und Scheitern in der Literatur». Eine in jener Zeit wohl verallgemeinerbare Disposition des Schreibens. Scheitern und Verzweiflung, Warnrufe und Angstschreie, Infragestellen der gegebenen und Suchen nach einer anderen Wirklichkeit – diese Topoi bilden die Grundmuster jener Choreographie, nach der sich die bedeutende Prosa des letzten DDR-Jahrzehnts bewegt, tastend, fragend, ohne Antwort. Die Romane und Erzählungen dieses Zeitraums lassen sich als eine «ortlose» Dichtung charakterisieren: Kein sozialer Ort bietet Halt, nirgends eine Möglichkeit politischer Orientierung. Das Gefühl, der Boden sei «unter den Füßen weggezogen» worden, das Bewusstsein, «mit dem Rücken an der Wand zu stehen» (Wolf), bildet den gemeinsamen Ausgangspunkt dieser literarischen «Untersuchungen». Ihre Ergebnisse sind freilich so unterschiedlich wie ihre Themen und die Formen, mit denen sie behandelt werden. Christa Wolf nimmt mit dieser Erzählung – wohl ihr dichtester, lyrischster Text – die Trauerarbeit um die verlorene Utopie auf. Aus der Montage von Briefstellen, Originalzitaten und einer poetischen Sprache, die dem fiktiven Schauplatz und seinen Figuren aufs Engste sich anschmiegt, entsteht eine Art «Traumgespräch», ein seismographisches Literatur-Sensorium, das unter der starren Glätte aus Produktionsroutine und Beschönigungsrhetorik einen Abgrund an Bedrohungen entdeckt. Auch Wolfgang Hilbigs Erzählungen (*Unterm Neomond*, 1982; *Der Brief*, 1985; *Die Weiber*, 1987) sind in diesem Zusammenhang zu nennen, insbesondere «Der Heizer»: die sprachlich wie atmosphärisch beklemmende Momentaufnahme einer bis in ihre geheimsten Abgründe ausgeloteten «existentiellen Thematik» (Hilbig). Auch Monika Marons Roman *Flugasche* – 1981 in der BRD publiziert, in der DDR nicht erschienen – ist ein aufsehenerregendes Dokument aus unterschlagenen Wirklichkeitsbereichen wie das zur gleichen Zeit veröffentlichte fiktive Öko-Tagebuch *Swantow* (1982) Hans Cibulkas, wie später Christa Wolfs Tschernobyl-Betroffenheit *Störfall* (1987) auch. Ähnliches lässt sich für das neu erblühte Genre des historischen Künstlerromans sagen. Die Figur des gesellschaftlichen, des literarischen Außenseiters bezeugt geheime Korrespondenzen zu den Selbstzweifeln sich gescheitert sehender Dichter in der DDR. Von der Gottschedin, der Ehefrau des berühmten Gattungspoetikers Johann Christoph Gottsched, handelt Renate Feyl in ihrem Roman *Idylle mit Professor* (1985); J. M. R. Lenz und Cornelia Goethe stehen im Mittelpunkt biographischer Arbeiten der Literaturwissenschaftlerin Sigrid Damm (*Vögel, die verkünden Land*, 1985; *Cornelia Goethe*, 1988); Johann Peter Eckermann bildet die Zentralfigur in Jens Sparschuhs Roman *Der große Coup* (1987); auch Franz Fühmanns großer Trakl-Essay ist hier zu nennen (*Der Wahrheit nachsinnen – Viel Schmerz*, 1981) – Beispiele einer literarischen Tendenz, für die Geschichte zum Medium der Auseinandersetzung mit einer problematischen Gegenwart wird.

Die Form der Auseinandersetzung mit der Gegenwart im Gewand der Geschichte besitzt eine lange literaturgeschichtliche Tradition. Mythos und Historie haben nicht selten als Flucht- und Projektionsraum in orientierungsloser Gegenwart gedient, als Tarn- und Schutzmöglichkeit einer bedrängten Literatur, zuletzt – ein erzwungener Höhepunkt dieses Genres – zur Zeit der Inneren Emigration im Dritten Reich. Einiges aber spricht dafür, dass in Mythos und Geschichte auch Abgedrängtes, Unerledigtes, Unaufgearbeitetes aufgefunden wird, eine Menschheitsproblematik gewissermaßen, die zur selben Zeit auch im Drama der DDR und in westdeutschen Aufarbeitungen von Geschichte zu beobachten ist. Die Produktivität des Mythos hat sich etwa Stefan Heym in seinem Roman *Ahasver* (1981) zunutze gemacht, in dem er das biblische Motiv des ewigen Juden auf drei Ebenen – Lutherzeit, DDR und Israel – durchspielt, um an seinem Exempel die unaufhörliche Dialektik von Aufbruch und Erstarrung, Revolution und Restauration zu demonstrieren. Im Unterschied zu seinen historisch orientierten Prosawerken (*Die Schmähschrift oder Königin gegen Defoe*, 1970; *Der König David Bericht*, 1972), die am Einzelfall das Allgemeine demonstrieren, geht es hier um einen «ewigen Konflikt», der immer aufs Neue zur Hoffnung Anlass geben soll. Diese Produktivität des Mythos lässt sich auch an Christa Wolfs Erzählung *Kassandra* (1983) beispielhaft ablesen. Es ist der Versuch, ausgehend von einem mythologischen Stoff ein erhellendes Licht auf die Gegenwart zu werfen: Dem Wahnwitz des Nuklearwettlaufs antwortet der Kassandra-

Ruf einer bislang in der DDR nicht gehörten Warn-Dichtung. Insofern ist Christa Wolfs Erzählung ein Gegenentwurf zum antiken Heldenepos, zu den Überlieferungen in *Ilias* und *Odyssee* und *Orestie* in genauer Kenntnis aller wichtigen Mythenüberlieferungen von Ranke-Graves, Schwab und Kerényi. Die Autorin hat, wie sich ihren Poetikvorlesungen, den *Voraussetzungen einer Erzählung: Kassandra* (1983), entnehmen lässt, alles tradierte Faktenmaterial als Stoffgebiet für ihre Erzählung genutzt, um es umzuschmelzen zu einer literarischen Innenperspektive, die, vermittelt über die Technik des inneren Monologs, sich gegen die männlich dominierte Geschichte, gegen die Verherrlichung von Geschichte als einer männlichen Heldendarstellung wendet. Kassandra, das exemplarische weibliche Opfer, berichtet vom exemplarischen Fall Trojas auf eine Weise, dass der Bogen in unsere Gegenwart mühelos geschlagen werden kann.

Das gilt auch für die Romane Irmtraud Morgners. Bereits 1974 hatte die durch märchenhafte Abenteuererzählungen (*Hochzeit in Konstantinopel*, 1968; *Die wundersamen Reisen Gustav des Weltfahrers*, 1972) bekannt gewordene Autorin einen exorbitanten Roman-Kosmos vorgelegt: *Leben und Abenteuer der Trobadora Beatriz nach Zeugnissen ihrer Spielfrau Laura.* Ihm verlieh die Autorin nahezu ein Jahrzehnt nach der Trobadora Beatriz noch deutlichere Konturen. 1983, im selben Jahr wie Christa Wolfs *Kassandra*, erschien ihr zweites mythologisches Romanprojekt: *Amanda. Ein Hexenroman*. Auf nahezu 700 Seiten mit 139 verwirrend bunten, vielsträngig verwobenen Kapiteln wird, eingerahmt von einem «Griechischen Vorspiel» und einem «Sylvesternachspiel», die Geschichte der Hexe Amanda entfaltet. Es geht wie in Christa Wolfs *Kassandra* um eine Warn-Dichtung aus weiblicher Perspektive. Prometheus, der männliche Mythos eines weltverändernden Fortschrittsglaubens, ist am Ende mit seinen Künsten. Nur die Hoffnungsgestalt Pandora kann Hilfe bringen, um die Vision vom ewigen Frieden Wirklichkeit werden zu lassen. Sozialkritik und Warn-Dichtung, Mythos und Geschichte, Burleske und Phantastik, männliche und weibliche Welt – nirgendwo sind diese heteronomen Erzählelemente eine innigere Verbindung eingegangen als in den Werken Irmtraud Morgners.

Literarische Postmoderne

Der freie und kritische, zum Teil überaus phantasievolle Umgang mit Geschichte in der DDR-Literatur der 80er Jahre steht im Zusammenhang einer Ost und West übergreifenden Entwicklung, für die sich die Begriffe «Posthistoire» und «Postmoderne» eingebürgert haben. Zwei Termini, mit deren Hilfe sich der akademische Diskurs vor allem in der Bundesrepublik seit Ende der 70er Jahre – zunächst in der Architektur, dann in Philosophie, Kultur- und Literaturwissenschaft – über den Stand der Dinge auseinandergesetzt hat. Es sind Begriffe, die mit anderen «Post»-Ismen wie «Poststrukturalismus» oder «postindustriell» in der Einsicht übereinkommen, am Ende des 20. Jahrhunderts im historischen und kulturellen Stillstand zu leben, in einer nachgeschichtlichen Epoche, in der substanzielle Erneuerungen oder gar revolutionäre Bewegungen und Prozesse keinen intellektuellen und sozialen Raum mehr finden. An die Stelle der lebendigen Auseinandersetzungen von Individuen, Gruppen, Staaten oder Nationen sei eine leerlaufende, sich selber reproduzierende Mechanik des seelenlosen Sozialapparats moderner Industriegesellschaften getreten.

Doch dieser vermeintliche Verlust geht mit einem bedeutenden Freiheitsgewinn einher, zumindest für Kunst und Literatur. Denn gerade mit der Einsicht in das Versagen ideologischer Sinn-Entwürfe – vor allem des orthodoxen DDR-Sozialismus – stellt sich die Frage nach der Funktion von Kunst insgesamt, nach dem Selbstverständnis der Autoren, die nach adäquaten poetischen Antwort- und Ausdrucksmöglichkeiten immer aufs Neue suchen. Phänomene wie Intertextualität und Intermedialität, das Zitat und die Imitation von Kunst in Kunst, die Simultaneität heterogener Materialien und Stillagen sowie die kalkulierte Oberflächlichkeit künstlerischer Formensprache, der Ausfall von Kriterien zur Differenzierung zwischen ‹hoher› und ‹niederer› Kunst, der Übergang von Kunst in Konsum, von Ästhetik in Reklame, das Ineinanderfließen von Kunst und Wirklichkeit, Alltag und Kultursphäre, Realität und Fiktion – all dies sind charakteristische Merkmale und signifikante Stilmerkmale einer Ästhetik, die nicht länger auf Verbindlichkeiten festzulegen ist, weder ethisch noch ästhetisch – ein Phänomen, das die europäische, ja die westliche Kultur der 80er Jahre generell kennzeichnet, von den alltäglichen Lebensformen über die Philosophie bis zur Poesie, von der Musik über den Film bis zu den bildenden Künsten. Autoren wie Ludwig Harig und Ror Wolf, die aus dem Kontext der experimentellen Konkreten Poesie stammen, haben in einfallsreichen und witzigen Varianten die Wirklichkeitstauglichkeit der Sprache und die Sprachtauglichkeit der Realität auf die Probe gestellt: der virtuos-vielseitige Ludwig Harig mit seinem Buch *Allseitige Beschreibung der Welt zur Heimkehr des Menschen in eine schönere Zukunft* (1974), in seinem *Rousseau*-Roman (1978) oder in seinem Erzählpanorama *Die Hortensien der Frau von Roselius* (1992), Ror Wolf in seinen Collagen aus der Welt des Sports (*Punkt ist Punkt*, 1971/73; *Die heiße Luft der Spiele*, 1980; *Das nächste Spiel ist immer das schwerste*, 1982) wie in seinen lakonischen *Nachrichten aus der bewohnten Welt* (1991). Beide, Harig wie Wolf, dürfen als Repräsentanten einer Poesie gelten, die, hierin dem Schweizer Peter Bichsel verwandt, gelernt hat, der Wirklichkeit auch der Worte zu misstrauen (*Eigentlich möchte Frau Blum den Milchmann kennenlernen*, 1964; *Die Jahreszeiten*, 1967; *Kindergeschichten*, 1969; *Des Schweizers Schweiz / Sitzen als Pflicht*, 1969; *Der Leser. Das Erzählen*, 1982; *Der Bustna*, 1985; *Schulmeistereien*, 1985): eine Poesie, die sich über die Sprache der Wirklichkeit wie über die Wirklichkeit der Sprache zu erheben und mit beiden Realitätssphären so zu spielen vermag, dass aus dem Spiel eine neue, eigene Wirklichkeit entsteht. Wenn in gegenwärtiger Literatur derart mit literarischen Traditionen spielerisch verfahren wird, dann bringt sich darin – so Klaus Modick, einer der als ‹postmodern› geltenden Autoren – eine Veränderung von Blicken, Wahrnehmungsweisen und Perspektiven zur Geltung, die neues Licht auf bekannte Konstellationen werfen, die Traditionen aufnehmen, um sie sich anzuverwandeln und dabei sie und sich zu verwandeln. Modick nutzt den Verlust verbindlicher ästhetischer Normen, um daraus in seinem umfangreichen Werk (u. a. *Moos*, 1984; *Ins Blaue*, 1985; *Das Grau der Karolinen*, 1986; *Weg war weg*, 1988; *Die Schrift vom Speicher*, 1991; *Bestseller*, 2006) eine neue, nichtnormative literarische Ästhetik zu schaffen. Er versteht es zu zitieren, Quellen und Materialien in seine Texte einzuarbeiten, mit seinen Lesefrüchten zu spielen und auf diese Weise sein Werk in einen spannungsreichen Traditionsbezug zu setzen. Die Postmoderne setzt – so lässt sich hier wiederum lernen – die Moderne voraus und bringt sich in ein Verhältnis der Gleichzeitigkeit zu allen Epochen und Problemen, zu den unterschiedlichsten Materialien und Modellen, um von ihrer besonderen Zeiterfahrung her deren Substanz aufs Neue zu erproben. Eine ästhetische Erfahrung, die durch den universellen Charakter des Medienzeitalters geprägt ist, die technische Reproduzierbarkeit und Verfügbarkeit von allem und jedem zu jeder Zeit.

Patrick Süskinds Bestseller *Das Parfüm* (1985) darf als herausragendes Beispiel einer in diesem Sinn poetisch selbstbewussten Preisgabe ästhetischer Verbindlichkeiten gelten, die zugleich Verlorenes erinnert und bewahrt. Süskinds Geschichte des Mädchenmörders Jean-Baptiste Grenouille führt zurück ins Paris des 18. Jahrhunderts, in den Bannkreis eines exzentrischen Monstrums, das mit Hilfe seines einzigartigen Geruchssinns aus den Ausdünstungen ermordeter Jungfrauen einen letzten, absoluten Duft gewinnen will. Individueller Held, auktoriale Erzählhaltung, chronologische Handlungsführung, spannungsreiche Konfliktentfaltung, dazu ein kolportagehaftes Sujet werden präsentiert im Medium einer eleganten Sprache. Dieser Sprung zurück ins Zeitalter des bürgerlichen Realismus mag den Erfolg erklären, den dieses in mehr als 20 Sprachen übersetzte Buch auch international hatte.

Das Verhältnis von Sprache und Wirklichkeit bildet, explizit oder implizit, einen Topos postmoderner literarischer Stil- und Tonlagen, vielfältig variiert und modifiziert. Auch Autoren wie Jochen Beyse (*Ultraviolett*, 1990), Patrick Roth (*Riverside*, 1991) oder Thomas Hettche (*Inkubation*, 1992) haben sich, bei aller Unterschiedlichkeit ihrer Sujets, des Wirklichkeitsproblems von Sprache dadurch zu bemächtigen versucht, dass sie eine geschliffene, reine, makellose Prosa schreiben – um den Preis eines entmaterialisierten, manieristischen Schreibgestus. Explizit hat Walter E. Richartz die Realität der Angestellten in den atomisierten und anonymisierten Technik- und Organisationswelten thematisiert (*Büroroman*, 1976), deren Absurditäten die Sprache des Romans in satirischer Verdichtung reproduziert. Bodo Morshäuser hat den Substanzentzug großstädtischer Komplexität in einer medialisierten Gesellschaft in seiner Erzählung *Berliner Simulation* (1983) thematisiert, die schon im Titel auf den französischen Poststrukturalisten und Medientheoretiker Jean Baudrillard anspielt. Implizit handelt auch Hanns-Josef Ortheil von diesem Problem in seiner Erzählung *Hecke* (1983) – einer Geschichte, in der am Beispiel einer Mutter-Sohn-Beziehung die Rekonstruktion einer Biographie als Sprachproblem in Form eines vielfachen Neuentwurfs von Lebenserzählung thematisiert wird. «Sprache, was sonst», hat der Lacan-Kenner Bodo Kirchhoff seinem Erzählungsband *Dame und Schwein* (1985) als Motto vorangestellt – die Wirklichkeit der Sprache wird hier als jene «eigentliche» Wirklichkeit vorgeführt, die längst alle sozialen und personalen Konstituenten von Realität überformt hat. Auch Ingomar von Kieseritzky hat das Problem der Erfindung und Bestimmung von Wirklichkeit durch Sprache in seinen Prosaarbeiten immer aufs Neue durchgespielt, so originell wie obsessiv, wobei sich in *Das Buch der Desaster* (1988) des Autors Katastrophenlust mit seiner Intelligenz und seinem Ideenreichtum auf eine vergnügliche Weise paart. Anders Robert Gernhardt, der gemeinsam mit F. W. Bernstein, Bernd Eilert, Eckhard Henscheid, Pit Knorr, Chlodwig Poth, Hans Traxler und Friedrich Karl Waechter zu jener Riege bundesdeutscher «Leistungskomiker» (Gernhardt) gehört, die, stimuliert von der Aufbruchsbewegung der 60er Jahre, den antiautoritären Gestus jener Zeit in einen literarischen Stil verwandelt haben. Nicht ungern hat sich diese Gruppe von Komikproduzenten das Etikett «Neue Frankfurter Schule» umhängen lassen – Parodie und Selbstparodie inmitten des ungelösten, unlösbaren Beziehungsgeflechts von Theorie und Komik, in dem Letztere die Oberhand behält.

Neuere Literatur von Frauen

Zahlreiche Prosatexte, die im Übergang zu den 80er Jahren die oppositionelle Kraft einer subversiven Kunst entfalten, stammen von Autorinnen. Dies hat mit der Entwicklung der neueren Frauenliteratur in der Bundesrepublik zu tun. Schien es schon Mitte der 70er Jahre notwendig, angesichts der Produktionsflut neuer Subjektivität nach dem Kriterium ästhetischer Differenz sorgsam zu unterscheiden, so gilt dies erst recht für deren weitere Entwicklung. Von jenen Texten, die im Zusammenhang etwa der «Verständigungsliteratur» immer mehr die Züge eines modischen Dilettantismus angenommen haben, sind jene Werke abzuheben, die zwar aus dem Kontext der neuen Schreibbewegungen hervorgegangen, jedoch nicht in ihnen befangen geblieben sind. Hierzu zählen neben Elisabeth Plessens *Mitteilung an den Adel* (1976) und Birgit Pauschs *Die Verweigerungen der Johanna Glauflügel* (1977) auch Karin Reschkes Roman *Verfolgte des Glücks* (1982), Brigitta Arens' *Katzengold* (1983) und Anne Dudens Prosatexte *Übergang* (1983), *Das Judasschaf* (1985) und *Steinschlag* (1993). Es sind zum Teil (auto)biographisch motivierte Werke, doch lassen sie die ihnen zugrunde liegenden individuellen Lebensgeschichten hinter sich, insoweit sie in ihrer poetischen Struktur Wirklichkeit konstituieren: die eigene Geschichte als Aufarbeitung politisch-gesellschaftlicher Konditionierung; die Projektion einer Selbstfindung auf eine Kunstfigur; das Leiden an der doppelten Unterdrückung der Frau im historischen Gewand; das Aufbrechen eines lebensgeschichtlichen Erfahrungszusammenhangs in Splitter von Erfahrungsschritten. Die genannten Autorinnen und ihre Werke knüpfen an die Frauenbewegung an, aber sie verharren nicht bei der Produktion und Reproduktion von frauenspezifischen Erfahrungen. Vielmehr stellen die Texte in ihren gelungensten Passagen Gegenentwürfe dar, so auch Brigitte Kronauers Roman *Rita Münster* von 1983. Hier bilden Individualität und Alltag einer Frau den Ausgangspunkt aller Wahrnehmung, doch der Rhythmus und die innere Spannung dieser Prosa-Textur treiben die individuelle Existenz der Romanfigur in eine Dynamik, die sich von allen äußeren Wirklichkeitsbezügen abstößt, indem sie ihre eigene Wirklichkeit produziert. Dies ist ein experimenteller Umgang mit dem entgrenzten Ich, Ausdrucksform eines Risikos, das in verlorener Sicherheit, in preisgegebenen Gewissheiten besteht, wie es Brigitte Kronauer auch in ihren Kurzgeschichten *Schnurrer* (1992) vorgeführt hat.

Womöglich ist es das Chaos, das literarisch mutwillig, klarsichtig und scharfsinnig herbeigeführte Chaos, durch das hindurchgehen muss, wer sich neue Orientierungen verschaffen will. Diesen Gedanken jedenfalls legen die Werke Elfriede Jelineks nahe als Ausdruck eines unbeirrbaren Versuchs, mit den zerbrechlichen Mitteln der poetischen Sprache Wahrnehmungsveränderungen herbeizuführen. Veränderung ist ein Schlüsselwort für Jelineks Schreibimpuls, Auflösung, Verflüchtigung heißen seine Konsequenzen. Unbemerkte «Hohlräume» entdeckt Jelineks poetisches Destruktionsverfahren unter der glatten Oberfläche der Kulturindustrie mit ihren Comics, Romanheften, Trivialhelden und Popfiguren (*wir sind Lockvögel baby!*, 1970), aber auch in den Medien, den Fernsehserien, dem massenhaft produzierten Kitsch der Traumfabriken (*Michael. Ein Jugendbuch für die Infantilgesellschaft*, 1972). Sie zeigt neue «Programmierungen» – so etwa die doppelte Unterdrückung der proletarischen Frau in *Die Liebhaberinnen* (1975) oder die mörderischen Abgründe des österreichischen Kleinbürgertums in *Die Ausgesperrten* (1980) und in *Lust* (1989) – im Gewand einer zugleich experimentell und analytisch verfahrenden Prosa, durch die satirische Reproduktion kapitalistischer Zwangswelten. Sozialkritik tritt dabei in dem Maß in den Vordergrund, in dem Jelinek anstelle sprachlich vermittelter Gesten, Haltungen und Diskurse politisch-gesellschaftliche Themen und Probleme in den Vordergrund ihrer Arbeit rückt. Beides, Thema und literarischen Duktus, zu verbinden, gelang ihr mit jenem Roman, der auf den ersten Blick ihr konventionellster ist – und doch auf bestechende Weise von den psychologischen Glaubwürdigkeitsbemühungen der bürgerlich-realistischen Romantradition abweicht: *Die Klavierspielerin* (1983). Dieser autobiographisch inspirierte Roman ist, wie die Werke Thomas Bernhards auch, ein Buch des Hasses, geschrieben in einer Sprache der Obsession, durchzogen von Bildern, Metaphern und Symbolen des Widerwillens.

Von ‹Frauenliteratur› in einem engen, emphatischen oder parteilichen Sinn des Worts wird man bei der Nobelpreisträgerin für Literatur Elfriede Jelinek daher nicht sprechen können, ebenso wenig bei Friederike Mayröcker. In ihren literarischen Anfängen eng mit der Wiener Gruppe und der Konkreten Poesie verbunden, angeregt und gestützt durch ihren Lebenspartner Ernst Jandl, hat sie im Übergang zu den 80er Jahren zunehmend autobiographische, subjektive Züge in ihr Werk integriert. In ihren Arbeiten, zumal denen der letzten Jahre, finden sich Such- und Fluchtbewegungen vielfältiger Art – wer sich auf Friederike Mayröckers Poesie einlassen will, ist gut beraten, sich deren eigener Bewegung anzuvertrauen, nicht auf vertraute Erzählmuster zu hoffen, sondern sich dem Reiz des Unbekannten – etwa in *Das Herzzerreißende der Dinge* (1985) – auszusetzen, sich der Strömung und dem Sog eines Erzählflusses auszuliefern, der in assoziativ sich fortzeugenden Bildern seine Wirkung entfaltet. Diese Prosa ist offen, fließend, ungebändigt. Sie will sich nicht stören lassen durch Einengungen von Mustern und Traditionen, durch Verpflichtung auf Formzwang und Konvention. Ebendeshalb gelten Friederike Mayröckers Texte auch als schwierig. Sie sind – in einem äußerlichen Sinn – in sich abgeschlossen, doch stehen sie untereinander in einem prozessualen Zusammenhang, in welchem sich «Experiment, Erfahrung, Intuition und Konstruktion in wechselnder Gewichtung verquicken» (*Magische Blätter*, 1983). Friederike Mayröckers Werk insgesamt lässt sich deshalb – bis hin zu ihrem glanzvoll-autobiographischen Gedichtband *Das besessene Alter* (1992) – als Exempel einer «progressiven Universalpoesie» verstehen, deren «eigentliches Wesen» Friedrich Schlegel einst darin gesehen hat, «dass sie ewig nur werden, nie vollendet sein kann».

Lyrik einer beschädigten Welt

Der Verlust an Sicherheiten und Gewissheiten, der sich in der Neukonstituierung ästhetischer Erfahrungswirklichkeiten seit Beginn der 1980er Jahre mitteilt, findet seine Entsprechung in einer Lyrik, die ihrerseits Beschädigungen aufweist und aufspürt. Fernab vom Programm einer Alltagslyrik, die in der Betonung des Lebenszusammenhangs, aus dem sie hervorgeht, ihre Eigenart mitteilt, entwickelt sich seit Ende der 70er Jahre eine lyrische Dichtung, die in ihrer Formensprache den Kunstcharakter nicht verleugnet, sondern ihn geradezu kunstvoll herausstellt. Beispielhaft zu nennen ist in diesem Zusammenhang Sarah Kirsch, die als Lyrikerin in der DDR mit Natur- und Liebesgedichten begonnen hat. In ihrer Stoff- und Motivwahl ist sie sich auch nach ihrer Übersiedlung in die Bundesrepublik treu geblieben. Ihre seither erschienenen Gedichtbände (*Wintergedichte*, 1978; *Drachensteigen*, 1979; *La Pagerie*, 1980; *Erdreich*, 1982; *Katzenleben*, 1984; *Irrstern*, 1986) kreisen um die Themen Natur, Landschaft und Tierwelt. Doch diese wie auch die Beziehungen der Menschen darin sind immer schon irritiert durch geschichtliche Prozesse, technologische Entwicklungen, soziale Erosionen – auch hier ist sich Sarah Kirsch treu geblieben. Sie nimmt die Irritationen, die von den geschichtlich-sozialen wie von den technologisch-ökologischen Prozessen ausgehen, in Bilderwelt und Formensprache auf, sodass sie als Irritationen des poetischen Prozesses im Gedicht wirksam und fassbar werden, zum Teil in parodistischer Absicht.

An Hans Magnus Enzensbergers Gedichten lässt sich der Desillusionierungsprozess der intellektuellen Linken in der Bundesrepublik Deutschland beispielhaft verfolgen. Enzensberger, der 1968 auf dem Höhepunkt der Revolte die von ihm herausgegebene Zeitschrift *Kursbuch* zum herausragenden Diskussionsforum revolutionärer Theoriebildung entwickelte, hat diesen Desillusionierungsprozess in brillanten politischen Essays (*Politische Brosamen*, 1982) ebenso reflektiert wie in seiner Lyrik. *Der Untergang der Titanic* lautet der Titel der 1978 erschienenen Verserzählung, in der Enzensberger seine kubanischen Erfahrungen verarbeitet hat. Dieser Titel spielt auf die Schiffskatastrophe von 1912 an: Die «Titanic», Symbol des technischen Fortschritts, sank, obwohl für unsinkbar gehalten, nach der Kollision mit einem Eisberg. Enzensberger allegorisiert mithin den Untergang des Fortschrittsglaubens. In 33 Gesängen, anspielend auf Dantes *Göttliche Komödie*, werden Kuba 1969 und Berlin 1977 zueinander in Beziehung gesetzt, historische Erfahrungen aus Kunst und Literatur zur Sprache gebracht und desillusionierte Entwürfe des Weiter- und Überlebens mitgeteilt. Dem Ineinander von politischer Kritik und lakonischem Arrangement entspricht das Miteinander von gebundener Rede, strengem Versmaß, präzisem Strophenbau einerseits, umgangssprachig kalauerndem Tonfall andererseits, den sein 1980 erschienener Gedichtband *Die Furie des Verschwindens* aufnimmt («Die Eiszeit / mit Zündhölzern zu bekämpfen (sagst du), das ist / eine müde Sache»). Enzensberger knüpft nach einer Phase radikaler Kritik und revolutionären Engagements an die sozialkritischen und ironischen Elemente seiner frühen Lyrik an, verändert durch politisch-soziale Erfahrungen – und doch sich gleich geblieben im Verzicht auf verbindliche und verpflichtende Ansprüche.

«Eisberg», «Vereisung», «Eiszeit» sind Metaphern, die in der deutschen Lyrik im Übergang zu den 80er Jahren eine verbreitete Wahrnehmung bezeichnen: einen geschichtlichen Entwicklungsstand, der das

Ende des aufklärerischen Denkens, das Scheitern allen Fortschrittsglaubens signalisiert. Technik erscheint als Fluch, Geschichte als Stillstand, gar als Rückschritt, politisches Handeln als Ohnmachtsgebärde. Seinen vielleicht konsequentesten Ausdruck – weil nicht ironisch aufgehoben – hat dieses geschichtspessimistische Denken in der Lyrik Günter Kunerts gefunden. In seinen Anthologien *Abtötungsverfahren* (1980) und *Stilleben* (1982) notiert Kunert in abgründigen Bildern Visionen von Endzeit und Untergang. Bei aller Abgründigkeit, bei allem Pessimismus zeichnet diese Lyrik einer beschädigten Welt dennoch die Fähigkeit aus, mit ihren Wahrnehmungen und Empfindungen sich nicht im Bestehenden einzurichten, sondern über die Wirklichkeit, aus der sie hervorgeht, hinauszuweisen. Poetisch, nicht ideologisch, denn noch und gerade in ihren abgründigsten Bildern, in ihren schwärzesten Visionen entwirft sie das Gegenbild einer anderen Wirklichkeit, die sich nicht positiv aussprechen, schon gar nicht sich abbilden lässt, wohl aber als Ahnung enthalten bleibt. Eben diese Fähigkeit unterscheidet solche Lyrik von den gleichzeitig entstehenden Gedichten Ulla Hahns, die sich auf eine kulinarische Kultivierung von Gefühlswelten kaprizieren (*Herz über Kopf*, 1981; *Spielende*, 1983; *Freudenfeuer*, 1985), Peter Maiwalds (*Balladen von Samstag auf Sonntag*, 1984) und Doris Runges (*jagdlied*, 1985). Ihr Erfolg – von Ulla Hahns erstem Gedichtband konnten mehr als 40 000 Exemplare aufgelegt werden – verdankt sich durchaus keinem Missverständnis. «Schönheit» und «Virtuosität» lauten die Attribute, welche die Literaturkritik ihnen zubilligte, Virtuosität zumal im Umgang mit erprobten lyrischen Formtraditionen und Schönheit im Ausdruck von Liebesgefühlen.

Poetische Innovationen lassen sich demgegenüber von einer Lyrik erwarten, die verändernd auf ihr Medium, die Sprache, einwirkt, die dieser den Boden entziehen will, um, ungesichert, Neues auf neue Weise wahrnehmen und in neuen Formen mitteilen zu können. Oskar Pastior kann hierfür als Beispiel stehen. Seine Auseinandersetzung mit dem Sonett bei Francesco Petrarca (*33 Gedichte*, 1983) übernimmt diese Gedichtform nicht als starren, äußerlichen Rahmen, sondern versetzt sich in die Vorlage, um (sprach-)spielerisch zu erproben, was ein Gedicht zu leisten vermag. Das Ergebnis ist Nachdichtung als Neudichtung in einer Sprache, die zwar grammatikalisch überprüfbar bleibt, doch in Wahrnehmungen und Gestus den konventionellen Kommunikations- und Informationsgehalt der Sprache unterläuft. Oskar Pastiors Versuch, sich auf diese Weise eine neue Sprache zu erschreiben (*Der krimgotische Fächer*, 1978), heißt nicht nur: Absage an den verbrauchten Mitteilungswert der Sprache, sondern auch: Bestehen auf dem ästhetischen Eigenwert von Klang und Rhythmus. Ein Aspekt, unter dem sich die lyrische Produktion des Altmeisters Pastior mit den poetischen Versuchen des jüngeren Thomas Kling berührt. Vieldeutigkeit lautet der implizite Anspruch dieser Art Lyrik. Sie besteht damit im Grunde auf einer alten Funktion der Poesie: nämlich einer Entgrenzung von sozialer Wirklichkeit durch die Sprachwirklichkeit des Gedichts. Man sieht: Die deutschsprachige Lyrik der 70er und 80er Jahre – zu nennen sind an dieser Stelle auch Michael Krüger (*Reginapoly*, 1976; *Diderots Katze*, 1978; *Die Dronte*, 1985) und Guntram Vesper (*Kriegerdenkmal ganz hinten*, 1970; *Nördlich der Liebe und südlich des Hasses*, 1979; *Die Inseln im Landmeer*, 1984; *Frohburg*, 1985) – ist von beeindruckender Vielfalt. Ihre Themen, Stoffe, Motive und Bilderwelten findet diese Lyrik in einer Welt, deren Beschädigungen auf Ausdruck drängen. Mehr als alle anderen Ausdrucksformen der Poesie hat offenbar das Gedicht die Schriftsteller angezogen in einer Zeit, in der grundlegende soziale Widersprüche die Kluft zwischen politischem Anspruch und alltäglicher Lebenswirklichkeit unübersehbar und unauflösbar hervortreten ließen.

Dies gilt insbesondere für die aus der DDR stammenden Schriftsteller. Das politische System der DDR befand sich in einer irreversiblen Legitimationskrise, die auf den Begriff zu bringen sakrosankt, über die öffentlich nachzudenken verboten war, bei Strafe von Gefängnis und Ausbürgerung. Das Gedicht bot in dieser Situation einen Flucht- und Artikulationsraum gleichermaßen – zum einen, weil lyrische Sprechweisen, Verschlüsselungen und Metaphern dem Versuch einsinniger Dechiffrierung prinzipiell widerstehen, zum andern, weil Lyrik den Kulturpolitikern der DDR offenbar als eine vergleichsweise nebenrangige, nur wenigen zugängliche, weniger gefährdende Gattung galt. Dem Gedicht wurde auf diese Weise das Subjekt zurückgegeben, das ihm in den 60er Jahren im Zuge seiner politischen Instrumentalisierung für den erstrebten sozialen Wandel entwunden worden war.

Drei Generationen von Autoren bestimmen seit dem Ende der 70er Jahre die Lyrikentwicklung in der DDR. Zunächst die der ersten Stunde, geprägt durch die Erfahrung von Faschismus, Krieg und Nachkrieg, für die der Sozialismus als Orientierungsposition oder Widerpart lebensgeschichtlich eine Substanz geboten hatte, welche nun, am Ende ihres Lebens, aus- und aufgezehrt schien. Diese Generation repräsentierte zuletzt vorrangig Erich Arendt, dessen Spätwerk *entgrenzen* (1981) Landschaftsbilder aus Südfrankreich von außerordentlicher Härte und intensiver Farbigkeit versammelt. Sie teilen sich mit in simultan montierten, dialogischen Sprechhaltungen mit einer unüberhörbaren Tendenz zur Verdichtung, Verknappung, Aussparung des Realitätsmaterials.

Daneben findet sich die Generation derer, die in der Aufbruchseuphorie der 60er Jahre mit ihren lyrischen Arbeiten erstmals auf sich aufmerksam machten. Sie treten nun – im Übergang zu den 80er Jahren zunehmend dezimiert durch den Wechsel so vieler begabter und bedeutender Kollegen in den Westen Deutschlands – einen ungeordneten Rückzug auf Positionen einer politisierten Subjektivität an, so etwa Heinz Czechowski, dessen Gedichtbände diesen Weg programmatisch im Titel behaupten (*Was mich betrifft*, 1981; *Ich, beispielsweise*, 1982; *Ich und die Folgen*, 1987). Zu dieser Generation zählen auch Adolf Endler, Elke Erb und Rainer Kirsch, Wulf Kirsten, Karl Mickel und Volker Braun, ebenso Poeten wie der mit suggestivem Symbolismus Abgründe des Alltagslebens evozierende Wolfgang Hilbig (*abwesenheit*, 1979; *STIMME STIMME*, 1983; *die versprengung*, 1986), ferner ein Dichter wie Richard Leising (*Poesiealbum 97*, 1975), dessen schmaler Band *Gebrochen deutsch* (1990) einen scharfsinnig pointierenden Dialektiker zeigt. Zu erwähnen sind auch Richard Pietraß (*Poesiealbum 82*, 1974; *Notausgang*, 1980; *Freiheitsmuseum*, 1982; *Spielball*, 1987) und Uwe Kolbe (*Abschiede*, 1981; *Bornholm II*, 1986). Seine eher konventionelle Lyrik hält sich abseits von Strömungen und Gruppierungen, von gängigen Themen und Trends; doch ist sie eine kritische Poesie gerade darin, dass sie wie im Gedichtband *Vaterlandkanal* (1990) vom Subjekt spricht, in dem die Welt gemeint ist.

Diese knappen Hinweise auf einige wenige Autoren, Werke und Gedichte mögen hinreichen, um jene Entwicklungsrichtung der DDR-Lyrik zu veranschaulichen, die in den 70er und 80er Jahren eine Art inneren

Freiheitsraum erobert und behauptet haben. Zu ihnen tritt im Übergang zu den 90er Jahren eine Generation jüngerer Dichter wie Barbara Köhler (*Deutsches Roulette*, 1991), Kerstin Hensel (*Schlaraffenzucht*, 1990; *Gewitterfront*, 1991) und Durs Grünbein (*Grauzone morgens*, 1988; *Schädelbasislektion*, 1991), die in ihrer Lyrik Alltagsmotive aufnehmen, konturscharf gezeichnet mit einer harten, lakonischen, gelegentlich saloppen Sprache und verwoben mit poetischen Traditionsbezügen zu Hölderlin und Gottfried Benn. Es ist, am Ende der DDR, eine desillusionierte Lyrik, die von Verlusten spricht, nicht von retrospektiven Hoffnungen.

Auf andere Weise spricht vom Umbruch dieser Zeit eine Gruppe von Autoren, die seit Ende der 80er Jahre die Prenzlauer-Berg-Connection genannt wird. 1988, ein Jahr vor der «Wende» in der DDR, hatte der Lyriker Adolf Endler der literaturinteressierten westdeutschen Öffentlichkeit diese Gruppierung in einer Anthologie mit dem verheißungsvollen Titel *Sprache & Antwort. Stimmen und Texte einer anderen Literatur aus der DDR* vorgestellt. Endler informierte seine Leser über die Tatsache, dass sich in der DDR am Prenzlauer Berg, von der Öffentlichkeit in Ost und West kaum bemerkt, eine eigenständige und eigenwillige Kunst- und Literaturszene entwickelt hatte. Wie Elke Erb, Erich Arendt, Karl Mickel und Sarah Kirsch wohnte auch Endler in jenem seinerzeit architektonisch wenig einladenden Stadtteil des Berliner Ostens, der mit seinen Altbauten und Hinterhöfen, seinen Souterrainwohnungen und Billigbehausungen den subkulturellen Neigungen der Dichter entgegenkam. Seit Ende der 70er Jahre hatte sich hier, vergleichbar entsprechenden Entwicklungen in Dresden oder Leipzig, ein buntes Häuflein sozialer Außenseiter zusammengefunden, das, ohne sich zunächst als Gruppe zu verstehen, doch in vielem Gemeinsamkeiten aufwies: geboren zumeist in den 50er Jahren, nicht selten abgebrochene akademische Ausbildung, Gelegenheitsjobs, unbürgerlicher Lebensstil, alternative kulturelle Praxis. Seit Ende der 70er Jahre bildeten die Autoren des Prenzlauer Bergs, für die DDR zu diesem Zeitpunkt unerhört, gemeinsam mit bildenden Künstlern, Grafikern, Musikern und Fotografen, eine Art Gegenkultur mit eigenen Veranstaltungen und Diskussionszirkeln, Kleinstverlagen, Samisdat-Literatur und Zeitschriften mit Miniauflagen, die sich zum wichtigsten Öffentlichkeitsmedium und Kommunikationsforum des

Literatenkreises am Prenzlauer Berg entwickelten. Auf diese Weise entstand eine kritische – vor allem sprachkritische – Gegenöffentlichkeit zu den herrschenden politischen und sozialen Strukturen und Kommunikationsformen in der DDR.

Deren Profil lässt sich an einer Reihe von Anthologien ablesen, die seit Mitte der 80er Jahre, zunächst nur im Westen Deutschlands, erschienen sind: *Berührung ist nur eine Randerscheinung* (hg. von Sascha Anderson und Elke Erb, 1985); *Mikado oder der Kaiser ist nackt. Selbstverlegte Literatur in der DDR* (hg. von Uwe Kolbe, Lothar Trolle und Bernd Wagner, 1988); *Schöne Aussichten. Neue Prosa aus der DDR* (hg. von Christian Döring und Hajo Steinert, 1990); *Ein Molotow-Cocktail auf fremder Bettkante. Lyrik der siebziger / achtziger Jahre von Dichtern aus der DDR* (hg. von Peter Geist, 1991). Es ist eine Literatur – Lyrik vor allem –, die Sprachoberflächen zerstört, Starre in Bewegung verwandelt, Stillstand in Dynamik, eine Poesie, die Geronnenes verflüssigt, indem sie mit Sprache spielt, Hermetisches aufsprengt, wo sie Kritik mit Artistik paart. Autoren wie Stefan Döring (*Heutmorgestern*, 1989; *ZEHN*, 1990) und Andreas Koziol (*mehr über rauten und türme*, 1991) zählten ebenso zum «Prenzlberg» wie Bert Papenfuß-Gorek mit seiner sprachspielerischen Artistik (*harm*, 1985; *dreizehntanz*, 1988; *tiské*, 1990; *vorwärts im zorn &sw.*, 1990; *SOJA*, 1990). Sprache wird bei Papenfuß-Gorek dekonstruiert, segmentiert, fragmentiert, sodass kein Stein auf dem anderen bleibt – ein Verfahren, das radikaler noch der gelernte Programmierer Jan Faktor durchgeführt hat (*Georgs Sorgen um die Zukunft*, 1989; *Georgs Versuche an einem Gedicht und andere positive Texte*, 1989).

Die Tatsache, dass es sich hier um eine ‹alternative› Szene innerhalb des ‹real existierenden Sozialismus› handelte, war seinerzeit aufregend und aufsehenerregend. Eben hierin aber lag das Problem. Denn diese Szene ist so ‹alternativ› nicht gewesen, dass man sie abseits aller staatlichen Zugriffsmöglichkeiten lokalisieren dürfte. Im Gegenteil: Der Staatssicherheitsdienst der DDR hatte Zugang zu dieser Szene. Er hatte Einblick in ihre Entwicklung, in die Treffs, die Aktivitäten und Entwicklungen. Er kannte die Künstler und Autoren, ihre Pläne, ihre Arbeit, ihr Verhältnis zu Politik und Gesellschaft. Die Staatssicherheit wusste all dies nicht nur, sondern lizenzierte gewissermaßen jene kulturrevolutionäre Unbotmäßigkeit, die sie observierte. Instandgesetzt wurde die Stasi hierzu von einigen der Autoren, die dieser Szene angehörten – darunter Sascha Anderson (*jeder satellit hat seinen killersatelliten*, 1982; *totenreklame*, 1983; *brunnen, randvoll*, 1988; *JEWISH JETSET*, 1990) und Reiner Schedlinski (*die rationen des ja und des nein*, 1988; *DIE MÄNNER DER FRAUEN*, 1991) –, die als Spitzel, als Handlanger des diktatorischen Regimes arbeiteten und sich als Verräter ihrer engsten Freunde und Mitarbeiter Privilegien zu verschaffen wussten. Ein Teil der Literatur aus dem Prenzlauer Berg war, seit diese Informantentätigkeit ruchbar wurde, auf einer zweifachen Ebene zu lesen: ihrer ästhetischen Struktur, deren Polyvalenz auch traditioneller Hermeneutik zugänglich ist, und auf der von Verschlüsselungen und Verrätselungen, Codierungen und Geheimbotschaften, die von einer gespaltenen Künstlerexistenz künden.

«Gegengeschichten»

«Gegengeschichten» ist eine Wortprägung Alexander Kluges. Der umfassend gebildete und überaus vielseitige Autor – er ist promovierter Jurist, Kirchenmusiker, Schriftsteller, Filmregisseur, Gesellschaftstheoretiker und leitet eine eigene Fernsehreihe – hat das Programm seiner literarischen Arbeit folgendermaßen beschrieben: «Es gilt aber folgendes: Entweder erzählt die gesellschaftliche Geschichte ihren Real-Roman, ohne Rücksicht auf die Menschen, oder aber Menschen erzählen ihre Gegengeschichte. Das können sie aber nicht, es sei denn in den Komplexitätsgraden der Realität. Das fordert im wörtlichsten Sinne den ‹Kunstgegenstand›, ein Aggregat von Kunstgegenständen. Sinnlichkeit als Methode ist kein gesellschaftliches Naturprodukt.» (*Gelegenheitsarbeit einer Sklavin*, 1975). In dieser komplexen theoretischen Äußerung liegen eine Reihe von Voraussetzungen beschlossen, die Kluges Prosa seit ihren Anfängen (*Lebensläufe*, 1962) über einen Zeitraum von mehr als zwei Jahrzehnten bestimmt, aber auch sich verändert und radikalisiert haben. Kluges Erzählungen gehen aus von einer Wirklichkeit, deren Abläufe, Entwicklungen, Tendenzen bis ins kleinste Detail wahrgenommen werden. Doch die erzählerische Organisation dieses Wirklichkeitsmaterials erschöpft sich nicht in der bloßen Realitätsreproduktion, sondern verdichtet die beobachteten Lebensausschnitte derart, dass sich Irritationen, Oppositionen, womöglich Widerstandspotenziale im Leser aufbauen können. Seine zugleich fragmentierten und konzentrierten Prosasegmente sind zueinander in eine Beziehung gesetzt, die dem Mechanismus der Montage im Film folgt: Der «Schnitt», der sie aneinanderfügt, spart ihren Zusammenhang aus – diesen müssen die Zuschauer, das Publikum herstellen. Dies ist der Grund dafür, dass der Leser mit Alexander Kluges Texten arbeiten kann, dass er sich und seine Wirklichkeit in ihnen nicht nur wiederzuerkennen, sondern sie zugleich mit eigenen Erfahrungen aufzufüllen, aber auch zu überschreiten vermag. Die Fragmentierung unserer Realitätswahrnehmung, der längst verloren gegangene Erfahrungszusammenhang, die diskontinuierliche Zeit- und Raumempfindung – in der Komplexität von Kluges Texten, in ihrer Formenvielfalt und strukturellen Offenheit kann das «subdominante Bewusstsein» des Lesers, können seine abgedrängten, unterdrückten Denk-, Wunsch- und Phantasiepotenziale ihrer innewerden. Daraus resultiert die literarische Einzigartigkeit dieser «Gegengeschichten», wie sie in *Lernprozesse mit tödlichem Ausgang* (1973), *Neue Geschichten. Hefte 1–18*, *Unheimlichkeit der Zeit* (1977), *Die Patriotin* (1979) und *Die Macht der Gefühle* (1984) – die beiden letzten sind Textbücher zu Filmen – erzählt werden. Kluges Geschichten verarbeiten nicht nur Wirklichkeit in den ihr angemessenen Komplexitätsgraden, sondern sie verändern zugleich den Blick des Lesers auf die Wirklichkeit, aus der sie kommen, und dies in Form eines umfassenden, unablässig fortgeschriebenen Erzählprojekts (*Chronik der Gefühle*, 2000; *Die Lücke, die der Teufel lässt*, 2003; *Tür an Tür mit einem anderen Leben*, 2006; *Das Labyrinth der zärtlichen Kraft*, 2009).

In vergleichbarer Weise lassen sich auch Herbert Achternbuschs Werke (*Das Kamel*, 1970; *Die Alexanderschlacht*, 1971; *Der Tag wird kommen*, 1973; *Der Neger Erwin*, 1981; *Die Olympiasiegerin*, 1982; *Revolten*, 1982) als Gegengeschichten lesen, wenngleich von sehr anderer Qualität. Achternbusch spürt mit schmerzhafter, doch immer wieder ironisch gebrochener Intensität den Leiden einer Subjektivität nach, deren autobiographische Züge nicht verwischt, sondern nachdrücklich in ihren sozialen und familiären Prägungen nachgezeichnet werden. Sein Beharren auf der eigenen Subjektivität unterscheidet sich deutlich von der Neuen Subjektivität der 70er Jahre. Und zwar nicht nur dadurch, dass er längst vor der modisch werdenden Entdeckung des Ich sein Thema: sich selbst, gefunden hatte, sondern vor allem dadurch, dass jedes einzelne Werk eine neue Variante ein und desselben Sujets darstellt: Herbert Achternbusch. Der Begriff Gegengeschichte im Sinne Kluges beschreibt, so gesehen, den kleinsten gemeinsamen Nenner der deutschen Prosa in den 80er Jahren, nämlich: erzählerisch Oppositionen zu organisieren, die sich einer Integration in die Wirklichkeit widersetzen.

Eine weibliche Gegenwelt ganz eigener Art stammt aus der Feder eines männlichen Autors, nämlich der des in Schlesien geborenen Pfarrerssohns Christoph Hein. Seit der Veröffentlichung seiner Novelle *Der fremde Freund* (1982) in der DDR – sie ist seinerzeit im Westen unter dem treffenderen Titel *Drachenblut* erschienen – gilt Hein als einer der bedeutendsten deutschsprachigen Autoren; denn diese Prosaarbeit bietet den kunstvollen Monolog eines weiblichen Erzähler-Ich, das in einer gepanzerten Sprache sein Leiden zu verbergen sucht, dem es doch zugleich fortwährend Ausdruck geben muss. Es ist eine Erzählung der Abwehr, der Distanznahme, der Schutzsuche und vor allem der Verdrängung, die in spiralförmig sich fortschreibenden Beteuerungen ein Glück behauptet, das ihr in Wahrheit fehlt, Stärke demonstriert, in der sich Schwäche offenbart, Wohlbefinden vorschützt, wo sie sich nach Liebe sehnt.

Verdrängung ist auch das Thema von Christoph Heins erstem Roman *Horns Ende* (1985), Verdrängung hier jedoch in historischer Perspektive und von ungleich komplexerer Dimension. Es geht um die Frage der Schuld, aber auch um die Wahrnehmung von Geschichte in unterschiedlichen Perspektiven und um historische Wahrheit. Diese Problematik siedelt Hein nicht allein im DDR-Kontext an, sondern er verlängert sie bis in die Zeit des Nationalsozialismus. Die Euthanasie etwa spielt, vermittelt über die Briefe des geisteskranken Mädchens Marlene, ebenso in die DDR-Gegenwart hinein wie die soziale Ausgrenzung der Zigeuner, deren Schicksal im Dritten Reich sich in der DDR-Provinz wiederholt, ein Indiz der Kontinuität des alltäglichen Faschismus auch im östlichen deutschen Staat.

Die Beobachtung, dass sich während der 80er Jahre eine Rück- und Neubesinnung auf die Besonderheit des Ästhetischen vollzieht und dass sogar verstärkt auf die Widerstandskraft der Poesie gesetzt wird, lässt sich im Blick auf Kontinuitäten im Werk bekannter Autoren erhärten. Schriftsteller wie Martin Walser, Günter Grass und Heinrich Böll, deren Anfänge in die 50er Jahre zurückreichen, haben – zum Teil nach Phasen der Irritation – konsequent auf der Fähigkeit bestanden, Wirklichkeit fassen, verarbeiten und formen zu können. Im Einzelnen – in Stoffwahl, Sprache, Erzählperspektive und -struktur – kaum miteinander vergleichbar, steht ihr Werk für ein gemeinsames Programm: die Auseinandersetzung mit einer Gegenwart zu führen, die der Veränderung bedarf. Dieser Anspruch gilt gewiss für den Literaturnobelpreisträger Heinrich Böll. Sein letztes Werk *Frauen vor Flußlandschaft* (1985) lässt seine Figuren ausschließlich in Gesprächen und Monologen hervortreten, spart alles realistische Beschreiben aus, gibt lediglich in einer «Vorbemerkung» knappe Hinweise auf ihr Äußeres und nach Art von Regieanweisungen Andeutungen zu den Schauplätzen des Geschehens. Aus ihnen wird eine Art Handlung deutlich: Der Roman spielt in Bonn, Minister werden ernannt oder treten zurück, Korruption und Skandale beherrschen das Bild einer Hauptstadt, die wie schon bei Wolfgang Koeppen als «Treibhaus» erscheint: ein Treibhaus der Skandale, Affären, Korruptionen, durchwirkt vom einvernehmlichen Machttrieb, von Klerus und Konservatismus, alten Nazis und Kriegsverbrechern in einer Männerwelt, in der die Frauen – abgedrängt, verbittert und leidend – keine Rolle spielen, nicht einmal Einfluss zu gewinnen vermögen. Es ist ein radikales Buch nicht so sehr seiner politischen Sicht, sondern seiner sich reduzierenden und konzentrierenden Ausdrucksmittel wegen.

Verändert hat sich auch der spätere Literaturnobelpreisträger Günter Grass: vom kraftgenialischen Chronisten des Kleinbürgertums über den reformistischen Apologeten der Sozialdemokratie zum Visionär des Untergangs. Mit seinem Roman *Die Rättin* (1986) legte er eine Wahrnehmung vergangener Gegenwart aus der Perspektive apokalyptischer Zukunft vor. Sein Haustier, die «Rättin», erzählt dem Ich-Erzähler, einem Dichter, im Traum vom Untergang der Menschenwelt durch einen Atomkrieg und von der Zeit danach. Gegen diese Vision schreibt der fiktive Dichter des Romans wie der Autor Grass in barocker Sprache an, weit ausgreifend in Geschichte, Märchen und Erzählung – selbst Oskar Matzerath tritt auf –, die eine Fülle von Ereignissen und Visionen der modernen Welt in buntem Wechsel arrangieren, deren erzählerische Vermittlung durch eben jenes Motiv beeinträchtigt wird, das die Erzählintention des Günter Grass nach langen Jahren des Schweigens begründet hat: ein Untergangsszenario zu entwerfen, das unserer Gegenwart einen Zukunftsspiegel vorhalten soll. Allzu forciert wird diese Absicht im dialogischen Wechselspiel von Erzähler und «Rättin» durchgeführt – der Roman führt den vorgefassten gedanklichen Entwurf zwar aus, aber er löst ihn weder sprachlich noch kompositorisch ein.

Von einer veränderten Schreibweise kann man auch bei Martin Walser sprechen. Von *Jenseits der Liebe* (1976) und *Ein fliehendes Pferd* (1978) über *Seelenarbeit* (1979) und *Das Schwanenhaus* (1980) bis hin zu *Brief an Lord Liszt* (1982) und *Brandung* (1985) lässt sich ein Prozess fortschreitender Depersonalisierung seiner Helden feststellen, der mit einer immer feineren, genaueren, sensibleren Wahrnehmung ihrer Innenwelten, ihrer Gefühls- und Körperreaktionen einhergeht. Walsers Helden sind durchweg Kleinbürger. Doch sie können Helden nur noch sein um den Preis, dass ihre Beschädigungen so feinnervig wie schonungslos aufgespürt und ausgestellt werden. Walsers Prosa zeigt zunehmend hilflose, wehrlose Helden, Figuren, die ausgeliefert sind dem, was mit ihnen, was in ihnen geschieht. Nicht Verdoppelung und Affirmation lautet die Schreibintention Walsers, sondern den «Beschädiger im Schaden» sichtbar zu machen. Diesen zu erkennen, ist Aufgabe des Lesers, die Arbeit des Schriftstellers hingegen, ihm hierfür veränderte und verändernde Voraussetzungen zu liefern. Martin Walser hat zu dieser theoretischen Einsicht mit seinem Roman *Die Verteidigung der Kindheit* (1991) – und in vergleichbarer Weise mit dem autobiographisch inspirierten Spätwerk *Ein springender Brunnen* (1998) – ein poetisches Bekenntnis abgelegt: Dieser Roman über einen Walser'schen Helden, der aus der Wirklichkeit stammt, gibt auf meisterhafte Weise der sympathetischen Schreibhaltung des Autors Ausdruck.

Dass mit dem kleinsten gemeinsamen Nenner «Gegengeschichten» keineswegs eine verengende normative Poetik ins Spiel kommt, dass es eine Reihe sehr unterschiedlicher, gewiss auch unterschiedlich gewichtiger Prosawerke zu Beginn der 8oer Jahre bereits gibt, die dem Bestehenden opponieren, sei mit dem Hinweis auf einige Werke und Autoren wenigstens angedeutet. Zu nennen sind in diesem Zusammenhang *Das falsche Buch* (1985) von Paul Wühr, *Herzgewächse – Fragmentarische Biographik in unzufälligen Makulaturblättern* (1982) von Hans Wollschläger und *Das Ei* (1981) von Kuno Raeber, drei Romane, deren Gemeinsamkeit in der Entwicklung literarischer Vielstimmigkeit, in der Aufdeckung psychisch-sozialer Tiefenschichten, in der Zerstörung gängiger Orientierungsmuster besteht. Aber auch Werke jüngerer Autoren sind hier zu erwähnen: Bodo Kirchhoff mit seinen Geschichten aus dem sozialen Untergrund *Die Einsamkeit der Haut* (1981), Rainald Goetz mit seinem Panorama des Wahnsinns *IRRE* (1983), Jan Koneffke mit seiner Seelenstudie *Vor der Premiere* (1988). Sten Nadolny hat mit seinem programmatisch sich dem Zug der Zeit widersetzenden Roman *Die Entdeckung der Langsamkeit* (1983) gleichfalls eine ‹Gegengeschichte› geschrieben: das Schicksal des Polarforschers John Franklin (1786–1847), der, aufgewachsen im Zeitalter einer zunehmend sich beschleunigenden Zeiterfahrung, durch seine Entdeckungsreisen in unbekannte Weltgegenden ein individuell noch erfahrbares Zeitmaß setzt. Nadolnys Kunst besteht darin, den Prozess dieser sich verändernden, verlangsamenden Erfahrung von Zeit dem Duktus seines Schreibens, dem Gestus seiner eigenen poetischen Sprache strukturell anzuverwandeln, sodass nicht nur über die Entdeckung der Langsamkeit gehandelt, sondern von ihr zugleich Zeugnis von einer literarischen Arbeit gegen die Beschleunigungstendenzen unserer Zeit gegeben wird. Ähnliches lässt sich angesichts ausufernder Monumentalwerke wie dem zwölfbändigen Roman *Dessen Sprache du nicht verstehst* (1986) von Marianne Fritz oder Gerhard Roths siebenbändiger Wiener Lokalarchäologie *Die Archive des Schweigens* (1992) sagen, ebenso wie im Hinblick auf den literarischen Außenseiter Franz Tumler (*Volterra*, 1962; *Pia Faller*, 1973) oder auf Arnold Stadlers autobiographisch geprägte Kindheitsgeschichte *Mein Hund, meine Sau, mein Leben* (1994).

Auch die von Peter Handke seit Ende der 7oer Jahre vorgelegten Prosaarbeiten richten sich gegen eine Wirklichkeit, der sich immer weniger ein ‹authentisch› zu nennendes Erfahrungspotenzial entnehmen lässt. Sie besitzen bei aller Unterschiedlichkeit im Einzelnen eine Eigenschaft, die Peter Handke in der Erzählung *Langsame Heimkehr* (1979) seinem Helden, dem Naturwissenschaftler Sorger, attestiert: Sie sind «durchdrungen von der Suche nach Formen». Eine Schreibdisposition, die das Bewusstsein einer Krise der Kunst wie der Gesellschaft wohl voraussetzt – aber auch die Überzeugung, dieser mit den Mitteln der Poesie begegnen zu können. Die Werke, die Handke seit Ende der 70er Jahre veröffentlicht hat, sprechen von der Sehnsucht nach Einfachheit und Größe, nach einer Art diesseitsbezogener Religiosität, nach sprachlicher Schlichtheit und Schönheit. Voraussetzung dieses Bedürfnisses ist eine als «böse» und «versteinert» empfundene Wirklichkeit, zumal die des westlichen Deutschland, die als veräußerlicht und fremdartig wahrgenommen wird, ein Moloch aus Kälte und Konsum. Diese Polemik gegen die verachtete, sich selbst entfremdete Wirklichkeit dient der Konturierung der eigenen neuen, neu zu begründenden Lebenswelt. Dieser hat er in seiner *Kindergeschichte* (1980) einen sinnfälligen Ausdruck gegeben. Dem hohen Anspruch entspricht hier der hohe Ton, ein gewisses Pathos in Satzbau und Wortwahl, in Bildern und deren Auslegung, mit der Handke die «einfachen» Beziehungen zweier Menschen, eines Kindes und eines Erwachsenen, abgrenzt. Zwar liegt der Kindergeschichte durchweg autobiographisches Material zugrunde, doch geht es Handke um das Typische, Verallgemeinerbare, Gattungshafte. «Der Erwachsene» heißt es und «das Kind» – Ausdruck des Anspruchs, aufs Elementare zu zielen und dieses sprachlich wiederherzustellen. Diesem Schreibprinzip ist Peter Handke in seinen späteren Werken treu geblieben: von dem an die antike Tragödie gemahnenden dramatischen Poem *Über die Dörfer* (1981) über das poetologische *Gedicht an die Dauer* (1986) bis zu dem kunstvollen, 1990 in Wien uraufgeführten *Spiel vom Fragen oder Die Reise zum Sonoren Land* (1989), von seinen journalartigen Schreibreflexionen (*Die Geschichte des Bleistifts*, 1982; *Phantasien der Wiederholung*, 1983) bis zu seiner Reihe von «Versuchen», die Erfahrungen und Gegenständen des Alltags gelten (*Nachmittag eines Schriftstellers*, 1987; *Versuch über die Müdigkeit*, 1989; *Versuch über die Jukebox*, 1990). Handkes Schreibprinzip der 80er Jahre – am anspruchsvollsten und vollendet wohl in dem Roman

Die Wiederholung (1986) – ist in Wahrheit ein Entdeckungsprinzip: Neu- und Wiederentdeckung des nur scheinbar Bekannten und Geläufigen, Wahrnehmung von Verborgenem und Verstecktem, Entwicklung und Erprobung eines poetischen Sinns für das Detail, für Beiläufiges und Unscheinbares.

Zu nennen ist hier nicht zuletzt Botho Strauß. Ihm hat die Literaturkritik, ähnlich wie Handke, eine Neigung zur Regression, zu Pathos und Feierlichkeit vorgeworfen. Anlass zu solchen Vorwürfen bot Strauß' Gedicht *Diese Erinnerung an einen, der nur einen Tag zu Gast war* (1985), eine Elegie von 74 Seiten Länge – irritierend genug in einer Zeit der schnellen Literaturverwertung, zumal sie von einem Autor stammt, der nicht nur mit seinen Theaterstücken, sondern auch mit seinen Erzählungen und Romanen seit Mitte der 70er Jahre Aufsehen erregte (*Die Widmung*, 1977; *Rumor*, 1980; *Der junge Mann*, 1984). Auch Strauß hat in seinem Werk das bestimmende Thema der 70er Jahre aufgenommen – das Leiden an der Entfremdung –, doch hat er es weder autobiographisch begründet, noch ist er von irgendeinem Veränderungsdrang beseelt. In *Diese Erinnerung an einen, der nur einen Tag zu Gast war* versucht er, einen ‹hohen Ton› anzuschlagen, der nicht abstrakt-reflexiv sich mitteilt noch gar von anderen Entwürfen sich abstößt, sondern für sich einsteht. Er will in seinen Bildern, in Ansprachen und Selbstanreden die Wirklichkeit, indem er sich über sie erhebt, hinter sich lassen. Diesem Anspruch ist Strauß auf andere Weise in seinem Roman *Der junge Mann* (1984) treu geblieben: eine die Tradition des Bildungsromans spielerisch aufnehmende kritische Mythologie der westdeutschen Gesellschaft, in der Märchenmotive und Allegorien mit Traumvisionen und Einbrüchen des Phantastischen eine verwirrende, die Zeit- und Raumorientierungen der Alltagsszenerien aufhebende Verbindung eingegangen sind. Bis hin zu seiner zweiten Sammlung von Reflexionen, die 1992 unter dem programmatischen Titel *Beginnlosigkeit* erschienen ist, lässt sich Strauß' Werk verstehen als Ausdruck einer Poetik, die bei all ihrer filigran demonstrierten Intelligenz auf Schönheit, Hoheit und Erhabenheit setzt.

Geschichte im Gegenwartsroman

Alle bedeutenden deutschsprachigen Prosawerke, in denen Ende des 20. Jahrhunderts Geschichte zum Gegenstand von Erzählung geworden ist, kommen – so unterschiedlich sie im Einzelnen inhaltlich orientiert und ästhetisch organisiert sein mögen – in der Erkenntnis überein, dass der Gang der Geschichte einen katastrophalen Verlauf genommen hat. Von Ernst Jünger über Wolfgang Hildesheimer bis Christoph Ransmayr, von Peter Weiss bis Uwe Johnson, von Christoph Hein bis Christa Wolf, von Alfred Andersch bis Günter Grass und Alexander Kluge durchzieht die Wahrnehmung der Geschichte als einer Kette von Katastrophen den deutschen Gegenwartsroman wie ein Leitmotiv radikaler Desillusionierung. Versucht man, deren einschlägige Werke unter dem Aspekt der Aufarbeitung und Wertung von Geschichte zu differenzieren, so lassen sich im Wesentlichen vier Tendenzen herausheben: «authentische Geschichtserzählung», «Neuentwurf von Geschichte», «Re-Mythisierung der Historie» und «Geschichtsschreibung als Selbstreflexion des Erzählens». Diese Charakterisierung folgt nicht stofflich-inhaltlichen Gesichtspunkten, sondern bietet Formbestimmungen des Umgangs mit Geschichte in der deutschsprachigen Prosa der 8oer Jahre.

Eine «authentische Geschichtserzählung» findet sich in Siegfried Lenz' Roman *Exerzierplatz* (1985). Er erzählt von einem etwas einfältigen jungen Mann namens Bruno, dessen Chef, Besitzer einer großen Baumschule, ihm vor dem Ende des Zweiten Weltkriegs das Leben gerettet und mit ihm gemeinsam die Baumschule aufgebaut hat. Es ist ein Roman, dem Lenz paradoxerweise alle Geschichtlichkeit ausgetrieben hat. Lenz erzählt seine Geschichte in Form einer konsequent durchgehaltenen Ich-Perspektive, die alle Geschichtlichkeit zu beglaubigen hat. Er erzählt ‹klassisch› so, als ob Sprache über Wirklichkeit ungebrochen noch verfügen könne. Dass der Sprache die Wirklichkeit womöglich abhanden gekommen ist, wonach sie ihre eigene Sprach-Wirklichkeit zu konstituieren hätte – dieser für die Geschichte des Romans im 20. Jahrhundert grundlegende Zweifel findet bei Siegfried Lenz keinen erzählstrukturellen Widerhall.

«Neuentwurf von Geschichte» impliziert Protestenergien, die sich gegen die Geschichte wenden, «wie sie wirklich war», und gegen die

Realität, «wie sie nun einmal ist». Solchen Protest hat Wolfgang Hildesheimer radikalisiert, um am Ende mit dem Schreiben aufzuhören. Sein Roman *Marbot* (1981) bietet die Biographie einer fiktiven Gestalt der Kunstgeschichte, einer Figur, der durch die Brechung des Inzesttabus mit der Mutter etwas erotisch Sensationelles anhaftet, das sie zugleich für ihre besondere Begabung disponiert. Marbot arbeitet mit psychologischen Deutungsmöglichkeiten in bildender Kunst und Malerei, indem er sich auf eine rekonstruierende Einfühlung in Technik und Emotion, Farbgebung und Formensprache der Kunst des 19. Jahrhunderts konzentriert. Hildesheimer hat seiner vollkommen erfundenen Figur auf behutsame Weise Leben verschafft, indem er ihre Existenz in fiktiven Dokumenten und Fotografien scheinbar beglaubigte. Was er in seinem *Mozart*-Buch (1977) voraussetzen konnte, hat Hildesheimer in *Marbot* erschaffen: einen Lebensweg, psychologische Identität, Äußerungen, die der Überlieferung wert sind, Situierung in einem historischen und sozialen Umfeld und ein theoretisches Werk, das ein so hohes Maß an Authentizität und innerer Glaubwürdigkeit in sich organisiert, dass der Autor später wie aus einer historischen Quelle aus ihm zu zitieren vermochte. Hildesheimers Roman bietet eine Hypertrophie des Verfahrens, das sich auch in Alfred Anderschs *Winterspelt* (1974) oder in Alexander Kluges *Schlachtbeschreibung* (Neue Folge 1981) findet: nicht nur Fiktionalisierung des Dokuments, nicht nur Dokumentarisierung der Fiktion, sondern eine Fiktionalisierung der Fiktion, die selber zum Dokument, zur Quelle, zur handhabbaren Realität wird.

Als Modellfall einer Re-Mythisierung der Historie kann *Eumeswil* (1977) gelten. Ernst Jüngers Werk ist ein Geschichtsroman in geschichtsloser Zeit, der das Ende der Geschichte voraussetzt als Bedingung der Möglichkeit, auf die Geschichte zu schauen. Der divinatorische Blick, der seinem Ich-Erzähler zu Gebote steht, setzt ihn instand, souverän über geschichtliche Personen und über Ereignisse der Geschichte zu verfügen. Er verdankt sich der Erkenntnis «Die Geschichte ist tot.» In grenzenlosen Variationen und Verzweigungen, in schließlich leerlaufenden Schleifen und Windungen und zuletzt ohne eigenes Leben, ohne Substanz, ist Geschichte mit sich zum Stillstand, zu tödlicher Erstarrung gekommen. Deren energetisches Prinzip und damit ihr Geist haben sich verflüchtigt ins Außerzeitliche, ins Zeitenthobene. Man kann dieses Werk den Geschichtsroman des ‹postmodernen› Denkens nennen. Denn offensichtlich ist das Moment des Leerlaufens, der Variation, der Repetition und des Hyperrealen, welches Jünger aus dem Verlauf einer imaginären abgestorbenen Geschichte filtert, allenfalls noch Ausdruck der Simulation von Geschichte.

Das Problem der «Geschichtsschreibung als Selbstreflexion des Erzählens» lässt sich am deutlichsten konturieren an Peter Weiss' *Ästhetik des Widerstands* (1975, 1978, 1981) und Uwe Johnsons *Jahrestage* (1970, 1971, 1973, 1983). Die Einzigartigkeit dieser beiden Werke entspringt nicht allein ihrer Monumentalität – mehr als tausend Seiten bei Peter Weiss, fast zweitausend bei Uwe Johnson –, sondern umgekehrt: Das epische Massiv, das da zur Bezwingung einlädt, verdankt seine Dimensionen ersichtlich seiner Methode, sich auf die eigenen Verfahrensweisen hin transparent zu halten. Geschichte als Möglichkeitsform, aber die Möglichkeitsform wird zudem reflektiert auf ihre erzählerischen Voraussetzungen und Folgen hin. Peter Weiss' *Ästhetik des Widerstands* ist der groß angelegte und weit ausholende Versuch, die Geschichte der deutschen Arbeiterbewegung in ihren Aufbrüchen und Zielsetzungen, in ihren Widersprüchen und Hoffnungen, im Scheitern, Versagen, Zweifeln, aber auch in den weltgeschichtlichen Kontinuitäten und Traditionen des Kampfs gegen Unterdrückung und Ausbeutung zu zeichnen. Die zum Teil minuziös und dokumentarisch getreu rekonstruierende Geschichtsschreibung der Jahre 1937 bis 1945 bildet jedoch nur eine Ebene dieses «roman d'essai» (Alfred Andersch). Seine zweite, gleich gewichtige ist die der kunst- und ästhetiktheoretischen Diskussion. Vom Pergamon-Altar über Géricaults «Floß der Medusa» bis zu Picassos «Guernica», von Kafka über Neukrantz zu Brecht zeigt Peter Weiss Kunst als das kollektive Gedächtnis der Menschheit, als das produktiv fortwirkende Element aller Klassenkämpfe, in dem das Leben der Menschen sich unauslöschlich vergegenständlicht hat, Erinnerungs- und Äußerungsform ihrer uneingelösten Hoffnungen und Sehnsüchte, Phantasien und Utopien. Beide Ebenen, die zeitgeschichtliche des antifaschistischen Widerstandskampfs und die kunsthistorische wie kunsttheoretische ästhetischer Produktivität, verbindet Peter Weiss auf einer dritten Ebene, nämlich in der des Werks selbst. Die Gattungsbezeichnung Roman wird diesem nicht gerecht, handelt es sich doch kaum um Figurenkonstellation, Charakterentwicklung, Handlungsstrukturen, sondern eher um Abhandlung, Essay, Traktat, um kunsttheoretische, politische und wissenschaftliche Überlegungen mehr als um erzählerische Ausfabulierung eines Gesellschaftspanoramas oder eines individuellen Konflikts. Im Prozess des Erzählens wird deutlich, dass der Erzählduktus mit sich trägt und einlöst, was sein Autor sich vorgesetzt hat. Die verschiedenen Erzählschichten – Beschreibung, historisch-politischer Exkurs, ästhetische Analyse – verbinden sich im Fortgang des Werks zunehmend und im dritten Band vollends zu einer Synthese, die Essay und Bericht, Analyse und Reflexion miteinander verschmilzt. Es geht um die Vermittlung des Politischen und des Künstlerischen, um eine Ästhetik, die in sich politisch ist, um eine Politik, welche die Formen, in denen sie sich vergegenständlicht, als Ausdruck ihrer Zielsetzungen – oder aber ihres Versagens – begreift. Aus diesem Grund legt Peter Weiss den Finger gerade auf die Wunden der kommunistischen Arbeiterbewegung – Moskauer Schauprozesse, Stalinismus, Terror innerhalb der Bewegung –, aus diesem Grund lässt er seinen fiktiven Erzähler – vergleichbar dem Muster des Bildungsromans – die Kulturgeschichte der Menschheit auf ihre ästhetischen Widerstandspotenziale hin kritisch prüfen.

Auch bei Weiss schlägt die Wahrnehmung des historischen Prozesses als einer Kette von Katastrophen zuletzt um in die Quintessenz poetischer Gegenarbeit und erschließt damit, gerade kraft radikaler Desillusionierung, einen literarischen Freiheitsraum, der es erlaubt, Entwürfe vorzulegen, neue Perspektiven zu entwickeln, Modelle zu erproben – um einer anderen Geschichte willen. Dies gilt in gleicher Weise für Uwe Johnsons Roman-Tetralogie *Jahrestage*, entstanden in der Zeit vom 29. Januar 1968 bis zum 17. April 1983. Das Erzählgerüst dieses Romans stellen die Tage eines Jahres dar. Vom (nicht datierten) 21. August 1967 bis zum 20. August 1968 finden sich Tag für Tag Eintragungen in einer Art Kunst-Tagebuch, das sich zum Ziel setzt, die Geschichte einer ganzen Epoche zu erzählen. Vermittelt wird diese in Gegenwart und Vergangenheit aus der Wahrnehmungsperspektive der Hauptfigur Gesine Cresspahl, bekannt schon aus dem Roman *Mutmassungen über Jakob* (1959). Nun, im Jahr

1967, lebt die Protagonistin seit sechs Jahren in New York, gemeinsam mit ihrer elfjährigen Tochter, einem Kind des Jakob Abs, der zu Beginn der *Mutmassungen* auf nie ganz geklärte Weise zu Tode gekommen ist. Gegenwart und Vergangenheit sind auch die beiden Ebenen, die das Erzählgerüst der *Jahrestage* durchgängig strukturieren. Längst sind die Medien in der Erzählgegenwart des Romans an die Stelle des eigenen Erlebens getreten. Einfache, parataktisch gebaute Sätze vermitteln das Pandämonium des alltäglichen Horrors, der des Kommentars, der begleitenden Wertung nicht bedarf, um zu seinem Ausdruck zu kommen. Das Zitat des Zeitungsartikels spricht eine deutliche Sprache: Fakten statt Leben. Gerade deshalb aber kommuniziert Gesine mit ihrer Vergangenheit, deshalb können die Toten in ihren unwillkürlich einsetzenden Erinnerungen zu ihr sprechen, sogar gegen Gesines Willen. Ein gelebtes Leben, eine lebendige Geschichte – eine gegenwärtige Vergangenheit statt einer Gegenwart der Fakten. Aus alldem wird deutlich, dass es Johnson weder um eine verklärende Idyllisierung der Vergangenheit geht noch darum, Vergangenheit und Gegenwart durch Analogiebildungen deckungsgleich zu machen, also Judenverfolgung und Diskriminierung von Schwarzen, faschistischen Terror und alltägliche Gewaltverbrechen, Korrumpierbarkeit damals und Korruption heute auf einen gemeinsamen Nenner zu bringen. Johnsons Montagen von Realitätspartikeln aus Jerichower Vergangenheit und New Yorker Gegenwart wollen Geschichte als Prozess vermitteln, die erfahrene Differenz zwischen Einst und Jetzt, Gestern und Heute, den Zwiespalt eines Lebensgefühls, das seine Heimat sucht und dabei sich selbst auf die Spur kommt. Das dichte Netz von Bezügen und Verknüpfungen, das sogar ein eigenes Adressbuch hervorgebracht hat (*Kleines Adreßbuch für Jerichow und New York. Ein Register zu Uwe Johnsons ‹Jahrestage›.* Angelegt mit Namen, Orten, Zitaten und Verweisen von Rolf Michaelis, 1983), ein Netz, das sich bis zu Johnsons erstem Romanentwurf *Ingrid Babendererde* (1956, posthum veröffentlicht 1985) erstreckt – dieses Netz aus Genauigkeit und Präzision begründet Distanz, nicht Nähe, Eigenwirklichkeit statt Realismus.

Spätzeit-Dramatik

Überblickt man die Dramenentwicklung seit Ende der 70er Jahre, so muss man sagen: Es gibt in dieser Zeit keine großen Ideen, keine abgründigen Probleme, keine Aufbruchsziele, keine politischen Entwürfe, keine Philosophien, die sich durch das Theater anspruchs- und spannungsvoll in dramatische Strukturen und Figuren, in Szenen und Dialoge umsetzen ließen. Zwar existiert ein westdeutsches Drama, das sich mit Autorennamen wie Franz Xaver Kroetz, Botho Strauß, Tankred Dorst und dem des Österreichers Thomas Bernhard umreißen lässt. Es finden sich einzelne, nicht selten erfolgreiche Ansätze, etwa bei Herbert Achternbusch (*Ella*, 1978; *Susn*, 1979; *Gust*, 1985), Thomas Brasch (*Rotten*, 1977; *Lieber Georg*, 1980), Dieter Forte (*Martin Luther & Thomas Müntzer oder Die Einführung der Buchhaltung*, 1971; *Jean Henry Dunant oder Die Einführung der Zivilisation*, 1978; *Kaspar Hausers Tod*, 1979; *Das Labyrinth der Träume*, 1983), Bodo Kirchhoff (*Das Kind oder Die Vernichtung von Neuseeland*, 1978; *Body-Building*, 1979; *An den Rand der Erschöpfung, weiter*, 1980; *Glücklich ist, wer vergißt*, 1982), Peter Greiner (*Kiez*, 1974; *Fast ein Prolet*, 1978), Gerlind Reinshagen (*Doppelkopf*, 1968; *Sonntagskinder*, 1976; *Frühlingsfest*, 1980), Peter Paul Zahl (*Johann Georg Elser*, 1982) oder Patrick Süskind (*Der Kontrabass*, 1981). Doch kann im Übergang zu den 80er Jahren von einer Innovation oder gar einer Herausforderung des Theaters durch das deutsche Gegenwartsdrama keine Rede sein. Eher lässt sich von Wiederholungen, von einem immer routinierteren Bedienen des laufenden Betriebs sprechen, in dessen Mechanismus Literaturkritik, Stückrepertoire und Publikum nahezu reibungslos miteinander auskommen.

Botho Strauß ist einer der wichtigsten Autoren dieses Theaters. Er hat bereits mit seinem ersten Stück (*Die Hypochonder*, 1971) sein Thema gefunden: Entfremdung, vorgeführt in vielfältigen Situationen, Sprechweisen, Haltungen. Nach *Bekannte Gesichter, gemischte Gefühle* (1974) und *Trilogie des Wiedersehens* (1976) gelang ihm mit *Groß und klein* (1977) in der Inszenierung von Peter Stein an der Berliner Schaubühne ein durchschlagender Erfolg bei Kritik und Publikum. Es ist ein Kaleidoskop der Unbeständigkeit und Flüchtigkeit, des Kommunikationsverlusts und der Ausdruckshemmung, aber – und hierin liegt ein eigentümlicher Zug der Dramen Botho Strauß' bis hin zu *Kalldewey Farce* (1981) – nicht ohne Komik, voller Brillanz der Sprache wie der Bilder und der dramaturgischen Technik. Strauß ist ein Equilibrist des Worts, ein Artist des Zitats und der Anspielung, ein Meister der schönen Sprache. Doch bleibt die Frage, ob in der nuancenreichen Suada seiner Figuren sein eigenstes Thema, die Entfremdung, womöglich nur szenisch repetiert, keineswegs jedoch dramatisch transzendiert wird. Die dialektische Spannung von Anspruch und Realität, die damit entfällt, nimmt, wie *Die Fremdenführerin* (1986) zeigt, selbst der Erfahrung des Verlusts die Substanz von Trauer.

Auch Tankred Dorsts Revolutionsstück *Goncourt oder Die Abschaffung des Todes* (1978) war eine Wiederholung im genauen Sinn des Worts. Hatte der Autor zuvor schon in seinem Hamsun-Stück *Eiszeit* (1973) die Künstler- und Intellektuellenproblematik im politischen Kontext thematisiert, so nahm sein *Goncourt*-Stück den Stoff der erfolgreichen Revolutionsrevue *Toller* (1968) auf, diesmal am Beispiel der Pariser Commune (1870/71). So wenig diese Stücke eine Erneuerung in Dorsts dramatischem Schaffen bedeuten, so wenig die nachfolgenden eine Innovation des Theaters. In den kleinbürgerlich-realistischen Szenerien der Stücke *Auf dem Chimborazo* (1975, mit Ursula Ehler) und *Die Villa* (1980) folgte Dorst einer konventionell anmutenden Dramaturgie, mit der, autobiographisch inspiriert, familienpsychologische Konflikte ausgetragen werden. Dorst scheint die Grenzen dieses dramatischen Verfahrens deutlich genug erkannt zu haben. Mit seinem Monumentaldrama *Merlin oder Das wüste Land* (1982, mit Ursula Ehler) schuf Dorst, ganz auf der Höhe der neueren Mythos-Diskussionen, ein vielfältig-vielschichtiges Spektakel bunter Bilder aus Märchen, Sagen, Mythen mit einer Spieldauer von acht Stunden. Mit *Heinrich oder Die Schmerzen der Phantasie* (1985) ist Dorst allerdings zu den «kleineren Bildern» des Realismus zurückgekehrt, vor dem Hintergrund von Faschismus und Kleinbürgertum: Teil einer Familiensaga, zu der sich Dorsts Werk – mit Ausnahme des *Merlin* – im Übergang zu den 80er Jahren zunehmend fügt.

Auch Franz Xaver Kroetz, seit Mitte der 70er Jahre einer der erfolgreichsten deutschen Dramatiker der Gegenwart, hat mit *Oberösterreich* (1972), *Das Nest* (1974) und *Mensch Meier* (1976/77) sein Theater in der

Tradition des kritischen Volksstücks fortgesetzt, doch in einer charakteristisch veränderten Form. Ging es ihm in seinen Anfängen darum, die «Fallhöhe zwischen Sprachgewalt und Dumpfheit» (Kroetz) lediglich zu demonstrieren, so baute er in seine Stücke der 80er Jahre genau kalkulierte Widerstandspotenziale ein, eine Perspektive der Veränderungsmöglichkeit, die sich aus dem Aufbegehren seiner Figuren herleitet, aus ihrem Aufbruch aus Vorgegebenem zu sich selbst, aus der Veränderung ihrer Lebenssituation durch ihr eigenes Handeln. Kroetz handhabt seine Dramaturgie des Alltagslebens in *Nicht Fisch nicht Fleisch* (1981) beispielsweise in Form einer Spiegelung, durch die das Problem der Arbeitslosigkeit und der Konkurrenz im Berufsleben anhand zweier Ehepaare behandelt und komplementär ausgeleuchtet wird. Insoweit Kroetz dieses Programm in seinen Stücken wieder und wieder einlöst, gibt auch er Variationen und Repetitionen ein und desselben Stoffs. Insoweit er diesen – wie in seinen Bearbeitungen und Inszenierungen von *Bauern sterben* (1989/85) und *Der Nusser* (1986, eine Adaption von Ernst Tollers *Hinkemann* aus dem Jahr 1929) – expressionistisch akzentuiert, entgrenzt er den Realismus, ohne ihm jedoch neue Bühnenwege zu weisen.

Thomas Bernhards Dramen mit ihren verbittert heroischen Monologen verleihen ihren Figuren Präsenz, Glaubwürdigkeit und jene Doppelbödigkeit des Abgründig-Lächerlichen, die sie zu Charakteren einer in sich gebrochenen Hoffnungslosigkeit machen. Wiederholung, Wiederholungszwang und Wiederholung der Wiederholung – diese Merkmale hat man verschiedentlich an seinen Dramen herausgearbeitet. Seine Bühnenwerke wie *Einfach kompliziert* (1986) erscheinen als ein manisches Repetitorium der Sinnleere, für welches das Monologisieren ebenso kennzeichnend ist wie das Element des Spiels im Spiel oder die Wiederaufnahme von Eingangszitaten im Schlussbild, die leitmotivische Wiederkehr von Requisiten, Gesten und Handlungen ebenso wie die Stereotypie von Sprachformeln, Worthülsen, Satzfragmenten und Literaturzitaten. Hierin liegt der Grund für die relative Beliebigkeit der Inhalte, der Handlung und der Sujets in den einzelnen Stücken. Hinter aller vordergründigen Problematik taucht erst das eigentliche Problem auf: die Monotonie; in der Struktur der Stücke teilt sich etwas von der Wirklichkeit mit, über die sie handeln: die Austauschbarkeit; in ihrer

Negativität die Philosophie, die sie bergen: die Ausweglosigkeit. Die innere Reflexivität des Werks wird immer weiter vorangetrieben, immer mehr formalisiert und veräußerlicht, bis ihm nahezu die Realität und Substanz ausgetrieben ist, die Kunstfigur und ihr Bühnendasein fast entstofflicht wirken, entrückt, ohne Wirklichkeit, ohne innere Wahrheit.

Gegenüber solchen Tendenzen der Wiederholung zeigt sich seit Mitte der 8oer Jahre auch im deutschsprachigen Drama eine Entwicklung, die, angeregt durch Irritationen und Erschütterungen der jüngeren Vergangenheit wie der jüngsten Gegenwart, auf eine Erneuerung in Form und Sprache ausgeht. Die Faschismus- und Auschwitz-Problematik nimmt auf seine Weise George Tabori auf in *Jubiläum* (1983), *Mein Kampf* (1987) und *Nathans Tod* (1991) – hintergründig-witzige wie unversöhnlich-illusionslose Momentaufnahmen aus der Geschichte des Judenhasses und des Völkermords, geprägt von der Perspektive leidvoller persönlicher Erfahrungen des Juden Tabori. Die drohende Katastrophe eines Nuklearkriegs findet in Harald Muellers *Totenfloß* (1986) ihren dramatischen Ausdruck, eines der meistgespielten Stücke des zeitgenössischen Theaters, allerdings weniger wegen seiner ästhetischen Mittel, die einem eher traditionellen Realismus verpflichtet bleiben, als wegen seiner Katastrophenthematik. *Krieg* (1986) lautet der Titel des dreiteiligen Dramas von Rainald Goetz, ein in jeder Hinsicht exzentrischer Text: thematisch, dramaturgisch, sprachlich. Goetz' strikt arithmetisch durchkomponierter, auf die Zahl ‹drei› rückführbarer dramatischer Exzess setzt sich aus drei Theaterstücken (Heiliger Krieg, Schlachten, Kolik) zusammen, in denen es jeweils um drei Problemkomplexe geht («Welt, Revolution, Bier», «Familie, Kunst, Haß», «Ich, Wort, Tod») – ein auf Schockeffekte getrimmtes Pandämonium deutscher Geschichte und Gegenwart, montiert aus Texten und Typen der Gegenwart wie der Vergangenheit.

Neben diesen politisch herausfordernden Dramen aus der männlichen Perspektive finden sich in den 8oer Jahren eine Reihe sprachlich filigraner Theatertexte von Autorinnen, die nicht zuletzt spezifisch weibliche Themen aufnehmen. So etwa Friederike Roth mit ihrem Stück *Der Ritt auf die Wartburg* (1981), in dem die Reise von vier Frauen aus der Bundesrepublik in die DDR zum Anlass subtiler dramatischer Diskursanalysen im Problemfeld des Geschlechterverhältnisses und der Erotik, der unterdrückten Bedürfnisse und verdeckten Abhängigkeiten wird: weiblicher Alltag als Selbstbetrug, beobachtet im Spannungsfeld von Ost und West, scharfsichtig, doch ohne Häme wahrgenommen. Ebenso hat Elfriede Jelinek mit *Krankheit oder Moderne Frauen* (1987) ein surrealistisch die Geschlechterproblematik aufnehmendes Thema bearbeitet, in dem die Herrschaft der Männer über die Frauen, die Rache der Frauen an den Männern und die wechselseitige blutdürstige Vernichtungslust beider Geschlechter eine ebenso burleske wie groteske Szenenfolge bilden – «ein ganz verbittertes, hoffnungsloses» Stück (Jelinek). Auch Ulla Berkéwicz mit ihrem ersten Theaterstück *Nur wir* (1991) ist in diesem desillusionierenden Zusammenhang zu nennen: Es handelt sich um eine Variation des Todesthemas aus ihrem Prosatext *Josef stirbt* (1982).

Der Eindruck, dass es sich bei den Bühnenstücken der 80er Jahre in erster Linie um Wiederholung und Variation handelt, gilt auch für die gleichzeitig entstehende DDR-Dramatik. Zwar weisen die Themen der Stücke und ihre Stoffe ein breites Problemreservoir auf. So wird neben dem Alltag in zahlreichen Bühnenwerken Geschichte thematisiert, und zwar in einem weiten Sinn vom Mythos bis zur Gegenwart. Doch von einer Flucht vor aktuellen Problemen kann in kaum einem Fall die Rede sein – es handelt sich allemal um das Heute, auch in der DDR. Dies gilt etwa für Stefan Schütz (*Majakowski*, 1971; *Fabrik im Walde*, 1973; *Antiope und Theseus*, 1974), für Thomas Brasch (*Rotter*, 1977; *Kargo*, 1977; *Lovely Rita*, 1978) und insbesondere für Christoph Hein, der sich seit Anfang der 80er Jahre mit Theaterstücken, die historische Stoffe thematisieren, einen Namen gemacht hat. Hierzu zählen *Cromwell* (1980), *Lassalle fragt Herrn Herbert nach Sonja* (1980) und *Die wahre Geschichte des Ah Q* (1985). Das gemeinsame Thema dieser Arbeiten für die Bühne bildet bei allen Unterschieden im Einzelnen das Verhältnis des Intellektuellen zur Revolution: Cromwell als ihr Motor, der sie zugleich liquidiert; Lassalle als Kleinbürger, der vor seiner Aufgabe versagt; der Chinese Ah Q als Intellektueller, der, redend statt handelnd, zuletzt von der mörderischen Praxis der Revolution eingeholt und verschlungen wird. Das gemeinsame, in Variationen wiederkehrende Strukturelement bildet die parabelhafte Stoffwahl, in der sich, in unterschiedlichem Gewand, stets aufs Neue die Einsicht von der Unvollendbarkeit der Revolution zur Geltung bringt, eine Einsicht, die auch Heins Parabelstück über das Ende des Sozialismus mit dem beziehungsreichen Titel *Die Ritter der Tafelrunde* (1989) zugrunde liegt.

Das Vorbild für diese jüngere DDR-Dramatik ist – für ihre Figuren, Konfliktstruktur, Sprache, Gestus, Dramaturgie – zweifellos Heiner Müller gewesen. Bei zahlreichen Stücken aus dem letzten Jahrzehnt der DDR haben seine Texte Modell gestanden, die Ausstrahlung von Person und Werk wirkte wie ein Sog in einer Zeit, in der die dialektischen und didaktischen Formen des Theaters sich erschöpft, die realistischen und naturalistischen Muster sich verbraucht hatten. Dies gilt vor allem für Heiner Müllers Textkonvolut *Verkommenes Ufer Medeamaterial Landschaft mit Argonauten* (1983), in dem es um unerledigte Vergangenheit und unabgegoltene Geschichte geht, um fortwirkende Traumata, Traditionen und Obsessionen, um den Einbruch von Geschichte und Vorgeschichte in die Scheinrationalität gegenwärtiger Wirklichkeit. Ebenso haben seine szenischen Diskussionen der Revolutionsproblematik in der Ersten wie in der Dritten Welt (*Mauser*, 1975; *Der Auftrag*, 1980) und die Verwerfungen der deutschen (*Germania Tod in Berlin*, 1974), insbesondere der preußischen Geschichte (*Leben Gundlings Friedrich von Preußen Lessings Schlaf Traum Schrei*, 1979) eine nachhaltige Diskussion hervorgerufen.

Vollends Müllers Abgesang auf den Typus des abendländischen Intellektuellen in *Hamletmaschine* zeugte von einer radikalen Desillusionierung. Das Stück, entstanden 1977 in einer Phase des sozialen und kulturellen Umbruchs in der DDR, ist Porträt und Entwurf seiner Zeit in einem: die weißglühende Horrorphantasie des real existierenden kapitalistischen Postmodernismus, montiert aus den großen Texten des Abendlandes, und zugleich das Negativ zum Katastrophenfilm des Kommunismus, getaucht in schwarzes Blut. Shakespeare und Cummings, Sophokles und Hölderlin, Marx, Lenin, Mao und nicht zuletzt Josef Stalin geben sich ein verzweifeltes Stelldichein. «Apocalypse now» des Poeten, des Intellektuellen, des Mannes. Hamlets Götzendämmerung: ein Abgesang auf die Epoche des Patriarchats, dreitausend Jahre Männergeschichte kondensiert zu neun Seiten Text aus Intertextualität. Am Ende bleibt Ophelia im Rollstuhl, eingeschnürt in Mullbinden, auf der Bühne zurück – «reglos in der weißen Verpackung». Das Recht der Mütter, das

Reich der Frauen ist mit dem Patriarchat unwiederbringlich verloren gegangen. Der Utopie, die zu Elektra zurückführt, fehlt Geschichte, die sie verwirklicht. Müller hat mit seinen Stücken *Quartett* (1981) und *Wolokolamsker Chaussee* (1985 ff.) weitere wichtige Arbeiten für das Theater vorgelegt, doch bestätigen diese eben jene Erschöpfung, von der die *Hamletmaschine* spricht. In ihnen reproduziert sich ein Verfahren, das für Müller seit längerem schon charakteristisch war: die Methode der Intertextualität, die Montage von Selbst- und Fremdzitaten in immer neuen Varianten. Dass hierin ein Problem liegt, die Gefahr nämlich der bloßen Selbstwiederholung, hat Müller gewusst. Sein letztes Stück mit dem Titel *Germania 3 Gespenster am toten Mann* (1996) gibt hiervon Zeugnis.

14 Gegenwartsliteratur (1990–2010)

1989 und die Folgen

Am 4. November 1989 kamen mehr als eine halbe Million Menschen auf dem Alexanderplatz in Ostberlin zu einer Kundgebung zusammen, zu der nicht zuletzt Künstlerorganisationen der DDR aufgerufen hatten. Vordergründig ging es um Presse- und Meinungsfreiheit, um freie Wahlen und um Versammlungsfreiheit – tatsächlich ging es um die Zukunft der DDR und des Sozialismus. Unter den 26 Rednern, die sich zu Wort meldeten, waren bekannte Politiker und Intellektuelle, darunter Jens Reich, Friedrich Schorlemmer und Gregor Gysi wie auch die Schriftsteller Stefan Heym, Christa Wolf, Christoph Hein und Heiner Müller. Am 18. März 1990 fanden die ersten freien Wahlen zur Volkskammer der DDR statt. Die der CDU nahestehende Allianz für Deutschland erhielt 48,15 Prozent, die SPD 21,84 Prozent der abgegebenen Stimmen. Die Bevölkerungsmehrheit der DDR hatte sich unmissverständlich für die parlamentarische Demokratie, die Einführung der sozialen Marktwirtschaft und für die deutsche Wiedervereinigung entschieden.

Zwischen diesen beiden Daten und in ihrem weiteren Kontext entfaltete sich eine rege Debatte, an der sich nicht zuletzt die Intellektuellen beteiligten, unter ihnen Autoren aus der DDR wie aus der Bundesrepublik. Diese Auseinandersetzung trägt im Rückblick denkwürdige Züge. Sie lassen sich knapp zusammenfassen: Wohl nie zuvor haben so viele prominente Schriftsteller in so konzentrierter Form ein so hohes Maß an Wirklichkeitsindifferenz unter Beweis gestellt wie zum Zeitpunkt des Umbruchs in der DDR. Die zunehmend sich beschleunigende Entwicklung zur deutschen Einheit lief mit atemberaubender Geschwindigkeit und Realitätsmächtigkeit an den vielen Meinungen rücksichtslos vorbei, während die Intellektuellen unbeirrt festhielten an Allmachtsphantasien, Weltdeutungsformeln und Richtungssignalen, für die kein Bedarf bestand. Der 4. November 1989 stellt eine Art Katalysator der jüngsten deutschen Kultur- und Literaturgeschichte dar: In den darauf folgenden Diskussionen wurde das Lebensthema zahlreicher Autoren und Intellektueller angeschlagen – der Sozialismus und die Frage der deutschen Einheit – und das Selbstverständnis repräsentativer Schriftsteller in Frage gestellt: für die Allgemeinheit zu sprechen. Günter Grass' problematische These, eine Vereinigung der beiden deutschen Staaten habe mit Rücksicht auf Auschwitz, im Hinblick auf historische deutsche Schuld und Verantwortung zu unterbleiben, ist hier ebenso anzuführen wie Heiner Müllers Eingeständnis fundamentaler Irrtümer in seinem Gedicht «Selbstkritik»:

> Meine Herausgeber wühlen in alten Texten
> Manchmal wenn ich sie lese überläuft es mich kalt Das
> Habe ich geschrieben IM BESITZ DER WAHRHEIT
> Sechzig Jahre vor meinem mutmaßlichen Tod
> Auf dem Bildschirm sehe ich meine Landsleute
> Mit Händen und Füßen abstimmen gegen die Wahrheit
> Die vor vierzig Jahren mein Besitz war
> Welches Grab schützt mich vor meiner Jugend

Es konnte nicht ausbleiben, dass sich vergleichbare Irritationen auch auf Seiten einer kritischen Öffentlichkeit bemerkbar machten, beispielhaft wahrnehmbar an dem Literaturstreit, der sich an der 1990 veröffentlichten Erzählung *Was bleibt* von Christa Wolf entzündete. Es handelt sich um einen autobiographisch inspirierten Bericht über die Zeit ihrer Bespitzelung durch den Staatssicherheitsdienst der DDR gegen Ende der 70er Jahre. Nach dem Einbekennen ihrer eigenen Stasi-Tätigkeit in den 60er Jahren las sich dieser Text wie eine vorgezogene Selbstrechtfertigung. Denn hier wurden schlaglichtartig die Selbstwidersprüche einer DDR-Intellektuellen fassbar, die – über lange Jahre gerade auch im Westen als literarische Instanz gewürdigt – noch mit der verspäteten Veröffentlichung ihrer Aufzeichnungen dem System auf ihre Weise einen Dienst geleistet zu haben schien. Dass die Kritik der literarischen Öffentlichkeit trotz vergleichbarer Vorgänge im Fall von Heiner Müller, Monika Maron, Fritz Rudolf Fries, Fred Wander oder Erich Köhler keineswegs in gleicher Schärfe vorgetragen wurde, legt den Verdacht nahe, dass es «nicht um Christa Wolf» (Wolf Biermann) ging, sondern um die Statuierung eines Exempels.

Literarische Tendenzen der 90er Jahre

Vor diesem Hintergrund kann man festhalten, dass der Umbruch des Jahres 1989 befreiend gewirkt hat, auch auf die Literatur. Eine Vielzahl von Strömungen und Entwicklungen findet sich seither gleichrangig nebeneinander, miteinander konkurrierend, doch nicht gegeneinander gerichtet. Darunter sind zum einen Werke, die sich in einem weiten Sinn der sogenannten Wendeliteratur zurechnen lassen. Es handelt sich um literarische Arbeiten, die sich mit dem Problem der deutschen Einheit auseinandersetzen, also auch mit Fragen der deutschen Teilung, der Neu- und Wiederbegnung der Menschen in Ost und West, der Entfremdungssymptome innerhalb Deutschlands und der Möglichkeiten ihrer – zum Teil kritisch, zum Teil humoristisch gezeichneten – Überwindung. Bezeichnend hierfür ist der Roman *Ein weites Feld* (1995) von Günter Grass, prominent wegen der kritischen Haltung des Autors zur deutschen Einheit einerseits, wegen des fast einhellig negativen Urteils des Feuilletons andererseits. Zuvor waren zu dieser Thematik bereits erschienen *Unter dem Namen Norma* (1994) von Brigitte Burmeister und *Die Nonnen von Bratislava* (1994) von Fritz Rudolf Fries. Der Entwicklung in Deutschland vor und nach 1989 stellen sich auch die Romane *Ich* (1993) und *Das Provisorium* (2000) von Wolfgang Hilbig, *Willenbroock* (2000) von Christoph Hein, *Nikolaikirche* (1995) und *Sommergewitter* (2005) von Erich Loest, *Die Letzten. Aufzeichnungen aus Udo Pospichs Druckerei* (2000) und *Böse Schafe* (2007) von Katja Lange-Müller sowie *NOX* (1995) von Thomas Hettche und *Hampels Fluchten* (2000) von Michael Kumpfmüller. Zu nennen sind ebenfalls die subtilen Erkundungen in Angela Krauß' autobiographischem Prosatext *Milliarden neuer Sterne* (1999), in dem – wie in anderen ihrer Arbeiten auch (*Weggeküßt*, 2005; *Wie weiter*, 2006) – neue Orientierungen gesucht und neue Entwürfe erprobt werden. Ferner *Die Birnen von Ribbeck* (1991) von Friedrich Christian Delius, *Der Wendehals* (1995) von Volker Braun, *Helden wie wir* (1995) und *Am kürzeren Ende der Sonnenallee* (1999) von Thomas Brussig oder *Der Zimmerspringbrunnen* (1995) von Jens Sparschuh. Die Romane von Brussig und Sparschuh haben den Vorzug satirischer Leichtigkeit und parodistischen Übermuts: Sie spielen mit ihrem schwergewichtigen historisch-politischen Thema, indem sie es als Parabel für den verzwickten und verschrobenen Weltzustand benutzen, vergleichbar der Erzählung *Die vier Werkzeugmacher* (1996) von Volker Braun. In Form einer Spiegelung ost-westlicher Lebensgeschichten nimmt sich auch Klaus Schlesinger des Gegenstandes in seiner meisterhaft durchkalkulierten Erzählung *Trug* (2000) an, die pointiert die unterschiedlichen, unversehens sich kreuzenden Wege der beiden männlichen Protagonisten gegeneinander ausspielt, vergleichbar den knappen Prosaskizzen in Ingo Schulzes *Simple storys* (1998), die sich am Ende wie in einem Puzzle zu einer vielfältigen und vielschichtigen Momentaufnahme der neuen deutsch-deutschen Wirklichkeit fügen. In Form einer dreifach untergliederten Erzählperspektive reflektiert schließlich Uwe Tellkamp in seinem Roman *Der Turm* (2008) die letzten Jahre des «realen Sozialismus». Man kann dieses nahezu 1000 Seiten umfassende, in Dresden spielende Werk als einen Schlüsselroman des bürgerlichen Milieus in der DDR verstehen. Anhand vielfältiger Lebensläufe wird eine Zeit des Niedergangs geschildert, deren Symptome sich allenthalben wahrnehmen lassen, eingefangen in detaillierten Momentaufnahmen.

Eine zweite Entwicklungstendenz der 90er Jahre repräsentieren jene Werke, die nicht deutschstämmige, doch auf Deutsch schreibende Autoren veröffentlicht haben. ‹Gastarbeiterliteratur›, ‹Migrantenliteratur›, ‹Migrationsliteratur› oder ‹Literatur der Fremde› – dies sind Bezeichnungen, die vor allem das Fremdheitselement dieser Literatur betonen und denen deshalb etwas Fragwürdiges anhaftet. Denn auch sie ist ja in erster Linie Literatur, freilich mit einem eigenen Akzent, der unterschiedliche Kulturen miteinander ins Gespräch bringt und verbindet. Insofern dürfte der Terminus Transkulturalität angemessen sein, der die Kommunikation über Sprach- und Fremdheitsgrenzen hinweg hervorhebt, der im Unterschied zur ‹Alterität› den Austausch zwischen den Kulturen betont, die Verbindung des Eigenen und des Fremden in einem

Medium von neuer, eigener Qualität. Solche transkulturelle Literatur stammt beispielsweise von der Gruppe der sogenannten Rumäniendeutschen, die – geboren zwischen 1950 und 1960 – meist in der zweiten Hälfte der 80er Jahre nach Westdeutschland gekommen sind und hier in wenigen Jahren literarische Reputation erlangt haben. Darunter finden sich neben der Literaturnobelpreisträgerin des Jahres 2009 Herta Müller (*Der Fuchs war damals schon der Jäger*, 1992; *Herztier*, 1994; *Der König verneigt sich und tötet*, 2003; *Atemschaukel*, 2009), Richard Wagner, William Totok, Horst Samson, Johann Lippet und Helmuth Frauendorfer. Auch die in Japan geborene Yoko Tawada hat sich mit ihren auf Deutsch geschriebenen Texten (*Nur da wo du bist da ist nichts*, 1987; *Das Bad*, 1989; *Opium für Ovid, ein Kopfkissenbuch für 22 Frauen*, 2000; *Abenteuer der deutschen Grammatik*, 2010) eine eigenwillige Ausdrucksmöglichkeit erarbeitet, die ebenso sensibel wie sprachspielerisch und innovativ mit den ästhetischen Dimensionen heterogener Idiome umgeht. Zu den Autoren dieser transkulturellen Literatur gehören ferner der aus der Türkei stammende Feridun Zaimoğlu, der mit seinem Roman *Kanak Sprak* (1995) wegen seiner grammatischen und sprachlichen Kühnheiten – um nicht zu sagen: Anarchismen –, aber auch mit zwischen den Kulturen changierenden Romanen wie *Liebesmale, scharlachrot* (2000) und *Liebesbrand* (2008) Aufsehen erregt hat. Vergleichbar hiermit sind die sprachspielerischen Arbeiten des in München lebenden gebürtigen Brasilianers Zé do Rock, der in *Vom winde ferfeelt* (1995) und *Ein Ufo in der küche* (2000) eine ebenso anregende wie vergnüglich zu lesende Radikalreform der deutschen Orthographie und der grammatischen Konventionen betreibt. Zu erwähnen ist ferner Rafik Schami, der in märchenhaften Erzählungen die Anziehungskraft des Orients erstehen lässt (*Vom Zauber der Zunge*, 1991) – repräsentatives Beispiel einer Literatur, die über alle Kultur- und Sprachgrenzen hinweg zu einer neuen ästhetischen Identität gefunden hat. Was diese Literatur auszeichnet, ist – um mit dem Kulturwissenschaftler Homi K. Bhabha (*Die Verortung der Kultur*, 2000) zu sprechen – die Eröffnung eines «dritten Raums», einer Begegnung zwischen den Kulturen, die neue Erfahrungs- und Ausdrucksmöglichkeiten bietet und damit vom kulturellen Wandel zeugt, der im Zeichen der Globalisierung auch die deutschsprachige Literatur erreicht hat. Beispielhaft findet sich ein solch kulturelles «Dazwischen» (Bhabha) auch in Werken wie *Der Weltensammler* (2006) von Ilija Trojanow oder *Seltsame Materie* (1999) und *Alle Tage* (2004) von Terézia Mora.

Auf der immerwährenden Suche nach einer neuen ästhetischen Identität befindet sich auch die dritte Gruppe von Autoren oder Werken, von denen im Zusammenhang der 90er Jahre die Rede sein soll, nämlich die der literarischen Avantgardisten in der DDR wie in der Bundesrepublik. Zeichneten sich die künstlerischen Verfahrensweisen der klassischen Avantgarden (Futuristen, Dadaisten, Surrealisten) vor allem durch ihre Arbeit am Materialcharakter der Sprache und insoweit auch durch eine selbstreflexive literarische Technik aus, so sind die Prosaarbeiten der 90er Jahre, die sich unter dem Begriff Avantgarde fassen lassen, vor allem durch ihren Stoffgehalt gekennzeichnet. Sie nehmen die soziale Problematik ihrer Zeit thematisch auf und bearbeiten diese in ihrer sprachlichen Substanz. Es ist eine gewissermaßen diskursanalytisch verfahrende Literatur: Sie legt in den Tiefenschichten der Sprache frei, was sich an Abgründen in der Gesellschaft offenbart. Zu nennen ist hier neben dem in der DDR als Dissident verfemten Gert Neumann (*Die Schuld der Worte*, 1979/89; *Elf Uhr*, 1981/90; *Die Klandestinität der Kesselreiniger*, 1989) und dem Sprachartisten Kurt Drawert (*Spiegelland*, 1992) vor allem Reinhard Jirgl, der in seinen zum Teil voluminösen Prosatexten (*Mutter Vater Roman*, 1990; *Abschied von den Feinden*, 1995; *Hundsnächte*, 1997; *Die atlantische Mauer*, 2000) kompromisslos die Abgründe der deutschen Wirklichkeit in ihren sprachlichen Konstellationen aufsucht und erkundet. In seiner bereits in den 80er Jahren entstandenen, doch wegen der Zensur in der DDR in vollem Umfang erst im Jahr 2002 veröffentlichten Trilogie *Genealogie des Tötens* stellt Jirgl Sprach-Labyrinthe her und entwirft Wort-Apokalypsen, die den Leser unerbittlich und unnachsichtig über die Grenzen der kommunikativen Verständigungsmöglichkeiten hinaustreiben. In vergleichbarer Weise fordert auch der postmodernen Theoriebildungen und einer Ästhetik des digitalen Zeitalters nahestehende Alban Nikolai Herbst (*Atlantis*, 1996; *Thetis Anderswelt*, 1998; *Buenos Aires Anderswelt*, 2001) seine Leser mit weit ausholenden phantastischen Exkursen heraus, die von wechselnden Identitäten zeugen und ständig neue Horizonte eröffnen. Nicht zuletzt gehört zu den literarästhetisch komplexen Werken auch die Prosa des zu Unrecht wenig bekannten Schriftstellers Gert Hofmann, der in *Der Kinoerzähler* (1990) oder *Tolstois Kopf* (1991) Szenarien des Schreckens und der Ausweglosigkeit entwirft, insbesondere in seinem Roman *Die kleine Stechardin* (1994) anhand der Beziehung des kleinwüchsigen, buckligen Physikers und Philosophen Lichtenberg zu seinem minderjährigen Hausmädchen. «Das Lächerliche ist schrecklich, und das Schreckliche ist lächerlich» – unnachsichtig folgt Hofmanns erzählende Prosa dieser Maxime, deren Subtext freilich von der Sehnsucht nach einer anderen Wirklichkeit spricht. Nicht weniger anspruchsvoll, doch ungleich zugänglicher durch eine Formensprache, die realistischen Erzählmustern nahesteht, erscheinen demgegenüber die Werke Wilhelm Genazinos, der sich seit seiner Trilogie *Abschaffel* (1977) als ein ebenso scharfsichtiger wie hintergründiger Beobachter und Analytiker des alltäglichen Wahnsinns einen Namen gemacht hat. Irritationen und Orientierungsverschiebungen, aber auch kleine Tragödien und mittlere Katastrophen ereignen sich unmerklich, nahezu lautlos und werden – so in den zu Beginn des neuen Jahrhunderts erschienenen Erzählwerken *Eine Frau, eine Wohnung, ein Roman* (2003) und *Mittelmäßiges Heimweh* (2007) – mit subtiler Ironie in die Scheinnormalität vertrauter Lebensverläufe hineingeholt.

Erfolgreich im Sinne bestsellerverdächtiger Auflagenhöhen ist solche Literatur nicht – dafür ist sie zu anspruchsvoll. Dies unterscheidet sie von Werken, die zu Verkaufserfolgen wurden, weil sie ein – scheinbar – skandalöses Thema mit einer vergleichsweise problemlos rezipierbaren Stillage verbinden. Bernhard Schlink ist in diesem Zusammenhang zu nennen, dessen Roman *Der Vorleser* (1996) ein Welterfolg werden konnte, weil hier die Geschichte einer ehemaligen KZ-Aufseherin aus der emotional Anteil nehmenden Perspektive eines jungen Mannes geschildert wird. Ebenso Günter Grass' Novelle *Im Krebsgang* (2002): ein Ausschnitt aus der Geschichte deutscher Vertriebener, erzählt von einem Autor, der zur sozialdemokratischen Linken zählte und gewiss nicht die Wahrnehmungen der Heimatvertriebenen und ihrer Verbände teilte. Beide Bücher verbindet der Erfolg – und die nur mäßige literarische Qualität, zwei Kriterien, die Martin Walsers Erzählung *Tod eines Kritikers* (2002) mit ihnen teilt: eine Schlüsselerzählung über den «Literaturpapst» Marcel Reich-

Ranicki, den der Autor, kaum verschlüsselt, scheinbar zum Opfer eines Mordkomplotts werden lässt. Eine literarische Form der Rache, die dem Roman den Vorwurf «antisemitisch» eintrug – und eine wochenlange Präsenz auf den vordersten Plätzen der Bestsellerlisten.

Generationenwechsel

Angesichts der Debatten über die Wiedervereinigung nach 1989 sollte man nicht übersehen, dass sie im Wesentlichen von Autoren und Intellektuellen der 45er-Generation angeregt worden sind, die nach Kriegsende anfingen zu schreiben und an die Öffentlichkeit zu treten, während sich die jüngeren Autoren weitgehend zurückgehalten haben. Zu diesen zählen Zeitgeist-Satiriker wie Wiglaf Droste, Max Goldt oder Maxim Biller. Was diese Generation auszeichnet, hat der Schriftsteller Matthias Politycki 1996 in einem Essay mit einigem Selbstbewusstsein formuliert, indem er ein Plädoyer für den unterhaltenden Aspekt von Literatur hielt, für die «Befreiung von ideologischen Schlacken» eintrat, ohne den Anspruch auf homogene, generationenübergreifende Gesellschafts- oder wenigstens Literaturentwürfe zu erheben. Heiner Müller hat in seiner Laudatio auf den Büchner-Preisträger des Jahres 1995, den 1962 geborenen Lyriker Durs Grünbein (*Nach den Satiren*, 1999; *Strophen für übermorgen*, 2000; *Vom Schnee oder Descartes in Deutschland*, 2003), deutlich gemacht, welches Profil jene Generation charakterisiert, die an die Stelle der älteren treten wird: «Es ist die Generation der Untoten des Kalten Krieges, die Geschichte nicht mehr als Sinngebung des Sinnlosen durch Ideologie, sondern nur noch als sinnlos begreifen kann. [...] Diese Generation hat kein Vaterland und keine Muttersprache. Für sie gilt der Brechtsatz: Die Situationen sind die Mütter der Menschen. Sie schreibt eine Literatur, die sich selbst übersetzt, ihre Muse der Computer, die Aura der Preis der Erfahrung.»

Man kann im Hinblick auf die deutschsprachige Gegenwartsliteratur kaum bestreiten, dass sich generationenbedingte Erfahrungsdifferenzen finden lassen, die zu neuen Schreibimpulsen geführt haben. Hierzu zählt vor allem eine künstlerische Unbefangenheit, die Bereitschaft nämlich, ohne Rücksicht auf ideologische Vorschriften oder Vorbehalte zu erzählen, ohne den sichernden Blick auf Begriffe und Theoreme wie ‹Moderne› oder ‹Avantgarde› und ohne Orientierung an normativen Vorgaben. Diese «Freisetzung» (Heiner Müller) hat eine Vielzahl neuer Namen ins Gespräch gebracht. Hierzu zählen insbesondere Autorinnen wie Sibylle Berg (*Ein paar Leute suchen das Glück und lachen sich tot*, 1997; *Amerika*, 1999), Karen Duve (*Regenroman*, 1999), Julia Franck (*Der junge Koch*, 1997; *Liebediener*, 1999; *Bauchlandung*, 1999), Jenny Erpenbeck (*Geschichte vom alten Kind*, 1999), ferner Elke Naters (*Lügen*, 1999), auch Alissa Walser (*Die kleinere Hälfte der Welt*, 2000), Judith Hermann (*Sommerhaus, später*, 1998; *Nichts als Gespenster*, 2003) und Birgit Vanderbeke (*Ich sehe was, was du nicht siehst*, 1999).

Doch nicht nur Schriftstellerinnen, auch ihre jungen männlichen Kollegen schwimmen auf der Erfolgswelle dieser ‹befreiten› Literatur, allen voran Benjamin Lebert, der als 17-Jähriger binnen weniger Monate den Verkauf von 200 000 Exemplaren seines Erstlingswerks *Crazy* (1999) erleben konnte. Man hat dieser Literatur rasch das Etikett «Pop» angeklebt. Zum einen deswegen, weil ihre Autoren an englische und amerikanische Vorbilder der Pop-Literatur wie Bret Easton Ellis und Nick Hornby anknüpfen, von denen sie das Spiel mit wechselnden Identitäten gelernt haben, der Täuschung und des stilistischen ‹Fake›. Zum anderen wegen der unverkennbaren Traditionsbezüge auf die musikalische Pop-Kultur, wie sie in Buchtiteln von Benjamin von Stuckrad-Barre (*Soloalbum*, 1998; *Livealbum*, 1999; *Remix*, 1999) anklingen. Zur Selbstdarstellung und -wahrnehmung dieser Autoren, zu denen auch Christian Kracht (*Faserland*, 1995; *Mesopotamia*, 1999; *1979*, 2001) gerechnet wird, gehört die Bereitschaft und die Fähigkeit, sich in unterschiedlichen Medien (Rundfunk, Presse, Fernsehen) zu präsentieren und sich zielbewusst zu vermarkten. Gewissermaßen auf die soziale Kehrseite dieser Bereiche verweist Ernst-Wilhelm Händler in seinen Romanen *Fall* (1997) und *Wenn wir sterben* (2003), die sich mit den kapitalistischen Beziehungen in der bundesdeutschen Gesellschaft und den aus ihnen resultierenden psychischen Deformationen auseinandersetzen. Der Autor ist studierter Ökonom und erfahrener Unternehmer zugleich. Was er in seinen literarischen Werken so unnachsichtig und scharfsinnig wie kenntnisreich vorführt, ist der Preis, den in einem liberalen Wirtschaftssystem alle Menschen zu zahlen haben, auch und gerade jene, die von ihm profitieren.

Nicht wenige der zuvor genannten Werke lesen sich leicht und angenehm, zum Zeitvertreib, zur Unterhaltung und zum Konsum. Sie stehen, auch wo sie sich an komplexe Themen wie die Vater-Tochter-Problematik, Lebenskrisen oder Generationenbrüche wagen, im Zeichen einer ‹Lesbarkeit der Literatur›. Dies ist eine Formel, die der Dichtung nach einer Phase sich zunehmend komplizierender Schreibweisen eine neue Orientierung geben will. Es ist kein Zufall, dass diese Strategie aus dem Marketing der Buchverlage kommt. Doch die ihr entsprechende Literatur ist nicht durchweg marktförmig konzipiert, auch dann nicht, wenn sie – wie im Fall von Frank Schätzings Polit-Thriller *Der Schwarm* (2004) – zum Bestseller wurde. Und zumal Daniel Kehlmanns Roman *Die Vermessung der Welt* (2005) zeigt, dass eine kluge literarische Konstruktion dem Erfolg nicht im Weg stehen muss. Die fein gesponnene Nicht-Beziehung zwischen zwei genialen Wissenschaftlern sehr unterschiedlichen Temperaments, Alexander von Humboldt und Carl Friedrich Gauß, entwickelt sich in diesem Werk des reflektierten Erzählers (*Mahlers Zeit*, 1999; *Der fernste Ort*, 2001; *Ich und Kaminski*, 2003) zu einer hintergründig-ironischen Begegnung unterschiedlicher Wirklichkeitswahrnehmungen und Weltentwürfe – anspruchsvoll konzipiert und eben deshalb lesenswert.

Netzliteratur

Grundlegende Veränderungen zeichnen sich für die Literatur im Zusammenhang der digitalen Revolution ab, im Kontext der Umwandlung von analogen in digitale Formen der Verarbeitung von Informationen. Um sich die Dimensionen dieses Medienumbruchs in ihrer Tragweite für die Literatur vor Augen zu führen, ist eine grundsätzliche Unterscheidung von ‹Literatur im Netz› und ‹Netzliteratur› hilfreich. ‹Literatur im Netz› – damit sind, legt man einen weiten Begriff von Literatur zugrunde, generell textuelle ‹Zeichen› gemeint, auch solche einer Sprache der Bilder. Sie erscheinen in einem neuen Medium, aber es bleiben die bekannten und vertrauten Strukturen. Denn das Internet ist im Grunde genommen nichts anderes als ein gigantischer Katalog, der seine ins Unendliche reichende tiefenstrukturelle Staffelung einer Vernetzung von Computern und digitalen Systemen verdankt. Es handelt sich bei diesem Katalog um ‹Literatur› in einem weiten Sinn, die lediglich ins nicht-analoge Medium verschoben wurde. Doch weder die informationstechnologisch ermöglichten Kopplungen und Schaltungen noch die Präsentation des Computerdesigns auf dem Bildschirm, die ‹Benutzeroberfläche›, haben die Inhalte und die textuellen, ikonischen oder graphischen Erscheinungsformen solcher ‹Literatur im Netz› strukturell verändert. E-Mails, Chatforen oder Mitschreibprojekte sind zwar erst durch das Internet möglich geworden, doch reproduzieren sie Formen der Kommunikation, die es immer schon gab: Nachrichtenübermittlung, Gespräch, Literatur. Und auch die buchstäblich ins Netz gestellte oder per E-Book abrufbare ‹Literatur› ist in erster Linie Literatur in einem traditionellen Sinn des Worts.

Immerhin wissen medienbewusste Autoren sie bereits klug zu nutzen. So etwa Rainald Goetz in Form seines *Abfall für alle* (1999); so auch das Projekt mit dem Titel *Null* (2000), das Thomas Hettche und Jana Hensel im Jahr 2000 herausgegeben haben, wie auch *the Buch. Leben am pool* (2001), herausgegeben von Sven Lager und Elke Naters. Doch in all diesen Fällen prägt das Medium Internet lediglich die Präsentation dieser Literatur im Netz, die zudem durch spätere Buchpublikationen der Texte revidiert worden ist.

‹Netzliteratur› hingegen entsteht im digitalen Medium und durch dieses. Sie verdankt ihre Struktur wie ihre Ästhetik der Basistechnologie ‹Digitalisierung›. Sie kann deshalb Verfahrensweisen adaptieren oder entwickeln, wie sie ausschließlich innerhalb des Mediums Computer möglich sind: Interaktivität, Hypertextstruktur, Intermedialität, Multimedialität, Hybridität. Statt der Sukzession und Unilinearität des Erzählens ‹in der Zeit› entwickelt sich die ‹knoten›-förmige Organisation des Datentransfers über Links im Raum des Netzes. Verräumlichung, Verzweigung, Vertiefung sind die computergenerierten Determinanten, nach denen sich neue Strukturen einer veränderten literarischen Kultur ausbilden. Zu deren unverwechselbarer Identität gehören – neben dem Hypertext-Link – das Bild, das den Text visuell, der Ton, der ihn akustisch, die Bewegung, die alle Zeichen dynamisch entgrenzt. Die interaktive und kooperative Dimension des digitalen Zeitalters verändert den Begriff der Autorschaft. Die Computerbetriebssysteme bestimmen, was und auf welche Weise in der und als Netzliteratur ‹erzählt› werden kann (*text+kritik*, H. 152: *Digitale Literatur*, 2001).

Die Digitalisierung, die Texte in Bilder, Bilder in Töne und alles ineinander übergehen lassen kann, hat den linear gedachten Begriff einer Literatur fragwürdig werden lassen, die an die Zeit als organisierendes Erzählprinzip gebunden ist. Mit den Verfahrensweisen der Netzliteratur verändern sich die Wahrnehmungsformen der Rezipienten und mit diesen zugleich ihr Status: Sie werden zu Ko-Produzenten der Texte, in denen sie sich bewegen. Ob sich die Netzliteratur gegen die Buchkultur durchsetzen wird, bleibt einstweilen offen. Ein Kriterium der Entscheidung Für und Wider wird – neben der unersetzlichen Haptik des Mediums Buch – gewiss die Frage der Speicherung und damit die des medialen Gedächtnisses sein.

Literarische Erinnerung

Viele der auf eine innovative und anregende Weise gestarteten Netzliteratur-Projekte sind im World Wide Web schon nach geraumer Zeit nicht mehr auffindbar – das Medium der kulturellen Erinnerung bleibt das Buch. Diese Feststellung lässt sich im Rückblick auf die deutschsprachige Literatur von der Reformation bis zur Gegenwart ebenso bekräftigen wie im Blick auf aktuelle literarische Entwicklungen. Denn der Formenwandel der Literatur, der über Jahrhunderte hinweg zu beobachten ist, verdankt sich jeweils dem Anspruch auf künstlerische Zeitgenossenschaft – nur durch ihren Wandel vermag die Literatur zu überdauern. Wenn aber Erinnerung in eine Form gegossen werden muss, dann lässt diese Form die Erinnerungssubstanz selber nicht unberührt. Sie wird als Medium der Verarbeitung substanzieller Teil der Erinnerung, indem sie in diese eingeht und diese sich zugleich anverwandelt.

Beispielhaft lässt sich dieser Zusammenhang anhand jener Werke zeigen, für die sich der Begriff ‹Holocaust-Literatur› eingebürgert hat. Er bezeichnet gattungsübergreifend Texte, die sich – zum Teil autobiographisch geprägt – mit dem Völkermord an den Juden auseinandersetzen. Einen Prototyp dieser Literatur stellen die fünf 1966 erschienenen Essays dar, die Jean Améry unter dem Titel *Jenseits von Schuld und Sühne. Bewältigungsversuche eines Überwältigten* zusammengefasst hat. Améry war als Mitglied des antifaschistischen Widerstandes in Belgien im Juli 1943 von der Gestapo verhaftet, gefoltert und als Jude ins KZ nach Auschwitz deportiert worden. Er machte sich im Jahr 1964 – zu jenem Zeitpunkt, als in Frankfurt der Auschwitz-Prozess begann – an die Niederschrift seiner «Erlebnisse im Dritten Reich» (Améry). Mit der Veröffentlichung seiner Aufzeichnungen und Reflexionen löste sich Amérys Schreibblockade, die bis dahin bestanden hatte. Zwei Jahrzehnte hatte er benötigt, um eine Sprache für das Unsagbare zu finden. Was ihm bis zu diesem Zeitpunkt gefehlt hatte, war die unhintergehbare Instanz der erzählerischen Vermittlung, die Erzählperspektive, mit deren Hilfe das persönliche Erleben objektiviert werden konnte. Améry fand sie in der Tradition der bedeutenden *Confessiones* von Augustinus über Petrarca und Montaigne bis zu Rousseau. Die Form des Essays ermöglichte es ihm, sich an eine spezifische Öffentlichkeit, die junge Generation in der Bundesrepublik Deutschland, zu wenden, und dies in einer bestimmten Absicht: die Erinnerung an die unfassbaren Verbrechen der Nationalsozialisten zu bewahren. Die Vermittlung von persönlichem Erleben und reflektierender Distanz, die sich als Formproblem gestellt hatte, gelang Améry über das *Tertium Comparationis* einer ästhetischen Brechung, die die differenten Qualitäten von persönlicher Erzählung und distanzierender Reflexion des Erlebens nicht ineinander auflöst, sondern in der Spannung ihrer qualitativen Differenz bestehen lässt. Auf diese Weise wird die Form des Essays für das gesetzte Ziel der ‹Aufklärung› produktiv gemacht.

Auf andere Weise hat Cordelia Edvardson dieses Problem zwei Jahrzehnte später in der Geschichte ihrer Kindheit *Gebranntes Kind sucht das Feuer* (1984 auf Schwedisch, 1986 auf Deutsch) gelöst. Die uneheliche Tochter des jüdischen Staatsrechtlers Hermann Heller und der von den

Nazis als «Halbjüdin» eingestuften Schriftstellerin Elisabeth Langgässer galt nach den Nürnberger Rassegesetzen im Dritten Reich als «Volljüdin». Der Versuch ihrer Mutter, sie mittels einer Scheinadoption als spanische Staatsbürgerin anerkennen zu lassen und dadurch vor der drohenden Deportation zu bewahren, misslang. Die Gestapo durchschaute die Absicht und bedrohte die Mutter mit Strafverfolgung wegen Landes- und Hochverrats, falls ihre Tochter die geforderte schriftliche Anerkenntnis einer doppelten Staatsbürgerschaft – und damit ihre Einstufung entsprechend den Nürnberger Rassegesetzen – nicht unterzeichnen sollte. Das Mädchen unterschrieb im Beisein der Mutter die Erklärung – und bestimmte damit ihren künftigen Lebensweg. Er führte sie nach Theresienstadt und nach Auschwitz bis in den Selektionsraum des KZ-Arztes Mengele, 1945 nach Schweden, 1970 nach Israel. Es ist ein autobiographischer Roman über den Leidensweg eines Mädchens und über den Verrat einer Mutter an ihrer Tochter, der als mögliche Konsequenz deren Vernichtung einschloss, ein Verrat zudem, der noch aus dem Schicksal der Tochter Material für Langgässers Roman *Märkische Argonautenfahrt* (1950) zusammentrug. Um von diesem Schicksal erzählen zu können, wählt die an ihre ‹Mütter› und ‹Kinder› sich adressierende Edvardson die Technik einer doppelten Distanzierung. Zum einen erzählt sie von dem Schicksal des jungen Menschen, der sie gewesen ist, in der dritten Person, zum anderen wählt sie zur Distanzierung die Form einer Montage, die drei das Buch untergliedernde große Erzählabschnitte durch harte Schnitte voneinander trennt. Sie öffnet der Vorstellungskraft Zwischenräume, in denen das Unvorstellbare – die Ausgrenzung und Entrechtung, die Verschleppung und Vernichtung – imaginiert werden muss, wenn sich ein Zusammenhang zwischen den unterschiedlichen Phasen dieser Kindheit herstellen soll.

Eine andere Lösung der Erinnerungsproblematik hat Ruth Klüger ihrem 1992 veröffentlichten autobiographischen Bericht *weiter leben* durch die Anfügung eines ebenso lakonischen wie hintergründigen Untertitels gegeben: *Eine Jugend*. Lakonisch, weil die Wahl des unbestimmten Artikels mit dem Gestus der Beiläufigkeit einen bestimmten Grad an Verallgemeinerbarkeit dieses Lebensabschnitts für eine ganze Generation signalisiert; hintergründig, weil der Inhalt dieser Autobiographie eben dieser Möglichkeit widerspricht. Ruth Klüger hat nicht irgend ‹eine Jugend› erlebt, sondern sie hat ‹ihre Jugend› in ganz eigener, durchaus nicht verallgemeinerbarer Art durchlitten: in Theresienstadt, Auschwitz-Birkenau und Christianstadt (Groß-Rosen), in Konzentrationslagern, in denen vieles zu durchleben war, nur eines gewiss nicht: eine Jugend im Sinne einer generationenspezifischen oder entwicklungspsychologischen Repräsentation.

Weiter leben ließe sich, könnte man vom autobiographischen Gehalt absehen, als ein literarisches Werk lesen, das einer traditionsreichen Gattung zugehört: als Roman eines Lebens unter dem Nationalsozialismus, in dessen Mittelpunkt – wie etwa in Günter Grass' *Blechtrommel* oder in Christa Wolfs *Kindheitsmuster*, worauf Ruth Klüger sich ausdrücklich bezieht – ein Kind steht. Dass man trotz seines nachgerade klassischen Erzählverfahrens dieses Werk dennoch nicht als einen Roman lesen kann, hat weniger mit dem Sujet, der Holocaust-Thematik, zu tun als mit der erzählerischen Qualität der Gegenwartsreflexionen, die den Bericht leitmotivisch durchziehen und ihn am Ende nahezu vollständig in den Hintergrund treten lassen.

Nach Jean Améry und Cordelia Edvardson sowie den Werken von Imre Kertész (*Mensch ohne Schicksal*, dt. 1990; unter dem Titel *Roman eines Schicksallosen*, dt. 1996), Primo Levi (*Ist das ein Mensch?*, dt. 1961), Tadeusz Borowski (*Bei uns in Auschwitz*, dt. 1963) oder Peter Weiss (*Die Ermittlung*, 1965) besitzt die literarische Aufarbeitung der Vergangenheit bereits eine eigene Geschichte. Man muss sie, wie Ruth Klüger weiß, zu Beginn des 21. Jahrhunderts nicht noch einmal durchbuchstabieren. Die Qualitäten dieses Werks liegen mithin nicht im thematischen Bereich, sie sind vielmehr literarischer Art. Die Beschreibung aus der Sicht des Kindes verbindet sich mit der Reflexion aus der Erwachsenensicht zu einer literarischen Tiefenperspektive, die alle Wahrnehmungen zu prüfen und zu gewichten, zu relativieren und zu problematisieren weiß – Beschreibung und Reflexion, Mitteilung und Kommentar, Bericht und Kritik, Erzählung und Wertung in einem. Zum Stoff der Holocaust-Literatur gehört in den 90er Jahren nicht mehr nur das Grauen, das Auschwitz gewesen ist, sondern auch das, was aus Auschwitz seither geworden ist.

Doch nicht allein die Holocaust-Literatur zeugt von der spezifischen

Erinnerungsfähigkeit der Literatur. Vielmehr hat sich seit Anfang der 90er Jahre eine Tradition herausgebildet, die auf ihre Weise von der Erinnerungsleistung der Literatur zeugt. Zu ihr zählt das vielbändige «kollektive Tagebuch», das Walter Kempowski unter dem Titel *Echolot* (1993, 1999, 2002, 2005) veröffentlicht hat, eine Montage vielfältiger Stimmen aus den Jahren 1941 bis 1945, die ein ungemein lebendiges Stimmungsbild des Kriegsendes erstehen lassen; ferner die posthume Veröffentlichung der Tagebücher des Romanisten Victor Klemperer (*Ich will Zeugnis ablegen bis zum letzten*, 1995), die das Leben im Dritten Reich aus der Sicht eines Juden auf eindringliche Weise vermitteln; ebenso die Erinnerungstrilogie von Günter Grass (*Beim Häuten der Zwiebel*, 2006; *Die Box*, 2008; *Grimms Wörter*, 2010), deren erster Band das aufsehenerregende Eingeständnis seiner Mitgliedschaft in der Waffen-SS enthält; nicht zuletzt die autobiographische Erzählung Uwe Timms (*Am Beispiel meines Bruders*, 2003), die auf den Tagebuchaufzeichnungen des älteren, der SS angehörenden Bruders beruht; und auch die von Hans Magnus Enzensberger vorgelegte Biographie *Hammerstein oder Der Eigensinn* (2008): Sie zeichnet den widerspruchsvollen Weg Kurt von Hammersteins nach, der nach dem Aufstieg der Nationalsozialisten von seinem Amt als Chef der Heeresleitung entlassen worden ist. Auf eine ganz eigene Weise hat W. G. Sebald die Erinnerungsfähigkeit der Literatur fortentwickelt. Seine Arbeiten konzentrieren sich auf Verfahren des Beobachtens und Sammelns, Historisierens und Perspektivierens, das sich an unterschiedliche Gegenstände knüpfen, von diesen ausgehen, sich von ihnen entfernen und jederzeit zu ihnen zurückkehren kann (*Schwindel. Gefühle*, 1990). In Lebensgeschichten Einzelner – so in den vier literarischen Biographien des Bandes *Die Ausgewanderten* (1992) – scheint die Historiographie ganzer Epochen auf. Fiktionalität verbindet sich mit dem Essay, gelehrte Exkurse in Kunst- und Naturgeschichte mit Reflexionen über Architektur und Städtebau (*Austerlitz*, 2001). Nicht zuletzt Zeichnungen und Fotografien gehören zum intertextuell und intermedial orientierten Formenarsenal dieser Literatur, die mit der Genrebezeichnung Roman unzureichend umschrieben wäre. Es ist eine gelehrte Prosa, die den Kosmos der Welt und der Geschichte neu erschließt, wenn nicht aufs Neue entwirft. Der Essay, das Dokument als Fiktionsergänzung, die erzählerisch beglaubigte Fiktion als Dokument und Material – auf diese Weise eröffnen auch Marcel Beyer in seinem Roman *Flughunde* (1995) und Robert Schindel (*Gebürtig*, 1992) einen Zugang zur Geschichte.

Dass das Tagebuch hierfür eine Quelle ersten Ranges darstellt, liegt auf der Hand. Beispielhaft lassen sich hierfür die in den Jahren 2007 und 2010 unter dem Titel *Leben und Schreiben* veröffentlichten Diarien Martin Walsers anführen (*Tagebücher 1963–1973*, 2007; *Tagebücher 1974–1978*, 2010), in vergleichbarer Weise Fritz J. Raddatz' *Tagebücher 1982–2001* (2010) und ebenso die *Chronik 1970* von Siegfried Unseld (2010). Es handelt sich um Dokumente und Aufzeichnungen, die für die Nachwelt bestimmt sind. Auch wenn nicht anzunehmen ist, dass sie, wie immer der Anspruch auch lauten mag, in der ursprünglichen Form, also unredigiert an die Öffentlichkeit gegeben wurden, bleiben sie gleichwohl geprägt von einer großen Nähe zu Vorgängen und Personen ebenso wie zu Eindrücken und Erlebnissen. Dies gilt auch für Christa Wolfs melancholischen Rückblick auf die Zeit des Umbruchs in der DDR, *Stadt der Engel oder The Overcoat of Dr. Freud* (2010). Dieser zugleich subjektive und öffentlichkeitsorientierte Zugang zum autobiographischen Material, hier mitgeteilt aus der Distanz schaffenden Perspektive eines Aufenthalts in Los Angeles, macht die Lektüre reizvoll – eine Qualität, die sich für zwei weitere autobiographisch inspirierte Werke der jüngsten Zeit ebenfalls behaupten lässt: Gisela von Wysockis «Geschichte einer Suggestion» (Untertitel) *Wir machen Musik* (2010) und Peter Wawerzineks Odyssee einer Jugend *Rabenliebe* (2010). In ganz unterschiedlicher Art – sensibel und humorvoll bei Wysocki, schmerzlich und leidend bei Wawerzinek – gelingt in beiden Texten die Erkundung und Erschließung der Kindheit. Auf seine Weise – sensibel, humorvoll und nicht ohne Wehmut – hat Peter Kurzeck (*Übers Eis*, 1997; *Als Gast*, 2003; *Ein Kirschkern im März*, 2004) der Gedächtnisleistung der Literatur Ausdruck verliehen, zuletzt in seinem autobiographischen Roman *Vorabend* (2011), einem monumentalen Erinnerungswerk, das eine kunstvolle Vergegenwärtigung und zugleich Verarbeitung teils glückhafter, teils traumatischer lebensgeschichtlicher Prägungen bietet.

Literatur

Epochenübergreifende Darstellungen
Best, Otto F./Schmitt, Hans Jürgen (Hg.): Die deutsche Literatur. Ein Abriss in Geschichte und Darstellung. 16 Bde. Stuttgart 1976–1981.
Beutin, Wolfgang u. a.: Deutsche Literaturgeschichte. Von den Anfängen bis zur Gegenwart. 7. Aufl. Stuttgart/Weimar 2008.
Brauneck, Manfred: Die Welt als Bühne. Geschichte des europäischen Theaters. 5 Bde. Stuttgart/Weimar 1993 ff.
Burdorf, Dieter u. a. (Hg.): Metzler Lexikon Literatur. 3., völlig neu bearbeitete Aufl. Stuttgart/Weimar 2007.
Lutz, Bernd/Jeßing, Benedikt (Hg.): Metzler Lexikon Autoren. 4., aktualisierte und erweiterte Aufl. Stuttgart/Weimar 2010.
Meid, Volker: Metzler Literatur Chronik. Stuttgart/Weimar 3. Aufl. 2006.

1 Literatur in der Reformationszeit
Brackert, Helmut: Bauernkrieg und Literatur. Frankfurt am Main 1975.
Burke, Peter: Die Renaissance. 4. Aufl. Berlin 1998.
Brunner, Horst: Geschichte der deutschen Literatur des Mittelalters und der Frühen Neuzeit. Erweiterte und bibliographisch ergänzte Ausgabe. Stuttgart 2010.
Giesecke, Michael: Der Buchdruck in der frühen Neuzeit. Eine historische Fallstudie über die Durchsetzung neuer Informations- und Kommunikationstechnologien. Frankfurt am Main 1991.
Könneker, Barbara: Wesen und Wandlung der Narrenidee im Zeitalter des Humanismus. Brant – Murner – Erasmus. Wiesbaden 1966.
Lohse, Bernhard: Thomas Müntzer in neuer Sicht. Hamburg 1991.
Nagel, Bert: Meistersang. 2. Aufl. Stuttgart 1971.
Patočka, Jan: Andere Wege in die Moderne. Studien zur europäischen Ideengeschichte von der Renaissance bis zur Romantik. Würzburg 2006.
Röcke, Werner/Münkler, Marina (Hg.): Die Literatur des 15. und 16. Jahrhunderts (= Hansers Sozialgeschichte der deutschen Literatur vom 16. Jahrhundert bis zur Gegenwart, Bd. 1). München/Wien 2004.
Stammler, Wolfgang: Von der Mystik zum Barock 1400–1600. 2., durchgesehene und erweiterte Aufl. Stuttgart 1950.
Stein, Peter: Schriftkultur. Eine Geschichte des Schreibens und Lesens. Darmstadt 2006.

2 Das Zeitalter des Barock

Alewyn, Richard: Das große Welttheater. Die Epoche der höfischen Feste. 2. Aufl. München 1989.

Alexander, Robert J.: Das deutsche Barockdrama. Stuttgart 1984.

Asmuth, Bernhard: Daniel Casper von Lohenstein. Stuttgart 1971.

Barner, Wilfried (Hg.): Der literarische Barockbegriff. Darmstadt 1975.

Barner, Wilfried: Barockrhetorik. Untersuchungen zu ihren geschichtlichen Grundlagen. 2. Aufl. Tübingen 2002.

Henkel, Arthur / Schöne, Albrecht (Hg.): Emblemata. Handbuch zur Sinnbildkunst des 16. und 17. Jahrhunderts. Stuttgart / Weimar 1996.

Hoffmeister, Gerhart: Deutsche und europäische Barockliteratur. Stuttgart 1987.

Meid, Volker: Barocklyrik. 2. Aufl. Stuttgart / Weimar 2008.

Meid, Volker: Die deutsche Literatur im Zeitalter des Barock. Vom Späthumanismus zur Frühaufklärung 1570–1740 (= Geschichte der deutschen Literatur von den Anfängen bis zur Gegenwart, Bd. V). München 2009.

Meid, Volker: Grimmelshausen. Leben, Werk, Wirkung. Stuttgart 2011.

Meier, Albert (Hg.): Die Literatur des 17. Jahrhunderts (= Hansers Sozialgeschichte der deutschen Literatur vom 16. Jahrhundert bis zur Gegenwart, Bd. 2). München / Wien 1999.

Niefanger, Dirk: Barock. Lehrbuch Germanistik. 2. Aufl. Stuttgart / Weimar 2006.

Otto, Karl F.: Die Sprachgesellschaften des 17. Jahrhunderts. Stuttgart 1972.

Rötzer, Hans Gerd: Der europäische Schelmenroman. Stuttgart 2009.

Schöne, Albrecht: Emblematik und Drama im Zeitalter des Barock. 3. Aufl. München 1993.

Szyrocki, Marian (Hg.): Poetik des Barock. Hamburg 1968.

Szyrocki, Marian: Die deutsche Literatur des Barock. Eine Einführung. Bibliographisch erneuerte Aufl. Stuttgart 1997.

3 Zwischen «Rationalismus» und «Sturm und Drang»

Alt, Peter André: Aufklärung. Lehrbuch Germanistik. Stuttgart / Weimar 1996.

Jacobs, Jürgen: Prosa der Aufklärung. Moralische Wochenschriften, Autobiographie, Satire, Roman. Kommentar zu einer Epoche. München 1976.

Eibl, Karl: Die Entstehung der Poesie. Frankfurt am Main 1995.

Fohrmann, Jürgen: Abenteuer und Bürgertum. Zur Geschichte der deutschen Robinsonaden im 18. Jahrhundert. Stuttgart 1981.

Grimminger, Rolf (Hg.): Deutsche Aufklärung bis zur Französischen Revolution 1680–1789 (= Hansers Sozialgeschichte der deutschen Literatur vom 16. Jahrhundert bis zur Gegenwart, Bd. 3). München / Wien 1980.

Koschorke, Albrecht: Körperströme und Schriftverkehr. Mediologie des 18. Jahrhunderts. München 1999.
Koselleck, Reinhart: Kritik und Krise. Ein Beitrag zur Pathogenese der bürgerlichen Welt. Freiburg/München 1959.
Rochow, Christian: Das bürgerliche Trauerspiel. Stuttgart 1999.
Scherpe, Klaus R.: Werther und Wertherwirkung. Zum Syndrom bürgerlicher Gesellschaftsordnung im 18. Jahrhundert. Wiesbaden 1980.
Schings, Hans-Jürgen: Melancholie und Aufklärung. Melancholiker und ihre Kritiker in Erfahrungsseelenkunde und Literatur des 18. Jahrhunderts. Stuttgart 1977.
Schlaffer, Heinz: musa iocosa. Gattungspoetik und Gattungsgeschichte der erotischen Dichtung in Deutschland. Stuttgart 1971.
Schöne, Albrecht: Aufklärung aus dem Geist der Experimentalphysik. Lichtenbergsche Konjunktive. München 1982.
Weigl, Engelhard: Instrumente der Neuzeit. Die Entdeckung der modernen Wirklichkeit. Stuttgart 1990.
Zelle, Carsten: «Angenehmes Grauen». Literaturhistorische Beiträge zur Ästhetik des Schrecklichen im 18. Jahrhundert (= Studien zum achtzehnten Jahrhundert 10). Hamburg 1987.

4 Klassik

Bruford, Walter H.: Kultur und Gesellschaft im klassischen Weimar 1775–1806. Göttingen 1966.
Borchmeyer, Dieter: Weimarer Klassik. Portrait einer Epoche. Neuausgabe. Weinheim 1994.
Mandelkow, Karl Robert: Kunst- und Literaturtheorie der Klassik und Romantik. In: Europäische Romantik. Wiebelsheim 1982. S. 49–82.
Matussek, Peter: Naturbild und Diskursgeschichte. «Faust»-Studie zur Rekonstruktion ästhetischer Theorie. Stuttgart 1992.
Safranski, Rüdiger: Romantik. Eine deutsche Affäre. München 2007.
Schanze, Helmut (Hg.): Romantik-Handbuch. 2. durchgesehene und aktualisierte Aufl. Stuttgart 2003.
Schulz, Gerhard und Sabine Doering: Klassik. Geschichte und Begriff. München 2003.
Simm, Hans-Joachim (Hg.): Literarische Klassik. Frankfurt am Main 1988.
Stephan, Inge: Literarischer Jakobinismus in Deutschland (1789–1806). Stuttgart 1990.
Voßkamp, Wilhelm (Hg.): Theorie der Klassik. Stuttgart 2009.
Witte, Bernd u. a. (Hg.): Goethe-Handbuch. 4 Bde. Stuttgart/Weimar 1998.

5 Exzentrische Bahnen

Bisky, Jens: Kleist. Eine Biographie. Berlin 2007.

Blamberger, Günter: Heinrich von Kleist. Biographie. Frankfurt am Main 2011.

de Bruyn, Günter: Das Leben des Jean Paul Friedrich Richter. Eine Biographie. Frankfurt am Main 1993.

Harich, Wolfgang: Jean Pauls Revolutionsdichtung. Versuch einer neuen Deutung seiner heroischen Romane. Reinbek 1974.

Kreuzer, Johann (Hg.): Hölderlin-Handbuch. Leben – Werk – Wirkung. Stuttgart 2002.

Menninghaus, Winfried: Hälfte des Lebens. Versuch über Hölderlins Poetik. Frankfurt am Main 2005.

Michalzik, Peter: Kleist. Dichter, Krieger, Seelensucher. Berlin 2011.

Schulz, Gerhard: Kleist. Eine Biografie. München 2007.

Szondi, Peter: Hölderlin-Studien. Frankfurt am Main 1967.

Wölfel, Kurt: Jean-Paul-Studien. Frankfurt am Main 1989.

6 Romantik

Behler, Ernst: Frühromantik. Berlin/New York 1992.

Engel, Manfred: Der Roman der Goethezeit. Bd. 1: Anfänge in Klassik und Frühromantik: Transzendentale Geschichten. Stuttgart/Weimar 1993.

Frank, Manfred: ‹Unendliche Annäherung›. Die Anfänge der philosophischen Frühromantik. 2. Aufl. Frankfurt am Main 1997.

Huge, Eberhard: Poesie und Reflexion in der Ästhetik des frühen Friedrich Schlegel. Stuttgart 1971.

Kraus, Gerhard: Naturpoesie und Kunstpoesie im Frühwerk Friedrich Schlegels. Erlangen 1985.

Pikulik, Lothar: Frühromantik: Epoche – Werke – Wirkung (= Arbeitsbücher Literaturgeschichte). München 1992.

Ribbat, Ernst: Ludwig Tieck. Studien zur Konzeption und Praxis romantischer Poesie. Kronberg/Taunus 1978.

Scherer, Stefan: Witzige Spielgemälde. Tieck und das Drama der Romantik (= Quellen und Forschungen zur Literatur- und Kulturgeschichte, Bd. 26). Berlin/New York 2003.

Schnell, Ralf: Die Verkehrte Welt. Literarische Ironie im 19. Jahrhundert. Stuttgart 1989.

Schulz, Gerhard: Romantik. Geschichte und Begriff. 2. durchgesehene Aufl. München 2002.

Segebrecht, Wulf (Hg.): Ludwig Tieck (= Wege der Forschung, Bd. 386). Darmstadt 1976.

Strohschneider-Kohrs, Ingrid: Die romantische Ironie in Theorie und Gestaltung. Tübingen 1960.
Wanning, Berbeli: Novalis zur Einführung. Hamburg 1996.

7 Restauration, Biedermeier, Vormärz

Eke, Norbert Otto: Einführung in die Literatur des Vormärz. Darmstadt 2005.
Fohrmann, Jürgen: 1848 und das Versprechen der Moderne. Würzburg 2003.
Koopmann, Helmut: Das junge Deutschland. Eine Einführung. Darmstadt 1993.
Rosenberg, Rainer: Literaturverhältnisse im deutschen Vormärz. München 1975.
Sautermeister, Gert / Schmid, Ulrich (Hg.): Zwischen Revolution und Restauration 1815–1848 (= Hansers Sozialgeschichte der dt. Literatur, Bd. 5). München 1998.
Schnell, Ralf: Heinrich Heine zur Einführung. Hamburg 1996.
Sengle, Friedrich: Biedermeierzeit. Deutsche Literatur im Spannungsfeld zwischen Restauration und Revolution 1825–1848. 3 Bde. Stuttgart 1980.
Stein, Peter: Epochenproblem Vormärz. Stuttgart 1974.
Ziegler, Edda: Literarische Zensur im Vormärz. 2. Aufl. München 2006.

8 Bürgerlicher Realismus

Aust, Hugo: Literatur des Realismus. 3. Aufl. Stuttgart / Weimar 2000.
Martini, Fritz: Deutsche Literatur im bürgerlichen Realismus 1848–1898. 3., mit einem ergänzenden Nachwort versehene Aufl. Stuttgart 1974.
McInnes, Edward / Plumpe, Gerhard (Hg.): Bürgerlicher Realismus und Gründerzeit 1848–1890 (= Hansers Sozialgeschichte der deutschen Literatur vom 16. Jahrhundert bis zur Gegenwart, Bd. 6). München / Wien 1996.
Sagarra, Eda: Tradition und Revolution. Deutsche Literatur und Gesellschaft 1830–1890. München 1972.
Sautermeister, Gert: Die Lyrik Gottfried Kellers. Exemplarische Interpretationen. Berlin 2010.
Schlaffer, Heinz: Poetik der Novelle. Stuttgart / Weimar 1990.

9 Naturalismus

Brauneck, Manfred / Müller, Christine (Hg.): Naturalismus. Manifeste und Dokumente zur deutschen Literatur 1880–1900. Stuttgart 1987.
Hoefert, Sigfrid: Das Drama des Naturalismus. 4. Aufl. Stuttgart 1993.
Meyer, Theo (Hg.): Theorie des Naturalismus. Stuttgart 1973.
Möbius, Hanno: Der Naturalismus. Heidelberg 1982.
Sprengel, Peter: Geschichte der deutschsprachigen Literatur 1870–1900. Von der Reichsgründung bis zur Jahrhundertwende. München 1998.
Szondi, Peter: Theorie des modernen Dramas. 4. Aufl. Frankfurt am Main 1967.

10 Jahrhundertwende

Anz, Thomas: Literatur des Expressionismus. Stuttgart/Weimar 2002.

Bollenbeck, Georg: Tradition, Avantgarde, Reaktion. Deutsche Kontroversen um die kulturelle Moderne 1880–1945. Frankfurt am Main 1999.

Fähnders, Walter: Avantgarde und Moderne 1890–1933. Lehrbuch Germanistik. Stuttgart/Weimar 1998.

Haupt, Sabine/Würffel, Stefan Bodo (Hg.): Handbuch Fin de Siècle. Stuttgart 2008.

Kiesel, Helmut: Geschichte der literarischen Moderne: Sprache, Ästhetik, Dichtung im 20. Jahrhundert. München 2004.

Kolk, Rainer: Literarische Gruppenbildung. Am Beispiel des George-Kreises 1890–1945 (= Communicatio 17). Tübingen 1998.

Kreuzer, Helmut: Die Boheme. Beiträge zu ihrer Beschreibung. Stuttgart 1968.

Mix, York-Gothart (Hg.): Naturalismus, Fin de Siècle, Expressionismus 1890–1918 (= Hansers Sozialgeschichte der deutschen Literatur vom 16. Jahrhundert bis zur Gegenwart, Bd. 7). München/Wien 2000.

Raulff, Ulrich: Kreis ohne Meister. Stefan Georges Nachleben, München 2009.

Schmitt, Hans-Jürgen (Hg.): Die Expressionismusdebatte. Materialien zu einer marxistischen Realismuskonzeption. Frankfurt am Main 1973.

Vietta, Silvio/Kemper, Hans Georg: Expressionismus. München 1975.

11/12 Literatur in der Weimarer Republik –
Literatur im Dritten Reich – Literatur des Exils

Barbian, Jan Pieter: Literaturpolitik im NS-Staat. Von der «Gleichschaltung» bis zum Ruin. Frankfurt am Main 2010.

Becker, Sabina: Neue Sachlichkeit. 2 Bde. Köln/Weimar/Wien 2000.

Brenner, Hildegard: Die Kunstpolitik des Nationalsozialismus. Reinbek 1963.

Denkler, Horst/Prümm, Karl (Hg.): Die deutsche Literatur im Dritten Reich. Themen – Traditionen – Wirkungen. Stuttgart 1976.

Emmerich, Wolfgang/Heil, Sabine (Hg.): Lyrik des Exils. Stuttgart 1985.

Ketelsen, Uwe Karsten: Völkisch-nationale und nationalsozialistische Literatur in Deutschland 1890–1945. Stuttgart 1976.

Lethen, Helmut: Verhaltenslehren der Kälte. Lebensversuche zwischen den Kriegen. Frankfurt am Main 1994.

Schäfer, Hans Dieter: Das gespaltene Bewußtsein. Deutsche Kultur und Lebenswirklichkeit 1933–1945. 2. Aufl. München/Wien 1982.

Schütz, Erhard: Romane der Weimarer Republik. München 1986.

Schnell, Ralf: Literarische Innere Emigration 1933 bis 1945. Stuttgart 1976.

Schnell, Ralf: Dichtung in finsteren Zeiten. Deutsche Literatur und Faschismus. Reinbek 1998.

Segeberg, Harro: Literatur im Medienzeitalter. Literatur, Technik und Medien seit 1914. Darmstadt 2003.

Vogt, Jochen u. a: Einführung in die deutsche Literatur des 20. Jahrhunderts. Bd. 2: Weimarer Republik, Faschismus und Exil. Opladen 1977.

Vondung, Klaus: Völkisch-nationale und nationalsozialistische Literaturtheorie. München 1973.

Walter, Hans Albert: Deutsche Exilliteratur 1933–1950. 7 Bde. Stuttgart 1978.

13 Literatur im geteilten Deutschland

Barner, Wilfried (Hg.): Geschichte der deutschen Literatur von 1945 bis zur Gegenwart. München 1994.

Chiellino, Carmine (Hg.): Interkulturelle Literatur in Deutschland. Ein Handbuch. Stuttgart/Weimar 2000.

Emmerich, Wolfgang: Kleine Literaturgeschichte der DDR. 2. Aufl. Berlin 2005.

Fischer, Ludwig: Literatur in der Bundesrepublik Deutschland bis 1967 (= Hansers Sozialgeschichte der deutschen Literatur vom 16. Jahrhundert bis zur Gegenwart, Bd. 10). München/Wien 1986.

Kindlers Literaturgeschichte der Gegenwart. Autoren, Werke, Themen, Tendenzen seit 1945. 12 Bde. Aktualisierte Ausgabe. Frankfurt am Main 1980.

Korte, Hermann: Deutschsprachige Lyrik seit 1945. 2. Aufl. Stuttgart 2004.

Schalk, Axel: Das moderne Drama. Stuttgart 2004.

Schmitt, Hans-Jürgen (Hg.): Die Literatur der DDR (= Hansers Sozialgeschichte der deutschen Literatur vom 16. Jahrhundert bis zur Gegenwart, Bd. 11). München/Wien 1983.

Schnell, Ralf: Geschichte der deutschsprachigen Literatur seit 1945. 2. Aufl. Stuttgart/Weimar 2003.

Wehdeking, Volker: Der Nullpunkt. Über die Konstituierung der deutschen Nachkriegsliteratur (1945–1948) in den amerikanischen Kriegsgefangenenlagern. Stuttgart 1971.

14 Gegenwartsliteratur

Baßler, Moritz: Der deutsche Pop-Roman. Die neuen Archivisten. München 2002.

Chiellino, Carmine (Hg.): Interkulturelle Literatur in Deutschland. Ein Handbuch. Stuttgart 2000.

Döring, Christian: Deutschsprachige Gegenwartsliteratur. Wider ihre Verächter. Frankfurt am Main 1995.

Elm, Theo (Hg.): Lyrik der neunziger Jahre. Stuttgart 2000.

Erb, Elke (Hg.): Baustelle Gegenwartsliteratur. Die neunziger Jahre. 1998.

Ernst, Thomas: Popliteratur. Hamburg 2001.

Fischer-Lichte, Erika / Kolesch, Doris u. a. (Hg.): Transformationen. Theater der neunziger Jahre. Berlin 1999.

Kämmerlings, Richard: Das kurze Glück der Gegenwart. Deutschsprachige Literatur seit '89. Stuttgart 2011.

Schnell, Ralf (Hg.): Metzler Lexikon Kultur der Gegenwart. Themen und Theorien, Formen und Institutionen seit 1945. Stuttgart / Weimar 2000.

Wehdeking, Volker (Hg.): Mentalitätswandel in der deutschen Literatur zur Einheit (1990–2000). Berlin 2000.

Namenregister

Abraham a Santa Clara (1644–1709) 55, 249
Achleitner, Friedrich (*1930) 547
Achternbusch, Herbert (*1938) 560, 580f., 592
Ackermann, Konrad (1712–1771) 146
Adamov, Arthur (1908–1970) 522
Adenauer, Konrad (1876–1967) 528
Adorno, Theodor W. (1903–1969) 504
Ahlsen, Leopold (*1927) 532
Aichinger, Ilse (*1921) 516
Aischylos (525–456 v. Chr.) 298, 535
Alemán, Mateo (1547–nach 1613) 127
Alexis, Willibald (1798–1871) 327
Alkaios (um 630–580 v. Chr.) 261
Altenberg, Peter (1859–1919) 404
Amery, Carl (Pseud. für Christian Anton Mayer, 1922–2005) 529
Améry, Jean (1912–1978) 611, 613
Anakreon (ca. 580–495 v. Chr.) 163–165
Andersch, Alfred (1914–1980) 506, 524f., 587–589
Anderson, Sascha (*1953) 562, 578f.
Andreas-Salomé, Lou (1861–1937) 409f., 413
Andres, Stefan (1906–1970) 487
Anna Amalia von Sachsen-Weimar-Eisenach (1739–1807) 228
Annahans, Conz (in Zeiten der Bauernkriege) 39
Anouilh, Jean (1910–1987) 522
Anton Ulrich von Braunschweig-Wolfenbüttel (1633–1714) 124f., 149
Anzengruber, Ludwig (1839–1889) 369
Apitz, Bruno (1900–1979) 507, 523
Aragon, Louis (1897–1982) 442, 492
Archilochos (um 680–um 645 v. Chr.) 262
Arendt, Erich (1903–1984) 507, 517, 550, 576f.
Arendt, Hannah (1906–1975) 533
Arens, Brigitta (*1948) 570

Arent, Wilhelm (1864–nach 1913) 395
Aristophanes (um 450–um 380 v. Chr.) 296
Aristoteles (384/3–322/1 v. Chr.) 88f., 116, 123, 152, 345
Arndt, Ernst Moritz (1769–1860) 318
Arnim, Achim von (1781–1831) 299–301
Arp, Hans (1886–1966) 442, 447, 495
Artmann, Hans Carl (1921–2000) 547
Asklepiades von Samos (3. Jh. v. Chr.) 261
Äsop (um 600 v. Chr.) 193
Astel, Arnfrid (*1933) 558
Atabay, Cyrus (1929–1996) 559
August II. (gen. der Jüngere) zu Braunschweig-Lüneburg (1579–1666) 124
Augustinus von Hippo (354–430) 611
Ausländer, Rose (1901–1988) 495

Baader, Andreas (1943–1977) 551
Baader, Johannes (1875–1955) 442, 445
Baargeld, Theodor (1892–1927) 442
Bachmann, Ingeborg (1926–1973) 516, 520, 557
Bacon, Francis (1561–1626) 422
Bade, Wilfrid (1906–1945) 479
Bahr, Hermann (1863–1934) 391, 404
Baierl, Helmut (1926–2005) 521
Balázs, Béla (1884–1949) 454
Ball, Hugo (1886–1927) 442–444, 447f.
Balzac, Honoré de (1799–1850) 347
Barbier, Jules (1825–1901) 332
Barclay, John (1582–1621) 122
Barlach, Ernst (1870–1938) 482f.
Bartels, Adolf (1862–1945) 477
Bartsch, Kurt (1937–2010) 550
Baudelaire, Charles (1821–1867) 424
Baudrillard, Jean (1929–2007) 568f.
Bäuerle, Adolf (1786–1859) 335
Bauernfeld, Eduard (1802–1890) 334
Baumann, Michael (gen. Bommi, *1948) 553

Baumgarten, Alexander (1714–1762) 140
Bayer, Konrad (1932–1964) 547
Beaumont, Francis (1584–1616) 296
Becher, Johannes R. (1891–1958) 430, 441, 455 f., 490, 507, 513, 517
Bechstein, Ludwig (1801–1860) 332
Becker, Jurek (1937–1997) 539, 550
Becker, Jürgen (*1932) 543, 558
Becker, Nikolaus (1809–1845) 318
Beckett, Samuel (1906–1989) 500, 522
Beer, Johann (1655–1700) 132
Beer-Hofmann, Richard (1866–1945) 404
Bender, Hans (*1919) 557
Benjamin, Walter (1892–1940) 454, 462, 491
Benn, Gottfried (1886–1956) 430, 436–438, 441, 482, 516 f., 519, 558, 577
Berg, Alban (1885–1935) 341
Berg, Sibylle (*1962) 607
Bergengruen, Werner (1892–1964) 485, 487, 508
Bergson, Henri (1859–1941) 415
Berkéwicz, Ulla (*1951) 596
Berlichingen, Goetz von (1480–1562) 159, 160, 276
Bernhard, Thomas (1931–1989) 552, 592, 594 f.
Bernstein, F. W. (eigtl. Fritz Weigle; *1938) 569
Beumelburg, Werner (1899–1963) 480
Beutler, Margarete (1884–1949) 398
Beyer, Marcel (*1965) 615
Beyse, Jochen (*1949) 568
Bhabha, Homi K. (*1949) 603 f.
Bichsel, Peter (*1935) 567
Bidermann, Jacob (1578–1639) 73
Bienek, Horst (1930–1990) 557
Bierbaum, Otto Julius (1865–1910) 391
Biermann, Wolf (*1936) 545, 549 f., 561, 601
Biller, Maxim (*1960) 606
Birken, Sigmund von (1626–1681) 87, 124 f.
Bismarck, Otto von (1815–1898) 356, 370
Blanckenburg, Christian Friedrich von (1744–1796) 199

Bloch, Ernst (1885–1977) 477, 493, 503, 507, 513
Blumenberg, Hans (1920–1996) 503
Blunck, Hans Friedrich (1888–1961) 475, 478
Bobrowski, Johannes (1917–1965) 170, 516, 518, 537 f., 545
Boccaccio, Giovanni (1313–1375) 14, 54, 68, 72, 244, 351
Bock, Hieronymus (1498–1554) 62
Böcklin, Arnold (1827–1901) 429
Bodmer, Johann Jakob (1698–1783) 121, 136, 138 f., 168, 182, 192
Böhlau, Helene (1856–1940) 391
Böhm, Hans (1458–1476) 38
Boileau, Nicolas (1636–1711) 163, 199
Böll, Heinrich (1917–1985) 510, 516, 524, 527, 540 f., 560, 582
Boock, Peter-Jürgen (*1951) 560
Borchardt, Rudolf (1877–1945) 170, 495
Borchert, Wolfgang (1921–1947) 510–512
Born, Nicolas (1937–1979) 541, 553, 557 f.
Börne, Ludwig (1786–1837) 273, 319
Borowski, Tadeusz (1922–1951) 613
Bosio, Antonio (um 1575–1629) 125
Bote, Hermann (um 1460–um 1520) 54
Böttiger, Karl August (1760–1835) 228, 297
Bouhler, Philipp (1899–1945) 474
Brambach, Rainer (1917–1983) 559
Brandt, Willy (1913–1992) 551, 560
Brant, Sebastian (1458–1521) 16, 55, 56, 57, 59, 77
Brasch, Horst (1922–1989) 538
Brasch, Thomas (1945–2001) 538, 550, 592, 596
Braun, Volker (*1939) 534 f., 544 f., 548, 550, 552, 562, 576, 602
Bräunig, Werner (1934–1976) 536
Brecht, Bertolt (1898–1956) 158 f., 392, 453–455, 457 f., 467–472, 475, 485, 487, 490, 492, 493, 494–501, 507, 513, 517. 520 f., 531, 545
Bredel, Willi (1901–1964) 456 f., 507, 523

Breitinger, Johann Jakob (1701–1776) 121, 136, 138f., 192f.
Brentano, Clemens (1778–1842) 48, 296, 299–301, 329
Breton, André (1896–1966) 442, 447
Brinkmann, Rolf Dieter (1940–1975) 542, 558
Brion, Friederike (1752–1813) 157, 184
Broch, Hermann (1886–1951) 502
Brockes, Barthold H(e)inrich (1680–1747) 169–171
Brod, Max (1884–1968) 43
Bronnen, Arnolt (1895–1951) 458
Brunk, Sigrid (*1937) 541
Brussig, Thomas (*1965) 602
Bruyn, Günter de (*1926) 364, 536, 537, 550
Buch, Hans Christoph (*1944) 557
Buchholtz, Andreas Heinrich (1607–1671) 123, 129
Büchner, Georg (1813–1837) 158, 334, 336, 338–344, 373, 457
Burckhardt, Jacob (1818–1897) 13
Bürger, Gottfried August (1747–1794) 153f., 178f., 234, 299, 374, 376
Burmeister, Brigitte (Pseud. Franziska Saalburg, Liv Morten, *1940) 601
Burns, Robert (1759–1796) 317
Burte, Hermann (1879–1960) 481
Busch, Ernst (1900–1980) 496f.
Buselmeier, Michael (*1938) 553
Byron, George Gordon Noël, 6. Baron von (1788–1824) 310, 326

Callot, Jacques (1592–1635) 330
Campe, Joachim Heinrich (1746–1818) 208
Campe, Julius (1792–1867) 312
Camus, Albert (1913–1960) 522
Canetti, Elias (1905–1994) 480, 553
Carré, Michel (1821–1872) 332
Carossa, Hans (1878–1956) 475
Catull (1. Jh. v. Ch.) 225, 227
Celan, Paul (1920–1970) 495, 516, 518–520, 558

Céline, Louis-Ferdinand (1894–1961) 482
Cervantes, Miguel de (1547–1616) 122, 206, 295
Cézanne, Paul (1839–1906) 412
Chagall, Marc (1887–1985) 433
Chamisso, Adalbert von (1781–1838) 329, 331f.
Chaplin, Charlie (1889–1977) 454f.
Chodowiecki, Daniel Nikolaus (1726–1801) 178
Cibulka, Hanns (1920–2004) 563
Cicero, Marcus Tullius (106–43 v. Chr.) 16, 217
Claudel, Paul (1868–1955) 424, 522
Claudius, Eduard (1911–1976) 507
Cliff, Jimmy (*1948) 529
Cocteau, Jean (1889–1963) 522, 523
Cohn-Bendit, Daniel (*1945) 553
Comenius, Johann Amos (1592–1670) 88
Conradi, Hermann (1862–1890) 397
Cotta, Johann Friedrich (1764–1832) 268
Courbet, Gustave (1819–1877) 345f.
Cramer, Heinz von (1924–2009) 529
Croce, Benedetto (1866–1952) 493
Cummings, E. E. (1894–1962) 442
Czechowski, Heinz (*1935) 544f., 576
Czepko, Daniel von (1605–1660) 106, 118

Dach, Simon (1605–1659) 171
Daguerre, Louis (1787–1851) 311
Damm, Sigrid (*1940) 564
Dante Alighieri (1265–1321) 429, 573
Däubler, Theodor (1876–1934) 430
Dauthendey, Max (1867–1918) 406, 425
Dedekind, Friedrich (1525–1598) 59
Defoe, Daniel (1660–1731) 207f.
Degenhardt, Franz Josef (*1931) 529
Dehmel, Richard (1863–1920) 399
Delaunay, Robert (1885–1941) 433
Delius, Friedrich Christian (*1943) 560f.
Demski, Eva (*1944) 560
Descartes, René (1596–1650) 135
Dessau, Paul (1894–1979) 500

Dickens, Charles (1811–1870) 349
Dittberner, Hugo (*1949) 558
Dix, Otto (1891–1969) 437
Döblin, Alfred (1878–1957) 462, 464 f.,
 490 f., 495, 502, 526
Domin, Hilde (1909–2006) 495
Döring, Christian (*1954) 578
Döring, Stefan (*1954) 578
Dorothea Maria von Sachsen-Weimar
 (1574–1617) 87
Dorst, Tankred (*1925) 532, 592 f.
Dos Passos, John (1896–1970) 464
Dostojewski, Fedor (1821–1881) 349
Drawert, Kurt (*1956) 604
Drewitz, Ingeborg (1923–1986) 556
Droste, Wiglaf (*1961) 606
Droste-Hülshoff, Annette von
 (1797–1848) 303, 305 f.,
Duden, Anne (*1942) 570
Dudow, Slátan (1903–1963) 455
Dumas, Alexandre père (1802–1870) 348
Dürer, Albrecht (1471–1528) 44, 57
Dürrenmatt, Friedrich (1921–1990) 530 f.
Dutschke, Rudi (1940–1979) 550
Duve, Karen (*1961) 607

Eck, Johannes (1486–1543) 28
Edvardson, Cordelia (*1929) 612–613
Eckermann, Johann Peter (1792–1854) 259
Eggebrecht, Axel (1899–1991) 529
Ehrenstein, Albert (1886–1950) 430
Eich, Günter (1907–1972) 467, 508, 516, 518, 520
Eichendorff, Joseph von (1788–1857) 296,
 301–303, 331, 353, 375
Eichmann, Adolf (1906–1962) 533
Eichrodt, Ludwig (1827–1892) 308
Eisenstein, Sergej (1898–1948) 454 f.
Eilert, Bernd (*1949) 569
Eisler, Hanns (1898–1962) 61, 472, 493, 497
Eissler, Kurt (1908–1999) 223
Ekhof, Conrad (1720–1778) 146, 148
Eliot, T. S. (1888–1965) 522

Ellis, Bret Easton (*1964) 607
Elsner, Gisela (1937–1992) 527, 542
Éluard, Paul (eigtl. Eugène-Émile-Paul
 Grindel; 1895–1952) 493
Endler, Adolf (1930–2009) 544–546, 550,
 576 f.
Engels, Friedrich (1820–1895) 311,
 316–318, 370
Enzensberger, Hans Magnus (*1929) 516,
 519 f., 527, 529, 532, 573, 614
Erasmus von Rotterdam, Desiderius
 (1466/1469–1536) 24 f., 27
Erb, Elke (*1938) 545, 550, 576–578
Ernst, Max (1891–1971) 442
Ernst, Paul (1866–1933) 391
Erpenbeck, Jenny (*1967) 607
Eschenbach, Wolfram von (um 1160–
 um 1220) 64
Euringer, Richard (1891–1953) 480
Euripides (um 480–406 v. Chr.) 253

Faecke, Peter (*1940) 541
Faktor, Jan (*1951) 578
Fallada, Hans (1893–1947) 482, 508
Fassbinder, Rainer Werner (1945–1982) 366,
 531
Faust, Siegmar (*1944) 562
Fechter, Paul (1880–1958) 476
Feininger, Lyonel (1871–1956) 433
Feuchtwanger, Lion (1884–1958) 459, 491,
 492, 495, 502, 524
Feyl, Renate (*1944) 564
Fichte, Hubert (1935–1986) 543
Fichte, Johann Gottlieb
 (1762–1814) 285–288
Fiebig, Clara (1860–1952) 391
Fielding, Henry (1707–1754) 209
Finck, Werner (1902–1978) 489
Fischart, Johann (1546–1590) 16, 53, 55
Flaubert, Gustave (1821–1880) 347–349, 366
Fleißer, Marieluise (1901–1974) 461, 469, 510
Fleming, Paul (1609–1640) 118
Fletcher, John (1579–1625) 296

Folz, Hans (um 1440–1513) 67–69
Fontane, Theodor (1819–1898) 349, 363–368, 374–377
Ford, Henry (1863–1947) 452
Forster, Johann Georg (1754–1794) 212
Forte, Dieter (*1935) 592
Franck, Julia (*1970) 607
Franck, Sebastian (1499–1542) 62
Frank, Bruno (1887–1945) 495
Franz II., Joseph Karl (1768–1835) 318
Franz Josef I. (1830–1916) 465
Frauendorfer, Helmut (*1959) 603
Frei, Frederike (*1945) 558
Freiligrath, Ferdinand (1810–1876) 316f.
Freud, Sigmund (1856–1939) 333, 388, 409
Freytag, Gustav (1816–1895) 349, 354–357, 369
Friedrich V. von Kopenhagen (1723–1766) 182
Friedrich Wilhelm I. (1688–1740) 197
Friedrich Wilhelm IV. (1831–1899) 296, 317
Fried, Erich (1921–1988) 547
Fries, Fritz Rudolf (*1935) 550, 600f.
Frisch, Max (1911–1991) 524–527, 530, 552
Frischmuth, Barbara (*1941) 556
Fritz, Marianne (*1948) 584
Fry, Christopher (1907–2005) 522
Fuchs, Gerd (*1932) 553
Fuchs, Jürgen (1950–1999) 550, 562
Fühmann, Franz (1922–1984) 523f., 550, 564
Fürnberg, Louis (1909–1957) 507

Gaiser, Gerd (1908–1976) 510, 527
Galilei, Galileo (1564–1642) 422, 499
Ganghofer, Ludwig (1855–1920) 393f.
Gay, John (1685–1732) 471
Geibel, Emanuel (1815–1884) 369, 399
Geiler von Kaisersberg, Johannes (1445–1510) 16, 51, 55
Geissler, Christian (1928–2008) 553
Geist, Peter (*1956) 578
Gellert, Christian Fürchtegott (1715–1769) 192, 194f., 203

Gemmingen, Uriel von (1468–1514) 20
Genazino, Wilhelm (*1943) 605
George, Stefan (1868–1933) 404f., 423–430
Gerhardt, Paul (1607–1676) 103f.
Gernhardt, Robert (1937–2006) 569
Gerstenberg, Heinrich Wilhelm von (1737–1823) 163
Gessner, Salomon (1730–1788) 172
Gide, André (1869–1951) 424, 492
Giehse, Therese (1898–1975) 498
Giraudoux, Jean (1882–1944) 522
Glaeser, Ernst (1902–1963) 460
Glauser, Friedrich (1896–1938) 442
Gleich, Joseph Alois (1772–1841) 335
Gleim, Ludwig (1719–1803) 192
Gnapheus, Guilhelmus (eigtl. Willem de Volder; 1493–1568) 76f.
Goebbels, Joseph (1897–1945) 474, 488, 491f.
Goethe, Johann Caspar (1710–1782) 223
Goethe, Johann Wolfgang von (1749–1832) 18, 50, 61, 71, 122, 132, 142, 149f., 153, 155–161, 184–191, 199, 209, 220–246, 248f., 252–259, 262, 268, 271, 274f., 284–286, 291, 293, 295, 299, 310, 321, 333, 337, 343, 351, 363, 374, 377, 384f., 400, 429, 521
Goetz, Rainald (*1954) 560, 584, 595, 609
Goldt, Max (*1958) 606
Goll, Claire (1891–1977) 461
Goll, Ivan (1891–1950) 430, 495
Gomringer, Eugen (*1925) 546f.
Gontard, Susette (1769–1802) 260
Gosse, Peter (*1938) 545
Gotsche, Otto (1904–1985) 507
Gottsched, Johann Christoph (1700–1766) 121, 134–138, 140, 143–145, 153, 163f., 174, 183, 199
Gozzi, Carlo (1720–1806) 296
Göring, Hermann Wilhelm (1893–1946) 488
Götz, Johann Nikolaus (1721–1781) 164
Grabbe, Christian Dietrich (1801–1836) 296, 334, 336–338, 373, 582

Gracián, Baltasar (1601–1658) 91
Graf, Oskar Maria (1894–1967) 490
Grass, Günter (*1927) 132, 516, 519, 521 f.,
    526–529, 532, 540 f., 552 f., 560, 582 f.,
    587, 600 f., 605, 613 f.
Greiffenberg, Katharina Regina von
    (1633–1694) 100 f.
Greiner, Peter (*1939) 592
Griepenkerl, Robert (1810–1868) 370
Grillparzer, Franz (1791–1872) 306, 335
Grimm, Jacob (1785–1863) 53, 300, 310
Grimm, Wilhelm (1786–1859) 53, 300, 310
Grimmelshausen, Hans Jacob Christoph von
    (um 1622–1676) 55, 128–132, 205, 498
Grosz, George (1893–1959) 437, 442, 445
Groth, Klaus (1819–1899) 375
Grünbein, Durs (*1962) 577, 606
Grünberg, Karl (1891–1972) 457, 507
Gryphius, Andreas (1616–1664) 110, 114,
    117 f., 144 f.
Gundolf, Friedrich (1880–1931) 423, 425
Günther, Johann Christian (1695–1723) 164
Gutenberg, Johannes (1394/9–1468) 14–16
Gutzkow, Karl (1811–1878) 308, 313 f., 340
Gysi, Gregor (*1948) 599

Habe, Hans (1911–1977) 491
Hacks, Peter (1928–2003) 521, 534 f., 544
Haeckel, Ernst (1834–1919) 402
Hafis (um 1320–um 1389) 232
Hagedorn, Friedrich von (1708–1754) 166,
    192 f.
Hahn, Ulla (*1946) 574
Halbe, Max (1865–1944) 382 f., 391
Haller, Albrecht von (1708–1777) 171–173,
    177, 183, 230
Hallmann, Johann Christian (um
    1640–1704) 118, 140
Hamann, Johann Georg (1730–1788) 153 f.,
    184, 299
Hamm, Peter (*1937) 557
Hammer-Purgstall, Joseph von
    (1774–1856) 232

Handke, Peter (*1942) 532, 543, 552, 584–586
Händler, Ernst-Wilhelm (*1956) 607
Hardekopf, Ferdinand (1876–1954) 442
Hardenberg, Friedrich von → s. Novalis
Harig, Ludwig (*1927) 542, 567
Harsdörffer, Georg Philipp (1607–1658) 87,
    89, 94 f., 108 f.
Hart, Heinrich (1855–1906) 391, 395, 404
Hart, Julius (1859–1930) 395, 404
Hartlaub, Geno (1915–2007) 510
Hartleben, Otto Erich (1864–1905) 391
Härtling, Peter (*1933) 543
Hašek, Jaroslav (1883–1923) 501
Hasenclever, Walter (1890–1940) 430
Hauff, Wilhelm (1802–1827) 327, 331
Haufs, Rolf (*1935) 559
Haugwitz, Gustav Adolf von (1645–706) 118
Hauptmann, Gerhart (1862–1946) 310 f.,
    341, 381, 383–387, 392, 457
Haushofer, Albrecht (1903–1945) 489
Hausmann, Raoul (1886–1971) 442, 445
Havemann, Robert (1910–1982) 549
Haydn, Joseph (1732–1809) 318
Heartfield, John (1891–1968) 442, 445
Hebbel, Christian Friedrich (1813–1863)
    368 f., 371–374, 385
Hebel, Johann Peter (1760–1826) 328
Hegel, Georg Wilhelm Friedrich
    (1770–1831) 190, 281, 284, 288 f., 319,
    350 f., 368 f., 372, 374, 390, 500
Heidegger, Gotthard (1666–1711) 201,
    202
Hein, Christoph (*1944) 562, 581, 587, 596 f.,
    599, 601
Heine, Heinrich (1797–1856) 47 f., 198, 215,
    281, 303 f., 310, 313, 316 f., 319–326, 336,
    363, 374, 379, 396, 400, 466
Heinrich, Jutta (*1940) 556
Heinse, Wilhelm (1746–1903) 306
Heißenbüttel, Helmut (1921–1996) 399,
    546 f., 557
Heliodoros (3. Jh.) 122
Heliogabal (auch Elagabal, 204–222) 427

Hellingrath, Norbert von (1888–1916) 423, 426
Hemingway, Ernest (1899–1961) 510, 524
Hendrix, Jimi (1942–1970) 529
Henkell, Karl (1864–1929) 396
Hensel, Jana (*1976) 609
Hensel, Kerstin (*1961) 577
Herbst, Alban Nikolai (Pseud. für Alexander Michael v. Ribbentrop, *1951) 604
Herburger, Günter (*1932) 541f., 558
Herder, Johann Gottfried (1744–1803) 139f., 146, 153–155, 157, 159, 184, 220, 223, 226, 271, 299
Herhaus, Ernst (1932–2010) 543
Hermann, Judith (*1970) 607
Hermlin, Stephan (eigtl. Rudolf Leder, 1915–1997) 507, 517, 523, 550
Herodot von Halikarnass (490/80– um 424 v. Chr.) 326
Herwegh, Georg (1817–1875) 313, 316f., 400
Herzfelde, Wieland (1896–1988) 442, 507
Hesse, Hermann (1877–1962) 504f.
Hettche, Thomas (*1964) 568, 601, 609
Hettner, Hermann (1821–1882) 368
Heym, Georg (1887–1912) 430, 436f.
Heym, Stefan (1913–2001) 491, 507, 513, 550, 564, 599
Heynicke, Kurt (1891–1985) 430
Heyse, Paul (1830–1914) 351, 369
Hilbig, Wolfgang (1941–2007) 563, 576, 601
Hildesheimer, Wolfgang (1916–1991) 522, 552, 587f.
Hille, Peter (1854–1904) 391
Himmler, Heinrich Luitpold (1900–1945) 488
Hippel, Theodor Gottlieb von (1741–1796) 206
Hitler, Adolf (1889–1945) 110, 451–453, 473–475, 479, 488, 500
Hobbes, Thomas (1588–1679) 204
Hochhuth, Rolf (*1931) 532f.
Hoddis, Jakob van (1887–1942) 430–432

Hoffmann, E. T. A. (1776–1822) 296, 328–334, 353
Hoffmann von Fallersleben, August Heinrich (1798–1874) 313, 316–318
Hofmann, Gert (1931–1993) 605
Hofmann von Hofmannswaldau, Christian (1617–1679) 97–99, 112, 117f.
Hofmannsthal, Hugo von (1874–1929) 75, 332, 387f., 405, 419–424, 453
Hogarth, William (1697–1764) 213f.
Hohlbaum, Robert (1886–1955) 478
Hölderlin, Friedrich (1770–1843) 170, 260–269, 417, 426, 535, 577
Hölty, Ludwig Christoph Heinrich (1748–1776) 170, 177, 179
Holz, Arno (1863–1939) 380, 382, 394, 399–402
Homer (8. Jh. v. Chr.) 57, 137, 184, 245
Honecker, Erich (1912–1994) 535, 546, 549
Hoogstraten, Jakob van (1460–1527) 20
Horaz (65–8 v. Chr.) 16, 49, 57, 89, 95f., 116, 123, 134, 136, 163, 170, 196, 201, 261
Hornby, Nick (*1957) 607
Horváth, Ödön von (1901–1938) 470
Hrotsvit von Gandersheim (um 935– nach 973) 355
Huchel, Peter (1903–1981) 467, 508, 518, 545, 549
Huelsenbeck, Richard (1892–1974) 442, 445, 448, 495
Huet, Pierre Daniel (1630–1721) 200f.
Hugenberg, Alfred (1865–1951) 453
Hugo, Victor (1802–1885) 347
Humboldt, Wilhelm von (1767–1835) 226, 283
Hüsch, Hanns Dieter (1925–2005) 529
Hutten, Ulrich von (1488–1523) 16, 18, 21f., 36, 389

Ibsen, Henrik (1828–1906) 394
Iffland, August Wilhelm (1759–1814) 297, 334

Immermann, Karl (1796–1840) 327
Ionesco, Eugène (1909–1994) 522

Jahnn, Hans Henny (eigtl. Hans Henry Jahn) (1894–1959) 515, 526
Jakob I. (1566–1625) 422
Jakobs, Karl-Heinz (*1929) 536 f., 550
Jaeglé, Louise Wilhelmine (1810–1880) 341
Janco, Marcel (1895–1984) 442
Jandl, Ernst (1925–2000) 547, 571
Jaspers, Karl (1883–1969) 372, 533
Jean Paul (eigtl. Jean Paul Friedrich Richter, 1763–1825) 198, 260, 269–273, 426, 537
Jelinek, Elfriede (*1946) 570 f., 596
Jentzsch, Bernd (*1940) 544 f., 550
Jerusalem, Karl Wilhelm (1747–1772) 210
Jirgl, Reinhard (*1953) 604
Joachim von Fiore (1132–1202) 27
Johann II. (1492–1557) 30
Johnson, Uwe (1934–1984) 527, 540 f., 587, 589–591
Johst, Hanns (1890–1978) 474 f.
Joplin, Janis (1943–1970) 529
Joyce, James (1882–1941) 462, 464
Jünger, Ernst (1895–1998) 454, 486 f., 526 f., 587–589
Jung, Franz (1888–1963) 442, 445
Jung-Stilling, Johann Heinrich (1740–1817) 199, 206
Justi, Johann Heinrich Gottlob von (1720–1771) 198
Juvenal (um 60–127/138) 57, 89, 196

Käutner, Helmut (1908–1980) 470
Kafka, Franz (1883–1924) 433, 462–464
Kaiser, Georg (1878–1945) 488
Kaiser, Reinhard (*1950) 131
Kalb, Charlotte von (1761–1843) 271
Kaléko, Mascha (1912–1975) 461
Kandinsky, Wassily (1866–1944) 433, 440
Kant, Hermann (*1926) 536, 538, 560
Kant, Immanuel (1724–1804) 133, 140, 150, 155, 157, 215, 219, 270, 286 f., 333

Kantorowicz, Ernst (1895–1963) 423
Karl August von Sachsen-Weimar-Eisenach (1757–1828) 222 f., 226
Karl Eugen von Württemberg (1728–1793) 180 f.
Kasack, Hermann (1896–1966) 508
Kaschnitz, Marie Luise (1901–1974) 518
Kästner, Abraham Gotthelf (1719–1800) 174
Kästner, Erhart (1904–1974) 508
Kästner, Erich (1899–1974) 462, 466, 468
Kayser, Wolfgang (1906–1960) 265
Kehlmann, Daniel (*1975) 608
Keller, Gottfried (1819–1890) 349, 361–363, 374 f.
Kempowski, Walter (1929–2007) 552, 614
Kepler, Johannes (1751–1630) 422
Kerényi, Karl (1897–1973) 503, 565
Kersten, Kurt (1891–1962) 482
Kertész, Imre (*1929) 613
Keun, Irmgard (1905–1982) 461, 502
Kieseritzky, Ingomar von (*1944) 569
Kinder, Hermann (Pseud. Grethi T. Tunnwig, Armand Dessin, *1944) 553
Kindermann, Balthasar (1636–1706) 90
Kipphardt, Heinar (1922–1982) 532, 533 f.
Kircher, Athanasius (1602–1680) 88
Kirchhof, Hans Wilhelm (um 1525–um 1603) 53
Kirchhoff, Bodo (*1948) 569, 584, 592
Kirsch, Rainer (*1934) 544 f., 576
Kirsch, Sarah (*1935) 544 f., 550, 572 f., 577
Kirsten, Wulf (*1934) 545, 576
Kisch, Egon Erwin (1885–1948) 459
Kiwus, Karin (*1942) 558
Klages, Ludwig (1872–1956) 423, 425
Klaj, Johann (1616–1656) 94 f.
Kleist, Heinrich von (1777–1811) 260, 273–280, 295, 337, 373
Klemm, Wilhelm (1881–1968) 430
Klemperer, Victor (1881–1960) 614
Klepper, Jochen (1903–1942) 482 f.
Kling, Thomas (1957–2005) 575

Klinger, Friedrich Maximilian (1752–1831) 153, 156f., 161, 385
Klopstock, Friedrich Gottlieb (1724–1803) 153, 175–177, 179, 182–184, 190, 261f., 377, 405, 417
Kluge, Alexander (*1932) 543, 560, 579f., 587f.
Klüger, Ruth (*1931) 612f.
Knoop, Wera Ouckama (1902–1921) 418
Knorr, Pitt (*1939) 569
Koch, Werner (1926–1992) 553
Koeppen, Wolfgang (1906–1996) 524, 527, 552
Koestler, Arthur (1905–1983) 502, 525
Kohl, Helmut (*1930) 560
Köhler, Barbara (*1959) 577
Köhler, Erich (1928–2003) 600
Kokoschka, Oskar (1886–1980) 433
Kolbe, Uwe (*1957) 576, 578
Kolbenheyer, Erwin Guido (1878–1962) 478
Kolbenhoff, Walter (eigtl. Walter Hoffmann, 1908–1993) 506
Kolmar, Gertrud (Pseud. für Gertrud Käthe Chodziesner, 1894–1943) 495
Kommerell, Max (1902–1944) 423
Koneffke, Jan (*1960) 584
Kopernikus, Nikolaus (1473–1543) 14
Köppen, Edlef (1893–1939) 460
Korn, Karl (1908–1991) 476
Korsch, Karl (1886–1961) 495
Kortner, Fritz (1892–1970) 495
Kotzebue, August von (1761–1819) 297, 334
Koziol, Andreas (*1957) 578
Kracht, Christian (*1966) 607
Kraus, Karl (1874–1936) 215, 388, 404, 434, 460f.
Krauß, Angela (*1950) 601
Krechel, Ursula (*1947) 559
Kretzer, Max (1854–1941) 392f.
Kreuder, Ernst (1903–1972) 508
Kroetz, Franz Xaver (*1946) 531, 592–594
Krolow, Karl (1915–1999) 518
Kronauer, Brigitte (*1940) 570

Kronberger, Max (1888–1904) 391, 425
Krüger, Horst (1919–1999) 529
Krüger, Michael (*1943) 557, 575
Kuby, Erich (1910–2005) 529
Kuckart, Judith (*1959) 560
Kuhlmann, Quirinus (1651–1689) 104–106
Kühn, Sophie von (1782–1797) 292
Kumpfmüller, Michael (*1961) 601
Kunert, Günter (*1929) 518, 544, 546, 550, 557, 574
Kunze, Reiner (*1933) 518, 545f., 550
Kurella, Alfred (1895–1975) 493
Kurzeck, Peter (*1943) 615
Kußmaul, Adolf (1822–1902) 308

La Bruyère, Jean de (1645–1696) 215
La Fontaine, Jean de (1621–1692) 166, 192, 193
Lager, Sven (*1965) 609
La Motte, Antoine Houdar de (1672–1731) 192
La Roche, Sophie (1731–1807) 203
La Rochefoucauld, François VI. (1613–1680) 215
Laabs, Jochen (*1937) 545
Laban, Rudolf (1879–1958) 444
Lang, Fritz (1890–1976) 454, 495
Langbehn, Julius (1851–1907) 477
Lange-Müller, Katja (*1951) 550, 601
Langgässer, Elisabeth (1899–1950) 508, 510, 518, 612
Langhoff, Wolfgang (1901–1966) 489
Lasker-Schüler, Else 1876–1945) 407, 430
Lassalle, Ferdinand (1825–1864) 370
Laube, Heinrich (1806–1884) 313–315
Laughton, Charles (1899–1962) 495, 499
Lavater, Johann Kasper (1741–1801) 213
Lebert, Benjamin (*1982) 607
Léger, Fernand (1881–1955) 43
Le Fort, Gertrud von (1876–1971) 508
Lehmann, Wilhelm (1882–1962) 484
Leibniz, Gottfried Wilhelm (1646–1716) 171, 206

Leisewitz, Johann Anton (1752–1806) 161
Leising, Richard (1934–1997) 544f., 576
Lenau, Nikolaus (eigtl. Nikolaus Franz Niembsch, Edler von Strehlenau, 1802–1850) 303f.
Lenbach, Franz von (1836–1904) 370
Lenin, Wladimir I. (1870–1924) 445
Lenz, Hermann (1913–1998) 552f.
Lenz, Jakob Michael Reinhold (1751–1792) 153, 157–159, 343, 521
Lenz, Siegfried (*1926) 522, 529, 541, 587
Leonhard, Rudolf (1889–1953) 430, 493, 507
Leopold II. (1747–1792) 121
Lersch, Heinrich (1889–1936) 475
Lessing, Gotthold Ephraim (1729–1781) 59, 141–143, 145, 147–153, 156, 165, 167f., 174–176, 192–195, 283
Lewis, Matthew Gregory (1775–1818) 332
Lichtenberg, Georg Christoph (1742–1799) 198, 212–216
Lichtenstein, Alfred (1889–1914) 430, 432
Lichtwer, Magnus Gottfried (1719–1783) 192, 194, 202
Liebeneiner, Wolfgang (1905–1987) 511
Liliencron, Detlev von (1844–1937) 396, 409
Lillo, George (1693–1739) 150
Lind, Jakov (*1927) 552
Lindener, Michael (1520–1562) 52
Lippet, Johann (*1951) 603
Liscow, Christian Ludwig (1701–1760) 196–198
Liszt, Franz (1811–1886) 318
Livius, Titus (59 v. Chr.–17 n. Chr.) 119, 152
Locher, Jakob (1471–1528) 58
Loen, Johann Michael von (1694–1776) 204
Loerke, Oskar (1884–1941) 483f.
Loest, Erich (*1926) 601
Logau, Friedrich von (1604–1655) 106–108
Lohenstein, Daniel Casper von (1635–1683) 114, 117–121, 125, 144f.
Löns, Hermann (1866–1914) 481
Loos, Adolf (1870–1933) 433
Lorbeer, Hans (1901–1973) 507
Lorre, Peter (1904–1964) 495
Lotz, Ernst-Wilhelm (1890–1914) 430
Lotzer, Sebastian (1490–1525) 32
Louis XIV. (1638–1715) 124
Louis XV. (1710–1774) 164
Louis XVI. (1754–1793) 245
Löwen, Johann Friedrich (1727–1771) 146–148
Loyola, Ignatius von (1491–1556) 72
Ludendorff, Erich (1865–1937) 451
Ludwig, Otto (1813–1865) 369
Ludwig von Anhalt-Köthen (1579–1650) 85
Lukács, Georg (1885–1971) 346, 442, 493f., 502, 513
Luther, Martin (1483–1546) 14–16, 18, 22–31, 33, 35, 38, 41–45, 68, 70–72, 78, 80, 86, 467
Lüthy, Max (1909–1991) 442

Mackay, John Henry (1864–1933) 391
Macke, August (1887–1914) 433
Macpherson, James (Pseud. Ossian; 1736–1796) 184
Macropedius, Georgius (1487–1558) 75
Maiwald, Peter (1946–2008) 574
Malkowski, Rainer (1939–2003) 559
Mallarmé, Stéphane (1842–1898) 424
Malraux, André (1901–1976) 492
Mann, Golo (1909–1994) 533
Mann, Heinrich (1871–1950) 348, 455, 458, 490, 495, 502f.
Mann, Klaus (1906–1949) 441, 482, 490f., 493, 502
Mann, Thomas (1875–1955) 61, 303, 395, 454f., 462f., 482, 490f., 496, 502–504, 526
Marat, Jean-Paul (1743–1793) 534
Marc, Franz (1880–1916) 433
Marchwitza, Hans (1890–1965) 457, 507
Marinetti, Filippo Tommaso (1885–1944) 433, 482
Marino, Giambattista (1569–1625) 169
Marivaux, Pierre Carlet de Chamblain de (1688–1763) 202

Marlowe, Christopher (1564–1593) 254
Maron, Monika (*1941) 563, 600
Marot, Clément (1497–1544) 46
Marx, Karl (1818–1883) 311, 316 f., 325, 370
Matthies, Frank-Wolf (*1951) 562
Maupassant, Guy de (1850–1893) 424
Mauthner, Franz (1849–1923) 422
Maximilian I. (1483–1519) 20
May, Karl (1842–1912) 540
Mayer, Hans (1907–2001) 507
Maiwald, Peter (1946–2008) 574
Mayröcker, Friederike (*1924) 571 f.
Mechtel, Angelika (1943–2000) 556
Meckel, Christoph (*1935) 519
Meier, Gerhard (1917–2008) 552
Meinhof, Ulrike Marie (1934–1976) 551
Meisl, Karl (1775–1853) 335
Meister, Ernst (1911–1979) 519
Melanchthon, Philipp (eigtl. Philipp Schwartzerdt, 1497–1560) 68, 72
Mendelssohn, Moses (1729–1786) 142
Mendelssohn Bartholdy, Felix (1809–1847) 318
Mengele, Josef (1911–1979) 612
Menzel, Herybert (1906–1945) 480
Menzel, Wolfgang (1798–1873) 313 f., 316
Merian, Svende (*1955) 555
Metternich, Klemens Wenzel Lothar von (1773–1859) 328
Meyer, Conrad Ferdinand (1825–1898) 349, 353 f., 374, 377–379
Meyfart, Johann Matthäus (1590–1624) 90
Michaelis, Rolf (*1933) 591
Michelsen, Hans Günter (*1920) 532
Mickel, Karl (1935–2000) 544 f., 576 f.
Mierendorff, Carlo (1897–1943) 453
Milton, John (1608–1674) 134, 138
Modick, Klaus (*1951) 567
Mora, Terézia (*1971) 604
Molière (eigtl. Jean Baptiste Poquelin, 1622–1673) 145, 274, 521
Mombert, Alfred (1872–1942) 406, 495

Montaigne, Michel de (1533–1592) 82, 215, 611
Montale, Eugenio (1896–1981) 493
Montalvo, Garci Rodriguez de (15./16. Jh.) 122
Montanus, Martin (1537–1566) 52
Moravia, Alberto (1907–1990) 493
Morgenstern, Christian (1871–1914) 408
Morgner, Irmtraud (1933–1990) 565
Morhof, Daniel Georg (1639–1691) 201
Mörike, Eduard (1804–1875) 303–306, 353
Moritz, Karl-Philipp (1756–1793) 199, 215, 224, 237
Morshäuser, Bodo (*1953) 568
Moscherosch, Johann Michael (1601–1669) 127, 196
Möser, Justus (1720–1794) 159
Moßmann, Walter (*1941) 529
Motte Fouqué, Friedrich de la (1777–1843) 329, 331, 540
Mozart, Wolfgang Amadeus (1756–1791) 297
Mueller, Harald (*1934) 595
Muhr, Caroline (1925–1978) 555
Müller, Friedrich von (1779–1849) 239
Müller, Heiner (1929–1995) 521 f., 534 f., 544, 548, 550, 562, 597–600, 606 f.
Müller, Herta (*1953) 603
Müller, Inge (1925–1966) 521, 545
Müllner, Adolph (1774–1829) 298 f.
Mundt, Theodor (1808–1861) 313, 315
Müntzer, Thomas (um 1490–1525) 27–35
Murnau, Friedrich Wilhelm (1888–1931) 454
Murner, Thomas (1475–1537) 16, 41, 44, 55, 59
Musil, Robert (Edler von, 1880–1942) 462, 465 f.

Nadolny, Sten (*1942) 584
Naogeorgus, Thomas (eigtl. Kirchmeyer, 1511–1563) 77
Naters, Elke (*1963) 607, 609

Nell, Peter (1907–1957) 523
Nellissen Haken, Bruno (1901–1975) 479
Nestroy, Johann Nepomuk (1801–1862) 335
Neuber, Friederike, Caroline (1697–1760) 145
Neuber, Johann (1697–1759) 145
Neukirch, Benjamin (1665–1729) 112
Neumann, Gert (*1942) 604
Neumann, Robert (1897–1975) 490
Neutsch, Erik (*1931) 535, 536
Nicolai, Friedrich (1773–1811) 142, 151, 206, 211, 233 f.
Niebelschütz, Wolf von (1913–1960) 508
Nièpce, Joseph Nicéphore (1765–1833) 311
Nietzsche, Friedrich (1844–1900) 13, 215, 360, 405, 409, 416, 429, 463, 504
Noll, Dieter (1927–2008) 523
Nossack, Hans Erich (1901–1977) 510, 525
Novalis (eigtl. Georg Friedrich Philipp Freiherr von Hardenberg, 1772–1801) 215, 284–286, 291–295 423
Nunnenbeck, Lienhard (gest. vor 1527) 69

Oberlin, Johann Friedrich (1740–1826) 158, 343
Offenbach, Jacques (1819–1880) 332
Opitz, Martin (1597–1639) 46, 92–95, 106, 107, 111, 115, 118, 123, 164, 261
Oppenheimer, J. Robert (1904–1967) 534
Orlik, Emil (1870–1932) 409
Ortheil, Hanns-Josef (*1951) 569
Ossian → s. Macpherson, James
Ossietzky, Carl von (1889–1938) 456
Ostwald, Hans (1873–1940) 398
Otten, Karl (1889–1963) 431
Ovidius Naso, Publius (43 v. Chr.–18 n. Chr.) 57, 225 f.

Pabst, Georg Wilhelm (1885–1967) 454
Palladio, Andrea (1508–1580) 224
Panizza, Leopold Hermann Oskar (1853–1921) 381, 389 f., 391 f.
Pannach, Gerulf (1948–1998) 550

Papenfuß-Gorek, Bert (*1956) 578
Paquet, Alfons (1881–1944) 459
Paracelsus (eigtl. Philippus Aureolus Paracelsus Theophrastus Bombastus von Hohenheim, 1493/4–1541) 63
Pastior, Oskar (1927–2006) 574 f.
Paul VI. (1897–1978) 533
Pauli, Johannes (nach 1450–um 1530) 51
Pausch, Birgit (*1942) 570
Pavese, Cesare (1908–1950) 493
Pechel, Rudolf (1882–1961) 476
Percy, Thomas (1728–1811) 178, 299, 376
Perrault, Charles (1628–1703) 296, 331
Petersen, Jan (1906–1969) 507
Petrarca, Francesco (1304–1374) 14, 47, 99, 113, 168, 186, 188 f., 321, 574, 611
Peymann, Claus (*1937) 532
Pfeffel, Gottlieb Konrad (1736–1809) 174 f., 193
Pfefferkorn, Johannes (1469–1524) 20 f.
Pfempfert, Franz (1879–1954) 433
Phaedrus (um 20 v. Chr.–51 n. Chr.) 193
Philippi, Johann Ernst (um 1700–1750) 196 f.
Picabia, Francis (1879–1953) 442
Picasso, Pablo (1881–1973) 433
Pietraß, Richard (*1946) 576
Pindar (522 oder 518–438 v. Chr.) 163, 170, 179, 261, 267
Pinthus, Kurt (1886–1975) 430 f., 454
Piontek, Heinz (1925–2003) 557
Piscator, Erwin (1893–1966) 457, 497
Piwitt, Hermann Peter (*1935) 553
Platen, August von (1796–1835) 296, 303
Plautus, Titus Maccius (um 250–um 184 v. Chr.) 16, 74, 274
Plenzdorf, Ulrich (1934–2007) 211, 548, 550, 552
Plessen, Elisabeth (*1944) 552, 570
Plievier, Theodor (auch Plivier, 1892–1955) 502, 507
Plinius, Gaius (gen. der Ältere, um 23–79) 113
Plutarch (um 45–125) 162

Poche, Klaus (Pseud. Nikolaus Lennert, Georg Nikolaus, 1927–2007) 550
Polenz, Wilhelm von (1861–1903) 393
Polgar, Alfred (1873–1955) 404
Politicky, Matthias (*1955) 606
Pollock, Friedrich (1894–1970) 495
Pope, Alexander (1688–1744) 171
Poth, Chlodwig (1930–2004) 569
Pound, Ezra (1885–1972) 482
Prévost d'Exiles, Antoine-François (gen. Abbé Prévost, 1697–1763) 202
Properz (um 48–15 v. Chr.) 225, 227
Proust, Marcel (1871–1922) 462, 553
Prutz, Robert (1816–1872) 318
Pudowkin, Wsewolod (1893–1953) 454
Puschkin, Alexander (1799–1837) 349

Quintilianus, Marcus Fabius (35–96) 16

Raabe, Paul (*1927) 435
Raabe, Wilhelm (1831–1910) 349, 357f.
Rabener, Gottlieb Wilhelm (1714–1771) 197f.
Raddatz, Fritz J. (*1931) 615
Raeber, Kuno (1922–1992) 584
Raffael (1483–1520) 224
Raimund, Ferdinand (1790–1836) 335
Ranke-Graves, Robert (1895–1985) 565
Ransmayr, Christoph (*1954) 587
Rasp, Renate (*1935) 527f., 542, 559
Rathenau, Walther (1867–1922) 455
Rathenow, Lutz (*1952) 562
Ray, Man (1890–1976) 442
Reck-Malleczewen, Friedrich (1884–1945) 487
Reger, Erik (Pseud. Walter Enkenbach, 1893–1954) 459
Regler, Gustav (1898–1963) 502
Regnart, Jakob (1540–1599) 47
Reich, Jens (*1939) 599
Reich-Ranicki, Marcel (*1920) 605f.
Reimann, Brigitte (1933–1973) 536

Reinhardt, Max (eigtl. Max Goldmann, 1873–1943) 388
Reinig, Christa (1926–2008) 556
Reinshagen, Gerlind (*1926) 592
Remarque, Erich Maria (1898–1970) 455, 460, 495
Renn, Ludwig (1898–1979) 460, 507
Reschke, Karin (*1940) 570
Reuchlin, Johannes (1455–1522) 18, 20–22
Reuter, Christian (1656–um 1712) 205
Reuter, Fritz (1810–1974) 308
Richardson, Samuel (1689–1761) 202
Richartz, Walter E. (1927–1980) 568
Richter, Daniel (*1962) 90f.
Richter, Ludwig (1803–1884) 308
Richter, Hans Werner (1908–1993) 507, 516, 525, 529
Riedel, Friedrich Just 1742–1785) 198
Riefenstahl, Leni (1901–2003) 479
Riegel, Werner (1925–1956) 519
Riemer, Friedrich Wilhelm (1774–1845) 241
Riemkasten, Felix (1894–1969) 479
Rilke, Rainer Maria (1875–1926) 405, 408–418, 520
Rinser, Luise (1911–2002) 510, 556
Rist, Johann (1607–1667) 106, 171
Rochelle, Pierre Drieu la (1893–1945) 482
Rodin, Auguste (1840–1917) 412
Rosenberg, Alfred (1893–1946) 456, 474, 488
Roth, Friederike (*1948) 595
Roth, Gerhard (*1942) 584
Roth, Joseph (1894–1939) 459, 502
Roth, Patrick (*1953) 568
Rotth, Albrecht Christian (1651–1701) 95f., 123f., 201
Rousseau, Jean-Jacques (1712–1778) 153, 162, 611
Rubiner, Ludwig (1881–1920) 431
Rühm, Gerhard (*1930) 547
Rühmann, Heinz (1902–1994) 470
Rühmkorf, Peter (1929–2008) 519, 552, 557
Runge, Doris (*1943) 574
Runge, Erika (*1939) 544

Rutschky, Michael (*1943) 552
Ruttmann, Walter (1887–1941) 452

Sachs, Hans (1494–1576) 36, 44, 55, 63, 67, 69–71, 296
Sachs, Nelly (1891–1970) 495, 518, 520
Sade, Marquis de (1740–1814) 534
Salomon, Ernst von (1902–1972) 455
Samson, Horst (*1954) 603
Sand, George (1804–1876) 348
Sand, Karl Ludwig (1795–1820) 334
Sappho (zwischen 630 und 612 – um 570 v. Chr.) 261
Sartre, Jean-Paul (1905–1980) 522
Sauer, August (1855–1926) 409
Sauter, Samuel Friedrich (1766–1846) 308
Scaliger, Julius Cäsar (1484–1558) 89, 91, 92
Schädlich, Hans Joachim (*1933) 538, 550
Schaefer, Oda (eigtl. Oda Lange, 1900–1988) 467
Schallück, Paul (1922–1976) 529
Schami, Rafik (*1946) 603
Schappeler, Christoph (1472–1551) 32
Scharrer, Adam (1889–1948) 507
Schätzing, Frank (*1957) 608
Schdanow, Andrei (1896–1948) 513
Schede, Paulus Melissus (1539–1602) 46
Schedel, Hartmann (1440–1514) 15
Schedlinski, Reiner (*1956) 562, 579
Scheffel, Joseph Victor von (1826–1886) 308
Scheidt, Kaspar (um 1520–1565) 59
Schelling, Friedrich Wilhelm Joseph (1775–1854) 284
Schenk, Johannes (1941–2006) 559
Scheu, Andreas (1844–1927) 397
Schickele, René (1883–1940) 431
Schielen, Johann Georg (1633–1684) 132
Schiepen, Michael 44
Schiller, Friedrich (1759–1806) 149f., 153, 161f., 173, 219, 221f., 226f., 229, 233–236, 246–252, 254, 268, 271, 282f., 298, 309, 315, 333, 337, 370, 373f., 385, 397

Schimmang, Jochen (*1948) 553
Schindel, Robert (*1944) 615
Schirach, Baldur von (1907–1974) 488
Schlaf, Johannes (1862–1941) 382, 394
Schlegel, August Wilhelm (1767–1845) 226, 228, 283, 286, 295, 305
Schlegel, Friedrich (1772–1829) 215, 282–295, 300, 423
Schlegel, Johann Adolf (1721–1793) 193
Schlegel, Johann Elias (1719–1747) 145
Schleiermacher, Friedrich (1768–1834) 292
Schlesinger, Klaus (1937–2001) 539, 550, 602
Schleyer, Hanns Martin (1915–1977) 560
Schlink, Bernhard (*1946) 605
Schlösser, Rainer (1899–1945) 480
Schmidt, Arno (1914–1979) 511, 540f.
Schmidt, Helmut (*1918) 560
Schmidt-Rottluff, Karl (1884–1976) 434
Schmückle, Georg (1880–1948) 478
Schnabel, Ernst (1913–1986) 510
Schnabel, Johann Gottfried (1692–1752) 206, 295
Schneider, Michael (*1943) 553
Schneider, Peter (*1940) 553f.
Schneider, Reinhold (1903–1958) 485–487, 508, 515
Schneider, Rolf (*1932) 550
Schnitzler, Arthur (1862–1931) 381, 387f, 404
Schnurre, Wolfdietrich (1920–1989) 510, 529
Schönberg, Arnold (1874–1951) 504
Schönstedt, Walter (1909–im Exil verschollen) 457
Schopenhauer, Adele (1797–1849) 305
Schopenhauer, Arthur (1788–1860) 368
Schorlemmer, Friedrich (*1944) 599
Schottelius, Justus Georg (1612–1676) 124
Schröder, Rudolf Alexander (1878–1962) 170
Schroeter, Werner (*1945–2010) 390
Schubart, Christian Friedrich Daniel (1739–1791) 153f., 161, 180, 182
Schubert, Dieter (1929–2008) 550
Schubert, Franz (1797–1828) 190

Schücking, Levin (1814–1883) 305
Schulze, Ingo (*1962) 602
Schumann, Gerhard (1911–1995) 480
Schumann, Robert (1810–1856) 301, 318
Schumann, Valentin (1520–nach 1558) 52
Schütz, Helga (*1937) 538, 550
Schütz, Stefan (*1944) 596
Schupp, Johann Balthasar (1610–1661) 90
Schwab, Gustav (1792–1850) 565
Schwaiger, Brigitte (1949–2010) 555
Schwarz, Sibylla (1621–1638) 113
Schwind, Moritz (1804–1871) 308
Schwitters, Kurt (1887–1948) 442, 448–450
Scott, Walter (1771–1832) 327, 348
Sealsfield, Charles (eigtl. Karl Postl, 1793–1864) 327
Sebald, W(infried) G(eorg) (1944–2001) 614
Seghers, Anna (eigtl. Netty Radvanyi, 1900–1983) 456, 490f., 502, 507, 521f.
Seneca, Lucius Annaeus (um 1–65) 74, 89
Serner, Walter (1889–1942) 442
Seuren, Günter (1932–2003) 542
Seyppel, Joachim (*1919) 550
Shaftesbury, Anthony (1671–1713) 164
Shakespeare, William (1564–1616) 156f., 184, 295, 333, 336f., 370, 373, 521, 541
Sieburg, Friedrich (1893–1964) 487
Silesius, Angelus (eigtl. Johannes Scheffler, 1624–1677) 101f., 104, 106
Simrock, Karl (1802–1876) 305
Solger, Karl Wilhelm Ferdinand (1780–1819) 284, 288
Sontag, Susan (1933–2004) 533
Sophokles (497/6–406/5 v. Chr.) 275f., 298, 373, 535
Sorel, Charles (1602–1674) 130
Soupault, Philippe (1897–1990) 442
Sparschuh, Jens (*1955) 564, 602
Speer, Daniel (1636–1707) 132
Spengler, Oswald (1880–1936) 454
Sperber, Manès (1905–1984) 525
Sperr, Martin (*1944) 531
Spielhagen, Friedrich (1829–1911) 350

Spies, Johann (um 1540–1623) 60
Spitzweg, Carl (1808–1885) 308
Spohr, Louis (1784–1859) 318
Stadler, Arnold (*1954) 584
Stadler, Ernst (1883–1914) 406, 431
Stalin, Josef (1879–1953) 110, 513
Stefan, Verena (*1947) 555
Steffens, Günter (*1922) 541
Steguweit, Heinz (1897–1964) 480
Stein, Charlotte von (1742–1827) 222f., 230
Stein, Heinrich Friedrich Karl vom und zum (1757–1831) 478
Steinbach, Erwin von (um 1244–1318) 155
Steinert, Hajo (*1952) 578
Stendhal (eigtl. Marie-Henri Beyle, 1783–1842) 347
Stephanus, Henricus (eigtl. Henry Estienne, um 1460–1520) 164
Sterne, Laurence (1713–1768) 209
Stieler, Kaspar (1632–1707) 133
Stifter, Adalbert (1805–1868) 349, 358–360
Stolberg-Stolberg, Christian Graf zu (1748–1821) 153, 177
Stolberg-Stolberg, Friedrich Leopold Graf zu (1750–1819) 153, 177, 179f.
Stoppe, Daniel (1697–1747) 193
Storm, Theodor (1817–1888) 349, 351–353, 358, 374
Stramm, August (1874–1915) 431, 439–441
Strauß, Botho (*1944) 586, 592f.
Strauß, Richard (1864–1949) 419
Strawinsky, Igor (1882–1971) 214
Strindberg, August (1849–1912) 394
Strittmatter, Erwin (1912–1994) 521, 537f.
Struck, Karin (1947–2006) 555f.
Stucken, Eduard (1865–1936) 406
Stuckrad-Barre, Benjamin von (*1975) 607
Sudermann, Hermann (1857–1928) 391
Sue, Eugène (1803–1857) 348
Süskind, Patrick (*1949) 568, 592
Suhrkamp, Peter (1891–1951) 476
Sulzer, Johann Georg (1720–1779) 195
Süverkrüp, Dieter (*1934) 529

Swift, Jonathan (1667–1745) 196
Syberberg, Hans Jürgen (*1935) 560

Tabori, George (1914–2007) 595
Tardieu, Jean (1903–1995) 522
Tawada, Yoko (*1960) 603
Tellkamp, Uwe (*1968) 602
Terenz (eigtl. Publius Terentius Afer;
    um 159 v. Chr.) 16, 74, 89
Tergit, Gabriele (1894–1982) 461
Tetzel, Johann (1465–1519) 22
Teutleben, Caspar von (1576–1629) 65
Thackeray, William (1811–1863) 348
Theobaldy, Jürgen (*1944) 558f.
Thiers, Adolphe (1797–1877) 318
Thiess, Frank (1890–1977) 508
Thomasius, Christian (1655–1728) 169, 201
Thurn und Taxis, Marie von (1855–1934) 417
Tibull (um 55–18 v. Chr.) 225, 227
Tieck, Ludwig (1773–1853) 48, 207, 284, 293,
    295–298, 333
Timm, Uwe (*1940) 553, 614
Tischbein, Johann Heinrich Wilhelm
    (1751–1829) 224
Toller, Ernst (1893–1939) 451, 470, 491, 594
Tolstoi, Leo (1828–1910) 349, 366, 383
Totok, William (*1951) 603
Tragelehn, Bernd K. (*1936) 544
Trakl, Georg (1887–1914) 431, 438f.
Traxler, Hans (*1929) 569
Triller, Daniel Wilhelm (1692–1782) 193
Trojanow, Ilija (*1965) 604
Trolle, Lothar (*1944) 578
Tucholsky, Kurt (Pseud. Kaspar Hauser, Peter
    Panter, Theobald Tiger, Ignaz Wrobel,
    1890–1935) 459, 466f., 491
Tumler, Franz (1912–1998) 584
Turgenjew, Iwan (1818–1883) 349
Tzara, Tristan (eigtl. Sami Rosenstock,
    1896–1963) 442

Uhse, Bodo (1904–1963) 507
Urfé, Honoré d' (1567–1625) 122

Unseld, Siegfried (1924–2002) 615
Uz, Johann Peter (1720–1796) 167

Valentin, Karl (1882–1948) 392
Valéry, Paul (1871–1945) 424
Vanderbeke, Birgit (*1956) 607
Vergil (70–19 v. Chr.) 57, 89, 141
Verlaine, Paul (1844–1896) 424
Vertov, Dziga (1895/6–1954) 454
Vesper, Bernward (1938–1971) 553f.
Vesper, Guntram (*1941) 480
Vesper, Will (1882–1962) 474
Vischer, Friedrich Theodor (1807–1887) 61,
    350, 368
Vittorini, Elio (1908–1966) 493
Vogel, Henriette (1780–1811) 274
Vogeler, Heinrich (1872–1942) 493
Voltaire (eigtl. François-Marie Arouet,
    1694–1778) 206
Vossius, Gerhard Johannes (1577–1649) 90
Voß, Johann Heinrich (1751–1826) 153, 170,
    177, 179, 226
Vring, Georg von der (1889–1968) 484
Vulpius, Christiane (1765–1816) 225

Wackenroder, Wilhelm Heinrich
    (1773–1798) 285, 295, 331
Wader, Hannes (*1942) 529
Waechter, Friedrich Karl (1937–2005) 569
Wagner, Bernd (*1948) 578
Wagner, Christian (1663–1693) 126
Wagner, Heinrich Leopold (1747–1779)
    163
Wagner, Richard (1813–1883) 48, 67, 70f.
Wagner, Richard (*1952) 603
Walden, Herwarth (1878–1941) 433, 439,
    440, 493
Waldis, Burkart (um 1490–1556) 76
Walloth, Wilhelm (1854–1932) 391
Wallraff, Günter (*1942) 544
Walser, Alissa (*1961) 607
Walser, Martin (*1927) 516, 524f., 529,
    540–542, 582f., 605, 615

Walter, Johann (1496–1570) 41
Walter, Otto Friedrich (1928–1994) 527
Walther von der Vogelweide (um 1170–um 1230) 64
Wander, Fred (1917–2006) 600
Wander, Maxie (1933–1977) 544
Wawerzinek, Peter (*1954) 615
Weckherlin, Georg Rodolf (1584–1653) 110, 164, 261
Wedekind, Frank (1864–1918) 341, 381f., 388f.
Weerth, Georg (1822–1856) 316, 318f.
Wegner, Bettina (*1947) 550
Weidig, Friedrich Ludwig (1791–1837) 344
Weigel, Helene (1900–1971) 498
Weill, Kurt (1900–1950) 471
Weinert, Erich (1890–1953) 456, 507
Weise, Christian (1642–1708) 91, 96, 169
Weisenborn, Günther (1902–1969) 511
Weiskopf, Franz Carl (1900–1955) 507
Weise, Christian (1642–1708) 196
Weiss, Peter (1916–1982) 516, 532, 534, 587, 589f., 613
Wellershoff, Dieter (*1925) 441, 541
Welles, Orson (1915–1985) 495
Werfel, Franz (1890–1945) 431
Werner, Zacharias (1768–1823) 298f.
Weyrauch, Wolfgang (1904–1980) 557
Wezel, Johann Karl (1747–1819) 206
Wickram, Jörg (1505–1562) 52
Wiechert, Ernst (1887–1950) 486f.
Wieland, Christoph Martin (1723–1813) 132, 134, 168, 205f., 208f., 215f., 271, 295
Wienbarg, Ludolf (1802–1872) 309f., 313
Wiener, Oswald (*1935) 547
Wiens, Paul (1922–1982) 562
Wigman, Mary (1886–1973) 444
Wildenbruch, Ernst von (1845–1909) 369f.
Wilhelm II. (1859–1941) 465
Willemer, Marianne von (1784–1860) 232
Winckelmann, Johann Joachim (1717–1768) 140–142, 218, 220
Wittgenstein, Ludwig (1889–1951) 466, 547

Wohmann, Gabriele (*1932) 542f.
Wolf, Christa (*1929) 514, 539, 550f., 562–565, 587, 599–601, 613, 615
Wolf, Friedrich (1888–1953) 470, 507
Wolf, Gerhard (*1928) 550
Wolf, Hugo (1860–1903) 190
Wolf, Ror (eigtl. Richard Wolf, Pseud. Raoul Tranchirer, *1932) 567
Wolfenstein, Alfred (1888–1945) 431
Wolff, Christian (1679–1754) 134, 140, 169, 536, 539
Wolff, Wilhelm (1809–1864) 384
Wolfram von Eschenbach (um 1160/80–nach 1220) 64
Wolfskehl, Karl (1869–1948) 423, 425f.
Wollschläger, Hans (1935–2007) 584
Woyzeck, Johann Christian (1780–1824) 342
Wühr, Paul (*1927) 584
Wundt, Wilhelm Maximilian (1832–1920) 390
Wuolijoki, Hella (1886–1954) 499
Wysocki, Gisela von (*1940) 615

Zahl, Peter Paul (1944–2011) 553, 592
Zaimŏglu, Feridun (*1964) 603
Zé do Rock (*1954) 603
Zech, Paul (1881–1946) 431
Zeller, Eva (*1923) 560
Zenge, Wilhelmine von (1780–1852) 274
Zesen, Philipp von (1619–1689) 87, 130
Zimmermann, Alfred (1869–1937) 384
Zigler und Kliphausen, Heinrich Anshelm von (1663–1696) 125
Zola, Émile (1840–1902) 348, 380, 384
Zöllner, Johann Friedrich (1753–1804)
Zschorsch, Gerald K. (*1951) 562
Zuckmayer, Carl (1896–1977) 458, 470, 511
Zweig, Arnold (1887–1968) 460, 490, 507, 524
Zweig, Stefan (1881–1942) 407, 490
Zwerenz, Gerhard (*1925) 543, 552